INVESTMENT VALUATION
Tools and Techniques for Determining
the Value of Any Asset

投资估价

评估任何资产价值的工具和技术
（第三版·上册）

[美] 阿斯沃斯·达摩达兰　著　　[加] 林　谦　安　卫　译
（ASWATH DAMODARAN）　　　　　林祖安　黄亚钧　审校

清华大学出版社
北京

Aswath Damodaran

Investment Valuation: Tools and Techniques for Determining the Value of Any Asset, 3e
EISBN: 978-1-118-01152-2

Copyright © 2012 by Aswath Damodaran.

Original language published by John Wiley & Sons, Inc. All Rights reserved.
本书原版由 John Wiley & Sons, Inc. 出版。版权所有，盗印必究。

Tsinghua University Press is authorized by John Wiley & Sons, Inc. to publish and distribute exclusively this Simplified Chinese edition. This edition is authorized for sale in the People's Republic of China only (excluding Hong Kong, Macao SAR and Taiwan). Unauthorized export of this edition is a violation of the Copyright Act. No part of this publication may be reproduced or distributed by any means, or stored in a database or retrieval system, without the prior written permission of the publisher.

本中文简体字翻译版由 John Wiley & Sons, Inc. 授权清华大学出版社独家出版发行。此版本仅限在中华人民共和国境内（不包括中国香港、澳门特别行政区及中国台湾地区）销售。未经授权的本书出口将被视为违反版权法的行为。未经出版者预先书面许可，不得以任何方式复制或发行本书的任何部分。

北京市版权局著作权合同登记号 图字：01-2013-7448

本书封面贴有 Wiley 公司防伪标签，无标签者不得销售。
版权所有，侵权必究。举报：010-62782989，beiqinquan@tup.tsinghua.edu.cn。

图书在版编目(CIP)数据

投资估价：评估任何资产价值的工具和技术：第3版. 上/(美)达摩达兰(Damodaran, A.)著；(加)林谦，安卫译. --北京：清华大学出版社，2014(2025.4重印)
 书名原文：Investment valuation: tools and techniques for determining the value of any asset
 ISBN 978-7-302-36104-6

Ⅰ. ①投… Ⅱ. ①达… ②林… ③安… Ⅲ. ①资产评估 Ⅳ. ①F20

中国版本图书馆 CIP 数据核字(2014)第 069709 号

责任编辑：梁云慈
封面设计：汉风唐韵
责任校对：宋玉莲
责任印制：沈　露

出版发行：清华大学出版社
网　　址：https://www.tup.com.cn, https://www.wqxuetang.com
地　　址：北京清华大学学研大厦 A 座　　邮　　编：100084
社 总 机：010-83470000　　邮　　购：010-62786544
投稿与读者服务：010-62776969，c-service@tup.tsinghua.edu.cn
质量反馈：010-62772015，zhiliang@tup.tsinghua.edu.cn

印 装 者：三河市龙大印装有限公司
经　　销：全国新华书店
开　　本：185mm×260mm　　印　张：28　　字　数：607 千字
版　　次：2014 年 7 月第 1 版　　印　次：2025 年 4 月第 13 次印刷
定　　价：69.00 元

产品编号：050419-02

本书简介

自从十年前《投资估价》的前一版问世以来,金融界再度发生了很大的变化。对于关注估价问题者而言,这些年份确实意义非凡。

现在,美国纽约大学(NYU)莱奥纳德·N.斯德恩商学院的金融学教授阿斯沃斯·达摩达兰(Aswath Damodaran),全美第一流商学院教授之一,再度推出了经典教科书《投资估价》的全新版本。

本书不仅反映了市场现状,还延续了先前各版本所具有的广泛的工具与技术覆盖面,包括新颖的与传统的,旨在为任何资产确定价值,包括对股票、债券、期权、期货、房地产和其他更多资产估价。

运用经过更新的各种实例和估价工具,第三版阐述了导致许多复杂估价问题的新事物。达摩达兰引导我们考察各种估价模型的理论和运用,把握从现金流估价法、相对估价法直到整个收购估价的全过程。

《投资估价》(第三版)深入而通俗地阐述了下列内容:
- 探究可从最近的市场危机得到的有关估价问题的重要教训,对各种金融基本因素提出富有价值的见解,诸如无风险利率、风险溢价和现金流估计值,因为这些问题现在都愈加突出。
- 更加重视新兴市场公司,因为它们随着亚洲和拉丁美洲的经济增长而备受瞩目。
- 涵盖贯穿于公司生命周期的估价实践,强调可以增进价值的各种手段,诸如经济增加值(EVA)和投资现金流收入(CFROI)。
- 讨论事关概率论的一些估价技术,诸如情景分析、决策树分析和模拟过程。
- 讨论如何针对特定的资产估价情景选择恰当的估价模型。
- 其他更加丰富的内容。

译者的话

物换星移,尘埃难定。历经全球经济又一个风云翻腾的十年,时值阿斯沃斯·达摩达兰(Aswath Damodaran)教授对本书作出修订以及译者对它再译之际,读者或与我们一样,对于英国文豪王尔德(O. Wilde)"知道所有东西的价格,但不知道任何东西的价值"之语更添体验。伟大的 I. 牛顿(I. Newton)曾因其金融投资体验而感叹,"我能够计算天体运行的轨迹,但却无法计算人类的疯狂"。先哲们的在天之灵或与我们一道在询问,上帝的下一个苹果何时垂临?!

在现代金融——当今社会最具挑战性的领域之一,仅仅局限于人们想象力的投资产品可谓层出不穷,而力图把握和评估它们的经验法则和理论模型亦不胜枚举,恰如"矛"与"盾"之互孕而生,相克以成。因此,根据科学综合的要求,以清晰的逻辑思路和紧致的表述方式,把这些色彩斑斓、形态各异的板块恰当地嵌入一个整体框架中,由点及线,由线及面,由面而及整体,这样一项工作对于资产估价(或曰"估值")和投资决策问题的涉足者、管理者和研究者而言无疑意义重大。

美国纽约大学斯德恩商学院教授阿斯沃斯·达摩达兰的《投资估价:评估任何资产价值的工具和技术》一书,本身就是一项资产,一项体现了知识力量的资产。集工具书、参考书和教科书之三位于一体,无疑可将它视为应时之作、一本"正经"。

从方法论角度看,以"所有资产都可获得估价"为理念,在资产估价的总体画面中,它从大处着眼,勾勒了贴现现金流估价法、相对估价法以及相机索取权估价法这三条主线,分别阐述了它们的理论渊源、基本模型及其各种变型和派生;它从细节入手,针对不同的行业、公司和情形,围绕"如何选择恰当的估价模型"这一主题,运用比较方法,结合实际案例,具体地进行分析,合理地作出判断。我们知道,集见解与方法,融理论与实践,是为任何一门科学得以发展之前提。译者以为,估价问题,当以"求真求实"为本,既领森林之广,又察叶木之细。这一点正是本书在方法论意义上的最大特色。无疑,它为我们提供了一种样本与诸多启迪。

从技术角度看,尤值注意的是:

1. 以实用性和广泛性为特色,本书涵盖了可用于确定任何一种资产所具价值的(传统的和新型的)工具和技术,包括有形和常规资产,诸如股票、债券、期货、期权和房地产;以及尤其重要的,它阐述了各种无形或非常规资产的估价问题,诸如专利、专有技术、商标和商誉、特许经营权、研发和并购。

2. 以诸多著名公司案例和通俗金融/财务理论为题材,夹叙夹议,兼论兼证地论述了成熟、年轻、初创、私营、上市、电子商务和金融服务等各类公司的估价问题。

3. 以最新的估价概念和技术为工具,诸如国家风险、经济增加值、投资现金流收入、价值增进关系链以及实物期权理论,论述了它们对于投资"风险-报酬"关系的估价、公司发展战略的意义,指出了它们在整个资产估价领域中的相应位置、独到之处、适用范围和发展前景。

4. 以相关网站为辅助,体现估价方法和现实数据的持续更新,有助于读者把握投资估价理论和实践两个方面的最新进展。

5. 以上述数点为内容,本书可为证券分析、房地产估价、财务管理、项目规划、投资决策、首次公开发行(IPO)、企业并购与重组、公司价值增进以及发展战略制定等方面的定性、定量分析及其论证提供指南。

投资问题,一如任何其他社会经济问题,是一个取决于各种已知和未知变量且须满足各种约束条件的复杂问题。不确定性将永远与它形影相随!因此,在混沌中寻觅秩序,在不确定性中把握确定性,尽力求取收益的最大化,这就是投资估价之鹄的。

"决策的失误是最大的失误,规划的浪费是最大的浪费",此说虽为老生常谈,但却是屡屡发生、令人扼腕之情形。即便今日,也不在少。海内外投资市场波涌浪推,潮起潮落,来去匆匆,不乏其例。然而,往日已逝,来日可追!

把握科学的理论是为实施合理的实践之前提。译者以为,使用本书的最好方式或在于,首先从有关投资估价问题的这一扛鼎之作中获得某种(些)启迪,再把它(们)灵活机动地运用于我们的实践空间。译者相信,本书能够为读者在微观、中观以及宏观投资决策问题研究与管理的理性化、科学化方面提供净效益。

有幸与清华大学出版社合作,原书第二版之译本出版于2004年仲春。在此,谨就读者们十年来对于《投资估价》(第二版)译本给予的所有估价深表感谢!

值此新的译本付梓之际,深谢无锡市能源研究所林祖安高级工程师、无锡水泵厂梁浣华高级工程师、复旦大学证券研究所所长黄亚钧教授、清华大学出版社经管分社社长徐学军和责任编辑梁云慈等诸位老师为此译的问世而付出的所有辛劳!复旦大学中国风险投资研究中心主任张陆洋教授、光大银行证券投资部执行董事曹晓飞博士也对拙译提出了有益的见解,在此一并致谢!

本书仍分作上、下两册;上册包括1~17章,下册涵盖18~34章。

欢迎读者的指正!译者的电子信箱是 linqian2000@gmail.com。

谨将此译再呈,
　　我的祖国,
　　我的父母!

林　谦

识于2004年仲春,北京西山

再识于2014年仲春,上海虹口

第三版前言

这是一本关于投资估价的书,适用于对股票、债券、期权、期货和房地产的估价。本书的指导理念是,对任何资产都可作出估价,虽然有时不尽精确。我欲尽力说明的不仅是用于不同类型资产估价的各种模型之间的差异,并且还将涉及这些模型所具有的共同因素。

对于那些关注估价问题者来说,过去的十年实属意义非凡。理由在于,首先,鉴于亚洲和拉丁美洲市场的增长已经使得新兴市场公司成为热门议题,这一版本中将更多地关注这些公司。其次,我们看到,在2008年的银行危机期间,各种宏观经济因素令公司估价化作泡影,而发达市场与新兴市场之间的界限也愈加模糊不清。危机期间,我吸取了有关无风险利率、风险溢价和现金流估算等金融基本因素的教训,它们已被归结到本书之中。再次,过去的一年间,我们看到了大众传媒公司的蜂拥而起,其收益甚小但资本化程度颇大,恍若20世纪90年代间网络公司狂潮的诡异再现。超乎以往的是,我们看到,事物的变化愈是激烈,它们也就愈是依然如故。最后,股市新参与者的进入(对冲基金、私人股东和频繁交易者)极大地改变了股市和投资方式。伴随着每一次的变迁,一个反复出现的问题是,"估价方法对于眼下的市场是否依然有效呢?"我的回答依然是,"毫无疑问,而且有过之而无不及"。

快速的技术变化已经使铅印书本成为明日黄花,我在诸多方面尽量迎合这一点。首先,本书将提供电子版,并有望与铅印版同样有用(若非更有用的话)。其次,书中的每一个估价问题都将放在与本书相伴的网址(www.damodaran.com),并将提供大量的数据库和电子数据表。书中的估价问题将在网上持续获得更新,从而可使本书更加接近于现实中的各种估价问题。

在提出和论述估价问题的各个方面时,我努力遵循四条基本准则。第一,尽量广泛地涵盖各类估价模型,说明它们的共同因素,提供可针对任何估价情形选取恰当模型的框架。第二,所提供的各种模型均伴有现实案例、存在的问题和其他内容,以便把握在运用这些模型时可能遇到的某些问题。一种危险显然是,某些估价在事后看来纯属荒谬,但就眼前效益而言,这种成本完全值当。第三,为了论证我的信念,即,估价模型具有普适性而非因市场而异,全书交织了除美国以外的各国市场例证。最后,我努力使得本书更加模块化,便于读者任意选读书中的相关章节而不失连续性。

关于注册估值分析师(CVA)认证考试

CVA 考试简介

注册估值分析师(Chartered Valuation Analyst，CVA)认证考试是由注册估值分析师协会(CVA Institute)组织考核并提供资质认证的一门考试，旨在提高投融资和并购估值领域从业人员的实际分析与操作技能。本门考试对专业实务及实际估值建模等专业知识和岗位技能进行考核，主要涉及企业价值评估及项目投资决策。考试分为实务基础知识和 Excel 案例建模两个科目，内容包括：会计与财务分析、公司金融、企业估值方法、并购分析、项目投资决策、信用分析、财务估值建模七个部分。考生可通过针对各科重点、难点内容的专题培训课程，掌握中外机构普遍使用的财务分析和企业估值方法，演练企业财务预测与估值建模、项目投资决策建模、上市公司估值建模、并购与股权投资估值建模等实际分析操作案例，快速掌握投资估值基础知识和高效规范的建模技巧。

- **实务基础知识科目**——是专业综合知识考试，主要考查投融资及并购估值领域的理论与实践知识及岗位综合能力，考试范围包括会计与财务分析、公司金融、企业估值方法、并购分析、项目投资决策、信用分析这 6 部分内容。本科目由 120 道单项选择题组成，考试时长为 3 小时。
- **Excel 案例建模科目**——是财务估值建模与分析考试，要求考生根据实际案例中企业历史财务数据和假设条件，运用 Excel 搭建出标准、可靠、实用、高效的财务模型，完成企业未来财务报表预测，企业估值和相应的敏感性分析。本科目为 Excel 财务建模形式，考试时长为 3 小时。

职业发展方向

CVA 资格获得者具备企业并购、项目投资决策等投资岗位实务知识、技能和高效规范的建模技巧，能够掌握中外机构普遍使用的财务分析和企业估值方法，并可以熟练进行企业财务预测与估值建模、项目投资决策建模、上市公司估值建模、并购与股权投资估值建模等实际分析操作。

CVA 注册估值分析师的持证人可胜任企业集团投资发展部、并购基金、产业投资基金、私募股权投资、财务顾问、券商投行部门、银行信贷审批等金融投资相关机构的核心岗位工作。

证书优势

岗位实操分析能力优势——CVA考试内容紧密联系实际案例,侧重于提高从业人员的实务技能并迅速应用到实际工作中,使CVA持证人达到高效、系统和专业的职业水平。

标准规范化的职业素质优势——CVA资格认证旨在推动投融资估值行业的标准化与规范化,提高执业人员的从业水平。CVA持证人在工作流程与方法中能够遵循标准化体系,提高效率与正确率。

国际同步知识体系优势——CVA考试采用的教材均为CVA协会精选并引进出版的国外最实用的优秀教材。CVA持证人将国际先进的知识体系与国内实践应用相结合,推行高效标准的建模方法。

配套专业实务型课程——CVA协会联合国内一流金融教育机构开展注册估值分析师的培训课程,邀请行业内资深专家进行现场或视频授课。课程内容侧重行业实务和技能实操,结合当前典型案例,选用CVA协会引进的国外优秀教材,帮助学员快速实现职业化、专业化和国际化,满足中国企业"走出去"进行海外并购的人才急需。

企业内训

CVA协会致力于协助企业系统培养国际型投资专业人才,掌握专业、实务、有效的专业知识。CVA企业内训及考试内容紧密联系实际案例,侧重于提高从业人员的实务技能并迅速应用到实际工作中,使企业人才具备高效专业的职业素养和优秀系统的分析能力。

- 以客户为导向的人性化培训体验,独一无二的特别定制课程体系
- 专业化投融资及并购估值方法相关的优质教学内容,行业经验丰富的超强师资
- 课程采用国外优秀教材,完善科学的培训测评与运作体系

考试专业内容

会计与财务分析

财务报表分析,是通过收集、整理企业财务会计报告中的有关数据,并结合其他有关补充信息,对企业的财务状况、经营成果和现金流量情况进行综合比较和评价,为财务会计报告使用者提供管理决策和控制依据的一项管理工作。本部分主要考核如何通过对企业会计报表的定量分析来判断企业的偿债能力、营运能力、盈利能力及其他方面的状况,内容涵盖利润的质量分析、资产的质量分析和现金流量表分析等。会计与财务分析能力是估值与并购专业人员的重要的基本执业技能之一。

公司金融

公司金融用于考察公司如何有效地利用各种融资渠道,获得最低成本的资金来源,形成最佳资本结构,还包括企业投资、利润分配、运营资金管理及财务分析等方面。本部分

主要考查如何利用各种分析工具来管理公司的财务,例如使用现金流折现法(DCF)来为投资计划作出评估,同时考察有关资本成本、资本资产定价模型等基本知识。

企业估值方法

企业的资产及其获利能力决定了企业的内在价值,因此企业估值是投融资、并购交易的重要前提,也是非常专业而复杂的问题。本部分主要考核企业估值中最常用的估值方法及不同估值方法的综合应用,诸如 P/E,EV/EBITDA 等估值乘数的实际应用,以及可比公司、可比交易、现金流折现模型等估值方法的应用。

并购分析

并购与股权投资中的定量分析技术在财务结构设计、目标企业估值、风险收益评估的应用已经愈加成为并购以及股权专业投资人员必须掌握的核心技术,同时也是各类投资者解读并购交易及分析并购双方企业价值所必须掌握的分析技能。本部分主要考核企业并购的基本分析方法,独立完成企业并购分析,如合并报表假设模拟、可变价格分析、贡献率分析、相对 PE 分析、所有权分析、信用分析、增厚/稀释分析等常见并购分析方法。

项目投资决策

项目投资决策是企业所有决策中最为关键、最为重要的决策,就是企业对某一项目(包括有形、无形资产,技术,经营权等)投资前进行的分析、研究和方案选择。本部分主要考查项目投资决策的程序、影响因素和投资评价指标。投资评价指标是指考虑时间价值因素的指标,主要包括净现值、动态投资回收期、内部收益率等。

信用分析

信用分析是对债务人的道德品格、资本实力、还款能力、担保及环境条件等进行系统分析,以确定是否给与贷款及相应的贷款条件。本部分主要考查常用信用分析的基本方法及常用的信用比率。

财务估值建模

本部分主要在 Excel 案例建模科目考试中进行考查。包括涉及 EXCEL 常用函数及建模最佳惯例,使用现金流折现方法的 EXCEL 财务模型构建,要求考生根据企业历史财务数据,对企业未来财务数据进行预测,计算自由现金流、资本成本、企业价值及股权价值,掌握敏感性分析的使用方法;并需要考生掌握利润表、资产负债表、现金流量表、流动资金估算表、折旧计算表、贷款偿还表等有关科目及报表勾稽关系。

考试安排

CVA 考试每年于 4 月、11 月的第三个周日举行,具体考试时间安排及考试报名,请访问 CVA 协会官方网站 www.CVAinstitute.org

CVA 协会简介

注册估值分析师协会(Chartered Valuation Analyst Institute)是全球性及非营利性

的专业机构,总部设于香港,致力于建立全球金融投资估值的行业标准,负责在亚太地区主理CVA考试资格认证、企业人才内训、第三方估值服务、研究出版年度行业估值报告以及进行CVA协会事务运营和会员管理。

联系方式

官方网站：http://www.cvainstitute.org

电话：4006-777-630

E-mail：contactus@cvainstitute.org

新浪微博：注册估值分析师协会

协会官网二维码

微信平台二维码

目 录

第 1 章	**估价导论** ···	1
1.1	估价的方法论基础 ···	1
1.2	估价的一般原则 ··	2
1.3	估价的作用 ··	6
1.4	总结 ··	9
1.5	问题和简答题 ···	9
第 2 章	**各种估价方法** ···	10
2.1	贴现现金流估价法 ···	10
2.2	相对估价法 ··	17
2.3	相机索取权估价法 ···	21
2.4	总结 ··	23
2.5	问题和简答题 ···	23
第 3 章	**理解财务报表** ···	25
3.1	基本的会计报表 ··	25
3.2	资产的衡量与估价 ···	27
3.3	衡量融资结构 ···	32
3.4	衡量盈利和盈利能力 ··	37
3.5	衡量风险 ···	42
3.6	财务报表分析的其他问题 ··	47
3.7	总结 ··	49
3.8	问题和简答题 ···	49
第 4 章	**风险的基本问题** ··	52
4.1	风险是什么？ ···	52
4.2	股权风险和预期报酬 ··	53
4.3	关于股权风险的其他模型 ··	63

4.4	关于股票风险模型的比较分析	68
4.5	违约风险模型	69
4.6	总结	72
4.7	问题和简答题	73

第5章 期权定价理论和模型 … 77

5.1	期权定价的基本知识	77
5.2	期权价值的决定因素	78
5.3	期权定价模型	80
5.4	期权定价法的扩展	92
5.5	总结	94
5.6	问题和简答题	94

第6章 市场有效性：定义、检验和证据 … 97

6.1	市场有效性和投资估价	97
6.2	何为有效市场？	98
6.3	市场有效性的含义	98
6.4	市场有效性的必要条件	99
6.5	关于市场有效性的几个建议	100
6.6	市场有效性的检验	101
6.7	检验市场有效性时的基本错误	106
6.8	某些可能引起问题的常见谬误	107
6.9	市场有效性的证据	107
6.10	价格变化的时间序列特征	107
6.11	市场对于各种信息事件的反应	114
6.12	市场的各种异态	118
6.13	关于内部交易和专业投资者的证据	126
6.14	总结	130
6.15	问题和简答题	131

第7章 无风险利率和风险溢价 … 135

7.1	无风险利率	135
7.2	股权风险溢价	140
7.3	债券的违约息差	154
7.4	总结	157

7.5	问题和简答题	157

第 8 章　风险参数和融资成本的估算 159
- 8.1　股权成本和资本成本 159
- 8.2　从股权成本到资本成本 184
- 8.3　公司的各种最优做法 193
- 8.4　总结 194
- 8.5　问题和简答题 194

第 9 章　盈利的衡量 201
- 9.1　会计资产负债表与财务资产负债表 201
- 9.2　对盈利的调整 202
- 9.3　总结 217
- 9.4　问题和简答题 219

第 10 章　从盈利到现金流 220
- 10.1　税收效应 220
- 10.2　再投资需要 228
- 10.3　总结 237
- 10.4　问题和简答题 237

第 11 章　增长的估算 240
- 11.1　增长的重要性 240
- 11.2　以往的历史 241
- 11.3　分析者的增长率估算 250
- 11.4　决定公司增长的基本因素 253
- 11.5　增长的质量问题 268
- 11.6　总结 269
- 11.7　问题和简答题 270

第 12 章　估价的截止：估算终值 271
- 12.1　估算的截止 271
- 12.2　公司的生存问题 283
- 12.3　关于终值的总结性思考 285
- 12.4　总结 285

  12.5 问题和简答题 ··· 286

第13章 股息贴现模型 ··· 288
  13.1 一般模型 ··· 288
  13.2 模型的各种形式 ··· 289
  13.3 使用股息贴现模型时的问题 ··· 306
  13.4 对于股息贴现模型的检验 ··· 307
  13.5 总结 ·· 310
  13.6 问题和简答题 ·· 310

第14章 股权自由现金流贴现模型 ·· 313
  14.1 衡量公司能够支付给股东的金额 ··· 313
  14.2 FCFE估价模型 ·· 318
  14.3 FCFE估价与贴现现金流模型估价的对照 ··· 331
  14.4 总结 ·· 335
  14.5 问题和简答题 ·· 336

第15章 公司估价：资本成本和调整型现值方法 ··· 339
  15.1 公司的自由现金流 ·· 339
  15.2 公司估价：资本成本法 ·· 341
  15.3 公司估价：调整型现值法 ··· 356
  15.4 杠杆水平对公司价值的影响 ··· 360
  15.5 调整型现值和财务杠杆 ·· 373
  15.6 问题和简答题 ·· 377

第16章 估算每股的价值 ·· 380
  16.1 非经营性资产的价值 ··· 380
  16.2 公司价值和股权价值 ··· 396
  16.3 管理者和员工期权 ·· 397
  16.4 表决权变动时的每股价值 ··· 403
  16.5 总结 ·· 405
  16.6 问题和简答题 ·· 406

第17章 相对估价法的基本原则 ·· 408
  17.1 相对估价法的运用 ·· 408

17.2	标准化的价值和乘数	409
17.3	使用乘数的四个基本步骤	410
17.4	相对估价法与贴现现金流估价法的协调	420
17.5	总结	420
17.6	问题和简答题	421

参考文献（第1～17章） 422

CHAPTER 第1章

估价导论

每一种资产，无论是金融的还是实物的，都具备价值。成功地投资和管理这些资产的关键是，我们不仅要理解价值是什么，而且须把握价值出自何处。任何一种资产都可得到估价，但对某些资产的估价要比其他资产来得容易，估价的细节也会因情势而异。因此，与上市股票相比，对房地产的估价需要不同的信息并且依据不同的程序。但是，令人惊讶的并不在于估价各种资产时所用技术方面存在着差异，而是它们在基本估价原则上非常接近。估价无法摆脱不确定性。不确定性通常来自于所估价的资产，而估价模型自身也会加剧这种不确定性。

本章将为估价奠定方法论基础，还要探讨如何或者能够如何把估价运用于各式各样的分析框架，包括投资组合管理到公司金融问题。

1.1 估价的方法论基础

Oscar Wilder，[①]他把纨绔子弟描绘成"知道一切东西的价格，却不知道任何东西之价值"的那样一种人。他同样也应能够生动地刻画某些分析者和许多投资者，因为，在他们当中，有多得令人吃惊的人信奉所谓"更大傻瓜"这种投资理论。他们认为，一种资产本身的价值无关紧要，只要周围有着那么一位"更大的傻瓜"乐意从他们那里买下那种资产即可。这种看法虽然可为某些利润提供凭据，但它却是一出如同玩火的游戏。因为，在他们想要出售资产之时，谁也无法保证周围仍然徘徊着那样一位投资者。

进行安全投资的一个基本前提是，投资者所付出的金额不超过资产的价值。这一论断看似符合逻辑而且明确直观，但它却在每一代人中以及每一个市场上的某些时候被忘却以及再度被发掘出来。确实存在着那样一种人，过度的精明使得他们辩称"情人眼里出西施"，只要存在着乐意作出支付的其他投资者，无论何种价格都合乎情理。这种想法实属愚人之见。如果资产是一幅图画或者一尊雕塑，主观见解或许能够决定一切。但是，投

---

① 为便于读者参阅原书及其参考资料，避免可能出现的歧义，我们对原书中的人名、公司和机构名称一般不作翻译。——译者注

资者不会(也不应)仅仅出于审美或者情感的缘由而去购置大多数资产；他们之所以购置金融资产，则是基于它们所能产生的期望现金流。因此，对于价值的见解必须具备现实的依据。这意味着，对于任何一种资产所支付的价格都应体现出预期它所能产生的现金流。本书所述各种估价模型就在于努力把资产的价值与这些现金流的水平和预期增长相联系。估价问题在许多方面都存在着争议空间，包括如何估算资产的真实价值，以及价格调整需要持续多久方能体现出真实价值。但毋庸置疑的一点是，若要论证各种资产的价格，我们绝对不能完全仰仗这样一种观点，即，周围总是会出现其他乐意支付那些价格的投资者。

1.2 估价的一般原则

如同所有的分析性学科那样，随着时间，估价问题也繁衍出了自有的一组幻念(myth)。

幻念1：因为估价模型是定量的，所以估价是客观的

估价，既不是其某些倡导者所描绘的那种科学，也不是理想主义者指望它所变成的对真实价值的某种客观探寻。我们在估价时所用模型可能是定量的，但在模型的数据方面却为主观判断留下了大量空间。因此，根据这些模型所得到的最终价值掺杂了我们携带到估价过程中的各种偏见。实际上，在许多估价过程中，首先被设定的是价格，而估价工作则是随后实施的。

一个显而易见的解决方案是，在启动估价之前就消除所有的偏见，但这一点说起来容易做起来难。鉴于必须面对关于公司的各种外部信息、分析和意见，我们通常难以作出不偏不倚的估价。两种方法可以减少估价过程所包含的偏见。第一种是，在完成估价之前，避免采纳公众有关公司价值的偏狭观点。在太多的情形中，在估价的完成之前，有关公司是被低估抑或高估的结论就已定夺，[1]这就令分析出现严重的偏向。第二种方式则是，在实施估价之前，尽量减少公司由于被过低或过高估价而将涉及的利益问题。

在决定估价的偏差程度方面，各种规制性因素也会起到某种作用。例如，一个众所周知的事实是，股票研究分析者更有可能发布买入而非卖出的建议[2]（即，相对于找到被高估的公司而言，他们更善于找出被低估的公司）。这一点部分可归咎于分析者们难以接触、搜集他们发布卖出建议的相关公司的信息，部分则可归咎于他们面临着来自投资组合经理们的压力，因为其中一些经理在这些股票上持有大量的头寸。近年来，提供投资银行业务的股票分析师们所承受的压力又进一步加剧了这种趋势。

---

[1] 这一点在并购中最常出现；其中，收购公司决策的形成似乎时常领先于对它的估价。因此，无须惊讶的是，此类分析几乎总是支持这种决策。

[2] 在大多数年间，买入建议超出卖出建议的比例为10∶1。近年来，这种趋势已变得越发强烈。

如果使用由第三方作出的估价,在凭借它们进行决策前,应该考虑到分析师(们)的各种偏见。例如,由收购交易的目标公司所作的自行估价有可能偏于乐观。尽管这一点不会使得估价全无价值,它却提醒我们应该审慎地看待此类分析。

> **股票研究的偏见**
>
> 在以"非理性繁荣"为特征的各个时期,股票研究与营销术之间的界限大多模糊不清。在20世纪90年代后期,构成新经济的各公司在市值上的异常飙升使得大量的股票研究分析师,尤其是处在卖出一方的分析师,逾越了本职工作转而变身为这些股票的拉拉队长。这些分析师原本应该提供含义明确的投资建议,但他们所供职的投资银行,针对那些向其披露了内部信息的公司,却把帮助初次上市的费用索取扭曲成了凭借偏见和更糟糕内容的费用索取。
>
> 在2001年间,新经济股票的市值崩溃以及财富由此而受损的投资者们的怒吼激起了一场争议风暴。美国国会为此而多次召开了听证会。议员们要求知道,分析师们对自己所推荐的那些公司究竟了解多少以及了解的时间;美国联邦证券交易委员会(SEC)发表了多项声明,要求股票研究需做到不偏不倚,而某些投资银行则采取了一些决策,极力营造出客观估价的表象。各投资银行甚至设置了隔离墙将其投资银行家与股票分析师分隔开来。此类隔离手段虽然具有一定的效果,但偏见的真正缘由,即银行业务、交易活动以及投资咨询的相互缠绕,却依然未能触及。
>
> 那么,政府是否应该为股票研究建立某种规则呢?此举并不明智,因为这种规定大多会出手过重,造成很快就会超过收益的额外成本。投资组合经理和投资者自己完全能够作出更为有效的反应。我们认为,应该给那些可能造就偏见的股票研究打上折扣,并在某些极端情况下予以摒弃。另一方面,只有那些单纯提供投资建议的新型股票研究公司才符合无偏估价的要求。

幻念2:研究周全或实施稳妥的估价不受时间的限制

根据任何估价模型所得到的价值都会受到公司特定信息和整个市场信息的影响。因此,价值将会随着新信息的披露而变化。由于信息源源不断地流入金融市场,对于公司的估价很快就会过时,故而必须得到更新,从而体现出当期的信息。这种信息可能是公司特定的、影响整个行业的,抑或改变人们对于市场上所有公司之预期的。有关公司特定信息的一个最普遍例子是收益报告,它不仅包含了公司在最近时期的经营状况,更重要的是,它体现了公司采用的经营模式。从1999年到2001年间,许多新经济股票价值的惨跌,至少部分地可归咎于这样一种认识,即,这些公司的经营模式所能提供的只是客户而不是收益,即使就长期而论也是如此。我们已经看到,诸如 LinkedIin 和 Zynga 等大众传媒公司在2010年间获得了市场的热烈回应,饶有意义的是观察一下历史是否将会再度重现。凭借着庞大的成员基数,这些公司展现了广阔的前景,但是它们目前还处在把这种前景予以商业化的初期阶段。

在某些情形中,新的信息会影响对于某一行业中所有公司的估价。因此,凭借始于前些年的高增长和收益将会延续到未来的假设,各金融服务公司在2008年前期所获估价甚高。但是,随着2008年的危机暴露出其弱点以及所蕴含的危机,到2009年前期,对于它们的估价就大打折扣。

最后,关于经济状况和利率水平的信息会影响到整个经济体中所有公司的估价。经济增长趋势的减弱将会造成对总体增长率的重新估算,而对于周期性公司收益的影响可能最大。类似地,利率的提高也会影响到所有的投资,虽然程度不一。

分析师们若要改变其估价,无疑需要提供某种自行论证。有时,估价会逐渐变化这一事实的确被认为值得关注。对此,约翰·梅纳德·凯恩斯(John Maynard Keynes)作出的反应或许是最恰当的。当他因为改变了在某一重大经济问题上的立场而遭到批评时,他的回答是,"如果事实发生了变化,我就改变自己的想法。先生们,你们又会怎么办呢?"

幻念3:好的估价能对价值作出精确的估算

即便是在最为周密和细致的估价结束之际,最终得到的数字也仍然包含着不确定性,因为它们会被我们针对公司和经济未来走向的假设所扭曲。希冀或者强求估价的绝对确定性是不现实的,因为现金流和贴现率都属于估算数。这也就意味着,在根据估价提出股票买卖建议时,分析师们必须给自己留下合理的回旋余地。

估价的精确程度会因投资项目的不同而变化。相比于处在动荡行业中的年轻公司的估价,针对具有长期融资史的大型和成熟公司的估价通常要准确得多。假如前面一类公司恰好又在新兴市场中经营,由于有关市场前景的争议的掺和,不确定性会进一步加剧。在本书后面的第23章中,我们提出,与估价相系的各种困难还与公司所处生命周期的阶段相关。对于成熟公司的估价通常易于增长型公司,对年轻初创公司的估价则比已有现成产品和市场的公司更加不易。在此,问题不在于我们所使用的模型如何,而在于估算未来情形时所遇到的各种困难。未来的不确定性或信息的缺乏,这些都是许多投资者和分析师用来证明为何无法开展全面估价的理由。但是,在现实世界中,对这些公司进行估价所能获得的报酬却最大。

幻念4:模型越是定量化就越好

表面看来,使得模型更加完整和复杂的做法应该能够产生更好的估价,但事实未必如此。随着模型变得愈加复杂,公司估价所需数据量通常也会递增,并且存在数据有误的可能。如果模型过于复杂而变成了"黑箱",即分析师在一端输入数字,而估价出现在另一端,这些问题就会进一步加剧。一种司空见惯的情形是,如果估价失败,受到责备的是模型而非分析师自己。对此,他们的说辞是,"这不能怨我,而是模型的过错"。

针对所有的估价,必须明确重要的三点。第一点,需要坚持节俭的原则;其基本含义是,所用数据不超出为评估资产不可或缺的数量。第二点,必须认识到,在提供更多细节所能产生的追加效益与估算成本(以及误差)之间存在着某种取舍。第三点,必须理解,并非模型在评估公司,而是我们自己在进行这项工作。若在估价时面临的问题不是信息太少而是太多,几乎与评估公司所用估价模型和技术同样重要的是,把重要的信息与其他无关紧要者相区别。

幻念 5:意欲凭借估价而赚钱,必须假设市场是无效的(但会变得有效)

估价行为蕴含着这样一种想法,市场同样也会出错。凭借着通常为成千上万的投资者所接触的信息,我们的目的就在于发现这些错误。因此,似乎可以认为,那些相信市场无效的人应该把时间和资源投入到估价中,而那些信奉市场有效者则应把价格看作是对价值的最优估计。

然而,这种论断未能体现出两种定位的内在矛盾。那些信奉市场有效者仍会觉得估价工作能有所贡献,尤其在需要他们评估公司经营方式变化所产生的影响或者理解市场价格为何会因时而变的时候。进一步说,假如投资者未曾尝试找到被低估或高估的股票并且根据这些估价进行交易,那就难以厘清市场在最初如何会具备有效性。换句话说,市场有效性的前提条件似应在于,存在着数以百万计的相信市场是无效的投资者。

另一方面,那些相信市场会犯错误并因此而买卖股票者必须相信,市场终究会纠正这些错误(即,变得有效),此乃他们得以赚钱的缘由所在。因此,这是有关低效性的纯属自私的定义,即,在我们构建据信定价有误之股票的大量头寸前,市场一直是无效的,一旦我们获得这种头寸,它们就变得有效了。

对待市场有效性问题,最好是持怀疑的态度。一方面认识到市场会犯错误,另一方面则是,发现这些错误则需要技能与运气的结合。因此,这种市场观念可以导致下列结论:第一,如果某种事情显得过于美妙而难以置信,即某只股票看来明显地被低估或者高估,它有可能纯属幻象。第二,如果分析得到的价值与市场价格大相径庭,首先应该考虑到市场是正确的;然后,我们必须说服自己,在认定某一事物被高估或低估之前,我们已经偏离了事实。这一更高的标准可以督促我们在随后的整个估价过程中更加谨慎小心。考虑到胜出市场的不易,这种审慎绝非多余。

幻念 6:重要的在于估价的结果(即价值),估价过程则无关紧要

随着各种估价模型被引入本书,将会出现完全只注重结果(即公司的价值,以及它是否被低估或高估)而错失可从估价过程中获得某些宝贵见解的风险。估价过程可以告诉我们有关价值决定因素的许多事情,并且有助于回答一些基本的问题,诸如支付给高增长的合适价格是多少?某一商标的价值是多少?增进项目收益的意义有多大?利润率对价

值有何影响？鉴于这一过程包含了如此丰富的信息，即便是信奉市场有效者（从而，市场价格是对价值的最优估计）也应能够发现估价模型的某些用途。

1.3 估价的作用

估价在诸多种类的工作中均有用处。然而，其所起的作用却因活动领域的不同而相异。本节将罗列出估价在投资组合管理、收购分析和公司金融中的相关内容。

1.3.1 投资组合管理中的估价

在投资组合管理方面，估价的作用在很大程度上取决于投资者的投资理念。估价在被动型投资者的组合管理中作用最小，而对主动型投资者则作用较大。即使在主动型投资者当中，估价的性质和作用也因主动型投资的种类不同而有别。市场择机者[①]对于估价的运用应该远远不及那些出于长期考虑而挑选股票的投资者，因为前者关注的是市场估价而非针对特定公司的估价。在股票挑选者当中，估价对于基本因素分析者的组合管理具有核心作用，而对于技术因素分析者则只起着辅助作用。

基本因素分析者

基本因素分析法的一条基本原理是，我们可将公司真实价值与其诸如增长前景、风险状况、现金流和其他财务特征相联系。对于真实价值的偏离可能表明股票是被低估还是高估。作为一项着眼于长期的投资策略，它的基本假设是：

- 我们能够衡量价值同各种基本财务因素之间的关系。
- 这种关系不会因为时间的推移而发生重大变化。
- 对于这种关系的偏离可以在合理的时期内获得纠正。

估价是基本因素分析法的关注点。某些分析者运用贴现现金流模型评估公司，其他人则使用各种乘数，诸如"价格-盈利"比率和"价格-账面价值"比率。使用基本因素分析法的投资者，在其投资组合中，时常持有大量的被低估股票，故而希望这些组合的运作在总体上能够胜出市场。

特许经营权购买者

特许经营权购买者的理念由一位在这方面成就斐然的投资者——沃伦·巴菲特（Warren Buffet）作出了最好的表述："我们努力地盯住那些自信能够理解的生意。"巴菲特先生写道，"这就意味着，它们的特征必须是相对简单而稳定的。如果某种生意复杂多变，

---

① 在本节中，有关投资者/分析者名称的原文和译名是，Market Timer（市场择机者）、Stock picker（股票挑选者）、Fundamental Analyst（基本因素分析者）、Franchise Buyer（特许经营权购买者）、Chartist（图表分析者）、Information Trader（信息交易者），以及Efficient Marketer（有效市场型交易者）。——译者注

我们的智慧将不足以预测未来的现金流。"①特许经营权购买者专注于自己非常熟悉的行业，努力收购其中被低估的公司。就像巴菲特先生所为，特许经营权购买者大多会对公司管理施加影响，并且改变其财务和投资策略。作为一项长期策略，其基本假设是：

- 若对某种行业比较了解，投资者就能更加正确地对其进行估价。
- 可以收购这些被低估的公司而无须使得开价高于真实价值，有时甚至可以打折。

特许经营权购买者因为确信某个特定公司被低估而青睐于它，估价对于贯彻实施这种投资理念具有关键性作用。他们关心的另一个问题是，通过公司重组和正确经营，他们能够创造出多少追加价值。

图表分析者

图表分析者们相信，投资者的心理活动同样会驱使价格发生变化，其程度不亚于任何一种基本的金融变量。各种交易信息，包括价格变化幅度、交易量、空头交易量等，体现出了投资者的心理以及未来的价格变化。这里的假设是，价格将根据可以预测的形态发生变化，而在市场上利用这些形态的边际投资者无力予以消除，市场上的普通投资者更多地受到情感而不是理性分析的驱使。

估价在图形分析中的作用虽然不大，但还存在一些途径，可以使具有进取心的图表分析者把估价结合到分析中。例如，估价可用于确定价格图形中的支撑线（support line）和阻力线（resistance line）。②

信息交易者

价格会根据有关公司的信息而变化。信息交易者试图，抢在新信息在金融市场上披露之前或者紧随其后，根据好消息买入而根据坏消息卖出。其基本见解是，这些交易者能够预计到信息的公布，能比市场上的普通投资者更善于把握市场对于信息的反应。

信息交易者关注的是信息与价值变化之间的关系，而不是价值本身。因此，若他（她）相信，下次信息公布的内容将超出市场预期而导致价格上涨，信息交易者甚至会买入被高估的股票。在公司被低估或高估的原因与其股票对于新信息的反应方式之间，如果确实存在着某种关系，估价就能在信息交易者的投资活动中发挥作用。

市场择机者

并非全无道理的是，市场择机者们注意到，在市场上准确地买卖股票所得收益远远超过股票挑选。他们认为，预测市场的变化要比股票挑选容易许多，因为这些预测可以根据各种可以观察得到的因素进行。

虽然单只股票估价对于市场择机者也许并无用处，市场择机策略至少可以两种方式

---

① 这段话摘自巴菲特先生在 1993 年致 Berkshire Hathaway 公司股东们的信件。
② 在图形分析中，支撑线常指价格不太会下跌低于它的下界，阻力线则指价格不太会上涨得高于它的上界。这些水平线通常是根据以往的价格估算得出，但可根据估价模型提供的价值变化范围确定这些水准（即，最大值构成阻力线，最小值则成为支撑线）。

运用估价方法:

1. 对整个市场本身进行估价,并将它与当期水平相互对照。

2. 运用某种估价模型对所有股票进行估价,根据得出的结果确定市场是被高估还是低估。例如,运用贴现现金流模型,如果被高估股票的数目相对于被低估股票数目增加,那就有理由相信整个市场被过高估价了。

有效市场型交易者

有效市场型交易者相信,任何时点上的市场价格都体现了对于公司真实价值的最优估计,试图挖掘所察觉的市场有效性的成本将超出利润。他们认为,市场能够迅速而准确地汇总所有信息,边际投资者则会迅速挖掘出任何的无效性,而套利活动无法完全消除市场上由摩擦因素(诸如交易成本等)所造成的无效性。

对有效市场型交易者来说,估价有助于确定股票为何是以某个特定价位而卖出。因此,根据"市场价格是对公司真实价值的最优估算值"这一基本假设,他们的目标就变为,确定这种市场价格所蕴含的有关增长和风险的假设,而不是去寻找被低估或高估的公司。

1.3.2 收购分析中的估价

估价应该在收购分析中发挥核心作用。在制定收购的出价(bid)前,出价公司或个人必须确定目标公司的公允价值(fair value);而在决定是否接受出价前,目标公司同样必须确定自己的合理价值。

对于并购公司估价,还需考虑到一些特殊因素。首先,在制定出价决策前,必须考虑到协同性对两家公司(目标公司和出价公司)合成价值的影响。有些人错误地认为,不可能对协同性进行估价,故不应在量化条款中予以考虑。其次,若要确定公允价格,必须考虑到管理层变更和重组对于目标公司价值的影响。这一点对于敌意收购尤为重要。

最后,在收购估价中,还有一个事关偏见的重大问题。目标公司在自行估价时可能会过于乐观,尤其是面临敌意收购时,它们会极力让股东们相信对方的出价太低。与此相似,若出价公司出于战略性考虑而决定实施收购,它就会极力要求分析者提供能够支持这种收购的价值估算。

1.3.3 公司金融中的估价

若公司金融的目标是追求公司价值的最大化,①那就必须确定金融决策、公司战略与公司价值之间的关系。近年来,各种管理咨询公司已经开始为各公司如何提升价值提供咨询,②其建议通常为公司重组提供了依据。

---

① 关于公司金融的理论大多以这一前提为基础。
② 这种做法的动因是担忧遭遇敌意收购。各公司正越求助于"价值咨询专家"告诉它们如何进行重组、提升价值和避免敌意收购。

公司的价值会与它的各种决策直接相关,包括承担的项目、项目融资方式和股息政策。对于这种关系的把握构成了制定价值提升策略和敏感的金融重组的关键。

1.4 总结

估价在金融领域的许多方面都具有重要作用,包括公司金融、并购以及投资组合管理。本书展现的各种模型将为各方面的分析者提供有用的工具,但本章提出的警示值得重申。估价不是一种客观的操作,由分析者带入操作过程的各种成见和偏见都会渗透到价值中。即便是最好的分析者也只能大致地估算价值,而在评估过程中同样可能出错。

1.5 问题和简答题

在下列问题中,若无特别说明,设股票风险溢价为5.5%。

1. 投资的价值是

a. 投资的现金流现值。

b. 取决于投资者对它的见解。

c. 取决于供给和需求。

d. 通常为主观估计值,并且掺带了分析者的偏见。

e. 上述全部选项。

2. 许多人认为,价值仅仅取决于投资者的见解,而现金流和收益并不重要。这种看法存在着缺陷,因为

a. 价值取决于收益,而投资者的见解无关紧要。

b. 见解确实重要,但却会发生变化。价值必须以某些更加真实的东西为基础。

c. 投资者是非理性的,因此,他们的见解不应决定价值。

d. 价值取决于投资者的见解,但同样取决于基本的收益和现金流。见解必须以现实为基础。

3. 我们根据估价模型得出某只股票的价值是15美元,其市场价格则为25美元。这种差额可以解释为

a. 市场的低效性;市场高估了这只股票。

b. 在评估股票时,使用了错误的估价模型。

c. 估价模型的数据有误。

d. 上述全部选项。

CHAPTER
第 2 章

各种估价方法

在实践中,分析者们运用了由简到繁而种类甚多的模型。这些模型通常作出了不同的假设条件,但却有某些共同特征,故而能以较为宽泛的条件归类。这种分类具有几个好处:便于我们理解各种模型在整个估价框架中的恰当位置,它们为何会给出不同的结论,以及何时会出现基本的逻辑错误。

一般而言,估价具有三种方法。第一,贴现现金流(DCF)估价法,把资产的价值与它的预期未来现金流的现值(PV)相联系。第二,相对估价法,通过观察可比资产相对于某种共同变量的定价估算资产的价值,诸如盈利、现金流、账面价值或者销售额。第三,相机索取权估价法,[①]运用期权定价模型衡量那些带有期权特征的资产的价值。在这类资产中,有些是购股权证(warrants)之类上市金融资产,有些是没有上市而以实物资产(如项目、专利和原油储藏)为基础。后者常被称作"实物期权"(real options)。所用方法不同,估价结果也会相异。本书的目标之一就在于,解释不同的模型为何会造成此类价值差异,帮助我们根据特定的任务选择恰当的模型。

2.1 贴现现金流估价法

尽管只是处理估价问题的三条途径之一,而且现实中的估价法大多属于相对估价法,贴现现金流估价法却是构建其他所有估价方法的基础。为了正确地运用相对估价法,需要依靠贴现现金流估价法的基本原理;为了运用期权定价模型评估资产,通常也需从贴现现金流估价法入手。这正是本书为何用如此大的篇幅考察贴现现金流估价法。只要把握了其基本原理,我们就能分析和使用其他方法。本节考察贴现现金流估价法的基本内容和指导理念,探讨隶属于贴现现金流估价法的各种方法。

2.1.1 贴现现金流估价法的基本内容

这一方法立足于"现值法则"。其含义是,任何资产的价值都是它的预期未来现金流

---

① 此处原文为"contingent claim valuation",也可译作"或有索取权估价法",其实质就是"期权定价法"(option pricing valuation)。——译者注

的现值。

$$价值 = \sum_{t=1}^{t=n} \frac{CF_t}{(1+r)^t}$$

其中，$n=$ 资产的寿命

$CF_t=$ 时期 t 的现金流

$r=$ 体现相关现金流风险的贴现率

现金流会随着资产的不同而变化，包括股票股息、债券息票（利息）和账面价值、实际项目的税后现金流。贴现率取决于所估算现金流的风险，较高的比率针对风险较大的资产，而较低的比率则针对较安全的项目。

其实，我们还可从阶梯递进的角度看待贴现现金流估价法。在阶梯的一端是无违约的零息票债券，具备有保障的未来现金流；用无风险利率对这种现金流进行贴现，就可得到这种债券的价值。沿着风险阶梯稍微前移则是公司债券，其现金流以息票为形式且有违约风险，运用体现违约风险的利率对现金流进行贴现，就可对这些债券进行估价。在风险阶梯上继续前移，就会遇到股票；它们是关于各种预期情形而不确定性极大的期望现金流；在此，价值应该等于以体现这种不确定性的贴现率实施贴现之后的期望现金流现值。

2.1.2 贴现现金流估价法的基石

根据贴现现金流估价法，我们试图根据资产的各种基本因素估算其内在价值（intrinsic value）。何为"内在价值"呢？鉴于缺乏更确切的定义，我们可将它看作是由一位不带偏见的分析者赋予公司的价值。给定当期可得信息，它不仅能够正确估算公司现金流，而且能够运用恰当的贴现率对这些现金流进行估价。估算内在价值的任务看起来希望渺茫，尤其是针对那些前景极难预测的年轻公司，但是尽力估算价值的做法依然能够得到回报，因为市场定价包含了各种错误。虽然市场价格会偏离（根据基本因素所估算的）内在价值，但是我们希望两者将会很快而非缓慢地收敛在一起。

2.1.3 贴现现金流模型的分类

毫不夸张地说，现实中存在着数千种贴现现金流模型。投资银行或咨询公司时常宣称自己的估价模型要比其同行的模型更好或者更高级。然而，不尽如人意的事实在于，贴现现金流模型只能在三两个维度上有所变化。

股权估价和公司估价

对于公司的估价有两种方式，第一种是只对其股权进行估价；第二种则是对整个公司进行估价，除了股权之外，还包括公司的（债券持有者、优先股股东的）各种债权。这两种方式都需对期望现金流进行贴现，但相关的现金流和贴现率则各有不同。图2.1勾画了两种方法的实质所在。

股权价值可通过运用股权成本（即，公司股东所要求的报酬率）对股权的期望现金流

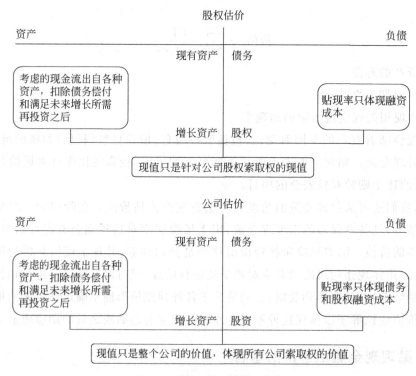

图 2.1 股权估价和公司估价

(即,满足所有支出、再投资、纳税义务、利息和本金偿付之后的剩余现金流)进行贴现而得出。

$$股权价值 = \sum_{t=1}^{t=n} \frac{股权的 CF_t}{(1+k_e)^t}$$

其中,$n=$资产的寿命

股权的 $CF_t=$在 t 期的预期股权现金流

$k_e=$股权成本

股息贴现模型属于股权估价法的一种特殊情形,其股权价值等于预期未来股息的现值。

公司价值可通过运用资本加权平均成本(WACC,公司用于融资的各种不同因素的成本,由它们的市值比例加权)对公司的期望现金流(即,扣除所有经营性支出、再投资资金和税款之后而在扣除对于债权或股权持有者的任何支付之前的现金流)进行贴现而得出。

$$公司价值 = \sum_{t=1}^{t=n} \frac{公司的 CF_t}{(1+WACC)^t}$$

其中,$n=$资产的寿命

公司的 $CF_t=$公司在 t 期的现金流

WACC=资本加权平均成本

尽管这些方法所用现金流和贴现率的定义不同,它们却能够产生一致的股权价值估值,只要我们在估价时与各假设条件保持一致。需要避免的一个关键性错误是,对于现金流和贴现率的搭配不当。若用资本成本对股权现金流进行贴现将会高估股权价值,而用股权成本对公司现金流进行贴现则会低估公司价值。案例2.1说明了如何保持股权估价法与公司价值估价法的一致性问题。

案例 2.1　错误搭配现金流与贴现率的后果

假设所需分析的某公司在未来五年内具有下列现金流。假设股权成本为13.625%,公司可根据10%的利率进行长期借款。(公司税率为50%。)当期股权市值为1 073美元,未偿债务市值为800美元。

年份	股权现金流/美元	利息(长期)/美元	公司现金流/美元
1	50	40	90
2	60	40	100
3	68	40	108
4	76.2	40	116.2
5	83.49	40	123.49
最终价值	1 603.008		2 363.008

作为输入数据的股权成本为13.625%,税后债务成本为5%:

$$债务成本 = 税前利率(1-税率) = 10\% \times (1-0.5) = 5\%$$

给定股权和债务的市值,就可估算资本成本如下:

$$WACC = 股权成本[股权/(债务+股权)] + 债务成本/(债务+股权)]$$
$$= 13.625\% \times (1\,073/1\,873) + 5\% \times (800/1\,873) = 9.94\%$$

方法1:用股权成本对股权现金流进行贴现而得到股权现值

用股权成本对股权现金流进行贴现:

$$股权的 PV = 50/1.136\,25 + 60/1.136\,25^2 + 68/1.136\,25^3 + 76.2/1.136\,25^4$$
$$+ (83.49 + 1\,603)/1.136\,25^5 = 1\,073(美元)$$

方法2:用资本成本对公司现金流进行贴现而得到公司现值

$$公司的 PV = 90/1.099\,4 + 100/1.099\,4^2 + 108/1.099\,4^3 + 116.2/1.099\,4^4$$
$$+ (123.49 + 2\,363)/1.099\,4^5$$
$$= 1\,873(美元)$$

$$股权的 PV = 公司的 PV - 债务市值 = 1\,873 - 800 = 1\,073(美元)$$

请注意,根据两种方法得到的股权价值都是1 073美元。在此,容易出错的是,用资本成本对股权现金流进行贴现,或用股权成本对公司现金流进行贴现。

错误1:用资本成本对股权现金流进行贴现而得出过高的股权现值

$$公司的 PV = 50/1.099\,4 + 60/1.099\,4^2 + 68/1.099\,4^3 + 76.2/1.099\,4^4$$
$$+ (83.49 + 1\,603)/1.099\,4^5 = 1\,248(美元)$$

错误2:用股权成本对公司现金流进行贴现而得出过低的公司价值

$$公司的 PV = 90/1.136\,25 + 100/1.136\,25^2 + 108/1.136\,25^3 + 116.2/1.136\,25^4$$

$+(123.49+2\,363)/1.136\,25^5 = 1\,613$(美元)

股权的 PV＝公司的 PV－债务市值＝1 612.86－800＝813(美元)

在上面最后两个计算中,运用错误贴现率的后果相当明显(错误 1 和错误 2)。若误用资本成本对股权现金流进行贴现,股权现金流的价值将比其真实价值(1 073 美元)高出 175 美元。若误用股权成本对公司现金流进行贴现,公司价值将被低估 260 美元。然而,必须指出的是,与此处的例子相比,在实际中确保运用公司估价法和股权估价法各自得到的两种股权价值相互一致要困难得多。我们在第 14 和第 15 章中将回到这一议题,并且考虑为获得这一结果所需设定的各种假设条件。

资本成本法与 APV 法

在图 2.1 中,我们注意到,公司可通过筹股或举债为资产融资。使用债务对价值有何影响呢？就正面效应而言,利息支出的可抵税特性为公司提供了某种缴税优惠或效益,从而降低①公司面临的所得税比率。就负面效应而言,债务确实会加大公司在偿债责任方面违约的可能性,甚而导致其破产。两者的净效应可以为正,为零甚而为负。根据资本成本方法,可以借助于贴现率把握债务的各种效应：

资本成本＝股权成本(用于资助业务的股权比例)
　　　　　＋税前债务成本(1－税率)(用于资助业务的债务比例)

获得贴现的现金流是债前(predebt)现金流而不包括债务的任何缴税优惠(否则会造成重复计算)。

根据所谓"调整型现值(APV)方法"的某种变型,可将债务融资的价值效应与公司的资产价值相分离。因此,我们首先将公司作为全额股权融资者进行估价；然后另行评估债务的效应,即先评估债务产生的缴税优惠,再扣除预期破产成本。

公司的价值＝全额股权融资的公司价值＋预期债务缴税优惠的现值－预期破产成本

虽然是从不同的途径评估由债务所增加或者消除的价值,但是,如果对现金流和风险所作假设保持一致的话,两种方法会给出相同的价值估算数。在第 15 章中,我们将更详细地考察这些方法。

总体现金流模型与超额现金流模型

采用常规的贴现现金流模型评估资产的方法是,采用恰当贴现率来估算该资产产生的所有现金流现值。根据超额收益(和超额现金流)模型,只有赢得超出必要收益(required return)的现金流才被视为价值创造,并可将这些超额现金流现值添加到投入资产金额上以估算资产价值。不妨假设我们持有某项已投资 1 亿美元的资产,预期它将永久性地每年产生 1 200 万美元的税后现金流；进一步假设,投资的资本成本为 10%。运用总体现金流模型,可以估算这项资产的价值如下：

资产价值＝1200/0.1＝12 000(万美元)

---

① 原文为"增加"。——译者注

根据超额收益模型,首先需要计算这项资产的超额收益,

超额收益＝所赚的现金流－资本成本×资产的投资额
＝1 200－0.1×10 000＝200(万美元)

对现金流的一种简单检验法

为了确定估价过程所用现金流是股权现金流还是公司现金流,可以借助一种简单的检验法。若被贴现的现金流是扣除利息支出(以及本金偿付)之后的,它们就是股权现金流,而贴现率应是股权成本。若贴现的现金流是扣除利息支出和本金偿付之前的,它们通常是公司现金流。无须赘言,在估算这些现金流时,还需考虑到其他一些事项,后续章节将作更详细的论述。

然后,把这些超额现金流的现值加到资产的投资额上,

资产价值＝超额收益现值＋资产投资额＝200/0.1＋100＝12 000(万美元)

请注意,两种方法给出的答案完全一样。那么,我们为何还要使用超额收益模型？通过关注超额收益,该模型所强调的是,创造价值的并不是收益本身,而是超过必要报酬的盈利。第 32 章将考虑这些超额收益模型的各种特殊形式。

2.1.4　贴现现金流估价法的适用性和局限性

贴现现金流估价法的基石就在于预期未来现金流和贴现率。给定这些估算要求,最便于运用该方法的资产(公司)是,现金流在目前为正且在未来时期也能大致估算得出,以及能够运用风险的某个代用变量得到贴现率。距离这种理想状况越远,贴现现金流估价法就越难以运用(但也越是有用)。下面列出一些情形,对于它们,或难运用贴现现金流估价法,故而需要作出某些调整。

处于困境的公司

困窘公司的收益和现金流通常为负数,并且预计早晚会出现亏损。我们不易估算这些公司的未来现金流,因其很有可能走向破产。对于预计将会破产的公司,不宜运用贴现现金流估价法,因为该估价方法须以公司能为投资者提供正现金流的持续经营为前提。即使是对那些预计可以幸存的公司,同样需要估算它在扭亏为盈之前的现金流,而为负的现金流现值将产生为负的股权或公司价值。[①] 在第 22 和第 33 章,我们将更详细地讨论这类公司。

周期性公司

周期性公司的收益和现金流通常会因经济情势而变化,在经济繁荣时增加而在衰退时减少。若对这些公司使用贴现现金流估价法,除非意在承担预测经济衰退和复苏的时

---

① 有限责任的法律保护应确保没有哪种股权的售价低于零,故股票价格不会为负。

机、持续期这类艰巨任务,分析者们通常都会抹平预期未来现金流的波动。经济衰退加剧时,许多周期性公司看来都会陷入困境,而收益和现金流变为负数。因此,对于现金流的估算同分析者们有关经济情势何时逆转以及上涨趋势的强度的判断密切关联,比较乐观的分析者将会作出更高的价值估算。由于这种情形在所难免,在运用这些估价法之前,我们必须考虑到分析者们关于经济情势的各种偏见。

资产闲置的公司

贴现现金流估价法揭示了可以生成现金流的所有资产的价值。若公司具有未能获得利用的资产(从而无法产生现金流),根据预期未来现金流贴现而得到的价值就不应体现这些资产的价值。这一提醒同样适用于那些利用不足的资产,虽然程度略轻,贴现现金流估价无疑会低估它们的价值。虽然这确实是一个问题,但却并非不可解决。我们总是能在公司外部了解到这些资产的价值,[1]再把它加到由贴现现金流估价法所得价值上。另一方面,还可假设这些资产获得了最优利用而对其进行估价。

拥有专利或产品期权的公司

公司有时会拥有未加利用的专利或许可证,它们在目前没有产生现金流并且预计在近期内也将如此,但是它们却具有价值。如果遇到这种情形,根据期望现金流贴现所得到的公司价值将会低估公司的真实价值。这种问题同样也可获解。其方法是,通过公开市场对这些资产进行估价或者运用期权定价模型,然后加上由贴现现金流估价法产生的价值。第28章将探讨如何把期权定价模型用于专利估价。

重组中的公司

处在重组过程中的公司通常会抛售一些资产,收购其他资产,改变资本结构和股息政策。一些公司还会改变其所有权结构(由上市公司变为私营企业,抑或相反)和管理层补偿方案。其中每一种变化都会加大估算未来现金流的难度,影响公司的风险状况。运用此类公司的历史数据,将会造成对于公司价值的误导性描述。然而,即便其投资和融资政策出现了重大变化,我们依然可对这些公司进行估价,只要未来的现金流能够体现出这些变化的预期效果,以及对贴现率的调整能够反映公司新的生意和金融风险。第31章将更详细地考察公司经营方式的变化将如何改变价值。

涉及并购的公司

若用贴现现金流估价模型评估目标公司,至少需要考虑事关并购的两个特定问题。第一个问题比较棘手,即,这种兼并是否具有协同效应,以及如何估算其价值。为此,需要就协同性所具有的形式及其对现金流的影响作出某些假设。第二个问题是,尤其在敌意性收购时,管理层的变更对于现金流和风险状况所造成的影响。同样,这种变化的影响能

---

[1] 如果资产在外部市场上获得交易,可在估价中使用其市场价格;否则,可以假设资产获得了充分利用,通过大致估算出现金流而得出价值。

够而且应该被结合到对于未来现金流和贴现率的估计值之中,进而结合到价值之中。第25章考察收购中的协同性价值和控制问题。

私营企业

就私营企业的估价而言,运用贴现现金流估价模型的最大问题在于风险的衡量尺度(用于估算贴现率),因为大多数风险/收益模型需要根据相关资产的以往价格估算风险参数,并就未必切合私营生意的公司投资者情形作出某些假设。一种解法是考察可比上市公司的风险状况,另一种则是把风险尺度与可从私营企业得到的各种会计变量相联系。第24章将考察为了评估私营企业而需对估价模型作出的各种调整。

总之,问题不在于无法在这些情形中运用贴现现金流估价法,而在于我们必须能够灵活机动地调整自己的模型。事实上,如果公司所持属于现金流比较容易预测的资产,对它的估价最为简单。估价的真正的挑战在于拓展其框架,从而能够涵盖各种多少有些扭曲或不符合理想化框架的公司。本书将用大量篇幅论述如何对这些公司进行估价。

2.2 相对估价法

讨论估价问题时,我们通常专注于贴现现金流估价法,但现实情形是,大多数估价都属于相对估价法。从购置的住宅到所投资的股票,大多数资产的价值均以相似资产在市场上的定价方式为依据。本节首先阐述相对估价法的基本含义,继而考虑这种模型的基石,然后再在相对估价法的框架内考虑一些常见的变型。

2.2.1 相对估价法的基本含义

根据相对估价法,通过某一共同变量获得标准化,诸如收益、现金流、账面价值或销售额,某项资产的价值可从可比资产的定价推算得出。该方法的一例是,运用行业平均"价格－盈利"比率(市盈率)[①]对公司进行估价;所需假设条件是,业内其他公司与被估价公司具有可比性,且市场对它们的定价在总体上无误。另一运用甚广的乘数是"价格－账面价值"比率。据此,相对于可比公司而言,以账面价值的某种折扣出售的公司股票将被视为估价偏低。销售额乘数也被用于公司估价,获得比较的是各家特征相似公司的平均"价格－销售额"比率(市销率)。[②] 这三种乘数的使用面最广,还有其他一些也在分析中具有某种作用;不妨略举数例,"股权价值－税收折旧和摊销前利润"(EV/EBITDA)、"股权价值－投入资本"以及"市值－重置成本"("托宾 Q 系数")。

[①] 此处原文是"price-earnings ratio"(PE),坊间称之为"市盈率"。本书后文将采用这种通俗译法。——译者注
[②] 此处原文是"price-sales ratio"(PS),坊间称之为"市销率"。本书后文将采用这种通俗译法。——译者注

2.2.2 相对估价法的基石

有别于探寻内在价值的贴现现金流估价法，相对估价法更为倚重于市场的正确性。换句话说，我们假设市场对于各只股票的定价在总体上无误，但对个别股票的定价却会出错；另行假设，对于各乘数的比较将使我们能够找出这些错误，而它们自身也会随着时间而得到纠正。

贴现现金流估价法和相对估价法都假设，市场将会逐渐地纠正其误差。但是，并非全无道理地，那些根据各种乘数和可比公司而挑选股票者认为，在某一行业中个别股票的定价误差更加明显，而且可能更快地被纠正。例如，他们认为，若某软件公司以等于 10 的市盈率进行交易而业内其他公司以等于 25 倍于盈利的股价获得交易，前者显然被低估，从而将很快而非迟缓地形成朝向业内平均数的调整。另一方面，推崇贴现现金流估价法的人则会认为，如果此时是整个行业被高估了 50%，这种调整纯属短暂的行市盘整（consolidation）过程。

2.2.3 相对估价法的分类

在相对估价法的运用方面，分析者和投资者们表现出了无限的创造力。某些人在各公司间对各种乘数进行比较，而其他人则把某公司的乘数与它在以往交易中所用乘数相对照。尽管大多数相对估价法是以相同时间的可比资产定价为基础，但还存在一些以基本因素为基础的相对估价法。

基本因素与可比因素

根据贴现现金流估价法，公司价值取决于它的期望现金流。假设其他因素不变，较大的现金流、较低的风险和较高的增长率应该生成较高的价值。因此，某些使用乘数的分析者转而求助于贴现现金流模型，以便提取各种乘数。其他分析者则对各公司和各时期的乘数进行比较，并就各公司在基本因素上如何相似或者不同作出了或明或暗的假设。

使用基本因素 第一种方法是把各种乘数与被估价公司的基本因素相联系，诸如盈利和现金流的增长率、所需再投资以及风险。这种估算乘数的方法相当于使用贴现现金流模型，因为两者所需信息和结果都相同。其首要优点是，可以说明乘数与公司特征之间的关系，使我们得以考察乘数如何随着特征的变化而变化。例如，利润率的变化会对市销率产生何种影响？增长率的降低会使市盈率发生何种变化？"价格－账面价值"比率（市账率）[①]与股权报酬率之间的关系如何？

使用可比因素 使用乘数的一种更普遍方法是，把公司的估价方式与市场为其他相

[①] 此处原文是"price-book value ratio"（PBV），坊间称之为"市账率"。本书后文将采用这种通俗译法。——译者注

似公司定价的方式进行比较,有时则与公司以往的估价方式进行比较。正如在后续章节所述,寻找相似和可比公司通常带有挑战性。我们经常不得不采用一些与所估价公司多少有些差别的公司。因此,我们必须直接或间接地调整各公司之间的差异,包括衡量增长、风险和现金流的方法在内。在实践中,控制这些变量的方法可能很简单(运用行业平均数)也可能很复杂(运用确定的、控制各相关变量的多变量回归模型)。

截面比较与时间序列比较

在多数情况下,分析者们在相对的基础上为股票定价,即对所估价公司与业内其他公司股票在相同交易时间的各种乘数进行比较;但在某些情况下,尤其是针对那些历史较长的成熟公司,则是作不同时间的比较。

截面比较 比较某一软件公司的市盈率与其他软件公司的平均市盈率时,我们就是进行相对估价和截面比较。其结论会根据关于所估价公司和可比公司的看法而不同。例如,如果估价对象与业内一般公司相似而前者在交易时的某一乘数低于平均乘数,就可认为它过于便宜。然而,如果假设估价对象的风险大于业内一般公司,就可认为该公司应该根据低于其他公司的乘数而交易。简而言之,如果不对它们的基本因素作出某些假设,则无法比较各公司。

不同时间的比较 如果面对的是一家历史较长的成熟公司,就可对它在今天交易时的乘数与过去交易时的乘数进行比较。因此,福特汽车公司(Ford Motor Company)股票若以6倍于盈利的价格获得交易,就可将其视为便宜货,因为它在过去的交易价格曾经10倍于盈利。然而,为进行这种比较,必须假设公司的基本因素没有因时而变。例如,通常预计一家高增长公司的市盈率将会逐渐下跌,而预期增长率也会随着规模的扩大而下降。由于利率和整个市场行为的改变,对不同时间的乘数进行比较也变得更加复杂。例如,如果利率下跌到历史正常水平以下而导致整个股市价值增加,不难想象,大多数公司的股票将以远远超过以往水平的盈利乘数和账面价值乘数获得交易。

2.2.4 乘数的适用性和局限性

各种乘数的诱人之处在于,它们相当简单且便于相互联系。我们可通过它们迅速地估算公司价值和资产价值,尤其当市场上存在大量可比的上市公司而市场对于它们的定价总体无误时。但是,对于那些缺乏明确可比者的独特公司,盈利很低、为零甚至为负的公司,通常难以使用乘数予以估价。

出于同样原因,乘数也容易被误用和操纵,尤其是在可比公司的选择方面。因为没有两家公司在风险和增长特征上完全相同,有关"可比公司"的定义纯属主观。因此,带有偏见的分析者得以刻意挑选一组可比公司论证他/她的关于某家公司价值的偏见。案例2.2提供了一个例子。此类偏见虽然也会出现在贴现现金流估价法中,但是使用那种方法的分析者必须阐明得出最终价值的假设条件。但是,人们在使用乘数时,大多不会澄清其假设前提。

基于资产的估价模型

除了本章描述的三种估价法,有些分析者还增加了第四种方法。他们认为,可以先分别对公司所持各项资产进行估价,然后予以加总而得到公司价值,即所谓"基于资产的估价模型"。事实上,此类估价模型另有一些变型。第一种是"清算价值",通过加总公司拍卖所有资产的估算结果而得出。第二种为"重置成本",通过估算替换公司现有全部资产所耗成本而得出。第三种则最为简单,用经过必要调整的会计账面价值作为衡量资产价值的尺度。

分析者们虽可使用基于资产的估价法估算价值,但它与贴现现金流模型、相对估价模型或期权定价模型并没有多少不同,因为重置成本和清算价值都必须通过这些方法之一而获得。所有模型最终都是致力于评估资产,而差别仅在于确定资产的方式以及给各资产赋值的方式。根据清算估价法,我们只是考虑现有的资产,并且采用市场对相似资产的估价方式估算其价值。根据传统的贴现现金流估价法,则需考虑到所有的资产,包括预期增长潜力在内,以估算价值。事实上,如果考虑的是没有增长的公司而且市值体现出了期望现金流,两种方法就会给出相同的结果。

案例 2.2 误用可比公司的可能性

假设分析者需要评估一家制作计算机软件的首次公开募股(IPO)公司。此时,[①]制作软件的其他上市公司的市盈率是

公 司	乘数	公 司	乘数
Adobe Systems	23.2	Novell	30.0
Autodesk	20.4	Oracle	37.8
Broderbund	32.8	Software Publishing	10.6
Computer Associates	18.0	System Software	15.7
Lotus Development	24.1	平均市盈率	24.0
Microsoft	27.4		

运用整个样本,我们得到的平均市盈率为24。但是,别除样本组中的一对公司则可明显改变这一结果。例如,如果消除样本组中两家市盈率最低的公司(Software Publishing 和 System Software),平均市盈率将上升到27。如果移去样本组中两家市盈率最高的公司(Broderbund 和 Oracle),平均市盈率又会下跌到21。

使用可比公司乘数的另一问题是,它可能含有市场对于那些公司的估价误差(低估或高估)。例如,在案例2.2中,若市场高估了所有的软件制作公司,评估一家首次公开募股的公司时,如果使用平均市盈率将导致对IPO股票的高估。相反,贴现现金流估价法是以公司特定的增长率和现金流为依据,故而受到市场估价误差影响的程度较小。

---

① 它们是各公司在1992年末的PE率。

2.3 相机索取权估价法

估价方法最具革命性的进展或许是,人们接受了这样一种观念:至少在某些情形中,如果现金流的形成以某种事件是否发生为条件,资产的价值可能会大于期望现金流现值。这种观念的形成很大程度上归功于期权定价模型的发展。这些模型最初用于评估上市期权,近年来则出现了把这些模型的涉及面推广到更为传统的估价领域的诸多工作。许多人认为,像专利或者未开发油矿之类的资产其实就属于期权,故而应该对它们使用期权估价法而不是常规的贴现现金流模型。

2.3.1 期权估价法的基本含义

相机索取权或者期权也是一项索取权,但其报酬(payoffs)取决于特定的偶然事件是否发生,即,标的资产(underlying asset)价值超过看涨期权(call)的预定价值,或者低于看跌期权(put)的预定价值。过去二十年间,人们在构建期权估价模型方面进行了大量的工作,使得这些期权定价模型可用于评估任何一种带有期权特征的资产。

图 2.2 表明,看涨期权和看跌期权的报酬是标的资产价格的函数。可将期权作为下列变量的函数予以估价:标的资产的当期价值和价值方差、实施价格(strike price)、期权有效时间以及无风险利率。这一模型最初由 Fischer Black 和 Myron Scholes 在 1972 年建立,现在已被推广而出现了各种各样的变型。尽管 Black-Scholes 期权定价模型没有考虑股息并假设期权不会提前得到实施,但可对它进行调整而兼顾这两种情形。为了给期权定价,另外还建立了它的间断型时间变型,即"二项式期权定价模型"。

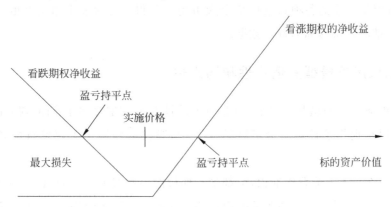

图 2.2 看涨期权和看跌期权的报酬

如果某项资产的报酬取决于标的资产价值,就可将它作为期权进行估价。若该资产的价值在标的资产价值大于预定水平时等于两者的差额,可将它作为看涨期权而估价;如果资产在标的资产价值跌到预定水平以下时能够获益,而在标的资产价值超过预定水平时价值为零,就可将它作为看跌期权进行估价。

2.3.2 相机索取权估价法的基石

运用期权定价模型的基本前提是,如果某项资产的报酬以特定事件的发生与否为条件,贴现现金流模型大多会低估其价值。可用一片属于巴西石油公司(Petrobras)的未开采油矿作为简例。我们可根据原油在未来的预期价格对该油矿进行估价,但是这种思路没有考虑到公司仅在油价上涨时才会予以开采,油价下跌则不会如此。期权定价模型却能给出结合了这种权利的价值。

采用期权定价模型评估专利和自然资源矿藏,我们需要假设,市场能够相当敏锐地发现这些期权,把它们结合到这些资产的价格中。如果市场尚未如此行事,我们就假设它终究会完成调整,我们也能因此得到运用这类模型的回报。

2.3.3 期权定价模型的分类

期权的第一种分类以标的资产是金融资产还是实物资产为依据。大多数期权,无论是在芝加哥期权交易所(Chicago Board Options Exchange)挂牌者或是可赎回的固定收益证券期权,针对的都是诸如股票、债券之类的金融资产。与此相对照,期权也可以针对实物资产,诸如各种商品、房地产甚至投资项目,这类期权被称作"实物期权"(real options)。

第二种和有所重叠的分类法则根据标的资产是否可以交易。出现重叠的原因是大多数金融资产可进行交易,而可交易的房地产相对较少。针对上市资产的期权通常容易估价,期权定价模型所需的各项数据可从金融市场上获得。针对非上市资产的期权则更难以估价,因为难以获得其标的资产数据。

2.3.4 期权定价模型的适用性和局限性

有些有价证券本身就属于期权:LEAPS是针对上市股票的长期期权;相机性价值权利为公司股东提供了针对股价下跌的保护;购股权证则属于公司发行的长期性看涨期权。

还有一些资产虽未被看作期权,但都带有期权的一些特征。例如,我们可将股权视为针对标的资产的看涨期权,把债务的账面价值看作是它的实施价格,而债务期限则构成了这种期权的有效期。同样,也可将专利作为针对产品的看涨期权进行分析,把项目运作所需投资支出视为实施价格,而专利期限则是期权的有效时间。

在评估针对非上市资产的长期期权方面,期权定价模型的用途有限。有关固定方差和股息收益率的假设条件,虽然对于短期期权不会引起激烈争议,但若期权具有长期期限时则难令人信服。如果标的资产没有参与交易,我们就难以从金融市场上得到计算标的资产价值和价值方差所需各项数据,故而不得不作出估算。因此,与其(针对短期的上市期权)更标准的运用相比,从期权定价模型的这些运用所得的最终价值中包含着更为严重的估算误差。

2.4 总结

估价具有三种基本但并非相互排斥的方法。第一种是贴现现金流估价法,我们用它对现金流根据无风险利率进行贴现而得到价值估算数。这种分析完全可从股权投资者角度进行,使用股权成本对预期股权现金流进行贴现;或者,从公司的所有债权持有者角度展开,运用资本的加权成本对预期公司现金流进行贴现。第二种方法是相对估价法,资产价值的评估以相似资产的定价为基础。第三种则是相机索取权估价法,它运用期权定价模型对具有期权特征的资产进行估价。对于任何一位对估价感兴趣的分析者而言,每一种工具都应具备用武之地。

2.5 问题和简答题

在下列问题中,若无特别说明,设股权风险溢价为 5.5%。

1. 贴现现金流估价法的基本理念是,资产的价值就是它的预期贴现现金流的现值,根据体现了现金流风险的某种比率进行贴现而得出。请说明下列关于贴现现金流估价法的说法是否正确,假设除了所提及的那个变量以外,其余变量都保持不变。
    a. 随着贴现率的提高,资产的价值也会增加。
       对__ 错__
    b. 随着现金流增长率的提高,资产的价值也会增加。
       对__ 错__
    c. 随着资产寿命的延长,资产的价值也会增加。
       对__ 错__
    d. 随着期望现金流的不确定性加剧,资产的价值也会增加。
       对__ 错__
    e. 具有无限寿命的(即,预计它将永久存在)资产同样具有无限的价值。
       对__ 错__
2. 贴现现金流估价法为何难以运用于下列类型的公司?
    a. 一家私营企业,其业主正考虑卖掉它。
    b. 一家生物技术公司,目前没有产品或销售活动,但在生产工艺上拥有三项专利。
    c. 一家困窘公司,已经出现了重大亏损且在几年之内无望摆脱困境。

3. 下面是某一项目在未来五年内的股权现金流和公司现金流（单位：美元）。

年份	股权现金流	利率($1-t$)	公司现金流
1	250.00	90.00	340.00
2	262.50	94.50	357.00
3	275.63	99.23	374.85
4	289.41	104.19	393.59
5	303.88	109.40	413.27
终端价值	3 946.50		6 000.00

（最终价值为第5年末的股权价值或公司价值）

该公司的股权成本为12%，资本成本为9.94%。请回答下列问题：

a. 公司的股权价值是多少？

b. 公司的价值又是多少？

4. 为了通过考察可比公司的平均市盈率而为派拉蒙影业公司（Paramount Corporation）估价，需要估算后者的市盈率。下面是娱乐业中一些公司的市盈率：

公司	市盈率	公司	市盈率
迪士尼（Disney）	22.09	King World Production	14.10
时代华纳（Time Warner）	36.00	新线电影公司（New Line Cinema）	26.70

a. 平均市盈率是多少？

b. 计算平均数时，是否需要用到所有的可比公司？为何？

c. 如果使用行业平均市盈率评估派拉蒙公司，需要作出哪些假设？

CHAPTER 第3章

理解财务报表

各种财务报表为我们分析、解答估价问题提供了基本的信息。然而,重要的是,我们需要通过考察四个问题来了解主导这些报表的各项准则:

1. 公司的各种资产的价值是多少?公司资产有几种形式,诸如土地和建筑物之类的长期资产,诸如存货之类的短期资产,以及诸如专利和商标之类的无形但可产生收益的资产。

2. 公司如何为这些资产融资?为了购置资产,公司可以使用业主的资金(股本)或者借款(债务),而两者的混合可能会因资产寿命的变化而变化。

3. 这些资产的盈利能力如何?好的投资项目能够获得高出融资成本的报酬。为了评估公司现有投资是否属于好的投资,我们需要估算这些投资将会产生怎样的报酬。

4. 这些资产蕴含的不确定性(风险)有多大?尽管我们尚未直接面对风险问题,但估算现有投资中的不确定性及其对公司的影响,无疑属于首当其冲的步骤。

本章考察会计师们解答这些问题的方式,以及他们的答案为何会与进行估价时有所不同。其中一些差异可归咎于两者目标的不同,会计师们试图衡量公司的现状以及近期经营记录,而估价则更加侧重于前瞻性考察。

3.1 基本的会计报表

基本的会计报表有三种类型,它们概括了关于公司的信息。第一种是资产负债,如图3.1所示。它概述了公司在某一时点上所拥有的资产类型、资产价值和融资结构(债务和股权)。

接下来是收入报表,如图3.2所示。它提供了公司在一个时期内的销售额、支出及其所形成收入的信息。时期可以是一个季度(若它是季度收入报表)或者一年(若它是年度报告)。

最后是现金流量表,如图3.3所示。它阐明了公司在某一时期从经营性、投资性和融资性活动所获现金的来源和用途。可将现金流量表看作是试图解释在某一时期内的现金

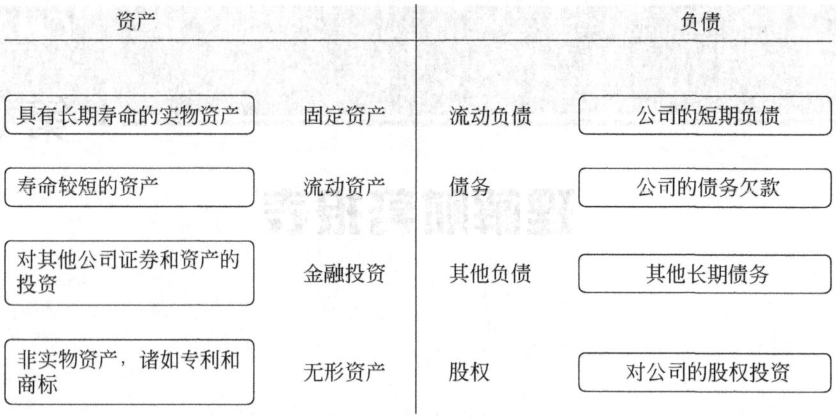

资产		负债	
具有长期寿命的实物资产	固定资产	流动负债	公司的短期负债
寿命较短的资产	流动资产	债务	公司的债务欠款
对其他公司证券和资产的投资	金融投资	其他负债	其他长期债务
非实物资产，诸如专利和商标	无形资产	股权	对公司的股权投资

图 3.1　资产负债表

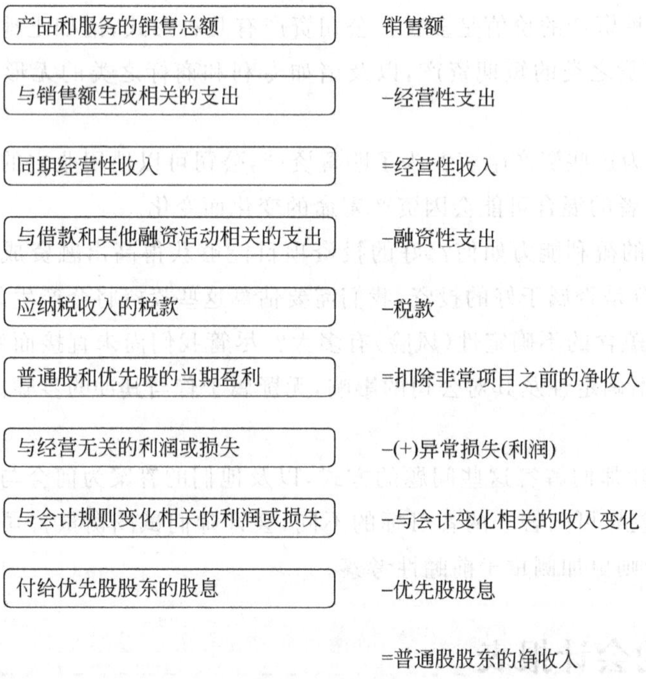

产品和服务的销售总额	销售额
与销售额生成相关的支出	−经营性支出
同期经营性收入	=经营性收入
与借款和其他融资活动相关的支出	−融资性支出
应纳税收入的税款	−税款
普通股和优先股的当期盈利	=扣除非常项目之前的净收入
与经营无关的利润或损失	−(+)异常损失(利润)
与会计规则变化相关的利润或损失	−与会计变化相关的收入变化
付给优先股股东的股息	−优先股股息
	=普通股股东的净收入

图 3.2　利润表

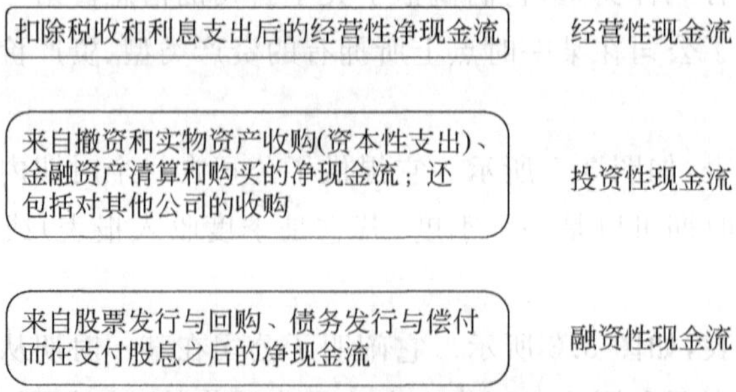

扣除税收和利息支出后的经营性净现金流	经营性现金流
来自撤资和实物资产收购(资本性支出)、金融资产清算和购买的净现金流；还包括对其他公司的收购	投资性现金流
来自股票发行与回购、债务发行与偿付而在支付股息之后的净现金流	融资性现金流

图 3.3　现金流量表

流有哪些,以及现金流数额为何会在该时期内发生变化。

3.2 资产的衡量与估价

在分析任何公司时,我们需要知道它所拥有的资产类型、资产价值及其相关的不确定性程度。会计报表在对公司拥有的资产分类方面功效甚佳,在评估这些资产的价值方面功效尚可,而在报告资产的不确定性方面则功效甚差。本节首先考察关于资产分类和衡量的基本会计原则,以及财务报表在提供资产相关信息方面的局限性。

3.2.1 衡量资产的基本会计原则

资产可以是任何一种资源,只要它具有产生未来现金流入量或者减少现金流出量的潜机。针对这一宽泛得几可涵盖所有类型资产的定义,会计师们添加的说明是,资源要能成为资产,公司必须从先前的交易中购置它,并能较准确地量化其未来的收益。在很大程度上,会计师关于资产价值的这种看法以"历史成本"概念为基础,即资产的最初成本,并且针对购置之后的改进而上调,针对资产老化和损失而下调。这种历史成本称为"账面价值"。尽管指导资产估价的"公认会计准则"(GAAP①)因资产类型的不同而变化,但有三条原则贯穿于根据会计报表对资产实施估价的方法。

1. 坚信账面价值是对价值的最优估计值。会计的资产估计值从账面价值入手。除非存在另行其事的重大理由,会计师们都认为,历史成本是对资产价值的最优估算数。

2. 不信任市场价值或估算价值。若资产的当期市值与账面价值不同,会计惯例是对前者持具疑虑。通常认为,资产的市值过于变幻不定且极易受到操纵,因此无法当作资产估算值。若对资产价值的估算是根据预期未来现金流进行,这种疑虑甚至会进一步加深。

3. 倾向于低估而非高估资产的价值。如果估价资产的方法不止一种,会计惯例的立场是,应该采纳比较保守(比较低)的而非不够保守(比较高)的价值估算数。因此,若可同时获得资产的账面价值和市场价值,会计准则通常是,使用两者中的较低者。

3.2.2 资产价值的衡量

资产负债表是会计师们用以概述和报告资产的财务报表。为了解衡量资产价值的方法,首先考察一下资产负债表的资产分类法。首先是"固定资产",包括公司的各种长期资产,诸如工厂、设备、土地和建筑物。接着是公司的短期资产,包括存货(原材料、半成品和成品)、应收账目(即所欠该公司的款项)和现金;这些被归于"流动资产"。然后是对于其他公司的资产和证券的投资,它通常被归于"金融投资"。最后则是被大致列入"无形资产"的各项,既包括诸如专利和商标等被认为能在未来创造收益和现金流的资产,又包括

---

① 它的全拼为"General Accepted Accounting Principle"。——译者注

会计意义上的独特资产,诸如由公司进行收购活动而出现的商誉(goodwill)。

固定资产

在美国,GAAP要求我们根据历史成本对固定资产进行估价,并且针对由资产老化引起的价值损失作出调整。在理论上,针对老化的调整应该体现由它所造成的资产盈利能力损失,在实践中,这些调整却取决于会计原则和惯例,即所谓"折旧"。折旧方法大致分为直线法(它假设,资产价值的耗损在其寿命中的各年间都相等)和加速法(它假设,资产的耗损在较早年份数额较大,而在较迟年份则较小)。至少在美国,税收规则虽说限制了公司在确定资产寿命和折旧方法方面的自主性,在制定财务报告时,公司在这些问题上的决策依然享有很大的灵活性。因此,财务报告中的折旧额可以并且通常有别于纳税报告中的折旧额。

因为固定资产估价是以账面价值进行且根据折旧条款而调整,固定资产的价值深受它的可折旧年限以及所用折旧方法的影响。在美国,许多公司出于财务之目的而采用直线折旧法,为了报税则使用加速折旧法。因为,凭借前一种方法,公司可以展示出更高的盈利,至少在购置资产的当年是这样。① 与此相对照,其他国家的公司在报税和财务报告方面都使用加速折旧法,这就造成它们所报告的盈利要低于其美国同行。

流动资产

流动资产包括存货、现金和应收账款。正是针对这一类别,会计师们最应该使用市值,尤其在评估有价证券之时。

应收账款 应收账款表示其他实体因获得产品赊销所欠公司的款项。若家得宝(The Home Depot)公司把产品卖给建筑合同商并给予其几周时间完成支付,这就产生了应收账款。有关此类账户的会计惯例是,根据赊销的时间把它记作所欠公司的金额。在此,真正重要的估价和会计问题是,公司在何时必须确认那些不可收回的应收账款。公司可以动用部分盈利弥补赊销的预期坏账,应收账款由这部分储备金所冲销。另一方面,公司也可在确实出现坏账时予以确认并相应地减少应收账款。然而,存在的危险是,公司并不公布有关坏账的确切信息,而把那些明知无法收回的金额仍然表示为应收账款。

现金 对于会计师和财务分析师们来说,现金是他们在价值问题上看法一致的少数几种资产之一,故而对现金的价值估算不应出错。话虽如此,仍然值得注意的是,各公司正日益减少其常规意义(以通货或银行活期存款为形式)的现金持有量。公司通常把现金投资于生息账户、商业票据或国库券以便赢取投资报酬。无论如何,市场价值不时会偏离账面价值。虽然这两类投资的违约风险都极小,利率变化却有可能影响它们的价值。本节稍后探讨有价证券的估价问题。

---

① 折旧被当作会计性支出处理。因此,使用直线折旧额(它在收购资产后的最初几年内低于加速折旧额)可以降低支出而增加盈利。

存货 GAPP认可对于存货的三种估价方法,即"先进先出法"(FIFO)、"后进先出法"(LIFO)以及"加权平均法"。

1. 先进先出法(FIFO)。根据它,销售产品成本以年内最早购买的原料成本为依据,而存货成本则以年内最晚购买的原料成本为依据。这就使得所估价的存货接近于当期重置成本。在通货膨胀期间,在三种估价法中,使用FIFO将导致最低的销售产品成本估计值和最高的净收入。

2. 后进先出法(LIFO)。根据它,销售产品成本以接近期末时所购原料成本为依据,故而成本非常接近当期成本。然而,存货以年内最早购买的原料成本为依据。在通货膨胀时期,在三种方法中,使用LIFO会导致最高的销售产品成本估计值和最低的净收入。

3. 加权平均法。根据它,存货和销售产品成本均以在期内所有原料的平均成本为依据。若存货周转迅速,该方法将更加接近于FIFO而非LIFO。

在高度通货膨胀期间,公司时常为获得缴税优惠而采用LIFO。由于是以接近会计期末尾所付价格为依据,故其销售产品的成本较高。相应地,此举可减少所报告的应税收入(taxable income)和净收入,并且增加现金流。各项研究表明,较大的公司,如果面临原料和工资的上涨、存货周转率波动较大以及无法实施其他税收损失的结转(carryforwards),那就更有可能采用LIFO。

鉴于各种存货估价方法对收益和现金流所造成的各种影响,通常难以对采用不同方法的各公司进行盈利能力比较。选择LIFO法评估存货的公司必须在财务报表的注释中阐明运用FIFO与LIFO的存货估价差额。这一差额被称作"LIFO储备",可用于调整期初和期末的存货,调整所售产品的成本,进而根据FIFO法重新申报收入。

(金融)投资和有价证券

在"投资和有价证券"类别中,会计师们考虑公司对于其他公司的证券或资产以及其他有价证券的投资,包括国库券或国债券在内。针对这些资产的估价方式取决于投资的分类和动因。一般而言,针对在另一公司的证券投资,可将它们划分为"少数被动型投资"、"少数主动型投资"或"多数主动型投资"三类,而会计准则随类型的不同而变化。

少数被动型投资(minority passive investment) 若在另一公司所持证券或资产占其总体所有权不到20%,就将投资以这种方式处理。这些投资的价值是收购价值,即公司最初支付给这些证券的金额,通常就是市值。会计原则要求,将这些资产再细分为三组:持有至期满的投资、可出售投资以及交易类资产。针对它们的估价原则各有不同。

- 对于那些将持有至期满的投资的估价,我们采用历史成本或账面价值,而它们生成的利息或股息体现在收入报表中。
- 对于可出售的投资的估价采用市值,未实现的收益或损失体现在资产负债表的股权部分而不是收入报表中。因此,未实现的损失会减少公司股权账面价值,而未实现的收益则会增加之。

- 对于交易类资产的估价也采用市值,未实现的收益和损失体现在收入报表中。

在投资的分类继而估价方式上,公司具有一定的灵活性。分类可确保投资银行之类的公司,其资产主要是出于交易目的所持有的其他公司证券,可根据各时期的市值重新评估大量资产。这种方法被称作"逐日盯市法"(marking to market),提供了在会计报表中市场价值胜过账面价值的少数例子之一。值得指出的是,在 2008 年间,逐日盯市法这一时潮并未能给金融服务公司的投资者提供任何预警信号,告诫他们对于次级贷款证券和抵押贷款证券均已估价过高。

少数主动型投资(minority active investment) 若在另一公司所持证券或资产占其总体所有权的 20%~50%,则将投资视为少数主动型投资。虽然这些投资具有初始购置价值,但是需要运用对方公司净收入和亏损(根据所有权比例的)相应份额对购置成本加以调整。此外,从投资所得到的股息可减少购置成本。这种投资估价方法被称作"股权会计法"(equity approach)。

只有到清理这些投资时,我们才会考虑它们的市值。是时,对照经过调整的购置成本,销售额和损失将计入当期的盈利部分。

多数主动型投资(majority active investment) 若在另一公司所持证券或资产占其总体所有权的 50% 以上,则把投资作为多数主动型投资处理。此时,投资不再体现为金融投资,而是由获得投资的公司的资产和负债所代替。这种方法将导致两家公司资产负债表的合并,我们把两家公司的资产和负债表整合成为一张资产负债表。① 其他投资者在附属公司所持股份则在资产负债表的负债方列为"少数型股份"。不妨假设公司 A 在公司 B 中持有 60% 的股份。A 就需要将 B 的销售额、盈利和资产完全整合到自己的财务报表中。然后,需要说明,作为负债(少数型股份),在公司 B 中不属于它的 40% 股权的会计估计值。类似的整合也会出现在其他财务报表中,现金流报表将体现合并后公司的累计资金流入量和流出量。这一点与用于估价少数主动型投资的股权法形成了对照。根据后者,投资生成的现金流在现金流量表中记作现金流入。

在此,同样也是只到清理投资时,我们才会考虑这类投资的市值。

无形资产

无形资产包含了种类甚广的资产,从专利、商标到商誉,相关的会计标准将因种类的不同而变化。

专利和商标 根据专利和商标是内部生成的还是购置的,对其的估价方法也有所不同。若专利和商标出自内部研发活动,它们的开发成本记作当期支出,即便其寿命可以延续多个会计期。因此,它不会在资产负债表中得到估价。如果无形资产是从外部购入,则将作为资产处理。

无形资产必须在其预期寿命内获得摊销,摊销期最多不超过 40 年。标准做法是运用

---

① 凭借着在其他公司持有低于 50% 的所有权份额,许多公司可以避免报表整合的需要。

直线摊销法。不过,出于纳税的考虑,公司通常不能将诸如商誉和其他并无特定寿命的无形资产进行摊销,虽然税法的近期变化在这方面有所放宽。

商誉 商誉是收购活动的副产品。公司如果收购其他公司,所付收购价格首先针对的是各种有形资产,超额价格则将分摊给诸如专利或商标之类无形资产。任何可能出现的剩余额就归为商誉。虽然会计准则提出商誉把握的是那些无法确定的无形资产价值,它实际体现的是被收购方的账面资产价值与收购方所付市场价值之间的差额。这种方法被称作"采购会计法"(purchase accounting),商誉据此将逐渐得到摊销。直到2000年,那些不愿在其盈利中扣除这笔支出的公司时常另行采用所谓的"联营会计法"(pooling accounting)。根据这种方法,收购价格不会体现在资产负债表上,而是对兼并双方的账面价值予以加总,从而形成联合公司的合并金额。过去十年间,有关收购的会计规则在美国和国际上都变化甚大。所有的收购都必须采用采购会计法,公司也不再能够(像过去那样)自行在长期内摊销商誉。取而代之地,收购方公司每年都需要重估所收购实体的价值。如果其价值在收购之后下跌,那就必须减少(削减)商誉以体现价值降低;但是,如果所收购公司的价值上升,收购方却不能为了体现这种变化而增加商誉。[①]

案例3.1 公司的资产价值:1998年的波音和家得宝

根据航空航天制造业的巨型公司波音公司和建筑材料零售商家得宝公司的资产负债表的数据,下表概述了它们在1998年末的资产价值(以百万美元计)。

	波音	家得宝		波音	家得宝
净固定资产	8 589	8 160	短期可售投资	279	0
商誉	2 312	140	应收账款	3 288	469
投资和应收票据	41	0	客户融资的流动部分	279	0
结转税款	441	0	结转所得税	1 495	0
预付养老金支出	3 513	0	存货	8 349	4 293
客户融资	4 930	0	其他流动资产	0	109
其他资产	542	191	流动资产总值	16 375	4 933
流动资产			资产总值	36 672	13 465
现金	2 183	62			

关于这些资产的价值,有五点值得注意:

1. 商誉。波音公司在1996年和1997年分别收购了罗克韦尔(Rockwell)和麦道(McDonnell Douglas)两家公司。它对罗克韦尔的收购实施采购会计法,对麦道的收购则运用了联营会计法。其资产负债表中的"商誉"体现了收购罗克韦尔所付价值超过其账面价值的金额而在30年内予以摊销(根据目前的规则,波音公司不再能够如此行事)。针对麦道公司的收购,并无支付溢价的记录。此点表明,它对收购的安排符合联营会计法要

[①] 一旦收购完成,目标公司的市场价值与账面价值之间的差额就不再能够自动转变为商誉。我们可重估现有资产以得到公允价值,而把差额作为商誉。

求,而目前的规则已不允许如此处理。

2. 客户融资和应收账款。波音公司通常为那些采购其飞机的客户提供资金或将飞机出租给各民航公司。鉴于这些合同通常持续数年,它把未来年份的融资和租赁支出的现值记作"客户融资"。这些支付在一年内到期的部分则记作"应收账款"。家得宝公司也为其客户提供信贷,因为它们都是短期性的,所有这些应缴支付都记为"应收账款"。

3. 存货。波音公司对存货的估价采用加权平均成本法,而家得宝公司则用FIFO法评估其存货。

4. 有价证券。波音公司将其短期投资列为"可交易投资"并且根据市值确认,而家得宝公司则持有上市投资、可出售投资以及持有至到期时的投资,从而混合运用账面和市场价值对它们进行估价。

5. 预付养老金支出。在资产负债表上,波音公司把养老基金资产超出预期养老金负债的部分记为资产。

最后,波音公司的资产负债表没有报告一项非常重要的资产的价值,即以往研究与开发(R&D)支出的影响。鉴于会计惯例要求,在它们发生的当年记为支出而不可实施资本化,研发型资产项没有出现在资产负债表上。第9章将考虑如何对研发支出进行资本化,及其对于资产负债表的各种影响。

3.3 衡量融资结构

我们需要回答而希望会计报表能够给予启示的第二组问题,与公司所用债务、股权的结构及其各自的当期价值相关。资产负债表的负债方和注解为这些问题提供了大量信息。

3.3.1 衡量负债和资产的基本会计原则

正如衡量资产价值那样,负债和股权的会计分类也服从于一组相当严格的原则。第一条原则是,根据承约(obligation)的性质而将融资记作负债或股权的严格分类法。若要将一项承约记作负债,必须满足三点要求,

1. 预计这项承约必定会在未来某个特定或可确定日期导致现金流出或者现金流入损失。

2. 公司无法回避这项承约。

3. 形成这项承约的交易必须已经完成。

为了与前面估算资产价值时的保守性原则保持一致,会计师们则只将那些无法回避的现金流承约当作负债。

第二条原则是,运用经过调整的历史成本可以更好地估算公司负债和股权的价值,而不是预期未来现金流或市值。会计师衡量负债和股权价值的过程必定会与评估资产

的方法相关联。鉴于资产主要是以历史成本或账面价值获得估价，债务和股权同样也是主要根据历史成本或账面价值获得估价。下一小节将探究有关负债和资产的会计衡量问题。

3.3.2 衡量负债和股权的价值

会计师们把负债划分为流动负债、长期债务，以及不属于债务或者股权的长期负债。下面探讨一下他们在衡量其中各项时所用的方法。

流动负债

流动负债包括公司在未来一年内到期的所有承约，通常有：

- 应付账款，表示公司从供应商和其他卖主处所得到的信贷。应付账款额表示所欠这些债权人的金额。就此条目而言，账面价值应该接近于市场价值。
- 短期借款，表示为了获得经营性流动资产所需要的短期贷款（在一年之内到期）。同样，此处显示的价值表示此类贷款的到期金额，且账面价值和市场价值应该相似，除非公司违约风险在借款之后出现了重大变化。
- 长期借款的短期部分，表示长期借款或债券在未来一年内到期的部分。同样，此处显示的价值是这些贷款的实际金额，而账面价值和市场价值应该随着到期日期的趋近而趋于一致。
- 其他短期负债，它概述了公司可能出现的其余短期负债，包括所欠员工的工资和所欠政府的税款。

在资产负债表的所有条目中，除非公然地实施欺诈，流动负债的账面价值会计估算结果应该与其市场价值的财务估计结果最为接近。

长期债务

公司的长期债务可以采取两种形式，即来自银行和其他金融机构的长期贷款，或者是在金融市场上发行的长期债券。在后一种情形中，债权人属于债券的投资者。会计师们衡量长期债务价值的方法是，考察所欠贷款或债券的支付在借款时的现值。就银行贷款而言，它等于贷款的名义价值。对于债券而言则有三种可能。如果债券根据面值发行，通常根据它造成的名义承约（所欠贷款本金）衡量长期债务价值。若债券根据面值的某种溢价或者折扣发行，债券根据其发行价格确认，并对溢价或折扣在债券期限内进行摊销。作为一种极端情形，发行零息票债券的公司必须根据发行价格记录债务，而这种价格在到期时将大大低于所需偿付的本金（面值）。我们对发行价格与面值之间的这种差额实施分期摊销，并可作为免税的（tax deductible）非现金支出处理。

在所有这些情形中，在贷款或债券期限内，债务价值不会受到利率变化的影响。请注意，随着市场利率的上升或下降，贷款承约的现值应该减少或增加。资产负债表并没有体现出经过更新的债务市值。如果债务在期满前得以偿清，则把账面价值与所偿金额间的差额在收入报表中作为异常收益或损失项处理。

最后，如果持有以外币计价的长期债务，公司还需要针对汇率变化对账面价值作出调整。鉴于汇率变化体现了基本的利率变化，这意味着，与那些以本币计价的债务相比，针对此类债务的估价更有可能接近市值。

其他长期负债

各公司通常还持有长期债务项目没有涵盖的一些长期承约，包括针对公司所租资产的出租者的承约、以需要支付的养老基金和医保福利为形式的针对员工的承约，加上以结转税额为形式的针对政府的承约。过去二十年间，越来越多的会计师们开始对这些负债实施量化，并且把它们表示成长期负债。

租赁 公司时常选择租用而非购置长期资产。租赁支出造成了与债务所造就的利息支付相同类型的承约，故应从相同角度对待它们。如果公司能够租用很大部分资产但却未在财务报表中予以体现，研读这些报表将会产生对于公司财务实力的极大误解。为此，已经制定出了各种会计规则，它们迫使公司在账面上披露其租约的规模。

处理租约的会计方法有两种。采用经营租赁方法，出租人（或业主）仅将财产的使用权转让给承租人。到租约期末，承租人将财产归还出租人。鉴于承租人不承担所有权风险，租赁性支出在收入报表中被作为经营性支出处理，而租赁并不影响资产负债表。采用资本租赁方法，承租人承担部分所有权风险并享有它的一些收益。因此，租约一经签署，就在资产负债表中同时被作为资产和（针对租赁支出的）负债确认。公司每年都可以提取折旧，并且扣除租赁支出所包含的利息支出部分。通常，相对于等同的经营租赁法而言，资本租赁法可以更快地确认各项支出。

由于公司无意在财务报告上显示租赁项，有时还会推迟此类支出的确认，它们具有把所有的租约都报作经营性租赁的强烈动因。为此，财务会计准则委员会（FASB）规定，如果符合下列四项条件中的任何一项，公司就必须把租赁作为资本性租赁处理：

1. 租约期限超出了资产寿命的 75%。
2. 在租约期末，出现对于承租人的所有权让渡。
3. 具备在租约期末根据协商价格购买资产的选项。
4. 租赁支出的现值，经过恰当贴现率的贴现，超出了资产公允市值的 90%。

出租人同样使用上述标准确定租赁属于资本性的还是经营性的，并予以相应的考虑。如果属于资本性租赁，出租人将把未来现金流现值记为销售额，并将各项支出确认。应收租赁款项还在资产负债表中显示为资产，而利息收益则在整个租期内获得支付的时候确认。

从纳税角度看，只有在租赁属于经营性租赁时，出租人才能针对所出租的资产索取缴税优惠（tax benefits），尽管税则在确定租约是否属于经营性方面所用标准略为不同。①

---

① 税则对于经营性租赁的要求是，(1) 财产可在租约期末为并非出租人的其他人使用，(2) 承租人不能凭借协商价格选项购买该资产，(3) 出租人至少承担其在险资本（capital at risk）的 20%，(4) 出租人从租约中可得到与纳税效益无关的正现金流，以及 (5) 承租人在租赁中未作投资。

员工福利　雇主可为其雇员提供养老金和医保福利。在许多情形中,这些福利项目所造成的承约范围甚广,如果没有足够的资金支持这些承约,公司就须在财务报表中将这一情况进行揭露。

养老金计划　根据养老金计划,公司应承为其雇员提供一定的收益,通过承诺固定供款额(即,雇主每年为养老金计划提供固定的金额,而不对所要交付的收益作任何承诺)或者固定收益额(即,雇主承诺对其雇员支付特定的收益额)的方式。在后一情形中,雇主在每期都须将足够的钞票存入计划以满足固定的收益额。

根据固定供款计划(defined contribution plan),一旦完成了预定的供款额,公司就履行了承约。根据固定收益计划(defined benefit plan),则更难估算公司的承约,因为它取决于其他一些因素,包括雇员被赋予的收益额、雇主先前的供款及其赚取的收益,以及雇主预期可从现有供款得到的报酬率。随着这些变量的变化,养老基金资产的价值可能大于、等于或小于养老基金负债(它包括所承诺的收益额现值)。如果资产超过负债,则养老基金属于过度资助,而资产小于负债的计划则为资助不足。财务报告必须披露这些情况,大多放在注解部分。

若对养老基金资助过度,公司有几种选择。它可从基金中撤出超额资产,也可停止对计划的供款,还可假设过度资助属于可能会在下一时期消失的暂时现象而继续供款。若基金资助不足,就会造成公司的负债,而会计标准只要求公司在资产负债表上披露累计养老基金负债超出资产的部分。[①]

医保福利　公司可以两种形式之一提供医保福利,通过给医保计划作出固定供款而不应承特定的收益(类似于确定固定供款的养老计划),或者通过应承特定医保收益且拨出提供这些福利的基金(类似于固定收益养老计划)。有关医保福利的会计方法与养老金承约的方法非常相似。

税款的结转　出于纳税和财务报告之不同目的,公司通常采用不同的会计方法,从而引出了如何报告税收负债的问题。鉴于出于税收会计目的的加速折旧法和有利的存货估价法会导致税收的结转,财务报告上的所得税通常远远超出实际税款。作为"权责发生制会计法"(accrual accounting)的基础,同样是根据把支出与收入相匹配的原则,结转的所得税须在财务报表中获得确认。因此,如果根据税收会计针对应税收入(the taxable income)支付了55 000美元税款,而根据财务报表上的收入本应支付75 000美元税款,公司就必须将这种差额(20 000美元)作为结转税款确认。鉴于这笔税额将在今后数年间支付,故而将在支付时确认。

值得指出的是,如果实际税款超出了财务报告上的税款,公司就营造出了所谓"结转税资产"。它体现的是,由于公司可以获得结转抵税额(credit),它在未来时期的盈利将会增加。

---

① 累计的养老基金负债不考虑此类计划的效益承约,而是对未来效益作出保险精算式估算。因此,它大大低于养老金负债总额。

有关结转税负债究竟是否属于负债的问题很有意义。一方面，公司并没有欠下归于任何实体的结转税额；另一方面，公司最终还是需要支付所结转的税款，故将这一金额当作负债似为保守之举。

优先股

如果发行优先股，公司通常就营造出了将对股权支付固定股息的某种承约。会计规则通常并不把优先股视为债务，因为未能支付优先股权息不会导致公司破产。与此同时，优先股息所具有的累积性使其要比普通股息更难处理。因此，优先股实属一种混合性证券（hybrid securities），兼具股票和债务的某些特征。

在资产负债表上，优先股根据其最初发行价格获得估价，再加上累积的未付股息。对于可转换优先股的处理与此相似，但在转换时须将它作为普通股处理。

普通股①

会计师们衡量普通股的尺度是历史成本。资产负债表上的股票价值体现了公司最初发行普通股的收入，并因随后产生的盈利而增加（或因亏损减少，如果确实发生的话）或因期内支付了股息而减少。这三个条目虽都被并入所谓"股票账面价值"，但在对它进行估算时，还需注意另外三点：

1. 若公司在短期内回购股票，意在重新发行股票或者用它支付期权的实施，则可将回购股票记为库藏股（treasury stock）。这将减少股票的账面价值。公司不得在账面上延长库藏股的持有期，而须在回购股票时在其账面价值上扣除回购的股票值。由于这些回购根据的是市场价格，它们有可能大大减少股票账面价值。

2. 若在延长期内蒙受巨额亏损或者大量地回购股票，公司的股票账面价值最终可能变为负数。

3. 与前面有关有价证券的论述相关，被列为可出售之有价证券的未实现收益或者亏损，全都体现为资产负债表上的股权账面价值增加或者减少。

作为财务报表的组成部分，公司还提供有关股东权益期内变化的总览。它概述了有关股权价值的所有会计数据变化。

关于股权的最后一点是，会计规则似乎仍将具有固定股息的优先股视为股权或准股权，主要因为优先股息可以结转或累积而无违约风险。就公司可能失去内部控制而言（与破产相对照），我们已经指出，就像它与普通股具有诸多共同点那样，优先股与没有担保的债务具有诸多相同的特征。

案例 3.2　衡量公司的负债和股权：1998 年的波音公司和家得宝公司

下表概述了波音公司和家得宝公司在 1998 财务年度的负债和股权估计值（以百万美元计）。

---

① 原文"equity"一词的财经译法很多，包括股权、股资、股票、普通股、股份、权益和产权等等，本书将根据上下文内容选择具体的译法。——译者注

	波音	家得宝
应付账款和其他负债	10 733	1 586
应付薪水和其他支出	0	1 010
超过成本的预付款	1 251	0
应缴税款	569	247
短期债务和长期债务流动部分	869	14
流动负债总额	13 422	2 857
应付医保福利费用	4 831	0
其他长期负债	0	210
结转所得税	0	83
长期债务	6 103	1 566
少数利益	9	0
股东权益		
面值	5 059	37
额外实收资本	0	2 891
留存收益	7 257	5 812
股权总额	12 316	8 740
负债总额	36 672	13 465

两家公司的最大差别在于波音公司列出的"应付医保福利费用"负债，表示对员工所应承的预期医保福利承约扣除其成本之后的金额现值。两家公司的股东权益表示股权的账面价值，与股票的市值相去甚远。下表概述了这种差异在1998年末的情形（以百万美元计）。

	波音	家得宝
股权账面价值	12 316	8 704
股票市场价值	32 595	85 668

最后，还需指出的是，家得宝公司大量采用了经营性租赁。由于这些租约被作为经营性支出处理，故未体现在资产负债表上。我们认为，鉴于这些租约属于在未来将进行支付的承诺，故应对经营性租赁支出实施资本化并作为公司的负债部分处理。第9章考虑如何最为妥善地处理这一问题。

3.4 衡量盈利和盈利能力

公司的利润率如何？它在所投资的资产上得到了多少盈利？这些都是我们希望财务报表予以回答的基本问题。会计师们用收入报表提供有关公司在特定时期经营活动的信息。这一报表旨在衡量现有资产（assets in place）的盈利。本节将探究衡量盈利和盈利能力（earnings and profitability）的基本会计原则及其实施方式。

3.4.1 衡量盈利和盈利能力的基本原则

对于盈利和盈利能力的衡量有两条基本原则。第一条是"权责发生制会计"原则。根据此原则，产品和服务的销售额在出售产品或提供服务（大部或全部）的时期获得确认。同时，对支出作出相应处理而确保支出与收益相互匹配。[①] 这种做法与基于现金的会计制度形成对照。根据后者，销售额在收到之时获得确认，而支出则在付出之时被确认。

第二条原则是，把支出划分为经营性、融资性和资本性支出。至少在理论上，经营性支出是那些仅只为当期提供收益的支出；为了生产在当期销售的产品和服务而支出的劳动及原料成本就是很好的例子。融资性支出是用于非股权融资的支出，旨在为公司筹集资金；利息支出就是一个最普遍的例子。资本性支出是那些预期可在多个时期产生收益的支出；例如，购买土地和房地产的成本就被作为资本性支出处理。

从当期销售额中扣除经营性支出可得出公司经营性盈利。从经营性盈利中扣除融资性资产则可以估算股东收益或净收入。资本性支出则在其有用期限内（根据所产生的效益）作为折旧和摊销而获得销账。

3.4.2 衡量会计利润和盈利能力

鉴于收入可产生于一些不同的来源，GAAP要求将收入报表划分为四个部分，即持续经营性收入、已停止经营的收入、异常所得和亏损，以及针对会计原则变化作出的调整。

GAAP通常要求，确认销售额的时间是在公司已经提供了可得到支付的全部或大部分服务，而公司已经收到了可见和可衡量的现金和应收账款作为报酬。与收益生成直接相关的支出（诸如劳动、原材料）则与收益在相同时期内获得确认。与收益生成没有直接关系的各项支出则在公司的相关服务消费期内获得确认。通过改变公司处理雇员期权的方法，会计准则已经解决了困扰其多年的某种不一致性。原有的规则是，这些期权馈赠不是在获得馈赠而是只在实施时被作为支出处理。新的规则要求，员工期权须在馈赠时获得估价和确认（带有某种可以分期摊销的优惠）。鉴于员工期权属于经营性支出的补偿方案部分，新的规则显然更为合理。

对于那些生产和销售产品的公司，权责发生制会计法的运用直截了当。但是，还有一些由公司产品或服务性质而使问题变得复杂的特殊情形。例如，若与客户签订了长期合约，公司可以根据合约完成的比重确认收益。随着收益根据完成比重而得到确认，支出的相应比重也同时得到确认。如果产品或服务购买方的支付能力具有很大的不确定性，对于采用分期支付方式提供产品或服务的公司而言，只有当得到部分售价时方可确认收入。

---

① 如果无法将某项成本（诸如，行政成本）直接与特定销售额挂钩，一般把它确认为在其消费期内的支出。

现在考虑有关资本性支出与经营性支出之间的差异。经营性支出应该只是体现在当期内创造收益的那些支出。然而,在实践中,有些看似并不满足这一标准的支出也被列入经营性支出。虽然资本性支出应在多个时期内获得摊销的概念是正确的,但是根据最初历史成本计算的会计折旧额与实际经济折旧额之间通常并无多少共同点。第二种支出是研发性支出,会计标准将其列入经营性支出,但它们无疑可在多个时期提供收益。作出这种分类的理由是,无法计算或不易量化这种收益。

财务分析的许多内容围绕着公司的预期未来盈利而展开,其中的许多预测从当期盈利着手。因此,重要的是需要了解这些盈利有多少出自公司的持续经营活动(ongoing operations),又有多少可归因于那些难以定期再现的异常或者意外事件。由此看来,各公司把支出划分为经营性支出和一次性支出的做法很有帮助,因为用于预测的应该是扣除一次性支出之前的盈利。一次性项目包括:

- 异常或罕见项目,诸如资产或业务部门的剥离(divesture)所造成的损益、销账(write-offs)和重组成本。公司有时把此类项目列入经营性支出。例如,波音公司在1997年记录了价值14亿美元的销账,旨在调整收购麦道公司所获得的资产价值,并将它列入经营性支出。
- 意外项目,它的定义是那些性质异常、发生频率较低但影响重大的事件。相关的例子有,由于运用低息债务重新为高息债务融资所产生的会计利润,以及公司所持有价证券造成的损益。
- 与停止经营相关的损失,它衡量由于分阶段退出经营、出售某些业务部门所遭受的损失。但是,为了确保此点成立,这些经营活动必须能够与公司相互分离。
- 与会计变化相关的损益,它衡量由公司自愿实施的会计方法变化(如改变存货估价方法)、新的会计标准所要求的会计方法变化造成的盈利变化。

案例3.3　盈利的衡量:1998年的波音公司和家得宝公司

下表概述了波音和家得宝两家公司在1998财务年度的收入报表(以百万美元计)。

	波音	家得宝
销售和其他经营性收益	56 154	30 219
−经营性成本支出	51 022	27 185
−折旧	1 517	373
−研发支出	1 895	0
经营性收入	1 720	2 661
+其他收入(包括利息收入)	130	30
−利息支出	453	37
税前盈利	1 397	2 654
−收入税	277	1 040
净盈利(损失)	1 120	1 614

波音公司的经营性收入因研发支出而减少,后者被会计师们作为经营性支出处理。

家得宝的经营性支出包括经营性租赁支出。前已提及,对于这两项的处理将会扭曲盈利,第9章考虑针对此类支出如何最恰当地处理盈利的问题。

盈利能力的衡量

收入报表可使我们根据绝对数字估算公司的盈利状况,而且同样重要的是,根据相对数字把握公司的盈利能力。衡量盈利能力有两个基本比率。一个探究相对于所用资本的盈利能力,从而得到投资报酬率。这一点可以通过仅考察股权或者考察整个公司进行。另一个比率则通过估算利润率(profit margin)探讨相对于销售额的盈利能力。

资产报酬率和资本报酬率　公司的资产报酬率(ROA)衡量的是,在考虑融资效应之前,公司运用其资产形成利润的经营效率。

$$资产报酬率 = 扣除利息和税款前的盈利(1-税率)/资产总额$$

扣除利息和税款之前的盈利(EBIT)[①]是衡量收入报表中经营性收入的会计尺度,而资产总额则是指运用会计规则所衡量的各种资产,即大多数资产的账面价值(BV)。另一方面,资产报酬率也可表示为

$$资产报酬率 = [净收入 + 利息支出(1-税率)]/资产总额$$

通过把融资效应与经营效应相分离,资产报酬率可以明确地衡量这些资产的真实报酬。在除以资产总额后,资产报酬率则会低估拥有大量流动资产的公司所具备的盈利能力。

通过运用息税前盈利而不对税收作出调整,我们也可根据税前基数计算ROA而不损失一般性,

$$税前 ROA = 息税前盈利/资产总额$$

如果面对不同税率的收购者为了收购而对公司或业务部门进行估价,就可使用这种衡量方法。

一种更加有用的报酬尺度则把经营性收入与投入到公司的资本相联系,其中的资本定义是,扣除现金之后的债务和股权账面价值总额。这个尺度就是"投入资本报酬率"(ROC 或 ROIC)。它既能更加确切地衡量报酬,又能与资本成本相对照,以便衡量公司的投资质量。

$$投入资本报酬率 = \frac{EBIT(1-t)}{债务的 BV + 股权的 BV - 现金}$$

分母通常被称作"投入资本",衡量经营性资产的账面价值。对于它所包含的前两项,账面价值可在期初进行计算,或者采用期初和期末两个数字的均值。

案例 3.4　估算资本报酬率:1998 年的波音公司和家得宝公司

运用 1998 年的资本平均数和期初数(以百万美元计),下表概述了波音和家得宝两家公司在税后的资产报酬率和资本报酬率。

[①] 它的原文是"Earnings before interest and taxes",坊间称之为"息税前盈利"。本书后文将采用这一通俗译法。——译者注

	波音	家得宝
税后经营性收入	1 118	1 370
资本账面价值—期初	19 807	8 575
资本账面价值—期末	19 288	10 320
资本账面价值—均值	19 548	9 423
资本报酬率(根据均值)	5.72%	18.36%
资本报酬率(根据期初值)	5.64%	20.29%

根据各税后报酬率分析,1998年对于波音公司来说是糟糕的一年;同样根据这些报酬率,家得宝在这一年的情况要好得多。

资本报酬率的分解 我们可将公司的资本报酬率表示成取决于销售额的经营利润率和资本周转率的函数。

$$\text{ROC} = \frac{\text{EBIT}(1-t)}{\text{资本的 BV}} = \frac{\text{EBIT}(1-t)}{\text{销售额}} \times \frac{\text{销售额}}{\text{资本的 BV}}$$

$$= \text{税后经营性利润率} \times \text{资本周转率}$$

因此,若能提高利润率或者更有效地运用资本以提高销售额,公司就可获得更高的ROC。当然,对于这两个变量可能都存在竞争性和技术性约束条件,但是公司仍然具有某种能动性,就是选择某种能够使得ROC达到最大的利润率与资本周转率的组合。资本报酬率在不同行业、不同公司之间变化甚大,大多是因为它们在利润率和资本周转率方面存在着差异。

🌐 *mgnroc.xls*:该网上的数据集概述了美国不同行业中的公司经营利润率、资本周转率和报酬率。

股权报酬率 资本报酬率衡量的是整个公司的盈利能力,而股权报酬率(ROE)则从股东角度考察公司的盈利能力,它是将股东的利润(扣除利息和税款后的净利润)与股权投资的账面价值相联系。

$$\text{股权报酬率} = \frac{\text{净收入}}{\text{普通股的账面价值}}$$

由于优先股股东持有的公司索取权有别于普通股东,净收入估算应在扣除优先股股息之后进行,即账面价值应该只包括普通股。

非现金 ROE 的决定因素 由于 ROE 是以支付利息后的盈利为基础,它会受制于公司的项目融资结构。大致而论,如果公司运用借款为项目融资,并可在那些项目上获得超出相关税后利息支出的 ROC,它就能通过借款提高 ROE。对于不包括现金的股权报酬率可作下列表述:①

---

① ROC+D/E[ROC−i(1−t)]=[NI+Int(1−t)]/(D+E)+D/E{[NI+Int(1−t)]/(D+E)−Int(1−t)/D}
={[NI+Int(1−t)]/(D+E)}(1+D/E)−Int(1−t)/E
=NI/E+Int(1−t)/E−Int(1−t)/E=NI/E=ROE

$$ROE = ROC + \frac{D}{E}[ROC - i(1-t)]$$

其中，ROC＝EBIT(1－t)/(股权的 BV－现金)

　　　　D/E＝债务的 BV/股权的 BV

　　　　i＝利息支出/债务的 BV

　　　　t＝正常收入的税率

上式右边第二项包含了财务杠杆(financial leverage)的效益。

案例 3.5　计算股权报酬率：1998 年的波音公司和家得宝公司

下表概述了波音和家得宝两家公司在 1998 年的股权报酬率(金额以百万美元计)。

	波音	家得宝
净收入	1 120	1 614
股权账面价值－期初	12 953	7 214
股权账面价值－期末	12 316	8 740
股权账面价值－均值	12 635	7 977
股权报酬率(根据均值)	8.86％	20.23％
股权报酬率(根据期初值)	8.65％	22.37％

各项结果再次表明，波音公司在 1998 年的表现差强人意，而家得宝公司则公布了比较理想的股权报酬率。股权报酬率也可通过分解为刚才所述的各个因素而估算得出(运用经过调整的期初数值)：

	波音	家得宝
税后资本报酬率	5.82％	16.37％
债务/股权比率	35.18％	48.37％
账面利率(1－税率)	4.22％	4.06％
股权报酬率	6.38％	22.33％

请注意，我们针对资本报酬率和账面利率运用了 35％的税率。通过这种方法得出的股权报酬率有别于根据净收入和股权账面价值估算得出的股权报酬率。

　rocroe.xls：该网上的数据集概述了美国不同行业中的公司资本报酬率、债务/股权比率、账面利率和股权报酬率。

3.5　衡量风险

公司现有投资项目的风险随着时间将有何变化？公司股东面临的风险有多大？这是我们在进行投资分析时需要解答的另外两个问题。会计报表实际上并未担当以某种系统的方法衡量或量化风险的工作，而只是提供一些有关公司可能在何处蕴含着风险的注解和信息披露。本节讨论会计师们试图评估风险的一些方法。

3.5.1 衡量风险的基本会计原则

就各种会计报表和比率试图衡量风险这一点而言,似乎存在着两条普遍原理。

第一条原理是,所要衡量的风险是违约风险(deafult risk),即固定承约无法得到履行的风险,诸如未偿的债务本金和利息。但是,一个更加广泛的股权风险概念,它衡量的是实际报酬率关于期望报酬率的方差,似乎未能获得多少关注。因此,从会计角度看,以股资实施全额融资(all-equity financed)的公司,若有为正的盈利而没有固定承约,通常就属于低风险公司,虽然难以预测其盈利。

第二条原理是,会计方面的风险措施通常对风险持具静态(static)的看法,即只是观察公司在某一时点上的产能能否满足它的各种承约。例如,在运用各种比率评估公司风险时,这些比率几乎总是以单一时期的收入报表和资产负债表作为根据。

3.5.2 针对风险的会计措施

针对风险,会计师们大致采用了两组措施。第一组是由资产负债表的附注对潜在承约或价值损失进行信息披露,旨在提醒潜在或当期投资者发生重大亏损的可能性。第二组措施则是试图衡量流动性风险(liquidity risk)和违约风险的各种比率。

财务报表的信息披露

近年来,公司披露其未来承约的做法逐渐变成了一种普遍要求。例如,考虑一下或有负债(contingent liability),即仅在某些偶然事件发生时才会形成的潜在负债,譬如公司成为某桩诉讼案的被告者情形。目前的一条普遍规则是,忽略用于对冲风险的各种或有负债,因为关于相机索取权的承约可以由其他地方获得的收益所抵消。① 然而,近些时期来,各公司在所臆想的对冲性衍生品头寸(诸如期权和期货)方面损失惨重,使得 FASB② 要求财务报表必须披露这些衍生品。因而,公司养老基金和医保福利诸项承约已从原先的附注部分移到了实际负债部分中。

财务比率

各种财务报表一直被用作估算财务比率的基础,用于衡量盈利能力、风险和杠杆系数。前面一节有关盈利的内容已经考察了衡量盈利能力的两个比率:股权报酬率和资本报酬率。本节考虑通常用于衡量公司财务风险的几个财务比率。

短期流动性风险 它主要源于当期经营的融资需要。在收到所售产品和服务的款项之前,公司必须对其供应商作出支付,即存在着某种现金缺口,大多通过短期借款予以弥补。这种应对流动资本(working capital)需要的融资在大多数公司均属日常之事。因此,

---

① 这一点的前提条件是对冲头寸的设置,而随意设立对冲头寸终将无谓地耗费公司的钞票。
② 它的全拼为"Financial Accounting Standards Board"([美]财务报告标准委员会)。——译者注

为了衡量公司面临的无法履行短期承约的风险程度,人们已经设计出了各种财务比率。衡量短期流动性风险的两个最常用比率是流动比率和速动比率。

流动比率(current ratio)　它是公司的流动资产(现金、存货、应收账款)与流动负债(在下期到期的承约)的比率。

$$流动比率 = \frac{流动资产}{流动负债}$$

例如,小于1的流动比率表明,公司在年内到期的承约超过了预计可转化成现金的资产。这就意味着它存在流动性风险。

传统分析提议公司把流动比率保持在2或者更高水平,但在尽力降低流动性风险和不断将更多现金投入净流动资本(净流动资本＝流动资产－流动负债)之间存在着某种取舍。实际上,有理由认为,流动比率过高表明,财务状况欠佳的公司在降低存货上存在着问题。近些年来,各公司已在努力降低其流动比率以及更好地管理净流动资本。

在依赖流动比率的同时,我们还须兼顾其他一些因素。首先,在临近财务报告日时,该比率很容易为公司所操纵,以便营造财务健康的假象;其次,流动资产和流动负债可以出现等额的变化,但对流动比率的影响则取决于比率本身在变化之前的水平。①

速动或酸性检验比率(quick or acid ratio)　它是流动比率的一种变形,区别了可迅速转化为现金的流动资产(现金、有价证券)和无法快速变现的流动资产(存货、应收账款)。

$$速动比率 = \frac{现金＋有价证券}{流动负债}$$

当然,排除应收账款和存货的做法并非一成不变。实际上,若能证明它们可以迅速转化为现金,就可将其包括在速动比率中。

周转率(turnover ratios)　通过考察应收账款、存货与销售额、销货成本之间的关系,周转率衡量的是流动资本的效率,

$$应收货款周转率 = 销售额/平均应收账款$$

$$存货周转率 = 销货成本/平均存货$$

这些统计指标可解释为,它们衡量公司把应收货款转变为现金,或把存货转变为销售额的速度。这些比率通常以周转天数表示,

$$应收账款周转天数 = 365/应收账款周转率$$

$$存货持有天数 = 365/存货周转率$$

针对采购,也可计算类似的针对应付账款的一对指标,

$$应付货款周转率 = 采购额/平均应付账款$$

$$应付账款周转天数 = 365/应付账款周转率$$

---

① 假设流动资产和流动负债增加相同数量,若在增加之前的流动比率大于1,它将会下降;若在变化前小于1,流动比率将会上升。

因为应收账款和存货都属于资产,而应付账款属于负债,故可结合这三者(根据周转天数而标准化)估算公司需融资多少才能满足流动资本的需要。

$$需要融资期 = 应收账款周转天数 + 存货持有天数 - 应付账款周转天数$$

融资期越长,公司的短期流动性风险就越大。

🌐 *wcdata.xls*:该网上的数据集概述了美国不同行业中的公司流动资本比率。

🖱 *finratio.xls*:该电子表格可使我们根据财务报表数据计算公司的流动资本。

长期偿债能力和违约风险　有关长期偿付能力(long-term solvency)的各种尺度意在考核公司在长期满足利息和本金偿付的能力。显然,本节前述有关盈利能力的各个比率是进行这种分析的关键。专门衡量长期偿付能力的各种比率则试图把盈利能力与偿债水平相联系,进而确定公司能够履行偿债义务的难易程度。

利息覆盖率(interest coverage ratios)　它衡量的是公司运用扣除息税前盈利支付利息的能力。

$$利息覆盖率 = \frac{EBIT}{利息支出}$$

利息覆盖率越高,公司运用盈利支付利息的能力就越强。然而,与此同时还需兼顾这样一个事实,即,息税前盈利的波动很大,且在经济形势萧条时会急剧下跌。因此,两家公司可能具有相同的利息覆盖率,但面临的风险程度则可能差异极大。

若对利息覆盖率的分母进行扩展以包括其他固定承约,诸如租赁支出,由此得出的比率称为"固定支出覆盖率":

$$固定支出覆盖率 = \frac{EBIT(扣除固定支出之前)}{固定支出}$$

最后,尽管该比率是根据盈利表述,它也可以现金流表示,即,在分子中运用扣除利息、税收、折旧和摊销之前的收益(EBITDA)而在分母中运用固定现金支出。

$$固定现金支出覆盖率 = \frac{EBITDA}{固定现金支出}$$

利息覆盖率和固定支出覆盖率受到的批评甚多:它们没有考虑到资本性支出,这是一种只能在短期内自行决定的现金流,但若公司想要维持长期增长,就无法在长期中做到这一点。相对于经营性现金流,把握这种现金流幅度的一种方法是,计算两者的比率:

$$经营性现金流/资本支出比率 = \frac{经营性现金流}{资本支出}$$

关于经营性现金流虽有一些不同的定义,但确定它的最合理方法是,在付息之前而在纳税和满足流动资本需要之后,衡量持续经营活动的现金流。

$$经营性现金流 = EBIT(1-t) + 折旧 - 流动资本变化量$$

🌐 *covratio.xls*:该网上的数据集概述了美国不同行业中的公司利息覆盖率和固定支出覆盖率。

案例 3.6　利息和固定支出覆盖率：1998 年的波音公司和家得宝公司

下表（以百万美元计）概述了波音公司和家得宝公司的利息覆盖率和固定支出覆盖率。

	波音	家得宝
EBIT	1 720	2 661
利息支出	453	37
利息覆盖率	3.80	71.92
EBIT	1 720	2 661
经营性租赁支出	215	290
利息支出	453	37
固定支出覆盖率	2.90	9.02
EBITDA	3 341	3 034
固定现金支出	668	327
固定现金支出覆盖率	5.00	9.28
经营性现金流	2 161	1 662
资本性支出	1 584	2 059
现金流/资本性支出	1.36	0.81

从利息覆盖率和固定支出覆盖率考察，波音公司的风险，根据它在 1998 年的经营性收入，似乎大于家得宝公司。然而，从现金流考察，波音公司则似乎好得多。其实，若是兼顾资本性支出，家得宝公司的比率较低。还需考虑到的事实是，波音公司在 1998 年的经营性收入相比前一年有所下降，这会对各种比率产生普遍影响。或许更合理的做法是，计算这些比率时，考察它在各期的平均经营性收入。

> *finratio.xls*：该电子表格使我们可根据财务报表数据计算公司的利息覆盖率和固定支出覆盖率。

资本负债率（debt ratios）　利息覆盖率衡量公司满足利息支出的能力，但未探究它能否偿还未偿债务的本金。通过将债务与资本总额或股权总额相联系，债务比率则很好地体现了这一点。

$$债务/资本 = 债务/(债务 + 股权)$$

$$债务/股权 = 债务/股权$$

前一个比率把债务表示成所占公司资本总额的比重，但上限是 100%。第二个比率把债务表示成所占公司股权账面价值的比重，可便利地从前一个比率推导得出，因为，

$$债务/股权 = (债务/资本)/(1 - 债务/资本)$$

这些比率假设资本只是通过债务和股权而筹得，但却不难加以调整而包括其他融资来源，诸如优先股。虽然优先股有时与普通股一道被列为股权，但最好是把它们看做两个不同的融资来源，并且计算优先股与资本（包括债务、股权和优先股在内）的比率。

债务比率有两个相近的变型。首先，只使用长期债务而非债务总额。其理由是，短期债务属于暂时现象，不会影响公司的长期偿债能力。

长期债务/资本＝长期债务/(长期债务＋股权)

长期债务/股权比率＝长期债务/股权

由于一些公司很容易对短期债务进行滚动(roll over),加上许多公司愿意采用短期融资资助其长期项目,这些变型会对公司财务杠杆风险作出误导性描述。

债务比率的第二种变型是运用市场价值(MV)而非账面价值,主要是为了体现这样一个事实:某些公司具有大大超出账面价值的借债能力。

债务市场价值/资本比率＝债务的MV/(债务的MV＋股权的MV)

债务市场价值/股权比率＝债务的MV/股权的MV

许多分析者在计算中不愿使用市值。他们声称,除了难以获得针对债务的相关数据外,市值因为波动剧烈而不甚可靠。这些争论依然悬而未决。确实,对于那些持有没有上市交易之债券的公司,我们难以得到其债务市值,但股权的市值不仅易于得到,而且总在更新从而体现整个市场和公司特定的变化。再者,在债券无法交易的情形中,使用债务的账面价值代替市场价值并不会极大地改变基于市值的大多数债务比率。[1]

案例 3.7 账面债务比率及其变型:波音公司和家得宝公司

下表概述了波音公司和家得宝公司在 2008 年的各种债务比率估算数,运用两家公司的债务账面价值(以百万美元计):

	波音	家得宝
长期债务	6 103	1 566
短期债务	869	14
股权账面价值	12 316	8 740
长期债务/股权	49.55%	17.92%
长期债务/(长期债务＋股权)	33.13%	15.20%
债务/股权	56.61%	18.08%
债务/(债务＋股权)	36.15%	15.31%

在 2008 年,无论是考虑长期债务还是债务总额,波音公司都具有比家得宝公司高得多的账面债务比率。

 dbtfund.xls:该电子表格概述了美国不同行业中的公司分别根据账面价值和市场价值计算的债务比率。

3.6 财务报表分析的其他问题

各国的会计标准和实践之间存在着诸多重大的差异,使得对于各公司的比较可能蕴含着各种歧义。

---

[1] 股票的市场价值与账面价值的偏离可能远远超过债券,并且可能在大多数债务率计算中占主导地位。

3.6.1 会计标准和实践的差异

各国在会计标准和实践方面的差异影响了对盈利的衡量。然而,这些差异并非像有些分析者所宣称的那样大,而且它们也无法解释在基本估价原则方面的重大差异。1993年,在针对各发达市场所作的一项会计标准调查中,Choi 和 Levich 注意到,大多数国家在制订财务报告时都遵循了一致性、账目确认和历史成本原则等会计理念。鉴于各国越来越多地改用"国际财务报告标准"(IFRS30[①]),值得注意的是,IFRS 和美国的 GAAP 在许多问题上的相似处超过了不同点。目前的确还存在着一些差异,我们在表 3.1 提及了其中一些。

表 3.1 IFRS 和 GAAP 的关键性差别

	IFRS	GAAP	净效应
理念	基于原则	基于规则	公司根据 IFRS 可更灵活地作出选择,导致公司间形成更多的差异。
收益确认	收益仅在所有权的风险和报酬被转让给产品和服务的买方时才可得到确认。	收益在具有产品或服务已交付的证据时得到确认。	根据 IFRS 的收益确认可能迟于 GAAP。
长期有形资产	若长期资产由多重因素构成,各因素需单独进行资本化和折旧。若具有关于市场价值的可靠信息来源,公司可选择以市场价值估价整个资产类别。	资产可在合并基础上根据资产的平均寿命获得资本化和折旧。	根据 IFRS,计算折旧更复杂。对折旧的净效应不甚清晰。IFRS 可以营造因公司而变化基于市场价值和账面价值的资产估价方法混合。
短期资产	存货以成本与净实现值的较低者进行估价,估价不可选择 FIFO。	存货以成本与市场价值的较低者进行估价。可选择 FIFO 或 LIFO。	根据 IFRS,存货估价可能更接近于当期价值。
长期负债	根据价值,可转换债务被分解为债务和股权两因素。	在转换前,可转换债务被作为债务处理。	根据 IFRS,具有可转换债务的公司债务比率较低。
合并	合并要求我们可对实体实施有效控制。在资产负债表上,少数股东权益被列入股权。	合并要求我们拥有实体 51% 的选举权。在资产负债表上,少数股东权益与股权分开。	相对于根据 GAAP 规则,根据 IFRS 规则会有更多的合并。根据 IFRS 股权包括少数股东权益。
对其他股权的投资	证券投资可分为上市、可供出售或持有至到期三类,对于业务的投资需采用股权方法。	所有投资,包括公司投资,可分为上市、可供出售或持有至到期三类。比例合并是合资经营的一个选项。	根据 IFRS,在其他公司的投资可采用盯市估价法。根据 GAAP,只有有价证券可采用盯市估价法。
研发支出	研究成本属于支出,但开发成本可获得资本化,若其技术和经济可行性获得确认。	研究成本和开发成本都属于支出。	根据 IFRS,在研发上支出很大的公司将会使股权账面价值上升。

---

① 全拼为 "International Financial Reporting Standards"。——译者注

在比较美国公司和其他金融市场的公司时,大多数差异都能得到解释和调整。如果所比较的公司在会计标准上差异很大,运用财务报告上未经调整的盈利而得出的指标就会带有误导性,诸如市盈率。

3.7 总结

对于大多数投资者和分析者而言,财务报表仍然是首要的信息来源。然而,在回答有关公司的一些关键性问题上,会计方法和财务分析方法存在着一些差异。

第一个问题与公司拥有的资产的性质和价值相关。资产可划分为已作出的投资(现有资产)以及有待作出的投资(增长性资产);会计报表提供了有关前者的大量信息,但对后者则涉及不多。专注于会计报表中现有资产的最初价格(账面价值)将会导致这些资产的报告价值与市场价值之间形成重大差异。关于增长性资产,会计规则使得由公司内部研发活动造就的资产价值较低甚至全无价值。

第二个问题是如何衡量盈利能力。主导利润衡量方法的两条原则是,(1)权责发生制;根据它,显示销售额和支出的时期是交易发生期而非收到或者支付现金的时期;以及(2)把支出划分为经营性支出、融资性支出和资本性支出。经营性和融资性支出显示在收入报表中,资本性支出则以折旧和摊销为形式而被分摊在几个时期。会计标准错误地把经营性租赁支出和研发支出归入经营性支出(前者应被列入融资性支出,后者则应视为资本性支出)。

财务报表还处理了短期流动性风险和长期违约风险问题。会计报表的重点是探究公司是否能够履行所立承约的风险,而不太关心股东所面临的风险。

3.8 问题和简答题

在下列问题中,若无特别说明,设股权风险溢价为 5.5%。

针对问题 1~9,下面概述了可口可乐公司在 1998 年 12 月的资产负债表(以百万美元计)。

现金和准现金	1 648	应付账款	3 141
有价证券	1 049	短期借款	4 462
应收账款	1 666	其他短期负债	1 037
其他流动资产	1 666	流动负债	8 640
流动资产	1 666	长期借款	687
长期投资	1 863	其他长期负债	1 415
应计提折旧的固定资产	5 486	非流动负债	2 102
不计提折旧的固定资产	199		
累计折旧	2 016	股权(投入)	3 060

		续表	
固定资产净额	3 669	留存收益	5 343
其他资产	7 233	股东权益	8 403
资产总额	**19 145**	**负债与股东权益**	**19 145**

1. 考虑可口可乐资产负债表中的资产项，回答下列问题：

   a. 对哪种资产的评估最接近市值？请作解释。

   b. 可口可乐具有36.69亿美元的固定资产净额。能否估算可口可乐为它们支付了多少？有无办法了解这些资产的寿命？

   c. 与固定资产相比，可口可乐对于流动资产的投资似乎高出许多。这样做有意义吗？请作解释。

   d. 在20世纪80年代前期，可口可乐抛售了一些制瓶业务，制瓶部门由此成为独立公司。这一举措对可口可乐资产负债表上的资产有何影响？（各制造厂最有可能参与制瓶业务。）

2. 考察一下可口可乐的资产负债表。

   a. 可口可乐尚有多少付息债务没有偿清？（不妨假设，其他短期负债表示各类杂项应付款，其他长期负债表示医保福利和养老金承约。）

   b. 最初在金融市场上发行股权时，可口可乐获得了多少股权资本？

   c. 留存收益大于最初投入资本，这一事实有无重大意义？

   d. 可口可乐产权的市值为1 400亿美元。其账面价值是多少？产权的市值与账面价值为何存在如此大的差异？

3. 可口可乐最有价值的资产是它的商标。我们可在资产负债表的何处看出其价值？为体现这项资产的价值，是否有办法对资产负债表作出调整？

4. 假设我们需要分析可口可乐的流动资本管理。

   a. 估算可口可乐的流动资本净额和非现金流动资本。

   b. 估算公司的流动比率。

   c. 估算公司的速动比率。

   d. 通过考察这些数据，能否得到有关可口可乐整个公司风险状况的任何结论？为何能或为何不能？

针对问题5到9，下面概述了可口可乐公司在1997年和1998年的收入报表（以百万美元计）。

	1997	1998		1997	1998
净收益	18 868	18 813	经营外收益	1 312	508
所售产品成本	6 015	5 562	所得税支出	1 926	1 665
销售、总务和管理支出	7 852	8 284	净收入	4 129	3 533
息税前盈利	5 001	4 967	股息	1 387	1 480
利息支出	258	277			

下列问题涉及可口可乐公司的收入报表。

5. 1998年,可口可乐的税前经营性收入是多少?与1997年的情况相比如何?为何出现差异?

6. 可口可乐最大的支出是广告支出,它属于销售、总务和管理支出(G&A)的一部分。这些支出的一大部分用于构建可口可乐的品牌。广告支出是否应作为经营性支出处理,或者确属资本性支出?如果作为资本性支出处理,如何对它们实施资本化?(参考研发支出的资本化方法。)

7. 可口可乐在1998年的有效税率是多少?若把1997年所付税率作为有效税率,与它进行比较的情况如何?出现差异的原因可能是什么?

8. 我们需评估整个可口可乐公司的盈利能力。为此,分别估算它在1997年和1998年的税前经营利润率和净利润率。从这两年的比较中可得到什么结论?

9. 可口可乐在1997年和1998年的股权账面价值为72.74亿美元。付息债务的账面价值为38.75亿美元。请估算:

a. 它在1998年(期初)的股权报酬率。

b. 它在1998年(期初)的税前资本报酬率。

c. 它在1998年(期初)的税后资本报酬率,运用1998年的有效税率。

10. 在1998年末,据SeeSaw Toys公司报告,它拥有15亿美元的股权账面价值和1亿美元的发行股。在1999年,它以每股49美元的价格回购了1000万美元的股票。据公司报告,它在1999年的净收入为1.5亿美元,所付股息为5000万美元。请估算:

a. 股权在1999年末的账面价值。

b. 股权报酬率,运用股权的期初账面价值。

c. 股权报酬率,运用股权的平均账面价值。

CHAPTER

第4章

风险的基本问题

在对资产和公司进行估价时,我们需要运用能够反映现金流风险程度的贴现率。在实践中,针对债务的违约风险,债务成本必须涵盖违约息差(default spread);而针对股权风险,股权成本必须包括风险溢价(risk premium)。但是,如何衡量违约风险和股权风险呢?更重要的是,如何估算违约息差和股权风险溢价呢?

本章为估价过程中的风险分析建立基础。它展示了用以衡量风险以及将风险尺度转换为合理筛选比率的各种模型。它首先讨论股权风险,并分三个步骤展开分析。在第一步中,根据统计学术语,将风险定义为实际报酬率围绕期望报酬率的方差。这种方差越大,我们所感受的投资风险也越大。下一步,也是核心步骤,将风险分解为可以被投资者分散的风险和无法分散的风险。第三步考察金融学中不同的风险-报酬模型如何致力于衡量不可分散的风险。它把运用最广的模型,即"资本资产定价模型"(CAPM模型)同其他模型相比较,说明它们的风险衡量法为何不同及其对于股权风险溢价的含义。

本章的最后一部分考虑违约风险,以及评级机构如何衡量它。到本章结束时,我们应已掌握估算任何公司的股权风险和违约风险的方法。

4.1 风险是什么?

对于我们当中的大多数人来说,"风险"指的是,在日常生活的各种机会博弈中遇到不妙结果的可能性。例如,驾车过猛的风险是收到超速罚单,或者更加糟糕地,身陷事故之中。实际上,《梅廉姆-韦伯斯特大学词典》(Merriam-Webster's Collegiate Dictionary)是把风险作为动词而定义为"暴露于危险或险情"。因此,有关风险的这些看法都是负面的。

在金融领域中,我们对于风险的定义有所不同而且更加宽泛。风险,如同所见,指的是我们将得到不同于预期的投资收益。因而,风险不仅包括坏的结果(报酬低于预期),而且包括好的结果(报酬高于预期)。实际上,我们可将前者称为"下跌风险"而将后者称为"上涨风险",并在衡量风险时兼顾两者。实际上,关于风险的中文符号最为奇妙地把握了金融学关于"风险"之定义的精髓:

危机

大致地说,第一个符号表示"危险",第二个则意味着"机会"。这就使得风险变成了危险与机会的混合体。它很清楚地表明了每一位投资者和每一种生意都必须面对的取舍,即,在机会降临时可获得更高收益,但同时也需承担更有可能面对危险后果的风险。

本章的大量篇幅致力于提出某种模型,以便能够最恰当地衡量任何投资所蕴含的危险;然后,我们试图将它转换为补偿这种危险所需要的机会。根据金融学术语,我们把危险称为"风险",而把机会称作"预期报酬"。

衡量风险-报酬的问题极具挑战性。因为,它将因为采取的视角不同而变化。例如,在分析公司风险时,我们可从公司管理者的角度予以衡量;另一方面,也可认为,鉴于公司股权为股东们所拥有,他们观察风险的角度才有意义。公司的股东,因为其中许多人把公司股权只是作为其大规模投资组合中的一种投资。他们对风险的感受可能与管理者相去甚远,而后者或许已将大量的资本投入到公司中,包括人力资本和金融资本。

我们认为,必须从公司投资者的视角去看待投资风险。鉴于各公司通常拥有数千位投资者而且视角各不相同,可以断言,衡量风险的角度不是出自于任意一位股东而是边际投资者,他是在任何特定时点上最有可能进行股票交易的投资者。实施估价的目标是,衡量一项资产对于那些将给它进行定价者所产生的价值。如果坚持这一目标,那就必须考虑那些给股票进行定价者的看法,而他们也就是边际投资者。

4.2 股权风险和预期报酬

为了解释金融学是如何看待风险的,在此分为三步说明风险分析问题。首先,根据实际报酬围绕预期报酬的分布给风险下定义;其次,区分那些针对某位或者某些投资者的风险以及那些影响远为广泛的跨行业风险(在边际投资者实施了恰当分散化的市场中,只有后一种风险,所谓"市场风险",才会得到报偿);以及最后,衡量这种市场风险及其预期报酬的各种模型。

4.2.1 风险的定义

购买资产的投资者都期待在资产持有期内获得报酬。但是,他们在这一持有期内的实际报酬可能与预期报酬差异甚大,正是实际和预期报酬之间的这种差异构成了风险缘由。不妨假设我们是投资时间跨度为一年的投资者,购买了1年期国库券(或其他1年期的无违约债券),实际报酬率为5%而且等于期望报酬率。这项投资的收益分布如图4.1所示,它无疑属于一项无风险投资。

为了与无风险投资相对照,考虑一位购买公司股票的投资者,如波音公司。在完成搜寻后,这位投资者可能得出的结论是,他可在持有波音公司股票的一年内得到30%的期望报酬率。几乎可以肯定的是,这一时期的实际报酬率不会等于30%,它可能高出或低出很多。这项投资的报酬率分布如图4.2所示。

图 4.1 无风险投资报酬率的概率分布

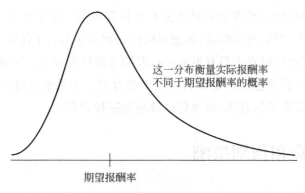

图 4.2 风险性投资的报酬率分布

除了期望报酬率之外,投资者现在还需要考虑如下问题。首先,在此情形中,注意到实际报酬率并不等于期望报酬率。实际报酬率与期望报酬率的差额由方差或标准差进行衡量;实际报酬率偏离期望报酬率的程度越大,方差也就越大。其次,朝向正的或者负的报酬率的偏向由分布的偏度(skewness)所表示。图 4.2 中的分布呈正向偏斜,因为出现正的高报酬率的概率要大于负的高报酬率。再者,分布的尾部形状由它的峰度(kurtosis)所衡量;比较平坦的尾部将导致较大的峰度。根据投资术语,这意味着,这项投资的价格具有朝着任何方向(从目前水平向上或者向下)跳跃[1]的倾向。

在报酬率分布属于正态的特殊情形中,投资者无须顾虑偏度和峰度问题,因为不存在偏度(正态分布是对称的),且正态分布的定义就是峰度为零。图 4.3 说明了两种对称的投资报酬率分布情形。

如果报酬率呈正态分布,任何投资项目的特征都可用两个变量予以衡量,即代表投资所含机会的预期报酬率和代表风险的标准差或者方差。在这种情形下,理性的投资者,如

---

[1] 此处原文"jump"也可译作"暴涨和暴跌",为了与本节中各相关术语在概率论意义上保持一致,我们采用直译法。——译者注

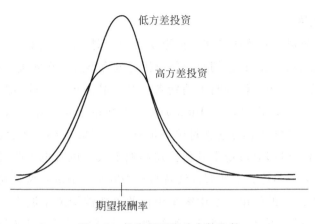

图 4.3　投资报酬率分布的比较

果面临两个标准差相同但期望报酬率不同的投资机会,总会选择期望报酬率较高的那一个。

在更加普遍的情形中,其中的分布既不对称又非正态,我们仍有理由认为,投资者将仅仅根据期望报酬率和方差作出选择,如果他们的效用函数允许如此行事的话。[①] 然而,更为可能的是,他们更加偏好于那些呈正向偏斜而非负向偏斜的分布,更加偏好跳跃的可能性较低(峰度较低)而非可能性较高(峰度较高)的分布。在现实世界中,投资者在进行投资时必须在"好事"(较高的期望报酬率和较高的正向偏度)和"坏事"(较大的方差和较高的峰度)之间作出取舍。

最后,应该注意,在现实中,我们遇到的各种期望报酬率和方差几乎总根据以往的报酬率而非未来的报酬率估算得出。运用以往方差的假设条件是,过去的报酬率分布能够很好地表明未来的报酬率分布。如果违背了这一假设条件,诸如资产的特征随着时间而发生重大变化,历史估计值可能就难以恰当地衡量风险。

🖱 optvar.xls:该电子表格总结了美国各行业股票的标准差和方差。

4.2.2　可分散和不可分散的风险

有关实际报酬率为何不同于期望报酬率这一点,虽然存在着许多理由,我们却可将它们归纳成两大类:公司特定的以及市场层面的。产生于公司特定行为的风险只会影响一家或几家公司,而源于市场层面的风险则会影响许多或者所有投资项目。在金融学中,这种区别对于我们评估风险的方式至关重要。

[①] 效用函数方法意味着,根据某些选择变量,对投资者偏好可用所谓"效用"这类术语予以归纳。例如,在这种情形下,投资者的效用或满足被表示成财富的函数。因此,我们可以有效地回答一些问题:诸如,若投资者的财富增加一倍,他的快乐程度是否也会翻番?财富的每一个边际增量所带来的追加效用是否少于它的前一个边际增量?根据效用函数的特殊形式之一,二次型效用函数,投资者的总效用可以由预期财富尺度和财富的标准差所概述。

构成风险的因素

若投资者买入公司的股票或者建立股票头寸,他(她)就要面对多种风险。某些风险可能只会影响一家或几家公司,它们属于公司特定风险类型。在此类型中,我们将考虑名目繁多的风险;首先是公司错误判断了消费者对其产品需求的风险,即所谓"项目风险"。例如,波音公司对于"巨无霸"(Super Jumbo)喷气客机的投资。作出这项投资的设想是,民航公司需要更大的飞机并愿为它支付更高价格。如果波音误判了这种需求,无疑就会影响它的盈利和价值,但却对市场上其他公司影响不大。风险也可能因为竞争者显然比所预期的更为强势或者弱势。不妨假设波音与空中客车(Airbus)两公司相互竞争一份澳大利亚航空公司 Qantas 的订单。空中客车中标的可能性构成了波音及其某些供应商的风险缘由,但其他公司却不会受到牵连。类似地,迪士尼公司最近开始发行一份针对少女的杂志,希望能把它在电视表演方面取得的成功资本化。此点能否如愿对于迪士尼及其竞争者来说无疑非常重要,但却不大会影响市场上的其他公司。其实,我们可以拓展风险尺度,从而包括可能只会影响到整个行业但也仅限于此的各种风险,即所谓"行业风险"。例如,美国国防预算的削减将对从事国防生意的所有公司产生不利影响,包括波音在内,但对其他行业则影响不大。上述三种风险,即项目风险、竞争风险和行业风险的一个共同点在于,它们都只会影响少数公司。

还有一组远为普遍并且会影响绝大多数投资项目的风险。例如,若利率上升,所有投资都会受到负面影响,虽然程度各异。类似地,若经济形势趋于疲软,所有公司都会感受到这种影响,而周期性公司(诸如汽车、钢铁和建筑行业)的感觉可能更加强烈。我们把这种风险称为"市场风险"。

最后,还存在着一些界限略微模糊的风险,它们取决于有多少资产会受其影响。例如,如果美元相对于其他货币走强,就会对从事国际化经营的公司盈利和价值产生重大影响。如果市场上大多数公司都拥有很大的国际性业务量,就可将它列为市场风险;如果只有少数公司如此,它就更接近公司特定风险。图 4.4 概述了公司特定风险和市场风险的变化结构。

分散化为何能减少或消除公司特定风险:通俗的解释

作为投资者,我们可将整个投资组合集中在一种资产上。倘若如此,我们就要同时面对公司特定风险和市场风险。然而,如果拓展组合而包括其他资产或股票,我们就实施了分散化,可以降低面对公司特定风险的程度。分散化可以减少风险的缘由有二。首先,在分散化组合中,每项投资所占比重都远远小于没有进行分散化的情形。一项或一小部分投资价值的增减对于整个组合影响不大,而未实施分散化的投资者却要更多地面对组合的投资价值变化。其次,在任何时期,公司特定行为对于组合中单项资产价格的影响可能为正或者为负。在规模很大的组合中,这种风险将被分摊而趋于零,故而不会影响整个组合的价值。

与此相对照,对于组合中大多数或者所有投资而言,市场层面变动的影响方向可能是

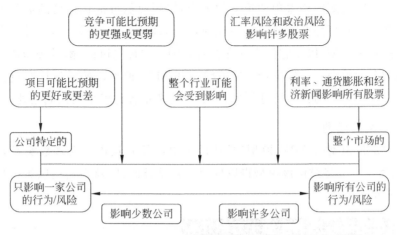

图 4.4　风险的分解

一致的,虽然某些资产受影响程度可能超过其他资产。不妨假设其他不变,利率的提高会降低组合所含大多数资产的价值。进一步实施分散化并不能够消除这种风险。

分散化-降低风险:统计分析

探究一下组合所含资产数目的增加对于组合方差的影响,可以很好地说明分散化对于风险的影响。组合的方差部分取决于组合中各单项资产的方差,部分则取决于它们如何一道变化。统计学用以衡量后者的尺度是组合所含各项资产的相关系数或协方差。正是协方差项针对分散化为何以及如何降低风险提供了灼见。

不妨考虑一个由两种资产构成的组合。资产 A 具有期望报酬率 μ_A 和报酬率方差 σ_A^2;而资产 B 具有期望报酬率 μ_B 和报酬率方差 σ_B^2;两种资产报酬率之间的相关性为 ρ_{AB},它衡量两项资产如何一道变化。可将这一两资产组合的期望报酬率和方差表示成这些数据和每种资产在组合中所占比重的函数。

$$\mu_{组合} = w_A \mu_A + (1 - w_A) \mu_B$$
$$\sigma_{组合}^2 = w_A^2 \sigma_A^2 + (1 - w_A)^2 \sigma_B^2 + 2 w_A (1 - w_A) \rho_{AB} \sigma_A \sigma_B$$

其中,w_A=资产 A 在组合中的比例。

上述方差公式的最后一项也可表述为两种资产报酬间的协方差,即

$$\sigma_{AB} = \rho_{AB} \sigma_A \sigma_B$$

分散化可以保全的投资价值取决于相关系数的大小。假设其他不变,两种资产报酬的相关系数越大,分散化产生的潜在效益就越小。然而,还需指出,即使是对于正相关的各项资产,分散化①也仍有效益,而只有在相关性等于+1 时才会效益为零。

4.2.3　衡量风险的"均值-方差"模型

在分析风险的过程中,关于风险-报酬的大多数金融模型在前面两个步骤上完全一样

---

① 原文此处为"correlation",当为"diversification"之误。——译者注

(即,风险出自实际报酬围绕着预期报酬的分布,风险应从分散化适度的边际投资者角度来衡量),但在衡量不可分散的或市场风险时,它们则是远为不同。本节讨论金融学中衡量市场风险的各种模型,以及它们为何存在着差别。它首先讨论,衡量市场风险时仍然最为普遍使用的金融模型——资本资产定价模型(CAPM 模型),然后讨论在过去二十年间所建立的针对这一模型的其他可选模型,之后还将考察各种模型的共同之处。

资本资产定价模型

资本资产定价模型(CAPM 模型)是使用历史最长并且仍为大多数实践者所使用的风险-报酬模型。本节将讨论该模型得以构建的假设条件,以及根据这些假设条件所设立的市场风险尺度。

为何假设边际投资者实施了分散化?

在直观和统计学意义上,分散化可以降低投资者风险暴露程度(exposure)的观点都很清晰,金融学中的风险-报酬模型却走得更远。它们从边际投资者,即在任一时点上最有可能从事投资交易的投资者角度考察风险。它们指出,由于这位设定投资价格的投资者实施了恰当的分散化,因此他(她)所关注的唯一风险就是添加到分散化组合上的风险或者市场风险。对于这种观点的论证非常简单。未实施分散化的投资者的风险感觉总是超过实施了分散化的投资者,因为后者无须承担任何公司特定风险而前者却必须如此。如果这两类投资者对于资产的未来报酬率和风险持有相同预期,实施了分散化的投资者将愿意为那种资产支付较高的价格,因为他(她)的风险感较低。因此,随着时间推移,资产最终将为实施了分散化的投资者们所持有。

这种观点颇具说服力,尤其对于那些可根据低成本随意进行资产交易的市场而言。因此,它对于发达市场上交易的股票相当有效,因为那里的投资者可以相当低的成本实施分散化。此外,在发达市场上,很大部分的股票交易由机构投资者所进行,而它们大多都实施了恰当的分散化。对于那些无法便利实施交易或者交易成本很高的资产,这一观点就较难成立。在那些市场上,边际投资者可能无法完成恰当的分散化,而公司特定风险在考察各单项投资时仍旧非常重要。例如,在大多数国家,房地产仍然为那些未能实施分散化的投资者所持有,而他们的很大部分财富都与这些投资相关。

假设条件 分散化虽可降低投资者针对公司特定风险的暴露程度,但大多数投资者的分散化都仅只限于持有几种资产,即使很大的共同基金也很少持有数百种股票,其中许多基金所持股票大约是 10 到 20 种。投资者为何会不再追求更大的分散化呢?缘由有二。一个是投资者或基金经理通过相对较小的组合就可获得分散化的大部分效益。因为随着证券组合变得越发分散化,分散化的边际效益将会下降,而这些效益可能已难弥补实施分散化的边际成本,包括交易成本和监督成本。分散化受到限制的另一个原因是,许多投资者(以及基金)认为他们可以找到被低估的资产,故而不再持有那些他们认为定价无误或者被高估的资产。

资本资产定价模型的假设条件之一是,不存在交易成本,所有资产都可获得交易且投资项目无限可分(即,可以购买单位资产的任何一小部分)。它还假设,每个人都可获得相同的信息,故而投资者无法在市场上找到被低估或者高估的资产。借助这些假设,它使得投资者无须追加成本就能够维持分散化。就极限情形而言,他们的组合不仅将包括所有参与市场交易的资产,而且这些资产的持有量都以各自的市值为比例。

由于这一组合包含了市场所有的交易性资产,它被称为"市场组合"。鉴于分散化的效益以及资本资产定价模型没有包括交易成本,对于这一结果无须感到惊讶。如果分散化降低了针对公司特定风险的暴露程度,再假设可以无成本地把更多资产添加到组合中,把分散化逻辑推至极限的情形就是,组合包含了整个经济中每种资产的一小部分。如果这样说显得抽象,不妨把市场组合想象成一个分散程度极佳的共同基金,它持有各种股票和实物资产。根据CAPM模型,所有投资者都愿意持有风险更大的资产和这一极度分散化的共同基金的某种组合。[1]

根据CAPM模型建立的投资组合 如果市场上每一位投资者都持有相同的市场组合,他们如何在投资中体现各自的风险厌恶心理呢?根据资本资产定价模型,投资者会根据其风险偏好调整配置决策,即确定对于无风险资产的投资额以及市场组合的投资额。厌恶风险的投资者会将其大部分或全部财富投入无风险资产;愿意承担更多风险者则会将其大部分或全部财富投入市场组合。那些已将全部财富投入市场组合并且愿意承担更多风险者,还可根据无风险利率借款并投入与他人相同的市场组合中。

对于这些结果的预测依靠的是另外两个假设条件。首先,存在着某种无风险资产,它的期望报酬率确切可知。其次,投资者可根据无风险利率借款而实现其最优配置。对于个人来说,可以相当简单地借助购买国库券或国债券实施无风险利率放贷,但却不易根据无风险利率借款。再者,CAPM模型的一些变型允许放宽这些假设,但仍可得到与CAPM模型一致的结论。

衡量单项资产的市场风险 对投资者而言,任何一项资产的风险是由它添加到整个投资组合上的风险。在CAPM模型的框架内,由于所有的投资者都持有市场组合,对于单项资产投资者的风险也就是这项资产添加到市场组合上的风险。如果这项资产独立于市场组合而变化,它就不会给市场组合增添多少风险。换句话说,这种资产的大部分风险是公司特定的,而且可以被分散掉。相反,如果一项资产表现得与市场组合一道涨跌,它就会给市场组合增添风险。这项资产含有更大的市场风险和较低的公司特定风险。在统计学意义上,这种风险增量由资产与市场组合之间的协方差衡量。

衡量不可分散的风险 如果投资组合只包含两种资产,即无风险资产和市场组合,任

---

[1] Sharpe(1964)和Lintner(1965)最先注意到了把无风险资产引入到资产选择混合中的意义,以及针对组合选择的含义。因此,这一模型有时又被称作"Sharpe-Lintner模型"。

何单项资产的风险都要参照市场组合来衡量。具体地说,任何资产的风险就是它增添到市场组合的风险。为了恰当地衡量这些风险增量,假设 σ_m^2 是市场组合在加上某种资产之前的方差,而资产自身的方差是 σ_i^2;该资产在组合市值中的权重为 w_i,它与市场组合之间的协方差为 σ_{im}。因此,可将市场组合在加上这项资产之前和之后的方差表示成

$$\text{增添资产 } i \text{ 之前的方差} = \sigma_m^2$$

$$\text{增添资产 } i \text{ 之后的方差} = \sigma_{m'}^2 = w_i^2 \sigma_i^2 + (1-w_i)^2 \sigma_m^2 + 2w_i(1-w_i)\sigma_{im}$$

任何单项资产在市场组合市值中的权重都应该很小,因为市场组合包括了经济中所有的上市资产。因此,等式中的第一项应趋于零,第二项则趋于 σ_m^2,由此只留下第三项(协方差 $\sigma_{im'}$)作为衡量资产 i 所增加风险的尺度。

协方差的标准化 协方差是一个百分数,仅仅考察它还难以判断一项投资的相对风险。换句话说,知道波音公司与市场组合的协方差为 55% 并不能为我们提供波音比平均资产更具风险还是更安全的线索。为此,借助于将每种资产与市场组合间的协方差除以市场组合的方差,我们对风险尺度实施标准化。这就产生了被称作"资产的 β 系数"的风险尺度,

$$\text{资产 } i \text{ 的贝塔系数} = \frac{\text{资产 } i \text{ 与市场组合的协方差}}{\text{市场组合的方差}} = \frac{\sigma_{im}}{\sigma_m^2}$$

鉴于市场组合与其自身的协方差就是它的方差,市场组合(以及更进一步地,也是它包含的平均资产)的 β 系数就等于 1。(运用这一尺度)风险超过平均资产的资产将具有大于 1 的 β 值,而比平均资产更安全的资产的 β 值小于 1,无风险资产的 β 值则等于零。

获得期望报酬率 每位投资者都持有无风险资产和市场组合的某种组合,这一事实带出了这样一个结论:资产的期望报酬率与该资产的 β 值具有线性相关关系。具体地说,可将一项资产的期望报酬率表示成无风险利率和它的 β 值的函数,

$$E(R_i) = R_f + \beta_i [E(R_m) - R_f]$$

其中,$E(R_i)$ = 资产 i 的期望报酬率

R_f = 无风险利率

$E(R_m)$ = 市场组合的期望报酬率

β_i = 资产 i 的 β 值

为了运用资本资产定价模型,我们需要三种数据。下一章将更详细地考察估算过程,而对于这些数据中的每一项可作如下的估算:

- 无风险资产的定义是,投资者在分析期内确切知道其期望报酬率的资产。
- 风险溢价是投资者对于市场组合而非无风险资产所要求的溢价,市场组合包括市场上所有的资产。
- β 系数,其定义是资产与市场组合的协方差除以市场组合的方差,衡量一项投资给市场组合所增添的风险。

总之,根据资本资产定价模型,所有的市场风险都由相对市场组合而得出的 β 系数所涵盖,市场组合至少在理论上应该根据它们的市值比例涵盖所有的可售资产。

套利定价模型

由于资本资产定价模型对交易成本和私人信息作出了限制性假设,再加它依赖于市场组合,学术界和实务界长期以来一直对它持有疑虑。因此,Ross(1976)提出了被称作"套利定价模型"(APM)的另一种衡量风险模型。

假设条件 如果投资者能够进行无风险投资而赢得高于无风险利率的报酬率,他们就找到了套利机会。套利定价模型的前提在于,投资者将会利用这种套利机会,并在这一过程中消除它们。如果两个组合的风险暴露程度相同但却提供不同的预期收益,投资者就会买入报酬率较高的组合而卖出较低者,这种差额就构成了无风险利润。为防止出现此类套利,两个组合必须赢得相同的预期收益。

与资本资产定价模型一样,套利定价模型首先把风险分解为公司特定风险和市场风险两个构成因素。如同在资本资产定价模型中那样,公司特定风险包含了主要影响公司的信息;市场风险则会影响许多公司或者所有公司,而且涵盖了一些经济变量的未预期到的变化,包括国民生产总值、通货膨胀率和利率。把这两类风险结合到收益模型中,我们得到

$$R = E(R) + m + \varepsilon$$

其中,R 是实际报酬率,$E(R)$ 是期望报酬率,m 是风险的市场因素,而 ε 则是风险的公司特定因素。由于市场因素或公司特定因素的作用,实际报酬率可能有别于期望报酬率。

市场风险的起因 尽管资本资产定价模型和套利定价模型都区分了公司特定风险和市场风险,它们衡量市场风险的方法却不相同。CAPM 模型假设市场风险由市场组合所涵盖,APM 模型则考虑到了市场风险的多重起因,并且衡量投资对于每一起因变化的敏感度。我们通常可将未预期风险的市场因素分解为各种经济因素:

$$R = E(R) + m + \varepsilon = R + (\beta_1 F_1 + \beta_2 F_2 + \cdots + \beta_n F_n) + \varepsilon$$

其中,β_j =投资对于市场因素 j 的未预期变化的敏感性

F_j =市场因素 j 的未预期变化

请注意,在衡量投资者对于任何宏观经济(或市场)因素的敏感度时,它采用了所谓"因素 β 系数"(a factor β)形式。其实,它与 CAPM 模型的市场 β 系数具有许多共同点。

分散化的效应 在将风险分解为市场风险和公司特定风险的理论框架中,前面已经讨论了分散化的各种效益。其要点在于,分散化可以消除公司特定风险。套利定价模型运用相同的论点而得到的结论是,组合的报酬不包括未预期报酬中的公司特定因素。我们可将组合的报酬率表示成两个加权均值之和,即组合的预期报酬和市场因素的预期报酬:

$$R_p = (w_1 R_1 + w_2 R_2 + \cdots + w_n R_n) + (w_1 \beta_{1,1} + w_2 \beta_{1,2} + \cdots + w_n \beta_{1,n}) F_1$$
$$+ (w_1 \beta_{2,1} + w_2 \beta_{2,2} + w_n \beta_{2,n}) F_2 \cdots$$

其中,w_j =组合赋予资产 j 的权数(存在着 n 种资产)

R_j =资产 j 的报酬率

$\beta_{i,j}$ =资产 j 针对因素 i 的 β 系数

期望报酬率和因素 β 系数 此过程的最后一步是,把期望报酬率作为刚才阐明的各

个因素 β 系数的函数进行估算。为此，首先应该注意到，组合的因素 β 系数是它所含各项资产的因素 β 系数的加权均值。这一特征，与"无套利机会"特征相结合，那就可以认为，期望报酬率应该与各个因素 β 系数线性相关。为看清缘由，假设只存在一种因素和三个组合。组合 A 的 β 值等于 2.0 而期望报酬率为 20%，组合 B 的 β 值等于 1.0 而期望报酬率为 12%，组合 C 的 β 值等于 1.5 而期望报酬率为 14%。请注意，投资者可将其财富的一半投入组合 A，而将另一半投入组合 B，由此形成 β 值等于 1.5 而期望报酬率为 16% 的组合。因此，在组合 B 的价格下跌而期望报酬率增加到 16% 之前，没有投资者会选择持有它。同理，每个组合的期望报酬率都应该是因素 β 系数的线性函数。否则，我们就可结合其他两个组合，一个具有较高的 β 值而另一个具有较低的 β 值，从而赢得超出所考虑组合的报酬率，即营造出套利机会。可将这一观点推广到多重因素，会得出相同结果。因此，资产的期望报酬率可表示为，

$$E(R) = R_f + \beta_1[E(R_1) - R_f] + \beta_2[E(R_2) - R_f] + \cdots + \beta_K[E(R_K) - R_f]$$

其中，$R_f =$ 零 β 组合的期望报酬率

$E(R_j) =$ 组合关于因素 j 的 β 值为 1 而关于其他所有因素（其中，$j = 1, 2, \cdots, K$）的 β 值为零时的期望报酬率

括弧中的各项都可视为模型中相关因素的风险溢价。

我们可以把资本资产定价模型看作套利定价模型的一种特殊形式，但它只有一个驱动市场报酬率的经济因素，即市场组合：

$$E(R) = R_f + \beta_m[E(R_m) - R_f]$$

APM 的实际运用

套利定价模型需估算每一个因素 β 系数和因素风险溢价，再加上无风险利率。在实践中，它们通常运用关于资产报酬率的历史数据和因素分析获得估算。通俗地说，根据因素分析，我们探究历史数据，以便考察影响一组广泛的资产的普遍形态（而非一个部门或一些资产）。因素分析提供了两种尺度：

1. 它阐述影响历史报酬率数据的一些共同因素。
2. 它衡量每一投资相对于每个共同因素的 β 值，提供每一因素赢得的实际风险溢价估计值。

然而，因素分析并没有根据经济学术语确定各个因素。总之，根据套利定价模型，市场风险是相对于多个没有阐明的宏观经济变量而衡量的，投资具有以 β 值为尺度的对于每个因素的敏感度。因素的数目、因素的 β 值和因素风险溢价都可以运用因素分析而估算得出。

关于风险-报酬的多重因素模型

套利定价模型未能阐明各个因素。这点在统计学意义上或许是个强项，但在直观性方面却是个缺点。解法似乎很简单：用特定的经济因素取代未能得到确定的统计因素，由此而形成的模型应该具有经济理论基础，而且仍然能够保持套利定价模型的优势。这

正是多重因素模型所要进行的工作。

多重因素模型的推导　多重因素模型通常取决于历史数据而非经济构模方式。一旦确定了套利定价模型中的因素数目,就可从数据中提炼出它们的时间序列行为。然后,将这些未名经济变量的时间序列行为与同期宏观经济变量的行为进行比较,就可看出是否有哪个变量与已确定的变量在时间上具有相关性。

例如,Chen, Roll and Ross(1986)提出,下列宏观经济变量与出自因素分析的各因素高度相关:各行业产量、违约风险溢价的变化、利率期限结构的移动、未预期通货膨胀率以及实际报酬率的变化。我们可以将这些变量与各种报酬率相联系,再加上针对每一变量计算得出的公司特定β系数而得出期望报酬率模型。

$$E(R) = R_f + \beta_{\text{GNP}}[E(R_{\text{GNP}} - R_f)] + \beta_1[E(R_1 - R_f)] + \cdots + \beta_\delta[E(R_\delta - R_f)]$$

其中,β_{GNP}=相对于行业产量变化的β系数

$E(R_{\text{GNP}})$=组合的期望报酬率,它的β值针对相关行业产量等于1,对于所有其他变量则为零

β_1=相对于通胀率变化的β系数

$E(R_1)$=组合的期望报酬率,它的β值针对通胀因素等于1,而对于所有其他因素则为零

从套利定价模型过渡到多重宏观经济因素模型,这种做法的代价与确定各因素时可能出现的误差直接相关。模型中的各经济因素可以因时而变,而与其中每个因素相关的风险溢价也会发生变化。例如,在20世纪70年代,石油价格的变化是驱动预期报酬率的重大经济因素,但在其他时期则没有如此重要。采用多重因素模型,如果运用错误因素或者遗漏重要因素都会使得对于期望报酬率的估算出错。

4.3 关于股权风险的其他模型

CAPM模型、套利定价模型和多重因素模型体现了金融经济学家们构建各种风险-报酬模型的诸多尝试,它们的基础则是Harry Markowitz(1991)建立的"均值-方差"模型。然而,许多人认为,这个模型的基础存在缺陷,我们应该探寻其他模型。本节考察其中的一些模型。

4.3.1 不同的报酬率分布

从问世以来,围绕着"均值-方差"理论框架就一直存在争议。鉴于许多人对其实用性提出了质疑,我们分三组考虑这些质疑。第一组认为,股票价格,尤其是投资报酬率,经常表现得极大地偏离正态分布。他们认为,股票价格分布的"厚尾"(fat tails)现象本身就适合构成一个概率分布级别,即所谓"幂律分布"(power law distribution),体现出无限方差和长期的价格依存关系。第二组所针对的是正态分布对称性问题;他们认为,衡量风险的

尺度应该结合实际报酬率分布所显示的不对称现象。第三组指出,包含了价格跳跃的分布才更加符合现实,而且应该考虑到价格跳跃的可能性和幅度。

厚尾和幂律分布

Benoit Mandelbrot (1961;Benoit Mandelbrot and Hudson,2004),作为在股价行为问题上进行了开拓性工作的数学家,就是探讨正态和对数正态分布问题者之一。根据对于股票和房地产价格的观察,他认为,幂律分布可以更好地描述它们的特征。根据幂律分布,可将两个变量 X 和 Y 的关系表示为

$$Y = \alpha^X$$

式中,α 是一个常数(比例性质的常数),X 为幂指数。[①] Mandelbrot 的基本见解是,正态分布和对数正态分布最适宜描述那些显示出适度且变化比较规范的随机性,而幂率分布则适合描述表现得波动极大的序列以及所谓"极端随机性"(wild randomness)。如果单一观察值可根据不成比例的方式影响总数,就会出现极端随机性;股票和商品价格会表现出这种变化。股票和商品价格较长时期的相对较小的波动如果被朝着两个方向的剧烈涨跌所打断,那么它们似乎更加适合列入极端随机数类型。

那么,这会给风险尺度造成什么后果呢?如果资产价格遵循幂律分布,标准差或波动率就难以作为衡量风险的尺度和计算概率的恰当依据。不妨假设股票年度报酬率的标准差为15%而平均报酬率是10%。运用正态分布作为概率预测的依据,它意味着,股票报酬率在每44年内只有一次会超过40%(均值加上两个标准差),而在每740年间才会有一次超过55%(均值加上三个标准差)。然而,现实的股票报酬率远为频繁地超出了这些数字。这种现象完全符合幂律分布,其中出现较大数值的概率作为幂律指数的函数呈线性下降。若数字增加一倍,其发生概率的降低程度等于指数的平方。因此,若分布指数等于2,出现25%、50%和100%报酬率的可能性就是

报酬率超过25%:每6年一次

报酬率超过50%:每24年一次

报酬率超过100%:每96年一次

请注意,报酬率每增加一倍,可能性将减少[②]四倍(指数的平方)。随着指数的降低,出现较大数值的可能性增加;在 0 与 2 之间的指数通常会比正态分布产生更多的极端数值。在 1 和 2 之间的指数将产生所谓"稳态 Paretian 分布"的幂律分布,它的方差为无穷大。在一项早期研究中,Fama (1965)估算得出,关于股票的这种指数处在 1.7 和 1.9 之间;但随后的各项研究发现,这个指数对于股市和货币市场都要更高一些。[③]

[①] 此处原文是"k",当为"X"之误。——译者注

[②] 原文此处为"increase",当为"decrease"之误。——译者注

[③] 在《自然》(Nature)杂志的一篇文章中(Gabaix, X., Gopikrishnan, P., Plerou, V., and Stanley, H. E., 2003, *A theory of power law distributions in financial market fluctuations*, Nature 423, 267-270),研究者们考察了在 1929—1987 年间的 500 种股票的价格。其结论是,股票报酬率的这个指数约等于 3。

从现实角度看,幂律分布的倡导者认为,运用诸如波动率(及其派生数字,譬如 β 系数)之类尺度将会低估出现大幅波动的风险。在他们看来,关于资产的幂律分布指数可以为投资者提供针对这些资产的更加切实的风险尺度。(因为极端数值出现的可能性降低。)具有较高指数的资产的风险要小于具有较低指数者。

Mandelbrot 对于正态分布的质疑并不只是一个程序问题。在他所描述的情形中,与 Gaussian"均值-方差"情形相对照,价格随着时间变化将显得更加没有规律;粗略的观察无法辨别其形态,但仔细观察则可发现,它们将会不断重复。在 20 世纪 70 年代,Mandelbrot 创造了一门名为"分形几何"(fractal geometry)的数学分支学科;其中,描述各个过程的不是常规的统计或数学尺度而是分形。分形属于一种几何形状,若被分解成更小的部分,它们将会复制原有的形状。为说明这一概念,他以海岸线为例。从远处看,海岸线很不规则,而从近处观察也大致如此。这就意味着分形形态在作自行重复。根据分形几何理论,较高的分形维度表示更无规则的形状。英国 Cornish 郡崎岖不平的海岸线的分形维度为 1.25,而远为平滑的南非海岸线的分形维度则是 1.02。同理,如果从较长的时间区间进行观察,股票价格看似是随机的;而在较短时期内考察,它会显示出自行重复的形态。股价的波动越是剧烈,它在分形维度方面的得分就越高。借助分形几何,Mandelbrot 不仅能够解释(相对于正态分布而言)频繁出现的股价跳跃,而且能够解释股价发生同向变动的各个时期以及由此而出现的价格泡沫。

非对称分布

通俗地说,真正令我们担忧的应该是股价的下跌风险而非上涨风险。换句话说,导致心理负担和不适的并非那些涨幅很大的投资而是跌幅很大者。由于对上涨和下跌两种变动赋予了相同的权重,"均值-方差"框架无法区分两者。根据正态或其他对称的分布,上涨风险和下跌风险间的区别无关紧要,因为它们的风险程度相同。然而,根据非对称分布,上涨风险和下跌风险确实存在着差异。关于人类风险厌恶心理的研究结论是,(1)他们都厌恶损失,即,与等额收益所带来的快乐相比,他们更加看重损失所导致的痛苦;以及(2)他们对于有很大的正收益而风险也很大之赌注的估价远远超出了应该赋予这些收益可能性的价值。

在现实中,股票和其他大多数资产的报酬率分布都是不对称的。相反,各类资产的收益都显示了厚尾(即,更多的跳跃),而出现极端正值的可能性也大大超过极端负值(简单而言,因为报酬率具有不可低于 −100% 的限制)。因此,股票报酬率分布具有较高的极端值发生率(厚尾或峰度),并且偏向于很高的正报酬率(为正的偏度)。"均值-方差"方法的批评者指出,它对风险-报酬的理解过于狭隘。根据他们的看法,更加全面的收益尺度不仅需要考虑期望报酬率的幅度,还应考虑出现高度正报酬率或者偏度的可能性,应该结合方差以及剧烈跳跃的可能性(协峰度)。请注意,这些方法对于风险的定义虽与"均值-方差"方法不同,但仍然保留了组合风险尺度。换句话说,他们认为,我们应该考虑的不在于出现高度正向报酬(偏度)或剧烈跳跃(峰度)的可能性,而是与市场相关但又无法分散的斜度（协偏度，co-skewness）和峰度（协峰度，co-kurtosis）部分。

跳跃过程模型

作为本节所述各个模型的基础，正态分布、幂律分布和非对称分布都属于连续分布。面对股票价格确实会出现跳跃的现实情况，有些人提议运用跳跃过程模型推导风险尺度。

在最先试图为跳跃过程构筑模型的论文之一中，Press(1967)提出，股价服从于连续价格分布与泊松(Poisson)分布的某种结合；其中，价格会在无规则的时间间隔上发生跳跃。泊松分布的关键参数包括预期价格跳跃幅度(μ)、这一变量的方差(δ^2)以及在任何特定时期出现价格跳跃的可能性(λ)，Press 针对 10 种股票估算了这些数值。在后续几篇论文中，Beckers(1981)以及 Ball and Torous(1983)则提出了调整这些模型的方法。为了缩小 CAPM 模型与跳跃过程模型之间的差异，Jarrow and Rosenfeld(1984)推导了一个包含跳跃因素的资本资产定价模型的版本，能够涵盖市场跳跃以及个人资产与这些跳跃的相关性。

跳跃过程模型虽在期权定价法中得到了借鉴，但在股市方面却成就有限，主要是因为我们难以准确地估算跳跃过程模型的各个参数。因此，虽然大家都认为股价会跳跃，但难以形成共识的是，如何最恰当地衡量其发生频率，这些跳跃能否分散化以及如何将这种影响最为合理地结合到风险尺度中。

4.3.2 回归模型和代理变量模型

金融学有关"风险-报酬"的各种常规模型（即，CAPM 模型、套利定价模型乃至多重因素模型）首先是就投资者的行为和市场运作方式作出某种假设，以便推导衡量风险的模型，并将这些尺度与预期报酬相联系。这些模型虽然具有经济学理论基础的优势，但在解释各项投资的报酬率差异问题上却力有不逮。这些模型失灵的缘由是多方面的：针对市场的各种假设并不切合实际（没有交易成本，信息是完全的）以及投资者的行为不够理性（行为金融研究为这一点提供了丰富的证据）。

运用代理变量模型(proxy models)，我们实质上就放弃了根据经济理论构建风险-报酬模型的做法。取而代之地，我们首先考察市场给投资项目定价的方式，再把得到的报酬与各种可观察到的变量相联系。我们在此不作抽象的讨论，只是考虑一下 Fama 和 French 在 20 世纪 90 年代前期所作的研究。通过考察 1962—1990 年间的各只股票赢得的报酬率，他们得出的结论是，CAPM 模型的 β 系数基本上无法解释它们的变化。然后，他们采用了另一种方法，即寻找能够更好地解释报酬率差异的公司特定变量。他们提出了两个变量：公司的市值(capitalization)和市账率(市值与股权账面价值的比率)。具体地说，他们认为，市值较小的股票可比较大者获得高出许多的年度报酬率，以较低市账率交易的股票的年度报酬率也大大高出可比的根据较高市账率交易的股票。并没有将这一点视为市场低效性的证据（这是先前同样发现这种现象的那些研究所做之事），他们认为，如果这些股票在长期可以赢得更高的报酬，它们的风险就应该大于那些报酬较低的股票。

根据他们的推理,实质上,市值和市账率其实能够比 β 系数更好地表示风险。事实上,他们将股票报酬率针对公司的市值和市账率进行了回归分析而得出关于美国股票的下列等式:

$$期望月度报酬率 = 1.77\% - 0.11[\ln(\text{以百分美元计的公司市值})]$$
$$+ 0.35[\ln(\text{账面价值}/\text{市场价格})]$$

根据纯粹的代理变量模型,我们能够把任何一家公司的市值和"账面-价格"比率代入上述等式,从而得到预期的月度报酬率。

自从 Fama 和 French 的论文提出代理模型 20 年来,研究者们深入探究了相关数据(随着时间,它已变得愈发详细和庞大),力图找到关于风险的更好和更多的代理变量。下面列出其中的一些重点:

- 盈利动势(momentum) 股票研究者们想要在研究中找到证据表明,那些公布的盈利增长率超乎预期的公司能比市场上其他公司赢得更高的报酬率。
- 价格动势 读到此处,图表分析者们会很开心,而研究者们的结论是,价格动势将会延续到未来各个时期。因此,对于那些在最近超出市场平均水平的股票而言,期望报酬率会比较高,那些滞后股票的期望报酬率则会较低。
- 流动程度 考虑到现实世界中的各种成本,似乎有清晰证据表明,流动程度较低(交易量较小而买卖价差较大)的股票的报酬率高于流动程度较高者。

尽管实际操作者很少使用纯粹的代理变量模型,他们却把这些模型的各种发现结合到了日常运用之中。许多分析师将 CAPM 模型与代理模型相结合,建立了各种合成型或融合型模型。例如,在评估小公司时,通过在 CAPM 模型的期望报酬率上添加小公司溢价,许多分析师推导出了这些公司的期望报酬率:

$$期望报酬率 = 无风险利率 + 市场 \beta 值 \times 股权风险溢价 + 小公司溢价$$

小市值(small capitalization)公司的临界值因时而变,通常被设作上市公司的最低 10% 位(the bottom decile)。小公司溢价本身可通过考察小市值公司股票的以往市场溢价估算得出。运用 Fama-French 发现的结果,可以拓展 CAPM 模型而将市值和市账率作为追加变量包括在内,期望报酬率可表示为

$$期望报酬率 = 无风险利率 + 市场 \beta 系数 \times 股权风险溢价 + 规模 \beta 系数$$
$$\times 小市值公司溢价 + \text{"账面价值-市场 } \beta \text{ 系数"}$$
$$\times \text{"账面-市场溢价"}$$

通过将股票报酬率针对规模和"账面价值-市场溢价"的时间序列数据实施回归 β 系数,可以估算出关于公司规模的 β 系数和"账面价值-市场 β 系数";这与获得市场 β 系数的方法相似,即将股票报酬率对市场报酬率进行回归。

运用代理变量模型和融合型模型虽可提供调整期望报酬率的方法从而体现市场现实情形,但在运用这些模型时却有下列三种风险:

- 数据挖掘 随着有关各公司数据量的增加和更加便于获取,我们无疑能够找出与

报酬率相关的更多变量。但是，这些变量中的大多数可能并非风险的代理变量，而它们所具有的相关性也会因考察时期的不同而变化。代理变量模型其实只不过是统计模型而非经济模型。因此，我们不容易区分真正起作用的变量和其他变量。

- 标准误差（standard error）　由于代理变量模型出自于对历史数据的考察，所以它们完全受制于数据所包含的噪音。股票报酬率波动极大，我们（针对市值或其他变量）计算的历史溢价也包含着极大的标准误差。在 Fama-French 三因素模型中，关于公司规模和"账面-价格"比率的标准误差可能太大，以至于实际使用它们所产生的噪音和精确度不相上下。

- 价格误差或风险代理变量　数十年来，价值型投资者一直认为，我们应该投资于根据较低的账面价值乘数进行交易，市盈率较低，以及具有高股息收益率的股票。他们认为，这样才能获得更高的报酬。（实际上，在证券分析中，运用甄别便宜公司股票的"Benjamin Graham 筛选法"[①] 将会推翻我们今天所具有的大部分代理变量）代理变量模型把所有这些变量结合到期望报酬率中，使得这些资产可以获得公允的定价。根据这些模型的循环论证逻辑，可以认为，市场总是有效的，因为所出现的任何无效性都只是另一个风险代理变量，有待结合到模型之中。

4.4　关于股票风险模型的比较分析

在估算股票期望报酬率和股票成本时，我们具有从 CAPM 模型到代理变量模型的几个选项。表 4.1 概述了各种模型并且列出了各自的优缺点。

表 4.1　关于股票成本的可选模型

模型	股票期望报酬率	优　点	缺　点
CAPM	$E(R)=R_f+\beta_i \times ERP$	容易计算	未能合理解释各股票报酬率的差别
APM（根据各因素）	$E(R)=R_f+\sum_{j=1}^{j=n}\beta_j[E(R_j)-R_f]$	对市场风险作更细的分解	各因素具有统计意义而无名称
多重因素模型（根据各因素）	$E(R)=R_f+\sum_{k=1}^{k=n}\beta_k[E(R_k)-R_f]$	比 APM 更加直观	各因素取值均不稳定且因时而变
其他分布	取决于模型	更加切实	难以估算模型的参数
代理变量模型	$E(R)=a+bX_1+cX_2$	可根据以往收益更好地解释各种差异	模型中的变量可能并非风险的代理变量而体现数据挖掘

R_f =无风险利率；ERP=股权风险溢价=$E(R_m)-R_f$；X_1，X_2=公司特定变量

[①] Graham B., 1949, *The Intelligent Investor* (New York: HarperBusiness, reprinted in 2005).

决策必须具备理论基础,就像必须立足于实用性一样。在众多模型中,CAPM 模型最为简单。它只需一项公司特定的数据(β 系数),并可便利地根据公开信息估算得出。若以其他模型取代 CAPM,无论是出自"均值-方差"模型类型(套利定价模型或多重因素模型)、不同的报酬率类型(幂律分布、非对称分布和跳跃分布等模型)或者代理模型,我们都需要证据以便证明,它们确实能够极大地提高未来预测值的准确度(而不只是解释以往的报酬)。

在实际运用中,资本资产定价模型得以成为沿用至今的首选风险模型,这一点证明了它的直观吸引力,而其他更加复杂的模型在估算期望报酬率方面尚未取得突破。我们认为,明智地使用资本资产定价模型而不过分依赖历史数据的方法,在大多数情况下仍然能够最有效地处理风险。对于某些行业(产品)和板块(封闭型控股公司、非流动股),可以验证使用其他更完整模型的合理性。我们还会再度讨论这一问题,即相对于改用有关股票成本的其他更复杂模型而言,改进 CAPM 的数据估算方法如何能够获得更大的回报。

4.5 违约风险模型

本章现已讨论的风险都涉及与预期不符的投资项目现金流。但是,还有一些投资项目,其现金流最初就已通过某种承诺而设定。例如,如果我们放贷给某家公司或者购买其债券,借款者可能会在利息和本金偿付方面违约。一般而言,具有较高违约风险的借款者应该比较低者支付更高的利率。本节探讨如何衡量违约风险,以及违约风险与借款利率之间的关系。

与关于股票的各种普通风险-报酬模型相对照,它们评估的是市场风险对于期望报酬率的各种影响,违约风险模型旨在衡量由公司特定的、在承诺报酬方面违约的各种后果。分散化虽可解释公司特定风险为何不能在股票期望报酬率中获得定价,这种理由却不适于由公司特定事件造成的上涨潜机有限、下跌潜机很大的那些证券。为了解上涨潜机有限的含义,不妨考虑一下对于公司所发债券的投资。息票在发行时就已被固定,它们代表由债券所承诺的现金流。对我们来说,最好的情形只是收到这些承诺的现金流。即便公司成就斐然,我们所能得到的现金流也莫过于此。所有其他情形则只会是坏消息,虽然程度或有不等,那就是所收到的现金流少于承诺的金额。因此,公司债券的期望报酬率可以体现发行公司的特定违约风险。

4.5.1 违约风险的决定因素

公司的违约风险取决于两个变量。第一个是公司经营活动产生现金流的能力;第二个是它的各种金融承约,包括利息和本金偿付。[1] 相对于各自的金融承约而言,若能生成

---

[1] 金融承约指的是,公司在法律意义上针对市场所承担的支付义务,诸如利息和本金偿付。它不包括公司自行决定的现金流,诸如股息支付或新投资支出;公司可将后者结转或推迟而不会产生法律后果,虽然会产生经济后果。

很大的现金流,公司的违约风险就应低于现金流较少的公司。因此,公司如果目前具有可产生很大现金流的重大投资项目,其违约风险就将低于没有此类项目者。

除了公司的现金流规模,违约风险还受制于现金流的波动状况。现金流越是稳定,公司的违约风险就越低。若在其他方面都相同,与业务带有周期性或者波动较大的公司相比,从事可预测和稳定业务的公司将具有较低的违约风险。

违约风险模型大多使用各种财务比率衡量现金流覆盖程度(即,相对各种承约而言的现金流规模),同时控制住来自行业的影响,以便评估现金流的变化情形。

4.5.2 债券评级和利率

衡量公司违约风险的最普遍尺度是债券评级,常由某家独立的评级机构所进行。两家最著名的评级机构是标准普尔(Standard and Poor's,S&P)和穆迪(Moody's)。它们给数千家公司进行评级,其观点在金融市场上具有重大的影响。

评级过程

债券评级过程始于发行公司要求债券评级机构对自己实施评级。然后,评级机构收集诸如财务报表等公共信息和公司自身所提供的信息,进而确定其等级。若公司对评级持有异议,它可进一步提供信息。图 4.5 说明了评级机构标准普尔实施评级的过程。

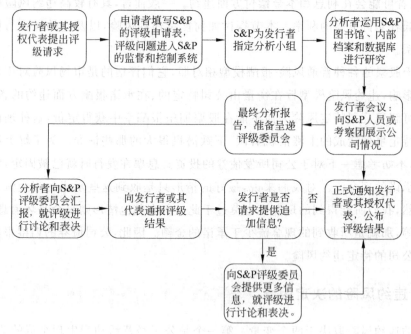

图 4.5 评级过程

由这些机构所评定的级别均以字母排位。标准普尔的 AAA 级和穆迪的 Aaa 级代表最高等级,此类公司被视为违约风险最低者。随着违约风险的加大,等级会朝着违约公司所具有的(标准普尔)D 级下跌。高于标准普尔的 BBB 级(或穆迪的 Baa 级)的等级被列为高于平均水平的投资项目,表明投资于这些公司债券所面临的违约风险较低。

决定债券评级的因素

由评级机构所评定的债券等级基本上以公开信息为基础,虽然由公司传递给评级机构的内部信息确实也有一些作用。某一公司债券被评定的等级在很大程度上取决于衡量公司能否履行债务偿付以及产生稳定、可预测现金流的各项财务比率。在大量的财务比率中,表4.2概述了其中一些衡量违约风险的关键比率。

表4.2 S&P关于财务比率的定义

财务比率	定义
EBITDA/销售额	EBITDA/销售额
投入资本报酬率(ROIC)	ROIC=EBIT/(债务现值+股权现值－现金)
EBIT/利息支出	利息覆盖率
EBITDA/利息	EBITDA/利息支出
经营性现金流/债务	(净收入+折旧)/债务
现金流/债务	经营性资金/债务
贴现现金流/债务	贴现现金流/债务
债务/EBITDA	债务现值/EBITDA
债务/(债务+股权)	债务现值/(债务现值+股权现值)

公司债券等级与这些财务比率状况密切相关。表4.3提供了S&P机构对各制造业公司在2007—2009年所评等级的中位值。[①]

表4.3 财务比率和S&P的等级

	AAA	AA	A	BBB	BB	B	CCC
EBITDA/销售额	22.20%	26.50%	19.80%	17.00%	17.20%	16.20%	10.50%
ROIC	27.00%	28.40%	21.80%	15.20%	12.40%	8.70%	2.70%
EBIT/利息支出	26.20	16.40	11.20	5.80	3.40	1.40	0.40
EBITDA/利息	32.00	19.50	13.50	7.80	3.40	1.40	0.40
经营性现金流/债务 自由经营性	155.50%	79.20%	54.50%	35.50%	25.70%	11.50%	2.50%
现金流/债务	129.90%	40.60%	31.20%	16.10%	7.10%	2.20%	-3.60%
贴现现金流/债务	84.40%	23.30%	19.90%	10.30%	5.50%	0.70%	-3.60%
债务/EBITDA	0.40	0.90	1.50	2.20	3.10	5.50	8.60
债务/(债务+股权)	12.30%	35.20%	36.80%	44.50%	52.50%	73.20%	98.90%

毋庸惊讶,那些能够产生远高于债务偿付额的收入和现金流,能够盈利以及各项债务比率较低的公司获得的等级要高于没有这些特征者。然而,由于评级机构在最终综合考

---

① 参见S&P网址(www.standardandpoors.com/ratings/criteria/index.html)。

虑时还加上主观判断，个别公司的等级与其财务比率不尽一致。因此，财务比率虽然不佳但若有望在下一时期有极大的改善，公司也可以得到高于当期财务状况表现的评级。然而，就大多数公司而言，财务比率应该属于实施债券评级的合理依据。

债券评级和利率

公司债券利率应该取决于它的违约风险，后者则由其评级所衡量。如果评级确实能够很好地衡量违约风险，较高级别债券的定价就应比那些等级较低者产生较低的利率。事实上，具有违约风险的债券与无违约政府债券之间的利率差异就是违约息差。这种违约息差将随着债券期限而变化，并且随着经济形势的变化而在每一时期都不相同。第7章考虑如何最恰当地估算这些违约息差及其如何因时而变。

4.6 总结

如同金融学所定义的，风险是根据投资的实际报酬率偏离期望报酬率的情形而衡量的。风险有两种类型。第一种是所谓"股权风险"，产生于未对现金流作出承诺但具有期望现金流的投资项目。第二种则是违约风险，产生于具有承诺现金流的投资项目。

针对包含股权风险的投资项目，衡量风险的最好方法是，考察实际报酬率与期望报酬率的方差，较大的方差表示较高的风险。这些风险可分解为影响一家或几家公司的风险——"公司特定风险"，以及影响许多投资的风险——"市场风险"。投资者如果实施分散化，就可降低针对公司特定风险的暴露程度。如果假设边际投资者实施了适度的分散化，我们所需考察的股权风险就是不可分散的风险或者市场风险。本章介绍的有关股权风险的各种模型都是为了衡量这种风险，但方法各有不同。根据资本资产定价模型，针对市场风险的暴露程度以市场 β 系数为衡量尺度，它估算单项投资将会给包含所有上市资产的组合增添多少风险。套利定价模型和多重因素模型则承认市场风险具有多个缘由，并且估算投资项目针对其中每个缘由的 β 系数。关于风险的回归模型或代理变量模型则考察公司规模之类的特征与以往高报酬率之间的关系，并以此衡量市场风险。根据所有这些模型，风险尺度被用于估算股票投资的期望报酬率，而这种期望报酬率可以看作就是公司的股权成本。

至于包含违约风险的投资，它们的风险由无法收到所承诺现金流的可能性所衡量。违约风险较高的投资应该支付较高的利率，而我们所要求的超过无风险利率的溢价构成了违约息差。许多美国公司的违约风险由评级机构以债券评级的方式衡量。这些机构大多可以评定这些公司可以进行借款的利率。即便没有评级，各种利率也将包括违约息差，从而体现出贷款者对于违约风险的评估。这些经过违约风险调整的利率构成了公司借款或者债务的成本。

4.7 问题和简答题

在下列问题中,若无特别说明,设股权风险溢价为5.5%。

1. 下表列出了微软(Microsoft)公司在1989—1998年间的股票价格。在那一时期,公司未曾支付股息。

年份	价格/美元	年份	价格/美元	年份	价格/美元
1989	1.20	1993	5.05	1997	32.31
1990	2.09	1994	7.64	1998	69.34
1991	4.64	1995	10.97		
1992	5.34	1996	20.66		

a. 估算投资的年均报酬率。

b. 估算年度报酬率的标准差和方差。

c. 如果我们在今天投资于微软公司,能否指望它以往的标准差和方差保持不变?理由何在?

2. Unicom是一家受到政府监管的公用事业公司,服务于美国伊利诺伊州北部地区。下表列出了该公司在1989—1998年间的股票价格和所付股息。

年份	价格/美元	股息/美元	年份	价格/美元	股息/美元
1989	36.10	3.00	1994	24.80	1.60
1990	33.60	3.00	1995	31.60	1.60
1991	37.80	3.00	1996	28.50	1.60
1992	30.00	2.30	1997	24.25	1.60
1993	26.80	1.60	1998	35.60	1.60

a. 估算投资的年均报酬率。

b. 估算年度报酬率的标准差和方差。

c. 如果我们在今天投资于Unicom公司,能否期望它以往的标准差和方差保持不变?理由何在?

3. 下表概述了若在1989—1998年间投资于两家公司所能得到的年度报酬率,它们是Scientific Atalanta(一家卫星和数据设备制造公司)和AT&T(电信行业中的巨型公司)。

年份	Scientific Atalanta	AT&T	年份	Scientific Atalanta	AT&T
1989	80.95%	58.26%	1994	25.37%	−4.29%
1990	−47.37%	−33.79%	1995	−28.57%	28.86%
1991	31.00%	29.88%	1996	0.00%	−6.36%
1992	132.44%	30.35%	1997	11.67%	48.64%
1993	32.02%	2.94%	1998	36.19%	23.55%

a. 估算各公司的年均报酬率和年度报酬率的标准差。
b. 估算两公司报酬率之间的协方差和相关系数。
c. 估算由两家公司股票各占一半的组合所具有的方差。

4. 假设身处只有两种资产,黄金和股票的环境中。我们有意投资于其中一种或者两种。为此,我们收集了有关两种资产在过去六年间的报酬率的数据。

	黄金	股票
平均报酬率	8%	20%
标准差	25%	22%
相关系数	−0.4	

a. 若只能选择其中一种资产,我们应选择哪一种?
b. 一位朋友认为这种选择是错误的,因为我们忽视了能从另一种资产上得到的更高收益。要缓解他的这种顾虑我们应该如何做?
c. 根据均值和方差考察,由相同比例的黄金和股票构成的组合的情况如何?
d. 我们获悉 GPEC(一个由黄金生产国构成的卡特尔组织)准备根据美国股市行情而改变其黄金产量。(GPEC 在股市上涨时将减少黄金产量,而在股市下跌时则增加之)这对我们的组合将产生何种影响?请予以解释。

5. 我们有意持有一个由两只股票构成的组合,即可口可乐公司和 Texas Utilities 公司。过去十年间,投资于可口可乐股票可得到 25% 的年均报酬率,报酬率的标准差为 36%。投资于 Texas Utilities 股票可得到 12% 的年均报酬率,报酬率的标准差为 22%。两只股票报酬率的相关系数为 0.28。

a. 根据以往报酬率估算的平均报酬率和标准差将保持不变,请估算 60% 为可口可乐股票而 40% 为 Texas Utilities 股票之组合的未来平均报酬率和标准差。
b. 现在假设可口可乐公司的国际多样化经营将把相关系数减少到 0.20,同时使得可口可乐股票的标准差增加到 45%。假设其他所有数据不变,估算上面(a)所述组合的标准差。

6. 假设我们把一半的钞票投资于传媒公司时代明镜(Times Mirror),而把另一半投资于生产消费品的联合利华(Unilever)公司。两项投资的期望报酬率和标准差是:

	时代明镜	联合利华
期望报酬率	14%	18%
标准差	25%	40%

估算作为相关系数(从 −1 开始增加到 +1,每次增幅为 0.2)之函数的组合方差。

7. 我们需要分析由下列三种资产构成的组合的标准差,

	期望报酬率	标准差
Sony Corporation	11%	23%
Tesorso Petroleum	9%	27%
Storage Technology	16%	50%

我们还得到了这三项投资之间的相关系数，

	Sony Corporation	Tesorso Petroleum	Storage Technology
Sony Corporation	1.00	−0.15	0.20
Tesorso Petroleum	−0.15	1.00	−0.25
Storage Technology	0.20	−0.25	1.00

假设三种投资的权重相同，估算组合的方差。

8. 假设单只证券报酬率的平均方差为50，而平均协方差为10。5、10、20、50和100种证券的组合的预期方差是多少？为使得组合风险仅只比最小值高出10%，需要持有多少种证券？

9. 假设我们将所有财富（以百万美元计）都投资于先锋（Vanguard）500股指，预期能够得到12%的年度报酬率，报酬率的标准差为25%。由于我们变得更加厌恶风险，所以决定把20万美元由先锋500股指转而投资于国库券。国库券的利率为5%。估算新组合的期望报酬率和标准差。

10. 根据资本资产定价模型，每一位投资者都拥有市场组合与无风险资产的某种结合。假设市场组合的标准差是30%，期望报酬率为15%。针对下列投资者的财富，我们对市场组合和无风险资产投资的比例分别应是多少？（无风险资产的期望报酬率是5%。）

a. 希望组合的标准差为零的投资者。

b. 希望组合的标准差为15%的投资者。

c. 希望组合的标准差为30%的投资者。

d. 希望组合的标准差为45%的投资者。

e. 希望组合的期望报酬率为12%的投资者。

11. 下表列出了1989—1998年间市场组合与科学亚特兰大（Scientific Atalanta）公司的报酬率。

年份	科学亚特兰大	市场组合	年份	科学亚特兰大	市场组合
1989	80.95%	31.49%	1994	25.37%	2.55%
1990	−47.37%	−3.17%	1995	−28.57%	37.57%
1991	31.00%	30.57%	1996	0.00%	22.68%
1992	132.44%	7.58%	1997	11.67%	33.10%
1993	32.02%	10.36%	1998	36.19%	28.32%

a. 估算科学亚特兰大股票报酬率与市场组合报酬率之间的协方差。

b. 估算两项投资的报酬率方差。

c. 估算科学亚特兰大股票的 β 系数。

12. 美国联合航空（United Airlines）公司的 β 系数为1.5。市场组合的标准差是22%，而美国联合航空公司的标准差为66%。

a. 估算美国联合航空和市场组合之间的相关系数。

b. 联合航空的风险在市场组合风险中的比例是多少？

13. 我们打算运用套利定价模型估算伯利恒钢铁(Bethlehem Steel)公司的期望报酬率,并得到了关于各因素的 β 系数和风险溢价：

因素	β 系数	风险溢价	因素	β 系数	风险溢价
1	1.2	2.5%	4	2.2	0.8%
2	0.6	1.5%	5	0.5	1.2%
3	1.5	1.0%			

a. 伯利恒钢铁暴露程度最大的风险因素是哪一个？是否有何方法可在套利定价模型框架内确定这一风险因素？

b. 若无风险利率是5%,估算伯利恒钢铁的期望报酬率。

c. 现假设根据资本资产定价模型得出,伯利恒钢铁的 β 系数为1.1,市场组合的风险溢价为5%。运用CAPM估算它的期望报酬率。

d. 运用两种模型得到的 β 系数为何不同？

14. 我们运用多重因素模型估算爱默森(Emerson Electric)公司的期望报酬率,得到关于各因素 β 系数和风险溢价估计值如下：

宏观经济因素	衡量尺度	β 系数	风险溢价($R_{因素}-R_f$)
利率水平	国债利率	0.5	1.8%
期限结构	国债利率－国库券利率	1.4	0.6%
通货膨胀率	消费者价格指数	1.2	1.5%
经济增长	国民总产出增长率	1.8	4.2%

若无风险利率为6%,估算爱默森公司的期望报酬率。

15. 下列方程出自 Fama 和 French 关于 1963—1990 年间的报酬率研究：

$$R_t = 1.77 - 0.11\ln(MV) + 0.35\ln(MV/BV)$$

其中,MV 是以百万美元计的股权市场价值,BV 则是以百万美元计的股权账面价值。报酬率为月报酬率。

a. 估算朗讯科技(Lucent Technologies)公司的预期年度报酬率,若其股权市值为1 800亿美元,股权账面价值为735亿美元。

b. 朗讯的 β 系数是1.55。若无风险利率为6%,市场组合的风险溢价为5.5%,估算期望报酬率。

c. 为何运用两种方法会得出不同的结果？

第 5 章
期权定价理论和模型

一般而论,任何一项资产的价值都是它的期望现金流现值。本章考虑对于这一法则的一种例外情形,若它所考察的资产具有下列两种特征:

1. 资产的价值派生于其他资产的价值。
2. 资产的现金流取决于某些特定事件的发生。

这些资产被称为"期权",而它们的期望现金流现值将会低于其真实价值。本章描述各种期权的现金流特征,考虑决定其价值的各种因素,探究如何最恰当地对它们进行估价。

5.1 期权定价的基本知识

期权为持有者提供了某种权利,即在期权到期或在其之前,可根据某种固定价格(被称作"实施价格"或"执行价格")买入或卖出特定数量的标的资产。由于它属于一种权利而非义务,持有者可以选择不实施这种权利而听任期权作废。期权有两大类型,即看涨期权和看跌期权。

看涨期权和看跌期权:描述与报酬图

看涨期权赋予期权购买者的权利是,在期权到期之前的任何时间,可根据实施价格或执行价格购买标的资产。购买者为这种权利需支付一定的价格。如果资产在到期时的价值低于实施价格,期权不会被实施而是逾期作废;然而,如果资产价值高于实施价格,期权就会得到实施,即期权购买者将根据实施价格购买股票,而资产价值与实施价格之间的差额构成了这项投资的毛利润(margin),净利润则是毛利润与最初所付期权价格之间的差额。

报酬图说明了期权在到期时的现金报酬。就看涨期权而言,若标的资产的价值低于实施价格,其净报酬为负数(等于所支付的期权价格);若标的资产的价值高于实施价格,其总报酬为标的资产价值与实施价格之间的差额,而净报酬则是总报酬与看涨期权价格之间的差额。图 5.1 说明了这一点。

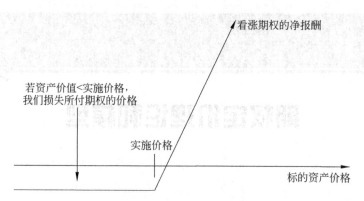

图 5.1 看涨期权的报酬

看跌期权赋予期权购买者的权利是，在先于到期之前的任何时间，根据某种固定价格，同样被称为实施价格或执行价格，出售标的资产的权利。购买者也需为这种权利支付一定的价格。若标的资产价格高于实施价格，期权不会得到实施而是逾期作废。若是标的资产价格低于实施价格，看跌期权持有者将实施这项期权而根据实施价格卖出股票，得到实施价格与资产标的价格之间的差额作为利润。同样，扣除支付给看跌期权的最初成本就得出这笔交易的净利润。

若标的资产价值超过实施价格，看跌期权就具有负数报酬；若资产价格低于实施价格，其总报酬等于实施价格与标的资产价值之间的差额。

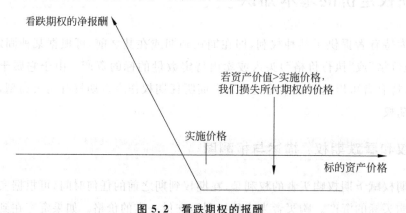

图 5.2 看跌期权的报酬

5.2 期权价值的决定因素

期权价值取决于与标的资产和金融市场相关的六个变量。

1. 标的资产的当期价值。期权属于由标的资产派生出来的资产。因此，标的资产价值的变化会影响针对该项资产的期权的价值。由于看涨期权提供了根据固定价格购买标的资产的权利，资产价值增加将提高看涨期权的价值。另一方面，看跌期权的价值随着标的资产价值增加而降低。

2. 标的资产价值的方差。期权购买者拥有根据固定价格买入或卖出标的资产的权利。标的资产价值的方差越大，期权价值就越大。[①] 此点对于看涨期权和看跌期权都适用。风险尺度值（方差）的增加会增加价值，这一点看似有悖于常理。然而，期权不同于其他有价证券，因为期权购买者的损失不会超出所付期权的价格。实际上，他们可能从价格的剧烈波动中赢得暴利。

3. 标的资产股息。资产若在期权期限内支付股息，预计标的资产价值将会减少。因此，看涨期权价值是预期股息支付的递减函数，而看跌期权价值则是预期股息支付的递增函数。更通俗地说，就看涨期权而言，把股息支付看作是由于推迟实施具有实值（in-the-money）的期权所付出的成本。为看清缘由，不妨考虑一下针对上市股票的期权。一旦看涨期权具有实值（即，期权持有者可通过实施期权而获得总报酬），实施看涨期权将给持有者带来股票以及后续各期内的股息。若不实施期权就意味着放弃这些股息。

4. 期权的实施价格。描述期权的一个关键特征是实施价格。就看涨期权而言，持有者拥有根据固定价格而买入的权利，看涨期权的价值将随着实施价格的增加而减少。就看跌期权而论，持有者拥有根据固定价格而卖出的权利，其价值将随着实施价格的增加而增加。

5. 期权的有效时间。有效时间越长，看涨期权和看跌期权都会越有价值。这是因为，更长的有效期使得标的资产价值具有更大的变化空间，进而增加了两类期权的价值。此外，就看涨期权而言，购买者拥有在到期时支付固定价格的权利，这一固定价格的现值将随着期权寿命的延长而减少，从而增加看涨期权的价值。

6. 对应于期权有效期的无风险利率。由于期权购买者即刻支付了期权的价格，这就涉及机会成本，机会成本取决于利率水平和期权的有效期。计算实施价格现值时，无风险利率同样事关期权估价，因为实施价格在看涨（看跌）期权到期时才必须支付（或，得到支付）。利率的提高将会增加看涨期权的价值而减少看跌期权的价值。

表 5.1 概述了各种变量及其对于看涨和看跌期权的可预测的影响。

表 5.1 影响看涨和看跌期权的各种变量

因 素	影 响		因 素	影 响	
	看涨期权	看跌期权		看涨期权	看跌期权
标的资产价值增加	增加	减少	股息支付增加	减少	增加
标的资产价值方差增加	增加	增加	有效时间增加	增加	增加
实施价格提高	减少	增加	利率提高	增加	减少

---

① 但需注意，较大的方差会减少标的资产的价值。随着看涨期权的实值（in-the-money）程度加大，它就更加类似于标的资产。对具有深度实值的看涨期权而言，较大的方差会减少期权的价值。

美式期权和欧式期权：与提前实施相关的变量

美式期权与欧式期权的首要区别是，美式期权可在到期前的任何时候得到实施，而欧式期权只能在到期时实施。提前实施的可能性使得美式期权比其他方面都相似的欧式期权更有价值，同时也导致对它们的估价更困难。一个补偿性因素使得我们可以使用针对欧式期权的模型评估美式期权。在大多数情形中，由于存在着与期权有效时间相关的时间溢价和交易成本，提前实施并非最优选择。换句话说，通过把期权卖给他人而不是予以实施，实值期权持有者所得报酬通常会高出许多。

5.3 期权定价模型

从 1972 年以来，期权定价理论取得了巨大的进展。当时，Fischer Black 和 Myron Scholes 所发表的一篇开拓性论文提出了针对具有股息保障的欧式期权的估价模型。Black 和 Scholes 运用"复制型组合"——由标的资产和无风险资产所构成，可以产生与所评估的期权相同的现金流——和套利理念得到最终的公式。其数理推导过程相当复杂，但是针对期权估价还另有逻辑思路相同而更简便的二项式模型。

5.3.1 二项式模型

二项式模型对于资产价格过程采用了简洁的表述方式；其中，资产价格在任何时间都可能移动到两种可能价格之一。有关遵循二项式路径的股价过程的一般表述方式如图 5.3 所示。图中，S 是当期股价。在任何时期，它都以概率 p 上移到 S_u，而以概率 $1-p$ 下移到 S_d。

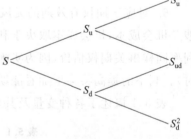

图 5.3 二项式价格路径图示

构建复制型组合

构建复制型组合的目的是，运用无风险借贷与标的资产的某种结合，以便产生与所估价期权相同的现金流。在此可以运用"套利原则"，而复制型组合的价值必须等于期权的价值。在图 5.3 的一般性表述中，股价在任何时期都可上移到 S_u 或下移到 S_d。针对实施价格为 K 的看涨期权，复制型组合将包括借入 B 美元及购得 Δ 单位的标的资产，其中，

$$\Delta = \text{买入的标的资产单位数} = \frac{C_u - C_d}{S_u - S_d}$$

其中，C_u = 看涨期权的价值，若股份为 S_u，

C_d = 看涨期权的价值,若股份为 S_d

在多期二项式过程中,对期权的估价需使用递归法(即,从最终时期开始,在时间上作逆向移动直到当期时点为止)。在其中每一步,给定期权的当期价值,都需构筑和评估针对它的复制型组合。采用二项式期权定价模型,根据由标的资产的 Δ 单位(期权的德尔塔系数)和无风险借贷额所构成的复制型组合,我们最终可以阐明期权的价值。

$$看涨期权价值 = 标的资产当期价值 \times 期权的德尔塔系数 - 复制期权所需借款额$$

案例 5.1 二项式估价法

假设我们需要评估实施价格为 50 美元的看涨期权,预计它的有效时间为两个时期,其标的资产的当期价格为 50 美元,并且预期遵循下列过程:

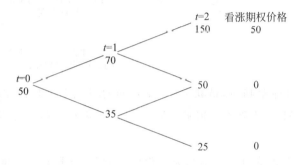

假设利率为 11%,另行定义,

Δ = 复制型组合所包含的股票数目

B = 复制型组合的借款额

我们的目的是将 Δ 份股票与借款额 B 相结合以复制出实施价格为 50 美元的看涨期权的现金流,从最后一期开始,沿着二叉树图实施逆向操作。

步骤 1:从最后结点开始进行逆向操作,

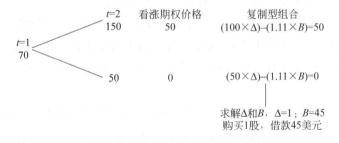

因此,若股价在 $t=1$ 时为 70 美元,借款 45 美元而购买 1 份股票将给出与看涨期权相同的现金流。若股价为 70 美元,看涨期权在 $t=1$ 的价值则等于

$$看涨期权价值 = 复制型头寸 = 70\Delta - B = 70 - 45 = 25(美元)$$

再考虑二叉树图在 $t=1$ 时的另一结点,

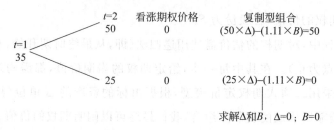

若股价在 $t=1$ 时为 35 美元，看涨期权没有价值。

步骤 2：逆向移动到前一时期，构筑与期权提供相同现金流的复制型组合。

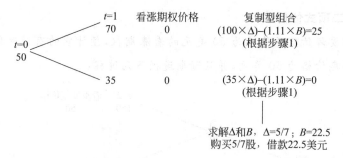

换句话说，在整个期权寿命期内，借款 22.5 美元和购买 5/7 份股票可以产生与实施价格为 50 美元的期权相同的现金流。因此，看涨期权的成本必须等于构筑复制型组合的成本：

$$看涨期权价值 = 复制型头寸价值 = 5/7 \times 当期股价 - 借款$$
$$= 5/7 \times 50 - 22.5 = 13.21（美元）$$

价值的决定因素

二项式模型为决定期权价值的因素提供了灼见。期权价值并非取决于资产的期望报酬率，而是取决于资产的当期价格，后者当然也体现了对于未来的预期。这一点的直接原因是套利活动。若期权价值与复制型组合价值不符，投资者就能构建套利头寸（即，无须投资也无风险地获得为正的报酬）。具体而论，若复制看涨期权组合的成本在市场上大于看涨期权成本，投资者就可买入看涨期权而卖出复制型组合，从而必定可将两者的价差作为利润。两个头寸的现金流将相互抵消，导致未来时期将再也没有现金流。看涨期权的价值将随着有效时间的延长、价格波动（上涨和下跌）的加剧以及利率的提高而增加。

二项式模型对决定期权价值的各种因素作了更加直观的表述，但是因为它在每一节点上都要考虑到预期未来价格，故而需要大量数据。随着二项式模型包含时期的缩短，我们可就资产价格作出两种假设。一方面，不妨假设，随着时期的缩短，价格的波动也会变小；这意味着，当时间趋于零时，价格波动也会变得无限小，从而形成连续的价格过程。另一方面，也可假设，即便时间缩短，价格波动依然很大。这就会造成跳跃过程，而价格可在任何时点发生跳跃。下一小节考虑分别基于这两种假设的期权定价模型。

5.3.2 Black-Scholes 模型

如果价格过程是连续的(即,价格波动随着时期的缩短而变小),关于期权定价的二项式模型将收敛于 Black-Scholes 模型。以其创建者 Fischer Black 和 Myron Scholes 命名的这一模型令我们能以较少的数据估算任何期权的价值,并且已在评估许多上市期权方面证明了其功效。

模型

Black-Scholes 模型的推导过程过于复杂,难以在此阐述。然而,它的基本理念却是,构筑一个与所评估期权具有相同现金流的标的资产与无风险资产的组合。根据 Black-Scholes 模型,可将看涨期权的价值表示成下列五个变量的函数:

$S=$ 标的资产的当期价值

$K=$ 期权的实施价格

$t=$ 期权的有效时间

$r=$ 相应于期权寿命的无风险利率

$\sigma^2=$ 标的资产价值对数的方差

因此,看涨期权的价值是

$$\text{看涨期权的价值} = SN(d_1) - Ke^{-rt}N(d_2)$$

其中,$d_1 = \dfrac{\ln\left(\dfrac{S}{K}\right) + \left(r + \dfrac{\sigma^2}{2}\right)t}{\sigma\sqrt{t}}, d_2 = d_1 - \sigma\sqrt{t}$

请注意,e^{-rt} 为现值因素,体现了看涨期权的实施价格要等到期满时再作支付这一事实,因为模型本身所估价的是欧式期权。$N(d_1)$ 和 $N(d_2)$ 均为概率值,运用累积的标准正态分布和针对期权的 d_1 和 d_2 值估算得出。图 5.4 显示了累积的分布。

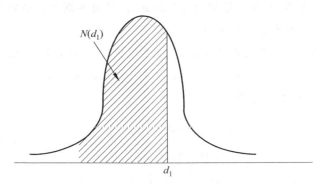

图 5.4 累积的正态分布

大致而言,$N(d_2)$ 表示实施期权为持有者提供正现金流的可能性(对于看涨期权为 $S>K$,对于看跌期权则是 $K>S$)。通过买入 $N(d_1)$ 单位标的资产和借入 $Ke^{-rt}N(d_2)$ 款项,可以构筑复制期权的组合。这一组合将具有与看涨期权相同的现金流,以及相同的价值。$N(d_1)$是构筑复制型组合所需标的资产单位数,被称作"期权的德尔塔系数"。

关于估算 Black-Scholes 模型所需数据的说明

Black-Scholes 模型要求各项数据在时间方面保持一致。这一点会从两方面影响估计值。第一点与模型操作针对的是连续时间而非间断时间这一点有关。这也正是我们使用现值的连续形式($\exp^{-rt}$)而非间断形式$(1+r)^{-t}$的原因。它还意味着,我们必须将无风险利率之类数据调整为连续型时间数据。例如,如果1年期国债利率为6.2%,在 Black-Scholes 模型中使用的无风险利率就应是

$$\text{连续型无风险利率} = \ln(1 + \text{间断型无风险利率})$$
$$= \ln(1.062) = 0.060\ 15 \text{ 或 } 6.015\%$$

第二点则事关估算数据涉及的时期。例如,前述利率为年度利率,列入模型的方差就须是年化方差。很容易把根据$\ln($资产价格$)$估出的方差进行年度化。因为,如果序列相关系数等于零,方差在时间维度上将呈现线性。因此,如果使用月份或星期价格估算方差,就可分别乘以12或52而使方差年度化。

案例 5.2 运用 Black-Scholes 模型进行期权估价

在2001年3月6日,思科(Cisco Systems)公司股票交易价是13.62美元。我们打算评估关于它的在2001年6月到期而实施价格为15美元的看涨期权,当日,它在芝加哥期权交易所(CBOE)的交易价是2美元。期权的各项参数如下:

- 思科股价在去年的年化标准差为81%,运用去年各交易周的股价估算得出,经过年化的数字为

$$\text{各周标准差} = 11.23\%$$
$$\text{年化标准差} = 11.23\% \times \sqrt{52} = 81\%$$

- 期权到期日为2001年6月20日(星期五)。目前离到期日还有103天,对应于这一期权寿命的国库券年利率为4.63%。

针对 Black-Scholes 模型的各项数据是,股票现价$(S) = 13.62$美元,期权实施价格$=15$美元,期权寿命$=103/365=0.282\ 2$,$\ln($股价$)$的标准差$=81\%$,以及无风险利率$=4.63\%$。把它们代入模型就可得到

$$d_1 = \frac{\ln\left(\frac{13.62}{15.00}\right) + \left(0.046\ 3 + \frac{0.81^2}{2}\right)0.282\ 2}{0.81\ \sqrt{0.282\ 2}} = 0.021\ 2$$

$$d_2 = 0.021\ 2 - 0.81\ \sqrt{0.282\ 2} = -0.409\ 1$$

运用正态分布,可估算$N(d_1)$和$N(d_2)$如下:

$$N(d_1) = 0.508\ 5$$
$$N(d_2) = 0.341\ 2$$

现在就可对看涨期权作如下估算:

$$\text{思科看涨期权价值} = SN(d_1) - Ke^{-rt}N(d_2)$$
$$= 13.62(0.508\,5) - 15e^{-(0.016\,3)(0.282\,2)}(0.341\,2)$$
$$= 1.87(\text{美元})$$

由于看涨期权在当时的交易价为2美元,假如我们使用的标准差估计值正确无误,它被略微高估了。

隐含波动率

针对Black-Scholes模型,"方差"是投资者争议最大的一项数据。它一般通过考察历史数据而估出。但是,运用以往方差得出的期权价值会与市场价格有所不同。针对任何一项期权,都存在着某种可使得其估算价值等于市场价格的方差。这种方差被称为"隐含方差"(implied variance)。

不妨考虑一下案例5.2所估算的思科期权。对于标准差为81%而实施价格为15美元的看涨期权,我们估算其价值是1.87美元。因为市场价格大于计算值,不妨检验一下更大的标准差。根据85.40%的标准差,期权的价值等于2美元(它正是市场价值)。它就是隐含的标准差或隐含波动率(implied volatility)。

模型的局限和调整

Black-Scholes模型的目的是,为那些只能在到期时被实施而标的资产不支付股息的欧式期权定价。此外,进行期权估价的基本前提是,期权的实施不会影响标的资产价值。然而,在现实中,资产会支付各种股利,期权会得到提前实施,而实施期权也会影响标的资产的价值。为此,已经出现了一些调整,虽不尽完美,但可对Black-Scholes模型作出某些局部修正。

股息 股息支付降低了股票价格;注意,在除息日(ex-dividend date),股价通常会下跌。因此,随着预期股息支付额的增加,看涨期权价值将会减少,而看跌期权价值则会提高。对于Black-Scholes模型中的股息因素,有两种处理办法。

1. 短期期权。处理股息的一种方法是,估算在期权寿命内将会支付的预期股息现值,然后把它从资产当期价值中扣除,以此作为模型中的S。

$$\text{经过调整的股票价格} = \text{当期股价} - \text{期权寿命内的预期股息现值}$$

2. 长期期权。随着期权寿命的延长,估算股息的现值将变得越发不易。我们可采用另一种方法。若预期标的资产的股息报酬率(y=股息/资产当期价值)在期权寿命内保持不变,就可调整Black-Scholes模型以兼顾股息。

$$C = Se^{-yt}N(d_1) - Ke^{-rt}N(d_2)$$

其中,$d_1 = \dfrac{\ln\left(\dfrac{S}{K}\right) + \left(r - y + \dfrac{\sigma^2}{2}\right)t}{\sigma\sqrt{t}}$

$d_2 = d_1 - \sigma\sqrt{t}$

直观地说,这些调整具有两种影响。首先,资产的价值被股息报酬率逆向贴现到当期,以兼顾由股息支付引起的预期资产价值下跌。其次,利率由报酬率所抵消,从而体现较低的资产持有成本（在复制型组合中）。净效应将是，运用这种模型而估算的看涨期权价值降低。

案例 5.3　运用股息调整对短期期权进行估价——Black-Scholes 模型调整

假设在 2001 年 3 月 6 日，AT&T 公司股票交易价为 20.50 美元。考虑针对其股票的看涨期权，实施价格为 20 美元，到期日为 2001 年 7 月 20 日。运用以往的股价，估算得出公司股价对数的年化标准差是 60%。股票在 23 天后将支付一次股息，金额为 0.15 美元。无风险利率是 4.63%。因此，

$$预期股息现值 = 0.15/1.046\ 3^{23/365} = 0.15(美元)$$

$$经股息调整的股价 = 20.50 - 0.15 = 20.35(美元)$$

$$有效时间 = 103/365 = 0.282\ 2$$

$$\ln(股价)的方差 = 0.6^2 = 0.36, 无风险利率 = 4.63\%$$

由 Black-Scholes 模型所产生的价值是，

$$d_1 = 0.255\ 1,\ N(d_1) = 0.600\ 7,\ d_2 = 0.063\ 6,\ N(d_2) = 0.474\ 5$$

$$看涨期权价值 = 20.35(0.600\ 7) - 20\exp^{-(0.046\ 3)(0.282\ 2)}(0.474\ 6) = 2.86(美元)$$

看涨期权的当日交易价为 2.60 美元。

案例 5.4　运用股息调整对长期期权进行估价——预定收益权和特殊剩余索取权①

CBOE 为某些股票提供了期限较长的看涨和看跌期权。例如，在 2001 年 3 月 6 日，我们可以买入在 2003 年 1 月 17 日到期的 AT&T 看涨期权。该公司股价为 20.50 美元（如同前例）。下面是对实施价格为 20 美元的看涨期权的估价。不是估算在今后两年内所付股息的现值，我们假设公司的股息报酬率在该时期内一直是 2.51%，两年期国库券的无风险利率为 4.84%。关于 Black-Scholes 模型的数据是

$$S = 资产当期价值 = 20.50 美元$$

$$K = 实施价格 = 20 美元$$

$$有效时间 = 1.833\ 3 年$$

$$\ln(股价)标准差 = 60\%$$

$$无风险利率 = 4.85\% \quad 股息报酬率 = 2.51\%$$

由 Black-Scholes 模型所产生的价值是

$$d_1 = \frac{\ln\left(\frac{20.50}{20.00}\right) + \left(0.048\ 5 - 0.025\ 1 + \frac{0.6^2}{2}\right)1.833\ 3}{0.6\ \sqrt{1.833\ 3}}$$

$$= 0.489\ 4 \quad N(d_1) = 0.687\ 7$$

$$d_2 = 0.489\ 4 - 0.6\ \sqrt{1.833\ 3} = -0.323\ 0 \quad N(d_2) = 0.373\ 3$$

$$看涨期权价值 = 20.50\exp^{-(0.025\ 1)(1.833\ 3)}(0.687\ 7)$$

---

① 此处原文为"Primes and Scores"。——译者注

$$-20\exp^{-(0.048\,5)(1.833\,3)}(0.373\,3)=6.63(美元)$$

看涨期权的当日交易价为 5.80 美元。

- *optst.xls*：该电子表格使我们能够估算短期期权价值，假设可估算期权有效期内的预期股息。

- *optlt.xls*：该电子表格使我们能够估算期权价值，假设标的资产的股息报酬率保持不变。

提前实施 Black-Scholes 模型旨在评估那些只能在到期时实施的欧式期权。相反，在现实中所遇到的大多属于美式期权，可在到期前的任何时候予以实施。如同前述，提前实施的可能性使得美式期权要比在其他方面相似的欧式期权更有价值，但也比较难以估价。然而，就上市期权而言，将其卖给他人几乎总是胜过提前实施，因为期权具有时间溢价（即，其售价可以超出实施价格）。然而，关于这一点，存在着两种例外情形。一种情形是，标的资产支付大量的股息而降低了期权的预期价值。此时，如果期权的时间溢价小于由股息支付所减少的资产价值额，就可在"除息日前夕"（just before an ex-dividend date）实施看涨期权。另一例外情形是，在利率很高时，投资者同时持有标的资产及其"深度实值的"（deep in-the-money）看跌期权（即，实施价格大大高出标的资产当期价格的看跌期权）。此时，看跌期权的时间溢价可能不及提前实施的收益和实施价格的利息。

处理提前实施可能性有两种基本方法。一种是继续使用最初的 Black-Scholes 模型，把所估算的期权价值作为关于其真实价值的最低或保守估计值。另一方法是针对提前实施的可能性调整期权价值。关于这一点也有两种方式。一是运用 Black-Scholes 模型针对每一可能的实施日期评估期权。就股票期权而言，这相当于要求投资者针对每一除息日对期权作出估价，从中选择看涨期权的最大估计值。第二种方式则是，采用经过调整的二项式模型，并且考虑到提前实施的可能性。根据这种方式，资产价格在每一时期的涨跌都可根据方差进行估算。[①]

方式 1：准美式期权（Pseudo-American）估价法

步骤 1：确定何时支付股息，以及将会支付多少股息。

步骤 2：运用前述经过股息调整的方式，针对每一除息日评估期权，并从股价中减去预期股息的现值。

步骤 3：在针对每一除息日所估算的各个看涨期权价值中，选取最大者。

案例 5.5 运用准美式期权估价法对提前实施进行调整

假设某只股票的交易价为 40 美元。现在考虑针对它的期权，其实施价格为 35 美元。

---

① 例如，如果 σ^2 是 ln(股价)的方差，可对二项式情形中的涨跌波动作如下估算：
$$u=\exp[(r-\sigma^2/2)(T/m)+\sqrt{(\sigma^2 T/m)}]$$
$$d=\exp[(r-\sigma^2/2)(T/m)-\sqrt{(\sigma^2 T/m)}]$$
其中，u 和 d 是二项式在每一单位时间内的涨跌波动，T 为期权寿命，而 m 是 T 所包括的时期数目。

ln(股价)的方差为 0.05,无风险利率为 4%。期权还有 8 个月的有效期,预期其间将支付三次股息,

预期股息/美元	除息日	预期股息/美元	除息日
0.80	1 个月后	0.80	7 个月后
0.80	4 个月后		

首先在第 1 个除息日前夕对看涨期权进行估价:

$$S = 40 \text{ 美元} \quad K = 35 \text{ 美元} \quad t = 1/12 \quad \sigma^2 = 0.05 \quad r = 0.04$$

根据 Black-Scholes 模型所估算的价值是:

$$\text{看涨期权} = 5.131 \text{ 美元}$$

接着,在第 2 个除息日前夕对看涨期权进行估价:

$$\text{经股息调整的股价} = 40 - 0.80/1.04^{1/12} = 39.20 \text{ 美元}$$

$$K = 35 \text{ 美元} \quad t = 4/12 \quad \sigma^2 = 0.05 \quad r = 0.04$$

根据上述参数,看涨期权的价值是:

$$\text{看涨期权} = 5.073 \text{ 美元}$$

然后,在第 3 个除息日前夕对看涨期权进行估价:

$$\text{经股息调整的股价} = 40 - 0.80/1.04^{1/12} - 0.80/1.04^{4/12} = 38.41 \text{ 美元}$$

$$K = 35 \text{ 美元} \quad t = 7/12 \quad \sigma^2 = 0.05 \quad r = 0.04$$

根据上述参数,看涨期权的价值是:

$$\text{看涨期权} = 5.128 \text{ 美元}$$

最后,针对到期日对看涨期权进行估价:

$$\text{经股息调整的股价} = 40 - 0.80/1.04^{1/12} - 0.80/1.04^{4/12}$$
$$- 0.80/1.04^{7/12} = 37.63 \text{ 美元}$$

$$K = 35 \text{ 美元} \quad t = 8/12 \quad \sigma^2 = 0.05 \quad r = 0.04$$

根据上述参数,看涨期权的价值是

$$\text{看涨期权} = 4.757 \text{ 美元}$$

$$\text{准美式看涨期权的价值} = \text{Max.}(5.131, 5.073, 5.128, 4.757) = 5.131 \text{ 美元}$$

方式 2:运用二项式模型 采用二项式模型则大大便于处理提前实施问题,因为它考虑到了每一时期的现金流,而不只是到期时的现金流。该模型最大的局限性是需要在每一期末确定股票价格,但是通过运用某种变型可以解决这一问题,这种变型使我们得以根据方差估计值估算股价的涨跌波动值。它有下列四个步骤:

步骤 1:如果已估算出用于 Black-Scholes 模型的 ln(股价)方差,可将其转换成适用于二项式模型的数据:

$$u = e^{\sigma\sqrt{dt} + \left(r - \frac{\sigma^2}{2}\right)dt}$$

$$u = e^{-\sigma\sqrt{dt} + \left(r - \frac{\sigma^2}{2}\right)dt}$$

其中，u 和 d 是二项式模型在单位时间内的涨跌波动值，而 dt 是每一年所包括的时期（或单位时间）数目。

步骤 2：阐明支付股息的时期，假设股价将会下跌而幅度为当期所付股息额。

步骤 3：在二叉树的每一结点上评估期权，兼顾在除息日前夕提前实施的可能性。如果期权在剩余时间内的溢价小于因股息支付引起的预期的期权价值跌幅，就会出现提前实施。

步骤 4：运用标准二项式模型估算期权在时间 0 的价值。

🖱 *bstobin.xls*：该电子表格使我们可根据用于 Black-Scholes 模型的各项数据估算二项式模型的参数。

期权实施对于标的资产价值的影响 Black-Scholes 模型的一个基本假设是，期权的实施不会影响标的资产价值。它对于上市的股票期权或许成立，但却不适用于某些类型的期权。例如，购股权证的实施会增加发行股数目，并给公司注入新的现金，这些都会影响股价。[①] 与其他相似的期权相比，预期实施的负面影响（稀释）会减少购股权证的价值。根据 Black-Scholes 估价法，针对股价稀释的调整相当的简单。我们将股价针对期权实施导致的预期稀释实施调整。例如，在购股权证情形中，

$$\text{经过稀释调整的 } S = (Sn_S + Wn_W)/(n_S + n_W)$$

其中，$S=$ 当期股价

$n_W=$ 购股权证的流通数目

$W=$ 流通的购股权证价值

$n_S=$ 发行股数目

若购股权证得到实施，发行股数目就会增加，而股价就会下跌。上式中的分子体现了股票的市场价值，包括流通的股票和购股权证。S 的下跌将减少看涨期权的价值。

然而，这种分析包含着循环论证成分。因为估算经过稀释的 S 需要购股权证的价值数据，而估算购股权证的价值又需要经过稀释的 S 数据。解决这一问题的办法是，首先以某种假设的购股权证价值（例如，实施价值或购股权证的当期市场价格）开始这一过程。这将给出购股权证的价值；然后再以这一估计值作为数据，重新估算购股权证的价值，直到两者相互一致为止。

从 Black-Scholes 模型到二项式模型

将 Black-Scholes 模型中的连续型方差转换为二项式模型并不困难。不妨假设我们持有当期交易价为 30 美元的某项资产，估算出其价值的年化标准差为 40%；年化无风险利率为 5%。为了简便，假设所要评估的期权期限为 4 年，时期跨度也是 1 年。为了估算 4 年中每一年末的价格，我们首先根据二项式模型估算涨跌波动。

---

① 购股权证属于公司发行的看涨期权，或属于对管理者补偿合约的一部分，或是为了筹措股权。

$$u = \exp^{0.4\sqrt{1}+(0.05-\frac{0.4^2}{2})\times 1} = 1.4477$$

$$d = \exp^{-0.4\sqrt{1}+(0.05-\frac{0.4^2}{2})\times 1} = 0.6505$$

根据这些估计值,可得到在二叉树上第一个结点后(第1年末)的价格,

上涨后的价格 = 30×1.4477 = 43.43 美元

下跌后的价格 = 40×0.6505 = 19.52 美元

针对二叉树的其余部分继续实施上述过程,可得到下列数字:

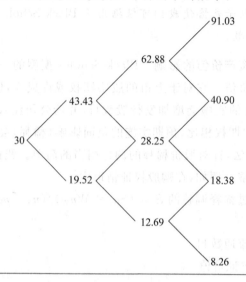

案例 5.6 评估 Avatek Corporation 的购股权证

Avatek 公司是一家房地产公司,发行了 1 963.7 万份股票,交易价为 0.38 美元。在 2001 年 3 月,公司发行了 180 万份期权,期限为 4 年而实施价格是 2.25 美元。股票不付股息,ln(股价)的标准差等于 93%。4 年期的国库券利率为 4.9%。(实施分析时,每项期权的交易价为 0.12 美元。)

关于购股权证估价模型的各项数据如下:

$$S = (0.38 \times 19.637 + 0.12 \times 1.8)/(19.637 + 1.8) = 0.3544 \text{ 美元}$$

K = 购股权证的实施价格 = 2.25 美元

t = 购股权证的有效时间 = 4 年

r = 相应于期权寿命的无风险利率 = 4.9%

σ^2 = 股价方差 = 0.93^2

y = 股息报酬率 = 0.00%

对于这种期权,运用 Black-Scholes 模型的估价结果是

$$d_1 = 0.0418 \quad N(d_1) = 0.5167$$

$$d_2 = -1.8182 \quad N(d_2) = 0.0345$$

期权价值 = 0.034 5(0.516 7) − 2.25exp$^{-(0.049)(4)}$(0.034 5) = 0.12 美元

在 2001 年 3 月，期权交易价为 0.12 美元。因为其价值等于价格，我们无须再作递归计算。如果两者存在差异，就需要重新估算经过调整后的股价和期权价值。如果期权无法交易（如管理者期权的情形），这种计算就需要再作递归；其中，我们将根据期权价值求解调整后的每股价值，再用每股价值求解期权价值。

🖱 *warrant.xls*：该电子表格使我们能够估算期权的价值，如果它的实施可能会稀释股权。

估价看跌期权的 Black-Scholes 模型

看跌期权的价值可根据看涨期权的价值推导得出，如果它们的实施价格和有效时间都相同的话，即

$$C - P = S - Ke^{-rt}$$

其中，C 是看涨期权价值，P 是看跌期权的价值。看涨和看跌期权之间的这种关系被称为"看跌-看涨期权平价"(put-call parity)；对于这种关系的任何偏离，投资者都可加以利用而获得无风险利率。为了把握"看跌-看涨期权平价"关系得以成立的理由，不妨考虑一下卖出一项看涨期权而买入一项实施价格为 K 而在 t 时到期的看跌期权，同时根据现价 S 买入标的资产。这种头寸的报酬将没有风险，且在到期时(t)总能产生 K。为看清这一点，假设到期时的股价是 S^*。针对组合中的这两种头寸，可以把它们各自的报酬表示为

头　寸	在 t 时的报酬，若 $S^*>K$	在 t 时的报酬，若 $S^*<K$
卖出看涨期权	$-(S^*-K)$	0
买入看跌期权	0	$K-S^*$
买入股票	S^*	S^*
总额	K	K

由于这一头寸必定会产生 K，构筑头寸的成本必须等于 K 根据无风险利率(Ke^{-rt})贴现后的现值，即

$$S + P - C = Ke^{-rt}$$
$$C - P = S - Ke^{-rt}$$

把关于等同的看涨期权价值的 Black-Scholes 方程代入这个方程，可以得到

$$看跌期权价值 = Ke^{-rt}[1-N(d_2)] - Se^{-yt}[1-N(d_1)]$$

其中，$d_1 = \dfrac{\ln\left(\dfrac{S}{K}\right) + \left(r - y + \dfrac{\sigma^2}{2}\right)t}{\sigma\sqrt{t}}$

$d_2 = d_1 - \sigma\sqrt{t}$

因此，通过卖空 $[1-N(d_1)]$ 份股票以及在无风险资产中投资 $Ke^{-rt}[1-N(d_2)]$，我们就能构筑针对看跌期权的复制型组合。

案例 5.7　运用"看跌-看涨期权平价"关系评估看跌期权：思科公司和 AT&T 公司

考虑一下案例 5.2 所估价的思科看涨期权。这种股票看涨期权的实施价格为 15 美元，还有 3 天到期，对它的估价是 1.87 美元。股票在当时的交易价是 13.62 美元，而无风险利率是 4.63%。我们可对看跌期权作如下估价：

$$\text{看跌期权价值} = C - S + Ke^{-rt} = 1.87 - 13.62 + 15e^{-(0.046\,3)(0.282\,2)} = 3.06 \text{ 美元}$$

看跌期权在当时的交易价为 3.38 美元。

再者，案例 5.4 曾对 AT&T 的长期看涨期权作了估价。其实施价格为 20 美元，有效期为 1.833 3 年，价值则是 6.63 美元。股票在当时的交易价为 20.50 美元，并且预计在整个时期内将保持 2.51% 的股息报酬率。无风险利率为 4.85%。对这一看跌期权可作如下估价：

$$\text{看跌期权价值} = C - Se^{-yt} + Ke^{-rt} = 6.63 - 20.5e^{-(0.025\,1)(1.833\,3)}$$
$$+ 20e^{-(0.048\,5)(1.833\,3)} = 5.35 \text{ 美元}$$

看跌期权在当日的交易价为 3.80 美元。看涨期权和看跌期权的交易价都与我们的估计值不符。这一点或许表明，我们未能正确地估算股价波动率。

5.3.3　关于跳跃过程的期权定价模型

根据二项式模型，如果价格在较短的时期内依然波动很大，那就无法再假设价格变化是连续的。若价格波动剧烈，考虑到跳跃因素的价格过程就更加切合现实。Cox and Ross(1976)评估了价格遵循纯粹跳跃过程时的期权，其中的跳跃只能是正向的。因此，在下一个时间区间内，股价要么以某种特定概率发生很大的正向跳跃，要么以某种既定的比率向下漂移。

Merton(1976)考虑了一种在连续价格过程上添加某种跳跃的分布。他阐述了跳跃发生率(λ)和平均跳跃幅度(k)，后者以股价的百分比为尺度。从该过程推导得出的期权估价模型被称作"跳跃-扩散模型"。根据这一模型，期权的价值取决于 Black-Scholes 模型所阐述的五个变量，再加跳跃过程参数(λ,k)。不尽如人意的是，对于大多数公司而言，估算其跳跃过程参数的难度很大，使得我们无法利用这种更加切实的模型所具有的优势。换句话说，这些模型在实践中的用途并不太大。

5.4　期权定价法的扩展

至此，我们所述各种期权定价模型，包括二项式模型、Black-Scholes 模型和跳跃过程模型，均旨在评估针对上市标的资产的期权，而这些期权都具备定义明确的实施价格和期限。但是，在投资分析或者估价中，我们时常遇到的期权针对的却是实物资产而非金融资产。它们被划归为"实物期权"类型，并且采取了各种远为复杂的形式。本节考虑其中的一些变型。

5.4.1 封顶期权和障碍期权

对于简单看涨期权的买方来说,并不存在特定的利润上限。至少在理论上,资产价格可以持续上涨,而报酬也会相应地增加。但是,对于某些看涨期权,买方的盈利被限定在某一价位而不能超过它。不妨考虑一下针对某种资产的看涨期权,其实施价格为 K_1,报酬在 (K_2-K_1) 处被封顶。这种期权的报酬如图 5.5 所示。

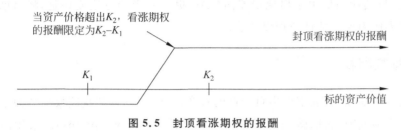

图 5.5 封顶看涨期权的报酬

这种期权被称作"封顶看涨期权"(a capped call)。需要注意的是,一旦价格达到 K_2,期权就不会再有任何时间溢价,因此它将被付诸实施。封顶看涨期权隶属于所谓"障碍期权"(barrier options)系列,它们的报酬和寿命均取决于标的资产价格在规定时期内是否达到某一特定水平。

封顶看涨期权的价值总是低于在其他方面相同但是不带报酬限制的看涨期权。通过对这种看涨期权进行两次估价,可大致估得其价值,即,先运用给定的实施价格,再运用价格上限,然后再采用两者之间的差额。因此,在前例中,对于实施价格为 K_1 而在 K_2 处封顶的看涨期权,可将其价值表示为

封顶看涨期权价值 = ($K=K_1$ 的)看涨期权价值 − ($K=K_2$ 的)看涨期权价值

障碍期权可以采取多种形式。就"敲出期权"(knockout option)而言,如果标的资产达到某一特定价格,期权就会作废。在看涨期权情形中,这种敲出价格通常被设得低于实施价格,故这种期权被称作"向下-敲出期权"(down-and-out)。在看跌期权情形中,敲出价被设得高于实施价格,故这种期权被称作"向上-敲出期权"(up-and-out)。如同封顶期权,这些期权的价值均低于那些与它们相对应但是不带限制条件的期权。许多实物期权都带有上涨限制或敲出条款。如果忽视这些限制,我们就会高估这些期权的价值。

5.4.2 复合期权

某些期权的价值并非派生于标的资产而是其他期权。这些期权被称为"复合期权"(compound option),具有四种形式,即"看涨-看涨期权"、"看跌-看跌期权"、"看跌-看涨期权"和"看涨-看跌期权"。① 在计算过程中,Geske(1979)通过以双变量正态分布代替简

---

① 这四种期权名称的原文各为"a call on a call"、"a put on a put"、"a call on a put"和"a put on a call"。——译者注

单期权模型中的标准正态分布,建立了评估复合期权的分析公式。

例如,考虑一下第 39 章所论述的扩展某个项目的期权。我们虽可运用简单的期权定价模型对它进行估价,但实际项目的扩展却可能分为多个阶段,其中每一阶段都代表着针对下一阶段的期权。此时,若将这种期权看作简单的而非复合期权,我们就会低估其价值。

话虽如此,随着更多的期权被添加到这种关系链中,对于复合期权的估价难度会急剧加大。因此,与其让估价由于出现误差而失败,更为妥当的方法或许是,将借助简单估价模型所得结果作为保守估计值加以接受。

5.4.3 彩虹期权

对于简单的期权,不确定性出自于标的资产价格。然而,某些期权却会面临不确定性的两种甚至更多成因,它们就是所谓的"彩虹期权"(rainbow options)。采用简单期权定价模型对其进行估价将会造成有偏的估计值。例如,我们可将一片未开发油矿视为一项期权,而拥有油矿的公司具备开采它的权利。在此,不确定性出自于两个方面,第一个无疑是油价,第二个则是油矿储藏量。为了评估这个油矿,可作出一些简化假设,例如,我们确切地知道油矿储藏量。然而,在现实中,关于储藏量的不确定性将会影响这项期权的价值,并且使得是否予以实施的决策难度更大。[1]

5.5 总结

期权也是一种资产,但其报酬相机地取决于标的资产的价值。在期权到期之前的任何时间,看涨期权赋予其持有者根据设定的价格买入标的资产的权利,看跌期权则赋予其卖出的权利。期权的价值取决于六个变量,即,标的资产当期价值、这种价值的方差、资产的预期股息、实施价格和期权寿命。这一点均已根据二项式模型和 Black-Scholes 模型得到了说明,它们通过构筑由标的资产和无风险借贷构成的复制型组合对期权进行估价。这些模型同样也可运用于其他具有期权特征的资产。

5.6 问题和简答题

在下列问题中,若无特别说明,设股票风险溢价为 5.5%。

1. 下表列出了微软公司的股票期权的交易价(单位:美元),股票不支付股息。

---

[1] 它类似于针对上市股票的期权,因为我们同样无法知道实施期权时的股价。因此,越是难以确定股价,我们在实施期权的时间上就越需要给自己留有余地,以便确保盈利。

	看涨期权		看跌期权	
	$K=85$	$K=90$	$K=85$	$K=90$
一个月	2.75	1.00	4.50	7.50
三个月	4.00	2.75	5.75	9.00
六个月	7.75	6.00	8.00	12.00

股票当时的交易价为 83 美元,年化无风险利率为 3.8%。(根据历史数据)ln(股价)的标准差为 30%。

a. 估算为期三个月而实施价格为 85 美元的看涨期权的价值。

b. 运用针对 Black-Scholes 模型的各项数据,阐述一下我们如何构筑复制型头寸。

c. 这一看涨期权的隐含波动率是多少?

d. 现在假设我们买入一项实施价格为 85 美元的看涨期权,再卖出一项实施价格为 90 美元的看涨期权。描绘一下这一头寸的报酬图。

e. 运用"看跌-看涨"期权平价关系,估算为期三个月而实施价格为 85 美元的看跌期权的价值。

2. 我们打算评估关于默克公司股票的为期三个月的看跌期权,其实施价格为 30 美元。股票在当时的交易价为 28.75 美元,而该公司预期在两个月后支付每股 0.28 美元的股息。年化无风险利率是 3.6%,股价对数的标准差为 20%。

a. 运用 Black-Scholes 模型估算看涨和看跌期权的价值。

b. 预期股息支付对于看涨期权有何影响?对于看跌期权呢?为何?

3. 现在,若存在着提前实施前一问题中的默克公司期权的可能性。

a. 运用准美式看涨期权技术确定这是否会影响看涨期权的价值。

b. 为何会有提前实施的可能?哪一类期权最有可能被提前实施?

4. 我们得到了下列有关为期三个月的看涨期权的信息:

$$S = 95 \quad K = 90 \quad t = 0.25 \quad r = 0.04$$
$$N(d_1) = 0.575\,0 \quad N(d_2) = 0.450\,0$$

a. 若想复制买入这一看涨期权,需借款多少?

b. 若想复制买入这一看涨期权,需买入多少份股票?

5. Go Video 公司是一家视频制作商。其股票在 1994 年 5 月的交易价为每股 4 美元。它有 1 000 万股发行股,另有 55 万份为期一年的购股权证在流通中,其实施价格为 4.25 美元。股票不付息。无风险利率为 5%。

a. 不考虑稀释,估算一下购股权证的价值。

b. 考虑到稀释,估算一下购股权证的价值。

c. 稀释为何会减少购股权证的价值?

6. 我们打算评估针对 NYSE 综合股指的一项长期看涨期权。它的期限是 5 年,实施价格为 275 点。股指目前的交易价为 250 点,股价的年化标准差为 15%。股指的平价股息报酬率为3%,其预期在未来五年内保持不变。五年期的国债利率为5%。

a. 估算这一长期看涨期权的价值。

b. 估算具有相同参数的看跌期权的价值。

c. 若使用Black-Scholes模型评估这项期权,我们作出的隐含假设条件是什么?在它们当中,有哪一个或许无法成立?这一点对于估价的结果有何影响?

7. 针对AT&T公司股票,一种新型证券将赋予投资者公司在未来三年的全部股息,但把上涨幅度限制在20%,且具有不低于10%的下跌保护。AT&T在当时的交易价是50美元;为期三年的看涨和看跌期权在交易所的交易价(单位:美元)如下:

K	看涨期权		看跌期权	
	1年期	3年期	1年期	3年期
45	8.69	13.34	1.99	3.55
50	5.86	10.89	3.92	5.40
55	3.78	8.82	6.59	7.63
60	2.35	7.11	9.92	10.23

我们愿为这种证券支付何种价格?

第6章

市场有效性：定义、检验和证据

何为有效市场？它对投资和估价意味着什么？显然，无论对于专业人士抑或普通投资者来说，"市场有效性"都是一个争议颇大且颇受瞩目的概念。究其缘由，部分在于人们对其实际含义的理解不同，部分则因为市场是否具备有效性在很大程度上是指导投资者如何进行投资的核心理念。本章提出市场有效性的定义，考虑有效市场对于投资者的各种含义，概述检验投资方案的一些基本方法，进而证实抑或证伪市场的有效性。此外，它还概述了有关市场是否有效的大量研究。

6.1 市场有效性和投资估价

市场究竟是否有效呢？如若不然，无效性（inefficiency）又缘于何处？这是投资估价的一个核心问题。倘若市场确实具备有效性，市场价格就是对于价值的最优估计值，而估价过程也就在于尽量论证市场价格。如果市场有效性不足，价格就会偏离真实价值，而估价之目的就是对价值进行合理的估算。估价合理的投资者可比他人获得更好的报酬，因为能够确定那些被低估或者高估的公司。然而，在追求更高报酬的同时，市场必定会随着时间而纠正其误差（即，有效性提高）。然而，这些调整是在六个月之后还是在五年之后才会发生，这一点会极大地影响投资者对估价方式的选择，以及取得成功所需要的时间长度。

从有关市场有效性的各种研究中还可以了解许多，因为它们强调了市场无效的部分。通过运用更有可能包含被低估股票的子样本，这些低效性可为鉴别所有的股票提供基础。面对整个股票市场，这样做不仅可优化分析时间，且能大大增加找到被低估或被高估股票的机会。例如，关于有效性的某些研究表明，那些为机构投资者所忽视的股票更有可能被低估，故而能够产生超额报酬。这种根据低机构投资比例（即，它们所占发行股的百分比）鉴别公司的策略，可以提供有关被忽视公司的子样本。对它们作出估价后，我们能够构建被低估公司的组合。如果这种方法无误，我们在子样本中找出被低估公司的机会就应该增加。

6.2 何为有效市场？

有效市场指的是这样一种市场，其中的价格是对投资价值的无偏估计值。这一推论蕴含了下面几个关键的理念。

- 与通常的理解不同，市场有效性并不要求市场价格在每一时点上都等于真实价值，而只要求市场价格所含各种误差是无偏的。价格可以高于或低于真实价值，只要这些偏差具备随机性。
- "对于真实价值的偏离带有随机性"这一点大致意味着，在任何时点上，股票被低估和被高估的机会相同，而这些偏差与可观察到的变量无关。例如，就被低估的可能性而言，市盈率较低的股票应该与市盈率较高者相同。
- 如果市场价格对于真实价值的偏离带有随机性，就可认为，没有哪个投资者群体可借助于某种策略持续地找到被低估或者被高估的股票。

有关市场有效性的定义不仅对于相关的市场而言是特定的，对于相关的投资者群体也是如此。绝对不会出现的情形是，所有市场在所有时间对于所有投资者都是有效的。完全可能出现的情形是，某一特定市场（如纽约股票交易所）对于普通投资者是有效的。还有可能出现的情形是，某些市场具备有效性，而另外一些市场却并非如此；某个市场对于某些投资者是有效的，但对其他投资者却并非如此。直接原因是税率和交易成本方面存在着差异，这使得某些投资者具有相对于他人的优势。

市场有效性的定义还涉及有关投资者可获得何种信息、价格如何反映这种信息的假设条件。例如，关于市场有效性的严格定义假设，所有的信息，包括公开的和内部的，都已体现在价格中。这意味着，即便是那些拥有准确信息的投资者同样无法胜出市场。有关市场有效性的最早分类法之一由 Fama(1971) 所提出。他认为，根据价格所体现的信息，市场有效性具有三个等级。处在"弱式有效性"下，当期价格体现了所有过去价格所包含的信息；这意味着，仅仅运用以往价格的图形或技术分析，无助于找出被低估的价格；处在"半强式有效性"下，当期价格不仅体现了过去价格所含信息，而且体现了所有的公开信息（包括财务报表和新闻报道等），凭借利用、传递这些信息的方法所作预测无助于找出被低估的股票。处在"强式有效性"下，当期价格体现了所有的信息，包括公开的和内部的，因而没有哪位投资者能够持续地找到被低估的股票。

6.3 市场有效性的含义

"有效市场"的直接含义是，应该没有哪个投资者群体能够运用普通的投资策略持续地胜于市场。对于许多投资策略而言，一个具备有效性的市场还有其他一些负面含义。

- 在有效市场上，股票研究和估价将是一场无法带来任何效益的穷折腾。找到被低估股票的几率总是等于百分之五十。这一点只不过体现了定价误差的随机性,信息搜集和股票研究的效益充其量只能弥补研究成本。
- 在有效市场上,随机地在股票间实施分散化或针对市场实施指数化的策略,无需任何信息成本且实施成本也最小,能够胜过其他任何需要较高信息和实施成本的策略。

因此,毋庸惊讶的是,在组合经理和分析者当中,市场有效性概念激起了强烈的反响。他们认为,这是相当正确的,它对他们的生存构成了某种挑战。

同样重要的是,还需澄清一下"市场有效性"所没有的含义。一个有效市场并不意味着:
- 股票价格不能偏离真实价值。现实中确实存在着对于真实价值的大量偏移。它只是要求这些偏离是随机的。
- 没有投资者能在任何时期内胜于市场。与此相反,若不考虑交易成本,大约半数的投资者应该在任何一个时期内胜于市场。①
- 没有哪个投资者群体能够在长期内胜于市场。给定金融市场上的投资者数目,概率法则表明,相当多的投资者能够长期持续地胜于市场。这不是出于其投资策略,而是因为他们走运。然而,如果这些投资者中有过多的人采用相同的投资策略,这个结果将难以延续下去。②

在有效市场上,从长期看,任何投资的期望报酬率都会符合投资风险,尽管在短期内会出现对于期望报酬率的偏差。

6.4 市场有效性的必要条件

市场并不会自然而然地具备有效性。令其变得有效的是投资者们所采取的行动,他们经历了讨价还价过程并且将各种胜于市场的方案付诸实施。消除市场无效性的必要条件是:
- 市场的无效性应该成为各种胜出市场、赢得超额报酬之方案的基本前提。若要此点成立,那就需要:
  - 包含着无效性的资产必须能够获得交易。
  - 实施这种方案的交易成本必须小于方案所产生的预期利润。
- 应该存在着追求最大利润的投资者,他们:
  - 能够发现赢取超额报酬的潜机。

---

① 因为报酬率是正向偏斜的,即出现正向的高报酬率的可能大于出现负向者(我们在股票上的损失不能超过100%),所以不到一半的投资者或将战胜市场。

② 不利于市场有效性的持续证据之一是,20世纪五十年代,蒙受于Benjamin Graham先生,许多投资者造就了持续而不凡的业绩纪录。对于此点,即便概率统计学也无法作出解释。

- 能够复制出赢取超额报酬的胜于市场的方案。
- 拥有足够的资源实施股票交易直到无效性情形消失为止。

一方面是宣称在有效市场上无法胜于市场，另一方面则要求寻求利润最大化的投资者不断寻找胜于市场的途径才能使市场变得有效，这两者之间显然存在着某种内在矛盾。许多人探讨了这一点。如果市场确实是有效的，投资者就会停止搜寻无效性情形，而这又会导致市场再次出现无效性。我们完全可以将有效市场视为一台可以自行调整的机器，其中，无效性情形会定期地出现，但几乎顷刻就会消失，因为投资者发现了它们并且实施了相应的交易。

6.5 关于市场有效性的几个建议

通过解读各种可使市场更加有效的条件，针对投资者在金融市场上的哪些地方最有可能发现无效性的问题，可以得到下列几个一般性命题。

命题1：在资产市场上，发现无效性情形的概率会因资产交易更加便利而降低。若资产交易困难重重，或因缺乏开放的市场或因面临极高的交易壁垒，定价的无效性就会长期持续。

此命题可为我们鉴别不同资产之间的差异提供一条线索。例如，股票交易要比房地产交易便利许多，因为针对前者的市场更为开放且定价单位也不大（因而降低了新交易者进入市场的壁垒），再加上资产本身也不会随着交易而变化（IBM公司的这张股票与那张股票并无区别，但是一处房地产却有可能会与仅一箭之遥的另一处房地产差别极大）。基于这些差异，在房地产市场上找到无效之处（包括过低或过高的估价）的可能性应该大得多。

命题2：在某个资产市场上，发现无效性情形的概率将随着挖掘无效性的交易成本和信息成本的增加而变大。在不同市场之间，甚至在同一市场的不同投资之间，搜集信息的成本变化很大。随着这些成本的增加，发掘这些无效性的报酬也越来越低。

例如，考虑一下人们所领悟的常识，即投资于"输家"股票（在先前某个时期运作不佳的股票）可得到超额报酬。就初始报酬而论，此点或许成立，但是这些股票的交易成本可能会大大增加，因为：

- 它们的定价大多比较低，这会导致较高的经纪佣金和费用。
- 买卖价差较大，使得买入它们的交易成本所占总价格的比例要高出许多。
- 针对它们的交易大多不甚活跃，小额交易就有可能引起其价格波动，造成较高的买入价或较低的卖出价。

推论1：能够营造成本优势（根据信息搜集成本或交易成本）的投资者，相对那些无力如此行事者而言，更有能力挖掘细小的无效性情形。

还有一些研究者考察了大宗交易对于股价的影响。他们的结论是，尽管大宗交易的确会影响股价,但出于所需交易时间和相关的交易成本,投资者不会去挖掘这些无效性情形。然而,交易所场内专家却不太会顾忌这些问题,因为他们可以零成本或很低的成本迅速实施交易。但是,应该指出的是,如果市场对于专家而言是有效的,交易所席位的价值就应该体现出作为专家的潜在效益现值。

这一推论还表明,努力营造优势的投资者,尤其是与信息相关的,有可能凭借这些优势获得超额报酬。因此,John Templton 先生,远在其他证券组合经理们之前就开始投资于日本和其他亚洲市场,或许能够挖掘相对于其同行的信息优势,从而起码在几年内可在投资组合上获得超额报酬。

命题 3:无效性问题的化解速度与其他投资者复制挖掘它的方案之便利程度直接相关,而复制方案的便利度又与实施它所需时间、资源和信息有关。由于没有多少投资者能够独占消除无效性所需要的交易资源,如果用于消除无效性的方案是公开的并能为其他投资者所仿制,无效性就更有可能迅速消失。

为说明这一点,假设股票在拆股后数月内一直能够赢得超额报酬。鉴于公司公开宣布拆股,任何投资者都能够随着这些拆分而买入股票。此时如果存在无效性反倒会令人感到惊讶。这一点可与从事股指套利的某些套利基金所赢得的超额报酬相对照。它们买入(或卖出)股指期货,而卖空(或买入)股指中的某些股票。这种策略需要投资者即刻能够得到有关股指和当时价格的信息,有能力(根据保证金要求和资源)进行股指期货和股票交易,并且具备足够的资源构筑和维持很大的套利头寸直到其化解。从而,至少对于最有效的套利者而言,有可能存在股指期货定价方面的无效性,因为他们具有最低的交易成本和最快的交易速度。

6.6 市场有效性的检验

关于市场有效性的一些检验所考察的是,特定的投资策略可在何处赢得超额报酬。某些检验还考虑了交易成本和可操作性。因为投资的超额报酬是投资的实际收益与预期收益之间的差额,关于市场有效性的各次检验都离不开某个关于超额报酬的模型。在某些情形中,借助资本资产定价模型或套利定价模型,可以针对风险调整这些预期收益;在其他情形中,预期收益则以类似的或等同的投资收益作为参照。在所有的情形中,对于市场有效性的检验都是对市场有效性和某种预期收益模型之功效的联合检验。通过检验市场有效性,若能证明存在着超额报酬,那就表明市场确实存在着无效性,或者用于计算超额报酬的模型有误(或,两者兼具)。这一点似乎提出了一个无法克服的悖论,如果这种研究结果不会因为所选模型的不同而变化很大,那么,更有可能遇到的情形是,这些结果来自于市场的无效性而不仅只是模型的错误阐述。

我们具备一些检验市场有效性的方法,但是它们在很大程度上取决于有待检验的投资方案。对于以信息事件(拆股、盈利或收购公告)为基础的交易方案,可以运用"事件研究"实施检验;其中,我们审核围绕着事件前后的报酬,以寻找超额报酬证据。如果检验那些以公司可见特征(市盈率、市账率或股息收益率)为基础的交易方案,则可运用证券组合的方法;其中,我们构筑和持续跟踪具有这些特征的股票组合,考察它们是否确实能够产生超额报酬。后续几页将概述每一种方法所包含的关键步骤,以及在实施这些检验时需要提防的一些错误。

6.6.1 事件研究

事件研究(event study)旨在探究市场对于某些特定信息事件的反应,以及相关的超额报酬。信息事件可能事关整个市场层面,诸如宏观经济的信息公布,或者是公司特定的,诸如盈利或股息公告。事件研究具有下列五个步骤:

1. 需要明确定义所要研究的事件,列出事件公布的日期。事件研究的前提是,我们能够比较确切地把握事件的时机(timing)。由于金融市场是对有关事件的信息而非事件本身作出反应,大多数事件研究都围绕着事件公布日期而展开。①

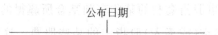

公布日期

2. 确定了事件日期之后,就需搜集各样本公司在这些日期前后的报酬数据。此时,需要作出两项决定。第一,必须决定究竟是搜集事件前后的交易周、交易日还是更短交易时段的报酬数据。这一点部分取决于我们了解事件日期的准确程度(准确度越高,就越能运用较短时段的报酬数据)以及信息体现到价格上的速度(调整越迅速,搜集报酬数据的时段就越短)。第二,作为考察事件的时间跨度,必须确定需要考虑在事件发生之前和之后的多少个时期。这一决定同样取决于事件日期的准确度,日期越是含糊,所需要的时间窗口就越大。

$$R_{-jn} \quad\quad\quad R_0 \quad\quad\quad R_{+jn}$$

考察报酬的时间窗口:从$-n$到$+n$

其中,R_{jt} = 公司 j 在时期 $t(t=-n,\cdots,0,+n)$ 的收益。

3. 围绕着事件公布日期,需将各期报酬针对市场运作和风险进行调整,得出各样本公司的超额报酬。例如,如果采用资本资产定价模型控制风险,那么,

t 日的超额报酬 = t 日的收益 $-$ (无风险利率 $+\beta$ 系数 $\times t$ 日的市场收益),

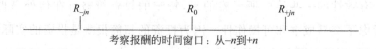

$$ER_{-jn} \quad\cdots\cdots\quad ER_{j0} \quad\cdots\cdots\quad ER_{+jn}$$

考察报酬的时间窗口:从$-n$到$+n$

---

① 在大多数金融交易中,公布日期通常要比事件发生日期早出几天,有时则会提前几周。

其中，ER_{jt} = 公司 j 在时期 t ($t=-n,\cdots,0,+n$) 的超额报酬 = $R_{jt} - E(R_{jt})$。

4. 把各期超额报酬在样本中的所有事件之间进行平均化，计算标准误差：

$$t\ \text{日的平均超额报酬} = \sum_{j=1}^{j=N} \frac{ER_{jt}}{N}$$

$$t\ \text{日平均超额报酬的标准误差} = \sum_{d=1}^{d=N} \frac{(ER_{dt} - \text{平均 ER})^2}{(N-1)}$$

其中，N = 事件研究中的事件（公司）数目

5. 有关围绕着事件公布是否存在着不为零的超额报酬，对这个问题的解答需借助于针对每一时期估算的"t-统计值"，即，用平均超额报酬除以标准误差：

$$t\ \text{日超额报酬的"}t\text{-统计值"} = \text{平均超额报酬} / \text{标准误差}$$

若"t-统计值"具有统计意义，①则表明该事件确实影响了报酬，而根据超额报酬的符号可以判断这种影响为正还是为负。

案例 6.1　关于事件研究的例子：期权挂牌对股价的影响

有关期权挂牌是否会造成股价波动，学术界和实务界长期以来一直存在着争议。有些人认为期权吸引了投机者，故而加剧了股价波动；另一些人则认为，期权增添了投资者的选项，加大了金融市场的信息流入量，有利于缓解股价波动和提高股价。

检验这些假说的一条途径是，进行事件检验，即，考察挂牌期权对标的股价所产生的各种影响。Conrad（1989）进行了这方面研究，其步骤是

步骤 1：搜集期权将在芝加哥期权交易所挂牌的信息公布日期对股价的影响。

步骤 2：搜集在期权挂牌信息公布之前 10 天内、公布当天以及随后 10 天内的标的股票（j）价格。

步骤 3：计算这些交易日中每一天的股票报酬率（R_{jt}）。

步骤 4：运用出自时间窗口以外时期（运用事件之前的 100 个交易日和之后的 100 个交易日）的报酬率，估算股票的 β 系数（β_j）。

步骤 5：针对 21 个交易日的每一天，计算市场股指报酬率（R_{mt}）。

步骤 6：针对 21 个交易日的每一天，计算超额报酬率：

$$ER_{jt} = R_{jt} - \beta_j R_{mt}, \quad t = -10, -9, -8, \cdots, +8, +9, +10$$

累计计算每一交易日的超额报酬率。

步骤 7：针对 21 个交易日的每一天，计算所有具有挂牌期权的股票超额报酬率的平均值和标准误差；再运用它们计算"t-统计值"。下表概述了围绕着期权挂牌公布日的平均超额报酬率和"t-统计值"。

---

① "t-统计值"具有意义的标准水平是

水平	单尾	双尾
1%	2.33	2.55
5%	1.66	1.96

交易日	平均超额报酬率	累积超额报酬率	"t-统计值"
−10	0.17%	0.17%	1.30
−9	0.48%	0.65%	1.66
−8	−0.24%	0.41%	1.43
−7	0.28%	0.69%	1.62
−6	0.04%	0.73%	1.62
−5	−0.46%	0.27%	1.24
−4	−0.26%	0.01%	1.02
−3	−0.11%	−0.10%	0.93
−2	0.26%	0.16%	1.09
−1	0.29%	0.45%	1.28
0	0.01%	0.46%	1.27
1	0.17%	0.63%	1.37
2	0.14%	0.77%	1.44
3	0.04%	0.81%	1.44
4	0.18%	0.99%	1.54
5	0.56%	1.55%	1.88
6	0.22%	1.77%	1.99
7	0.05%	1.82%	2.00
8	−0.13%	1.69%	1.89
9	0.09%	1.78%	1.92
10	0.02%	1.80%	1.91

根据这些超额报酬率,没有证据显示信息公布在当天有何影响;但有适度的证据表明,在整个公布时期存在着正向影响。①

6.6.2 组合研究

根据某些投资策略,与其他公司相比,具有某些特征的公司更有可能被认为估价过低,故而可以产生超额报酬。为此,可在期初构筑具有这些特征的公司证券组合,并且考察在整个期内的报酬,以检验这些策略。为了确保这些结果不会受到某一时期特定情势的影响,必须针对一些时期重复实施这种检验。进行投资组合研究包括下列七个步骤:

1. 以投资策略为指导,确定用于对各公司实施分类的某个变量。这个变量必须是可观察得到的,虽然不一定是数字化的。例如,股权市值、债券评级、股票价格、市盈率和市账率。

2. 在所确定的考察范围内,②搜集各公司在这个变量上的期初数据,根据数据大小把各公司列入不同的组合中。因此,若以市盈率作为甄别变量,则把各公司根据市盈率的高低归入不同的组合。等级数目取决于考察范围的大小,因为每个组合均需包含足够多的公司,以便能够大体衡量分散化的效应。

---

① "t-统计值"在5%的水平上具有临界意义。
② 在采用多大的考察范围方面,虽然存在着实际限制,但需注意确保在此阶段内没有偏差。一种明显的偏差是,只挑选在考察期内运作良好的股票。

3. 针对检验时期内各个组合中的每家公司,搜集报酬率数据,计算每个组合的报酬率,各自的权重可以相同或以市值为根据。

4. 估算每个组合的 β 系数(若使用单一因素模型)或各个 β 系数(若使用多重因素模型),通过采用组合中所有股票 β 系数的均值,或将组合报酬率针对先前的市场报酬率进行回归(例如,在检验期的前一时期)。若要控制已经表明与报酬率相关的其他变量,诸如公司市值或者市账率,也可将它们结合到期望报酬率之中。

5. 计算每个组合的超额报酬率,兼顾超额报酬率的标准误差。

6. 有关平均超额报酬率在各个组合之间是否不同的问题,存在着几种检验方法。其中一些检验是参数型的[1](它们针对超额报酬率作出了某些特定的分布假设),另外一些则是非参数型的。[2]

7. 作为最后一种检验,可对各种极端组合进行相互匹配,以考察这些组合是否具有统计意义上的差异。

案例 6.2 关于组合研究的例子:市盈率

实际操作者们认为,市盈率较低的股票通常属于便宜货,其收益会远远胜过该比率较高的股票。我们可以采用组合研究法检验这种假说。

步骤 1:运用始于 1987 年底的市盈率数据,把在纽约证交所交易的各公司分为五组。第一组包含该比率最低的那些股票,第五组包含该比率最高者,忽略那些比率为负者不计(因为它们可能造成结论出现偏差)。

步骤 2:运用从 1988 到 1992 年间的数据,计算每个组合的报酬率,并且设破产或撤牌股票的报酬率为 -100%。

步骤 3:运用从 1983 到 1987 年间的数据,计算每个组合中每只股票的 β 系数,估算每个组合的平均 β 系数。假设这些组合的权重相同。

步骤 4:计算从 1988 到 1992 年间的市场股指报酬率。

步骤 5:计算每个组合在 1988 到 1992 年的超额报酬率。下表概述了每个组合在 1988 到 1992 年间的超额报酬率。

市盈率等级	1988	1989	1990	1991	1992	1988—1992
最低	3.84%	−0.83%	2.10%	6.68%	0.64%	2.61%
2	1.75%	2.26%	0.19%	1.09%	1.13%	1.56%
3	0.20%	−3.15%	−0.20%	0.17%	0.12%	−0.59%
4	−1.25%	−0.94%	−0.65%	−1.99%	−0.48%	−1.15%
最高	−1.74%	−0.63%	−1.44%	−4.06%	−1.25%	−1.95%

---

[1] 一种参数检验是"F-检验",测试各不同数组的均值是否相等。实施这种检验,可假设各组具有相同或不同的方差。

[2] 非参数估算的一个例子是,等级求和检验,它把整个样本的各种报酬率进行分级,然后加总每个样本组内的等级,考察分级具有随机性还是系统性。

步骤 6：虽然各等级组合的报酬率排序似乎印证了有关市盈率较低的股票赢得了较高的报酬率，我们还需考虑各个组合的差异是否具有统计意义。在这方面有多种检验方法，这里只列出其中的一些：

- 可以使用"F-检验"接受或者拒绝"各个组合的平均报酬率都是相等的"假说。较高的 F 值可使我们认为：此类差异很大，而且不可能是随机的。
- "χ-检验"是一种非参数检验，可用以检验"五个等级的组合，均值都是相等的"假说。
- 此外，还可分离出市盈率最低的股票组合和市盈率最高者，仅只估算"这两个组合的均值并不相等"之假说所具有的"t-统计值"。

6.7 检验市场有效性时的基本错误

在检验投资策略的过程中，需注意避免一些常见的错误，其中的六种是：

1. 根据传闻支持或者拒绝某种投资策略。出自道听途说的证据是一把双刃剑，完全可用于支持或者拒绝同一种假说。因为股价包含着噪声，所有投资方案（无论其多么荒谬）总会时有成败，即，特定投资方案总会有奏效或无效之时。

2. 刻意提炼出有关某种投资策略的数据和时期，再用它们去检验这项策略。这是那些不够审慎的投资者们时常选择的处理方式。通过对特定时期数据的考察，他们从数百个方案中提取了某种投资策略，然后再把这种投资方案针对相同的时期进行检验。如此行事的结果完全可以想象得到。（这种方案无疑功效奇佳，并且赢得巨额收益。）

检验投资方案的时期总是应该有别于它的形成时期；或者说，检验方案的时间跨度总是应该有别于方案形成的时间跨度。

3. 选用包含偏差的样本。用于检验的样本可能带有偏差。由于存在着数千种股票可用于样本构筑，研究者们通常选择比较小的样本。如果选择是随机的，无疑有助于限制样本给结论造成的损害。如果选择带有某种偏向，结论就有可能在更大范围内难以成立。

4. 未能控制市场运势的影响。这一点可能会使我们认为：我们的投资方案功效很好，因为它的报酬很好（大多数方案在市场总体运势良好时都可产生好的报酬，但问题在于它们是否超出了预期），而功效不好则是因为报酬不佳（大多数方案在市场总体运势不佳时都会表现得糟糕）。因此，关键在于，针对检验时期，投资方案必须控制好市场运势因素的影响。

5. 未能控制风险。这一点将会导致接受高风险投资而拒绝低风险投资的偏向，因为前者应该比市场赢得更高的报酬，而后者的报酬则不及市场。然而，这并不意味着存在超额报酬。

6. 误将相关关系当作因果关系。从前一节所述有关市盈率研究所得到的一个结论是，低市盈率股票的报酬要高于高市盈率股票。但是，我们不能因此而错误地以为，低市盈率造就了超额报酬，因为高报酬和低市盈率本身可能都出自于与股票相关的高风险。

换句话说,高风险才是这两种现象——低市盈率和高报酬的缘由所在。认识到这一点,有助于我们在采用买入低市盈率股票的策略时更加谨慎小心。

6.8　某些可能引起问题的常见谬误

1. 幸存者偏差。投资者们大多从现有的上市公司入手,对各种投资策略作逆向时间检验。此举会造成某种微妙的偏差,因为它自然会消除那些已在过往时期内破产的公司,但它们的存在无疑会给报酬造成负面影响。如果某种投资方案对于挑选那些破产风险很高的公司尤其敏感,其报酬就有可能被夸大。

不妨假设某种投资方案推荐人们投资于那些严重亏损公司的股票,它的根据是,这些股票最有可能获益于经营形势逆转。然而,这种组合中的一些公司最终将会破产,如果忽视这一点就会夸大这种策略的报酬。

2. 忽视了交易成本。由于交易成本(实施费用、买卖价差和股价)影响之故,某些投资方案的代价要高于其他方案。因此,在确定策略之前,一项完整的检验必须考虑到这些因素。但是,此点易言而难行,因为投资者的交易成本各有不同,我们不太容易判断在检验中应该使用哪种交易成本数据。大多数忽视交易成本的研究者认为,给定其交易成本,个人投资者自己就能够确定超额报酬能否论证某种投资策略。

3. 忽视了交易实施的困难。某些投资方案在纸面上看似不错,实际上却无法实施,要么因为各种交易障碍或者因为交易本身会对价格产生影响。因此,投资于很小公司的策略在纸面上也许能够营造出超额报酬,但是这些超额报酬因为价格效应很大而其实并不存在。

6.9　市场有效性的证据

本章后续各节试图概述有关市场有效性的各种研究所提供的证据。不求取全面性,我们把证据分为四部分,即,关于价格变化及其时间序列的研究、关于市场针对信息公布的反应效率的研究、在各公司以及各时期之间所存在的报酬异态,以及关于公司内部人员、分析者和货币经理行为的分析。

6.10　价格变化的时间序列特征

自从金融市场形成以来,投资者们就一直将各种价格图表和价格形态用作预测未来价格变化的工具。因此,关于市场有效性的早期研究集中考察不同时间价格变化之间的相互关系,试图检验此类预测是否切实可行。这种检验部分地受到有关价格变化的随机游走(random walk)理论的激励,它宣称价格在时间上的变化服从于随机游走。随着有关价格的各种时间序列研究的激增,所得到的证据又可分为两类,即,专注于短期价格行为的研究(单个交易日内、不同交易日和不同交易周之间的价格变化),以及考察较长时期的研究(月度、年度和数年内)。

6.10.1 短期价格变动

"今天的价格变化传递了有关明天价格变化的信息",这一观念已深深植根于大多数投资者的心里。有几种方法可在金融市场上检验这种假说。

序列相关性

序列相关性衡量的是价格变化在各相续时期内的相关性,诸如交易小时之间、交易日之间以及交易周之间,它衡量任一时期的价格变化在多大程度上依赖于前一时期的价格变化。因此,等于零的序列相关性意味着各相继时期的价格变化之间没有关联;并且可以认为,它拒绝了投资者可从过去的价格变化了解未来价格变化的假说。为正且具有统计意义的相关性则可视为市场价格存在动势的证据;并且表明,若前期报酬为正,某一时期的报酬就更有可能为正;反之亦然。为负且具有统计意义的相关性则可视为有关价格逆转的证据;它切合那些正报酬继以负收益的市场;反之亦然。

就投资策略而言,可以利用序列相关性赢得超额报酬。针对为正的序列相关性,可采用在正报酬时期过后买入而在负报酬时期过后卖出的策略;针对为负的序列相关性,则可采用在负报酬时期过后买入而在正报酬时期过后卖出的策略。鉴于这些策略都有交易成本,这就要求相关性必须足够大,使得投资者能够获得足以弥补这些成本的利润。因此,完全可能的是,投资报酬虽然蕴含着某种序列相关性,但是大多数投资者却无缘借此赢得超额利润。

关于序列相关性的最早的一些研究,Alexander(1964)、Cootner(1962)和 Fama(1965)考察的都是美国股票,其结论是,股价中的序列相关性甚小。例如,针对道指所列出的 30 只股票,Fama 发现,有 8 只股票有负的序列相关性,但大多都低于 0.05。其他研究则确证,这些发现不仅适用于美国的较小市值股票,对于其他市场也是如此。例如,Jennergren and Korsvold(1974)发现了瑞典股市的低序列相关性,而 Cootner(1961)的结论是,商品市场上的序列相关性也很低。尽管一些序列相关性或许具有统计意义,但都不足以产生超额报酬。

短期报酬的序列相关性受到市场流动性和买卖价差的影响。股指中的股票并非全都具有流动性,而且交易有时会停止一段时间。当股票在随后进行交易时,由此产生的价格变化就会造成为正的相关性。为说明此点,假设市场在第一天强势上涨,但股指中有三只股票在那一天没有交易。第二天,如果这些股票进行交易,其价格就有可能上涨而体现市场在前一天的上扬。净结果就是,可以预计,在流动程度较低的股指中,存在着每日或每小时报酬之间为正的序列相关性。

如果使用交易价格计算报酬,因为价格最终停留在买价或卖价上的机会相等,买卖价差会造成相反方向的偏差。价格将在买价和卖价间来回跳跃,使得报酬出现为负的序列

相关性。针对这一关系,Roll(1984)提出了一种简单的衡量方式,

$$买卖价差 = -\sqrt{2(报酬的序列协方差)}$$

其中,报酬的序列协方差衡量在各相续时期报酬变化的协方差。对于极短的报酬区间,这一偏差使得序列相关性占主导地位,让人误以为相续时期的价格变化具有为负的相关性。

筛子规则

根据这一规则,若价格从先前的低价位上涨 $X\%$,则买入股票,并一直持有到价格再度从后一高价位下跌 $X\%$ 为止。引发交易的价格变化幅度($X\%$)因筛子法则的不同而相异,较小的变化将导致期内更多交易和更高交易成本。图 6.1 描绘了一种典型的筛子规则(filter rules)。

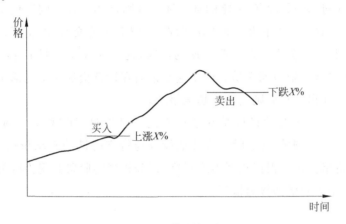

图 6.1 筛子规则

这种策略的根据是,价格的各种变化具备序列相关性,且存在着价格动势(即,先前涨幅剧烈的股票更有可能上涨而非下跌)。针对根据 0.5%~20% 的筛子规则建立的交易策略,表 6.1 概述了有关报酬研究的结果[Fama and Blume(1966)、Jensen and Bennington(1970)],包括加上交易成本后的情形(0.5% 规则意味着,当股票从前一低价位上涨 0.5% 时买入,从前一高价位下跌 0.5% 时卖出)。

表 6.1 各种筛子规则的报酬

X 值	策略收益	购买/持有收益	策略交易数目	扣除交易成本后的报酬
0.5%	11.5%	10.4%	12 514	−103.6%
1.0%	5.5%	10.3%	8 660	−74.9%
2.0%	0.2%	10.3%	4 764	−45.2%
3.0%	−1.7%	10.1%	2 994	−30.5%
4.0%	0.1%	10.1%	2 013	−19.5%
5.0%	−1.9%	10.0%	1 484	−16.6%
6.0%	1.3%	9.7%	1 071	−9.4%
7.0%	0.8%	9.6%	828	−7.4%
8.0%	1.7%	9.6%	653	−5.0%

续表

X 值	策略收益	购买/持有收益	策略交易数目	扣除交易成本后的报酬
9.0%	1.9%	9.6%	539	−3.6%
10.0%	3.0%	9.6%	435	−1.4%
12.0%	5.3%	9.4%	289	2.3%
14.0%	3.9%	10.3%	224	1.4%
16.0%	4.2%	10.3%	172	2.3%
18.0%	3.6%	10.0%	139	2.0%
20.0%	4.3%	9.8%	110	3.0%

数据来源：Fama and Blume(1966)；Jensen and Bennington(1970)

可见，报酬超过"购买-持有"策略的唯一筛子规则是"0.5%规则"，但也只是在扣除交易成本之前成立。这项策略在相关时期内营造了12 514笔交易，产生了足够的交易成本且耗尽了投资者投入的资本。在标明日期的同时，这一检验还说明了这些策略的一个基本问题，即，需要时常实施短期交易。即便这些策略在计算交易成本之前可能赢得超额报酬，但对交易成本作出调整后则会消除超额报酬。

在投资者中，一个普遍的指标是筛子规则的一种变型，即"相对力度尺度"(relative strength measure)。它把最近的股价或其他投资与特定时期的平均价格挂钩，例如6个月，或者与期初价格挂钩。根据相对力度尺度，得分较高的股票被视为好的投资对象。这种投资策略同样是以价格动势为依据。

游程检验

游程检验(runs test)属于考察序列相关问题的一种非参数变型，以计算价格变化回合的数目为基础(即，价格增减的序列)。因此，下列价格变化的时间序列，其中 U 为上涨而 D 为下跌，将导致下列各个回合：

UUU DD U DDD UU DD U D UU DD U DD UUU DD UU D UU D

在这一分为33个时期的价格序列中，共存在18个回合。可将价格序列中的实际回合数目与相同时间长度内的预期回合数目进行比较，并且假设价格变化是随机的。① 如果实际回合数目大于预期数目，则价格变化具有负相关性。若前者较小，则表明存在着正相关性。Niederhoffer 和 Osborne 在1966年进行的有关 Dow-30 股指股票价格变化的研究，假设当天、4天、9天和16天的报酬区间，得到了下列结果：

	对区间的不同划分			
	当天	4 天	9 天	16 天
实际回合数	735.1	175.7	74.6	41.6
预期回合数	759.8	175.8	75.3	41.7

---

① 关于预期回合数，有统计数据予以概述，假设任何时间长度内的价格变化都是随机的。

这些结果表明,当日内存在着正相关性,但在更长报酬区间内,从这些关于正态性的各次偏差中,我们难以找到正相关证据。

再一次,尽管证据标明了日期,它却意在说明,正或负的变化链本身尚不足以否定市场的随机性,因为此类行为符合服从随机游走的股价变化。只有这些关系链重复出现,我们才可将其作为否定股价随机性的证据。

6.10.2 较长时期内的价格变动

有关股价行为的研究,早期大多关注较短的时期,近年来则更加关心较长时期(1~5年期)的价格变化。在此,相关结论中具有一个饶有意义的两分法。当"长期"是根据月份而非年份进行定义,似乎存在正的序列相关或价格动势的趋向。但是,若以年份定义"长期",则在报酬间存在着极大的负相关性。这一点表明,市场在长期会出现逆转。

6.10.3 星期和月份价格动势

前一小节指出,有关短期价格态势(pattern)的证据缺乏说服力,极短期(分钟或小时)之间的价格依存性(dependence)可以更多地归因于市场结构(流动性、买卖价差)而非市场的有效性不足。我们认为,尽管追逐这些短期价格变化的技术图形分析者人数众多,但是看来很少有谁能够持续地胜于市场。若把时期由分钟扩展到交易日,从交易日扩展到星期,就会看出某种价格动势。换句话说,在近几周或几月间上涨的股票似乎具有在后几周或几月继续胜出市场的趋势,而在近几周或几月间下跌者则在后几周或几月继续下跌。

Jegadeesh and Titman(1993,2001)提出了他们称之为最多8个月期间的股价动势,即,在过去6个月上涨的股票通常会继续上涨,而在过去6个月下跌者则会继续下跌。动势效应在欧洲市场上同样也很明显,但在新兴市场上则相对较弱。这种动势的起因为何?一种可能的解释是,共同基金有可能购买以往的赢家而清理以往的输家,从而造成了价格变化的连续性。

6.10.4 年内和多年间的价格逆转

若以年份定义"长期",则在报酬间存在着负相关性;这表明市场自身在很长的时期内会发生逆转。Fama and French(1988)探究了1941—1985年间的5年期股票报酬,提出了关于这种现象的证据。他们发现,5年期收益的序列相关性比1年期收益的序列相关性负得更多,较小市值股票序列相关性也比市值较大的股票负得更多。根据纽约股票交易所的股票交易量,图6.2概括了1年和5年收益的序列相关性。

鉴于有证据表明价格在长期会出现逆转,或许值得探究一下此类价格逆转是否能够为投资者用于盈利。为了分离出此类价格逆转效应对于极端投资组合的影响,Debont和Thaler构建了一个由前一年涨幅最大的35个赢家构成的组合,以及在前一年内跌幅最大的35个输家构成的组合,时间为1933年到1978年。他们探讨了这些组合在构建之后60

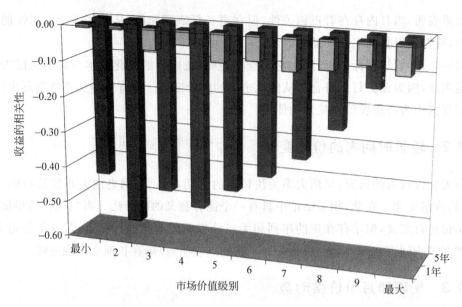

图 6.2　一年期和五年期收益的相关性：市场价值，1941 年到 1985 年

来源：Fama and French (1988)

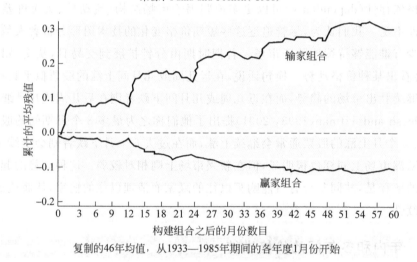

复制的46年均值，从1933—1985年期间的各年度1月份开始

图 6.3　赢家与输家组合的超额收益

来源：Debont and Thaler(1985)

个月内的报酬。分析表明，在构建后的 60 个月内，输家组合明显优于赢家组合。这种证据符合市场的过度反应以及报酬在长期内作出的调整。

许多学者和实际操作者认为，这些发现很有意义，但却高估了输家组合的潜在报酬。例如，有证据表明，输家组合更有可能包含定价偏低的股票（售价低于 5 美元），而它们会产生较高的交易成本，其报酬也更有可能存在严重偏差。换句话说，超额收益源于一些股票表面上的超额报酬而不是持续的绩效。有关赢家和输家组合，一项研究把输家组合的超额报酬归因于定价偏低的股票；并且发现，这些结果对于构建组合的时间点相当敏感。

在每年12月份构建的输家组合赢得的报酬远远大于在每年1月份构建的组合。

6.10.5 投机泡沫、市场崩盘和恐慌

探讨了金融市场的长期行为后,历史学家们对于强力支撑有效市场理论的"理性"假设提出了挑战。他们提出了因投资者根据时潮或所谓"快速致富"方案买入股票而形成投机泡沫的频率,以及这些泡沫破裂后的市场崩盘;并且指出,没有什么因素能够防止此类现象在当今金融市场上的重演。关于市场参与者方面,有关非理性的文献已经提出了一些证据。

关于理性的实验研究

近年来,有关市场有效性和理性的一些最有意义的证据出自于各种实验性研究。虽然大多数实验性研究表明了交易者是理性的,但其中一些却提供了非理性行为的例子。

此类研究有一项在亚利桑那大学(University of Arizona)完成。当时,交易者们被告知将在每个交易日之后宣布报酬;报酬则从四种可能性中随机地选取:0、8、28或者60美分,平均报酬为24美分。因此,在为期15天的实验中,股票在第1个交易日的期望值为3.60美元(24美分乘以15),第2天为3.36美元等。交易者们每天都可进行交易。图6.4概述了60次实验的结果。

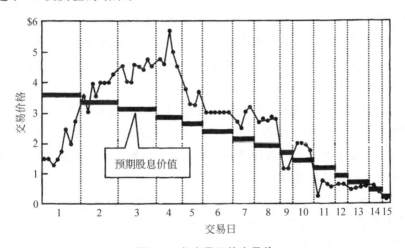

图 6.4 各交易日的交易价

在此,在第3到5个时期明显存在着投机泡沫。泡沫最终会破裂,价格在那个时期末趋近期望值。如果说在投资者具有相同的信息这样一个简单市场上都会出现定价不当,在现实的金融市场上无疑也会如此,因为它们中的信息差异和有关期望价值的不确定性要大得多。

应该指出,上述一些实验是借助学生完成,一些则是借助该州图森市(Tucson)的具有实战经验的商人们完成。从两组得到的结论十分接近。再者,如果给价格设定15美分的上限,繁荣会持续得更久,因为交易者们知道价格在期内的跌幅不会超过15美分。由此看来,所谓价格限额能够控制投机泡沫的想法看来带有误导性。

行为金融学

投资者们表现出来的非理性促成了被称作"行为金融学"这一全新学科的诞生。运用从实验心理学搜集的各种证据,研究者们试图为投资者对于信息的反应以及预测价格将如何相应地变化构筑模型,他们在第一个方面取得的成就远远超过第二个方面。例如,有证据表明,

- 投资者不愿意承认自己的失败。因此,他们持有亏损股票的时间通常过长,有时会在股价下跌时加倍下注(投资)。
- 更多的信息未必能够导致更好的投资决策。投资者们似乎受困于过量信息,而且常会对最新的信息作出反应。两者都会使得他们作出长期报酬较低的投资决策。

既然有关投资者的行为证据如此的清晰,我们或许会想,为何根据这些模型所作出的预测如此地含糊不清呢?答案或许在于,任何试图预测人类缺陷以及非理性的模型,就其独特的性质而论,都不可能是稳定的。行为金融学最终或许能够成为解释股价为何以及如何偏离真实价值的一张王牌,但在设计投资策略方面的作用仍然有待证明。

行为金融学和投资估价

1999 年,Robert Shiller 凭借其《非理性的繁荣》(*Irrational Exuberance*)一书在学术界和投资公司激起了轩然大波。他的主题是,投资者通常不仅只是非理性的,而且是以各种可以预测的方式表现出非理性,即,他们对于某些信息反应过度,因而一哄而上地买入和卖出。他的著作构成了行为金融学理论和证据的一部分,可以看作是对于心理学、统计学和金融学的融合。

尽管有关投资者非理性的证据很有说服力,有关投资估价的含义却并非如此。我们可以将贴现现金流估价法视为行为金融学的对立面,因为前者所坚持的观点是,一项资产的价值是由它所产生的期望现金流的现值。根据这一理论框架,我们可以从两个角度看待行为金融学的各种发现:

1. 非理性行为可以解释价格为何会偏离(贴现现金流模型所估算的)价值。因此,它为那些根据估算价值作出决策的理性行为者所赢得的超额报酬提供了理论基础。此处隐含的假设是,各个市场最终会察觉这些非理性并自行作出纠正。

2. 它也可以解释贴现现金流价值为何会偏离(运用各种乘数所估算的)相对价值。由于相对价值是通过考察市场如何为相似资产定价而估算得出,已有的非理性成分也会被包含在资产定价中。

6.11 市场对于各种信息事件的反应

关于市场有效性的一些最有力的检验属于"事件研究";其中,市场对于各种信息事件的反应(诸如盈利和并购消息的公布)被作为市场无效性的证据而获得了推敲。尽管市

对新信息有所反应这一点符合市场的有效性,但是这种反应必须是即刻出现而且是无偏的。图6.5描绘了这一点,它比较了市场对于包含好消息的信息公布所作出的三种不同反应。

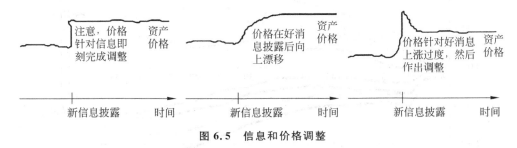

图6.5 信息和价格调整

在此处描绘的三种市场反应中,只有第一种与有效市场相吻合。在第二种市场上,价格在信息公布后会逐渐上涨,使得投资者能够赢取超额利润。

这属于一种缓慢学习的市场;其中,某些投资者将通过价格漂移而赢得超额利润。在第三种市场上,价格即刻对信息作出反应,但在随后数日内进行调整;这表明初始价格的变化属于对信息的过度反应。同样,精明的投资者能在信息公布后卖空,并从价格调整中获得超额利润。

6.11.1 盈利消息的公布

公司公布盈利消息,就是向金融市场传递有关自身目前状况和未来前景的信息。信息的含量、市场的反应程度取决于所报盈利超出或者不及投资者预期的程度。在有效市场上,如果盈利消息包含意外内容,即刻就会出现反应。价格会随着积极的意外信息上涨,随着消极的意外信息而下跌。

因为我们需要把实际盈利与投资者的预期进行比较,盈利事件研究的关键内容之一是衡量这些预期。某些较早的研究使用上一个相同季度的盈利作为预期盈利的尺度(即,那些报告季度盈利增加的公司提供了正面的意外消息,报告季度盈利减少的公司则提供了负面的意外消息)。在更新的研究中,作为预期盈利的代理变量,分析者的盈利估计值被用来同实际盈利进行比较。

图6.6描绘了股价对于意外盈利的各种反应,根据幅度而分作"最为负面"的盈利报告(第1组)到"最为正面"的盈利报告(第10组)。图中包含的证据符合大多数盈利公布研究的证据:

- 盈利公告无疑向金融市场传送了有价值的信息;围绕着积极消息,存在着为正的超额报酬(累积的异常报酬);围绕着消极信息,则存在为负的超额报酬。
- 在盈利公布前的数日内,市场反应的证据符合发布的内容(即,在积极消息公布前,价格趋于上涨;在消极信息发布之前,价格趋于下跌)。这一点可以看作是内

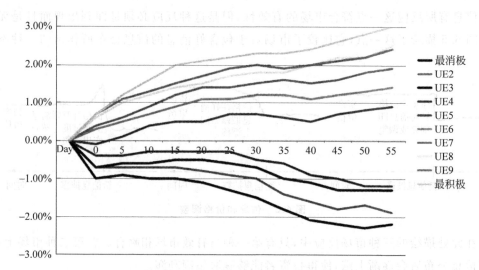

图 6.6 在意外的季度盈利发布后的价格漂移：从 1988 年到 2002 年的美国公司
来源：Rendleman,Jones and Latrandé 的更新版本(1982)

部交易、信息泄露或者公布日期不当的证据。①

- 有证据显示，虽然并不强烈，价格在盈利发布后会出现漂移。因此，积极的报告在发布当日会得到正面的市场反应，而在盈利发布次日将出现适度的超额报酬。类似的结论对于负面的盈利报告也同样成立。

公司管理者在盈利报告的时机选择方面具有某种决断权。有证据表明，这种时间性也会影响期望报酬。1989 年一项有关盈利报告的研究表明，根据盈利发布周之内各个日期进行分类，与一周内其他日期相比，周五的盈利和股息报告更有可能包含负面消息。图 6.7 说明了这一点。

Chambers 和 Penman(1984)还讨论了其他一些证据，即，与提前或准时的盈利发布相比，相对于预期发布日而言，推迟的盈利发布更有可能包含不利消息。图 6.8 描绘了这一点。相对于提前或准时的盈利发布而言，比预期发布日晚了 6 天的盈利发布更可能包含坏消息，进而引起市场的负面反应。

6.11.2 投资和项目的发布

各公司时常还会公布把资源投资于各种项目和研发活动的意图。有证据显示，金融市场也会对此类发布有所反应。有关市场究竟是持有长期还是短期眼光的问题，部分地可通过考察这类反应作出回答。如果金融市场目光短浅，正如某些批评所指出的，就会对公司计划投资于研发的消息作出负面反应。如表 16.2 所示，它考察了市场对于各种投资

---

① 《华尔街日报》通常被用作信息来源以确定盈利发布日。对某些公司来说，新闻的发布实际上先于该报纸的发布而通过无线电进行，这使得对于报告日期的错误判断，以及发布之前出现报酬漂移。

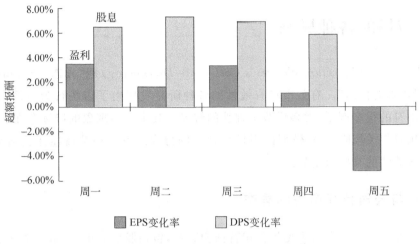

图 6.7 一周内各日的盈利和股息报告

来源：Damodaran(1989)

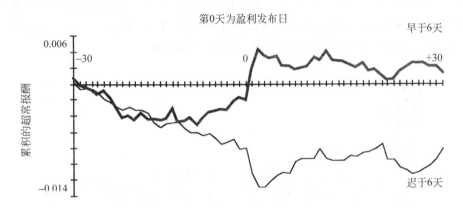

图 6.8 累积的异常报酬和盈利推迟

来源：Chambers and Penman(1984)

消息的反应。有证据表明，市场对于投资发布的反应大多是正面的，虽然程度不一。

表 6.2 市场对投资信息发布的各种反应

信息发布的类型	异常报酬		信息发布的类型	异常报酬	
	在发布日	在发布月		在发布日	在发布月
合资项目	0.399%	1.412%	资本性支出	0.290%	1.499%
研发支出	0.251%	1.456%	所有发布	0.355%	0.984%
产品策略	0.440%	−0.35%			

来源：Chan，Martin and Kensinger(1990)；McConnell and Muscarella(1985).

该表排除了由大多数公司作出的最大投资，即收购其他公司。这方面证据不太有利，在大约55%的收购中，收购方公司的股价会随着消息公布而下跌，体现出市场认为公司通常会对收购支付过多。

6.12 市场的各种异态

《韦氏大词典》(Merriam-Webster's Collegiate Dictionary)把"异态"(anomaly)定义为"对一般规则的偏离"。有关市场有效性的各种研究发掘出了市场行为与现有的风险-报酬模型不符的很多例子,大多反驳了理性的解释。其中一些现象的持续存在表明,问题至少部分出自相关风险-报酬模型而不是金融市场行为。下一小节概述在美国和其他地方受到普遍关注的某些市场异态。

6.12.1 与公司特征有关的异态

人们已经把一些异态与可见的公司特征相联系,包括股权的市值、市盈率和市账率。

小公司效应

诸如 Banz(1981)和 Keim(1983)之类的研究持续发现了(根据股权市值衡量的)较小公司比风险相同的较大公司能够赢得更高的报酬,而"风险"则是由市场 β 系数所定义。图 6.9 概述了 1927—2010 年间 10 个市值等级的股票报酬。

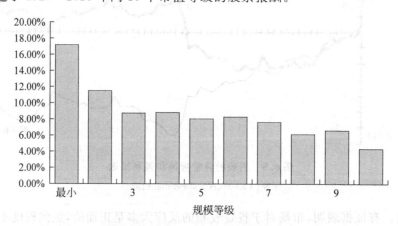

图 6.9 以规模等级划分的年化报酬率:1927 年到 1983 年

尽管因时而异,小公司溢价额通常为正。它在 20 世纪 70 年代和 80 年代前期达到最高,于 20 世纪 90 年代达到最低,在 21 世纪最初五年间回归到正常水平。这种溢价的持续存在引起了下列几种可能的解释。

1. 投资于小市值股票的交易成本远超投资于较大市值股票,而对于溢价的估算则在扣除交易成本之前。此说虽有一定道理,但是交易成本差异无法解释溢价逐渐出现的幅度变化,而且它的影响力在更长的投资时期也会降低。图 6.10 说明的是,针对现实的事件研究所观察到的小公司溢价,试图复制所遇到的各种困难;它将虚构的小公司股票组合(CRSP 小市值股票)同一项积极投资于小市值股票的共同基金(DFA 小市值股票基金)的实际报酬作了比较。

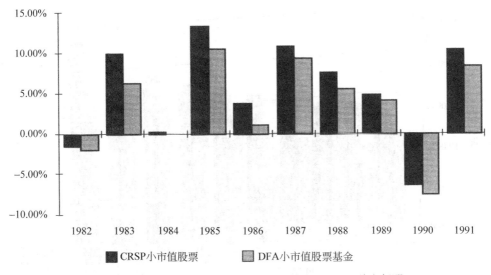

图 6.10　CRSP 小市值股票报酬与 DFA 小市值股票基金报酬

2."资本资产定价模型"或许并不是一个恰当的风险模型,而 β 系数则低估了小市值股票的实际风险。因此,小公司溢价其实体现了 β 系数所遗漏的风险的程度。与小市值股票相关的追加风险或许有几个来源。第一,小公司与 β 系数相关的估算风险远远超过较大公司。小公司溢价或许是对这种估算风险的补偿。第二,因为有关小市值股票的信息要少得多,投资于它们的风险可能更大。事实上,研究结果表明,那些被分析者和机构投资者所忽略的股票同样能够赢得与小公司相当的溢价。

除了美国,其他市场同样存在着关于小公司溢价的证据。通过探究 1955 年到 1984 年间的英国股票,Dimson and Marsh(1986)发现小市值股票的年化报酬率超过大公司达 6%。Chan, Hamao and Lakonishok(1991)也发现,从 1971 年到 1988 年间日本股票存在着大约 5% 的小公司溢价。

市盈率

长期以来,投资者们一直认为,市盈率较低的股票更有可能被低估,所以能够赢得超额报酬。例如,在《聪慧的投资者》(*The Intelligent Investor*)一书中,[①]Benjamin Graham 将市盈率(PE 率)作为鉴别被低估股票的标准。考察市盈率与超额报酬之关系的其他研究[Basu(1977),Basu(1983)]也验证了这一点。图 6.11 根据市盈率等级概述了 1952—2000 年间的年化报酬率。处在最低市盈率级别的公司在这一时期的平均报酬率为 18.9%,而处在最高市盈率等级的公司则只有 11.4%。

在其他国家市场上,市盈率较低的股票同样赢得了超额报酬。表 6.3 概述了关于这一现象的考察结果。

---

① Graham B., 1949, *The Intelligent Investor* (New York: HarperBusiness, reprinted in 2005).

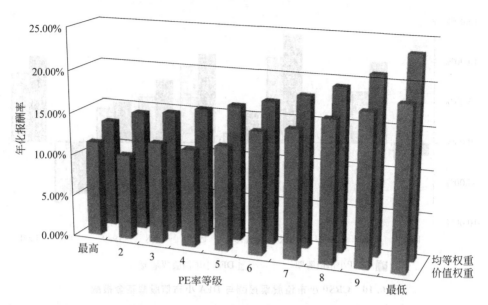

图 6.11　市盈率和股票报酬率，1952—2010 年

表 6.3　不同市场的低市盈率股票的超额报酬率

市场	最低市盈率股票赢得的年度溢价（最低四分位）	市场	最低市盈率股票赢得的年度溢价（最低四分位）
澳大利亚	3.03%	意大利	14.16%
法国	6.40%	日本	7.30%
德国	1.06%	瑞士	9.02%
中国香港	6.60%	英国	2.40%

年度溢价：1989 年 1 月 1 日到 1994 年 12 月 31 日，相对于各股票权重相等的股指所得到的溢价。这些数字出自《美林专有股指概览》(Merrill-Lynch Survey of Proprietary Indices)。

即便对有关小市值股票的这种观点稍加改变（即，CAPM 低估了市盈率较低股票的风险），也无法论证低市盈率股票所赢得的超额报酬。股票市盈率较低的公司通常以增长缓慢、规模较大和生意稳定为特征，所有这些都应该是降低而不是加大它的风险。对于这种现象，能够作出的符合有效市场假说的唯一解释是，低市盈率股票产生了较大的股息收益率，它会营造出更大的税负，因为针对股息的税率更高。

市账率

在制定投资策略时，被投资者们广泛使用的另一个统计指标是市账率。较低的市账率一直被视为公司受到低估的可靠指标。在探讨市盈率的各项研究中，报酬率与市账率之间的关系同时得到了考察。这些研究一致发现，在报酬率和市账率之间存在着某种负向关系，即，市账率较低的股票可比较高者赢得更高的报酬。

Rosenberg, Reid and Lanstein (1985) 发现，美国股票的平均报酬率与公司的"账面价值-市场价值"比率呈正相关。在 1973 年到 1984 年间，挑选"账面-价格"比率较高的（即，市账率较低的)股票之策略在每个月能够产生 36 个基点(basis point)的超额报酬。在探讨 1963—1990 年间的期望股票报酬的截面数据时,Fama and French(1992)发现,"账面-价格"比率与平均报酬率的正向关系持续存在于有关单一变量和多重变量的检验之中,而在解释报酬方面的作用甚至超过了公司规模的影响。他们根据"账面-价格"比率把各公司分成 12 个组合,在 1963—1990 年间,"账面-价格"比率最低(市账率最高)等级的股票每月平均赢得 0.30% 的超额报酬,而最高(市账率最低)的股票却赢得了 1.83% 的超额报酬。

Chan, Hamao, and Lakonishok(1991)发现,"账面-价格"比率对于解释日本股票平均报酬率的截面数据很有说服力。Capaul, Rowley, and Sharpe(1993)将市账率分析推广到了其他市场,其结论是,价值股(即,市账率较低的股票)在所分析的 1981—1992 年期间的各个市场上都赢得了超额报酬。他们把低市账率股票相对于市场股指所赢得的报酬差额估计值实施了年化,结果如下:

市场	低市账率组合的追加报酬	市场	低市账率组合的追加报酬
法国	3.26%	美国	1.06%
瑞士	1.39%	欧洲	1.30%
英国	1.09%	全球	1.88%
日本	3.43%		

作为自然得出的推论,Fama and French 指出,低市账率可以用作衡量风险的尺度,因为此类公司更有可能身处困境甚至破产。因此,投资者必须自行作出评估,从此类公司所赢得的追加报酬能否印证投资于它们所需承担的风险。

6.12.2 时间方面的异态

在日历时间上出现的各种报酬差异中,有些奇异之处不仅难以给予理性的解释,而且表明了市场的无效性。再者,其中一些异态与前一小节所述小公司效应相互关联。

一月效应

有关美国和其他主要金融市场的研究[Roll(1983);Haugen and Lakonishok(1988)]持续地表明,报酬在一年内各月份之间差别甚大。图 6.12 描述了 1926—1983 年间各个月份的平均报酬率。可以看出,1 月份的报酬率远远超出了其他月份。

这一现象即所谓"年末效应"或"一月效应",它可追踪到 1 月份的前两周。

"一月效应"与"小公司效应"之间存在的关系[Keum(1983),Reinganum(1983)]使得这一现象愈加复杂。与大公司相比,"一月效应"对于小公司尤其明显。在前一小节描述的小公司溢价中,将近一半出自于一月份的前两周。根据 1935—1986 年间的数据,针对不同的规模和风险等级,图 6.13 描绘了各类股票一月份的报酬。

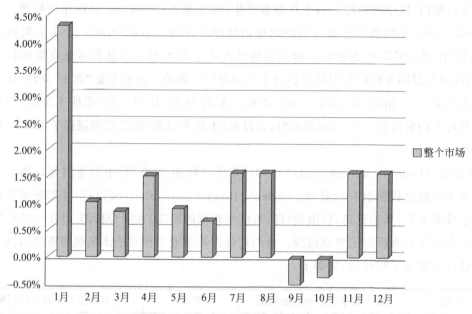

图 6.12　美国股票在年内各月的报酬率,1927—2010 年

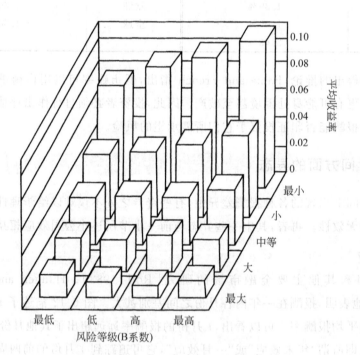

图 6.13　不同规模和风险等级股票在一月的报酬率,1935—1986 年

来源：Ritter and Chopra(1989)

对于"一月效应"已有几种解释,但都经不住严格的检验。Reinganum 提出,在 12 月份,投资者们抛出那些在年末时赔钱的股票,以便减轻税负而确保资本收益,这就使得股

价下跌到公认的真实价值之下;到了1月份,他们再买回这些股票,①从而抬高了报酬率。"一月效应"集中于上一年度运作不佳的股票;这一事实为这种解释提供了证据。但是,也有一些证据与其相左。首先,像澳大利亚之类的国家,虽然税收年份(tax year)不同但也同样持续存在着"一月效应"。其次,就股市的一般情形而言,"一月效应"在运作不佳年份之后的那一年间并不比其他年份更加明显。

第二条理由是,"一月效应"与各机构投资者在年轮转换时的交易行为相关。

据了解,在年底前的几天,各机构会把"买入/卖出"比率下调得大大低于均值,在随后几个月则会使得它回升到均值以上。图16.14说明了此点。据认为,由于缺乏机构投资者的买入量,在新年来临的前几天,价格将会压低,而在随后几天价格又会被抬高。

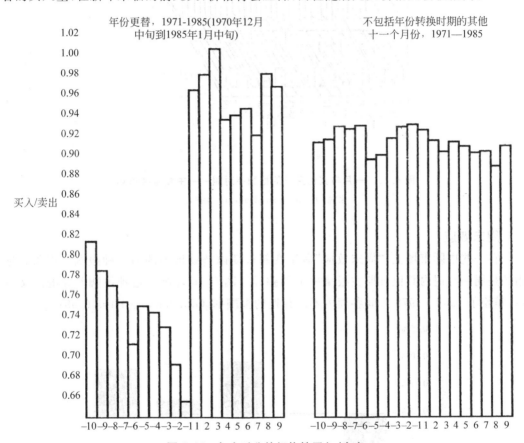

图 6.14　年末时分的机构性买入/卖出

图6.15说明了"一月效应"的普遍性;通过探讨几个主要金融市场在一月份和其他月份的报酬,它表明,"一月效应"在每个市场上都存在着明显证据[Haugen and Lakonishok(1988); Gultekin and Gultekin(1983)]。

---

① 鉴于"虚伪交易"规则(wash sales)不允许投资者在30天之内卖出和买回相同的股票,在各只股票间必须存在着某种替代性。因此,投资者1卖出股票A而投资者2卖出股票B,但在买回股票时,投资者1购买股票B而投资者2购买股票A。

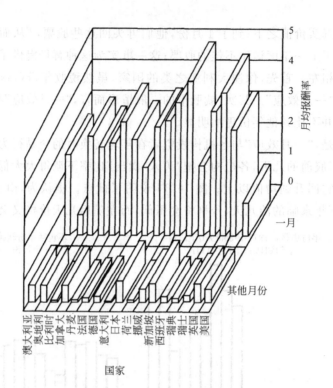

图 6.15　一月与其他月份的报酬率对照——主要金融市场

来源：Gultekin and Gultekin (1983)

周末效应

在一些国际市场上，"周末效应"属于在超长期内持续出现的另一种报酬率现象。它指的是周一与周内其他日期在报酬率上的差异。图 6.16 勾画了这种报酬差异的意义所在，描绘了 1962—1978 年间各周内不同日期的报酬率 [Gibbons and Hess (1981)]。

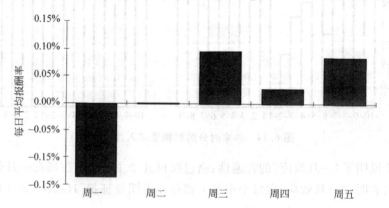

图 6.16　根据一周内不同日期的平均报酬率，1962—1978

来源：Gibbons and Hess (1981)

周一的报酬率显然为负，而交易周内其他日期的报酬率则并非如此。关于"周一效应"还有其他一些发现，进一步验证了这一点。第一，"周一效应"实属"周末效应"，因为很多为负的报酬率在周五闭市到周一开市期间会被放大。周一的日内交易并不是使得报酬率为负的原因。第二,相对于较大的公司,"周一效应"在小公司股票上表现得更加强烈。第三,在三天期的长周末过后,"周一效应"并不比两天期的周末过后更加明显。

一些人认为,"周末效应"是由周五闭市之后和周末期间不利消息的披露所引起。他们认为,如图 6.7 所示,更多的负面盈利报告是在周五闭市之后披露的。但是,即便这是一种时常出现的现象,但是这种报酬率行为却与理性的市场不符;因为,理性的投资者会把在周末出现坏消息的预期结合到周末之前的价格中,从而消除"周末效应"。

如图 6.17 所示,"周末效应"在主要的国际市场上大多都表现强烈。日本强烈的"周末效应"表明,(在所研究的部分时期内,日本有一些时间允许在周六进行交易)与周末的坏消息相比,负报酬率或许还存在着某种更加直接的缘由。

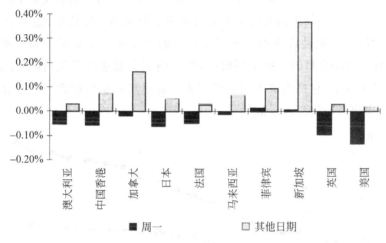

图 6.17　国际市场上的"周末效应"

最后,值得一提的是,周一的负报酬率无法仅仅归咎于周末没有交易活动。在假日过后的数个交易日内,报酬率通常为正而不是为负。图 6.18 概括了在各个主要节假日之后交易日的报酬率,从而验证了这种态势。

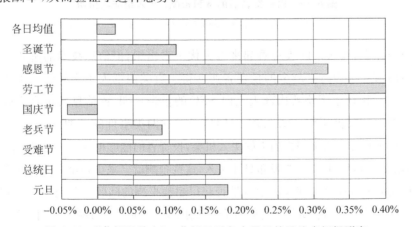

图 6.18　"节假日效应"? 节假日后各交易日的平均市场报酬率

6.13 关于内部交易和专业投资者的证据

有理由认为,内部人士、分析者和证券组合经理们相对于市场上的普通投资者而言具备某种优势,并且能将这种优势转变为超额报酬。但是,有关这些投资者的证据其实异常含混不清。

6.13.1 内部交易

美国联邦证券交易委员会(SEC)把"内部人士"定义为公司的官员、董事或主要股东(持有公司 5%以上的发行股),禁止内部人士利用公司特定信息进行交易,而在买卖公司股票时须在 SEC 留档。如果认为内部人士具备关于公司的更好信息,能够对价值作出比旁人更好的估算(这看似是合理的),其买卖股票的决策应该会影响股价。图 6.19 出自 Jaffe(1974)有关内部交易的一项早期研究,根据内部交易进行分类,探讨了两组股票的超额报酬率。"买入组"包括以最大利润率买入量超过卖出量的股票,而"卖出组"则是根据最大利润率卖出量超过买入量的股票。

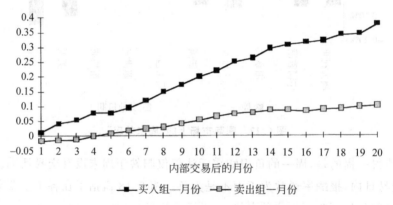

图 6.19　内部交易后的累积报酬:买入组与卖出组

来源:Jaffe(1974)

在这项研究中,买入组的表现看起来大大优于卖出组,但信息技术的进步已经使得关于内部交易的信息可为越来越多的投资者所获得。有关内部人士交易的一项更新的研究[Seyhun(1998)]探讨了围绕着内部人士向 SEC 的报告日期、该信息通过官方陈述而为投资者可得日期的超额报酬率。图 6.20 对照展示了这两类事件的日期。

给定在向 SEC 作出内部报告当天的买入机会,投资者们能够得到临界意义上的超额报酬。但是,如果他们必须等到官方总结发布日才买入,这些报酬就会减少乃至失去统计意义。

这些研究都未曾探讨内部人士本身是否获得超额报酬的问题。公司报告的程序目前由 SEC 所设定,主要针对的是那些合法但盈利较低的交易,而不是那些非法且盈利较高的交易。虽然目前尚无直接证据,但非法利用私人信息的内部交易必定能够赢得超额报酬。

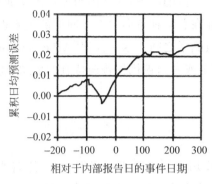 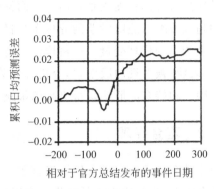

图 6.20 围绕着报告日期、官方总结发布日期的异常报酬率

6.13.2 分析者的建议

在信息市场上,由于可以兼得内部的和公开的两类信息,分析者无疑享有特权地位。运用这两类信息,分析者向客户们作出买入和卖出的建议,而后者则依此进行交易。

虽然买入和卖出的建议都会影响到股价,卖出建议对于价格的逆向影响远远超过买入建议的正向影响。饶有意义的是,Womack(1996)记录了买入建议的价格效应通常会立刻显现,且在发布之后没有价格漂移的证据;而在卖出建议之后,价格会持续下跌。图 6.21 描绘了他的发现。在提出建议时(大约在报告日前后 3 天),股价根据买入建议上涨了大约 3%,而针对卖出建议则下跌了大约 4%。在随后的 6 个月内,价格针对卖出建议会再度下跌 5%,对于买入建议则反应平平。

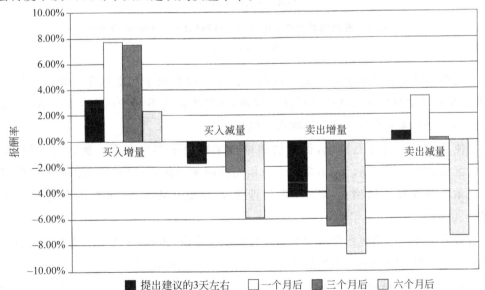

图 6.21 市场对于建议的买卖反应:1989—1990 年

来源:Womack(1996)

虽然分析者们在搜集私人信息方面提供了有价值的服务,或者因为他们确实如此,在股票的超额报酬与追踪股票的分析者数目之间存在着某种负向关系。同样的关系也存在于另一个相关的代理变量——机构性所有权和报酬率之间。这一证据[Arbel and Strebel(1983)]表明,被忽视的股票,即分析者们关注不多或者未被机构普遍持有的股票,能比获得普遍跟踪和持有的股票赢得更高的报酬。

6.13.2 基金经理

职业基金经理们在投资领域发挥了专业性作用。与小额投资者们相比,他们被认为掌握信息更多、交易成本更低而投资水平更高。但是,Jensen(1968)有关共同基金的一项早期研究表明,这种设想在现实中或许并不成立。他发现,由图 6.22 所概括的共同基金的超额报酬率表明,投资组合经理们在 1955—1964 年间的经营业绩总体上不如市场股指。

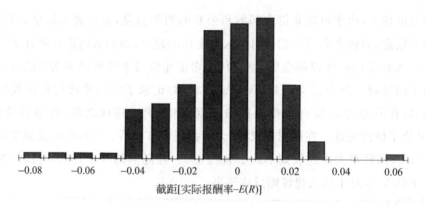

图 6.22 各共同基金的业绩,1955—1964 年——Jensen 的研究

来源:Jensen(1968)

其他多项研究也得出了基本相同的结论。那些最有利于职业基金经理的研究结论是,他们在针对交易成本实施调整后能够保本;而那些最为不利的研究结论则是,其业绩即便在进行交易成本调整之前也不如市场股指。

即使采用不同的分类标准,得到的结论也无法提供多少安慰。例如,按照投资风格进行区分,图 6.23 显示了 1983—1990 年间的超额报酬率,以及胜出市场股指的基金经理比重。各种投资风格的基金经理的业绩都不及市场股指,更新的研究也有类似发现。

通过衡量在年内实施积极型交易所获得的追加价值,图 6.24 考察了积极型组合管理的报酬。它发现,其结果是,年度的报酬率下跌了 0.5%~1.5%。

最后,我们未能找到经理们的业绩具备持续性的证据。把基金经理们的业绩划分为不同的四分位(quartiles),我们探讨了 1983 年到 1990 年间在不同四分位之间移动的概率。这些结论概述在表 6.4 中。

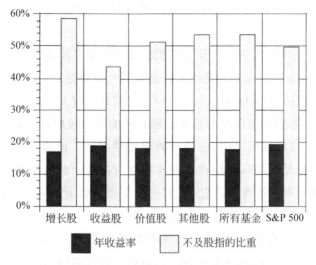

图 6.23　各股票基金的业绩，1983—1990 年

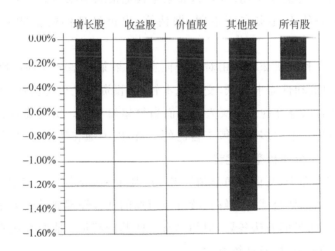

图 6.24　积极型基金经理们的报酬：股票基金

注：本图衡量了在期初冻结的各种股票基金的实际报酬与虚构证券组合的报酬。

表 6.4　四分位的变换概率

本期排位	下一时期排位			
	1	2	3	4
1	26%	24%	23%	27%
2	20%	26%	29%	25%
3	22%	28%	26%	24%
4	32%	22%	22%	24%

从表 6.4 可看出，在某个时期处在第一个四分位的基金经理，在下一时期有 26% 的可能仍处在第一个四分位，但有 27% 的可能落入最后一个四分位。同样也有证据显示，

处于最低四分位的基金经理们可以实现逆转,尽管其中一些可能是因为他们汇聚了风险较高的各种证券组合。

总而言之,基金经理们大多未能凭借其积极型投资策略而为投资者增加更多的价值。那么,对于他们来说,这些研究是否提供了好消息呢?下面是简短一瞥。

- "熟手现象"(Hot hands phenomenon)。目前还没有关于基金经营的可靠证据;但有证据表明,近期业绩良好的基金经理有可能在一段时间内胜于市场。尚且不甚清晰的是,在出现逆转之前,这种动势将持续多久。已有证据同样体现了前面有关股价的分析见解,即,它们在数周或数月内会显示出某种动势,但在长期则会出现逆转。即便对于这种好消息,我们仍然需要谨慎看待,因为纯粹的机遇和选股偏向同样也能够解释这些盈利为正的业绩回合。

- 技能和运气。有关基金经理们的长期报酬差异能否完全归因于运气,存在着一些争议。Fama and French (2010)认为,若在扣除成本后衡量报酬率,则没有证据表明共同基金能够胜于市场。然而,如果考察毛报酬率(gross returns),则有证据显示,他们在技能上确实有所不同;据估算,出色经理们的报酬率比平庸者高出1.25%。

- 税收、流动性和时期套利。相对同行而言,如果某位基金经理面临的税率低出许多,或者,对流动性需求较低,交易成本较低,投资眼光更为长远,那就能够挖掘这些差异,并且以合算的价格买入股票而赢得超额利润。坊间确有关于这些投资者的传闻,但是其中许多人却毁于自己的成就,因为随着他们吸引到更多的钞票,也就丧失了专注精神和竞争优势。

一个基本的理念在于,我们有可能胜于市场,但却并不容易。对于投资的成功,不存在所谓的灵丹妙药或简便公式。能够持续胜于市场的基金经理通常极为罕见。他们采用的策略可能不同,对市场的看法各异,但却具有一些共同特征:他们都认真地琢磨了投资方法,发挥了自己的能力,以及训练有素。

6.14 总结

市场是否有效的问题总是会引发争议,出于有效市场对于投资管理和研究所具有的各种含义。如果把"有效市场"定义为,其中的价格都是对于真实价值的无偏估计值,相当清晰的就是,某些市场总是比其他市场更有效,而市场对于某些投资者总是比对于其他人更有效。市场纠正无效性的能力部分取决于交易的便利程度、交易成本,以及在市场上追寻利润的投资者所具备的敏锐性。

可以使用一些方法检验市场的有效性,其中两种运用最为普遍的方法是"事件研究",它探究市场对于信息事件的反应,以及投资组合研究,它评估根据各种可见特征所构建的组合的报酬率。保持警觉总是有益的,因为各种偏见总会借助各种渠道有意无意地渗入这些研究,导致虚幻的结论,更加糟糕的是,造就铺张浪费的投资策略。

市场行为中存在着大量紊乱的证据,或与系统性因素诸如规模、市盈率和市账率有关,或与时间有关,包括"一月效应"和"周末效应"在内。这些乱象或许属于无效性,但同样也有充分的证据表明,虽然职业基金经理们的职责就是挖掘这些无效性,他们却非常难以持续地胜于市场。一言以蔽之,持续存在的市场乱象以及基金经理们在胜于市场方面的乏力,有时造成了实证检验与实际基金管理之间的差距,有时则导致有关风险-报酬模型的失灵。

市场的无效性和基金经理的业绩

关于市场的证据充满了矛盾。一方面,股价似乎显示出了许多态势——在长期的股价逆转,报酬率在一月期间比较高,以及市场异态——市盈率和市账率较低的小市值公司似乎很容易胜于市场。另一方面,却并无证据表明,基金经理们有能力通过挖掘这些而胜于市场。

存在着一些可能的解释。最为温和的解释是,无效性主要体现在虚构组合的研究中,在根据这些无效性设计证券组合时,相关的交易成本和实施问题会超过超额报酬。第二种可能的解释是,各种研究通常考察的是长期,许多长达25年到59年。在较短的时期内,关于小市值股票是否会胜于大市值股票,以及买入以往亏损的股票是否能产生超额报酬,这些都具有更大的不确定性。没有哪种投资策略能够确保在短期内的成功。Pradhuman(2000)说明了这一现象;他指出,在过去50年间,大约在每4年当中就有1年,小市值股票的业绩不如大市值股票。Bernstein(1998)则指出,尽管价值型投资(即,买入市盈率、市账率较低的股票)在长期有可能赢得超额报酬,在过去30年间的众多5年时期内,增长型投资却胜过了价值型投资。第三种解释则是,组合经理们并没有持续延用任何一种策略,而是从一种跳到另一种,两者都增加了支出,降低了特定策略在长期内产生超额报酬的可能性。

6.15 问题和简答题

在下列问题中,若无特别说明,假设股权风险溢价为5.5%。

1. 下列中的哪一个意味着市场的有效性?(正确答案或许超过一个。)

   a. 资源在公司间获得了有效配置(即物尽其用)。
   b. 没有哪位投资者在任何时期能够胜于市场。
   c. 没有哪位投资者能够持续地胜于市场。
   d. 没有哪位投资者在针对风险作出调整后能够持续地胜于市场。
   e. 没有哪位投资者在针对风险和交易成本作出调整后能够持续地胜于市场。
   f. 没有哪组投资者在针对风险和交易成本作出调整后能够持续地胜于市场。

2. 假设我们跟踪某只零售业股票,它的销售额具有强烈的季节性态势。我们能否预期其股价也会出现季节性态势?

3. 有关市场有效性的各种检验通常指的是,对于两种假说的联合检验——市场有效性假说以及某种预期报酬率模型。请予以解释。是否有可能仅仅只检验市场的有效性(即,不同时检验某种资产定价模型)?

4. 我们与某位图形分析者发生了激烈争论。他声称,我们违背了经济学的基本法则而试图去寻找内在价值。"价格取决于需求和供给,而不是什么内在价值。"寻找内在价值的做法是否与供求法则不一致?

5. 我们打算检验并购消息的发布对于股价的影响(这属于事件研究),程序包括下列步骤:

步骤 1:选出年内 20 起最大的并购案。

步骤 2:把并购生效日分离出来,作为需要考察的相关数据的关键日期。

步骤 3:考察并购生效日之后 5 天的报酬率。

通过考察这些报酬率(0.13%),我们的结论是无法利用有关并购的消息赚钱。我们能否找出这项检验中存在的弊病?如何予以纠正?能否设计出某种更强的检验?

6. 在有效市场上,市场价格被定义为真实价值的"无偏估计值"。这意味着(从中选一):

a. 市场价格总是等于真实价值。

b. 市场价格与真实价值无关。

c. 市场在估算真实价值方面会出错,投资者可以利用这些误差赚钱。

d. 市场价格包含了误差,但这些误差是随机的,故而无法为投资者们所利用。

e. 无人能够胜于市场。

7. 评估一下下列行为有可能增进、减少市场有效性抑或令其保持不变,并给予解释。

a. 政府针对所有的股票交易征收 1% 的交易税。

增进有效性____减少有效性____令有效性保持不变____。

b. 证券交易所规则对所有的卖空交易施加了限制,以制止猖獗的投机活动。

增进有效性____减少有效性____令有效性保持不变____。

c. 开启了一个期权市场,从事看涨和看跌期权交易,它们是针对许多在交易所挂牌的股票进行交易的期权。

增进有效性____减少有效性____令有效性保持不变____。

d. 股票市场撤销了有关外国投资者购买和持有公司股票的所有限制。

增进有效性____减少有效性____令有效性保持不变____。

8. 下图描述了围绕几家大公司资产剥离(asset divestiture)信息发布而形成的累积异常报酬率。

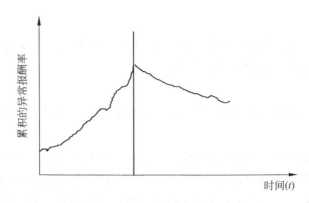

怎样才能最恰当地解释

a. 市场在消息发布前的行为?

b. 市场对消息发布的反应?

c. 市场在消息发布后的反应?

9. 何为股票运作的"规模效应"现象?它与"年度转换效应"有何关系?我们能否给出某种理由说明小市值股票,在针对 β 系数进行调整后,仍然表现得优于大市值股票?应该采用何种策略以挖掘这种异态?必须牢记哪些因素?

10. 考察市场对于意外盈利消息之反应的一项研究发现,价格随后时常会出现漂移。这一点对于市场从事件和新信息进行学习的能力说明了什么?能够预计从这一学习行为中找到何种截面差异?(我们能否看到某些公司比其他公司发生更大的价格漂移?为何?)我们应如何挖掘这种异态?必须记住需付出怎样的成本?

11. 一种对"年份转换效应"或"一月效应"的解释必然会涉及与税收年份相关的买卖活动。

a. 提出税收效应假说。

b. 研究表明,"一月效应"在各国都会出现,即使是在税收年并不始于一月份的国家。针对这一点给出一个恰当的理由。

12. 下面是两种组合——高股息收益率组合和低股息收益率组合的预期溢价和股息收益率。

组合	预期溢价	预期股息收益率
高收益	9%	5%
低收益	12%	1%

作为投资者,我们现在面临40%的股息税。若要使得这两种组合之间没有差异,资本利得税率应是多少?

13. 判断下列问题的对与错。

a. 平均而论,低市盈率股票能够赢得超过预期的报酬率;而高市盈率股票所得则低于预期。这主要是因为较低市盈率股票的风险较低。

对____错____

b. "小市值公司效应",指小市值公司在总体上赢得的正向超额报酬,主要由一些小市值公司能够获得很高的正向报酬率所引起。

对____错____

c. 投资者通常无法根据分析者们的建议而赚钱,因为股价不会受到后者的影响。

对____错____

14. 我们拟考察两家共同基金的业绩。"AD 价值基金"成立于 1988 年 1 月 1 日,主要投资于低市盈率和高股息收益率股票。"AD 增长基金"同样成立于 1988 年 1 月 1 日,但主要投资于高增长股票,其市盈率较高而股息很低甚至没有。这些基金在 1988—1992 年间的业绩大致如下。

	1988—1992 年间的均值		
	溢价	股息收益率	β 系数
NYSE 综合股指	13%	3%	1.0
AD 价值	11%	5%	0.8
AD 增长	15%	1%	1.2%

同期的平均无风险利率为 6%,而目前的无风险利率是 3%。

a. 这些基金在针对风险进行调整之后的业绩如何?

b. 假设每一基金的前期销售费用和佣金(the front-end load)为 5%(即,如果今天在每项基金中投入 1 000 美元,则在扣除初始佣金后等于投资 950 美元)。再假设在 a 部分计算的超额报酬率可一直延续下去,并且你会选择投资于胜出市场的基金。要达到盈亏平衡,需要持有这项基金多少年?

CHAPTER

第7章

无风险利率和风险溢价

在金融学中,所有关于风险-报酬的模型都是围绕着投资者作出无风险投资的利率和投资者针对平均风险投资项目所应索取的某种(各种)风险溢价而构建。根据资本资产定价模型(CAPM),其市场组合仅仅把握了一个风险来源,而这种风险溢价就成为投资者们投资于那个组合所要求的溢价。根据多重因素模型,存在着多种风险溢价,每一种都衡量了投资者因面临特定市场风险因素所要求的溢价。本章探讨如何最为恰当地衡量无风险利率,估算在这些模型中使用的(各种)风险溢价。

正如第4章所述,衡量风险的尺度是债券违约的可能性,而违约风险则由公司必须支付的高出无风险利率的违约息差(default spread)衡量。本章最后考察的是,如何最恰当地估算违约息差,以及可能使得它们发生变化的各种因素。

7.1 无风险利率

金融学中的大多数风险-报酬模型首先定义某种无风险资产,把这种资产的期望报酬率作为无风险利率。然后,衡量各种风险性投资相对于无风险利率的期望报酬率,而风险则是需要把期望风险溢价添加到无风险利率之上的原因。但是,何为无风险资产呢?如果无法找到这样一种资产,我们又该怎么办呢?这些是本节所要处理的问题。

7.1.1 无风险资产的条件

第4章考虑了无风险资产需要满足的一些条件;尤其是,若能确切把握资产的期望报酬率,资产就没有风险(即,实际报酬率总是等于期望报酬率)。那么,在何种条件下,实际报酬率会等于期望报酬率呢?基本条件有二。第一个条件是"没有违约风险"。大致而论,这就排除了任何一种由私营实体发行的证券,因为即便是最大和最安全的私营实体也具有某种程度的违约风险。无风险证券的唯一选项是政府债券,其原因不在于政府能够经营得更好,而是因为它们通常控制着货币的发行。因此,至少在名义上,它们应该能够履行其债务承约。然而,这种看似直截了当的假设未必总能成立,尤其在政府拒绝履行先前政体的承约,以及在它们使用外币而非本币进行借款的时候。

无风险证券需要满足的第二个但却时常被遗忘的条件是，若要实际报酬率能够等于期望报酬率，投资必须没有"再投资风险"。不妨假设我们打算估算证券在未来五年内的期望报酬率，故而需要了解无风险利率。6个月期的国库券利率，虽然没有违约风险，但却并非全无风险，因为存在着不知道6个月后的国库券利率水平的再投资风险。即便是5年期的国债也并非没有风险，因为息票会根据今天难以预测的利率进行再投资。对于5年的投资期而言，无风险利率必须是（政府）无违约的5年期零息票债券的期望报酬率。这一点对于所有从事公司财务或估价者来说可谓含义明确，因为期望报酬率估算通常是针对1年到10年的期限进行。因此，严格来讲，针对每一时期和不同的期望报酬率，都有一种不同的无风险利率。

然而，从现实出发，我们注意到，对于大多数形态正常的利率期限结构，使用特定年份无风险利率所产生的现值效应通常很小。[①] 因此，可以使用持续期匹配（duration matching）策略，把用作无风险资产的无违约证券的持续期与所分析的现金流持续期相匹配。[②] 当然，如果短期和长期的利率差额很大，无论正负，在计算期望报酬率时最好是盯住特定年份的无风险利率。

7.1.2 存在无风险实体时的具体考虑

在大多数发达市场中，可将政府视为不会违约的实体，至少在它们以本币借款时会是这样。此点的含义并不复杂。在对较长期限的项目进行投资分析或估价时，应以政府长期债券利率作为无风险利率。若分析针对的是较短时期，则可将短期政府证券利率用作无风险利率。无风险利率的选择对于如何估算风险溢价也具有意义。正如通常所为，如果使用以往的风险溢价，即把过去的股票期望报酬率超过政府证券利率的差额作为风险溢价，所选择的政府证券利率就必须相当于所使用的无风险利率。因此，在进行长期分析时，在美国所用的历史性风险溢价应该是股票超出政府债券而不是国库券的超额报酬率。

7.1.3 现金流和无风险利率："一致性"原则

为了计算期望报酬率，衡量无风险利率的方法应该同衡量现金流的方法保持一致。因此，如果根据美元估算名义现金流，无风险利率就应是美国政府债券利率。这也意味着，决定无风险利率的因素不是公司所在地，而是估算公司现金流时使用的货币。因此，在评估雀巢（Nestlé）公司时，可以使用以瑞士法郎估算的现金流，而把瑞士政府的长期债券利率作为无风险利率，对期望现金流作逆向贴现；或者，根据英镑进行估价，但

[①] 形态正常的期限结构意味着收益曲线向上倾斜，即，长期利率约比短期利率最多高出2%~3%。

[②] 在进行投资分析时，即考察各种项目时，这些持续期通常是3~10年；而在实施投资估价时，持续期通常要长得多，因为通常假设公司具备无限长的寿命。此时的持续期时常大大超过10年，并且随着公司的预期增长潜能而延长。

却需要使用以英镑计算的现金流和无风险利率。因为评估同一公司可以采用不同的货币,最终结论是否总能保持一致呢?若假设购买力平价成立,利率差额就会体现出预期通货膨胀率差额。现金流和贴现率都会受预期通胀率的影响,因此,源于较低无风险利率的较低贴现率正好会被现金流的预期名义增长率的下降所抵消,而价值将保持不变。

如果两种货币的利率差额未能恰当地体现这些货币的预期通胀率差额,运用不同货币作出的估价就会不同。尤其是,相对于通胀率而言,以利率较低的货币估算得到的公司价值会偏高。然而,最终,①利率在某个时候将会上涨以纠正这种偏差,与此同时,两种估算值也将趋于一致。

7.1.4 实际与名义的无风险利率的比较

处在高而不稳定的通货膨胀时期,估价通常是根据实际条件(real term)进行。实质上,这意味着对于现金流的估算使用实际增长率,剔除源于价格膨胀的增长。为保持一致,在这些场合使用的贴现率必须是实际贴现率。为得到实际的期望报酬率,我们需从实际无风险利率入手。虽然国库券和国债提供了在名义上没有风险的报酬率,但就实际报酬率而言却并非如此,因为预期通货膨胀率会起伏不定。从名义利率中扣除预期通胀率可以得到实际无风险利率,但是这种做法只能大致地估算实际无风险利率。

直到最近,尚无哪种上市的无违约证券可用于估算实际无风险利率,而"通胀指数化财政证券"(inflation-indexed Treasury security,TIPs)的引入填补了这一空缺。通胀指数化证券并未保证向购买者提供名义报酬率,但是提供受到保障的实际报酬率。因此,若通胀率为4%,实际报酬率为3%,通胀指数化证券的名义利率大约为7%;若通胀率只有2%,名义利率也就只有5%。

存在的唯一问题是,在美国,很少需要或者进行实际估价,因为它在历史上的预期通胀率一直稳定而且很低。不尽如人意的是,最需要进行实际估价的那些市场也正是那些缺乏通胀指数化证券的市场。在这些市场中,实际的无风险利率可以根据下列两个论点进行估算:

1. 第一个论点是,只要资本能够自由地流向实际报酬率最高的经济体,各市场之间就不会出现无风险利率差额。根据这一观点,美国根据通胀指数化财政证券估算得出的实际无风险利率,也可用作那个市场的实际无风险利率。

2. 第二个观点适用于资本在各市场之间流动时遇到摩擦和制约的情形。在那种情形中,处于均衡时,一个经济体的期望长期实际报酬率应该等于该经济体的期望长期实际增长率。因此,对于德国那样的成熟经济体而言,其实际无风险利率应该远远低于增长潜力较大经济体的实际无风险利率,比如匈牙利。

---

① 此处原文为"in risk"(风险)。根据文义,疑为"in result"(结果)之误。——译者注

7.1.5 不存在无违约风险实体时的无风险利率

目前为止,我们的讨论一直以"政府不会违约"为假设,至少在根据本币借款时是这样。但是,就许多新兴经济体和相当一部分发达市场而言,这种假设可能并不合理,因为这些经济体的政府被认为即便在以本币借款时也有可能违约。若再考虑到某些政府并不以本币进行长期借款,就有可能无法获得当地的,尤其是长期的无风险利率。下面,我们考虑四种可能的情形。

政府的本币债券

若政府发行以本币计价的长期债券,而这些债券可以上市交易,就可从这些债券的利率着手估算该国货币的无风险利率。例如,在2011年上半年,印度政府发行了以卢比(rupee)计价的10年期债券,并且根据8%的收益率进行交易。但是,这一比率并不是无风险利率,因为投资者认为印度政府存在着违约风险。为了还原可归因于违约风险的那部分收益,运用穆迪(Moody)公司评定的本币主权评级Ba2,[1]该等级的违约息差大约是2.40%。[2]

相应的卢比无风险利率为

卢比无风险利率=政府债券利率-违约息差=8.00%-2.40%=5.60%

显然,这一数字假设,评级机构在评估主权风险时是正确的,针对这一等级的违约息差同样无误。近年来,出现了估算违约息差的另一种方法,即运用信用违约掉期合约(credit default swap, CDS)市场;其中,投资者可购买违约保险。在2011年上半年,印度尚且没有上市的CDS;但在同年3月间,已有约60个国家开展了CDS合约交易。当月内,巴西的CDS根据75个基点(0.75%)进行交易,并与巴西里亚尔(real, BR)计价的10年期、利率为8.25%的国债券相结合。因此,可以计算巴西里亚尔的无风险利率如下:

BR的无风险利率=以BR计价的国债利率-违约息差=8.25%-0.75%

CDS市场的确为违约息差提供了更加灵活和及时的衡量尺度;但是,作为某种市场交易数字,它的起伏异常剧烈。再者,它所提供的以美元或欧元为基础的违约息差可能并不适用于诸多国家的本币债券。

递进法(Build-Up Approach)

一些国家的政府没有发行以本币计价的债券,或者这些债券没有上市。在这种情形中,一种选择是从各基本因素逐渐递进到无风险利率:

递进式无风险利率=期望通胀率+期望长期实际增长率

---

[1] 各评级机构为根据本币和外币借款的各国作出评级。后一种评级通常比较低(因为根据外币借款时,各国更有可能违约),但与此处分析相关的则是根据本币的借款。若评级为Aaa(Moody的评级)或AAA(S&P的评级),政府债券的利率就是无风险利率。

[2] 计算某一评级所其违约息差的方法是,考察由级别为Ba2的他国政府发行而以美元计价的债券,把它们的利率与美国国债券利率进行比较。

鉴于任何一种货币的无风险利率都可表示为它的期望通胀率与期望实际增长率之和，故可尝试分别估算这两个因素。为估算期望通胀率，可以先考察货币的通胀率，从中探究其未来的期望通胀率。对于实际利率，则可运用通胀指数化的美国国债券利率；其根据是，实际利率在全球应该是相同的。例如，在2011年，把印度6%的期望通胀率加到通胀指数化的美国国债的1%的利率上，就可得出印度卢比的无风险利率为7%。

衍生品市场

关于汇率的远期和期货合约提供了相关货币的利率信息，因为利率平价关系(interest rate parity)主导着即期利率和远期利率之间的关系。例如，泰铢(Thai baht)和美元的远期汇率可表示为

$$远期汇率^t_{泰铢/美元} = 即期汇率_{泰铢/美元} \times \frac{(1+利率_{泰铢})^t}{(1+利率_{美元})^t}$$

例如，如果目前的即期汇率为38.10泰铢/美元，10年期的远期汇率为61.36泰铢/美元，而目前的10年期美国国债利率为5%，10年期泰铢(名义泰铢)的无风险利率就可估算为

$$61.36 = 38.10 \frac{(1+利率_{泰铢})^{10}}{(1.05)^{10}}$$

求解上式中的泰铢利率就可得到等于10.12%的10年期无风险利率。然而，这种方法的最大局限之处是，对于我们最有兴趣将之加以运用的众多新兴市场而言，难以得到超过一年的远期利率。①

无风险利率的转换

如果不同货币的无风险利率差额完全源于期望通胀率，那就可运用不同货币之间的通货膨胀差额将成熟经济体货币(美元、欧元等)的无风险利率转换为新兴市场货币的无风险利率，

$$r_{本币} = (1+r_{外币}) \times \frac{1+期望通胀率_{本币}}{1+期望通胀率_{外币}} - 1$$

不妨假设美元的无风险利率为4%，印度尼西亚卢比(rupiah)的期望通胀率为11%(而美元的通胀率为2%)。印度尼西亚的无风险利率可以写成

$$资本成本_{卢比} = 1.01 \times \frac{1.11}{1.02} - 1 = 0.131\ 764，或13.18\%$$

为了实施这种转换，我们仍需估算本币和成熟经济体货币的预期通胀率。

倘若上述选择都难以奏效，换句话说，如果政府未曾发行本币债券，或者不存在针对这种货币的远期或期货合约，或者无法估算本币的期望通胀率，我们又当如何行事呢？面

---

① 若只存在1年期的远期利率，可用如下方法获得长期利率的近似值，即，首先采用1年期的本币借款利率，得到它与1年期美国国库券利率的差额；把这一差额加到美国长期国债利率上。例如，泰铢债券的1年期远期汇率为39.95，则可得到1年期泰铢的无风险利率为9.04%(给定美国1年期国库券利率为4%)。把5.04%的差额加到10年期国债的5%利率上，可得10年期的泰铢利率为10.04%。

对这种情况,最好是改用不同的货币进行估价。因此,我们不是使用本币估算尼日利亚或者越南的某家公司,而是用欧元或美元对其进行估价。但是,我们仍然需要估算未来的期望通胀率,以便将本币现金流转换为外币现金流,而这种运算并不困难。

7.2 股权风险溢价

风险确实很重要。风险更大的投资应比安全的投资得到更高的期望报酬率。这些有关何为"好投资"的理念都很通俗。任何一项投资的期望报酬率都可表示为无风险利率和用于补偿风险的超额报酬率之和。但是,在理论和实务中,关于如何衡量风险以及如何把它转换为补偿风险的期望报酬率这两个问题,均存在着争议。本节考察如何恰当地估算一般的风险-报酬模型所用的股权风险溢价(ERP),尤其是资本资产定价模型。

7.2.1 关于风险溢价的不同看法

第4章考察了关于风险的几个不同模型,从资本资产定价模型到多重因素模型。虽然结论有别,它们对于风险的看法却有一些共同点。首先,它们都把"风险"定义为实际报酬率围绕着期望报酬率的方差;因此,如果投资没有风险,则实际报酬率总是等于期望报酬率。其次,它们都认为,衡量风险必须从资产的边际投资者角度出发,而它已经实现了充分的分散化。因此,根据这条思路,对于一项投资而言,应该予以衡量和补偿的唯一风险是它添加到分散化组合上的风险。事实上,正是这种风险观使得各种风险模型把投资风险分解成两个部分。一个是公司特定的部分,衡量仅仅与那项投资或一些类似投资相关的风险;另一个则是市场部分,包含了影响大部分或者所有投资的风险。只有后者是不可分散的,故而应该获得补偿。

虽然所有的风险-报酬模型都认可这种关键性区别,但在如何衡量市场风险方面却尺度不一。表7.1概述了四种模型,以及它们各自如何衡量风险。

表 7.1　各个"风险-报酬"模型的比较

模　型	假 设 条 件	市场风险尺度
资本资产定价模型(CAPM)	无交易成本或私营信息 因此,分散化组合包括所有交易性资产,以市值为比例而持有	市场组合的 β 系数
套利定价模型(APM)	市场风险暴露程度相等的各项投资根据相同价格交易(无套利)	多个(非特定)市场风险因素的 β 系数
多重因素模型	与 APM 相同的无套利假设	多个特定宏观经济因素的 β 系数
代理变量模型	在很长时期内,必须用更高的投资报酬率补偿更高的风险	市场风险的各代理变量,例如,市值和市账率

根据前三种模型,任何投资的期望报酬率都可写作

$$期望回报率 = 无风险利率 + \sum_{j=1}^{j=k} \beta_j (风险溢价_j)$$

其中,β_j = 投资相对于因素 j 的 β 系数

风险溢价$_j$ = 针对因素 j 的风险溢价

请注意,在诸如 CAPM 之类单一因素模型中,每项投资的期望报酬率都取决于它针对该因素之风险溢价的 β 系数。

假设已知无风险利率,这些模型都需要两种数据。第一种是所分析投资的(各个)β 系数,第二种是模型中(那些)因素的恰当风险溢价。下一章将考察 β 系数估算问题,本节现在专注于风险溢价的衡量。

我们需要衡量什么?

有关风险溢价问题,我们想要知道,平均而论,投资者们在作出具备一般风险水平的投资时所要求的超过无风险利率的差额。

不失一般性,我们根据资本资产定价模型考虑 β 系数和股权风险溢价的估算问题。在此,平均而论,风险溢价应该衡量投资者在投资于风险性资产时,相对于无风险资产,所要求的超额报酬率。

7.2.2 历史的风险溢价

在实际操作时,我们常通过考察股票在长期相对于无违约证券的历史性风险溢价来估算风险溢价。历史性溢价方法并不复杂。我们首先估算股票在长期赢得的实际报酬率,然后同无违约(通常是政府的)证券实际报酬率进行比较。以年度为基础,计算出这两种报酬率的差额,并用它代表历史性风险溢价。这种方法在诸如美国之类的市场上或许能够产生合理的估计值,因为它们有一个庞大而分散化的股市,具有关于股票和政府证券报酬率的多年记录。但是,对于其他国家来说,这样估算的风险溢价意义并不太大,因为股市在其整个经济所起的作用很小,而历史性风险溢价的数据也为期很短。

"风险-报酬"模型的使用者原本能够形成某种共识,即历史性溢价其实就是所能估算得到的最优风险溢价。然而,实际中使用的各种实际溢价出乎预料地大相径庭。例如,在不同的投资银行、咨询专家和公司对于美国市场所估算的风险溢价中,低者只有 3%,而高者则可达到 12%。由于它们几乎都是使用由 Ibbotson 协会所提供的相同的历史性报酬率数据库,[1]概述了从 1926 年以来的数据,这些差别或许令人吃惊。在风险溢价方面出现这种分歧的缘由有三。

1. 所用时期长度。尽管许多人使用了可回溯到 1926 年(抑或更早)的所有数据,但几乎同样也有许多人使用较短时期的数据(诸如 50 年、20 年甚至 10 年)而得到历史性风

---

[1] 参见《股票、债券、国库券和通货膨胀》(*Stocks, Bonds, Bills and Inflation*),一份从 1926 年起迄今报告股票、债券、国债和国库券报酬率的年化报酬率的年刊(www.ibboston.com)。

险溢价。使用较短时期数据者的根据是,普通投资者的风险厌恶倾向有可能随着时间而变化,使用较短的时期能够提供更加适时的估计值。但这种做法必须考虑到与使用较短时期相关的成本,即风险溢价估计值所包含的噪声更大。事实上,给定股价①在 1926—2020 年间等于 20% 的年化标准差(standard deviation),可以估算与不同时期风险溢价估计值相关联的标准误差(standard error),②如表 7.2 所示。

表 7.2 风险溢价估计值的标准误差

估算期	风险溢价估计值的标准误差	估算期	风险溢价估计值的标准误差
5 年	$20\%/\sqrt{5}=8.94\%$	25 年	$20\%/\sqrt{25}=4.00\%$
10 年	$20\%/\sqrt{10}=6.32\%$	50 年	$20\%/\sqrt{50}=8.83\%$

请注意,为了控制标准误差,我们需要很长时期的历史报酬率。相反,10 年和 20 年期估计值的标准误差有可能与实际风险溢价估计值一样大甚或更大。我们认为,使用较短时期的这种成本会超过获得更及时估计值的好处。

2. 无风险证券的选择。Ibbotson 数据库提供了国库券和国债的报酬率数据,两者都可用于估算股票的风险溢价。由于美国的收益曲线在过去 70 年间基本上呈上倾趋势,估算的较短期政府证券(例如,国库券)风险溢价也会较大。计算风险溢价与计算期望报酬率所用无风险利率必须保持一致。因此,若将国库券利率用作无风险利率,风险溢价就必须是股票相对于它的溢价。若用国债利率作为无风险利率,就需根据它估算溢价。在公司财务和估价方面,无风险利率通常是长期无违约财政(政府)债券利率而非国库券利率。因此,所用风险溢价应该是股票相对于国债的溢价。

3. 算术均值和几何均值。估算历史性溢价的最后一个症结是,如何计算股票、国债和国库券的平均报酬率。算术平均报酬率衡量各年化报酬率序列的简单均值,而几何平均报酬率则考察复合报酬率。③人们通常更加看重使用算术均值。实际上,如果各年度报酬率之间互不相关,而我们的目标是估算下一年的风险溢价,算术均值就是关于溢价的最优无偏估计值。然而,在现实中,同样也有使用几何均值的充足理由。首先,诸多实证研究表明,股票报酬率在时间上呈现出负相关性,④故而算术平均报酬率有可能夸大溢价。其次,尽管资本资产定价模型属于单一时期模型,但若使用这类模型计算长期的期望

---

① 有关股票、债券和国库券报酬率的历史数据,可参阅 www.stern.nyu.edu/~adamodar 的"更新数据"(Updated Data)部分。

② 有关这些标准误差的估计值可能偏低,因为它们根据的是各年度报酬率,在时间上互不相关。但是,有大量证据表明,这些报酬率是相互关联的,而这一点将会使得标准误差估计值大大增加。

③ 计算复合报酬率的方法是,根据投资的期初值(价值₀)和期末值(价值N)计算下式:

$$几何均值 = \left[\frac{价值_N}{价值_0}\right]^{\frac{1}{N}} - 1$$

④ 换句话说,好的年份之后更有可能是不好的年份;反之亦然。有关股票报酬率在时间上呈现负序列相关的证据甚为广泛;例如,可在 Fama and French(1988)寻及。尽管他们发现各个 1 年期的相关性较低,但各个 5 年期的序列相关性对于所有等级规模都很显著。

报酬率(诸如5年或10年),这是因为我们感兴趣的是较长时期的报酬率,就此点而言,我们更有理由使用几何平均溢价。

总之,风险溢价估计值会随着使用者的不同,或所用时期不同,是将国库券利率还是国债利率用作无风险利率,使用算术均值还是几何均值等因素而变化。表7.3概述了这些选择造成的各种影响,所使用的是1928—2010年间的报酬率。请注意,基于不同的选择,溢价从-4.11%到7.62%不等。事实上,目前所用许多种风险溢价都是根据3年、4年甚至10年之前的历史数据估算得出的,因此这样的差异并不算太大。如果必须在该表中选择股票溢价,我倾向于采用4.31%,即股票在1928—2010年间超出国债的几何平均风险溢价。

表7.3 美国历史上的风险溢价

	ERP:股票减去国债		ERP:股票减去国库券	
	算术	几何	算术	几何
1928—2010	7.62%(2.25%)	5.67%	6.03%(2.38%)	4.31%
1960—2010	5.83%(2.42%)	4.44%	4.13%(2.69%)	3.09%
2000—2010	1.37%(6.73%)	-0.79%	-2.26%(9.00%)	-4.11%

来源:S&P和联邦储备银行

> *histret.xls*:该网上的数据集概述了美国从1928年迄今的股票、国债和国库券的报酬率。

历史上的风险溢价:其他市场

如果说可靠地估算美国市场的历史性风险溢价已属不易,考察历史短暂而动荡的其他市场则愈发困难。这一点对于新兴市场而言显而易见,而对欧洲股市来说同样如此。尽管诸如德国、意大利和法国或为成熟经济体,其股票市场却并非如此。直到二十年前,它们大多由几家大公司所主导,除了几家上市交易者以外,许多业务都带有私营性质。

现在仍有一些实际操作者使用这些市场的历史性风险溢价。为了了解这种做法所蕴含的危险,表7.4概述了美国以外各主要市场从1970到2010年间的历史性风险溢价。[①]

表7.4 历史上的股票风险溢价:美国以外的各个市场

国家	股票减去长期政府证券			
	几何均值	算术均值	标准误差	标准差
澳大利亚	5.9%	7.8%	1.9%	19.8%
比利时	2.5%	4.9%	2.0%	21.4%
加拿大	3.7%	5.3%	1.7%	18.2%
丹麦	2.0%	3.4%	1.6%	17.2%
芬兰	5.6%	9.2%	2.9%	30.3%

---

① 这些数据出自2011年度的《瑞士信贷银行全球投资报酬率资料汇编》(*the Credit Suisse Global Investment Return Sourcebook*,2011),经由伦敦经济学院的Dimson,Marsh和Staunton修订。

续表

国家	股票减去长期政府证券			
	几何均值	算术均值	标准误差	标准差
法国	3.2%	5.6%	2.2%	22.9%
德国	5.4%	8.8%	2.7%	28.4%
爱尔兰	2.9%	4.9%	1.9%	19.8%
意大利	3.7%	7.2%	2.8%	29.6%
日本	5.0%	9.1%	3.1%	32.8%
荷兰	3.5%	5.8%	2.1%	22.2%
新西兰	3.8%	5.4%	1.7%	18.1%
挪威	2.5%	5.5%	2.7%	28.0%
南非	5.5%	7.2%	1.9%	19.6%
西班牙	2.3%	4.3%	2.0%	20.8%
瑞典	3.8%	6.1%	2.1%	22.3%
瑞士	2.1%	3.6%	1.7%	17.6%
英国	3.9%	5.2%	1.6%	17.0%
美国	4.4%	6.4%	1.9%	20.5%
其他国家	3.8%	5.0%	1.5%	15.5%
全球	3.8%	5.0%	1.5%	15.5%

资料来源：Dimson, Marsh, and Staunton (2010)。

请注意，其中一些国家的历史性风险溢价很低，其他一些则恰好相反。在探究这种情形的缘由之前，需要注意的是，尽管这些溢价是针对很长的时期估算得出的，但是它们的标准误差都很大。

历史性风险溢价方法：附加说明

面对历史性风险溢价方法的广泛使用，令人吃惊的在于其错误程度以及未能受到关注这一事实。首先考虑其基本假设，即投资者的风险溢价不会因时间而改变，（市场组合的）平均风险投资项目在相关时期内保持不变。我们难以想象有谁会极力坚持这种观点。

纠正这一问题的方法是，使用较近时期的数据。但是，这又会直接遇到第二个问题，即，与风险溢价估计值相关的标准误差很大。虽然这些标准误差针对很长的时期而言尚可接受，但对于较短期的分析来说显然难获认同。

最后，即便所考虑的时期足够长，投资者们的风险厌恶倾向大致如故，最终还会碰到另一个问题。具备这些特征的市场，以美国市场为例，依然会表现为所谓"幸存者市场"(the survivor market)特征。换句话说，假设我们在1928年投资于当时世界上10个最大的股市，包括美国在内。从1928年到2010年这段时期，在其他股市上的投资所能获得的风险溢价都将不如美国股市，其中一些股市（譬如，奥地利）在这一时期的投资者盈利甚少乃至为负。因此，"幸存者偏向"(the survivor bias)会造成历史性溢价超过美国的期望溢价，即使假设投资者是理性的，并在定价时兼顾了因素风险。

如果说这些估计值的标准误差已然不小,不难想象有关新兴市场的历史性风险溢价估计值的噪声会有多大。它们的可靠历史记录最多只有 10 年,而且年化报酬率的标准差极大。因此,新兴市场的历史性风险溢价也许能给予我们某些启示,但无疑不应将它们用于"风险-报酬"模型。

经过调整的历史性风险溢价

鉴于美国以外市场的历史性风险溢价无法用于风险模型,我们就需要估算可用于这些市场的风险溢价。为了探索此问题。我们首先提出一个基本命题,即,任何股市上的风险溢价都可表示为

$$\text{股票风险溢价} = \text{成熟股市的基本溢价} + \text{国家溢价}$$

国家溢价可以反映某个特定市场的额外风险。这样就可将溢价估算归纳为求解下列两个问题:

1. 成熟股市的基本溢价应该是多少?
2. 是否应该有国家溢价?如果是,应该如何进行估算?

对于第一个问题,可以认为,美国股市是一个成熟市场并且历史数据充足,故可合理地估算其风险溢价。事实上,折回到前面有关美国股市历史性风险溢价的议题,我们将使用其股权在 1928—2010 年间相对于国债的几何平均溢价。选择这一相当长的时期旨在减少标准误差;选择国债符合前述有关无风险利率的考虑;采用几何均值则意味着,我们想得到关于较长期期望报酬率的风险溢价。

有关国家溢价问题,有人认为,因为国家风险可以被分散,故而不应存在国家溢价。考察了他们的基本论点后,我们再考虑另一种看法,即应该存在国家风险溢价。我们将说明估算国家风险溢价的两种不同方法,一种方法是以国家违约息差为基础,另一种则以股市波动性为基础。

应该确定国家风险溢价吗?

马来西亚或巴西股票的风险是否高于美国?对大多数人来说,答案自然是肯定的。但是,这并没有回答在投资于那些市场时应否索取更高风险溢价的问题。

请注意,与估算股权成本有关的唯一风险是市场风险或无法分散的风险。因此,问题的关键就变成,新兴市场的风险是否可以被分散?其实,只有在它们无法分散时,我们才需要估算国家风险溢价。

那么,由谁来实施分散化呢?巴西或马来西亚公司的股票为成千上万的投资者所持有;其中一些人的组合只包含本国股票,其他人则可能面临更大的国际风险。为了分析国家风险,我们所需考察的是边际投资者,即最有可能进行股票交易者。如果他实施了全球分散化,那就表明还有机会进行全球分散化;如果他不持有全球性组合,分散国家风险的机会就会大大降低。运用不同的术语,Stulz(1999)提出了相似的看法。他区分了分割市场(segmented market)和开放市场。处在前者之中,边际投资者只能在国内市场实施分散化,风险溢价在各市场都不相同,而投资者无法或者不会投资海外;处在后者中,投资者

有机会(即便并不利用)在不同的市场进行投资。

即使边际投资者实施了全球分散化,也仍然需要考察国家风险的重要性。许多甚而所有的国家风险都是国家特定的,即各市场间的相关性应该很低。只有这样,风险才可借助于全球性分散化组合获得分散。但是,如果各国的报酬率具备强烈的正相关性,国家风险就含有无法分散的市场风险成分。各国报酬率之间是否正相关属于一个实证问题。20世纪七八十年代的各项研究表明了这种相关性甚低,从而为实施全球分散化提供了动因。更新近的研究表明,部分因为推销的成功,部分因为全球各经济体的关系在几十年来已愈发密切,各股市之间的相关性得到增强;其证据是,一个市场上的风波,如俄罗斯,会迅即传递到与它并无明显关系的市场,如巴西。

那么,我们的看法如何呢?我们认为,各市场之间的交易壁垒虽已消除,投资者们的投资组合却依然带有"本土偏向"(home bias),而各个市场依然具有一定程度的分割性。在各个股市的定价方面,全球分散型投资者的作用越来越大,由此却使得各市场相关性增强,进而造成了一部分不可分散的国家风险或市场风险。下一部分内容考察如何最恰当地衡量这种国家风险,以及把它们结合到期望报酬率中。

衡量国家风险溢价

如果国家风险确实重要,并且使得风险更大的国家溢价也更大,接下来的问题无疑就是如何衡量这种追加的溢价。在这部分内容中,我们考察三种方法:第一种以各国所发国家债券的违约息差为基础,第二种以股市波动率为基础,而第三种则兼用违约息差和股市波动率。

违约风险息差　衡量国家风险有几种方法,最简便的是由评级机构所评定的一国债务的等级。标准普尔(S&P)、穆迪(Moody's Investors Service)和惠誉(Fitch)三家机构都给各国评级。这些评级衡量的是违约风险(而非股权风险),但同样都受到导致股权风险的各个因素的影响,包括一国币值的稳定性、预算和贸易收支状况,以及政治稳定性等。[①] 评级方法的另一优点是,可用它们估算相对于无风险利率的违约息差。通过比较主权风险评级相同的政府所发行的、以美元和欧元计价的债券,可以估算违约息差。例如,在2011年1月,秘鲁政府发行的以美元计价的10年期国债,穆迪给它的评级为Baa,以5.2%的利率进行交易,与当时利率为3.5%的美国国债券的违约息差为1.7%。鉴于存在着导致这些利率逐渐变化的国家特定因素,我们把每一等级内的各种息差进行平均化,得到每一主权等级的平均息差。例如,对于在2011年1月属于Baa等级的六个国家,平均违约息差为2.00%。因此,Baa级别的任何国家的息差当时都被定为2.00%。

在过去数年间,主权风险造成的危害都已记录在案。尤其值得指出的是,评级机构在应对国家风险变化方面似乎滞后于市场。估算违约息差的另一种方法是考察CDS(信用违约互换)市场。正如前面讨论无风险利率时所指出的,在2011年上半年,约有60个国

[①] S&P 的网址 www.standardandpoors.com 解释了国家风险级别的评估过程。

家参与CDS工具交易,为违约风险提供了更新的市场标准。2011年1月,秘鲁的CDS差额为160个基点(1.6%),接近于根据美元标示债券所估算的违约息差。运用主权评级和CDS两种方法,表7.5概述了一些国家在2011年1月的违约息差。

表7.5 一些国家的违约息差:2011年1月

国家	主权评级(穆迪)	违约息差[a]	10年期CDS息差[b]
阿根廷	B3	6.00%	6.62%
巴西	Baa3	2.00%	1.59%
智利	Aa3	0.70%	1.00%
中国	Aa3	0.70%	0.99%
印度	Ba1	2.40%	不可得
印度尼西亚	Ba2	2.75%	2.06%
马来西亚	A3	1.15%	0.99%
秘鲁	Baa3	2.00%	1.52%
波兰	A2	1.00%	1.64%
俄罗斯	Baa1	1.50%	1.78%
南非	A3	1.15%	1.65%
土耳其	Ba2	2.75%	2.01%

a. 既定主权等级的各国平均违约息差
b. 10年期CDS的市场价格
资金来源:Bloomberg.

把违约息差用作国家风险尺度,分析者通常会把它们添加到在本国参与交易的每家公司的股权和债务成本上。例如,秘鲁公司的股权成本,以美元估算,将比其他方面相似的美国公司的股权成本高出2%。若设美国和其他成熟股市的风险溢价为4.31%,则可估算β系数为1.2的秘鲁公司的股权成本如下(美国国债的利率为3.5%)。

股权成本(以美元计)= 无风险利率 + β系数 × 美国风险溢价 + 违约息差
= 3.5% + 1.2(4.31%) + 2.00% = 10.67%

有时,分析者把违约息差添加到美国风险溢价上,再用β系数乘以总的风险溢价。这样做就会加大β系数较高之公司的股权成本,而降低β系数较低者的股权成本。

虽然各种评级为衡量国家风险提供了一种便利的方式,但若完全依赖于它们则需付出代价。首先,在对违约风险的根本性变化作出反应方面,评级机构通常落后于市场。其次,评级机构专注于违约风险的做法有可能掩盖影响股市的其他风险。是否存在其他选择呢?一些服务机构已经构建了数字式的国家风险评分法,属于更具综合性的风险尺度。例如《经济学人》杂志有一个针对各新兴市场的0~100的评分机制(0为没有风险,100为风险最高)。另一方面,可以使用考察各国基本经济因素所用的递进式(bottom up)方法估算国家风险。当然,这种方法所需信息量远远超出其他方法。最后,违约息差衡量的是与各国所发债券相关的风险,而不是这些国家的股权风险。因为任何市场上的股权风险都可能大于债券风险,可以认为,违约息差低估了股权风险溢价。

相对标准差 有些分析者认为,股市的投资者根据他们对于风险程度的评估而在各市场间做出选择,风险溢价应该体现股权风险的差异。股权风险的一种常规尺度是股价的标准差;标准差越高,相关的风险通常也越大。若将一个市场的标准差与另一个进行比较,就可得到衡量相对风险的尺度。

$$相对标准差_{X国} = \frac{标准差_{美国}}{标准差_{X国}}$$

这种相对标准差,若乘以美国股权溢价,就会得到衡量任何市场的总体风险溢价的尺度。

$$股票风险溢价_{X国} = 风险溢价_{美国} \times 相对标准差_{X国}$$

现在假设,成熟市场美国的溢价为4.31%,其股市的年化标准差为20%。如果印度尼西亚股市的年化标准差为35%,可对印度尼西亚的总体风险溢价作如下估算:

$$股票风险溢价_{印度尼西亚} = 4.31\% \times (35\%/20\%) = 7.54\%$$

然后分离出印度尼西亚的国家风险溢价:

$$国家风险溢价_{印度尼西亚} = 7.54\% - 4.31\% = 3.23\%$$

尽管这种方法的直观性甚强,但若各个市场结构和流动程度差别很大,使用所计算的标准差就会产生一些问题。有些新兴股市因为缺乏流动性,其风险虽然很大,但标准差却很低。第二个问题则与货币有关,因为标准差通常是以本币条件进行衡量的;美国市场的标准差通常指美元的标准差,而印度尼西亚市场的标准差则是卢比的标准差。这个问题不难纠正,因为可以使用相同的货币衡量这些标准差,例如我们可以估算出印度尼西亚市场的美元报酬率标准差。

重复计算风险的危险

评估国家风险时,很有可能在估价中对相同的风险进行超过一次的计算。例如,在估算巴西公司的股权成本时,有些分析者使用某国发行的以美元计价的债券作为无风险利率,例如,巴西美元债券。这种债券的利率已经结合了前述违约息差。如果为了体现国家风险又对风险溢价进行上调,就会对这种风险进行重复计算。如果针对国家风险上调 β 系数以及下调现金流(所谓"梳理"过程),这种影响会更加严重。

违约息差 + 相对标准差 获得出自国家评级的国家风险息差属于重要的第一步,但它只是衡量了违约风险溢价。通俗地说,我们预计,一国的股权风险溢价应该大于该国的违约风险息差。为了说明应高出多少,可以比较一国股市的波动率与它的国债券波动率,而后者被用于估算息差。因此得到下列关于该国股票风险溢价的估计值:

$$国家风险溢价 = 国家违约息差 \times \left(\frac{\sigma_{股票}}{\sigma_{国债券}}\right)$$

例如,考虑一下巴西的情形。在2011年1月1日,巴西被穆迪公司评为Baa3级,由此获得违约息差为2.00%。巴西股票指数在前两年的年化标准差为17.65%,而巴西的美元国债券年化标准差为7.32%。因此,巴西的股权风险溢价为

$$巴西的国家风险溢价 = 2.00\% \times \left(\frac{17.65\%}{7.32\%}\right) = 4.82\%$$

请注意,如果该国级别降低或者股市的相对波动率增加,其国家风险溢价也会增加。把这一风险溢价加到等于4.31%的成熟市场(美国)溢价上,就可得出巴西股市的总体风险溢价为9.13%。

为何应该将股权风险溢价与一国的债券息差相联系呢?简单地说,如果能在巴西政府的美元债券上获利11%,投资者就不会将巴西股票(以美元计)期望报酬率设为10.5%。某些标新立异者可能会提出,一国债券的利率,从中得出了违约息差,其实并不是期望报酬率,因为它根据的是债券所承诺的现金流(息票和本金)。事实上,如果我们想要估算债券的风险溢价,那就需要根据期望现金流估算期望报酬率,同时兼顾违约风险。这将导致低得多的违约息差和股权风险溢价。

为了判断国家风险溢价,这种方法和前面一种方法都使用了市场上的股权标准差,但是衡量的相对标准不同。这种方法以国家债券为基础,前一方法所用则是美国市场的标准差。目前这种方法假设,投资者更有可能在巴西债券和巴西股票之间进行选择,而前一种方法则假设这种选择是在各股市之间进行。

不同方法之间的抉择

有关国家风险溢价的三种估算方法通常会给出不同的估计值。相对于同时使用国家债券违约息差和股权标准差的融合法,债券违约息差法和相对股权标准差法得到的国家风险溢价都比较低。我们认为,根据第一种方法得出的较高的国家风险溢价最为切合近期内的情形,但是国家风险溢价会随着时间而变化。正如公司会逐渐趋于成熟而降低风险,各个国家也会走向成熟而降低风险。

适时调整国家风险溢价的一条途径是,从融合法给出的溢价着手,把这种溢价朝着该国债券违约息差或根据股权标准差法得出的国家溢价进行下调。换言之,我们注意到,股票价格与债券价格在标准差方面的差别会在更长的时期逐步缩小,通常会导致相对波动率下降。① 因此,随着我们考察更长期的期望报酬率,股权风险溢价将收敛于该国国债券息差。例如,巴西的国家风险溢价在来年将是4.82%,但会逐渐下降到2.00%(国家违约息差)甚至更低。

估算资产面临国家风险的程度

估算出了国家风险溢价之后,必须解决的最后一个问题与该国国内各公司面临国家风险的程度有关。关于国家风险,存在着三种不同的看法:

1. 一国之内所有的公司都均等地面临着国家风险。因此,就巴西来说,其国家风险溢价估计值为4.82%,该市场中所有的公司都需在期望报酬率上增加4.82%的国家风险溢价。例如,Petrobras公司,它是在巴西上市而β系数为0.80的一家综合性石油公司,

---

① 在有关股市的《超长期的股票:投资策略的可靠指南》(*Stocks for the Very Long Run:The Definitive Guide to Investment Strategies*,New York,McGraw-Hill,2007),Jeremy Siegel一书中给出了这些标准差,并且指出,它们通常会随着时间而降低。

[假设美国长期国债利率为3.50%,而成熟市场(美国)的风险溢价为4.31%]根据美元计算的结果就是

$$期望股票成本 = 3.50\% + 0.80(4.31\%) + 4.82\% = 11.77\%$$

请注意,此处使用的无风险利率是美国国债利率,4.31%是成熟股市的股权风险溢价(根据美国市场的历史数据估算得出)。这种方法的最大不足是,它假设一国内所有的公司,无论业务或规模如何,都均等地面临着国家风险。为了把上述美元成本转换成本币,只需采用相对通货膨胀尺度予以衡量。不妨假设巴西通胀率为6%,美国通胀率为2%,根据巴西里亚尔(BR)衡量的Petrobras公司股票成本就可表示为

$$期望股票成本_{BR} = 1.1177(1.06/1.02) - 1 = 0.1615,或16.15\%$$

这样就可确保以不同货币作出的估算和评估结果保持一致。

2. 假设公司面临国家风险的程度与其面临所有其他风险的程度相等,后者以β系数为衡量尺度。对于Petrobras公司而言,这会导致下列股票成本估计值:

$$期望股票成本 = 3.50\% + 0.80(4.31\% + 4.82\%) = 10.80\%$$

这种方法没有对各公司加以区别,但它假设衡量面临所有其他风险程度的β值也衡量了面临国家风险的程度。因此,β值较低的公司面临国家风险的程度同样也低于β值较高者。

3. 最为一般的方法或我们所偏好的方法是,承认每家公司面临国家风险的程度与面临其他所有市场风险的程度有所不同。使用λ表示这种风险暴露程度,任何公司的股票成本可以估算为

$$期望报酬率 = R_f + \beta 值(成熟市场股票风险溢价) + \lambda(国家风险溢价)$$

如何才能最恰当地估算λ?下一章将更详细地考察这一问题,但是可以认为,与仅只服务于当地市场的制造业公司相比,那些在国际市场上进行销售而以美元获得大部分收入的制造业公司,其国家风险暴露的程度应该较低。[1] 根据这一理由,由于Petrobras公司在国际市场上以美元获得大部分收入,它的国家风险暴露的程度应该低于普通的巴西公司。[2] 例如,使用等于0.50的λ,可得到Petrobras公司根据美元计价的股票成本如下:

$$期望报酬率 = 3.5\% + 0.80(4.31\%) + 0.50(4.82\%) = 9.36\%$$

请注意,第三种方法原则上是将期望报酬率模型转换为两因素模型,其中的第二个因素是国家风险,而λ衡量的是国家风险暴露的程度。这种方法似乎完全能够用于分析那些面临着多重国家风险的公司,诸如可口可乐公司(Coca-Cola)和雀巢公司(Nestlé)。尽管它们表面上属于成熟市场公司,但却面临着巨大的新兴市场风险,其股票成本应该体现这种情形。为此,可以分别估算公司经营涉及的各国国家风险溢价和λ值,再用这些数据估算整个公司的股票成本。

🌐 **ctryprem.xls**:该网上的数据集包含了关于各国的最新评级和相应的风险溢价。

---

[1] 我们把收入划分为美元收入和以美元计价的收入,可将这种分析方法加以推广,考察以稳定货币计价的收入(如美元、欧元等)和以风险较大的货币计价的收入。

[2] $\lambda_{PR} = 当地市场比重_{PR}/当地市场比重_{典型巴西公司} = 0.20/0.80 = 0.25$(原文为"$\lambda_{Aracurz}$"——译者注)。

7.2.3 另一种方法：隐含的股权溢价

估算风险溢价还有另一种方法，它无需国家风险的历史数据或者调整，但是假设市场在总体上定价正确。例如，考虑一个非常简单的股票估价模型：

$$价值 = \frac{下期的期望股息}{必要股票报酬率 - 期望增长率}$$

它其实就是以固定比率增长的股息的现值。在该模型所需四种数据中，有三种可从外部获得：当期市场（价值）水平、下期期望股息，以及盈利和股息的期望长期增长率。唯一的未知数是必要股票报酬率（the required return on equity）。对它求解，可得到股票的隐含期望报酬率；从中减去无风险利率，就得到隐含的（implied）股票风险溢价。

不妨假设 S&P 500 股指目前为 900 点，它的期望股息收益率为 2%，盈利和股息的期望长期增长率为 7%，可用下式求解必要股票报酬率：

$$900 = (0.02 \times 900)/(r - 0.07)$$

解得 r 为

$$r = (18 + 63)/900 = 9\%$$

如果当期无风险利率为 6%，则可得出风险溢价为 3%。

我们可将这种方法推广到高增长情形，并且加以拓展而涵盖各种以现金流而非股息为基础的模型。例如，考虑一下 S&P 500 股指在 2011 年 1 月 1 日的情形。它在当时为 1 257.64 点，而在 2010 年间源于股息和股票回购的现金流为 53.96 点。此外，关于股指中各公司盈利在未来五年增长率的"共识性估计值"（the consensus estimate）①约为 6.95%。因为它并非可以永久持续的增长率，我们使用两阶段估价模型；允许它以 6.95% 的比率再增长五年，然后把增长率下调到等于 3.29% 的国债利率。② 下表概述了未来五年高增长时期和后续稳定增长期的第一年间的期望现金流。

年份	股指的现金流	年份	股指的现金流
1	53.96(1.069 5)=57.72	4	66.02(1.069 5)=70.60
2	57.72(1.069 5)=61.73	5	70.60(1.069 5)=75.51
3	61.73(1.069 5)=66.02	6	75.51(1.069 5)=77.99

假设它们都是合理的现金流估计值且股指的定价无误，那么，

$$股指水平 = 1\,257.64 = 57.72/(1+r) + 61.73/(1+r)^2 + 66.02/(1+r)^3$$
$$+ 70.60/(1+r)^4 + [75.51 + 77.99/(r - 0.032\,9)]/(1+r)^5$$

请注意，式中最后一项为股指的终端值（terminal value），它是根据 3.29% 的稳定增长率

---

① 我们使用分析者们（以"递进法"）有关各公司估计值的均值；另一方面，也可使用（经济学家们的）"递退法"（the top-down）估算 S&P 500 指数的盈利。

② 国债利率是期望通胀率与期望真实利率两者之和。假设真实增长率等于真实利率，长期的稳定增长率就应该等于国债券利率。

逆向贴现到当期而得出。求解式中的 r，可得出必要股票报酬率为 8.49%；再减去 3.29% 的国债利率，得到隐含股票溢价为 5.20%。

这种方法的优点是切合市场现状而无需历史数据，故可用它估算任何市场的隐含股权溢价。但是，其功效取决于所用估价模型是否恰当，以及数据的可得和可靠。例如，2009 年 9 月 30 日，巴西市场的股票风险溢价可根据下列数据估算得出。巴西股指 Bovespa 为 61 172，股指的一般现金流报酬率为 4.95%。未来五年内，预计该股指所含各公司的盈利可增长 6%（以美元计算），然后增长率降为 3.45%。根据这些数据可得必要报酬率是 9.17%；把它与当日美国国债券利率 3.45% 作一比较，可得到 5.72% 的隐含股票溢价。为求简便，我们使用的是名义美元的期望增长率[1]和国债券利率，但完全也可根据本币进行分析。

随着时间，隐含的股票溢价会因股价、利率的变化而变化。事实上，关于这些溢价与历史纪录的比较，在图 7.1 中，回溯到 1960 年的 S&P 500 股指隐含溢价作了最好的描述。通过一些操作，使用两阶段股息贴现模型，可用平均化的（smoothed）历史性盈利和股息增长率预测增长率。通过考察这些数字，可以得出下列结论：

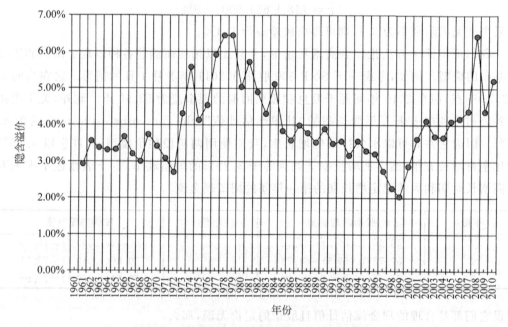

图 7.1　美国股市的隐含溢价（1960—2010 年）

- 过去 50 年间（只有 2009 年例外），为许多实际操作者所使用的历史性算术平均风险溢价一直高于隐含的溢价。几何溢价确实提供了更有意义的诸多结论，隐含溢价在 20 世纪 70 年代中期超过了历史性溢价，而在 2008 年之后又再度重演。

---

[1]　就新兴市场而言，最难估算的数据是期望长期增长率。对于巴西股票，我们使用了该国最大的一些公司的平均共识性估算值，它们都持有挂牌的美国存托凭证（ADRs）。因此，这一估算值具有偏差。

- 20世纪70年代期间,隐含股权溢价确实有所增加,这是因为通货膨胀加剧。这一点对于风险溢价估算可谓意味深长。并非假设风险溢价一成不变而不受通胀和利率的影响,如果期望通胀率和利率上升,更加切实的做法是向上调整风险溢价。
- 过去数十年间,历史性风险溢价虽呈下降趋势,隐含股权溢价却显示了强劲的均值归返(mean reversion)趋势。1978年间,后者达到了6.5%的最高点,但在80年代朝着均值下降。基于同因,20世纪90年代互联网泡沫末期的2%溢价,在2000年到2003年的市场调整过程中,迅速回归到均值。面对这种倾向,通过兼顾当期溢价和历史趋势线,我们最终或可得到更为准确的溢价估计值。

最后,2008年的危机对股权风险溢价产生了空前的影响,隐含风险溢价的上涨程度超过了以往50年间的任何一年。变化在很大程度上发生在该年的最后15周;当时,美国和其他发达市场经历了通常属于新兴市场的急剧波动。这种溢价增量的大部分在2009年消失,但到了2010年和2011年间,前述情形又再度重现。

作为最后一点,在各个金融市场上都存在强劲的均值回归趋势。面对这种趋势,通过兼顾当期溢价和历史数据,我们最终或可得到更为准确的溢价估计值。实施这一步有两种方法:

1. 使用较长时期的平均隐含股权溢价,譬如10年到15年。请注意,在此并不需要像估算历史性溢价那样的多年历史数据,因为标准误差通常比较小。

2. 一种更加严格的方法是,将隐含股权风险溢价与期内基本的宏观经济因素相联系。例如,隐含股权溢价在通胀率(和利率)较高时期通常也会较高,故可将1960—2010年间的隐含股权溢价针对国债利率作下列回归:

$$\text{隐含股权溢价} = 2.97\% + 0.290\,3(\text{国债券利率})$$
$$[2.89]$$

这种回归具有一定的解释力,其中 R^2 系数为 15%,t 统计值(在系数下方的括弧中)表明所用自变量的统计显著性。把当期国债利率代入这一方程就可得到关于隐含股权溢价的更新估计值。[①]

🌐 *histimpl.xls*:该网上的数据集提供了用于计算美国市场历年溢价的数据。

历史与隐含股票溢价的比较:市场看法的影响

正如在前面讨论中所见,历史溢价与隐含股票溢价或许大相径庭。在2000年末,美国股票相对于债券的历史性风险溢价为5.51%,而隐含股票风险溢价则是2.87%。与此相对照,在2008年末,历史性风险溢价为3.88%,隐含溢价则是6.43%。在进行贴现现金流估价时,我们必须确定使用哪一种风险溢价,而这种选择取决于市场的看法和估价目的。

---

① 例如,在2011年4月30日,把3.5%的国债利率代入这一回归式中,我得到下列结果:
$$0.029\,7 + 0.149(0.035) = 0.0349 \text{ 或 } 3.49\%$$

> 市场看法：如果我们相信市场在总体上是正确的，尽管它在个别股票上会犯错误，应该使用的风险溢价是当期的隐含股票风险溢价。如果我们相信市场在总体上经常出错，而市场风险溢价通常会回归到历史常态（均值归返），那就应该使用历史性溢价（在2000年末为4.31%）。区分这种差别的一种方法是，假设市场会随着时间而纠正误差，尽管它们在个别时点上会出错。如果作出这种假设，我们就应使用相应时期的平均隐含股票风险溢价。1960—2010年间的平均隐含股票风险溢价为3.95%。尽管本书在估价时几次使用了历史性溢价，但在大多数估价中仍然使用平均隐含溢价。
>
> 估价目的：如果估价工作要求我们对市场保持客观的立场，就应使用当期的隐含股票风险溢价。如果进行股票研究分析，或者必须对所收购的公司进行估价，那就应该如此处理。

🖱 *implprem.xls*：该电子表格使我们可以估算市场的隐含股票溢价。

7.3 债券的违约息差

债券利率取决于投资者所认为的债券发行者违约风险。违约风险通常以债券评级衡量。把利率差额添加到无风险利率，就可估得相应等级的利率。在第4章，我们考察了评级机构对各公司进行评级的过程。这里考虑如何估算特定评分等级的违约息差，以及这些息差为何会随着时间而变化。

7.3.1 违约息差的估算

估算每一等级的违约息差的最简单方法是，使用相同等级的债券样本及其当期市场利率。为何需要抽样而非只是单一债券呢？因为后者包含评级误差或定价误差，而使用样本可以缓解或者消除此类问题。为得到样本，应该着重考察那些流动程度最强而其他附加特征尽可能少的债券。公司债券大多流动程度不强，此类债券的利率无法体现当期市场利率。债券的各种特征，诸如可转换性，会影响这些债券的定价，进而影响其利率估计值。

确定了每一评分等级中的债券样本后，需要估算它们的利率。在这方面获得普遍使用的方法有两种。第一种是债券的收益率，即息票率除以市场价格。第二种是债券的到期收益率（the yield to maturity），它是使得债券息票和面值的现值等于市场价格的利率。一般而论，到期收益率能够更为恰当地衡量债券的市场利率。

得到样本债券的利率后，需要作出两项决定。第一个与加权相关。我们应该计算这些债券利率的简单均值或加权均值，权重则以交易量为基础；流动性最强的债券的权重要大于较弱者。第二个决定与参照性国库券利率（the index Treasury rate）相关，因为某一特定等级的平均利率需同它进行比较，以便得到违约息差。一般而论，为了估算平均利率,国库券的期限应与所选各公司债券的平均期限相匹配。因此,就 5 年期 BBB 级的公司债券而言,其平均利率应与 5 年期国库券的利率进行比较,以便得到 BBB 级债券的违约息差。

Barron's 之类出版物一直在提供至少是评级较高之债券(BBB 或者更高)的利率,越来越多的网上服务也提供了所有获得评级债券的相同信息。表 7.6 就是出自于网络的 2011 年上半年间 10 年期债券的利率,以 3.5% 的 10 年期国债利率作为无风险利率。

表 7.6 违约息差和利率:2011 年 1 月

债券评级	违约息差	债务利率	债券评级	违约息差	债务利率
AAA	0.50%	4.00%	B+	3.75%	7.25%
AA	0.65%	4.15%	B	5.00%	8.50%
A+	0.85%	4.35%	B−	5.25%	8.75%
A	1.00%	4.50%	CCC	8.00%	11.50%
A−	1.10%	4.60%	CC	10.00%	13.50%
BBB	1.60%	5.10%	C	12.00%	15.50%
BB+	3.00%	6.50%	D	15.00%	18.50%
BB	3.35%	6.85%			

来源:BondsOnline.com。

7.3.2 违约息差的各种决定因素

表 7.6 提供了在某一时点的违约息差,它不仅会因时而变,且在评级相同但期限不同的各债券之间同样有别。本小节考虑违约息差如何因时而变,以及如何随着债券期限的变化而变化。

违约息差和债券期限

从实证角度看,特定评级的公司债券的违约息差似乎会随着期限的延长而增加。图 7.2 展示了,2011 年 1 月间,Aaa、Baa 和 Caa 级债券的违约息差,期限为 1~30 年。

至少在 2011 年间,我们无法看出各个期限债券的违约息差有何明显趋势。10 年期债券的违约息差并没有明显超出 1 年期债券的违约息差。然而,情况并非总是如此。在过去某些时期,违约息差是期限的递增函数,有时则是递减函数。

长期的违约息差

表 7.6 所显示的各种违约息差在行情下跌、经济增长放缓后的一年间均大大高于前一年。在过去,各个等级债券的违约息差都会在衰退期间加大,在经济繁荣期间缩小。图 7.3 描绘了,1960—2010 年间被穆迪评为 Baa 级的 10 年期债券和 10 年期国债的利率差额,并与各年隐含股权风险溢价作了比较。违约息差在经济增长放缓时期确实会加大,尤其值得注意的是在 1973—1974 年间和 1979—1981 年间的加大。虽然违约息差和股权

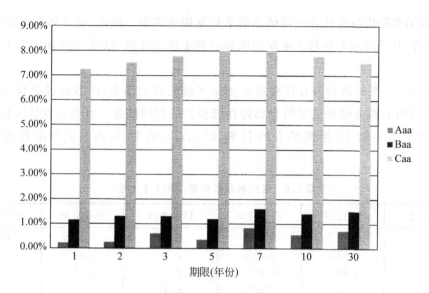

图 7.2 不同期限的违约息差：2011 年 1 月

来源：BondsOnline.com

风险溢价在大多数时期内会相继作同向变化，但在某些例外时期则会按不同的方向变化。例如，在 20 世纪 90 年代后期，互联网公司的股市繁荣导致股权风险溢价下降，而违约息差却相对稳定。与此相反，2004 年到 2007 年的繁荣期则使得违约息差下降，而股权风险溢价却保持不变。

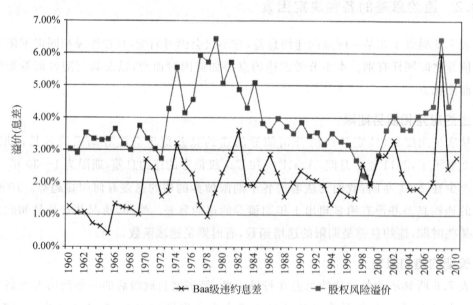

图 7.3 Baa 级和隐含股权风险溢价：1960—2010 年

ratings.xls：该网上的数据集概述不同等级债券在近期的违约息差。

7.4 总结

无风险利率构成了各种期望报酬率模型的起始点。作为无风险资产,它必须既无违约风险又无再投资风险。根据这些标准,为了获得期望报酬率,恰当的无风险利率应该是没有违约的(政府的)零息票利率,并与现金流的贴现时间保持一致。在实际操作时,恰当的做法通常是把无风险资产的持续期与所分析的现金流的持续期相匹配。在进行估价时,这使我们能够把长期政府债券利率作为无风险利率。同样重要的是,无风险利率需要同进行贴现的现金流保持一致。特别是,无论是真实抑或名义的无风险利率,其标示货币都应取决于相关现金流所使用的货币,无论这种估算是以真实值抑或名义值进行。

在投资组合管理、公司财务和估价中,风险溢价都是一个至关重要的因素。面对这种重要性,令人惊讶的是,它的估算问题所具备的现实意义未能得到更多的关注。本章考虑了估算风险溢价的常规方法,它使用股票和政府证券的历史性报酬率,并且评估了这种方法的某些不足之处。它还考察了如何把这种方法推广到新兴市场,其中的历史数据通常数量有限且起伏很大。可以替代历史性溢价的方法是,估算股票价格所蕴含的股权溢价。这种方法要求我们首先具备某种股票估价模型,并且同时估算股票投资的期望增长率和现金流。它的优点在于不需要历史数据,并且能够体现当期市场的看法。

7.5 问题和简答题

在下列问题中,若无特别说明,假设股票风险溢价为5.5%。

1. 如果我们打算用美元评估一家印度尼西亚公司,应该使用何种无风险利率?
2. 6个月期的国库券利率为何不适于为5年期的现金流进行贴现?请予以解释。
3. 我们需要估算印度尼西亚卢比的无风险利率。印度尼西亚政府发行了以卢比计价的债券,利率为17%。S&P公司对这些债券的评级为BB级。BB级国家的违约息差通常比无风险利率高出5%。请估算卢比的无风险利率。
4. 我们拟根据卢比(Rs)评估一家印度尼西亚公司。当期汇率是45Rs/美元,我们还能够得到Rs/美元的10年期远期汇率。如果美国国债利率为5%,请估算印度尼西亚卢比的无风险利率。
5. 我们拟根据真实条件估算一家智利公司。虽然无法获得拉丁美洲的真实无风险利率,我们却知道美国通胀指数化国债的收益率为3%。能否把它用作无风险利率?请给予解释。其他可选方法是什么?
6. 假设我们已经估算出了历史性风险溢价为6%,根据50年间的数据。如果股价的年度标准差为30%,请估算这种风险溢价估计值的标准误差。
7. 如果把历史性风险溢价作为未来的期望风险溢价,我们实质上针对投资者和市场作出了何种假设？处在何种条件下，历史性风险溢价（用作期望溢价）会产生过高的数字？

8. 我们拟估算波兰的国家风险溢价，并且知道 S&P 公司给该国的评级为 A。波兰发行了以欧元计价的债券，目前的市场收益率为 7.6%。（作为 AAA 级国家，德国发行的欧元债券的收益率为 5.1%。）

  a. 估算波兰的风险溢价，使用该国债券的违约息差作为代理变量。

  b. 如果获悉波兰股市的标准差为 25%，波兰的欧元债券标准差为 15%，请估算其国家风险溢价。

9. 墨西哥股指的标准差为 48%，而 S&P 500 股指的标准差为 20%。我们使用美国的股票风险溢价 5.5%。

  a. 使用相对股权标准差方法，估算墨西哥的国家股票风险溢价。

  b. 假设我们得悉墨西哥被 S&P 公司评为 BBB 级，它发行的美元债券正以高出国债利率大约 3% 的息差进行交易。若债券标准差为 24%，估算墨西哥的国家风险溢价。

10. S&P 500 股指现为 1 400 点，其中的股票在来年的期望股息和现金流为股指的 5%。若预期股息和现金流的长期增长率为 6%，无风险利率为 5.5%，估算隐含的股票风险溢价。

11. （巴西股指）Bovespa 现为 15 000 点，其股息在去年为股指价值的 5%，分析者们预计它们在未来五年的每一年间将增长 15%。在第 5 年后，预期实际增长率将永久性地下降到 5%。如果实际无风险利率为 6%，估算该市场的隐含股票风险溢价。

12. 随着股价的上扬，隐含股票风险溢价将会下降。这种说法是否总能成立？如果不能，正确的说法是什么？

CHAPTER
第8章
风险参数和融资成本的估算

通过考察如何最恰当地估算构成所有成本之基础的无风险利率、计算股权成本所需要的股权风险溢价,以及计算债务成本所需要的违约息差,前一章为估算股权成本和公司资本成本奠定了基础。然而,它尚未考虑如何估算公司的风险参数问题。本章考察这一问题,以及如何估算股权成本和债务成本。

8.1 股权成本和资本成本

公司向股东和贷款者筹措资金为投资项目融资。两组投资者都是因为预计能获得报酬而作出投资。第4章指出,股东的期望报酬率将包括股权风险溢价。我们把这种期望报酬率称为"股权成本"。类似地,贷款者希望获得的期望投资报酬率包括违约风险溢价,我们把这种期望报酬率称为"债务成本"。如果考虑公司实施的全部融资,融资的综合成本应该是股权成本和债务成本的加权均值,而这种加权成本就是资本成本。

本章首先估算公司的股权成本,运用股权风险估算股权成本,然后衡量违约风险以便估算债务成本。最后,它将估算应该赋予这些成本中的各项的权重,进而得到资本成本。

8.1.1 股权成本

股权成本是投资者对于公司股权进行投资所要求的报酬率。第4章所述各种风险-报酬模型都需要无风险利率、风险溢价(根据CAPM)或多种风险溢价(根据APM和多重因素模型),上一章对它们作了估算。它们还需要以 β 系数为形式的衡量公司市场风险暴露程度的尺度。我们可用这些数据得到股本投资的期望报酬率:

$$期望报酬率 = 无风险利率 + \beta 系数(风险溢价)$$

股东的这种期望报酬率包括了对投资所含市场风险的补偿,构成了股权的成本。这里的讨论主要针对CAPM,但是也可加以推广而运用于套利定价模型和多重因素模型。

β 系数

根据CAPM,一项投资的 β 值就是它添加到市场组合上的风险;根据APM和多重因素模型,我们需要衡量投资项目针对每个因素的 β 值。估算这些参数有三种可行方法:

一种是使用关于各项投资的以往市场价格数据;第二种是根据投资的基本特征估算 β 值;而第三种则是使用会计数据。本节将对它们加以描述。

历史性市场 β 系数

估算某一投资项目 β 系数的常规方法是,将其报酬率对市场股指报酬率实施回归。对于那些上市已久的公司,可以相对直接地估算投资者在相关时期内(诸如一周或一个月)对公司实施股本投资所能得到的报酬率。在理论上,这些资产的报酬率应与市场组合(即包含了所有交易性资产的组合)报酬率相互关联,以便估算这项资产的 β 值。在实际操作时,我们常用 S&P 500 之类股指作为市场组合的代理变量,然后估算股票相对股指的 β 系数。

β 系数的回归估计值 估算 β 系数的标准程序是,将股票报酬率(R_j)对市场报酬率(R_m)实施回归:

$$R_j = a + bR_m$$

其中,a = 回归式的截距

b = 回归式的斜率 = 协方差$(R_j, R_m)/\sigma_m^2$

回归式斜率对应的是股票的 β 系数,衡量其风险程度。

回归式截距衡量的是投资在回归期内的运作表现,即股票报酬率相对于 CAPM 期望报酬率的情形。为说明原因,考虑下列对 CAPM 的另一种表述方式:

$$R_j = R_f + \beta(R_m - R_f) = R_f(1-\beta) + \beta R_m$$

把投资报酬率的这种表述与回归所得的报酬率方程作一比较,

$$R_j = a + bR_m$$

因此,截距项 a 与 $R_f(1-\beta)$ 的比较应该可以给出衡量股票业绩的某种尺度,至少相对 CAPM 而言是这样。[1] 总之,我们得到

如果 $a > R_f(1-\beta)$,股票在回归期内的业绩超出预期;

如果 $a = R_f(1-\beta)$,股票在回归期内的业绩等于预期;

如果 $a < R_f(1-\beta)$,股票在回归期内的业绩不如预期。

a 与 $R_f(1-\beta)$ 之间的差额被称为"Jensen 的 α 系数"。[2] 针对特定的市场运作和风险情形,它可以衡量相关投资的报酬率是大于还是小于必要报酬率。例如,如果其他具有相似 β 系数的公司的报酬率为 12%,报酬率为 15% 的公司则有 3% 的超额报酬。它的截距也会比 $R_f(1-\beta)$ 高出 3%。

回归分析的第三个统计指标是回归式的 "R 平方系数"(R^2)。它是衡量回归式拟合程

---

[1] 回归法有时使用股票以及市场超过无风险利率的报酬率进行计算。在那种场合,若实际报酬率等于 CAPM 的期望报酬率,回归式的截距应该为零;若股票业绩确实超乎预期,则大于零;若业绩不如预期,则小于零。

[2] 此术语容易引起混淆,因为回归式的截距有时又称作"α 系数",有时又被作为衡量经过风险调整的业绩尺度而与 0 进行比较。然而,只有在回归同时运用股票和指数的超额报酬率时,才能把截距与 0 进行比较;此外,还必须从各月的两种最初报酬率中扣除无风险利率。

度的尺度。其经济学含义在于,它能够估算公司风险中有多大比重可归因于市场风险,余额($1-R^2$)则可归因于公司特定风险。

值得提及的最后一个统计指标是 β 估计值的标准误差。与任何统计估计值一样,回归式的斜率可能有别于真实数值,而统计误差体现了估计值的误差程度。标准误差还可用于确定源于斜率估计值的"真实"β 系数的置信区间。

案例 8.1　估算波音公司的回归型 β 系数

波音公司是一家航天和国防产品行业的制造商,已在纽约股票交易所(NYSE)上市数十年。为了估算波音股票的各个风险参数,现分两步计算其股票和市场股指的报酬率:

1. 针对 1996 年 1 月到 2000 年 12 月期间,逐月计算波音股东们的报酬率。这些报酬率包括股息和溢价,定义如下:

$$股票报酬率_{波音,j} = (股价_{波音,j} - 股价_{波音,j-1} + 股息_j) / 股价_{波音,j-1}$$

其中,股票报酬率$_{波音,j}$ = 波音的股东在第 j 月的报酬率;

价格$_{波音,j}$ = 波音股票在第 j 月末的价格;

股息$_j$ = 波音股票在第 j 月的股息。

把股息加到股东们收到股息当月的报酬上。

2. 计算 S&P 500 市场股指的期内各月报酬率,①使用股指在每个月末的水平以及股指所含股票的每个月股息。

$$市场报酬率_j = (股指_j - 股指_{j-1} + 股息_j) / 股指_{j-1}$$

其中,股指$_j$ 是第 j 月月末的水平,股息$_j$ 是在第 j 个月所付股息。尽管 S&P 500 与 NYSE 综合股指是运用最广的美国股指,但相对于 CAPM 所假设的囊括了所有资产的市场组合而言,它们最多只是不完全的代理变量。

图 8.1 描绘了从 1996 年 1 月到 2000 年 12 月,波音股票相对于 S&P 500 股指的每月报酬率。

有关波音的各个统计指标为

(a) 回归式的斜率=0.56。这是波音股票的 β 系数值,根据 1996—2000 年间的月报酬率。如果使用不同的回归期,或针对相同时期使用不同的报酬率区间(交易周或交易日),将会导致不同的 β 值。

(b) 回归式的截距=0.54%。把它与 $R_f(1-\beta)$ 进行比较,则可衡量波音股票的业绩。(鉴于回归所用报酬率为月报酬率)1996—2000 年间各月的平均无风险利率为 0.4%,可得到下列有关波音股票业绩的估计值:

$$R_f(1-\beta) = 0.4\%(1-0.56) = 0.18\%$$

$$截距 - R_f(1-\beta) = 0.54\% - 0.18\% = 0.36\%$$

---

① 股票必须在所谓"除息日"(ex-dividend day)之前买入,以便投资者获得股息。如果期内存在除息日,期内报酬率就应包括股息。

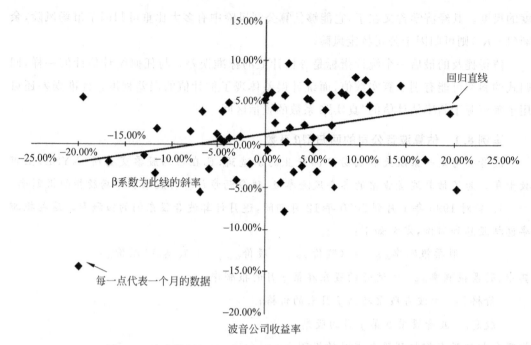

图 8.1 波音股票与 S&P 500 股指的业绩比较(1996—2000 年)

上述分析表明,根据 1996 年 1 月到 2000 年 12 月的月份数据,波音股票的业绩比根据 CAPM 估算的期望值高出 0.36%。这形成了大约等于 4.41% 的年化超额报酬率。

年化超额报酬率 $= (1 + $月超额报酬率$)^{12} - 1 = (1 - 0.0036)^{12} - 1 = 4.41\%$

请注意,这并不意味着波音在未来依然具有投资吸引力。

把这一尺度运用于超额报酬率,它可分解为可归因于整个行业(航天和国防制造业)以及公司特有因素两部分。为作出这种划分,首先需要计算航天和国防制造业中其他公司在同期内的超额报酬率,再把它们与波音的超额报酬率相比较,两者的差额就是出自波音公司特有经营的部分。例如,在 1996—2000 年间,业内其他公司的年化超额报酬率均值为 0.85%。这表明,波音的公司特定因素业绩实际上等于 5.26%[公司特定的"Jensen 的 α 系数"$= 4.41\% - (-0.85\%)$]。

(c) 回归式的 R^2 系数 $= 0.29$。该统计值意味着,波音的真实 β 值处在 0.33 到 0.79 之间(减去和加上等于 0.56 的 β 估计值的一个标准误差)的置信度为 67%,处在 0.10 到 1.02 之间(减去和加上等于 0.56 的 β 估计值的两个标准误差)的置信度为 95%。这些区间虽然看似很大,但对美国大多数公司来说并不奇怪。这一点意味着,我们应该审慎地看待回归法计算的 β 估计值。

使用服务性 β 系数 我们中的大多数人是通过提供金融估算服务的机构获得各种 β 系数的,美林(Merrill Lynch)、Barra、价值线(Value Line)、标准普尔、晨星(Morningstar)和彭博(Bloomberg)属于其中一些知名者。所有这些机构都从前述回归性 β 值着手,对它们作出各种调整,以便体现自认为能够更好体现未来风险的内容。尽管许多机构没有披露其估算程序,彭博却属例外。图 8.2 是它计算波音 β 系数的网页,所用的回归期与我们相同(1990 年 1 月到 2000 年 12 月)。

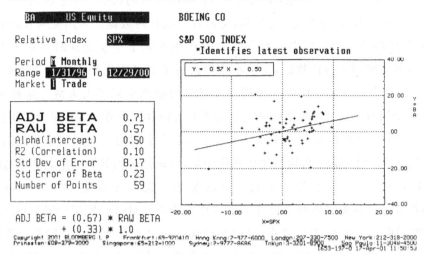

图 8.2　估算波音股票 β 系数的程序

版权 2001 属 Bloomberg L.P.经允许重印。版权所有。

上图涉及的时期与前面的回归过程一样,但它与图 8.1 之间有着一些微妙区别。首先,在估算 β 系数时,彭博使用了股票和市场股指的溢价而忽略了股息。① 忽视股息不会给波音这样的公司造成多大影响,但对那些不付股息或所付股息大大高出市场平均水平的公司则有所不同。这一点可以解释为何得到略为不同的截距(0.50% 与 0.54%)和 β 系数(0.57 与 0.56)。

其次,彭博还计算了它的所谓"调整型 β 系数",方法如下:

$$\text{调整型 } \beta \text{ 值} = \text{最初 } \beta \text{ 值}(0.67) + 1.00(0.33)$$

这些权数(0.67 和 0.33)不会因股票的不同而改变,而这种调整过程会把所有的 β 估计值推向 1。大多数服务机构使用了类似的程序把 β 值朝着 1 进行调整。在操作过程中,它们试图提取实际证据以便证明,大多数公司的 β 系数会随着时间而趋向等于 1 的均值。其事实根据是,随着公司规模的增长,它在产品和客户结构方面就愈益分散化。我们认可 β 值会逐渐趋于 1 的理念,但大多数服务机构所使用的加权法却显得任意性很大,故而并无太大的用处。

选择估算 β 值的方法　在设立上述回归程序时,必须做出三项决定。第一项是事关估算时期的长度。包括价值线和标准普尔在内,大多数 β 估计值都使用为期五年的数据,而彭博使用的是两年期数据。个中取舍相当明确,更长的估算期可提供更多数据,但公司

---

① 这纯粹是为了计算之便。

自身风险状况或许会随着时间的延长而变化。在我们的分析期内,波音公司收购了罗克韦尔(Rockwell)和麦道(McDonnell Douglas)两家公司,因而改变了业务结构和基本风险特征。

关于估算方法的第二个问题,事关所分析的报酬率时期长度。关于股票的报酬率,我们能够获得它的交易年、交易月、交易周、交易日乃至日内数据。运用交易日或日内报酬率可增加回归的观察次数,但会导致估算过程严重偏向于与非交易时间相关的 β 值估算。[1] 例如,如果使用交易日数据,鉴于小市值公司更有可能出现无交易的情形,关于它们的 β 估计值会出现下偏。使用交易周或交易月的报酬率则可大大减少这种非交易偏向。[2] 此时,使用两年的交易周数据所得到的波音公司 β 值只有 0.88,而根据同期内交易月数据所得到的 β 值则是 0.96。关于估算方法的第三个问题是在回归中所使用的股指。大多数提供 β 估计值的服务机构所用标准程序是,估算公司相对于所在交易市场股指的 β 系数。因此,估算德国股票的 β 系数针对的是法兰克福证券交易所股指(Frankfurt DAX),英国股票针对英国富时股指(FTSE),日本股票针对日经股指(Nikkei),而美国股票则针对纽约股票交易所综合股指(NYSE Composite)或者标普 500 股指(S&P 500)。这种做法虽然可为本国投资者提供有关风险的合理估计值,但对国际或者跨国投资者来说却并非最优方法,因为针对某种国际市场股指的 β 值对于他们用处更大。例如,针对由全球各个市场的股票所构成的摩根·斯坦利国际资本股指(Morgan Stanley Capital International,MSCI),波音在 1996 到 2000 年间的 β 值等于 0.82。

鉴于不同的服务机构使用不同的估算期、市场股指以及回归性 β 值的调整方法,它们针对同一公司在同一时间所提供的 β 值也会不同。这种差异虽然会造成麻烦,但请注意,由各家机构提供的 β 估计值都有标准误差,而且针对同一家公司所报告的 β 系数很有可能都处在特定的回归标准误差值域中。

估算较小(或新兴)市场的历史性 β 系数 对于那些上市股较少的市场而言,其 β 系数的估算过程与前述并无不同。然而,针对报酬率区间、市场股指、报酬期的不同选择却会使得各个估计值相差甚大。

股指主导性和 β 估计值

某些股指受制于一种或一些股票。令人印象最为深刻的例子之一是 20 世纪 90 年代的赫尔辛基股票交易所(HEX)。作为电子通讯行业中的巨型公司,诺基亚(Nokia)在根据市值计算的 HEX 股指中的比重为 75%。毋庸惊讶,诺基亚针对 HEX 股指的回归产生了图 8.3 所显示的结果。

---

[1] 形成非交易性偏差的原因是,在非交易期间的报酬率为零(即便市场在同期内或许会出现很大的涨跌)。在回归中使用这些非交易时期的报酬率会降低股票报酬率与市场报酬率的相关性,以及股票的 β 系数。

[2] 使用 Dimson(1979)和 Scholes and Williams(1977)提出的统计技术也有助于克服这种偏差。

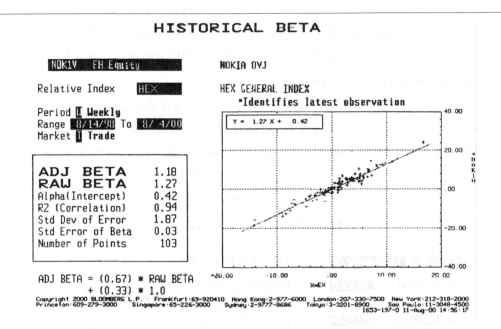

图 8.3 诺基亚股票的 β 系数估算

版权 2001 属 Bloomberg L.P.。经允许重印。版权所有。

这一回归结果看似无可挑剔。前面提及的波音股票源于高标准误差的噪声问题在此处消失了,其 β 估计值的标准误差只有 0.03。但是,这种结果却带有欺骗性。其标准误差之所以较低,原因在于诺基亚完全是针对自身进行回归,因为它在股指中占有压倒性优势。对于诺基亚公司的普通投资者来说,如果他打算实施分散化,这种 β 系数没有任何意义。更糟糕的是,芬兰所有其他股票相对 HEX 的 β 系数都变成了相对诺基亚所估算的 β 系数。事实上,在进行这一回归时,其他所有芬兰公司的 β 值都小于 1。我们也许要问,平均 β 值怎么会小于 1?这里所指的是加权平均 β 值小于 1,如果诺基亚(它占了该股指价值的四分之三)具备大于 1 的 β 值(它也确实如此),股指中其他每只股票的 β 值最终无疑会小于 1。

- 若流动程度有限,正如新兴市场上的许多股票那样,使用较短投资区间得出的 β 值就会包含很大的偏差。事实上,使用这些市场的交易日甚至交易周的报酬率数据所产生的 β 值,通常无法准确衡量公司真正面临的市场风险。
- 在众多新兴市场,我们所分析的公司和市场本身在短期内就可能发生巨变。使用 5 年期的报酬率实施回归,就像针对波音公司所为,产生的公司(和市场)β 值可能会与它在今天的 β 值毫无相似之处。
- 最后,在许多小型市场上,衡量市场报酬率的各种股指常受制于某些大公司。例如,Bovespa(巴西股指)多年来受制于 Telebras 公司,它占据了股指价值的几乎一半。这一问题不仅出现在新兴市场。DAX,作为德国的股指,同样也受制于

Allianz、Deutsche Bank、Siemens 和 Daimler 等公司。如果股指受制于一家或几家公司,针对股指所估算的 β 值就无法准确地衡量市场风险。事实上,那些主导股票指数的大公司的 β 值很可能接近 1,其他公司的 β 值则会变化多端。

案例 8.2 估算 Titan 公司的 β 系数

Titan Cement 是希腊一家建筑业公司。图 8.4 引用了 β 估算服务机构(Bloomberg)作出的 Titan 从 1999 年 4 月到 2001 年 4 月的 β 估计值(使用交易周数据)。请注意,使用的股指是"雅典股票交易所股指"(Athens Stock Exchange Index)。通过回归,我们得到下列方程:

$$报酬率_{TitanCement} = 0.31\% + 0.93 \times 报酬率_{ASE} \quad R^2 = 57\%$$
$$[0.08]$$

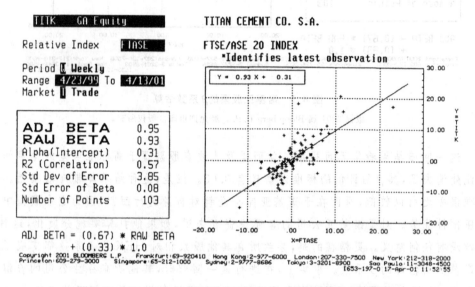

图 8.4 Titan Cement 股票的 β 系数估算:雅典股票交易所股指

版权 2001 属 Bloomberg L.P.。经允许重印。版权所有。

由此可知,Titan Cement 股票的 β 值等于 0.93。它的标准误差,显示在下方括弧中,只有 0.08,但是前面有关覆盖面狭隘股指的附加说明同样适用于雅典股票交易所股指。

引申前一部分内容的观点,假如 Titan Cement 的边际投资者实际上是在欧洲各公司实施了分散化的投资者,恰当的股指就应是某种欧洲股票指数。图 8.5 报告了彭博(Bloomberg)针对 MSCI 欧洲股指所计算的 β 系数。请注意,β 值下跌到了 0.33,而 β 估计值的标准误差则有所加大。

实际上,如果边际投资者在全球范围内实施了分散化,Titan Cement 的 β 系数(以及波音的 β 系数)应该针对某种全球性股指进行估算。运用 MSCI 的全球股指,我们在图 8.6 中得到等于 0.33 的回归性 β 值。事实上,这一 β 值和标准误差与针对欧洲股指的估算结果非常接近。

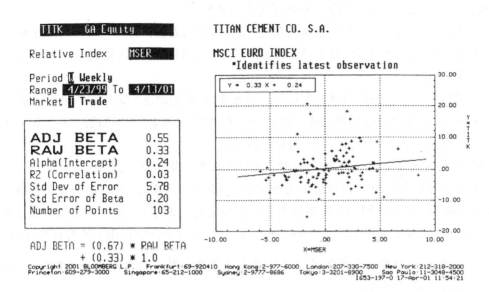

图 8.5　Titan Cement 股票的 β 系数估算：MSCI 欧洲股指

版权 2001 属 Bloomberg L.P.。经允许重印。版权所有。

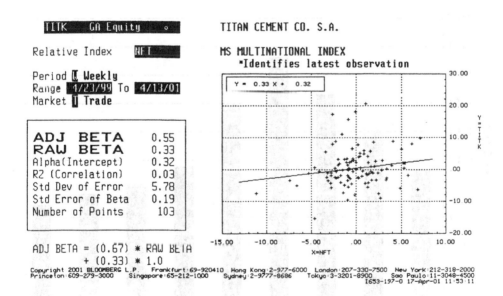

图 8.6　Titan Cement 股票的 β 系数估算：MSCI 全球股指

版权 2001 属 Bloomberg L.P.。经允许重印。版权所有。

估算私营企业的历史性 β 系数　估算 β 值的历史性方法仅只适用于资产参与交易且具有市场价格的情形。私营企业没有市场价格的历史记录，故而无法使用回归法估算它们的 β 系数。但是，我们仍然需要估算这些公司的股权成本和资本成本。

也许有人认为,如果不对私营企业进行估价,那就不是问题。但是,即便评估上市公司,我们也还是会遇到这个问题。不妨考虑下列情形:

- 若要对首次公开发行的私营企业进行估价,我们需要估算用于估价的贴现率。
- 即使公司已经上市,在长达两年的时期内,我们依然无法得到足以实施回归的数据。
- 若需评估上市公司打算出售的某一业务部门,我们缺乏实施回归的价格记录。
- 最后,如果公司近期内完成了重大的重组、撤资或再融资,回归型 β 系数将失去用处,因为公司本身已经改变了其风险特征。

因此,针对大量的估价问题,回归型 β 系数要么不可及,要么无意义。

某些分析者认为,在上述情形中无法实施贴现现金流估价法,故而改用各种乘数。其他人则根据某些经验法则为贴现率设定各种假设条件。但是,这两种方法都难以令人满意。我们在后面将设立估算 β 系数的一种普遍方法,它完全能够运用于所有这些公司。

🖱 *risk.xls.* 该电子表格使我们可将股票报酬率针对市场报酬率实施回归,并且估算各种风险参数。

回归型 β 系数的局限性 本小节所述诸多内容都对回归型 β 系数加以指责。在波音公司情形中,最大的问题莫过于 β 值含有很高的标准误差。实际上,它并非为波音所独有。图 8.7 显示了美国公司 β 估计值的标准误差分布情形。

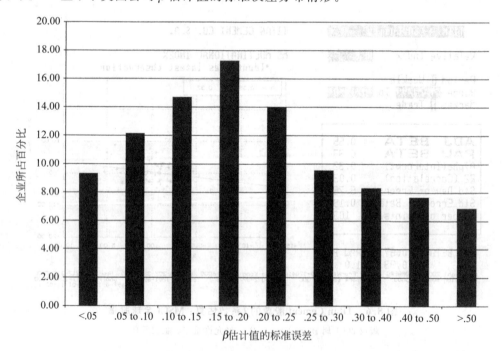

图 8.7 β 系数估计值的标准误差分布:2008—2010 年间的美国公司
来源:Bloomberg

在前面讨论诺基亚股票的回归问题时,我们似乎解决了标准误差问题,但是成本很大。低的标准误差体现了股指被一只股票所主导,故而产生了看似准确但与现实风险无关的 β 值。

更改市场股指、报酬率时期和报酬率区间的做法并非解药。随着股指涵盖面的拓展,β 系数的标准误差也会加大。这意味着,股票所含风险更多地属于公司特有部分。假如 β 系数与报酬率时期或者区间一道变化,关于公司真实 β 系数的不确定性也会加剧。

基本性 β 系数

估算 β 系数的第二种方法是考察公司的各种基本因素。公司的 β 系数虽可通过回归法获得估算,但却取决于公司的各种决策,包括业务性质、经营杠杆(operational leverage)和财务杠杆(financial leverage)系数。在此,我们考察估算 β 系数的另一种方法。它对历史性 β 值的依赖程度较低,而更关注决定它们的各种基本因素。

决定 β 系数的因素 公司的 β 值取决于三个变量:业务类型、经营杠杆程度和财务杠杆程度。尽管我们将使用这些决定因素以找到资本资产定价模型中的 β 系数,这一分析同样适用于计算套利定价模型和多重因素模型。

生意类型 鉴于 β 系数衡量的是公司相对于市场股指的风险,公司业务对于市场情势越是敏感,其 β 值也就越高。因此,假设其他不变,可以想象,周期性公司比非周期性公司具备更高的 β 值。从事住宅建筑和汽车制造的公司,作为两个对经济情势很敏感的行业,应该具备比食品加工和烟草公司更高的 β 值,因为后面两个行业对于经济周期的敏感度相对较低。

这种看法也可推广到公司的产品方面。消费者购买产品的随意性(discretion)会影响到其制造公司。消费随意性很大的制造业公司,由于客户能够推迟或搁置购买,应该比其产品被视为必需品或随意性较低的公司具有更高的 β 值。因此,宝洁(Procter & Gamble)公司的 β 值应该低于古琦(Gucci)公司的 β 值;因为前者销售婴儿尿布和家庭日用品,而后者则制造奢侈品。

经营杠杆系数 公司的经营杠杆系数是其成本结构的函数,通常根据固定成本与总成本之间的关系而定义。相对于总成本而言,固定成本较高的公司被视为经营杠杆程度较大。与生产相似产品但经营杠杆较低的公司相比,经营杠杆较高公司的经营性收入波动会更大。假设其他不变,经营性收入的更大波动会使得经营性杠杆较高公司的 β 值加大。

公司能否改变其经营杠杆呢?一些公司的成本结构虽然取决于所经营的业务(公用动力行业必须建造昂贵的发电厂,民航公司必须租用昂贵的客机),在降低固定成本所占总成本的比重方面,美国诸多公司已愈发具备匠心。例如,它们通过下列途径增进其产品结构的灵活性:

- 签订注重灵活性的雇工合约,使得公司劳动成本更能适应财务状况;
- 签署由它方承担固定成本的合资协议;
- 开展分包或者外包制造业务,旨在降低置办昂贵的厂房和设备之需。

支持此类行动的观点虽然从竞争优势和灵活性角度进行阐述,但它们确实同样能够降低公司的经营性杠杆程度和风险暴露程度。

虽然经营杠杆会影响 β 值,但却不易衡量,至少从局外人的角度来说是这样,因为固定成本和变动成本在收入报表中大多被加总在一起。然而,将公司经营性收入的变化作为销售额变化的函数进行考察,我们大致能够衡量公司的经营杠杆系数:

经营杠杆系数=经营性利润的变化百分比/销售额的变化百分比

如果公司的经营杠杆系数很高,经营性收入变化百分比就应超过销售额变化百分比。

公司的规模、增长和 β 值

通常认为,增长潜力较大的小市值公司的风险超出更大、更稳定的公司。如果我们谈论的是总体风险,这种看法的理由相当明确。但是,如果考察的是市场风险或 β 系数,个中理由就会变得模糊。就软件行业来说,小市值公司的 β 值是否应该高于大公司呢?肯定者的理由在于经营性杠杆。如果存在与基本设施投资和规模经济相关的前置成本(setup cost),小市值公司就会比大公司具有更高的固定成本,进而导致更高的 β 值。

对于增长型公司来说,支持较高 β 值的论点与客户购买其产品的随意性与非随意性相关联。高增长公司若要能够维持其增长率,必须有新的客户采用其产品,而现有客户也需加大其购买量。他们是否如此行事多半取决于对公司产品功效的感觉。这就使得高增长公司的利润愈发依赖于经济形势,从而提高了 β 值。

财务杠杆系数 假设其他不变,财务杠杆系数的提高会加大公司股权的 β 值。可以设想,对于债务的固定利息支付在市场行情有利时可增加收入,而在行情不利时减少收入。较高的杠杆会加大净收入变动的方差,导致公司的股权投资风险加大。如果公司的所有风险均由股东们承担(即,债务的 β 值等于零),[①]债务就可为公司带来缴税方面的好处,因此,

$$\beta_L = \beta_u[1+(1-t)(D/E)]$$

其中,β_L=公司股权的杠杆性 β 值

β_u=公司股权的非杠杆性 β 值(即,公司在没有债务时的 β 值)

t=边际税率

D/E=债务/股权比率(市值)

可以想象,随着杠杆系数的加大(由债务/股权比率所衡量),公司股东承担的市场风

---

① 该式最初由 Hamada 在 1972 年所建立。它具有两种调整形式。一个是忽略税收效应而计算杠杆性 β 系数:

$$\beta_L = \beta_u(1+D/E)$$

再者,若债务包含市场风险(即,它的 β 值大于零),可调整最初公式以兼顾此点。设债务的 β 值为 β_D,股权的 β 系数就可表述为

$$\beta_L = \beta_u[1+(1+D/E)]-\beta_D(1-t)D/E$$

险也会上升，进而加大β值。上式中的纳税因素涵盖了源于利息支付的缴税优惠。

公司的非杠杆性β系数取决于其产品、服务特性（周期性抑或随意性）以及经营杠杆系数。它通常又被称为"资产β系数"，因为它取决于公司所拥有的资产。因此，杠杆性β系数，也是公司股权投资的β系数，取决于公司业务本身的风险和财务杠杆风险。

鉴于财务杠杆会急剧加大基本的业务风险，我们坚信，业务风险很高的公司在采用财务杠杆方面应该慎重其事。同样可以认为，业务稳定的公司应该更为乐意采用财务杠杆。例如，公用事业在历史上一直具有很高的负债率，但β值却并不高，主要因为它们的基本业务一直稳定并且可以预测。

案例8.3 杠杆对于β值的影响：波音公司

根据针对1996—2000年间的回归，波音公司的历史β值为0.56。鉴于回归中采用了波音在同期的股价，首先用债务和股权的市场价值估算它在1996—2000年间的平均债务/股权比率。

$$1996—2000\text{年间的平均债务/股权比率} = 15.96\%$$

该时期的β值体现了这一平均杠杆系数。再估算同期的非杠杆性β系数，使用35%的边际税率，

$$\text{非杠杆性}\beta\text{系数} = \text{当期}\beta\text{值}/[1+(1-\text{税率})(\text{平均债务}/\text{股权比率})]$$
$$= 0.56/[1+(10.35)(0.1556)] = 0.51$$

波音在1996—2000年间的非杠杆性β系数等于0.51。我们可以估算处在不同债务水平上的杠杆性β系数，

$$\text{杠杆性}\beta\text{系数} = \text{非杠杆性}\beta\text{值}/[1+(1-\text{税率})(\text{债务}/\text{股权})]$$

例如，如果波音拟将债务/股权比率提高到10%，其股权β值就将是

（根据10%的D/E）杠杆性β系数 $= 0.51 \times [1+(1-0.35)(0.10)] = 0.543$

如果债务/股权比率提高到25%，则股权β值就将是

（根据25%的D/E）杠杆性β系数 $= 0.51 \times [1+(1-0.35)(0.25)] = 0.59$

下表概述了针对从0%到90%的各种财务杠杆系数的β估计值。

债务/资本	债务/股权	β值	杠杆的影响
0%	0.00%	0.51	0.00
10%	11.11%	0.55	0.04
20%	25.00%	0.59	0.08
30%	42.86%	0.65	0.14
40%	66.67%	0.73	0.22
50%	100.00%	0.84	0.33
60%	150.00%	1.00	0.50
70%	233.33%	1.28	0.77
80%	400.00%	1.83	1.32
90%	900.00%	3.48	2.98

随着波音公司财务杠杆系数的不断提高，β值也在加大。

> *levbeta.xls.* 该电子表格使我们可以估算公司的非杠杆性β值，并将β系数作为公司杠杆系数的函数进行估算。

业务性β系数（bottom-up betas）

把β系数分解为业务风险和财务杠杆等因素，这种做法为我们提供了估算β值的另一种途径；根据这种方法，估计β值时，我们无需关于公司或资产的过往价格记录。

为了建立这一可选方法，需要引入β系数另一个被证明是极具价值的特征，即，若将两种资产合在一起，我们得到的β系数是它们各自β系数的加权均值，而权重以市值为基础。因此，一家公司的β系数是其所有不同业务β系数的加权均值。我们可分五个步骤估算公司的β系数。

步骤1：确定公司所从事的（各种）业务。

步骤2：找到从事上述每一种业务的其他上市公司，得到它们的回归性β值，以便计算这些公司的平均β值。

步骤3：估计每一种业务的平均非杠杆性β值，通过对公司的平均（或中位）β值运用其平均（或中位）债务/股权比率进行非杠杆化。另一方面，还可估算每一公司的非杠杆性β值，然后计算它们的均值。然而，前一种方法更加可取，因为对错误的回归性β值实施非杠杆化可能会加大这种误差。

$$\text{非杠杆性}\beta\text{系数}_{业务} = \beta\text{系数}_{可比公司}/[1+(1-t)(D/E\text{率}_{可比公司})]$$

步骤4：估算所分析公司的非杠杆性β值，采用它的各种业务的非杠杆性β值的均值，以每种业务在公司市值中的比重为权数。倘若无法得到这些数据，则可采用经营性收入或销售额计算权重。这种加权均值就是所谓"递进式非杠杆性β系数"。

$$\text{非杠杆性}\beta\text{系数}_{公司} = \sum_{j=1}^{j=k}(\text{非杠杆性}\beta\text{系数}_j \times \text{价值权数}_j)$$

其中，假设该公司从事 k 种业务。

步骤5：最后，估算公司的债务和股权的市值，并使用由此得到的债务/股权比率估算杠杆性β值。

通过这种方式估算得出的β系数被称为"业务性β系数"。

"业务性β系数"阐释 乍一看来，使用业务性β系数会使我们面临与回归性β系数相关的所有问题。毕竟，业内其他所有上市公司的β值均可从回归中获得。尽管如此，业务性β系数极大地改进了回归性β系数，理由如下：

- 虽然每个回归性β值的估算都有标准误差，但一定数目的回归性β值的均值所含标准误差会大大降低。此点的直观意义很明确。很高的标准误差意味着，β值可能大大高于或低于真实β值。对这些回归性β值实施平均化能够产生比各单个β值更为准确的平均β值。事实上，如果单个公司β值的估算误差互不相关，就可将所能降低的标准误差表示为平均标准误差或β估计值和样本所含公司数目的函数。

$$标准误差_{递进式\beta系数} = \frac{平均标准误差_{可比公司}}{\sqrt{n}}$$

其中,n是样本所含公司数目。因此,如果各软件公司β估计值的平均标准误差为0.50,公司数目为100,β系数的平均标准误差就只有0.05(即,$0.50/\sqrt{100}$)。

- 可以调整业务性β系数,以便体现公司业务结构的实际变化以及预期的未来变化。因此,假设公司在上个星期撤出了很大部分的业务,就可调整业务权重以体现这一撤资行动。同样的论点也适用于收购活动。实际上,在估计未来时期的β值时,还可兼顾到公司在未来开展新业务的战略规划。
- 各公司的确会随着时间而改变债务比率。回归性β系数体现的是公司在回归期内的平均债务/股权比率,业务性β系数使用的则是当期债务/股权比率。如果公司打算今后改变债务/股权比率,则可调整后一种β值以体现这些变化。
- 最后,业务性β系数使得我们再也无须仰仗股价的历史记录。虽然我们确实需要这些价格获得可比公司的β值,但对所分析的公司而言,只需将它分解为各种相关的业务。由此,我们就能够估算私营企业、各业务部门以及刚上市的股票的业务性β系数。

估算的细节　业务性β系数的理念并不复杂,但有一些操作细节值得注意。它们是:
- 可比公司的定义。首先,我们需要确定公司业务的覆盖面。假如考虑一家制作娱乐软件的公司,可把业务定义为"娱乐软件制作",而只把那些主要制作娱乐软件的公司作为可比公司;进一步地,还可将"可比公司"定义为那些在销售额上接近分析对象的娱乐软件制作公司。缩小可比公司范围的好处颇多,但需要一定的代价。关于"可比公司"的定义,每增添一种标准就会减少一定的合适公司的数目,而业务性β系数的最大好处(标准误差减小)也会减弱。因此,常识告诉我们,若有数百家公司从事某种业务,就像软件行业那样,我们的选择面就比较大;若只存在较少的公司,鉴于选择面的缩小,可能需要放宽"可比公司"的定义以便其他公司入围。
- β值的估计。确定了可比公司后,就需估算它们的β值。最理想的方法是针对某个风险分散较为充分的普通股指进行估算,而使用服务机构所提供的各公司β值却比较方便。这些服务性β值可能是针对不同的股指估算得出。例如,若将业务定义为全球性电信业务,我们可从彭博公司得到那些国际电信公司的β值,它们都是针对当地的股指估算得出。这一点通常并非关键,尤其在样本很大时,因为估算误差通常会相互抵消。
- 均值的计算。计算同业公司平均β值有三种方法。首先,可以使用公司市值加权平均法,但会加剧前述标准误差问题,尤其在样本含有一两家很大的公司之时。再者,可以估算这些公司的简单均值,而对所有的β系数赋予相同权重。这种做法会(相对于市值)夸大样本中最小市值公司的重要性,但也可使标准误差降到最低。最后，如果实施平均化的数据（β值和债务/股权比率）包含大量极端值（outlier），可使用它们的中位值（median values）。
- 差异的控制。在使用可比公司的β值时，我们其实假设，业内所有公司面临同样程度的风险，具有相同的经营性杠杆系数。请注意，β系数的杠杆化和非杠杆化过程使得我们可以控制各公司在财务杠杆（成本结构）、经营性杠杆上的差异。为此，我们需要估算业务的β值，再根据非杠杆性β值确定经营性杠杆的影响：

$$业务的\beta值 = 非杠杆性\beta值 / [1 + (固定成本/变动成本)]$$

需要注意的是，它类似于财务杠杆的调整过程；唯一的差别是，固定成本和变动成本都可获得税收减免，故税率不再构成问题。对这种业务性β值进行再度杠杆化（relevered），可以把握各公司在经营性杠杆系数上存在的差异。

现金和β值

关于业务性β值的估算，我们提出了一个两步骤过程：使用每种业务的行业平均β值，估算所分析公司各种业务的加权平均β值，然后再调整它的债务/股权比率。

实施这些调整时，可能遇到的问题是，公司很大部分的资产是现金。现金属于风险近乎为零的流动性投资，其β值应该为零。那么，估算过程何时会涉及现金呢？需要注意的有两处。首先，在估算业内平均β值时，我们提出对业内平均回归性β系数实施非杠杆化，使用业内平均债务/股权比率和边际税率。因此，如果平均杠杆性β值为1.30，平均债务/股权比率为50%，平均税率为40%，则可估得娱乐业的平均非杠杆性β值等于1。

$$非杠杆性\beta值 = 1.30/(1+(1-0.40)(0.50)) = 1.00$$

然而，这只是业内各公司的非杠杆性β值，而这些公司的部分价值源于现金。不妨假设设娱乐业公司的平均现金比率为10%，可对业内非杠杆性β值本身作如下估算：

$$娱乐业非杠杆性\beta值(0.90) + 现金\beta值(0.10) = 1.00$$

代入等于零的现金β值，就可得到娱乐业业务的β值：

$$娱乐业非杠杆性\beta值 = 1.00/0.90 = 1.11$$

我们称它为"行业β系数"。针对现金完成调整，就可用它计算业务性β系数。

需要注意现金问题的第二个地方是在计算公司的业务性β值时。为了估算诸如波音公司经营性资产的业务性β值，我们采用航天业和国防制造业针对现金作出了调整的两个非杠杆性β值的加权均值。我们将用它计算股权成本和资本成本。我们把现金持有量作为单独一种资产引入，设其β值等于零。这一β值将运用于波音公司所有资产和股权。从而，每一个β都在估价中得到了运用。

🖯 betas.xls：该网上的数据集包含了美国各行业的最新β值和非杠杆性β值。

案例8.4　估算Vans Shoes公司的业务性β值：2001年1月

Vans Shoes是一家鞋业制造商，市值为1.91亿美元。为了估算它的业务性β值，考虑下表中所有的上市鞋业制造公司：

公司名称	β值	D/E(市值)	税率	固定成本/变动成本
Barry(R.G.)	1.00	40.51%	36.89%	75.66%
Brown Shoe	0.80	106.64%	37.06%	61.41%
Candie's Inc.	1.20	75.86%	0.00%	29.78%
Converse Inc.	0.60	653.46%	0.00%	39.64%
Deckers Outdoor Corp.	0.80	82.43%	0.00	62.52%
Florsheim Group Inc.	0.65	96.79%	32.47%	79.03%
K-Swiss Inc.	0.65	0.69%	40.94%	56.92%
Kenneth Cole 'A'	1.05	0.29%	39.50%	56.97%
LaCrosse Footwear Inc.	0.55	81.15%	39.25%	30.36%
Maxwell Shoe Inc.	0.75	2.24%	33.28%	20.97%
Nike Inc. 'B'	0.90	9.47%	39.50%	46.07%
Reebok Int'l.	1.05	171.90%	32.28%	35.03%
Rocky Shoes & Boots Inc.	0.80	93.51%	0.00%	26.89%
Saucony Inc.	0.15	34.93%	31.11%	49.33%
Shoe Carnival	0.85	2.18%	39.97%	35.03%
Stride Rite Corp.	0.80	0.00%	36.80%	48.23%
Timberland Co. 'A'	1.10	15.23%	32.00%	49.50%
Vulcan Int'l	0.65	3.38%	5.61%	11.92%
Wellco Enterprises Inc.	0.60	48.89%	0.00%	11.52%
Weyco Group	0.30	11.91%	35.74%	24.69%
Wolverine World Wide	1.35	44.37%	32.62%	32.31%
(简单)均值	0.79	75.04%	25.95%	42.08%
Vans Shoes		9.41%	34.06%	31.16%

除了各公司的β值，上表还报告了市场债务/股权比率、有效税率和经营性杠杆系数；后者是通过把（视为固定的）"销售总务管理支出"(selling, general and administrative expenses, SG&A)除以（视为可变的）其他经营性支出而得出。运用这些数据的均值，可对业务的非杠杆性β值做如下估算：

$$\text{平均}\beta\text{值} = 0.79$$

$$\text{平均债务}/\text{股权比率} = 75.04\%$$

使用等于25.95%的平均税率，可以估算非杠杆性β值：

$$\text{非杠杆性}\beta\text{值} = 0.79/[1 + (1 - 0.2595)0.7504] = 0.5081$$

使用公司34.06%的边际税率和9.41%的债务/股权比率，可得到Vans Shoes的β值：

$$\text{杠杆性}\beta\text{值}_{\text{Vans}} = 0.5081/[1 + (1 - 3406)0.0941] = 0.5397$$

这一杠杆性 β 值的隐含前提是,所有鞋业制造公司都具备相似的经营杠杆系数。事实上,我们可以根据这种业务的平均固定成本/变动成本比率调整非杠杆性 β 值,然后再根据 Vans Shoes 的经营杠杆系数进行杠杆化。

$$\text{平均固定成本}/\text{变动成本比率} = 42.80\%$$

$$\text{业务}\beta\text{值} = \text{非杠杆性}\beta\text{值}/(1 + \text{固定成本}/\text{变动成本})$$

$$= 0.508\ 1/1.420\ 8 = 0.357\ 6$$

然后,根据 Vans 等于 31.16% 的固定成本/变动成本比率,可以估算经过调整的非杠杆性、杠杆性 β 值。

$$\text{非杠杆性}\beta\text{值}_{\text{Vans}} = 0.357\ 6(1 + 0.311\ 6) = 0.469\ 1$$

$$\text{杠杆性}\beta\text{值} = 0.469\ 1[1 + (1 - 0.340\ 6)0.094\ 1] = 0.498\ 1$$

因为债务/股权比率和经营杠杆系数都低于行业均值,Vans Shoes 的 β 值最终远远低于行业均值。

案例 8.5 估算波音公司的业务性 β 值:2000 年 9 月

过去五年间,波音公司的业务类型和财务杠杆状况发生了重大变化。它收购了罗克韦尔和麦道两家公司,从而在国防产品制造业确定了其重要地位。但是,为了完成这些收购,它的借款量巨大。鉴于这些事件已然发生,历史的回归性 β 值无法充分体现这些变化的各种效应。为了估算波音在 2000 年的 β 值,把它的业务分解成两个部分:

1. 商用飞机,属于波音在商用喷气机制造领域的核心业务,并提供相应的维修服务。
2. 信息、航天和国防系统(ISDS),包括军用飞机、直升机和导弹系统的研究、开发、制造和维修。

两个业务部门的风险特征差别甚大,各自非杠杆性 β 值是通过考察其可比公司情形估算得出。下表总结了这些估计值(以百万美元计)。

部门	销售额	业务部门 价值/销售额比率	价值估计	非杠杆性 β 值	部门 权重	加权 β 值
商用飞机	26 929	1.12	30 160	0.91	70.39%	0.640 5
ISDS	18 125	0.70	12 688	0.80	29.61%	0.236 9
Boeing	45 094		42 848		100.00%	0.877 4

在商用飞机制造业务方面,波音没有可比公司。我们考察波音自身在扩展到国防产品业务之前的 β 值,用它计算非杠杆性 β 值。对于 ISDS,我们使用 17 家公司的数据,因为它们很大部分的销售额来自国防产品合同。我们先估算这些公司的平均 β 值和平均债务/股权比率,再用它们计算非杠杆性 β 值。使用各部门的销售额①和某个典型的收入乘数②估算其价值。采用两个部门 β 值的加权均值,便可得出整个波音公司在 2000 年的非

---

① 注意,波音公司在财务报表中把业务分解成这两个部分。我们也可使用经营性收入或 EDITDA 以及某个常用乘数得出这一价值。

② 为估算这些乘数,我们考察各上市公司相对于其收入的公司市值。这就是企业价值/收入比率。

杠杆性β值。它在最后一列显示为0.8774。

然后,运用波音在2000年的债务/股权比率估算股权β值。把550.2亿美元的股权市值与78.5亿美元的债务市值相结合,运用35%的公司税率,就可得出波音的β值。

$$波音的股权\beta值 = 0.8774[1+(1-0.35)(7.85/55.2)] = 0.9585$$

虽然它与根据回归法得到的历史β值(0.56)相去甚远,但可认为,它更为确切地反映出了波音公司在2000年所面临的风险。

案例8.6　估算Titan Cement公司的业务性β值：2000年1月

为了估算Titan Cement公司的β系数,我们先把"可比公司"定义为希腊的其他水泥公司,但只找到了一家。为此,再把目光拓宽到整个欧洲的水泥公司,则样本增至9家公司。鉴于并无理由把目光局限在欧洲,我们在全球范围内求解各水泥公司的平均β值。由此得到的样本有108家公司,平均β值为0.99,平均税率为34.2%,平均债务/股权比率为27.06%。根据这些数据,可得到等于0.84的非杠杆性β值:

$$非杠杆性\beta值 = 0.99/[1+(1-0.342)(0.2706)] = 0.84$$

然后,运用Titan公司的股权市值(56 695万希腊德拉克马)和债务市值(1338万希腊德拉克马),可估算其股权的杠杆性β值如下:

$$杠杆性\beta值 = 0.84[1+(1-0.2414)(13.38/566.95)] = 0.86$$

其中,假设Titan公司的边际税率为24%。

β值扩散状况如何？

分析在小型或新兴市场中的公司,为估算β系数,通常必须借鉴从事相同业务而在其他市场上市的公司。这正是我们在估算Titan Cement公司的β值时所为。此举是否恰当呢？美国的钢铁公司β值能够与印度尼西亚的钢铁公司β值相比较吗？我们认为完全可行。然而,也许有人会提出质疑,毕竟印度尼西亚公司面临的风险要大得多。我们完全同意这一点,但使用相似的β值并不意味着我们相信所有钢铁公司的β值都相等。其实使用前一章所述方法估算的印度尼西亚公司股权成本的风险溢价将包含国家风险,而美国公司的股权成本则不会如此。因此,即使两家公司所用的β值相同,印度尼西亚公司的股权成本也会高出许多。

关于上述命题有两个例外,不妨回顾一下。决定β值的关键因素之一是产品或服务的消费随意程度。完全可能的是,在某个市场上消费随意性较高的产品或服务(故而β值较高)在其他市场上可能是不可或缺的(故而β值较低)。例如,电话服务在大多数发达市场属于必备产品,在诸多新兴市场却未必如此。因此,用发达市场电信公司的β值将会低估新兴市场电信公司的实际β值。对于后一类公司的β值,可比公司就应该仅只局限于新兴市场的电信公司。

计算重大重组后的β值　对于某些经历了重大重组的公司,鉴于其业务类型和杠杆系数的变化，我们可用递进式方法估算其β值。在此类情形中，回归性β值带有误导性，因为无法充分体现这些变化的各种效应。相对于用公司股价回归法得出的历史β值，以递进式方法估算的波音公司的β值或许更加准确，因为波音收购了罗克韦尔和麦道两家公司，导致杠杆系数加大。其实，即便在完成重组之前，也可使用递进式方法估算公司的β值。例如，案例8.7分别估算了波音收购麦道公司前夕和随后的β值，兼顾了它在业务类型和杠杆状况的变化。

案例8.7 完成收购后的公司β值：波音和麦道公司

1997年，波音公司宣布，它将收购麦道公司，即航天和国防产品制造业的另一家公司。在收购之际，两家公司市值和β值如下所列（金额单位百万美元）：

公司	β	债务	股权	公司价值
波音	0.95	3 980	32 438	36 418
麦道	0.90	2 143	12 555	14 698

请注意，两家公司的股权市值体现的是宣布收购后的市值，以及商定的麦道公司股份收购价。

为评估收购对波音公司β值的影响，首先考察收购对整合后（combined）公司风险造成的影响。首先估算两家公司的非杠杆性β值，再计算整合公司的非杠杆性β值（针对两家公司均使用35%的税率）。

$$非杠杆性\beta值_{波音} = 0.95/[1+(1-0.35)(3\ 980/32\ 438)] = 0.88$$

$$非杠杆性\beta值_{麦道} = 0.90/[1+(1-0.35)(2\ 143/12\ 55)] = 0.81$$

整合公司的非杠杆性β值可以估算为两个非杠杆性β值的加权均值，权重则是两家公司的市值。

$$整合公司的非杠杆性\beta值 = 0.88(36\ 418/51\ 116) + 0.81(14\ 698/51\ 116) = 0.86$$

波音对于麦道的收购借助发行新股而完成，涵盖了麦道125.55亿美元的股权。因为实施这笔新交易时未曾举债，收购后公司未偿债务也正好是两家公司先前的债务之和。

债务 = 麦道的原有债务 + 波音的原有债务 = 3 980 + 2 143 = 61.23（亿美元）

股资 = 波音的原有股权 + 麦道的原有股权 = 32 438 + 12 555 = 449.93（亿美元）

因此，可计算债务/股权率如下：

$$D/E率 = 6\ 123/44\ 933 = 13.61\%$$

这一比率，结合整合公司新的非杠杆性β值，可得到新的β值：

$$新的\beta值 = 0.86[1+(1-0.35)(0.136\ 1)] = 0.94$$

会计性β系数

第三种方法是，根据会计盈利而不是股票交易价估算市场风险参数。为此，可将行业或公司盈利的季度或年度变化与同期市场盈利的变化相联系，得到用于CAPM的会计性β值。这种方法虽较为简便，但容易产生三个问题。第一，由于会计师把支出和收入摊销在多个时期,相对于公司的基本价值会计盈利通常会被平均化(smoothed out)。这一点尤其会导致风险较高公司的 β 值出现"下偏",而较安全公司的 β 值则会"上偏"。换句话说,若使用会计数据,所有公司的 β 值都可能向 1 靠近。

第二,会计盈利会受到各种非经营性因素,诸如折旧或存货计算方式的变化,以及公司支出在部门层级分配方式的影响。最后,会计盈利的衡量最多以季度为单位,通常以年份为单位。这就会造成用于回归分析的观察值有限,解释力不强(R^2 值较小而标准误差很大)。

案例 8.8　估算会计性 β 值:波音公司的国防产品部门,1995 年

在国防产品制造业经营数十年,波音公司具备完整的盈利记录。下表呈现了从 1980 到 1994 年间的波音公司在国防产品制造业务上的盈利情况,以及 S&P 500 股指中其他公司的盈利变化情况。

年份	S&P 500	波音的国防产品制造业务	年份	S&P 500	波音的国防产品制造业务
1980	-2.10%	-12.70%	1988	41.80%	18.81%
1981	-6.70%	-35.36%	1989	2.60%	-29.70%
1982	-45.50%	27.59%	1990	-18.00%	-40.00%
1983	37.00%	159.36%	1991	-47.40%	-35.00%
1984	41.80%	13.11%	1992	-64.50%	10.00%
1985	-11.80%	-26.81%	1993	20.00%	-7.00%
1986	7.00%	-16.83%	1994	25.30%	11.00%
1987	41.50%	20.24%			

版权 2001 属 Bloomberg L.P.。经允许重印。版权所有。

将国防产品部门的利润变化(Δ 盈利$_{国防产品}$)针对 S&P 500 股指的利润变化(Δ 盈利$_{S\&P}$)实施回归,可得到下列结果:

$$\Delta 盈利_{国防产品} = -0.03 + 0.65 \Delta 盈利_{S\&P}$$

从这一回归式可看出,国防产品部门的 β 值为 0.65。

☞ *accbeta.xls*. 该电子表格使我们可以估算公司或行业的会计性 β 值。

🌐 *spearn.xls*:该网上的数据集包含了 S&P 500 从 1960 年起的历年盈利变化。

市场性、业务性和会计性 β 值:采用哪一个?

对于大多数上市公司,我们均可运用会计数据、市场数据或递进式方法估算 β 值。鉴于运用这三种方法得到的 β 值不会相等,我们应采纳哪一个呢?出于前述所有理由,我们大多不会采用会计性 β 值。同样,对于单个公司,我们也不太乐于使用历史性市场 β 值,因为它包含的标准误差、当地股指的缺陷(就像大多数新兴市场的情形那样),加上这些回归无法体现公司业务结构和财务风险重大变化所造成的影响。我们认为,出于三点理由,业务性 β 值能够提供最优的 β 估计值:

1. 它使我们能够考察业务结构和财务结构的变化,即便是在变化发生之前。
2. 它使用了大量公司的平均 β 值,后者的噪声通常小于单个公司 β 值。
3. 它使我们能够估算公司特定业务的 β 值,这对投资分析和估价都有用处。

衡量国家风险暴露程度(λ 系数)

第 7 章引入了"国家风险暴露"这一概念和 λ 系数,后者衡量的是公司面临国家风险的程度。在此,我们打算直观地考察决定这种暴露程度的因素有哪些,以及如何最为恰当地估算 λ 值。公司的国家风险暴露程度受到经营活动几乎各个方面的影响。首先是工厂区位和客户身份,然后是签署合同所用币种、管理汇率风险暴露的状况。然而,此类信息许多属于外部估价者难以获得的公司内部信息。从实际操作角度看,可用下列三种方法之一估算 λ 值。

- **收入分解**。估计 λ 值的最简单方法是,使用公司在某个国家所得收入的比例,将它同该国普通公司的收入比例相对照:

$$\lambda = \frac{\text{在一国的收入比例}_{\text{公司}}}{\text{在一国的收入比例}_{\text{普通公司}}}$$

不妨考虑 Embraer,巴西一家航天公司。在 2008 年,其收入的大约 9% 出自巴西。假如普通巴西公司在该国获得的收入比重为 60%,则可转换得到等于 0.15 的 λ 值(即,0.09/0.60)。请注意,在 Embraer 公司余下收入中,如果还有出自风险较大的其他新兴市场的部分,同样也需要估算 λ 值。

- **回归与国债**。估算 λ 值的第二种方法是,将新兴市场上每家公司的股票报酬率针对该国国债收益率实施回归。这就等于假设,该国国债报酬率体现了国家风险的变化。若国家风险降低,国债价格上涨;反之则相反。在实施这种回归时,还需衡量某一公司股价对于国家风险看法之变化的敏感性。例如,用 2006—2008 年间 Embraer 公司股价对巴西政府的美元债券实施回归,可得到 0.27 的斜率值(λ 值)。通俗地说,每当债券收益率发生 1% 的变动,Embraer 报酬率就会变动 0.27%。这就是适用于 Embraer 公司的巴西 λ 估算值。

λ 系数:值得如此费心吗?

使用 λ 系数的直接理由是,估算公司的风险暴露程度应该根据其业务所在地区而非公司所在地区。因此,如果某个新兴市场公司的大量收入源自发达市场,该公司的风险暴露程度就应低于其所在新兴市场的国家风险。同理,如果某个发达市场公司的大量收入来自新兴市场,它的股权成本就会因为面临更大风险而加大。

话虽如此,我们通常难以获得估算 λ 值所需要的信息。公司的 λ 值不仅取决于它从哪里获得收入,而且取决于它在哪里从事生产,以及它运用金融衍生品和针对国家风险进行常规投保的程度。就大多数公司而言,关于这些数据的信息要么不全要么缺乏。因此,估算 λ 值所带来的效益有可能被估算值所带来的标准误差所抵消。对于收入暴露程度与市场上其他公司相似的公司而言,有理由继续采纳使用 β 值衡量风险的标准方法。但是,在下列两种情况下,我们需使用 λ 值。

1. 在主要发达市场上暴露程度极高的新兴市场公司。在几乎所有的新兴市场上,都有一些在那里成立却在其他地方产生大量收入的公司。印度的塔塔咨询服务公司和巴西的 Embraer 公司都是很好的例子。它们在本国市场上所得收入不超过 10%。就这些公司而言,我们预计其针对当地市场的 λ 值会比较低,即它面临本国风险的程度较低。

2. 在风险性新兴市场获得大量收入的发达市场公司。请注意,问题的症结不在于公司从国外市场获得收入本身,而是因为它是从政治、经济风险很大的市场获得的收入。例如,雀巢和可口可乐两家公司均属于发达市场公司,但却从亚洲和拉丁美洲获得大量收入。对于这些公司,我们应该针对其在新兴市场的额外风险暴露调整它们的股权成本。

8.1.2 从股权成本到 β 系数

在第 7 章,我们估算了无风险利率和风险溢价,而本章则估算了 β 值。现在,我们就可以估算投资于任何一家公司股权的期望报酬率。根据 CAPM,这种期望报酬率可表示为

$$期望报酬率 = 无风险利率 + \beta 系数 \times 期望风险溢价$$

其中,无风险利率是长期政府债券利率;β 系数则可以是前述的历史性、基本性或会计性 β 系数;而风险溢价则可是历史的或者隐含的溢价。

根据套利定价模型和多重因素模型,可将期望报酬率表示为

$$期望报酬率 = 无风险利率 + \sum_{j=1}^{j=n} \beta_j \times 风险溢价_j$$

其中,无风险利率是长期政府债券利率;β_j 系数是相对于因素 j 的 β 值,根据历史数据或基本因素估算得出;风险溢价 j 则是相对于因素 j 的风险溢价,使用历史数据估算得出。

给定其风险的公司股权的投资报酬率,对于公司股东和管理者都有一定的意义。对股东而言,它是他们需要赢取的用于补偿其投资于公司股权之风险的利润率。作出投资分析后,如果觉得无法得到这一报酬率,他们就不会进行这项投资;另一方面,如果觉得能够获得更高的报酬率,他们就会进行这项投资。对公司经理而言,这是投资者为保持盈亏平衡所要求的报酬率,为了挽留投资者而避免生变,这也就是经理们必须努力交付给投资者的报酬率。因此,这就构成了他们的项目必须达到的最低股权报酬水平,也就是公司的股权成本。

案例 8.9 估算波音公司的股权成本:2000 年 12 月

现在,有了基于递进式估算法得出的波音公司 β 值 0.958 5,我们就可以估算它的股权成本。为此,要用到等于 5% 的当期国债券利率和 5.5% 的历史性风险溢价。

$$股权成本 = 5.00\% + 0.958\,5(5.51\%) = 10.28\%$$

关于这一估算值,需要注意两点。第一,如果选择使用 2000 年 12 月 31 日的隐含股权溢价,约为 2.87%,股权成本会大大降低(参见第 7 章)。

$$股权成本 = 5.00\% + 0.958\,5(2.87\%) = 7.75\%$$

第二,我们没有考虑波音公司业务所面临的新兴市场风险程度。如果程度极高,我们就应把国家风险溢价添加到股权成本估算值中。

案例 8.10 估算 Embraer 公司的股权成本,2008 年 3 月

Embraer 公司是巴西的一家航天公司。为估算其股权成本,首先估算全球各家航天公司的非杠杆性 β 值。

$$各航天公司的非杠杆性\,\beta\,值 = 0.75$$

分析之际,Embraer 的债务/股权比率为 26.84%,[①] 使得该公司(巴西的边际税率为 34%)的杠杆性 β 值为

$$Embraer\,的杠杆性\,\beta\,值 = 0.75[1 + (1 - 0.34)(0.268\,4)] = 0.88$$

为使用美元估算其股权成本,我们从分析时的国债券利率 3.8% 着手,并且需将巴西的国家风险因素结合到风险溢价中。使用第 7 章所述方法,可估算得出 2008 年 3 月的巴西国家风险溢价为 3.66%;巴西在当时的违约息差为 2.00%,Bovespa 股指的波动率约为巴西政府债券的 1.83 倍。结合当时针对美国估算的 4% 的成熟市场风险溢价,可得到 10.54% 的股权成本。

$$\begin{aligned}Embraer\,的股权成本 &= 3.8\% + 0.88(4.00\% + 3.66\%)\\ &= 10.54\%\end{aligned}$$

关于这一估算值,同样需要提及几点。第一,随着巴西市场趋于成熟和国家风险降低,可以预计这一股权成本也会有所变化。第二,我们假设 β 值衡量了公司的国家风险暴露程度。像 Embraer 这样从巴西以外获得大量收入的公司可以提出,它的国家风险暴露度较低。在前一小节,我们引入了"λ 系数"这一概念,得到了关于 Embraer 的两个估算值:使用收入风险暴露度得到的 0.15,通过将 Embraer 股票报酬率针对巴西美元债券进行回归而得到的 0.27。我们拟用后者计算股权成本,

$$\begin{aligned}以美元计算的股权成本 &= 无风险利率 + \beta\,值(成熟市场风险溢价) + \lambda\,值(国家风险溢价)\\ &= 3.8\% + 0.88(4.00\%) + 0.27(3.66\%) = 8.31\%\end{aligned}$$

最后一点是,可将以美元计算的股权成本转换为以名义巴西里亚尔(BR)表示的股权成本,只需简单地考虑到巴西和美国的通货膨胀差额。例如,如果巴西的预期通胀率为 6%,美国预期通胀率为 2%,根据名义 BR 表示的股权成本就是

$$股权成本_{名义BR} = (1 + 股权成本_{美元})(通胀率_{巴西} / 通胀率_{美国}) - 1$$

---

① 在此估算中,我们使用了债务总额。本章稍后将讨论使用各种债务净额率(从债务中扣除现金)的不同估算法。

$$= (1.0831)(1.06/1.02) - 1 = 12.56\%$$

我们其实隐含地假设全球范围内的BR无风险利率与这种方法一致,而风险溢价会针对通货膨胀作出同比调整。另一种方法是从头开始估算股权成本,从名义BR无风险利率着手(它在分析时等于8%),再加上前述风险溢价,

$$股权成本_{名义BR} = 无风险利率 + \beta 值(成熟市场风险溢价) + \lambda 值(国家风险溢价)$$
$$= 8\% + 0.88(4.00\%) + 0.27(3.66\%) = 12.51\%$$

从上式中减去无风险利率就得到真实的股权成本。因此,如果假设真实无风险利率为1.5%(针对通货膨胀调整的TIPS债券的利率),真实的股权成本就是

$$股权成本 = 1.5\% + 0.88(4\%) + 0.27(3.66\%) = 6.01\%$$

股权成本和小市值公司溢价

第6章提供了有关小市值公司溢价的证据,即,给定相同的β值,小市值股票的报酬率要超过大市值股票。小市值公司溢价的幅度和持续性被看作是CAPM低估了那些较小市值公司的风险的证据,因为完全根据CAPM的β值估算得出的这些公司的股权成本过低。因此,有些分析者认为,应该在较小市值公司的股权成本估计值上添加一定的溢价。因为小市值股票的报酬率在过去数十年间要比大市值股票高出大约4%,可以认为,它是关于小市值公司溢价的合理估算值。例如,为了估算β值等于1.2的小市值股票股权成本(假设无风险利率为3.5%,市场风险溢价为4%),我们可作下列估算:

$$小市值股票的股权成本 = 无风险利率 + \beta 值 \times 市场风险溢价 + 小市值公司溢价$$
$$= 3.5\% + 1.2 \times 5\% + 4\%$$
$$= 13.5\%$$

关于这种方法,我们提出四点意见。第一,它开启了一扇门,可以对股权成本实施一系列调整,以便体现第6章所罗列的各种无效性问题。例如,我们可以估算低市盈率公司的溢价、低市账率公司的溢价以及高股息报酬率公司的溢价,再把它们加到股权成本上。如果我们的估价目标在于发掘市场的误差,那么,这些根据"市场最初在其评估时是正确的"先验假设进行操作的做法本身就是错误的。第二,结合小市值公司溢价的更好方法是,确定溢价的成因,然后再构建更加直接的风险尺度。不妨假设,相对于较大的竞争者而言,小市值股票的更高风险源于这些公司更高的经营杠杆系数。我们可针对经营杠杆系数调整β值(正如在前面几页针对Vans Shoes公司所为),即对于小市值公司使用更高的β值。第三,根据历史数据估算的4%的小市值溢价包含了很大的标准误差(约为2%)。因此,难以断定真实的小市值溢价究竟是8%还是0%。第四,即使我们的公司在今天是小市值公司而应获得小市值溢价,同样可以设想公司的高增长率最终将使它成为大市值公司。因此,可以想象,小市值溢价会随着时间而消失。

8.2 从股权成本到资本成本

股权无疑是每个公司融资组合中不可或缺的成分,但并非唯一的成分。大多数公司多少都运用债务,或者运用股权-债务相结合的某种证券实施融资。这些融资来源的成本与股权成本通常相差很大,而公司融资成本同样也应该根据它们在融资结构中的比例体现它们的成本。通俗地说,资本成本是不同融资因素的加权平均成本,包括债务、股权和各类混合证券在内。本节考察如何估算除了股权以外的其他融资成本,以及计算资本成本的权重问题。

8.2.1 估算资本成本

债务成本衡量的是公司项目借贷资金的当期成本。大致而言,它取决于下列变量:

- 无风险利率。随着无风险利率的提高,公司债务成本也会增加。
- 公司的违约风险(以及相关的违约息差)。随着公司违约风险的加大,借款成本也会提高。第 7 章考察了违约息差将如何随着时间和期限的不同而变化。
- 与债务相关的缴税优惠。鉴于利息可以免税,债务的税后成本取决于税率。利息支付带来的缴税优惠使得债务的税后成本低于税前成本。进一步地,这种效益会随着税率的提高而增加。

$$税后债务成本 = 税前债务成本(1-税率)$$

本小节专门考察如何最恰当地衡量公司违约风险,以及把违约风险转换为计算债务成本所需要的违约息差。

估算公司的违约风险和违约息差

估算债务成本时的最简单情形是,公司发行了获得广泛交易的长期债券。债券的市场价格,与它的息票和期限相结合,可用于计算作为债务成本的收益率。例如,这种方法适用于那些发行了数十种流动和交易都很频繁之债券的公司。

某些公司发行的债券并未按照固定的途径获得交易。鉴于这些公司大多会获得评级,我们可以借助评级估算其债务成本和相应的违约息差。因此,可以想象,级别为 A 的公司债务成本要比国债利率大约高出 1.00%,因为这正是 AA 级公司[①]通常支付的息差。

许多公司选择不参与评级,较小的公司和私营企业就属此列。虽然评级机构在许多新兴市场上纷纷涌现,仍有一些市场的公司未能根据违约风险获得评级。如果没有评级可以帮助估算债务成本,我们有两种选择。

---

① 原文如此,当为 A 级公司之误。——译者注

1. 近期的借款记录。许多未获评级的公司同样从银行和其他金融机构借款,考察公司最近的借款,可以大致判断对它所要求的违约息差,再用这些息差估算债务成本。

2. 估算模拟性(synthetic)评级。另一种方式是借助于评级机构的作用,根据公司的各种财务比率赋予它某一等级。为实施这种评估,我们从那些获得评级的公司入手,考察在每一等级中各公司的共同财务特征。例如,表 8.1 列出了,在 S&P 的每一评级中,小型(市值低于 50 亿美元)非金融服务公司的利息覆盖率。[①]

表 8.1 利息覆盖率和评级:小市值公司

利息覆盖率	等级	违约息差	利息覆盖率	等级	违约息差
大于 12.5	AAA	0.50%	2.5 到 3	B+	3.75%
9.5 到 12.5	AA	0.65%	2 到 2.5	B	5.00%
7.5 到 9.5	A+	0.85%	1.5 到 2	B−	5.25%
6 到 7.5	A	1.00%	1.25 到 1.5	CCC	8.00%
4.5 到 6	A−	1.10%	0.8 到 1.25	CC	10.00%
3.5 到 4.5	BBB	1.60%	0.5 到 0.8	C	12.00%
3 到 3.5	BB	3.35%	小于 0.5	D	15.00%

原始数据来源:Capital IQ,BondsOnline.com

现在考虑一家未获得评级但利息覆盖率为 6.15 的小公司。根据这一比率,公司可获得等于 A 的模拟性等级。把 1.00% 的违约息差加到无风险利率上,就可得到其税前债务成本。

针对任何一个等级,较大(市值超出 50 亿美元)公司的利息覆盖率通常会较低。表 8.2 列出了这些比率。

表 8.2 利息覆盖率和评级:大市值公司

利息覆盖率	等级	违约息差	利息覆盖率	等级	违约息差
大于 8.5	AAA	0.50%	1.75 到 2	B+	3.75%
6.5 到 8.5	AA	0.65%	1.5 到 1.75	B	5.00%
5.5 到 6.5	A+	0.85%	1.25 到 1.5	B−	5.25%
4.25 到 5.5	A	1.00%	0.8 到 1.25	CCC	8.00%
3 到 4.25	A−	1.10%	0.65 到 0.8	CC	10.00%
2.5 到 3	BBB	1.60%	0.2 到 0.65	C	12.00%
2 到 2.5	BB	3.35%	小于 0.2	D	14.00%

原始数据来源:Capital IQ,BondsOnline.com

还可拓展这种方法,以便考虑到多个比率和定性的变量。一旦估出了模拟性等级,就可用它估算违约息差。把后者添加到无风险利率上,我们就可得到公司的税前债务成本。

---

① 该表在 2011 年上半年经过了更新,列出了市值低于 50 亿美元的所有获得评级的公司及其利息覆盖率,并且根据债券评级对各公司进行分类。此外,它对覆盖范围作了调整,以便消除极端值和避免出现重叠的情形。

模拟性评级方式的扩展

如果仅仅凭借利息覆盖率实施评级,我们有可能错失评级机构所用其他财务比率包含的信息。因此,可以推广这种方法而结合其他比率。第一步是建立一个以各种比率为基础的评分方式。例如,"Altman Z 评分法",它被用作违约风险的代理变量,取决于五个财务比率;通过对这些比率进行加权而得到 Z 分数。所用比率和相对权重的估算通常是借助考察过去的违约情形进行。第二步是把这种分数水平与债券评级相联系,它与表 8.1 和表 8.2 的内容相当接近,但需加上利息覆盖率。

然而,需要注意的是,复杂性需要付出一定的代价。与那些以利息覆盖率为基础的评级相比,评分或 Z 分数虽可提供更好的模拟性评级,源于这些评分的评级变化却比前者远为不易加以解释。这就是我们为何倾向于使用虽有缺陷但却比较简单的利息覆盖率评级方式的理由。

估算税率

为了估算税后债务成本,我们需考虑公司利息支出可获得税收豁免这一事实。尽管计算相当简单,也就是把税前成本乘上(1-税率),但是使用何种税率的问题却颇费思量,因为存在很多选项。例如,各公司通常会报告有效税率(effective tax rate),通过把应付税率除以应税收入(taxable income)而得出。但是,有效税率与边际税率或法定税率通常相去甚远,后者是针对最后一美元收入的税率。因为利息支付使得我们可在边际意义上节省税款(它们可从最后一美元的收入中扣除),采用边际税率比较合适。

还需注意的是,只有当公司收入足以弥补利息支出时,利息才有税收节省效应。亏损者的利息支出无法获得这种效益,至少在亏损年份如此。对它们来说,债务的税后成本也就是税前成本。如果预计公司能在未来年份扭亏为盈,则需针对那些年份调整税后债务成本。

第 10 章将回到这个议题。是时,在考察税后现金流的框架内,我们将更加深入地分析这个问题。

案例 8.11 估算波音公司的债务成本,2000 年 12 月

波音公司被 S&P 评级机构评为 AA 级。运用 AA 级公司在 2000 年 12 月的典型违约息差,可以估算波音的税前成本,即,把 1.00% 的违约息差[①]添加到 5% 的无风险利率上。

$$税前债务成本_{实际评级} = 5\% + 1\% = 6\%$$

波音的有效税率为 27%,但在估算其税后债务成本时,我们使用 35% 的边际税率。

$$税后债务成本 = 6.00\%(1-0.35) = 3.90\%$$

请注意,我们将把这一税后债务成本添加到波音的债务总成本上,包括短期和长期债务在内。尽管这看似有些不公允,因为波音原本能够以更低的利率实施短期借贷,我们其

[①] 违约息差可从 2000 年的评级-息差表中获得。

实假设,短期债务的滚动(rollover)成本接近长期债务成本。进一步地,我们无意在分析时使用较低的资本成本,因为这意味着对那些持有短期债务的公司给予了系统性奖赏。

有关评级的最后一点是,评级机构会对各次债务发行和整个公司实施评估。用于税前债务成本的评级应该是公司的评级而不是对于单独一种债券的评级。即使是有风险的公司也能够设计和发行比较安全的债券,以债券评级为基础估算债务成本将会低估公司的总体债务成本。

新兴市场公司的债务成本估算

在评估新兴市场公司的债务成本时,时常会出现三个问题。第一,鉴于此类公司大多没有上市,我们只能估算模拟性评级(以及相关成本)而别无他法。第二,模拟性评级可能会因为新兴市场和美国之间的利率差异而出现偏差。利息覆盖率通常会随着利率的上升而下降,而得到新兴市场公司利息覆盖率的难度远远大于发达市场的公司。第三,新兴市场的国家违约风险会抬高其公司的债务成本。

解决上述第二个问题并不困难。我们可以调整运用美国公司数据所建立的表格,或者根据美元重新估算利息支出(以及利息覆盖率)。国家风险问题则比较棘手。比较保守的分析者通常假设,一国公司的借款利率不能低于该国本身的借款利率。根据这一思路,新兴市场公司的债务成本将包括该国的国家违约风险息差。

$$债务成本_{新兴市场公司} = 无风险利率 + 国家违约息差_{新兴市场} + 公司违约息差_{模拟性评级}$$

持反对意见者则认为,公司可能会比其经营活动所在国来得安全,故而只需承担部分的国家违约息差,甚至完全无须承担。

案例 8.12 估算 Embraer 公司的债务成本,2008 年 3 月

为了估算 Embraer 公司的债务成本,首先估算其模拟性评级。根据它在 2007 年的 5.27 亿美元经营性收入、1.76 亿美元的利息支出,可以得出,其利息覆盖率为 2.99,而等级为 BBB。尽管 BBB 级债券违约息差在当时只有 1.50%,但是我们还需考虑到 Embraer 是一家巴西公司。分析之际,巴西政府美元债券的违约息差为 2.00%,故可认为,各家巴西公司在其自身违约息差之上仍需支付这一溢价。因此,Embraer 公司以美元计价(假设美国长期国债利率为 3.8%)的税前债务成本可计算为

$$债务成本 = 无风险利率 + 国家违约息差 + 公司违约息差$$
$$= 3.8\% + 2.00\% + 1.50\% = 7.30\%$$

运用这种方法,公司的债务成本不会高出其经营活动所在国的债务成本。但请注意,Embraer 公司很大部分的美元收入出自与其他国家民航公司之间的合同。因此,有理由认为,其风险暴露程度要低于巴西政府,故而应该具备较低的债务成本。换句话说,针对某些公司(通常是国际业务量极大的大公司)的债务成本,我们只能添加部分而非全部的国家违约风险息差。

🖱 *ratings.xls.* 该电子表格使我们可以估算公司模拟性评级和债务成本。

8.2.2 混合性证券的成本估算

虽然债务和股权属于各公司基本的融资选项,还有一些类型的融资兼具它们的特征而被统称作"混合性证券"。本小节考察如何最恰当地估算此类证券的成本。

优先股的成本

优先股兼具债务和股权的某些特征。其债务特征是,优先股股息已在发行时设定,而且先于普通股股息得到支付。其股权特征则是,优先股息不在免税之列。如果将优先股视为永久性证券(通常也确实如此),其成本可表示为

$$k_{ps} = 每股优先股股息 / 每股优先股市值$$

这种方法假设,以美元表示的股息将一直保持不变,而且优先股没有其他特性(可转换性、可赎回性等)。如果具有此类特征,为了估算优先股的成本,那就必须单独对它们进行估价。从风险角度看,优先股要比普通股安全,因为其股息先于普通股息获得支付。但是,它的风险要大于债券,因为利息先于优先股息获得支付。因此,从税前角度看,优先股的成本应该高于债务成本但低于股权成本。

案例 8.13 估算福特公司的优先股成本,2011 年

2011 年 4 月,福特汽车公司(Ford Motor Company)的优先股票每年支付股息 1.875 美元,交易价为每股 26.475 美元。我们可对这种优先股的成本作如下估算:

$$优先股成本 = 优先股股息 / 优先股价格 = 1.875 美元 / 26.475 美元 = 7.08\%$$

当时,使用 β 估算值(1.40)、无风险利率(3.5%)以及股权风险溢价(5%),估算得到福特公司的股权成本是 10.5%;根据 S&P 所评等级 B+,它的税前债务成本是 8.50%,税后债务成本则是 5.10%。毋庸惊讶,它的优先股价格低于普通股,但却大大高于债务。

其他混合性证券的成本估算

可转换债券能够根据持有者的意愿转换为股票。这种债券可视为单纯(straight)债券(债务)和转换型期权(股权)的某种组合。我们并不打算一次性计算这些混合性证券的成本,而是将这些证券分解成它们的债务和股权成分加以处理。

案例 8.14 把可转换债券分解为债务和股权成分:MGM Resorts

在 2010 年,博彩公司 MGM Resorts 发行了为期 5 年的可转换债券,息票率为 4.25% 而成熟期为 10 年。鉴于该公司正处于亏损中,故被 S&P 评级机构评为 CCC+级;若在那时发售单纯债券,它必须付息 10%。一年后,债券的交易价是其面值的 112%,发行的可转换债券面值总额为 11.50 亿美元。我们可将这种债券分解为单纯债券和转换型期权。

$$单纯债券 = 息票率为 4.25\% 而利率为 10\% 的 4 年期单纯债券$$
$$= 8.18 亿美元(假设息票以年度计)$$

$$转换型期权 = 11.20 亿美元 - 8.18 亿美元 = 3.02 亿美元$$

8.18 亿美元的单纯债券部分被作为债务处理,其成本与公司其他债务相同。3.02 亿美元

的转换型期权部分则被作为股权处理,成本与公司的其他股票一样。对于发行总额为11.50亿美元的这种债券而言,其市值总额为12.88亿美元,债务市值为9.16亿美元,而股权市值为3.72亿美元。

8.2.3 债务和股权权数的估算

现在,我们已经得到了债务成本、股权成本以及混合性证券成本,但还需要估算它们各自的权数。在论述如何最恰当地完成这一步骤之前,需对债务进行定义。然后,我们认为,使用的权数应该依据市值而非账面价值。其原因是,资本成本衡量了为项目融资所发证券的成本,包括股票和债券,而这些证券都是根据市值而非账面价值发行的。

何为债务?

对于这一问题的回答看似很明确,因为公司的资产负债表显示了公司的各种未偿负债(outstanding liabilities)。但是,在计算资本成本时,将这些负债作为债务则是片面的。第一,公司资产负债表上的某些负债是不付息的,譬如应付账款和供应商信贷。因此,把税后债务成本用于这些项目会对公司真实的资本成本造成误判。第二,有些条目并未显示在资产负债表上,但却属于公司的固定承诺,而且如同利息支出那样可以免税。最突出的表外条目是经营性租赁支出。第3章对比了经营性租赁和资本性租赁,并且表明,经营性租赁支出应该被当作经营性支出而不是融资性支出处理。不妨假设一家零售商租用店铺12年,它与业主达成的租约是,在这一时期内每年支付固定额度的租金。我们认为,这种承约同它向银行借款并无太大差别,如果零售商承诺在12年内以均等的年度分期支付方式偿还银行贷款的话。

因此,在估算公司有多少未偿债务时,我们需实施两项调整。

1. 仅仅考虑付息债务而不是所有的负债,并且将短期和长期借款纳入债务范围。
2. 对经营性租赁实施资本化,把它们作为债务处理。

经营性租赁的资本化

我们可以直接将经营性租赁支出转换为等额债务。有关未来年份的经营性租约(美国公司在财务报表中将它列入附注中),应根据某种比率获得逆向贴现,而贴现率需要体现租赁属于没有保障而风险很大的债务这一点。作为某种近似,使用公司的当期税前债务成本作为贴现率,我们就可合理地估算出经营性租赁支出。

有些国家的公司依然没有向投资者披露其经营性租赁情况。遇到此类情形时,我们可以通过估算反映典型租约长度(8到10年)的时期内,每年所付年金(annuity)的现值,来获得经营性租约债务值的近似估计值。

有关资本化的最后一个问题是,正如本章前面所述,对于那些未参与评级的公司,可以使用利息覆盖率估计其模拟性等级。对于那些较少采用常规债务而大量使用经营性租赁的公司,必须调整模拟性评级而将经营性租赁支出考虑在内。

$$经过调整的利息覆盖率 = \frac{(EBIT + 当年经营性租赁支出)}{(利息支出 + 当年经营性租赁支出)}$$

然后,结合表 8.1 和表 8.2,则可通过上述比率估计模拟性等级。

案例 8.15　波音公司经营性租约的债务值,2000 年 12 月

波音公司同时持有常规债务和经营性租约。本案例采用经营性租赁支出流的现值估算波音经营性租约的"债务值"。为计算下表中经营性租赁支出现值(以百万美元计),我们使用公司的税前借款成本,而案例 8.11 已估算得出它等于 6%。

年份	经营性租赁支出	根据 6% 计算的现值
1	205	193.40
2	167	146.83
3	120	100.75
4	86	68.12
5	61	45.58
6 到 15	—	193.40
经营性租赁支出现值		556.48

因此,与资产负债表上的数字相比,波音公司的债务额多出了 5.56 亿美元。

　📄 *Oplease.xls.* 该电子表格使我们能把经营性租赁支出转换为债务。

账面债务率和市值债务率

反对使用市值者的常见观点有三种,但都缺乏说服力。第一,某些财务经理认为,账面价值要比市场价值可靠,因为其波动较小。账面价值的变化程度确实低于市场价值,但它更多地体现了账面价值的不足而非优势。原因在于,随着时间变化,公司的真实价值将会因为其特定信息和市场信息的披露而变化。我们认为,与账面价值相比,带有波动性的市场价值更能够体现出真实价值。①

第二,账面价值的维护者还会提出,使用账面价值而非市场价值是估算债务率的更保守方法。这一点其实假设了市值债务率总是低于账面债务率,但是这一立论的前提并不符合事实。再者,即使市值债务率低于账面债务率,根据账面比率所估算的资本成本将会低于使用市值比率估算的资本成本,而这只会减弱而非增强它的保守程度。为说明此点,假设某公司的股权成本为 15%,税后债务成本为 5%,市值债务率为 10% 而账面债务率为 30%。可对资本成本作如下计算,

运用市值债务率:$15\%(0.9)+5\%(0.1)=14\%$

运用账面债务率:$15\%(0.7)+5\%(0.3)=12\%$

第三,有人提出,放贷者将不会根据市值发放贷款。但是这种说法看起来同样是以想象而不是事实为根据。那些根据价值溢价再度抵押的住房业主们明白,放贷者其实是根据市场价值发放贷款。然而,确实成立的是,人们所感觉的资产市值波动越是剧烈,可以

---

① 或许会有人认为,股价的波动远远大于真实价值的变化。即使这种见解获得验证(到目前为止尚无定论),市场价值与真实价值之间的差额也可能远远小于账面价值与真实价值之间的差额。

凭借这种资产实施借款的机会就越小。

股权和债务市值的估算 股权的市值一般等于发行股数目乘以当期股价之积。如果公司还有其他类型的股权索取权,诸如购股权证、管理者期权,它们都应获得估价并添加到公司股权价值上。

通常不易直接得到债务的市值,因为很少有公司会以上市的未偿债券形式持有全部债务。许多公司都持有非交易性债务,诸如银行债务,表示它的方式是账面价值而不是市值。把账面债务转换成市值债务的简单方法是,把账面上所有债务视为单一的息票债券,把息票设为所有债务的利息支出,而把期限设为公司债务的加权平均期限;然后,根据公司的当期债务成本评估这种息票债券。因此,如果(年度)利息支出为 6 000 万美元而期限为 6 年、当期债务成本是 7.5%,则可估算 10 亿美元债务的市值如下:

$$债务估算市值 = 60\left[\frac{1-\frac{1}{1.075^6}}{0.075}\right] + \frac{1\,000}{1.075^6} = 930 \text{ 万美元}$$

案例 8.16 波音公司债务的市场和账面价值差额,2000 年 6 月

本案例把债务和股权的账面价值与市场价值进行对照。关于债务,我们使用各公司债务的账面价值、利息支出、平均期限和税前成本而估算债务市值。就波音而言,债务账面价值为 69.72 亿美元,债务利息支出为 4.53 亿美元,债务平均期限为 13.76 年,而税前债务成本为 6%。所估算的市值是

$$波音债务市值估算 = 453\left[\frac{1-\frac{1}{1.06^{13.76}}}{0.06}\right] + \frac{6\,972}{(1.06)^{13.76}} = 72.91 \text{ 亿美元}$$

对于这个结果,还需加上等于 5.56 亿美元的经营性租赁支出现值,从而得到债务市值总额等于 78.47 亿美元。

波音公司股权的账面价值为 123.16 亿美元,而股权市值为 551.97 亿美元。可根据市场价值和账面价值分别计算债务率如下:

	市 场 价 值	账 面 价 值
债务/股权	78.47/551.97=14.22%	69.72/123.16=56.61%
债务/(债务+股权)	78.47/(78.47+551.97)=12.45%	69.72/(69.72+123.16)=36.15%

显然,市场债务率远远低于账面债务率。

总债务和净债务

总债务指的是公司发行的所有未偿债务;净债务则是公司总债务与现金余额之间的差额。例如,某公司的未偿付息债务为 12.5 亿美元,现金额为 10 亿美元,净债务额就等于 2.5 亿美元。在拉丁美洲和欧洲的普遍做法是从债务中扣除现金,因而通常使用净债务估算债务率。

一种比较稳妥的做法通常是,根据未偿总债务评估公司,再把现有现金额添加到经营性资产值上而得出公司价值。然后,将总债务的利息支出算作债务的税款收益,我们就可评估公司能否有效进行现金投资而对公司价值所造成的影响。

在某些情形中,尤其在公司通常持有大量现金时,分析者们倾向于使用净债务率。如果是这样,那就必须在整个估价过程中保持一致性。首先,应该使用净债务/股权比率而不是总债务/股权比率估算公司的 β 值。接着,可以使用用这种 β 估算值计算的股权成本估算资本成本,但是确定债务的市值权数应该根据净债务进行。在使用资本成本对公司现金流进行贴现后,就不应该再加上现金。取而代之地,我们应该扣除未偿净债务,从而得出股权估算值。

若从债务中扣除现金以得到净债务率,我们等于隐含地假设现金和债务具有大致相同的风险。在评估高等级公司时,作出这种假设或许还算正常;但若债务的风险加大,它就难以成立。例如,BB 级公司债务的风险要远远超过公司持有的现金,而上述扣除方法会使我们错误地判断公司的违约风险。一般而论,使用净债务率将会高估风险性公司的价值。

🖳 *wacccalc.xls*。该电子表格使我们能把账面价值转换为市场价值。

8.2.4 资本成本的估算

由于公司能够通过三种途径筹措款项——股权、债务和优先股,资本成本的定义就是这些成本的加权均值。股权成本(k_e)体现了投资于公司股权的风险程度,税后债务成本(k_d)取决于公司的违约风险,而优先股成本(k_{ps})则取决于介于债务和股权之间的风险。每个因素的权重都应该体现其市值比例,因为这些比例能够最为恰当地衡量现有公司的融资方式。因此,若以 E、D 和 PS 分别表示股权、债务和优先股的市值,资产成本就可表示为

$$资本成本 = k_e[E/(D+E+PS)] + k_d[D/(D+E+PS)] + k_{ps}[PS/(D+E+PS)]$$

案例 8.17 估算波音公司的资本成本,2000 年 12 月

前面几个案例估算了债务成本和股权成本,案例 18.6 则估算了市值债务率。现在将它们放在一起,就可得出波音的资本成本。

$$股权成本 = 10.28\%(出自案例 8.9)$$
$$债务成本 = 3.90\%(出自案例 8.11)$$
$$市值债务率 = 12.45\%(出自案例 8.16)$$
$$资本成本 = 10.28\%(0.8775) + 3.90\%(0.1245) = 9.49\%$$

案例 8.18 估算 Embraer 公司的资本成本,2008 年 3 月

为了估算 Embraer 公司的资本成本,再度采用在前面几个案例中得到的股权成本和债务成本估算值。首先用总债务率估算美元资本成本:

股权成本 = 8.31%（出自案例 8.10）

税后债务成本 = 4.82%（出自案例 8.12）

债务市值 = 29.15 亿 BR（账面价值 = 31.28 亿 BR）

股权市值 = 127.29 亿 BR

Embraer 的资本成本是：

$$资本成本 = 8.31\%[127.29/(127.29+29.15)]$$
$$+ 4.82\%[29.15/(127.29+29.15)]$$
$$= 7.66\%$$

为了把它转换成为以名义 BR 表示的资本成本，我们将用到相对通胀率（巴西为 6%，美国为 2%）。

$$资本成本_{名义BR} = (1+资本成本_{美元})(通胀率_{巴西}/通胀率_{美国})-1$$
$$= 1.0766(1.06/1.02) = 11.88\%$$

为了使用净债务率估算资本成本，我们代入 Embraer 公司在分析之际的现金额 44.37 亿 BR：

净债务 = 总债务 − 现金 = 29.15 亿 BR − 44.37 亿 BR = −14.22 亿 BR

净债务／股权比率 = −14.22/127.29 = −11.17%

净债务／资本比率 = −14.22/(127.29−14.22) = −12.58%

非杠杆性 β 值 = 0.75

使用净债务／股权比率得到杠杆性 β 值 = 0.75[1+(1−0.34)(−0.1117)]
$$= 0.695$$

可以看出，此处的杠杆性 β 值小于非杠杆性 β 值，因为我们已将现金列入 β 值的计算中（假设现金没有风险）。

股权成本（以美元计）= 3.8% + 0.695(4%) + 0.27(3.66%) = 7.57%

$$资本成本 = 7.57\%[127.29/(127.29-142.22)]$$
$$+ 4.82\%[-14.22/(127.29-14.22)]$$
$$= 7.91\%$$

请注意，股权的权重大于 100%（112.57%），而债务的权重为负（−12.57%），因为净债务为负。虽然这些数据有些烦琐，由此得出的资本成本却接近于使用标准债务率方法而得到的资本成本；两者有所不同的原因是，对于现金，净债务方法无须考虑针对利息收入的缴税优惠问题。

8.3 公司的各种最优做法

本章已论述了公司在估算资本成本时应该如何行事。那么，它们实际上又是如何行事的呢？Bruner, Eades, Harris, and Higgins（1998）调查了 27 家信誉良好的公司，

表 8.3 概括了他们的发现。

表 8.3 估算资本成本的现行做法

资本成本条目	现 行 做 法
股权成本	• 81%的公司使用 CAPM 估算股权成本，4%使用调整型 CAPM，无法确定另外的 15%如何估算股权成本。 • 70%的公司使用 10 年或更长期国债利率作为无风险利率，7%使用 3~5 年期国债利率，而 4%使用国库券利率。 • 52%的公司使用公开发表的 β 估算值，30%自行估算。 • 所用市场风险溢价变化甚大，37%的公司使用 5%~6%的溢价。
债务成本	• 52%的公司使用边际借款利率和边际税率，37%使用当期平均借款利率和有效税率。
债务和股权权重	• 59%的公司在资本成本中使用债务和股权的市值作为权重，15%使用账面价值作为权重，无法确定另外的 19%使用哪种权重。

资料来源：Bruner, Eades, Harris, and Higgins (1998)。

8.4 总结

为了分析公司投资或资产价值，我们需要了解公司股权、债务和资本的成本。前面几章所描述的风险-报酬模型可用于估算公司的股权成本和资本成本。

股权成本应该反映股权对于公司投资者的风险程度。根据这一前提条件，估算任何公司的股权成本都需要输入三种基本的数据。无风险利率是投资项目没有违约风险和再投资风险时的期望报酬率。鉴于公司财务分析大多具备长期性，无风险利率应该是长期政府债券利率。风险溢价衡量投资者投资于风险性项目而不是无风险项目所要求的溢价。估算这种风险溢价，它会因投资者不同而变化，可以考察以往的股票和政府证券报酬率，或者考察市场目前如何为股票定价。衡量公司 β 值的常规方法是，将公司股票报酬率针对市场股指报酬率实施回归。这种方法所得到的 β 值不尽准确，而通过考察公司各种业务的 β 值，我们可以更好地估算 β 值。

资本成本是各种融资工具成本的加权均值，而确定权重的依据则是它们各自的市值。债务成本是公司的借款利率，并且需要针对借款的税款优惠额作出调整。优先股成本则是优先股息收益率。

资本成本的用途可分为两个层面。综合来看，它是这些公司使得投资盈亏持平而必须共同获得的收益率。它也是适当的贴现率，可将未来期望现金流进行贴现而得到公司价值估计值。

8.5 问题和简答题

在下列问题中，若无特别说明，假设股权风险溢价为 5.5%，税率为 40%。

1. 1995年12月,Boise Cascade公司股票的β值为0.95。当时的国库券利率为5.8%,国债利率为6.4%。公司有17亿美元的未偿债务和市值为15亿美元的股权;公司的边际税率为36%。(股票超出国库券的历史性风险溢价为8.5%,超出国债的风险溢价为5.5%。)

   a. 估算短期投资者对于公司股票的期望报酬率。

   b. 估算长期投资者对于公司股票的期望报酬率。

   c. 估算公司的股权成本。

2. 延续问题1,Boise Cascade公司还持有17亿美元的未偿债务和市值为15亿美元的股权;公司的边际税率为36%。

   a. 假设其股票当期β值0.95是一个合理的数字,估算公司的非杠杆性β值。

   b. 公司风险有多少可归于业务风险,又有多少可归于财务杠杆风险?

3. Biogen Inc.是一家生物技术公司,它在1995年的β值为1.70。在那一年末,它没有未偿债务。

   a. 估算Biogen Inc.的股权成本,如果国债利率为6.4%。

   b. 如果长期债券利率上升到7.5%,这会对Biogen Inc.的股权成本产生何种影响?

   c. Biogen Inc.的风险有多少可归于业务风险?

4. Genting Berhad是马来西亚的一家大型企业集团(conglomerate),在诸多种植园和旅游胜地持有股份。该公司针对马来西亚股票交易所而估算的β值为1.15,马来西亚政府长期借款的利率为11.5%(马来西亚的风险溢价为12%,马来西亚本币的违约息差为2%。)

   a. 估算该公司股票的期望报酬率。

   b. 如果我们是国际投资者,在使用这种针对马来西亚股指所估算的β值时,如若必要,应该考虑哪些问题?如何调整这一β系数?

5. 针对过去五年的市场月度报酬率,我们刚刚完成了HeavyTech Inc.——一家重型机械制造公司月度股票报酬率的回归,得到下列回归式:

$$R_{\text{Heavy Tech}} = 0.5\% + 1.2 R_{\text{市场}}$$

其股票方差为50%,市场方差为20%。当期国库券利率为3%(它在一年前是5%)。该股票在目前的交易价为50美元,比去年下跌了4美元;去年,它支付了2美元股息,预计明年将付息2.50美元。NYSE综合股指在去年下跌了8%,而股息报酬率为3%。HeavyTech Inc.公司的税率为40%。

   a. HeavyTech Inc.在明年的期望报酬率是多少?

   b. 从现在起的一年内,HeavyTech Inc.的期望报酬率是多少?

   c. 我们原本可以预期HeavyTech Inc.在去年的报酬率是多少?

   d. HeavyTech Inc.在去年的实际报酬率是多少?

   e. HeavyTech Inc.持有1亿美元的股权和5 000万美元未偿债务。它准备发行

5 000万美元新股,并且偿还5 000万美元债务。估算新的 β 值。

6. Safecorp公司在美国各地拥有和经营日用杂货店,目前持有5 000万美元未偿债务和1亿美元发行股。它的股票 β 值为1.2。公司打算进行一项杠杆性收购(LBO)业务,这会将其债务/股权比率提高到8。若税率为40%,公司股权在完成LBO后的 β 值是多少?

7. Novell公司持有市值为20亿美元而 β 值为1.50的股权,并且宣布将收购WordPerfect公司。WordPerfect具有市值为10亿美元的股权而 β 值为1.30。在收购时,两家公司均无债务,公司税率为40%。

a. 估算Novell公司在完成收购后的 β 值,假设整个收购过程均通过发行股票融资。

b. 假设,为了收购WordPerfect公司,Novell公司必须借款10亿美元。估算完成收购后的公司 β 值。

8. 为估算惠普(HP)公司的 β 值,我们把公司分解为四类业务,它们的市值和 β 值如下:

业务	股权市值	β 值	业务	股权市值	β 值
主机	20亿美元	1.10	软件	10亿美元	2.00
个人电脑	20亿美元	1.50	打印机	30亿美元	1.00

a. 估算惠普整个公司的 β 值。它是否会逐渐趋近于回归性 β 值,即HP股票的以往报酬率对某种市场股指进行回归的结果?说明是或否的理由。

b. 若国债利率为7.5%,估算惠普公司的股权成本。估算每类业务的股权成本。评估打印机业务时,应采用哪种股权成本?

c. 假设HP现在撤出主机业务,且以现金支付股息。估算HP在撤资后的 β 值。(HP的未偿债务为10亿美元。)

9. 下表概述了四家医药公司的经营性收入、销售额变化程度和 β 值。

公司	销售额变化	经营性收入变化	β 值
PharmaCorp	27%	25%	1.00
SynerCorp	25%	32%	1.15
BioMed	23%	36%	1.30
Safemed	21%	40%	1.40

a. 计算每家公司经营性杠杆系数。

b. 使用经营性杠杆解释这些公司的 β 值为何不同。

10. 根据一家估算 β 值的著名服务机构报告,大型有线电视公司Comcast Corporation的 β 值为1.45。该机构声称,在估算 β 值时,它使用了前五年的股票月末报酬率,把NYSE综合股指作为市场股指。我们使用同期的各周报酬率重复这一回归,得到了等于1.6的 β 值。如何协调这两个 β 值?

11. Battle Mountain 是一家在南美、非洲和澳大利亚拥有金、银和铜矿的矿产公司。其股票的 β 值被估算为 0.30。给定产品价格的波动性，我们应如何解释这种低的 β 值？

12. 我们搜集了 AnaDone Corporation（AD Corp），一家大型多种产品制造商，以及 NYSE 股指在五年内的收益率。

年份	AD Corp	NYSE	年份	AD Corp	NYSE
1981	10%	5%	1984	20%	12%
1982	5%	15%	1985	−5%	−5%
1983	−5%	8%			

a. 估算回归式的截距（α 系数）和斜率（β 系数）。

b. 如果今天购买 AD Corp 的股票，可以预期明年的报酬率是多少？（6 个月期的国库券利率为 6%。）

c. 反观过去的六年，如何评估 AD Corp 相对于市场的经营状况？

d. 现在假设我们的投资未能实施分散化，所有的钞票都投到了 AD Corp 的股票中。衡量我们所承担风险的恰当尺度是什么？如果实施分散化，能够消除多少风险？

e. AD Corp 准备卖掉它的一个业务部门。其资产占 AD Corp 资产账面价值的一半和市场价值的 20%，而 β 则是 AD Corp 公司的两倍（在撤资之前）。在卖掉该部门后，AD Corp 的 β 值将是多少？

13. 用石油和天然气开采公司 Mapco Inc. 的月度报酬率对 S&P 500 股指实施回归，得到关于 1991—1995 年间的下列结果：

$$\text{回归式的截距} = 0.6\%$$
$$\text{回归式的斜率} = 0.46$$
$$X\text{-系数的标准误差} = 0.20$$
$$R^2 \text{ 系数} = 5\%$$

其发行股数为 2 000 万股，当期市价为每股 2 美元。公司持有 2 000 万美元的未偿债务（公司的税率为 36%）。

a. 如果国债利率为 6%，Mapco 股票的投资者会要求何种报酬率？

b. 该公司可分散风险的比例是多少？

c. 现在假设，Mapco 公司拥有三个规模相同的部门（根据市值）。它打算从其中一个部门中撤资，以获取 2 000 万美元的现金，并以 5 000 万美元收购另一个部门（它需借款 3 000 万美元完成这项收购）。它准备撤资的部门所处业务领域的平均非杠杆性 β 值为 0.20，而打算收购的部门所处业务领域的平均非杠杆性 β 值则是 0.80。完成收购后，Mapco 公司的 β 值是多少？

14. 我们刚完成美国航空公司（AMR Corporation）股票在过去五年月底报酬率对 S&P 500 股指的回归，但结果却有些错位，我们想从中能够推断出一些结论。

a. 我们知道这一回归结果的 R^2 系数为 0.36，股票的方差为 67%。市场方差为

12%。AMR 股票的 β 值是多少?

b. 我们还记得,AMR 股票在回归期内并非理想的投资对象,因为它的业绩在五年回归期内的月度报酬率比预期(在针对风险进行调整后)低出 0.39%。在此期间,平均无风险利率为 4.84%。这一回归式的截距是多少?

c. 将 AMR 与另一家公司相比较,后者同样具有等于 0.48 的 R^2 系数。这两家公司的 β 值是否相等? 如果不等,缘由何在?

15. 用大型生物技术公司安进的月度报酬率针对 S&P 500 股指月度报酬率实施回归,得到下列结果:

$$R_{股票} = 3.28\% + 1.65 R_{市场}, \quad R^2 = 0.20$$

当期的 1 年期国库券利率为 4.8%,当期的 30 年期国债利率为 6.4%。公司的发行股数为 2.65 亿股,售价是每股 30 美元。

a. 该股票在明年的期望报酬率是多少?

b. 如果目标是得到用于估价该公司的贴现率,期望报酬率估算数是否会发生变化?

c. 某位分析者正确地估算得出,在回归期内,股票在每年的业绩表现都要比预计超出 51.1%。你能否估计得出她的估算值所使用的年化无风险利率?

d. 该公司的债务/股权比率为 3%,税率为 40%。它打算发行 20 亿美元的新债,并以这一金额收购一家从事新业务的公司,其风险水平与公司目前的业务相同。收购完成后的 β 值是多少?

16. 我们刚刚完成报纸杂志发行商 MAD Inc. 的月度报酬率对 S&P 500 股指月度报酬率的回归,得到了下列结果:

$$R_{MAD} = -0.05\% + 1.20 R_{SRP}$$

回归的 R^2 系数为 22%。当期国库券利率为 5.5%,而当期国债利率为 6.5%。回归期内的无风险利率为 6%。回答下列与这一回归相关的问题。

a. 根据截距,MAD 公司股票在回归期内相对于预期的业绩情况如何?

b. 我们现在知道,MAD 在上月底(即我们实施回归的最后一个月)经历了一次重大重组,从而发生了如下变化:

- 公司以 2 000 万美元的价格卖掉了其杂志部门,该部门的非杠杆性 β 值为 0.6。
- 它另行借款 2 000 万美元,回购了价值 4 000 万美元的股票。

完成部门出售和股票回购之后,MAD Inc. 持有 4 000 万美元的债务和 1.2 亿美元的发行股。如果公司税率为 40%,重新估算发生这些变化之后的 β 值。

17. 娱乐业的大型企业集团时代华纳公司(Time Warner Inc.)在 1995 年的 β 值为 1.61。β 值较高的部分原因在于华纳公司在 1989 年杠杆收购时代公司留下的债务,这笔债务在 1995 年的金额累计为 100 亿美元。同年,时代华纳公司的股权市值为 100 亿美元。边际税率为 40%。

a. 估算时代华纳公司的非杠杆性 β 值。

b. 未来两年内,如果每年将债务率减少10%,估算此举对于股票β值造成的影响。

18. 在1995年,汽车制造商克莱斯勒(Chrysler)的β值为1.05,并且持有130亿美元的未偿债务,交易价为每股50美元的3.55亿股发行股。公司在当年末的现金余额为80亿美元。边际税率为36%。

a. 估算公司的非杠杆性β值。

b. 估算支付50亿美元的特别股息给β值造成的影响。

c. 估算克莱斯勒公司在支付特别股息之后的β值。

19. 我们试图估算一家制造家用器具的私营企业的β值,并且设法得到了几家同样制造家用器具的上市公司的β值。

公司	β值	债务/百万美元	股权市值/百万美元
Balck & Decker	1.40	2 500	3 000
Fedders Corp.	1.20	5	200
Maytag Corp.	1.20	540	2 250
National Presto	0.70	8	300
Whirlpool	1.50	2 900	4 000

这家私营企业的债务/股权比率为25%,税率为40%。所有上市公司的边际税率也都是40%。

a. 估算这家私营企业的β值。

b. 在使用可比公司的β值时,如有必要,我们应该考虑哪些问题?

20. 出于股东们的压力,RJR Nabisco公司考虑对食品部门实行资产剥离(spine off)。我们需要估算该部门的β值,并且决定借助于可比上市公司的β值完成这一工作。各家可比上市公司的平均β值是0.95,这些公司的平均债务/股权比率为35%。预计该部门的债务率为25%,边际税率则是36%。

a. 该部门的β值是多少?

b. 如果知道RJR Nabisco公司的固定成本比例远远高于可比公司,这会造成什么差异?

21. 电话公司西南贝尔(Southwestern Bell)正在考虑把业务扩展到新闻传媒领域。公司在1995年末的β值为0.90,债务/股权比率等于1。到1999年,预计新闻传媒行业将占整个公司价值的30%,而可比公司的平均β值是1.20,平均债务-股权比率是50%。边际公司税率为36%。

a. 估算西南贝尔在1999年的β值,假设它保持当期债务/股权比率不变。

b. 估算西南贝尔在1999年的β值,假设它决定以50%的债务/股权比率为其新闻传媒业务融资。

22. 作为增长中的软件制作公司,Adobe Systems公司的首席财务官与我们接触,征询有关其公司β值的问题。他订购了有关Adobe Systems公司β值的咨询服务,并且注意到，从 1991 年起，估算得到的 β 值在逐年下降，从 1991 年的 2.35 降到 1995 年的 1.40。他希望得到下列问题的解答：

  a. 对于增长中的公司，β 值的这种下降是否不同寻常？

  b. β 值为何会不断下降？

  c. β 值是否会持续下降？

23. 我们打算分析高档商品零售商蒂芙尼（Tiffany & Company），发现该公司的回归性 β 估计值为 0.75，β 估算值的标准误差为 0.50。我们还注意到，各家可比专卖零售商的平均非杠杆性 β 值为 1.15。

  a. 如果蒂芙尼公司的债务/股权比率为 20%，根据可比公司估算蒂芙尼的 β 值（税率为 40%）。

  b. 估计回归性 β 值的值域。

  c. 假设蒂芙尼公司获得了 BBB 的评级，而这一等级的公司违约息差比国债利率高 1%。如果国债利率为 6.5%，估算这家公司的资本成本。

24. 我们需要估算电信公司 NewTel 的资本成本。该公司具有下列特征：

- 具有 1 亿股发行股，正以每股 250 美元进行交易。
- 该公司持有期限为六年、账面价值为 100 亿美元的债务，其利息支出为 6 亿美元。公司未获得评级，但它在去年的经营性收入为 25 亿美元（利息覆盖率处在 3.5 到 45 之间的公司被评为 BBB 级，而违约息差是 1%）。
- 公司的税率为 35%。

国债利率为 6%，其他电信公司的非杠杆性 β 值是 0.80。

  a. 估算该公司的债务市值。

  b. 根据模拟性评级，估算该公司的债务成本。

  c. 估算该公司的资本成本。

CHAPTER 第9章

盈利的衡量

为了估算现金流,我们通常从某种盈利尺度入手。例如,公司的自由现金流是以税后经营性盈利为基础的。另一方面,用于股权估价的自由现金流则始于净收入。从会计报表上虽能得到经营性收入和净收入数字,但许多公司的会计盈利与其真实盈利之间很少甚至全无共同之处。

本章首先考虑有关公司的会计观点和财务观点在理念上存在的差异。然后,我们考虑需要如何调整公司盈利,起码是由会计师们所衡量的盈利,以便得到更加适用于估价的盈利尺度。尤其是,我们探讨如何处理经营性租赁支出,因为我们认为它其实属于融资性支出。这些调整不仅会影响盈利尺度,还会影响对资本账面价值的估算。我们还将考察各种异常项目(包括收入和支出)以及一次性支出;对于它们的运用在近年来获得了极大的推广,因为各公司开始更加积极主动地管理盈利。为了使得各期盈利更加均匀化,颠覆分析者们的估算值,各种会计技巧会扭曲所报告的盈利。如果不加分辨,它们会进一步扭曲由此所得到的各种价值数字。

9.1 会计资产负债表与财务资产负债表

在分析某一公司时,我们需要把握哪些问题呢?一家公司,在此处的定义是,包括已经作出的投资(现有资产)和有待作出的投资(增长型资产)。此外,公司还可以筹借实施这些投资所需资金(这时,它是在使用债务),或者发行股票从公司所有者那里筹资。图9.1以财务资产负债表的形式概述了关于公司的这种描述。

请注意,虽然这种概述与会计资产负债表有一些相似点,但却存在着一些关键的区别。最为重要的是,在考察公司所拥有的资产时,我们明确地考虑到了各种增长型资产。

对公司进行财务分析时,我们希望解答一些与这些条目有关的问题。图9.2列出了这些问题。正如将在本章所见,会计报表能使我们得到有关这些问题的一些信息;但在提供信息的及时性,以及衡量资产价值、盈利和风险的方式等方面,会计报表却是力所不逮。

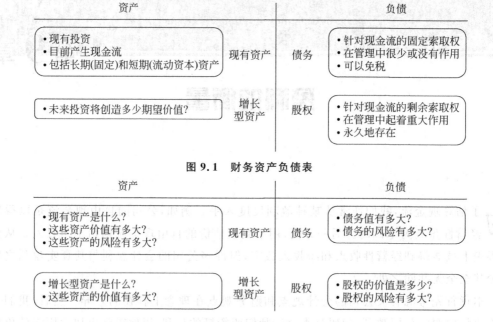

图 9.1 财务资产负债表

图 9.2 关键的财务问题

9.2 对盈利的调整

公司收入报表提供了经营性收入和股权收入的尺度,其形式是息税前盈利(EBIT)和净收入。在使用这些尺度评估公司时,有两点值得关注。第一点是,鉴于公司随着时间而会发生变化,尽量取得更新的估计值。第二点是,由于会计规则和公司自身行为的限制,这些公司所报告的盈利与真实盈利没有多少相似点。

9.2.1 盈利更新的重要性

各公司都在财务报表和股东年度报告中披露其盈利能力。虽然年度报告只在公司的会计年末公布,而我们时常需要对公司在整个年内的情形进行评估。因此,能够用于公司估价的最新年度报告所含信息也是数月之前的。如果公司变化迅速,根据这种陈旧信息进行估价则风险很大。我们应该改用更新近的信息。因为美国的公司需要每个季度向 SEC 作出(10-Qs)报告并予以公布,通过加总最近四个季度的数字,可以得到有关财务报表中关键条目的更新近估算值。由此而产生的销售额和盈利估算值,我们称之为"滚动式(trailing)12 个月销售额和盈利",与最近年度报告中相同变量的数值相去甚远。

实施更新需要付出一定的代价。不尽如人意的是,并非所有的年度报告项目都会在季度报告中得到更新。因此,我们不得不使用上一年度的报告(这会造成数据的不一致),或者估算它们在上一季度末的价值(这会导致估算错误)。例如,许多公司没有在季度性报告中披露有关(面向管理层和员工的)期权发行的细节,但却在年度报告中予以披露。鉴于我们需要评估这些期权,可以使用上一年度报告中的期权发行量,或者假设今天发行的期权已有所变化,同时体现其他变量的变化。(例如,如果销售额增长一倍,就可假设期权也增加了一倍)。

对于那些年轻的公司,关键在于确保能够找到最新的数据,即使它们只是估计值。这些公司通常呈现出指数型增长,使用上一财务年度的数字会造成价值估计偏差。即便是针对那些并无增长但在各季度之间变化甚大的公司,及时更新的信息同样有助于我们把握这些变化。

在某些金融市场上,公司仍然只提供年度报告,使得我们难以作出季度性更新。评估这类市场的公司时,我们或许不得不利用某些非官方信息来源对估价实施更新。

案例 9.1 苹果(Apple)公司的盈利更新,2011 年 4 月

假设我们打算评估 2011 年 4 月的苹果公司。它的上一个 10-K 报告截止期为 2010 年 9 月底。公司还公布了两个季度报告(10-Qs),一个截止到 2010 年 12 月底,另一个截止到 2011 年 3 月底。为了说明各种基本数据在这六个月内发生了多大变化,我们将前一个 10-K 报告的信息与前一个 10-Q 报告的滚动 12 个月的信息加以比较,包括销售额、经营性收入、研发(R&D)支出和净收入(以百万美元计)。

	截至 2010 年 3 月底的六个月	截至 2011 年 3 月底的六个月	截至 2010 年 9 月底的一年	滚动 12 个月
销售额	29 182	51 408	65 225	87 451
经营性收入	3 332	4 815	18 385	19 868
R&D	824	1 156	1 787	2 114
净收入	6 452	11 191	14 013	18 752

滚动 12 个月 = 截至 2010 年 9 月的一年 − 截至 2010 年 6 月的六个月
+ 截至 2011 年 3 月的六个月

滚动 12 个月的销售额比前一 10-K 报告公布的销售额高出 40%,而公司的经营性收入和净收入同样增长很多。苹果公司在 2011 年 4 月的盈利要比它在 2010 年 9 月的盈利高出许多。请注意,并非只有这些数据将会发生变化。对于那些比较年轻的公司,发行股数目也会在各个时期发生很大的变化。使用最新数据能使我们的估价更加切合实际情形。

9.2.2 对盈利分类错误的纠正

公司的各项支出可分为三类:

1. 经营性支出是只在当期为公司创造效益的支出。例如,民航公司在飞行航班上所耗燃料就属于经营性支出,而汽车制造商与生产车辆相关的劳动成本亦属此列。

2. 资本性支出是可在多个时期产生效益的支出,例如,与汽车制造商的建筑物和设

置新工厂相关的支出,因为它们将在数年内产生销售额。

3. 融资性支出是与公司筹措非股权资本相关的支出。因此,支付给银行的利息就属此类支出。

公司的经营性收入,如果衡量无误,应该等于其销售额减去经营性支出。融资性支出和资本性支出都不应列入发生年间的经营性支出,而资本性支出在公司获得其效益的各年间可以折旧或摊销。公司的净收入应是其销售额减去经营性和融资性支出。

衡量盈利的会计尺度会造成误解,因为经营性、资本性和融资性支出有时被错误地归类。本节考虑两种最为常见的错误分类及其纠正方法。第一种错误是把诸如研发(R&D)支出之类的资本性支出算作经营性支出,这会造成经营性支出和净收入估算出现偏差。第二种调整针对的是诸如经营性租赁支出的融资性支出,它们被作为经营性支出对待。这会影响到经营性收入和公司自由现金流的估算。

需要考虑的其他因素是,在各公司出现的所谓"操纵性盈利"(managed earnings)现象。公司有时会利用会计技巧发布那些颠覆了分析者估算值的盈利,从而造成带有误导性的盈利数字。

作为经营性支出处理的资本性支出

虽然经营性收入在理论上只会产生于经营性支出之后,在现实中,有些资本性支出却被作为经营性支出对待。例如,会计报表的一个重大缺陷在于处理研发支出的方式。由于研发产品的不确定性很大而且难以测算,会计标准通常要求将所有的R&D支出在发生期内就确认为支出。这就造成了几种后果,但最突出的是研发活动创造的资产价值无法作为公司总资产的一部分而显示在资产负债表上。这又会对公司的资本和盈利比率产生一系列的影响。在本小节后续内容中,我们首先考虑如何对R&D支出实行资本化,然后再把这种论点推广到其他资本性支出。

研发性支出的资本化 研发性支出,虽然其未来效益存在着不确定性,应该获得资本化。为了对研发性资产实施资本化和进行估价,我们要对R&D活动平均需要多长时期才能转化为商业化产品作出某种假设,也就是这些资产的"摊销年限"(amortizable life)。这一年限因公司而异,体现了把研发转化成产品所涉及的时间。例如,医药公司的R&D支出应该具有相当长的摊销年限,因为新药品获批的过程相当冗长。相反,软件公司的R&D支出,由于其产品通常能够非常迅速地从研发活动中形成,则应在较短的时期内获得摊销。

一旦估算出了R&D支出的摊销年限,接着就是回头搜集过去数年间的R&D支出,而时间长度就是这项研发性资产的摊销年限。因此,如果研发性资产具有五年的摊销年限,就需找到过去五年间每一年的R&D支出。出于简便,不妨假设摊销在时间上是均匀的,这会给出R&D资产在今天的剩余值(residual value):

$$\text{研究性资产的价值} = \sum_{t=-(n-1)}^{t=0} \text{R\&D}_t \frac{(n+t)}{n}$$

因此，对于五年期的研发性资产，我们在前四年累加R&D支出的五分之一，在前三年累加R&D支出的五分之二，在前两年累加R&D支出的五分之三，在去年累加R&D支出的五分之四，而在本年度累加整笔R&D支出，最终可得到这项研发性资产的价值。它将增加公司资产的价值，进而增加股权账面价值。

$$经过调整的股权账面价值 = 股权账面价值 + 研发性资产价值$$

最后，为了体现R&D支出的资本化，对经营性收入进行调整。首先，把为了得到经营性收入而扣除的R&D支出再回加到经营性收入上，以便体现它们作为资本性支出的重新归类。接着，根据与折旧相同的方式处理和扣除研发性资产的摊销额，从而得出经过调整的经营性收入：

$$经过调整的经营性收入 = 经营性收入 + R\&D支出 - 研发性资产摊销$$

这种调整通常会增加那些R&D支出逐渐增长之公司的经营性收入。净收入也会受到这种调整的影响：

$$经过调整的净收入 = 净收入 + R\&D支出 - 研发性资产摊销$$

虽然我们通常只是考虑这一金额的税后部分，但是R&D支出完全可以免税这一点使得我们无须再考虑相关调整问题。[①]

🌐 *R&DConv.xls.* 该电子表格使我们能把R&D支出从经营性支出转换为资本性支出。

案例9.2 安进（Amgen）公司R&D支出的资本化，2009年3月

安进是一家生物技术公司。如同大多数医药制造公司，其R&D支出额巨大，我们在此尝试将其资本化。实施转换的第一步是确定R&D支出的摊销年限。预计安进需要多久才能付清R&D支出呢？给定新药品获得美国食品和医药管理局（the Food and Drug Administration）批准的时期长度，假设摊销年限为10年。

分析的第二步是搜集前些年间的研发支出，这种历史性数据的年份数目取决于摊销年限。下表提供了针对每一年的此类信息（以百万美元计）。

年份	R&D支出	年份	R&D支出
当年（2008）	3 030	−6	1 117
−1	3 266	−7	864
−2	3 366	−8	845
−3	2 314	−9	823
−4	2 028	−10	663
−5	1 655		

---

① 如果只有摊销额可以免税，R&D支出的纳税效益将是

$$摊销额 \times 税率$$

从完全可免税的R&D支出所得到的这种额外纳税效益则是

$$(R\&D支出 - 摊销额) \times 税率$$

减去(R&D支出−摊销额)×(1−税率)，再加上上面计算的相对纳税效益，(1−税率)将从等式中消失。

当年信息反映了上一财务年度（日历年为 2008 年）的 R&D 支出。

我们考虑了原本已在前面各年所摊销的支出部分，以及当年对这些支出的摊销额。为简化估算，对这些支出实施线性摊销；根据 10 年的年限，每年摊销额为 10%。这使我们可以估算其中每一年①所造就的研发性资产价值，以及在现行年份的 R&D 支出摊销额。下表（以百万美元计）说明了这一过程。

年份	R&D 支出	未摊销部分		年度摊销额
当年	3 030.00	100.00%	3 030.00	0.00
−1	3 266.00	90.00%	2 939.40	326.60
−2	3 366.00	80.00%	2 692.80	336.60
−3	2 314.00	70.00%	1 619.80	231.40
−4	2 028.00	60.00%	1 216.80	202.80
−5	1 655.00	50.00%	827.50	165.50
−6	1 117.00	40.00%	446.80	111.70
−7	864.00	30.00%	259.20	86.40
−8	845.00	20.00%	169.00	84.50
−9	823.00	10.00%	82.30	82.30
−10	663.00	0.00%	0.00	66.30
研发性资产的价值			13 283.60	
研发性资产现年摊销				1 694.10

请注意，我们没有对当年的支出实施摊销，因为假设它发生在年末（也就是假设在此刻），但是 5 年前的支出已有 50% 获得摊销。在前些年间未摊销的 R&D 支出的美元总额为 132.84 亿美元。可将它视为安进公司的研发性资产值，并且可以添加到股权账面价值上，用以计算股权报酬率和资本报酬率。当年所摊销的前些年间支出总额为 16.94 亿美元。

整个过程最后一步是，调整经营性收入以便体现研发支出的资本化。具体做法是，把当年的研发支出加到经营性收入上（以体现把它归为资本性支出类型），再扣除研发性资产的摊销额，它在前一步骤得出。就安进公司而言，2008 年收入报表上的经营性收入为 55.94 亿美元，经过调整的经营性盈利就是

经过调整的经营性收入＝经营性收入＋当年的研发支出－研发支出摊销
＝55.94＋30.30－16.94＝69.30 亿美元

对于所报 41.96 亿美元净收入可作相似的调整。

经过调整的净收入＝净收入＋当年的研发支出－研发支出摊销
＝41.96＋30.30－16.94＝55.32 亿美元

在前面，我们已经解释了不考虑税收因素的缘由。

股权和资本的账面价值都会因为包含了研发性资产价值而增加。鉴于股权和资本的

---

① 原文此处为"at each of these firms"。——译者注

报酬率尺度都是以前一年的价值为基础,现在计算2007年末的研发性资产值,运用针对2008年使用的相同方法。

研发性资产价值$_{2007}$ = 119.48 亿美元

经过调整的股权账面价值$_{2007}$ = 股权账面价值$_{2007}$ + 研发性资产价值

= 178.69 + 119.48 = 298.17 亿美元

经过调整的资本账面价值$_{2007}$ = 资本账面价值$_{2007}$ + 研发性资产价值

= 219.85 + 119.48 = 338.43 亿美元

R&D调整前后的股权和资本报酬率分别为

	调整前	调整后
股权报酬率	41.96/178.69=23.48%	55.32/298.17=18.55%
资本报酬率	55.94/219.85=25.44%	69.30/338.43=20.48%

虽然安讲的盈利比率在调整之后依然可观,但却低于调整之前的数字。对于大多数股权和资本报酬率很高而研发支出很大的公司来说,完全可能出现这种情况。[①]

其他经营性支出的资本化 就资本性支出被作为经营性支出而言,R&D属于最突出的例子,但是还有一些经营性支出也理应作为资本性支出处理。消费品制造公司,诸如吉列(Gillette)和可口可乐(Coca-Cola),或许会提出,部分广告支出应该作为资本性支出处理,因为它们旨在提升品牌价值。对咨询公司而言,招募和培训员工的成本可以视为资本性支出,因为由此产生的咨询专家有可能构成公司的核心资产,并可在多年内为公司创造效益。对于某些技术公司,包括亚马逊(Amazon.com)等网上零售商(e-tailer)在内,其最大的经营性支出项是"销售、总务和管理支出"(SG&A)。这些公司或许会提出,这些支出的一部分应该作为资本性支出处理,因为它们旨在提升品牌认知度和吸引新的客户。

这些观点虽然具有一定的合理性,但在用它论证支出的资本化时却必须审慎。对于需要资本化的经营性支出,必须具有大量的证据证明这些支出确实能够在多个时期产生效益。最初受到广告或促销的吸引而在亚马逊公司购物的消费者是否会长期持续下去呢?有些分析者认为情况确实如此,故而对每位新客户赋值很高。[②] 如果遇到这种情形,符合逻辑的做法是,运用类似于前面针对研发支出的程序对这些支出实施资本化。

- 确定经营性支出(诸如SG&A)将会提供效益的时期。
- 估算这些支出所营造的资产(类似于研发性资产)的价值。如果支出属于SG&A之列,它就是SG&A资产。

---

① 如果公司的资本报酬率大大低于资本成本,这种调整就有可能提高报酬率。

② 例如,在1999年的一份股票研究报告中,Donaldson, Lufkin & Jenrette 公司股票分析师 Jamie Kiggen 对亚马逊网站的每位消费者估值为 2 400 美元。他所依据的条件是消费者会继续从那里购物以及此类销售的期望利润率。

- 针对这一支出及其所造就的资产摊销调整经营性收入。

$$经过调整的经营性收入 = 经营性收入 + 当期 SG\&A 支出 - SG\&A 资产的摊销$$

针对净收入实施相似的调整，

$$经过调整的净收入 = 净收入 + 当期 SG\&A 支出 - SG\&A 资产的摊销$$

如同研发性资产，这些支出的资本化将营造出某种能够增进股权（和资本）账面价值的资产。

案例 9.3　是否应该实施资本化？分析亚马逊公司

现在考虑亚马逊公司的 SG&A 支出问题。为了判断是否应该对这些支出实施资本化，我们需要了解这些支出是什么及其所产生的效益能够持续多久。不妨假设，亚马逊的促销活动（其支出被列入 SG&A）旨在把新的客户吸引到其网址；而一旦领略了亚马逊网站，客户通常会在未来三年内继续从它那里购物。然后，我们使用三年的 SG&A 支出摊销年限，根据处理研发支出的方式对它们进行资本化；搜集有关 SG&A 的过往信息，对它们在各年间进行摊销，估算出售的资产价值，然后调整经营性收入。

我们认为，大致而论，亚马逊应该继续把 SG&A 支出作为经营性支出处理，而不是予以资本化。理由有二。第一，零售业尤其是网上零售业不容易维持客户，亚马逊所面临的激烈竞争不仅来自其他网上零售商，而且来自沃尔玛（Wal Mart）等同样建立了网上业务的传统零售商。因此，亚马逊借助广告和促销所吸引的客户不会仅仅因为最初的招徕而久留。第二，随着公司的增长，它的 SG&A 支出会愈发注重增加近期的而非远期的销售额。

案例 9.4　招募和培训支出的资本化：Cyber Health Consulting 公司

Cyber Health Consulting（CHC）是一家专为各医疗保健品制造商提供管理咨询服务的公司。去年，CHC 报告了 5 150 万美元的经营性收入（EBIT）和 2 300 万美元的净收入。然而，它的支出包括了招募咨询专家的成本（550 万美元）和培训成本（850 万美元）。加入 CHC 的咨询专家通常会在公司工作 4 年。

为了将招募和培训成本资本化，我们搜集了前四年内的年度成本数据。下表（以百万美元计）报告了这些人力资本性支出，并将各项在四年间进行摊销。

年份	招募和培训支出	未摊销部分		年度摊销
当年	14.00	100.00%	14.00	
-1	12.00	75.00%	9.00	3.00
-2	10.40	50.00%	5.20	2.60
-3	9.10	25.00%	2.28	2.28
-4	8.30	—	0.00	2.08
人力资本资产 =			30.48	9.95

对于经营性收入和净收入作下列调整：

$$\text{经过调整的经营性收入} = \text{经营性收入} + \text{招募和培训支出} - \text{当年摊销}$$
$$= 5\,150 + 1\,400 - 995$$
$$= 5\,555\text{ 万美元}$$

$$\text{经过调整的净收入} = \text{净收入} + \text{招募和培训支出} - \text{当年摊销}$$
$$= 2\,300 + 1\,400 - 995$$
$$= 2\,705\text{ 万美元}$$

如同 R&D 支出，培训和招募支出完全可以免税，这使我们在调整收入时无需考虑税收效应。

融资性支出的调整

第二项调整针对的是各种融资性支出，而它们被会计师们作为经营性支出处理。其中最突出的例子是经营性租赁支出，它们被作为经营性支出对待；相形之下，资本性租赁支出则被表示成债务。

把经营性租约转换成债务 第 8 章说明了把经营性租赁支出转换为债务的方法。我们根据公司税前债务成本对未来的经营性租约实施逆向贴现，再把经营性租约的现值加到公司债务上，从而得出未偿债务总额。

$$\text{经过调整的债务} = \text{债务} + \text{租约现值}$$

一旦把租约重新划归为债务，就可分两步调整经营性收入。第一，把经营性债务回加到经营性收入上，因为它属于融资性支出。第二，扣除所租资产的折旧额，就可得出经过调整的经营性收入：

$$\text{经过调整的经营性收入} = \text{经营性收入} + \text{经营性租赁支出}$$
$$- \text{所租资产的折旧}$$

如果假设所租资产的折旧额接近偿还的债务本金部分，则把相关利息回加到经营性租赁支出的债务值上，就可得出经过调整的经营性收入。

$$\text{经过调整的经营性收入} = \text{经营性收入} + \text{经营性租赁支出的债务值}$$
$$\times \text{债务利率}$$

例 9.5 针对经营性租赁调整经营性收入：2011 年的 Gap 公司

作为专项商品零售商，Gap 公司租用了数百家店面，而租约被作为经营性租赁处理。在上一会计年间（2010 年），Gap 的租赁支出为 11.29 亿美元。下表（以亿美元计）显示了公司在随后五年的经营性租约和在那以后的租约总额。

年份	租约	年份	租约	年份	租约
1	9.97	3	7.10	5	4.83
2	8.41	4	6.02	6 及其以后	14.83

由 S&P 评为 BB+ 级，Gap 公司的税前债务成本为 5.5%。为计算各租约的现值，我们需要了解第 6 年的租约总额。根据最初五年的年均租金额（7.27 亿美元），可得到一项

两年的年金:[1]

$$\text{年金(针对第6年的总额)的近似期限} = 14.83/7.27 = 2.04 \text{ 年}$$

根据5.5%的税前债务成本,下表(以亿美元计)估算了各租约的现值:

年份	租约	现值	年份	租约	现值
1	9.97	9.450 2	5	4.83	3.695 6
2	8.41	7.556 0	6 和 7	7.414 0	10.475 0
3	7.10	6.046 5	租约债务值		42.082 8
4	6.02	4.859 4			

把经营性租约的现值作为等额债务处理,将它添加到公司常规债务上。Gap公司在资产负债表上没有付息债务,其累计债务就是

$$\text{经过调整的债务} = \text{付息债务} + \text{租约现值} = 0 + 42.08 = 42.08 \text{ 亿美元}$$

为了调整Gap的经营性收入,首先进行全额调整。为计算所租资产的折旧额,假设在租期内(7年)对所租资产值运用直线折旧法,[2]而资产值等于各项租约的债务值:

$$\text{直线折旧额} = \text{所租资产价值}/\text{租约期限} = 42.08/7 = 6.01 \text{ 亿美元}$$

对Gap的19.68亿美元经营性收入作如下调整:

$$\text{经过调整的经营性收入} = \text{经营性收入} + \text{现年经营性租赁支出} - \text{所租资产折旧}$$
$$= 19.69 + 11.29 - 6.01 = 24.96 \text{ 亿美元}$$

对于这一大致调整也可作如下的估算,其中,我们运用税前债务成本计算相关利息支出,再加回到经营性收入上。

$$\text{经过调整的经营性收入} = \text{经营性收入} + \text{租约的债务值} \times \text{税前成本}$$
$$= 19.68 + 42.08 \times 0.055 = 21.99 \text{ 亿美元}$$

💾 Oplease.xls. 该电子表格使我们能把经营性租赁支出转换为债务。

如何处理其他承约?

针对租赁所提出的观点同样适用于其他长期承约,如果公司在承约中没有回避义务的条款或者取消承约的选项,或者对它的支付与经营或盈利无关。例如,考虑某支职业体育运动队,它与一位明星签订了一份10年期合约。它答应每年支付500万美元。如果这笔付款并不取决于赛事,签署这项合约对于该球队就意味着营造了等额的债务。

这就意味着,在资产负债表上没有显示债务的公司仍然可能具有很高的杠杆系数,并且带有违约风险。例如,假如职业冰球队Pittsburgh Penguins爽约,球星Mario Lemieux就可获得球队的部分股权。

---

[1] 把该数值近似到最接近的整数。

[2] 租约期限是通过把所估算的两年的年金期限加到最初五年而得出。

9.2.3 会计盈利和真实盈利

各公司已愈发擅长于迎合或者颠覆分析者们作出的季度盈利估算。虽然颠覆盈利估算值之举被认为具有积极意义,某些公司却为此采用了值得怀疑的会计手段。在评估这些公司时,我们必须针对这些会计操纵手段调整经营性收入,尽量得到正确的经营性收入。

操纵盈利的现象

在20世纪90年代,微软(Microsoft)和因特尔(Intel)两家公司确立了高科技公司范式。实际上,在10年间的40个季度内,微软颠覆分析者盈利估算值的次数达到了39次,而因特尔的记录同样令人印象深刻。随着这些公司的市值急剧飙升,其他高科技公司纷纷效尤,极力营造出能够高出分析者估算值的盈利,至少能够有几美分。大量证据表明,这种现象仍在蔓延。史无前例的是,从1996年到2000年的连续18个季度,更多的公司超出了而不是低于"共识性盈利估算值"。① 有关盈利操纵的另一迹象是,过去十年间,各公司向美国国税局(the Internal Revenue Service)所报盈利与向股东们所报盈利之间的差额一直在扩大。

假设分析者的估算值纯属期望值,上述现象寓意何在呢?一种可能性是,分析者们一直低估了盈利而且未能从中吸取教训。话虽如此,这一现象绝对难以在整个十年间始终存在。另一种可能是,高科技公司在关于衡量和报告盈利方面随意性极大,并且利用这一点颠覆估算值。尤其是,把研发支出作为经营性支出处理的做法令这些公司便于操纵盈利。

盈利操纵是否真能提高公司的股价呢?公司可以在各个季度不断地否定分析者估算值,但是市场果真会如此容易上当呢?并非如此,所谓"坊间估算盈利"(the whispered earnings)的出现就是针对所报盈利持续超出预期作出的反应。何为"坊间估算值"呢?它是某种无形的盈利估算值,公司只有颠覆它方能震惊市场;这些估算值通常只比分析者们的估算值高出几美分。例如,在1997年4月10日,因特尔公司报告了每股2.10美元的盈利,高出了分析者们的每股2.06美元估算值。但是,公司股价却下跌了5点,因为"坊间估算值"是每股2.15美元;换言之,市场已经把因特尔在过去颠覆盈利估算值的金额结合到了预期之中。

公司为何要操纵盈利?

公司此举通常是因为它们相信,所公布的盈利更加平稳而且持续高出分析者估算值将可获得市场的报酬。作为例证,它们列举了微软和因特尔这些公司取得的成功,以及那些未能达到预期的公司所遭遇的厄运。

---

① 机构经纪商估算系统(Institutions Brokers Estimate System,I/B/E/S)的估算值。

不少财务经理看来确实认为投资者们会相信账面上的盈利金额,故而极力予以迎合。这一点或可解释为何美国财务会计标准委员会(the Financial Accounting Standard Board, FASB)改变衡量盈利方式的想法会遭到极力反对,即使这种更改具备合理性。例如,FASB试图根据公允价值评估公司给予管理者的期权并从盈利中予以扣除,或者改变有关兼并的记账法,但却一直遭到各高科技公司的反对。

操纵盈利或许也符合公司经理们的利益。他们明白,如果盈利大大低于先前水平,自己被解聘的可能性就会加大。再者,某些具有经理补偿方案的公司仍然试图构建大致的利润目标,而实现这些目标可给经理们带来丰厚的奖赏。

操纵盈利的手段

公司如何操纵盈利?为了实施明智的盈利管理,需要注重和培育分析者的预期,这是微软公司在20世纪90年代的做法。公司执行官员们紧盯着分析者的估算值,一旦察觉他们期望过高,就会实施干预以求降温。[①] 其他还有几种应用技术,但在这里考虑其中一种最普遍应用者。这些手段并非全都对公司不利,其中一些其实属于审慎的手段。

- 预先计划。为保持盈利的稳步上升,公司可制订相关的投资和资产出售计划。
- 收益确认(recognition)。在必须确认收益时,公司具有一定的回旋空间。例如,1995年,在确认"Window 95"软件的销售额上,微软采用了极度保守的方法,决定不公布可以(但没有义务)公布的很大部分的收益。[②] 实际上,在1996年末,公司已经积累了11亿美元的未确认收益,可用于弥补淡季的盈利。
- 收益的提前确认。一种相反的现象是,各公司有时会在淡季的最后几天把货物发送给分销商和零售商,同时确认收益。例如,在1998年上市的高科技公司MicroStrategy就是如此。在1999年的后两个季度,该公司分别报告了20%和27%的销售额增长率,但这种增长很大程度上出自于在两个季度结束后数日内所公布的大宗交易,某些收益则出自刚刚过去的季度。[③] 根据这项策略的某种更加周全的变形,这两家都想提升收益的高科技公司可以进行一笔收益互换(swap)的交易。
- 经营性支出的资本化。正如收益确认那样,公司在把支出作为经营性或者资本性支出上也享有某种决断权,尤其是针对软件研发之类的项目。AOL公司将它与

[①] 通过让分析者们知道自己何时估值过低,微软保持了它的可信度。一直令分析者们感到悲观的公司会丧失其可信度,进而难以操控盈利。

[②] 1995年,购买"Window 95"的各公司同时购买了1996和1997两年间获得升级和售后服务的权利。微软公司原本可在1995年将这些确认为销售额。

[③] 2000年3月6日,《福布斯》(Forbes)杂志刊登了一篇有关MicroStrategy公司的文章,其中写道,"10月4号,MicroStrategy和NCR宣布,它们签订了一项据称涉及2 750万美元的许可证和技术协议。NCR答应支付MicroStrategy公司2 750万美元以获得使用其软件的许可证。MicroStrategy则买下NCR的一个业务部门,作为竞争对手,后者在当时的股票市值为1 400万美元,并且答应对这一数据存储系统支付1 100万美元的现金。MicroStrategy在第三季度把1 750万美元的许可证所得确认为收益,而这个季度已在四天前结束。"

杂志一道提供给客户的光碟（CD）、硬盘碟片的成本实施了资本化和注销。此举使它在20世纪90年代后期大多数时候能够报告为正的盈利。

- 注销（write-offs）。公司在重组方面的支出会减少当期收入，但可以为实施重组的公司提供两种效益。因为经营性盈利在重组之前和之后都会获得报告，这就使得公司可以对支出和经营进行分离。它还使得公司在未来季度更容易颠覆盈利估算。为了把握重组如何能够提升盈利，不妨考虑一下 IBM 公司的情形。通过在一些老工厂关闭的当年将它们注销，IBM 在 1996 年得以将折旧支出减少到 5%，而在 1990—1994 年间的平均折旧率为 7%。根据 1996 年的销售额，两个时期折旧额相差高达 16.4 亿美元，占公司当年 90.2 亿美元税前利润的 18%。各家高科技公司尤其擅长把很大部分的收购成本作为"未完成 R&D"（in-process R&D）项目加以注销，以便提高后续各季的盈利确认额。Deng and Lev（1998）研究了在 1990—1996 年间注销"未完成 R&D"项目的 389 家公司；①这些注销额，平均而言，达到了这些收购价格的 72%，使得收购方公司的盈利在收购后的第四个季度得以增加 22%。

- 储备金动用。公司可以针对各种坏账、退货和其他潜在损失构建储备金。一些公司在好的年份对盈利估算比较保守，以便使用在那些年间构建的超额储备金熨平其他年份的盈利。

- 投资收入。如果持有大量其他公司的证券或者对它们作了投资，公司常常根据大大低于市值的数额确认这些投资。因此，清理这些投资将会产生丰厚的资本所得，这无疑能够提升同一时期的收入。

收入的调整

考虑到公司有可能操纵盈利，我们在把当年的盈利作为预测根据时必须谨慎小心。这部分内容考虑的是，在使用所报盈利作为预测根据之前，我们或许需要作出的一系列调整。首先考虑一次性、重复性以及异常性项目之间存在的各种微妙差别，接着考察如何最恰当地处理收购会计法遗留的残值；然后，考虑如何处理源于公司在其他公司所持股份以及有价证券投资的收入；最后，考察一系列检验，它们有助于我们把握公司报告的盈利是否作为其真实盈利的可靠指南。

异常、重现和偶发性项目（extradordianry, recurring, and unusual items） 这条事关估算经营性收入和净收入的规则并不复杂。作为预测的根据，经营性收入应该体现的是持续经营状况，故而不应包括任何一次性的或者异常的项目。然而，把这种想法付诸实施常常带有挑战性，原因在于下列四类异常项目。

1. 确属一次性的支出或收入。关于这方面一个很好的例子是，在过去十年间只出现过一次的巨额重组费用。在分析时可以排除这些支出，或在计算经营性收入和净收入时

---

① 在前 10 年间（1980—1989），只有 3 家公司对"未完成 R&D"实施注销。

不予考虑。

2. 不在每年出现但可能定期发生的支出和收入。例如，一家公司每隔3年需要针对一起在12年前完成的重组提取费用。虽然未必能够令人信服，但这表明这笔超常支出确实属于公司额外作出的日常支出，并且每3年发生一次。忽视此类支出是危险的，因为这将高估未来年份的预期经营性收入。合理之举是，提取这些支出，并对它实施年度摊销。因此，如果每三年的重组支出额是15亿美元，平均而论，现行年份的经营性收入就应该减少5亿美元，以便体现所欠这笔支出的年度费用。

3. 每年重复出现但波动率极大的支出和收入。处理这类项目的最好方式是对它们实施标准化（normalized），也就是将支出在时间上加以平均化，且在本年度收入中减去这一数额。

4. 每年重复出现但符号会发生变化——在有些年间为正而在有些年间为负。例如，考虑一下外币转换对收入的影响。对于一家处在美国的公司，这种影响在美元走强的年份可能为负而在其趋弱的年份则为正。处理这些支出时，最为稳妥的做法是，出于现金考虑而忽视它们；我们可以决定是否需要针对这种波动所造成的风险调整贴现率。

辨别这些项目需要我们了解公司的财务记录。针对那些年轻公司，也许无法做到这一点；这就使得我们不易区分应该忽视的支出、应该予以标准化的支出和应该予以充分考虑的支出。

针对收购和撤资的调整　　在收购完成之后多年，收购会计依然会影响所报告的盈利。收购活动最为普遍的副产品是对商誉的摊销。这种摊销会减少后续多个时期所报盈利。是否应把摊销额视为经营性支出呢？我们认为，不应当如此行事，因为它并非现金，而且通常属于无法免税的费用。事关商誉摊销的最稳妥方法是，考察一下在实施摊销之前的盈利。

在获得超过账面价值的溢价支付方面，各家高科技公司使用了不同寻常的策略以便营造出商誉。根据这种观点，支付给高科技公司的很大部分市值来自于它长期从事的研发活动，它们可以冲销所谓"未完成R&D"项目从而保持账面的一致性。这些公司提出，它们在内部进行的研发活动归根到底属于支出项。由于商誉的摊销，冲销"未完成R&D"的做法将会产生非现金的和不可免税的费用，所以应该观察一下在实施冲销之前的盈利。

如果公司实施撤资，它们会以资本所得的形式产生收入。对于偶然发生的撤资，我们可视为一次性项目而忽略不计。但是，某些公司却是定期地进行撤资。对于此类公司，在估算净资本性支出时，最好是忽略与撤资相关的收入，但是需要关注相关的扣除资本利得税之后的现金流。例如，假如某公司每年都有5亿美元的资本性支出额、3亿美元的折旧额以及1.2亿美元的撤资额，其净资本支出额就等于8 000万美元。

净资本性支出＝资本性支出－折旧－撤资所得＝5－3－1.2＝8 000万美元

源于投资和交叉持股的收入　　对于有价证券的投资会产生两种收入。第一种是利息或股息；第二种则是以有别于成本基数的价格出售证券所产生的资本利得（或亏损）。20世纪90年代股市繁荣之际，数家高科技公司利用后者增加了收入，并且颠覆了分析者估算值。我们认为，除了金融服务公司之外，在对所有公司进行估价时，这两种收入都不应算作盈利。然而，金融服务公司的业务就是买卖证券（诸如对冲基金）。在评估公司时，可以忽略有价证券的利息。因为，在评估结束时再加上这些证券的市值，相对于把它们同其他资产掺和在一起，处理起来会更容易。不妨假设某公司产生了1亿美元的税后现金流，但其中的20%出自它所持的目前市值为5亿美元的有价证券；另外80%的现金流出自经营性资产；预期这些现金流将一直以每年5%的比率增长下去，资本成本（根据这些资产的风险）为10%。我们可以很便利地估算该公司的价值，

公司经营性资产价值＝0.8(1.05)/(0.10－0.05)　　16.80亿美元
有价证券价值　　　　　　　　　　　　　　　　　　5亿美元
公司价值　　　　　　　　　　　　　　　　　　　　21.80亿美元

若要对整个1亿美元的税后现金流进行贴现，那就必须调整资本成本（能够体现出有价证券的风险）。假如无误，这种调整应该给出与上述估算值相同的价值。[①] 出于另外一个原因，我们应该忽略由有价证券出售造成的收益和亏损。若将这种收益结合到预测中，那就意味着我们坚信自己在未来各期都能以更高价格售出自己的证券；再者，如果为了估算价值而把它们加到经营性资产上，则有可能造成重复计算。

在其他公司中有巨额交叉持股的公司通常会报告盈利的增加或减少，从而体现源于交叉持股的收入或亏损。这种做法对公司盈利的影响取决于股份持有的分类方式。第3章区分了三种类型：

1. 少数被动型股份持有。此时，只有从持股中获得的股息被记作收入。

2. 少数主动型股份持有。此时，源于持股的净收入（或亏损）显示在收入报表中，作为对于净收入（但非经营性收入）的调整。

3. 多数主动型股份持有。此时，各收入报表获得整合（consolidated），子公司（或持股公司）整个经营性收入显示为公司经营性收入的一部分。再者，净收入通常需要针对其他公司在其子公司中的持有部分（少数股份持有）作出调整。

兼顾前两类持股的最稳妥方法是，在对公司进行估价时先忽视这些所持股份的收入，分别对这些持股进行估价，然后再把它加到从其他资产得出的价值上。作为简单一例，考虑一家从经营性资产中产生了1亿美元税后现金流的公司（Holding Inc.），假设这些现金流将以每年5%的比率永久增长。此外，假设公司在另一公司（Subsidiary Inc.）中持有10%的股份，后者的5 000万美元税后现金流将以每年4%的比率永久增长。最后，假设两家公司的资本成本都是10%。可对Holding Inc.公司的价值作如下估算：

Holding Inc.的经营性资产价值＝1(1.05)/(0.10－0.05)　　　　　　21亿美元

[①] 这一点得以成立的前提是，有价证券的定价公允，而我们赢得了公允报酬率。否则，运用这种方法就会得出不同的价值。

Subsidiary Inc.的经营性资产价值＝0.5(1.04)/(0.10－0.04)　　　　8.67亿美元
Holding Inc.的价值＝21+0.10(8.67)　　　　　　　　　　　　21.87亿美元

如果合并了两者的盈利，我们就可根据合并的收入报表评估合并后的公司，再从中减去少数股东持有的部分。为此，我们需要假设两家公司从事相同的生意而且风险程度相同，因为对它们使用相同的资本成本。同时，也可以从合并的经营性收入中扣除子公司的所有经营性收入，继续实施刚才描述的过程以评估所持有的股份。我们在第16章将更详细地探讨这一问题。

案例9.6　针对一次性支出的调整

1997到1999年间，施乐(Xerox)公司报告的盈利包含了金额巨大的一次性、超常和偶发性支出。下表列示了施乐公司盈利的概况(以百万美元计)。

	1999	1998	1997
销售额	10 346	10 696	9 881
服务和出租收益	7 856	7 678	7 257
融资收入	1 026	1 073	1 006
总收益	19 228	19 447	18 144
成本和支出			
销售成本	5 744	5 662	5 330
服务和出租成本	4 481	4 205	3 778
存货费用	0	113	0
设备融资利息	547	570	520
研发支出	979	1 040	1 065
SG&A支出	5 144	5 321	5 212
重组费用和资产损坏	0	1 531	0
其他，净额	297	242	98
总支出	17 192	18 684	16 003
扣除税收、股权收益和少数性权益前的盈利	2 036	763	2 141
－所得税	631	207	728
＋未整合分支机构净收入中的权益	68	74	127
－子公司中的少数性权益	49	45	88
持续业务的净收入	1 424	585	1 452
－停业运营的业务	0	190	0
净收入	1 424	395	1 452

其中，针对一次性支出和一些其他问题，对收入作了一些明显的调整：

- 存货费用和重组费用看似属于一次性费用，但有可能造成需在未来各期支付费用的更加严重的问题。业务停止运营的费用同样不仅仅影响一年的收入。我们应该回加这些支出，从而得出经过调整的经营性收入和净收入。

- 其他属于(净)支出的项目是那些会重复出现但波动剧烈的项目。在预测未来收入时,可对这种支出实施平均化。
- 为了得出经过调整的净收入,我们还逆转了上述两项调整,即,扣除施乐公司在子公司净收入中的股份部分(以体现施乐在其他公司中的少数性股权),再回加少数性股份持有的收益(以体现施乐的多数性股份持有的少数性收益)。

下表(以百万美元计)针对上述变化对每年的净收入进行了调整。

	1999	1998	1997
持续业务的净收入	1 424	585	1 452
一未整合分支机构中的净收入权益	68	74	127
＋子公司中的少数性权益	49	45	88
＋重组费用(1－税率)	0	1 116	0
＋存货费用(1－税率)	0	82	0
＋其他,净额(1－税率)	205	176	65
一标准化的其他项,净额(1－税率)	147	155	140
经过调整的净收入	1 463	1 776	1 338

重组和存货费用可以免税,我们回加了税后部分;税率是根据当年的税款和应税收入计算得出。

$$1998 年的税率 = 税款/应税收入 = 207/763 = 27.13\%$$

我们还回加了其他支出(净额)的税后部分,并扣除了三年间的平均年度支出:

$$其他支出的均值 = (297 + 242 + 98)/3 = 212 百万美元$$

对于经营性收入也需作出类似调整。施乐公司在其主要子公司的股权收入中扣除了股权支出,以便体现融资收入。我们需要区别利息收入与利息支出,以便估算公司的经营性收入。

还有什么问题呢?大量充斥的一次性费用表明,施乐公司目前存在着有可能导致未来支出的经营方面的问题。实际上,由于存在着各种会计问题,施乐公司在2000年不得不推迟递交10-K报告。

9.3 总结

对大多数投资者和分析者来说,财务报表属于首要的信息来源。然而,在解答有关公司的一些关键问题的方法上,会计方法与财务分析者之间存在着诸多差异。

通过考察把各种支出划分为经营性、融资性和资本性支出的会计方法,本章首先进行盈利分析。虽然收入报表体现了经营性支出和融资性支出,但资本性支出却需摊销在几个时期,其形式为折旧和摊销。会计准则错误地将经营性租赁和研发支出算作经营性支出(前者应该归入融资性支出,而后者则应该视为资本性支出)。我们提出了调整盈利的一些途径,以便更好地衡量这些项目的影响。

在本章的第二部分，我们考虑了盈利方面的一次性、非重复出现[1]和异常的项目。虽然基本原则是，盈利只应该包含正常支出。这一点却在公司方面遭到了挑战，因为它们试图把正常的经营性支出归入到了非重复出现之列，而把非经营性收入列入经营性盈利。

盈利报告的各种预警信号

关于盈利报告，最棘手的问题通常并不是那些令我们感到眼花缭乱的所报项目（诸如各种超常项目）的方式，而是这些项目蕴藏在其他项目中。因此，为了把握遇到这类异常情形的可能性，需对任何盈利报表做以下各方面的考察：

- 盈利增长是否连续数年大幅度超出销售额的增长？这或许体现了公司效率的提高。但是，如果差额巨大并且持续多年，我们就应该仔细分析这些效率的成因。
- 相对于盈利的一次性或非经营性费用是否经常出现？对于这些费用本身在每年的分类可能有所不同，在某一年作为存货费用，而在下一年作为重组费用等等。出现这种情形或许纯属偶然，但它也有可能折射出公司有意把定期的经营性支出转移到这些非经营性项目中。
- 经营性支出所占销售额的比重是否在各年间剧烈波动？这一点可能意味着这一支出项（即，SG&A）包含了非经营性支出，而后者其实应该予以扣除并单独列出。
- 公司是否试图在各个季度持续地超出分析者的估算值？并非所有的公司都能像微软公司那样行事。如果年复一年地超出了估算值，公司其实在操纵盈利，把盈利在各不同时期来回划拨。随着增长水平的逐渐稳定，它们就会执著于这种做法。
- 收入中的很大部分是否来自子公司或者相关的股份持有？虽然卖出它们是合法的，但价格设定有可能使得公司把盈利在各业务部门进行转移，从而给出有关公司真实盈利的误导性观点。
- 公司是否经常改变评估存货和折旧的会计方法？
- 收购活动之后是否会出现盈利的奇异增加？就长期而言，运用收购策略难以取得这方面的成功。如果有公司宣称凭借此类策略即刻取得了成功，就需对它仔细甄别。
- 流动资本是否随着销售额和盈利的飙升而急剧膨胀？这一点有时会告诉我们，这些公司通过向客户放贷来营造销售额。

就这些因素自身而言，并没有哪一个能够提醒我们应该怀疑这些公司的盈利。但是，它们的相互结合就可视为某种预警信号，故而需对其作出更加慎重的考虑。

---

[1] 此处原文为"nonrecurring"。——译者注

9.4 问题和简答题

在下列问题中,若无特别说明,假设股权风险溢价为 5.5%,税率为 40%。

1. Derra Foods 是一家专项食品零售商。在资产负债表中,它报告了 10 亿美元的股权账面价值而没有债务,但它的所有店铺都属于经营性租赁。在去年,公司的经营性租赁支出为 8 500 万美元,有关未来五年及其后续时期的租赁支出承约如下所列:

年份	经营性租赁支出	年份	经营性租赁支出
1	9 000 万美元	4	8 000 万美元
2	9 000 万美元	5	8 000 万美元
3	8 500 万美元	6~10	每年 7 500 万美元

若公司当期借款成本为 7%,估算经营性租赁的债务值。估算账面的债务/股权比率。

2. 假设上面的 Derra Foods 公司报告息税前利润(考虑了经营性租赁支出)为 2 亿美元。估算经过调整的经营性收入,假设经营性租约实现了资本化。

3. FoodMarkets Inc. 是一家连锁的杂货商。据它报告,其账面债务/股权比率为 10%,账面投资额为 10 亿美元,资本报酬率为 25%。若当年的经营性租赁支出为 1 亿美元,租约现值为 7.5 亿美元,重新估算 FoodMarkets 的债务/资本比率和资本报酬率。(不妨假设税前债务成本为 18%)

4. Zif Softawre 是一家有巨额研发支出的公司。在去年,公司的 R&D 支出为 1 亿美元。这笔可作五年摊销的支出被摊销在过去五年间:

年份	R&D 支出	年份	R&D 支出
−5	5 000 万美元	−2	8 000 万美元
−4	6 000 万美元	−1	9 000 万美元
−3	7 000 万美元	当年	1 亿美元

假设采用直线摊销方式(针对五年),估算,

a. 研发性资产的价值。

b. R&D 支出在当年的摊销金额。

c. 对于经营性收入的调整额。

5. Stellar Computers 因其很高的资本报酬率而知名。去年,公司所投 15 亿美元资本的报酬率为 100%。假设我们已估算得出研发性资产值为 10 亿美元。此外,今年的 R&D 支出为 2.5 亿美元,研发性资产的摊销额为 1.5 亿美元。重新估算 Stellar Computers 公司的资本报酬率。

CHAPTER 第10章

从盈利到现金流

资产的价值来自于它生成现金流的能力。在评估公司时,我们所需考虑的现金流应该是在纳税之后而在偿债之前,并已满足了再投资需要。在评估股权时,所需考虑的现金流则应是在偿债之后。估算这些现金流有三个步骤。第一步是估算公司凭借现有资产和投资所产生的盈利,我们在前一章已探讨了这一过程;第二步是需要纳税的收入部分;第三步则是建立某种尺度,衡量公司未来增长所需要的再投资。

本章考察后面两个步骤。它首先探究有效税率和边际税率之间的差异,以及获得结转(carry forward)的巨额净经营亏损额(NOLs)所产生的各种影响。为了考察公司的再投资计划,我们将把它分解为有形和长期资产所需再投资(资本性支出净额)和短期资产所需再投资(流动资本)。我们将使用远为宽泛的再投资定义,从而把研发(R&D)和收购方面的投资作为资本性支出的一部分而包括在内。

10.1 税收效应

为了计算税后经营性收入,我们将息税前盈利乘以所估算的税率。这一过程看似简单,但会因为估价中时常出现的三个问题而变得复杂。第一个问题是,这些公司的有效税率和边际税率之间存在很大差异,进行估价时需在两者间作出选择。第二个问题通常与存在重大亏损的公司有关,造成了需要结转的经营性净亏损,可在未来数年减少税款。第三个问题与研发和其他支出的资本化相关。由于这些支出可以即刻作出,可给公司带来大得多的缴税优惠。

10.1.1 有效税率与边际税率

在几种不同税率之间,我们需作出选择。在财务报表中,使用最广的是有效税率。根据财务报表,对它可作如下计算:

$$\text{有效税率} = \text{应纳税款} / \text{应税收入}$$

关于税率的第二个选项是边际税率,它是针对公司最后一美元收入的税率,取决于税法,体现了公司在边际收入中必须缴纳的税额。例如,在美国,针对边际收入的联邦公司税率为35%;加上各州和地方税,盈利最大的公司将面临至少40%的公司边际税率。

就大多数美国公司而言,虽然它们的边际税率应该很接近,但有效税率却差别甚大。图10.1描述了在2011年1月美国各营利公司的有效税率分布状况。值得注意的是,一些公司报告的有效税率不到10%,而一些公司的有效税率则超过了50%。同样需要指出的是,该图没有包括大约2 000家在上一财务年度没有缴税(大多为亏损者)或有效税率为负的公司。①

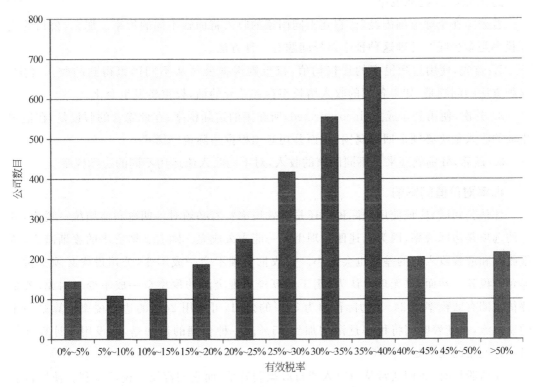

图10.1 美国公司的有效税率:2011年1月

来源:Value Line。

边际税率和有效税率存在差异的原因

既然上市公司的应税收入大多处在最高的边际税率档次,它们的有效税率为何与边际税率会不相同呢?关于此,至少有四点原因。

1. 至少在美国,基于纳税和财务报告两个不同的目的,许多公司采用不同的会计规则。例如,为了财务报告,公司时常使用直线折旧法;而为了缴税,则使用加速折旧法。因此,所报告的盈利会大大超出应税收入,即计税基数。②

2. 公司有时利用税收抵免额(tax credit)减少所付税款,这些抵免额可使有效税率低

---

① 税率为负的原因是,公司通常在(作为纳税依据的)缴税报告中报告收入,而在财务报告中报告亏损。
② 因为有效税率的依据是所付税额(出自税收报表)和所报收入,对于那些改变会计方法以夸大所报盈利的公司,有效税率将低于边际税率。

于边际税率。

3. 公司有时把收入税结转到未来时期。因此，当期所付税款的税率低于边际税率。然而，当公司在后期缴纳结转税款时，有效税率将高于边际税率。

4. 若从税率较低的各海外经营基地（domiciles）获得巨额收入，公司无须缴纳本国税收，除非把收入汇回本国。

跨国公司的边际税率

若公司在全球范围内经营，它在不同国家的收入将面临不同的税率。那么，公司的边际税率是多少呢？处理这种税率差异问题有三种方法。

1. 首先，使用边际税率的加权均值，权重则根据公司从不同国家得到的收入确定。这种方法的问题是，如果各国的收入增长率存在差异的话，权重将发生变化。

2. 其次，使用公司成立（incorporated）所在国的边际税率；在此隐含的假设是，在他国生成的收入最终必须汇回原属国，故而公司必须根据边际税率缴税。

3. 最后，分别处理来自不同国家的收入，对不同收入流运用不同的边际税率。

税率对价值的影响

评估公司时，应该使用边际税率还是有效税率？若必须对各期盈利使用统一税率，可靠的选项是边际税率，因为上述四条理由无一能永久成立。随着新增资本的逐渐减少，所报收入和应税收入间的差额也会缩小。税收抵免额不会一成不变，公司最终必须支付所递延的税款。然而，并无理由认为，用于计算税后现金流的税率会一成不变。因此，若是评估当期有效税率为24%、边际税率为35%的公司，可使用24%的边际税率估算第一年的现金流，再随着时间将税率逐渐增加到35%。一种合理的做法是，假设用于计算终值时一直使用的税率是边际税率。

评估股权时，我们通常从净收入或每股盈利着手，而它们都属于税后盈利。使用税后盈利似可避免估算税率的问题，但这只是一种假象。公司的当期税后盈利反映了今年所付税款。纳税计划或者结转可以造成税款很低（有效税率很低）或很高（有效税率很高），若不针对未来年份的税率变化调整净收入，会造成以为公司在未来年份仍可维持原状的错误想法。

案例10.1 不同的税率假设对价值的影响

Convoy Inc.是一家电信公司。它在去年的税前经营性收入为1.5亿美元，所需再投资为3 000万美元。由于税收结转，公司有效税率为20%，边际税率则是40%。在未来五年，预计其经营性收入和再投资每年都会增长10%，然后是每年5%。公司资本成本为9%，预计今后不会变化。我们根据有关税率的三种不同假设估算Convoy公司：持续不变的有效税率、持续不变的边际税率以及这两种税率的某种结合。

方法1：持续不变的有效税率

首先估算Convoy的价值，假设税率一直是20%。

税率	20% 当年	20% 1	20% 2	20% 3	20% 4	20% 5	20% 终端年份
EBIT	150.00	165.00	181.50	199.65	219.62	241.58	253.66
EBIT$(1-t)$	120.00	132.00	145.20	159.72	175.69	193.26	202.92
－再投资	30.00	33.00	36.30	39.93	43.92	48.32	50.73
公司自由现金流(FCFE)	90.00	99.00	108.90	119.79	131.77	144.95	152.19
终端价值						3 804.83	
现值		90.83	91.66	92.50	93.35	2 567.08	
公司价值	2 935.42						

这一公司价值的隐含假设前提是,公司一直无须缴纳递延的税款。

方法2:持续不变的边际税率

接着,估算Convoy的价值,假设边际税率一直是40%。

百万美元

税率	20% 当年	20% 1	20% 2	20% 3	20% 4	20% 5	20% 终端年份
EBIT	150.00	165.00	181.50	199.65	219.62	241.58	253.66
EBIT$(1-t)$	120.00	99.00	108.90	119.79	131.77	144.95	152.19
－再投资	30.00	33.00	36.30	39.93	43.92	48.32	50.73
公司自由现金流(FCFE)	90.00	66.00	72.60	79.86	87.85	96.63	101.46
终端价值						2 536.55	
现值		60.55	61.11	61.67	62.23	1 711.39	
公司价值	1 956.94						

这一公司价值的隐含前提是,从现在起,公司无法再递延税款。事实上,一种更加稳妥的解释是,我们应在这一价值中扣除以往累积的递延税款。因此,如果公司在前些年的递延税款为2亿美元,并且预计在未来四年间每年分期支付5 000万美元,则可计算这些税款的现值如下:

递延税款的现值 = 5 000(根据年金现值,9%和4年) = 1.619 9亿美元

因此,公司现值为17.949 5亿美元。

缴纳递延税款后的公司价值 = 19.569 4 - 1.619 9 = 17.949 5亿美元

方法3:混合税率

采用最后一种方法,假设有效税率在五年内一直是20%,再用边际税率计算终端价值:

百万美元

税率	20% 当年	20% 1	20% 2	20% 3	20% 4	20% 5	20% 终端年份
EBIT	150.00	165.00	181.50	199.65	219.62	241.58	253.66
EBIT$(1-t)$	120.00	132.00	145.20	159.72	175.69	193.26	152.19

续表

税率	20% 当年	20% 1	20% 2	20% 3	20% 4	20% 5	20% 终端年份
一再投资	30.00	33.00	36.30	39.93	43.92	48.32	50.73
公司自由现金流(FCFE)	90.00	99.00	108.90	119.79	131.77	144.95	101.46
终端价值						2 536.55	
现值		90.83	91.66	92.50	93.35	1 742.79	
公司价值	2 111.12						

但请注意,针对最初五年使用有效税率的做法会增加公司的递延税款负债。假设公司在当年末的累积递延税款负债为2亿美元,则可计算第五年末的递延税款负债如下:

$$预期递延税款负债 = 200 + (165 + 181.5 + 199.65 + 219.62 + 241.58)$$
$$\times (0.40 - 0.20)$$
$$= 401.47 \text{ 百万美元}$$
$$= 4.014\ 7 \text{ 亿美元}$$

假设,公司将在第5年之后支付这笔递延税款负债,但会将它摊销在10年间,则其现值为1.674 5亿美元。

$$公司价值 = 21.111\ 2 - 1.674\ 5 = 19.436\ 7 \text{ 亿美元}$$

taxrate.xls:该网上的数据集概述了美国各行业在上一季度的平均有效税率。

10.1.2 经营性净亏损额的影响

结转了巨额经营性净亏损的公司和持续亏损的公司,在转为盈利状况的最初几年有望节省大量税款。把握这种效应的方式有两种。

一种方法是,随着时间逐渐改变税率。在较早的年份,这些公司是零税率,获得结转的亏损额将抵消收入。随着经营性净亏损额逐渐减少,税率也会向着边际税率逐渐提高。因为用于估算税后经营性收入的税率发生了变化,我们需要改变用于资本成本计算的税后债务成本。因此,对于那些具有结转的经营性净亏损额的公司,在亏损大于收入的各年间,用于计算税后经营性收入和资本成本的税率将等于零。

使用另一种方法的通常情形是,公司盈利已经转而为正,但结转的经营净亏损额依然很大。分析者们将首先对公司进行估价而忽略由经营性净亏损造成的税收节省,随后再加上预期节省的税款。通常,它是通过用税率乘以经营性净亏损额进行估算。这种方法的局限性是,它假设税款优惠可以得到保障并且即刻生效。鉴于公司必须盈利以产生这些税款优惠,而盈利存在着不确定性,它有可能高估节省的税款额度。

关于经营性亏损,最后还需指出两点。由于潜在的收购者而非这些造成亏损的公司可以获得由经营性净亏损所带来的税款优惠,故而有可能形成我们在考察收购的第26章所探讨的缴税协同性。另一点是,有些国家对可以实施经营性亏损结转的时间长度限制极大;倘若如此,那么经营性净亏损额的价值可能会下降。

案例 10.2　经营性净亏损对价值的影响:特斯拉汽车(Tesla Motors)公司

本案例考虑的是,在 2011 年间,结转的经营性净亏损(NOLs)和预期未来时期的亏损对于电动汽车制造商特斯拉公司税率的影响。特斯拉在 2010 年报告了 6 550 万美元的经营性亏损,收入为 1.167 4 亿美元;到该年底,其累积经营性净亏损额为 1.406 4 亿美元。

公司情况虽然看起来不好,我们仍假设其收入在未来十年间能够快速增长,其经营利润率会逐渐接近业内成熟健康汽车制造商的 10% 的平均水平。下表(以百万美元计)概述了特斯拉公司在未来十年内的收入和经营性利润的预测值。

年份	收入	经营性利润/亏损	年末 NOL	应税收入	税收	税率
现年	117	−81	141	0	0	0.00%
1	292	−125	266	0	0	0.00%
2	584	−147	413	0	0	0.00%
3	1 051	−142	555	0	0	0.00%
4	1 681	−95	650	0	0	0.00%
5	2 354	−10	661	0	0	0.00%
6	3 060	93	568	0	0	0.00%
7	3 672	197	371	0	0	0.00%
8	4 222	292	79	0	0	0.00%
9	4 645	369	—	289	116	31.40%
10	4 877	421	—	421	168	40.00%

请注意,特斯拉公司在未来五年期间将继续亏损,且加总到经营性净亏损额上。在未来第 6、7 和第 8 年,其经营性利润为正,但仍未付税,出于前些年所累积的经营性净亏损额之故。在第 9 年,它开始缴税,但可借助剩余的经营性净亏损额(7 900 万美元)减少应税收入。假设税率为 40%,并将它用作第 9 年之后的边际税率。因此,我们可将经营性净亏损额产生的效益结合到现金流和公司价值中。

10.1.3　研发支出的缴税优惠

前面一章指出,我们应该对 R&D 支出实施资本化。如果如此行事,则有可能错失缴税优惠。公司可以出于缴税目的而全额扣除 R&D 支出。但在资本化后就只能扣除资本性支出的折旧额。因此,为了把握这种缴税优惠,我们把 R&D 支出与研发性资产摊销额的差额所造成的税款优惠额加到公司的税后经营性利润上:

额外的税款优惠额$_{R\&D支出}$ =(现年的 R&D 支出 − 研发性资产摊销额)× 税率

对于我们打算予以资本化的其他条目同样需要作出类似的调整。在第 9 章,我们指出,对源于 R&D 支出资本化的税前经营性收入的调整是

经过调整的经营性利润 = 经营性利润 + 当年的 R&D 支出 - 研发性资产摊销额

为了估算税后经营性利润，把这一数字乘以（1－税率）且加上前面得到的额外税款优惠额：

经过调整的税后经营性利润 =（经营性利润 + 当年的 R&D 支出
　　　　　　　　　　　　　－ 研发性资产摊销额）×（1－税率）
　　　　　　　　　　　　　＋（当年的 R&D 支出－研发性资产摊销额）× 税率
　　　　　　　　　　　　 ＝ 经营性利润 ×（1－税率）＋ 当年的 R&D 支出
　　　　　　　　　　　　　－ 研发性资产摊销额

换句话说，源于 R&D 支出的税款优惠额使得我们可将 R&D 支出与研发性资产摊销额的差额直接加到税后经营性利润（和净利润）上。

案例 10.3　支出的税款优惠额：2011 年的安进公司

在第 9 章，我们对安进的 R&D 支出实施了资本化，并且估算了研发性资产价值和经过调整的经营性利润。回顾一下案例 9.2，可看到下列调整：

当年的 R&D 支出 = 30.30 亿美元

本年度研发性资产摊销 = 16.94 亿美元

为估算安进公司的税款优惠额，首先假设它的税率为 35%，并且注意到，安进出于缴税目的可以全额扣除 30.30 亿美元，

R&D 支出产生的缴税优惠额 = R&D 支出 × 0.35 = 10.605 亿美元

如果只有摊销额可在 2010 年间获得税收豁免，税款优惠额就等于

R&D 支出产生的缴税优惠额 = 16.94 亿美元 × 0.35 = 5.929 亿美元

通过作为支出确认而非资本化，安进能够提取大得多的税款优惠额。两者的纳税优惠差额可表示为

纳税优惠差额 = 10.605 － 5.929 = 4.686 亿美元

因此，安进可以获得 4.68 亿美元的税款优惠额，因为它可将 R&D 费用作为支出确认而不是资本化。完成这一分析后，我们计算安进经过调整的税后经营性利润。请注意，案例 9.2 已估算出了下列经过调整的税前经营性利润：

经过调整的税前经营性利润 = 经营性利润 + 当年的 R&D 支出
　　　　　　　　　　　　　－ 研发性资产摊销
　　　　　　　　　　　　 = 55.94 + 30.30 － 16.94
　　　　　　　　　　　　 = 69.30 亿美元

可将这种税前经营性利润转换为税后金额，并且回加 R&D 支出产生的税款优惠额：

税后经营性利润 = 69.30(1 － 0.35) + 4.68 = 49.72 亿美元

再者，先计算未经调整的经营性利润，再将它针对 R&D 支出进行调整，我们也可得到相同的答案，

经过调整的税后经营性利润 = 税后经营性利润 + 当年的 R&D 支出

—研发性资产摊销
　　＝55.94(1－0.35)＋30.30－16.94
　　＝49.72亿美元

缴税账本和财务账本

　　并非秘密,美国许多公司都持有两套账本:一本用于报税,另一本用于财务报告。这种做法不仅合法,而且得到了普遍采纳。虽然个中细节因公司而异,但是向股东所报告的利润通常大大超出为了缴税而报告的利润。评估公司时,我们通常需要了解前者而非后者。但是,这一点会通过几条途径影响我们的估算值。

- 用通过应税收入得出的应付税款除以通常高出许多的财务报告利润,这会得出比真实税率低得多的税率。若把这种税率用作预测的税率,就会过高估计公司价值。这也是我们针对未来时期逐渐改用边际税率的另一个原因。
- 如果根据财务收入进行预测,就会高估预期未来利润,而对现金流的影响则比较含糊。不妨考虑一下财务利润和应税利润之间一个很普遍的区别:直线折旧法被用于计算前者,而加速折旧法则用于后者。由于我们把折旧额回加到税后利润以得到现金流,折旧额的减少将抵消掉盈利的增加。但是,问题在于,如此行事将会低估由折旧所产生的税款优惠额。

　　因此,如果我们局限于财务利润(就像使用诸如市盈率或EBITDA乘数那样),相比使用现金流而言,公司针对缴税和会计目的采纳不同标准的问题会更大。然而,假如我们确实还可以选择,就应基于缴税账本而非财务账本进行估值。

> **税收补贴的处理**
>
> 　　有时,在对特定领域或类型的业务进行投资时,公司可以获得政府的税收补贴。这些补贴的形式是较低的税率或税款优惠。无论采用哪种形式,都能够增加公司的价值。当然,问题在于如何最恰当地把这些效应结合到现金流当中。一种最简单的方式或许是,首先评估公司而暂时忽略税收补贴,然后再加上源于补贴的价值增量。
>
> 　　不妨假设我们打算评估在波多黎各(Puerto Rico)开展业务的某家医药公司。该国给予公司某种缴税优惠,采取的形式是较低的业务所得税率。我们可以使用公司的名义边际税率评估这家公司,然后再将得到的价值与在波多黎各获得的税款优惠额现值相结合。这种方法具有二个优点。
>
> 　　1. 它使我们能够分离出税收补贴,而且只有在能够获得它的时期才予以考虑。如果把这些缴税优惠与其他现金流结合在一起,就有可能错误地以为它们会永久地延续下去。
>
> 　　2. 计算缴税优惠的贴现率与针对公司其他现金流的贴现率,两者可能并不相同。因此,如果缴税优惠采取政府授予的税款优惠额形式,我们就可以采用低得多的贴现率计算现金流的现值。

> 3. 根据"天下没有免费午餐"的原则，不难想象，政府之所以提供投资缴税优惠，完全是因为公司在作出这些投资时将面临更高的成本或更大的风险。如果分离出缴税优惠值，公司就可权衡个中取舍是否对自己有利。不妨假设一家食糖生产商因为开展这项业务而可能获得政府提供的税款优惠额。作为代价，政府要对糖价加以管制。因此，公司可对源于税款优惠额的价值与源于价格管制的损失进行比较，然后再决定是否应该争取该税款优惠。

10.2 再投资需要

公司现金流是在扣除再投资金额之后进行计算。在估算再投资时，需要考虑两个要素。第一个是资本净支出，它是资本性支出和折旧之间的差额。另一个是对于非现金的流动资本作出的投资。

10.2.1 资本净支出

为了估算资本净支出，我们一般从资本性支出中减去折旧。其原理是，来自折旧的正现金流至少支付了部分资本性支出，只有超额部分才会消耗公司的现金流。在大多数财务报表中，通常很容易获得有关资产支出和折旧的信息。然而，预测这些支出的难度却因为三个原因而加大。第一，公司的资本性支出通常会成块地(in chunks)发生，即，某一年度的大额投资由后续数年间的小额投资相随。第二，资本性支出的会计定义没有包括那些被作为经营性支出处理的资本费用，诸如研发支出。第三，收购支出未被会计师们作为资本性支出处理。对于那些主要通过收购而增长的公司而言，这将导致对资本性支出的低估。

起伏不定的资本性支出和均匀化的需要

公司的资本性支出流通常起伏不定。它们会经历资本性支出很高的时期(譬如引入新产品或建立新工厂之时)，然后是资本支出相对较少的时期。因此，在估算用于预测未来现金流的资本性支出时，应该对后者实施标准化。实现这一步有两条途径。

最简单的标准化技术是使用数年间的平均资本性支出。例如，可以估算某家制造商在过去4~5年间的平均资本性支出，然后采用这个数字而非上一年的资本性支出。如此行事，就能把握公司或许每四年投资于一家新工厂这个事实。若是使用上一年的资本性支出，就会高估资本性支出(如果公司在那一年建立新工厂)，或者低估它们(如果工厂是在前一年所建)。

事关衡量，需要解决两个问题。一个与应该使用的过去年份数目有关。答案因公司而异，而且取决于公司相隔多久才会做出重大投资。另一个问题是，在对资本性支出实施平均化时，是否需对折旧也作如此处理。鉴于折旧已在时间上获得摊销，对其标准化的需要应该低多。此外，公司获得的税款优惠额体现了上一年的实际折旧额。除非折旧额与资本性支出一样波动剧烈,我们可以不触动折旧。

就那些历史较短或业务结构有所变化的公司而言,时间上的平均化或许并不可行,得出的数字或许难以体现实际资本性支出需要。对于这些公司,可以考虑采用业内平均资本性支出。鉴于公司的规模因行业而异,这一均值的计算通常把资本性支出表示成某种基本数据的百分比,经常的选项是销售额和总资产。我们更倾向于把资本性支出表示成折旧额的某一比重,并将这一数字在业内实施平均化。其实,如果样本公司数目充足,我们还可以考察与所分析公司处在相同生命周期阶段的那些公司。

案例10.4　标准化资本净支出的估算:Reliance Industries 公司

Reliance Industries 是印度最大的公司之一,经营范围从化工产品到纺织品。它在这些业务中投资巨大,下表(以百万印度卢比——INR 计)概述了它在 1997—2000 年间的资本性支出和折旧数据:

年份	资本性支出	折　旧	资本净支出
1997	INR 24 077	INR 4 101	INR 19 976
1998	INR 23 247	INR 6 673	INR 16 574
1999	INR 18 223	INR 8 550	INR 9 673
2000	INR 21 118	INR 12 784	INR 8 334
均值	INR 21 666	INR 8 027	INR 13 639

虽然公司的资本性支出波动剧烈,但折旧额却一直在增加。可以使用两种方式对其资本净支出实施标准化。一种是利用四年间的平均资本净支出,由此得到等于 13 639 百万印度卢比的资本净支出。然而,如此行事的问题是,它隐含的用于计算的折旧额是 8927 百万印度卢比,大大低于实际折旧额 12 784 百万印度卢比。一种更好的标准化方式是,使用四年间的平均资本净支出(21 166 百万印度卢比)和 2000 年的折旧额(12 784 百万印度卢比),从而得到下列资本净支出:

$$标准化资本净支出 = 21\ 666 - 12\ 784 = 8\ 382\ 百万印度卢比$$

请注意,在目前情形中,鉴于 2000 年的实际资本净支出为 8 334 百万印度卢比,标准化并未造成多么大的差异。

把资本性支出作为经营性支出处理

在第 9 章,我们讨论了效益可以惠及多个时期的研发、人事培训之类支出的资本化问题,考察了它们对于盈利的影响。显然,它们同样也会影响资本性支出、折旧进而影响资本净支出。

- 如果打算把某种经营性支出重新算作资本性支出,就应将这个条目的当期价值作为资本性支出处理。例如,如果决定对 R&D 支出实施资本化,那就需将当期研发支出额加到资本性支出上:

$$经过调整的资本性支出 = 资本性支出 + 当期 R\&D 支出$$

- 若将当期研发支出加到资本性支出,把研发资产摊销加到折旧上,公司的资本净支出的增量将等于两者的差额:

经过调整的资本净支出＝净资本性支出＋当期 R&D 支出－研发资产摊销

请注意,对于资本净支出作出的这种调整也就体现出针对净收入作出的调整。再者,由于资本净支出是从税后经营性利润中扣除,我们实际上消除了 R&D 支出的资本化对于现金流的影响。

案例 10.5　R&D 支出资本化的影响:2009 年 3 月的安进公司

在案例 9.1 中,我们对安进公司的 R&D 支出实施了资本化,并且营造了研发资产。在案例 10.3 中,我们考虑了公司可把它的全部 R&D 金额当作支出所产生的额外税款优惠额。在本案例中,我们考察资本化对于资本净支出的影响,从而完成整个分析过程。

再度回顾相关数字,安进在 2010 年的 R&D 支出为 30.30 亿美元。运用 10 年摊销期,对于它的资本化将产生 132.83 亿美元的研发资产,以及 16.94 亿美元的当年(2008年)摊销额。另外注意到,安进在 2008 年报告了 16.46 亿美元的资本性支出,而折旧和摊销额为 10.73 亿美元。针对资本性支出、折旧与摊销、资本净支出的调整分别是:

经过调整的资本性支出 ＝ 资本性支出 ＋ 当期 R&D 支出
　　　　　　　　　　 ＝ 16.46 ＋ 30.30 ＝ 46.96 亿美元

经过调整的折旧和摊销 ＝ 折旧和摊销 ＋ 研发资产的摊销
　　　　　　　　　　 ＝ 10.73 ＋ 16.94 ＝ 27.67 亿美元

经过调整的资本净支出 ＝ 资本净支出 ＋ 当期 R&D 支出 － 研发资产的摊销
　　　　　　　　　　 ＝ 46.96 － 27.67 ＝ 19.29 亿美元

结合案例 10.2 中有关税后经营性利润的调整,资本净支出变化额(从 5.73 亿美元到 19.29 亿美元,增加了 13.36 亿美元)正好等于税后经营性利润变化额。因此,R&D 支出的资本化不会影响公司自由现金流。虽然这一基本的现金流没有变化,R&D 支出的资本化却极大地改变了关于盈利和所需再投资的估算值,有助于我们更好地把握公司盈利水平以及着眼于未来增长的再投资需要。

收购

估算资本性支出时,我们不应区别对内投资(它们通常在现金流量表中被归为资本性支出)和对外投资(即各种收购活动)。因而,公司的资本性支出应该涵盖收购额。鉴于很少有公司每年都实施收购,而各次收购的价码也不相同,前述有关资本性支出标准化的内容同样甚至更加适用于这类项目。因此,每隔五年实施大约 1 亿美元收购的公司,对于其每年资本性支出的预测值就应为 2 000 万美元,并且针对通货膨胀作出调整。

是否应该区分使用现金抑或股票所融资的收购呢?我们认为,大可不必。虽然公司在后一种方式中没有支付现金,但却增加了发行在外普通股数目。实际上,考虑现金[①]收

---

① 原文为"stock-funded",当为"cash-funded"之误。——译者注

购的一条思路是,公司在融资过程中省略了一个步骤。它原本可以公开发售股票,而用所得现金实施收购。考虑此问题的另一种方式是,如果公司每年都通过发售股票进行收购,并且预计在未来也会如此,这将增加发行在外普通股数目,进而稀释现有股东所持每股的价值。

案例 10.6　估算资本净支出：1999 年的思科系统(Cisco Systems)公司

20 世纪 90 年代期间,思科系统公司凭借着销售额和盈利每年增长 60%～70% 的实力将其市值增加了一百倍。究其缘由,很大部分在于思科收购了一些具备前沿技术的小公司,并且成功地把它们转换为商业化成果。为了估算思科在 1999 年的资本净支出,我们从 10-K 报告中的资本性支出(5.84 亿美元)和折旧(4.86 亿美元)估算值入手。根据这些数字,可以认为,思科在 1999 年的资本净支出为 9 800 万美元。

针对这一数字的第一项调整是结合研发支出的影响。在下表中(以百万美元计),我们使用五年摊销期,估算研发资产的价值以及 1999 年的摊销额。

年份	研发支出	年末未摊销额		年度摊销额
现年	1 594.00	100.00%	1 594.00	
−1	1 026.00	80.00%	820.80	205.20
−2	698.00	60.00%	418.80	139.80
−3	399.00	40.00%	159.60	79.80
−4	211.00	20.00%	42.20	42.20
−5	89.00	0.00%	—	17.80
研发资产价值			3 035.40	
本年度摊销额				484.60

对思科公司资本净支出的调整是,回加上一财务年度的研发支出额(15.94 亿美元),再减去研发资产的摊销额(4.85 亿美元)。

第二项调整是加入思科在上一财务年度所作收购的影响。下表(以百万美元计)概述了在该年完成的各项收购及其价格。

百万美元

收购	收购方式	所付价格	收购	收购方式	所付价格
GeoTel	联营	1 344	Clarity Wireless	购入	153
Fibex	联营	318	Selsius Systems	购入	134
Sentient	联营	103	PipeLinks	购入	118
American Inetrnet Corporation	购入	58	Amteva Technologies	购入	159
Summa Four	购入	129	总额(百万美元)		2 516

请注意,这里包括了采购和联营(purchase and pooling)两种交易方式,而这些收购的总额被加到 1999 年的资本净支出上。我们假设,给定思科的以往记录,它在 1999 年的各

次收购并无异常,而是体现了思科的再投资政策。与这些收购相关的摊销额已经列入公司折旧中。① 下表(以百万美元计)概述了思科在1999年的净资本性支出。

资本性支出	584.00	研发摊销	484.60
－折旧	486.00	＋收购	2 516.00
净资本性支出	98.00	经过调整的净资本性支出	3 723.00
＋研发支出	1 594.00		

在估价中忽略收购:可能性如何?

把收购整合到净资本性支出和价值之中,这一点可能并不容易实现,尤其对于偶尔才进行高额收购的公司来说。我们几乎无法预测是否将会出现收购,它们的成本是多少,以及它们对加速增长的影响如何。有一种方式可以完全忽略掉收购,但需付出一定的代价。假设公司支付了公允的收购价格(即体现了目标公司公允价值的价格),再假设目标公司的股东要求得到部分或全部的协同性或控制权价值,收购对于公司价值就没有影响,无论它们能对增长有何好处。理由很简单:根据公允价格进行的收购属于一项只能获得必要报酬率的投资,即净现值等于零的投资。

忽略收购的代价是什么呢?并非所有的收购都是公允地定价,并非所有的协同性和控制权价值都会落入目标公司股东手中。如果公司已经具有通过收购而获得增长的商誉,忽略收购的成本和效益将会造成对公司的错误估价。我们将会低估那些凭借有利的收购而创造价值的公司,高估那些因为在收购时支付过多而使得价值下降的公司。

 capex.xls:该网上的数据集概述了美国以行业划分的各公司在上一季度的资本性支出,及其所占销售额和公司价值的比重。

10.2.2 对流动资本的投资

决定公司再投资的第二个因素是为了满足流动资本需要所拨出的现金。流动资本的增加会占用更多的现金,进而造成为负的现金流。相反,减少流动资本则会释放出现金和形成正的现金流。

流动资本的定义

流动资本通常被定义为流动资产和流动负债之间的差额。但是,在为了估算公司价值而衡量流动资本时,我们将要修订这一定义。

---

① 真正相关的是可以免税的摊销额。如果摊销无法免税,可以考虑在扣除摊销额之前的EBIT,而在估算净资本性支出时也不再予以考虑。

- 我们将从流动资产中撤出现金和对有价证券的投资。因为现金,尤其是巨额现金,将被公司投资于国库券、短期政府证券或者商业票据。虽然这些投资的报酬率可能会低于公司真实投资项目的报酬率,它们却代表了无风险投资的公允报酬率。与存货、应收账款和其他流动资产不同,现金可以赢得公允的报酬,故而不应被包括在流动资本范围内。这条规则是否存在例外呢?在评估那些因日常业务而持有大量现金的公司,或者在金融系统欠发达的市场上经营的公司时,我们可以把经营所需要的现金算作流动资本,而且只有此类现金才带有浪费性质,因为它无法赢得公允的市场报酬。随着我们逐渐脱离以现金为基础的经济,这种经营性现金需要额会逐步减少。

- 我们还需要从流动负债中撤出所有的付息债务,即短期债务以及长期债务在当期到期的部分。只有在计算资本成本时才需要考虑这种债务,故而应该避免重复计算。非现金的流动资本在不同行业和同行业的不同公司之间都变化甚大。图10.2显示了美国公司在2011年1月的非现金流动资本所占销售额的比重。

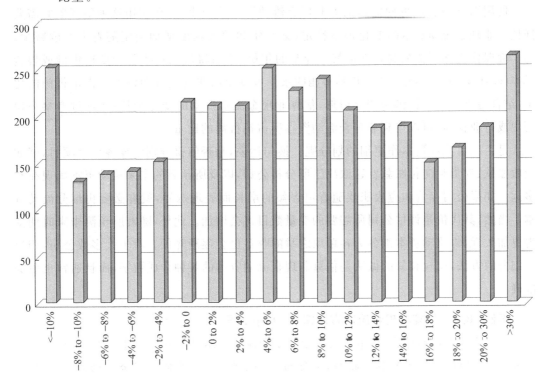

图10.2 非现金流动资本所占销售额的比重:2011年的美国各公司

来源:Value Line

案例10.7 流动资本与非现金流动资本:Mark and Spencer公司

Mark and Spencer公司在英国经营零售业,并在他国零售公司中持有巨额股份。下表(以百万美元计)将该公司在1999年和2000年的流动资本分解为各个部分,报告了各年的流动资本总额和非现金流动资本。

	1999	2000		1999	2000
现金和准现金	282	301	交易贷方(应付账款)	215	219
有价证券	204	386	短期债务	913	1 169
交易借方(应收账款)	1 980	2 186	其他短期债务	903	774
股票(存货)	515	475	流动负债总额	2 031	2 162
其他流动资产	271	281	非债务流动负债	1 118	993
流动资产总额	3 252	3 629	流动资本	1 221	1 467
非现金流动资产	2 766	2 945	非现金流动资本	1 648	1 949

在这两年间,非现金流动资本均大大高于流动资本。我们认为,前者能够更好地衡量被流动资本所占用的现金。

估算非现金流动资本的预期变化

使用财务报告虽可便捷地估算非现金流动资本的变化,但在使用这种估算值时需要谨慎。非现金流动资本的变化很不稳定,某些年间的大幅度增加会尾随着大幅度减少。为了确保作为预测依据的并不是某个异常的年份,应该将流动资本与预期销售额或售货成本(cost of goods sold)的变化趋势相联系。可以使用非现金流动资本所占销售额的比重,结合各期的预期销售额变化情形,估算非现金流动资本的变化趋势;而通过考察公司历史或行业标准,可以得到非现金流动资本所占销售额的比重。

是否应对流动资本作更细的划分呢?换句话说,是否值得分别估算各单个项目,诸如应收账款、存货和应付账款?这取决于所分析公司,以及所预测的未来流动资本离现在有多远。如果公司存货和应收账款随着销售额的增长而表现殊异,就有必要再细分流动资本。当然,其代价是评估公司所需要的变量数目将会增加。此外,随着所预测未来时期变得更加久远,将流动资本细分为各单项之举的收益也会逐渐降低。对于大多数公司,相对于细分的方法,比较容易的做法是估算非现金流动资本的某种合成数字,而且通常也更加准确。

案例 10.8 估算非现金流动资本需求:Gap 公司

作为专项商品零售商,Gap 公司对于存货和流动资本具有巨额需求。在 2000 年会计年末(包括 2001 年 1 月),据它报告,存货为 19.04 亿美元,其他非现金流动资本为 3.35 亿美元。与此同时,应收账款为 10.67 亿美元,其他非付息流动负债为 7.02 亿美元。为此,Gap 公司在 2001 年 1 月的非现金流动资本可估算如下:

$$非现金流动资本 = 19.04 + 3.35 - 10.67 - 7.02 = 4.70 \text{ 亿美元}$$

下表(以百万美元计)报告了公司在前一年末的非现金流动资本和每一年的销售总额。

	1999	2000	变动额
存货	1 462	1 904	442
其他非现金流动资产	285	335	50
应付账款	806	1 067	261
其他非付息流动负债	778	702	－76
非现金流动资本	163	470	307
销售额	11 635	13 673	2 083
流动资本占销售额比重	1.40%	3.44%	15.06%

非现金流动资本比前一年增加了3.07亿美元。如果预测Gap公司的非现金流动资本需求,我们有五种选择。

1. 使用本年度非现金流动资本变动额(3.07亿美元),假设它根据预期盈利增长率而增长。这或许是一种最不足取的选择,因为各年非现金流动资本的变化很不稳定,而上一年的变化或许纯属特例。

2. 将非现金流动资本变动额表示成所占上一年销售额、预期未来销售额增长的百分比。对Gap来说,这意味着,未来非现金流动资本变动额将是销售额在那一年变化量的3.44%。这比前面第一种选择要好得多,但是非现金流动资本所占销售额的比重同样会在各年间发生变化。

3. 把非现金流动资本的边际变动额表示成占上一年销售额的百分比,通过将上一年非现金流动资本变动额和销售额变动额除以预期未来年间销售额的增长而得出。对Gap来说,这意味着未来非现金流动资本变动额是未来各期销售额的15.06%。这种方法最适合那些业务将发生变化、增长的业务领域不同于以往的公司。例如,那些主要通过互联网销售而增长的常规店面零售商,相比流动资本总额而言,对边际流动资本的要求或许差别更大。

4. 将非现金流动资本的变化表示成所占某一过往时期销售额的百分比。例如,1997—2000年间,非现金流动资本所占销售额的平均比重为4.5%。这种方法的好处是可以使得各年间的变化变得均匀,但若存在某种变化趋势(向上或向下)则不甚适宜。

5. 忽略公司的流动资本历史数据,根据行业均值预测非现金流动资本占销售额的比重。这种方法最适用于流动资本在过去变幻不定且难以预测的公司。这也是估算小公司非现金流动资本的最优方式,即那些随着增长而逐渐获得规模经济效益的公司。虽然Gap公司并不符合这些条件,我们仍可运用非现金流动资本占专营零售商销售额的平均比重7.54%估算非现金流动资本需求量。

针对这些假设条件,为了说明其中每一种变动对于流动资本需求量的影响,下表逐一预测了非现金流动资本(WC)的预期变化。进行这些估算时,假设Gap在未来五年(以百万美元计)的销售额和盈利增长率均为10%。

	当年	1	2	3	4	5
销售额	13 673.00	15 040.00	16 544.33	18 198.76	20 018.64	22 020.50
销售额变化		1 367.30	1 504.03	1 654.43	1 819.88	2 001.86
1. 非现金流动资本变化	307.00	337.70	371.47	408.62	449.48	494.43
2. 当期：流动资本/销售额	3.44%	47.00	51.70	56.87	62.56	68.81
3. 边际：流动资本/销售额	15.06%	205.97	226.56	249.22	274.14	301.56
4. 历史均值	4.50%	61.53	67.68	74.45	81.89	90.08
5. 行业均值	7.54%	103.09	113.40	124.74	137.22	150.94

正如所云，根据上述五种方法，非现金流动资本投资额的变化差异甚大。

为负的流动资本（或变化）

非现金流动资本是否可能成为负数呢？答案无疑是肯定的。在此，考虑一下这种变化的含义所在。如果非现金流动资本减少，它会释放出所占用的现金而增加公司的现金流。如果公司存货堆积或者随意发放交易信贷，更有效地管理两者之一或者全部就能削减流动资本，并在近期内，三年、四年抑或五年，生成为正的现金流。但是，问题也就变成它能否生成更长时期的现金流。在某一时刻，公司系统内部的无效率将会消失，此时流动资本任何幅度的降低都会对销售额和利润的增长产生负面影响。因此，对于具有正流动资本的公司来说，看来只有在短期内才可能削减流动资本。实际上，一旦流动资本得到有效的管理，估算各年的流动资本量就应该使用它所占销售额的比重。不妨假设一家流动资本占销售额的比重为10%的公司，我们认为，更加妥善的流动资本管理能把这一比重降到销售额的6%。我们能够在未来四年之内实现这一点。然后，转而把每年的流动资本需求量估算为追加销售额的6%。下表（以百万美元计）提供了这家公司的非现金流动资本变化情况，假设目前的销售额为10亿美元，预计销售额在未来15年内每年增长10%。

年份	当年	1	2	3	4	5
销售额	1 000.00	110.00	1 210.00	1 331.00	1 464.10	1 610.51
非现金流动资本						
占销售额比重	10%	9%	8%	7%	6%	6%
非现金流动资本	100.00	99.00	96.80	93.17	87.85	96.63
非现金流动资本变化		−1.00	−2.20	−0.63	−5.32	−8.78

那么，流动资本本身是否可能成为负数呢？答案同样也是肯定的。其实，如果非债务流动负债超过非现金流动资本，公司就会有负的非现金流动资本。这是一个比流动资本减少更加棘手的问题。流动资本为负的公司，在某种意义上，使用了供应商信贷作为资本来源；在负的流动资本随着公司的增长而加大时，情况就更是如此。一些公司，尤以亚马逊（Amazon）公司最为突出，凭借着这种策略得到了增长。尽管它似乎属于一种能够节省

成本的策略,但却存在着各种潜在的消极因素。首先,供应商信贷其实大多并不是免费的。由于推迟支付供应商的账单可能会丧失现金折扣额和其他价格优惠,公司需要以牺牲这些特权为代价。因此,如果打算采用这种策略,公司应该将这种资本与更加常规形式的借款进行成本比较。

第二个消极因素是,会计师们和评级机构通常将负的非现金流动资本视为违约风险的根源。鉴于公司等级的降低以及所付利率的上调,使用供应商信贷有可能造成其他方面的资本成本。从现实角度看,针对非现金流动资本为负的公司,在预测其流动资本需要时,我们仍然还需要解决估算问题。在前述情形中,对于非现金流动资本公司而言,在短期内完全没有理由不继续将供应商信贷用作短期资本来源。但是,就长期而论,我们不应假设负的非现金流动资本额会一直增大。我们必须假设,在未来某个时刻,非现金流动资本将不再变化或者形成增加流动资本的压力。

- *wcdata.xls*:该网上的数据集概述了美国以行业划分的各公司在上一季度的非现金流动资本需要量。

10.3 总结

评估公司时,获得贴现的现金流必须是在扣除税款和再投资之后,但在扣除偿债金额之前。本章论述了由公司的这一数字所带来的一些挑战性问题。本章始于第 9 章所讨论的经过调整和更新的收入形式。为了根据税后条件阐述这种收入,我们需要某种税率。公司在财务报表中通常不会表明其有效税率,但它们有别于边际税率。虽然使用有效税率可以得出先前年份的税后经营性收入,但所用税率在未来时期应该收敛于边际税率。就那些长期亏本而不缴税的公司而言,累积的经营性亏损净额将会使得其部分未来收入无需缴税。

有关公司对于自身经营的再投资,可分作两部分考虑。第一部分是公司的资本净支出,它是资本性支出(现金流出)和折旧(实质上属于现金流入)之间的差额。第二部分则事关针对非现金流动资本的投资,主要是存货和应收账款。非现金流动资本的增加意味着公司现金流出,而它的减少则代表现金流入。大多数公司的非现金流动资本通常起伏很大,故而在预测未来现金流时,我们需使之均匀化。

10.4 问题和简答题

在下列问题中,若无特别说明,假设股权风险溢价为 5.5%。

1. 我们打算评估小型制造商 GenFlex 公司。根据报告,它在去年的应税收入为 5 000 万美元,所付税款为 1 250 万美元,再投资为 1 500 万美元。该公司没有未偿债务,而边际税率为 35%。假设公司的盈利和再投资在未来三年的年增长率均为 10%,随后则

一直是5%,估算该公司的价值:
   a. 使用有效税率估算税后经营性收入。
   b. 使用边际税率估算税后经营性收入。
   c. 在未来三年间使用有效税率,而在第4年使用边际税率。
2. 我们打算估算高科技公司 RevTech。根据报告,它在去年的息税前盈利为 8 000 万美元,资本性支出为 3 000 万美元,折旧额为 2 000 万美元。此外,还有两个复杂之处:
   - 公司在去年的 R&D 支出为 5 000 万美元。我们认为,该公司的恰当摊销期限应为三年,而过三年间的 R&D 支出分别为 2 000 万美元、3 000 万美元和 4 000 万美元。
   - 公司在本年度还实施了两项收购,一笔以现金收购,价值为 4 500 万美元,另一笔则以股票融资,价值为 3 500 万美元。

如果公司没有流动资本需求,税率为 40%,估算公司在去年的自由现金流。

3. 从事旅游业务的 Lewis Clark 公司在去年报告了息税前盈利为 6 000 万美元,但是我们发现了下面更多的细节:
   - 公司在去年的经营性租赁支出为 5 000 万美元,而且在未来八年间每年将支付相等金额。
   - 公司在去年报告,其资本性支出为 3 000 万美元,折旧额为 5 000 万美元。然而,该公司还实施了两项收购。一项以 5 000 万美元的现金收购,另一项通过 3 000 万美元的股票互换(stock swap)收购。这些收购的摊销额已包括在本年度的折旧中。
   - 流动资本从本年初的 1.8 亿美元增加到本年末的 2 亿美元。然而,公司的现金额占据流动资本的很大部分,现金从本年初的 8 000 万美元增加到本年末的 1.2 亿美元。(现金被投资于国库券。)
   - 税率为 40%,公司税前债务成本为 6%。

估算公司在去年的自由现金流。

4. 下面是福特汽车公司截至 1994 年 12 月 31 日的资产负债表(以百万美元计)。

资产		负债	
现金	19 927	应付账目	11 635
应收账款	132 904	1年内到期债务	36 240
存货	10 128	其他流动负债	2 721
流动资产	91 524	流动负债	50 596
固定资产	45 586	短期债务	36 200
		长期债务	37 490
		股权	12 824
总资产	137 110	总负债	137 110

公司的销售额为 1 549.51 亿美元,售货成本为 1 338.17 亿美元。

a. 估算净流动资本。

b. 估算非现金流动资本。

c. 估算非现金流动资本占销售额的比重。

5. 延续第 4 个问题,假设我们预期福特的销售额在未来五年内每年增长 10%。

a. 估算每一年的预期非现金流动资本变化量,假设非现金流动资本占销售额的比重维持在 1994 年的水平。

b. 估算每一年的预期非现金流动资本变化量,假设非现金流动资本占销售额的比重将收敛于行业平均销售额的 4.3%。

6. Newell Stores 是一家零售商。去年,它报告了 10 亿美元的销售额,8 000 万美元的税后经营性收入,以及 -5 000 万美元的非现金流动资本。

a. 假设流动资本占销售额的比重在明年保持不变,并且没有净资本性支出,如果预期销售额增长 10%,估算公司自由现金流。

b. 如果我们想要预测未来十年间的公司自由现金流,针对流动资本是否也应该作出相同的假设?说明个中理由。

CHAPTER
第11章
增长的估算

公司的价值是它所生成的预期未来现金流的现值。对高增长公司而言,估价的关键数据是用于预测未来销售额和盈利的增长率。本章考察如何最恰当地估算公司的这些增长率,包括那些销售额很低的以及盈利为负的公司在内。

估算任何公司的增长率有三种基本方式。第一种是考察公司以往的盈利增长情形,即历史性增长率。虽然这种数据对于评估那些稳定的公司很有帮助,但若用于高增长公司估价则具有局限和危险。这种情况下,历史性增长率通常难以估算得出,即便可行,它也无法充当关于预期未来增长的估算值。

第二种方式是,完全信任分析者们,因为他们一直在追踪公司的业绩,故而能够正确地估算增长率。我们将在估价中使用这种增长率。虽然许多公司受到分析者们的普遍追踪,但是增长率估算值的质量,尤其针对较长时期者,却很低劣。若在估价中仰仗这些增长率估计值将会使得公司价值估计值谬误百出且自相矛盾。

第三种方式是根据公司的各种基本因素估算增长率。公司的增长最终取决于对于新资产的再投资水平以及这些投资的质量,而这些投资非常宽泛,包括收购和开拓新的分销渠道,甚至是增强营销力度。估算这些数据,在某种意义上,我们也就是在估算公司的基本增长率。

11.1 增长的重要性

一家公司之所以具备价值,那是因为它拥有现在就可生成现金流的各种资产,或者因为预计它在未来能够获得此类资产。第一组资产的分类是现有资产,第二组则是增长性资产。图11.1显示了公司的财务资产负债表。请注意,会计资产负债表可能与其差异很大,因为会计方法在处理增长性资产方面通常显得比较保守和不尽一致。

对于高增长公司来说,会计资产负债表难以概述其资产价值,因为它们大多会忽视价值的最大构成因素,即未来的增长。对于那些实施了R&D投资的公司来说,这一问题尤为严重,因为账面价值不会包括这些公司最重要的资产——研发性资产。

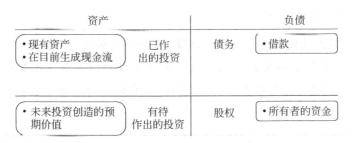

图 11.1 公司的财务概况

11.2 以往的历史

估算公司的预期增长率,我们通常从考察公司历史入手。以销售额或盈利为尺度,公司经营规模在近期的增长有多快?虽然以往的增长未必总能很好地预示未来的增长,但它确实能够传递一些有助于评估未来的信息。本节首先考察在估算以往增长率时出现的衡量尺度问题,然后考虑如何把以往的增长率运用于预测。

11.2.1 估算历史性增长率

给定公司的历史盈利,估算历史性增长率看似属于一种简单操作,但却可能会出现几个事关衡量尺度的问题。尤其突出的是,我们可能得到几种大相径庭的历史性增长率,这取决于估计均值的方法,以及是否接纳价值随着时间推移的复合增长。估算增长率还可能因为过去或现在的负盈利而变得更复杂。

算术均值与几何均值

平均增长率的变化取决于它是算术均值还是几何均值。算术均值是以往各种增长率的简单平均值,而几何均值则需考虑在各期之间的复合变化。

$$算术均值 = \frac{\sum_{t=-n}^{t=-1} g_t}{n}$$

其中,$g_t = t$ 年的增长率

$$几何均值 = \left(\frac{盈利_0}{盈利_{-n}}\right)^{(1/n)} - 1$$

其中,盈利$_t = t$ 年的盈利

这两种估算值可能会相去甚远,尤其是对于那些盈利变化剧烈的公司而言。几何均值能够更准确地衡量以往盈利的真实增长率,尤其是针对增长率在各年之间变化无常的情形。

实际上,有关算术增长率和几何增长率的上述观点同样适用于销售额,虽然这两种增长率之间的差异对于销售额来说通常要小于盈利。对于那些盈利和销售额波动剧烈的公司来说，我们更应使用几何均值。

案例 11.1　算术均值和几何均值的差异：摩托罗拉公司（1994—1999 年）

下表列出了摩托罗拉公司在 1994—1999 年间每年的销售额、EBITDA、EBIT 和净收入（其中各绝对数字以百万美元计）。在该表底部，我们列出了每一数据序列的算术均值和几何均值。

年份	销售额	变化率	EBITDA	变化率	EBIT	变化率	净收入	变化率
1994	22 245		4 151		2 604		1 560	
1995	22 037	21.54%	4 850	16.84%	2 931	12.56%	1 781	14.17%
1996	27 973	3.46%	4 268	−12.00%	1 960	−33.13%	1 154	−35.20%
1997	29 794	6.51%	4 276	0.19%	1 947	0.66%	1 180	2.25%
1998	29 398	−1.33%	3 019	−29.40%	822	−57.78%	212	−82.03%
1999	30 931	5.21%	5 398	78.80%	3 216	291.24%	817	285.38%
算术均值		7.08%		10.89%		42.45%		36.91%
几何均值		6.82%		5.39%		4.31%		−12.13%
标准差		8.61%		41.56%		141.78%		143.88%

几何均值 = (盈利$_{1999}$/盈利$_{1994}$)$^{1/5}$ − 1

对于这四个项目，算术平均增长率都高于几何平均增长率，但净收入和经营性收入（EBIT）方面的差额要远远大于销售额和 EBITDA 方面的差额。这是因为净收入和经营性收入是波动最剧烈的数字，各年间的标准差达到了 140%。观察一下 1994 年和 1999 年的净收入和经营性收入，同样明显的是，几何均值能够更好地体现实际增长情形。摩托罗拉公司的经营性收入在期内只是略有增长，表现为它的几何平均增长率只有 4.31%，但算术平均增长率却表现出了更为迅速的增长。摩托罗拉的净收入在期内几乎下跌了 50%，这一点体现在它的几何平均负增长率上，但它的算术平均增长率却高达 36.91%。

线性和对数线性回归模型

算术均值对各时期盈利的变化率赋予相等的权重，而忽略盈利的复利效应。几何均值则考虑到了复利效应，但着重考察盈利数据序列中的第一个和最后一个观察值，而忽略有关中间观察值的信息以及在期内可能形成的增长率趋势。这些问题至少能够部分地通过将每股盈利（EPS）针对时间实施普通最小二乘法（OLS）回归而得到化解。① 这一模型的线性形式是

$$EPS_t = a + bt$$

其中，$EPS_t = t$ 期的每股盈利，$t =$ 时期 t。

时间变量的斜率系数衡量了每一时期内盈利的变化。然而，与线性模型相关的问题

---

① 普通最小二乘法（OLS）估算各回归参数的方法是，求解取预测值与实际值差额平方和的最小化问题。

是,它是以 EPS 的金额表述增长率。面对复合变化,它不适于预测未来的增长。

该模型的对数线性形式将这一系数转换成比率变化:
$$\ln(\text{EPS}_t) = a + bt$$

其中,$\ln(\text{EPS}_t) = t$ 期每股盈利的自然对数,$t=$ 时期 t。

时间变量的系数 b 现在衡量的是盈利在每一单位时间内的变化率。

案例 11.2　线性和对数线性增长模型:通用电气公司(1991—2000 年)

下表提供了从 1991 年到 2000 年的通用电气(GE)公司每股盈利,以及针对每年计算的变化率和每股盈利的自然对数。

年份	日历年	EPS	EPS 变化率	ln(EPS)
1	1991	0.42		−0.867 5
2	1992	0.41	−2.38%	−0.891 6
3	1993	0.40	−2.44%	−0.916 3
4	1994	0.58	45.00%	−0.544 7
5	1995	0.65	12.97%	−0.430 8
6	1996	0.72	10.77%	−0.328 5
7	1997	0.82	13.89%	−0.198 5
8	1998	0.93	13.41%	−0.072 6
9	1999	1.07	15.05%	0.067 7
10	2000	1.27	18.69%	0.230 9

有几种方式可用于估算 GE 在 1991—2000 年间每股盈利的增长率。一种方式是计算算术均值和几何均值:

每股盈利的算术平均增长率 = 13.79%

每股盈利的几何平均增长率 = $(1.27/0.42)^{1/9} = 13.08\%$

第二种方法是将每股盈利对时间变量实施回归(其中,对最早年份赋值 1,对下一年份赋值 2,等等)。

线性回归:EPS = 0.203 3 + 0.095 2t　$R^2 = 94.5\%$
　　　　　　[4.03]　　[11.07]

这一回归式表明,从 1991 年到 2000 年,每股盈利每年增加 9.52 美分。通过将这一数字除以期内每股盈利均值,我们可将它转换为每股盈利的变化率:

每股盈利增长率 = 线性回归系数/EPS 均值 = 0.095 2/0.727 = 13.10%

最后,可用 ln(EPS) 针对时间变量实施回归:

对数线性回归:$\ln(\text{EPS}) = -1.128\ 8 + 0.133\ 5t$　$R^2 = 95.8\%$
　　　　　　　　[19.53]　　[14.34]

在此,可将时间变量系数视为衡量每股盈利复合增长率的尺度;根据这一回归式,GE 每股盈利每年增长 13.35%。

使用这些方法得到的数字相当接近,因为 GE 的每股盈利增长率变化很小。对于那些盈利波动比较剧烈的公司而言，个中差额会高出许多。

盈利为负的情形

如果出现盈利为负的情形，历史性增长率尺度就会被扭曲。各年间盈利变化率的定义是

$$\text{EPS 在 } t \text{ 期的变化率} = (\text{EPS}_t - \text{EPS}_{t-1})/\text{EPS}_{t-1}$$

若 EPS_{t-1} 为负，这种计算将给出毫无意义的数字。这一点也适用于几何均值计算。若在最初时期的 EPS 为负或等于零，几何均值同样也没有意义。

类似问题还会出现在对数线性回归过程中。要使对数转换能够成立，EPS 必须大于零。针对盈利为负的公司，为获得有意义的盈利增长估算值，我们至少可以试用两种方法。一种是将 EPS 针对前述回归式所阐述的时间实施线性回归：

$$\text{EPS} = a + bt$$

增长率的近似值就是

$$\text{EPS 增长率} = b/ \text{回归期内的平均 EPS}$$

这就假设了期内的平均 EPS 是正数。估算这些公司增长率的另一种方法是，在分母中使用 EPS_t 或 EPS_{t-1} 两个数字的较大者：

$$\text{EPS 的变化率} = (\text{EPS}_t - \text{EPS}_{t-1})/\text{Max}(\text{EPS}_t, \text{EPS}_{t-1})$$

再者，我们还可以使用 EPS 在前一期的绝对值。

请注意，这些估算历史性增长率的方法并没有说明这些增长率对于预测未来增长是否有用。实际上，可以认为，盈利为负时的历史性增长率没有意义，故而可在预测未来增长时不予考虑。

案例 11.3　盈利为负的情形：特斯拉汽车(Tesla Motors)公司和 Aracruz Celulose 公司

在盈利为负时估算盈利增长率所遇到的问题，即便对于那些只有负盈利记录的公司也同样存在。例如，据报告，电动汽车制造商特斯拉在 2009 年的经营性盈利(EBIT)是 $-5\,200$ 万美元，而在 2010 年为 -15.4 亿美元。显然，该公司的盈利能力进一步下降，但是估算标准的盈利增长率可使我们得到以下数据：

特斯拉在 2010 年的盈利增长率 $= [-154-(-52)]/(-52) = 1.9615$ 或 196.15%

现在考虑巴西的纸张纸浆制造商 Aracruz 的情形。与业内其他公司一样，它对产品价格的涨跌非常敏感。下表报告了该公司从 1995 年到 2000 年间的每股盈利。

年份	EPS(巴西里亚尔, BR)	年份	EPS(巴西里亚尔, BR)
1995	0.302	1998	-0.067
1996	0.041	1999	0.065
1997	0.017	2000	0.437

1998 年的盈利(以及每股盈利)数字为负，这就使得有关 1999 年增长率的估算值很成问题。例如，该公司在 1998 年的亏损为每股 0.067 BR，在 1999 年的利润则是每股

0.065 BR。使用常规公式所估算的每股盈利增长率是

$$1999\text{ 年的盈利增长率} = [0.065 - (-0.067)]/(\ 0.067) = -197\%$$

对于盈利能力在该年度的改观,这一为负的增长率没有意义。有两种方式可以纠正这一点。一种方法是在分母中用绝对值代替实际的每股盈利:

$$1999\text{ 年的盈利增长率}_{\text{绝对值}} = [0.065 - (-0.067)]/(0.067) = 197\%$$

另一种方法是使用两年间较大的每股盈利数字,从而得到

$$1999\text{ 年的盈利增长率}_{\text{较大值}} = [0.065 - (-0.067)]/(0.065) = 203\%$$

正如设想的那样,增长率现在已成正数。然而,增长率的值本身对于估算未来的增长并无多少帮助。

预测每股盈利的时间序列模型

各种时间序列模型使用的历史数据与前面比较简单的模型所用的数据相同。但是,借助于各种复杂的统计技术,它们试图通过这些数据得到更准确的预测值。

Box-Jenkins 模型

运用自回归整合移动均值模型(ARIMA),Box and Jenkins(1976)建立了分析、预测单一变量时间序列数据的程序。ARIMA 模型把时间序列数据中的某一数值设定为以往各数值和错误(冲击)的线性组合。鉴于这种模型使用的是历史数据,只要数据没有显示出某种趋势或者依赖于外部事件和变量,就可使用这一模型。它的一般化的表示形式是

$$\text{ARIMA}(p, d, q)$$

其中,$p=$自回归部分的阶数,$d=$差分的阶数,$q=$移动平均的阶数。

因此,其数理形式可表述为

$$w_t = \varphi_1 w_{t-1} + \varphi_2 w_{t-2} + \cdots + \varphi_p w_{t-p} + \theta_0 - \theta_1 a_{t-1} - \theta_2 a_{t-2} - \cdots - \theta_q a_{t-q} + \varepsilon_t$$

其中,$w_t=$原始数据序列,或原始数据的 d 阶差分,$\varphi_1, \varphi_2 \cdots \varphi_p=$自回归参数,$\theta_0=$常数,$\theta_1, \theta_2 \cdots \theta_q=$移动平均过程参数,$\varepsilon_t=$独立干扰项或随机误差。

ARIMA 模型也可调整数据中所蕴含的季节效应(seasonality)。此时,模型一般化的表示方式是

$$\text{SARIMA}(p, d, q) \times (p, d, q)_{s=n}$$

其中,$s=$有效时间为 n 的季节性参数。

关于盈利的时间序列模型

预测盈利所使用的大多数时间序列模型都是围绕着各季度的每股盈利而构建。在一篇概述性论文中,Bathke and Lorek (1984)指出,在预测季度性每股盈利时,可以使用的有三种时间序列模型,而它们都属于季度性自回归整合移动均值模型(SARIMA),因为季度性每股盈利包含了强烈的季度性成分。第一种模型,由 Foster(1977)所建立,包含了盈利的季度效应,其形式如下。

模型 1：
$$SARIMA(1,0,0) \times (0,1,0)_{s=4}$$
$$EPS_t = \varphi_1 EPS_{t-1} + EPS_{t-4} - \varphi_1 EPS_{t-5} + \theta_0 + \varepsilon_t$$

这一模型由 Griffin[1] 和 Watts[2] 加以拓展而包括了一个移动均值参数。

模型 2：
$$SARIMA(0,1,1) \times (0,1,1)_{s=4}$$
$$EPS_t = EPS_{t-1} + EPS_{t-4} - EPS_{t-5} - \theta_1 \varepsilon_{t-1} - \Theta \varepsilon_{t-4} - \Theta \theta_1 \varepsilon_{t-5} + \varepsilon_t$$

其中，θ_1 = 一阶移动均值[MA(1)]参数，Θ = 一阶季度性移动均值参数，ε_t = 干扰项在季度 t 末的实现值。

第三种模型，由 Brown and Rozeff(1979)所建立，在使用季度性移动均值参数方面也很相似。

模型 3：
$$SARIMA(1,0,0) \times (0,1,1)_{s=4}$$
$$EPS_t = \varphi_1 EPS_{t-1} + EPS_{t-4} - \varphi_1 EPS_{t-5} + \theta_0 - \Theta \varepsilon_{t-4}$$

时间序列模型预测盈利的功效如何？ 在预测下一季度的每股盈利方面，时间序列模型胜过了那些简单的(使用以往盈利)模型。时间序列模型的预测误差(即，每股盈利的实际值与预测值之间的差额)，平均而论，要小于简单模型(如以往增长率的简单均值)的预测误差。但是，这种模型相对于简单模型而言的优势会随着预测时期的延长而降低；这表明，时间序列参数估计值并非是一成不变的(stationary)。

在各种时间序列模型中，尚无证据显示出哪一种模型在尽量减少样本中每一公司的预测误差方面更具优势。相对于把同一模型运用于各个公司而言，使用公司特定最优模型的收获相对较小。

在估价中使用时间序列模型的局限性 实施估价时，如果使用时间序列模型预测盈利，我们应该注意几点。第一，时间序列模型需要大量的数据，这也是它们大多围绕着季度性每股盈利而构建的原因。然而，大多数估价所关注的是预测年度每股盈利而不是季度性盈利。第二，即使是季度性每股盈利，有关公司观察值大多局限在 10 到 15 年的数据(即，40 到 60 个季度的数据)，同样也会导致时间序列模型参数和预测值出现很大的估计误差。[3] 第三，时间序列模型的盈利预测值所具有的优势会随着预测时期的延长而降低。进行估价时，如果必须针对几年而非几个季度预测盈利，时间序列模型的用处相当有限。第四，诸多研究表明，在预测盈利方面，分析者的预测值甚至能够胜过那些最好的时间序列模型。

---

[1] Griffin, P. A. "The Time Series Behavior of Quarterly Earnings: Preliminary Evidence", Journal of Accounting Research 15(Spring 1977): 71-83.

[2] Watts, R. L., "The Time-Series Behavior of Quarterly Earning", Working Paper, University of Newcastle, 1975.

[3] 通常只需要 30 个观察值，我们就可运行时间序列模型。但是，观察值的增加可以降低估算误差。

总之,对于具有较长时期的盈利记录且模型参数不会随着时间推移出现重大改变的公司,时间序列模型可能是最优的。但是,在大多数情形中,使用这些模型的成本可能会大于其收益,至少就估价来说是这样。

11.2.2 历史性增长率的用处

以往的增长率是否能够很好地预示未来的增长呢?未必如此。在这一小节,我们考察良好的历史增长率如何能够成为预测所有公司未来增长的工具,而许多公司的规模变化和业务波动为何不利于增长的预测工作。

杂乱无序的增长

以往的增长率有助于预测未来的增长,但却带有很大的噪声。在一项关于以往增长率和未来增长率之间关系的研究中,Little(1960)创造了"杂乱无序的增长"(higgledy-piggledy growth)一词。他发现,在某个时期增长迅速的公司在下一时期同样也增长很快。针对长度不同的各种连续时期内的增长率,在分析它们的相关系数序列时,他经常发现,两个时期的增长率之间存在着鱼相关性,但是所有两时期之间的平均相关系数接近于零(等于0.02)。

如果说很多公司过往的增长无法可靠地预示未来的增长,那些较小的公司就更是如此,因为它们的增长率波动通常大于其他公司。图11.2显示的是,根据市值划分的美国各公司在不同相继时期(五年、三年和一年)盈利增长率之间的相关性。

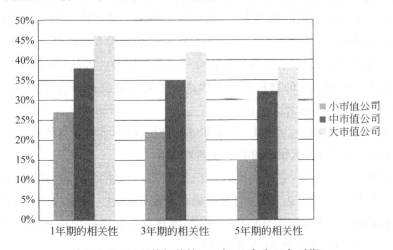

图 11.2 盈利的相关性:一年、三年和五年时期

该图表明,一年期增长率之间的相关性要大于三年期和五年期,而对于较小公司来说,三者均低于其他公司。这表明,在预测这些公司的未来增长时,我们应该审慎地使用历史增长率,尤其是盈利的增长率。

销售额增长与盈利增长

一般而论,销售额增长要比盈利增长持续时间更长,而且更加容易预测,这是因为会计方法的选择对销售额的影响远远小于对盈利的影响。图 11.3 比较了美国各类公司的五年期销售额和盈利增长率的序列相关性。与盈利的增长相比,销售额增长在时间上一直更具相关性。这意味着,进行预测时,相比于以往的盈利增长率,以往的销售额增长率是用处大得多的数据。

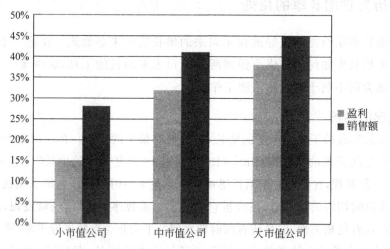

图 11.3　盈利的相关性:五年期

公司规模的影响

鉴于增长率是以百分比的形式表示,我们在分析中必须考虑到公司规模的影响。要实现 50% 的增长率,盈利 1 000 万美元的公司无疑要比盈利 5 000 万美元的公司来得容易。随着公司规模的扩大,维系高速增长也会变得更加困难。因此,规模增长很快的公司在未来就愈加难以维系以往的增长率。虽然这一点是所有公司都会遇到的问题,但在分析小型的和增长中的公司时尤为突出。

这些公司的基本因素,包括管理、产品和基础市场在内,或许没有发生变化,但随着其规模增长一倍抑或两倍,仍然很难维持历史性增长率。

对小公司的真正考验是,它如何恰当地把握增长。某些公司会在增长的同时继续有效地交付产品和服务。换句话说,它们能够成功地实现倍增。其他公司在规模扩大时则难以再创往昔的辉煌。因此,在分析小公司时,考察其加速增长的计划固然重要,但更加关键的是,需要考察现有体系如何应对这种增长。

案例 11.4　思科公司的盈利增长和公司规模:辉煌岁月(1989—1999 年)与后续时期

思科公司从 1989 年仅有 2 800 万美元销售额和大约 400 万美元净收入发展到 1999 年其销售额超过了 120 亿美元,而净收入则超过 20 亿美元,如下表所示(以百万美元计)。

年份	销售额	变化率	EBIT	变化率	净收入	变化率
1989	28		7		4	
1990	70	152.28%	21	216.42%	14	232.54%

续表

年份	销售额	变化率	EBIT	变化率	净收入	变化率
1991	183	162.51%	66	209.44%	43	210.72%
1992	340	185.40%	129	95.48%	84	95.39%
1993	649	91.10%	264	103.70%	172	103.77%
1994	1 243	91.51%	488	85.20%	315	83.18%
1995	2 243	79.62%	794	62.69%	457	45.08%
1996	4 096	83.46%	1 416	78.31%	913	99.78%
1997	6 440	57.23%	2 135	50.78%	1 049	14.90%
1998	8 488	31.80%	2 704	26.65%	1 355	29.17%
1999	12 154	43.19%	3 455	27.77%	2 096	54.69%
算术均值		87.81%		95.64%		96.92%
几何均值		83.78%		86.95%		86.22%

该表显示了思科在10年间取得的引人瞩目的成就；但同时意味着，对于假设该公司在未来仍可延续这种增长率这一点，则需要慎重。理由有二。第一，随着公司在20世纪90年代末之前的持续扩大，增长率已然放缓。如果假设思科在后续五年间依然延续它在1990到1999年间的历史性增长率（使用几何平均方法估算得出），其销售额和盈利将难以斗量。也就是说，如果经营性收入在2000—2005年间继续以86.57%的比率增长，在2005年将达到780亿美元。第二，思科得以增长的主要原因是，收购了诸多拥有前沿技术的小公司，并且对这些技术实施了商业性开发。例如，在1999年，思科收购了15家公司，收购额几乎占了其当年再投资的80%。若设思科仍将以历史性比率而增长，就需假设收购案的数目也会以相同的比率增长。因此，为了维系在1990—1999年间的增长率，思科必须在未来五年间再收购80家公司。

考察思科在2000—2010年间的情形，可以清晰看出再滚动增长所面临的各种困难。思科的博弈计划并无变化，即继续收购其他公司并且极力推高增长率，但是总体销售额和盈利对于它的各种努力却没有反应。2000—2010年间，思科销售额的复合年度增长率下跌到7.78%，同期经营性收入的复合年度增长率只有7.12%。两者相比前十年的增长率都急剧下跌。

⊕ wcdata.xls：该网上的数据集概述了美国以行业划分的各公司盈利和销售额的历史性增长率。

高增长公司和年轻公司的历史性增长

负盈利的存在、增长率的剧烈波动加上高科技公司所经历的高速增长，使得这些公司的历史性增长率无法可靠地预示未来的增长率。虽然如此，如果遵循下列一般性原则，仍可找到一些可将历史性增长率信息结合到有关未来增长率的估算过程中的途径：

- 使用销售额而非盈利的增长率，从而得到衡量延续到未来年份的增长速度和动势的尺度。销售额增长的波动程度要小于盈利的增长，故而不易受到会计方法调整与选择的左右。
- 不是考察以往一些年份的平均增长率，而是考察每一年的增长率。这样可以了解有关增长率在公司规模扩大时的变化，因而有助于预测未来。
- 仅仅在对近期（一年或两年之内）进行预测时借助于历史性增长率，因为科技发展的日新月异将会降低有关未来估值的准确性。
- 考察总体市场以及服务于该公司的其他公司的历史增长率。这些信息有助于确定所评估公司随时间而最终形成的稳定增长率。

11.3　分析者的增长率估算

股票分析者们不仅推荐他们所追踪的那些公司股票，而且还估算未来的盈利和盈利增长率。这些出自分析者的预期增长率估算值对于评估公司有何用处？如果有用，又当如何将其运用于估价过程呢？这一节考察分析者们估算预期增长率的程序，然后探讨为何这种增长率数据可能并不适用于对于某些公司的估价。

11.3.1　分析者们跟踪谁？

跟踪公司的分析者数目因公司的不同而变化甚大。处在一端的是诸如苹果、通用电气和微软之类的公司，它们受到了数十位分析者的持续关注；在另一端，则是数百家鲜有分析者问津的公司。

为何某些公司能比其他公司受到更密集的关注呢？取决于以下几点。

- 市场资本化规模。公司的股权市值越大，关注它的分析者或许就越多。
- 机构持有。公司股票为机构投资者所持比重越大，关注它的分析者或许就越多。然而，一个未决的问题是，究竟是分析者追随机构还是机构追随分析者？鉴于机构投资者是股票分析者们的最大客户，追随与被追随的关系或许是双向的。
- 股票交易量。分析者们更有可能跟踪那些流动性较强的股票。然而，再次需要注意的是，分析者们的出现以及他们有关买入（或卖出）股票的建议或许有助于增进股票交易量。

11.3.2　分析者预测值包含的信息

无需过多的理由就可以相信，分析者的增长率预测值应该比历史性增长率更加准确。除了使用历史数据，分析者们自身还能得到下列五种有助于预测未来增长的信息。

1. 自从最近盈利报告以来所公开的公司特定信息。分析者们能够使用自从前次盈利报告以来所产生的关于公司的信息,据以对未来增长进行预测。这种信息有时会导致对于公司期望现金流的重新估价。

2. 可能影响未来增长的宏观经济信息。所有公司的预期未来增长率都会受到有关GNP、利率和通货膨胀等经济信息的影响。随着有关宏观经济和财政、货币政策变化之信息的出现,分析者们能够更新其预测值。例如,若有信息表明,宏观经济增长率将会高出预测值,分析者们就会调高有关周期性公司预期增长率的估算值。

3. 竞争者公司所披露的有关未来前景的信息。分析者们也可根据竞争者公司所披露的关于定价和未来增长的信息估算增长率。例如,如果某一电信公司报告了负盈利,分析者们就有可能重新评估其他电信公司的盈利。

4. 关于公司的内部信息。分析者们有时能够获得与预测未来增长相关的所跟踪公司内部信息。这样就能回避一个微妙的问题,即,内部信息在何时会成为违反法规的内部消息? 然而,毫无疑问,正确的内部信息可以大大地提高未来增长率估算值的准确度。因此,为了限制此类信息的泄露,SEC发布了各种新的规则,禁止公司有选择地向某些分析者或者投资者披露信息。然而,在美国以外,各公司通常都会向跟踪它们的分析者传递内部信息。

5. 除了盈利以外的公共信息。那些完全依赖以往盈利数据的盈利预测模型可能会忽视其他公开可得的信息,而这些信息有助于预测未来的盈利。例如,已经表明,其他财务变量,诸如盈利留存率、利润率和资产周转率,都有助于预测未来的增长。分析者们可以将这些变量的信息结合到预测之中。

11.3.3 盈利预测值的质量

如果公司为大量的分析者所跟踪,[①]这些分析者的确能比市场上的其他人更了解情况,而分析者们的估算值就应该比那些根据历史性增长率或其他公开信息作出的估算值更加准确。但是,这种推测是否得到了验证? 分析者的增长率预测值是否确实优于其他预测值呢?

针对短期(未来一到四个季度)盈利预测,现有各项研究形成的普遍共识是,相对于纯粹依靠历史数据的那些模型而言,分析者们确实提供了更加准确的预测值。平均而论,绝对误差比重(the mean relative absolute error),它衡量的是下一季度实际盈利与预测值的绝对差额,以百分比表示,要低于根据历史数据作出的预测值。Crichfield, Dyckman and Lakonishok (1978)考察了标准普尔公司出版的《盈利预测》(Earnings Forecasts)杂志所刊各种预测者的相对准确度,其中罗列了五十多家投资公司作出的盈利预测。他们衡量了一年内各月份计算预测误差的平方值,并且计算了分析者预测误差与时间序列模型预

[①] 卖方分析者供职于经纪公司和投资银行。他们的研究成果被作为金融服务而提供给这些公司的客户。与此相反,买方分析者则为机构投资者服务,其研究成果通常具备专有性质。

测误差之间的比率。他们发现,实际上,从4月到8月,时间序列模型胜过分析者的预测值,而在9月到次年1月则不如后者。对此,他们提出的假说是,这是因为分析者们在一年的后半期可以得到更多的信息。由O'Brien(1988)作出的另一项研究,比较了针对未来一到四个季度的"机构经纪商估算系统"(Institutions Brokers Estimate System,I/B/E/S)的盈利共识预测值与时间序列预测值。针对未来一个和两个季度,分析者预测值优于时间序列模型;针对未来第三个季度,两者的准确性旗鼓相当;而针对未来第四个季度,分析者预测值不如时间序列模型。因此,分析者们凭借公司特定信息得到的优势看来会随着预测时间跨度的加大而减弱。

实施估价时,我们关注的是盈利的长期增长率而非下一季度的增长率。针对三年或五年的预测,并无证据表明分析者们能够作出更准确的盈利预测。一项早期研究,由Cragg and Malkiel(1968)所进行,将五家大的管理公司在1962年和1963年作出的长期预测与后续三年的实际增长作了比较。其结论是,分析者们在长期预测方面很糟糕。这种看法遭到了Vander,Weide and Carleton(1988)的挑战。他们发现,I/B/E/S有关五年期增长率的共识预测值优于那些依靠历史数据的增长率预测手段。有关分析者的增长率预测必定优于时间序列或者其他以历史数据为基础的模型的论点,其直观依据十分简单,仅仅就是因为他们使用了更多的信息。但是,有证据表明,就长期预测而言,这种优势小得令人吃惊,而以往增长率在决定分析者预测值方面具有重大的作用。

还有最后一点值得考虑。分析者们通常预测的是每股盈利,而大多数服务机构所报告的也是这些估算值。评估公司时,我们需要预测经营性收入,但每股盈利的增长率通常并不等于经营性收入的增长率。后者通常低于前者。因此,如果预测经营性收入或者销售额的增长率,即便我们打算使用分析者预测值,也仍需对它们进行调整。

11.3.4 如何使用分析者预测值估算未来增长率

对于其他分析者的增长率估算所包含的信息,我们应该而且能够把它们结合到预期未来增长率估算中。在这一过程中,给予分析者预测值的权重取决于下列因素。

1. 公司近期特定信息量。相对于以历史数据为基础的模型,分析者预测值具有某种优势,因为它结合了公司更新近的信息以及未来前景。如果管理或经营条件在近期发生了重大变化,这种优势有可能进一步加大,例如,与公司基本业务有关的政府政策的变动或者转向。

2. 跟踪股票的分析者数目。一般而言,跟踪某只股票的分析者数目越多,他们的共识预测值所含信息就越是丰富,在分析时就应赋予它更大的权重。有更多分析者跟踪所产生的收益多少会因这样一个公认事实所减少,即,大多数分析者都并非独立地工作。这一点会造成分析者们在调整期望盈利时具有高度相关性。

3. 分析者们意见相左的程度。共识性盈利增长率对于估价固然有用,但以增长率预测值的标准差为尺度,分析者们意见不一的程度也可用于衡量共识性预测值的可靠性。

Givoly and Lakonsihok(1984)发现,盈利值的离散度与诸如 β 系数等其他风险尺度相互关联,因而能够很好地预测期望报酬率。

4. 跟踪股票的分析者素质。这是一个最难量化的变量。衡量素质的一种尺度是,相对于仅只使用历史数据,那些跟踪股票的分析者的预测误差程度。相对误差越小,就应赋予分析者预测值更大的权数。另一种尺度是分析者的预测值修订对股价造成的影响。预测值所含信息量越大,对股价的影响也会越大。有人认为,专注于共识性预测值会忽略有些分析者在预测方面比其他人做得更好这一点,故而应对他们的预测值与其他预测值有所区别,赋予前者更大的权重。

分析者预测值对于得到预测的公司增长率或许有用,但是存在着盲目追随共识性预测值的危险。在预测盈利方面,分析者们时常会出现重大的失误,部分因为他们依赖于相同的数据来源(而这些可能原本就是错误的或带有误导性),而部分则因为他们有时会忽视公司基本因素发生的重大变化。估价取得成功的秘密就在于,发现分析者们有关增长预测值与公司基本因素之间的不一致。下一节将更详细地探讨这种关系。

11.4 决定公司增长的基本因素

就历史性估算值和分析者估算值而言,增长属于一个外生(exogenous)变量。它虽然会影响价值,但却与公司的经营细节脱节。把增长率结合到价值之中的最稳妥方式是,把它转变为内生(endogenous)变量,即,将它与公司旨在创造和维持价值的各种行为联系在一起。本节首先考虑各种基本因素与股权收入增长之间的关系,然后转而考察决定经营性收入增长的各种因素。

11.4.1 股权盈利的增长

估算股权现金流时,如果估算的是股权总值,我们通常先估算净收入(NI);如果评估的是单位股资,则先估算每股盈利(ROE)。本小节首先说明决定每股盈利的基本因素,然后考察净收入增长模型的一种更普遍形式。

每股盈利的增长

决定增长率的最简单关系是以盈利留存率为基础,即盈利留存在公司的比重,以及公司项目的股权报酬率。具有较高盈利留存率和较高股权回报率的公司相比缺乏这些特点的公司,每股盈利的增长率更高。为了构建这种关系,我们注意到

$$g_t = (NI_t - NI_{t-1})/NI_{t-1}$$

其中,g_t=净收入增长率

NI_t=t 年的净收入

另外注意到,可将 t 期的 ROE 表示为在 t 期的 NI 除以 $t-1$ 期的股权账面价值。给定股权报酬率的定义,$t-1$ 期的净收入可表示为

$$NI_{t-1} = 股权账面价值_{t-2} \times ROE_{t-1}$$

其中，ROE_{t-1}=股权在$t-1$期的账面价值

t年的净收入可表示为

$$NI_t = (股权账面价值_{t-2} + 留存盈利) \times ROE_t$$

假设股权报酬率不变（即 $ROE_t = ROE_{t-1} = ROE$），

$$g_t = 留存盈利_{t-1}/NI_{t-1} \times ROE = 盈利留存率 \times ROE = b \times ROE$$

其中，b是盈利留存率。请注意，这里假设公司不可通过发行新股筹资。因此，根据上式，净收入增长率和每股盈利增长率并无不同。

案例 11.5　每股盈利的增长

根据三家公司的盈利留存率和股权报酬率，本案例考虑盈利的期望增长率。这些公司是，爱迪生联合电气公司（Consolidated Edison）——一家为纽约市及其周边地区提供电力而受政府监管的公司、宝洁（Procter & Gamble）——一家主要的品牌消费品公司，以及因特尔（Intel）——一家巨型高科技公司。下表概述了它们在2010年的股权报酬率、盈利留存率和期望增长率。

	股权报酬率	盈利留存率	期望增长率
爱迪生联合电气公司	9.79%	36.00%	3.52%
宝洁	20.09%	50.26%	10.10%
因特尔	32.00%	70.00%	22.40%

因特尔具有最高的每股盈利期望增长率，假设它能够维持现有的股权报酬率和盈利留存率。同样可以预计，宝洁能够获得良好的增长率，虽然它因为较高的股权报酬率而将50%以上的盈利作为股息支付。另一方面，爱迪生公司的期望增长率则很低，因为它的股权报酬率和盈利留存率都差强人意。

净收入的增长

如果放宽"股权的唯一来源是盈利留存率"这一假设条件，净收入的增长率就会有别于每股盈利的增长率。直观地讲，我们注意到，通过发行新股为新项目融资，公司能够大大提高净收入，但每股盈利却依然如旧。为了导出净收入增长率与各种基本因素之间的关系，我们需要某种能够超越留存收益的投资尺度。获得这种尺度的一条途径是，估算公司把多少股权以资本净支出和流动资本投资的形式又再度投资到了经营活动中。

股权的再投资=资本性支出−折旧+流动资本变动额−（发行的新债−所偿债务）

将这一数字除以净收入，就可得到一个衡量股权再投资的更为宽泛的尺度：

股权再投资比率=再投资股权/净收入

与盈利留存率不同，如果超额部分是以新股融资的话，这一数字能够大于100%。因此，净收入的期望增长率可以表示为

期望净收入增长率=股权再投资率×股权报酬率

案例 11.6 净收入的增长

为了根据各个基本因素估算经营性收入的增长率,现在考察可口可乐、雀巢和索尼三家公司。下表估算了股权再投资的各个组成部分,并以此估算了每家公司的再投资率,并且还列出了这些公司在2010年的股权报酬率以及净收入的期望增长率。[①]

	净收入	净资本支出	流动资本变动额	发行净债（已偿）	股权再投资率	ROE	期望增长率
可口可乐	11 809	3 006	335	1 848	12.64%	46.59%	5.89%
雀巢	Sfr34 233	1 394	828	292	5.64%	63.83%	3.60%
索尼	JY126.33	−33	−15	−14	−26.91%	3.30%	−0.89%

从表中可以看出这种方法的优劣之处。通过考察再投资额而非留存额,能够更为准确地把握公司的真实再投资情形。而它的局限性是,构成再投资的各个部分,资本性支出、流动资本变动额以及净债务,都属于波动极大的数字。请注意,索尼在 2010 年间的折旧额超过了资本性支出,流动资本额有所减少,并且偿清了债务。再投资净额为负数。如果它继续沿袭这种路径,就会造成负的增长率。实际上,不是仅仅考察当年的再投资率,考察二到五年的平均再投资率或许是更加切实的做法。在考察经营性收入的增长率时,我们再更加详细地探讨这一问题。

股权报酬率的决定因素

每股盈利和净收入增长都会受公司股权报酬率的影响,而股权报酬率又会受到公司用多少债务为各种项目融资的影响。从最宽泛的角度看,如果资本的税后报酬率超过所支付的税后债务利率,增加债务可以提高股权报酬率。下列关于股权报酬率的公式把握了这一点。

$$ROE = ROC + D/E[ROC - i - (1-t)]$$

其中, ROC=EBIT$(1-t)$/(债务账面价值+股权账面价值−现金)

D/E=债务账面价值/股权账面价值

i=债务/债务账面价值的利息支出

t=通常收入的税率

计算股权报酬率根据的是账面价值,为保持一致性,所有数据也需以账面价值表示。推导过程并不复杂,下面的注解作了说明。[②] 运用这种拓展形式的 ROE,可将增长率表示为

$$g = b\{ROC + D/E[ROC - i(1-t)]\}$$

这一表达式的优点是,能够为杠杆水平变化构筑模型,并且评估它对于增长的影响。

---

① 美元和瑞士法郎额(Sfr)以百万计,日元(JY)以十亿计。——译者注

② ROC+D/E[ROC−$i(1-t)$]=[NI+$i(1-t)$]/$(D+E)$+D/E\{[NI+$i(1-t)$]/$(D+E)$−$i(1-t)$/D\}
　　　　　　　　={[NI+$i(1-t)$]/$(D+E)$}$(1+D/E)$−$i(1-t)$/E
　　　　　　　　=NI/E+$i(1-t)$/E−$i(1-t)$/E=NI/E=ROE

案例 11.7　对股权报酬率的解析

为了探讨构成股权报酬率的各种成分,下表考察了爱迪生公司、宝洁和因特尔这三家已由案例 11.5 列示其股权报酬率的公司。

	资本报酬率	账面 D/E	账面利率	税率	股权报酬率
爱迪生公司	6.6%	103.41%	5.76%	35.33%	9.70%
宝洁	12.19%	158.33%	2.56%	27.25%	18.22%
因特尔	27.89%	15.32%	5.49%	28.55%	29.16%

把这些数字与案例 11.5 列出的数字作一对照,可以看出,股权报酬率相当接近于前面针对爱迪生公司和宝洁的估算值。此处所计算的因特尔的股权报酬率低于前面的估算值,因为它的净收入部分包括了很高的非经营性利润。我们打算仅考虑资本报酬率计算过程中的经营性收入。就公司通常都会报告非经营性收入(或亏损)的情形而论,使用标准方法(净收入除以股权账面价值)计算的股权报酬率与此处计算的股权报酬率将有所不同。

虽然对于目前三家公司都不构成严重问题,但是,假如很高的 ROE 出自于很高的 D/E 率、很低的有效税率或者非经营性利润,我们就需多加小心,因为这种 ROE 可能是不可持续的。如果缴税优惠终止以及非经营性收入断流,公司自然就很容易发现其资本报酬率低于账面利率。果真如此,增加债务将降低公司的股权报酬率。

平均报酬率和边际报酬率

衡量股权报酬率的常规方法是,把最近年份的净收入除以前一年年末的股权账面价值。因此,股权报酬率衡量了在账面上存在已久的较老项目和近期新项目的质量。鉴于较老的投资提供了很大部分的盈利,对于较大的公司来说,市场饱和或竞争可能会降低新投资的报酬率,但未必会大幅度降低平均报酬率。换句话说,新项目的低报酬对于公司总体报酬率的影响具有滞后性。实施估价时,公司在较新项目上的报酬率更能体现公司项目的质量。为了衡量这些报酬率,可以计算股权的边际报酬率,即,用最近年份的净收入变化量除以前一年的股权账面价值。

$$股权的边际报酬率 = \Delta 净收入 / \Delta 股权账面价值$$

例如,据迪士尼公司报告,它在 2010 年的股权账面价值为 354.25 亿美元,净收入为 396.3 亿美元。① 这就产生了 11.87% 的总体股权报酬率。

$$股权的总体报酬率 = 396.3 / 354.25 = 11.87\%$$

可计算股权的边际报酬率如下。

$$从 2009 年到 2010 年的净收入变动额 = 396.3 - 330.7 = 65.6 亿美元$$

---

① 此处原文为"$3.963 million",当为"$3 963 million"之误;我们还对下式中的"1 963"数值作了相应调整。——译者注

从 2009 到 2010 年的股权账面价值变动额 = 354.25 − 336.67 = 175.8 亿美元

股权边际报酬率 = 65.6/175.8 = 37.25%

虽然这并不意味着迪士尼公司于 2010 年在新投资上获得了 37.25% 的报酬率，但它确实表明迪士尼公司的股权报酬率呈上升趋势。因此，可以预计，关于它的前瞻性估算值应该大于 11.87%。

股权报酬率变化的影响

至此，本节内容一直假设股权的总体报酬率保持不变。若放宽这一假设，那就引入了关于增长的一个新因素，由股权或现有投资的报酬率变化所造成的影响。例如，考虑一家股权账面价值为 1 亿美元、股权报酬率为 10% 的公司。如果该公司将股权报酬率提高到 11%，就可呈现 10% 的盈利增长率，即使它没有作出再投资。可将这种追加的增长率表示成股权报酬率变化的函数：

$$追加的期望增长率 = (ROE_t - ROE_{t-1})/ROE_{t-1}$$

其中，ROE_t 是 t 期的股权报酬率，也是基本增长率的增量，因为后者是股权报酬率同盈利留存率两者的乘积。

递增的股权报酬率虽可造成增长率在改善期内骤然上升，但它的下降则会造成增长率在下降期内以更大的比例下降。

现在，值得区分一下新投资和现有投资两者各自的股权报酬率。这里所估算的追加增长率并非出自新投资，而是源于现有投资量的变化。由于缺乏更好的术语，不妨称之为"效率生成型增长"。

案例 11.8 股权报酬率变化的影响：爱迪生公司

在案例 11.5 中，根据 9.79% 的股权报酬率和 36% 的盈利留存率，我们考察了爱迪生公司的期望增长率。假设公司在下一年能把股权总体报酬率（包括新的和现有的投资）提高到 11%，盈利留存率依然是 36%。下一年的期望增长率可表示为

$$EPS 的期望增长率 = ROE_t \times 盈利留存率 + (ROE_t - ROE_{t-1})/ROE_{t-1}$$
$$= 0.11 \times 0.36 + (0.11 - 0.097\ 9)/0.097\ 9$$
$$= 0.163\ 2 \text{ 或 } 16.32\%$$

在下一年过后，增长率则将下降到更加可以持续的 3.96%（0.11×0.36）。

如果股权报酬率的提高只是针对新的投资而非现有投资，答案会有何不同呢？每股盈利的期望增长率可以表示为

$$EPS 的期望增长率 = ROE_t \times 盈利留存率 = 0.11 \times 0.36 = 0.396$$

此时不会形成追加的增长率。如果股权报酬率的提高只是针对现有投资而非新投资呢？每股盈利的期望增长率可以表示为

$$EPS 的期望增长率 = ROE_t \times 盈利留存率 + (ROE_t - ROE_{t-1})/ROE_{t-1}$$

$$= 0.0979 \times 0.36 + (0.11 - 0.0979)/0.0979$$
$$= 0.1588 \text{ 或 } 15.88\%$$

11.4.2 经营性收入的增长

正如股权收益增长取决于股权再投资率及其报酬率，我们可将经营性收入的增长率与公司作出的再投资总额、投入资本的报酬率相联系。

在这一小节，针对三种不同的情形，探讨如何估算它们各自的增长率。第一种情形是公司资本获得了预计可以持续的高报酬率；第二种是公司资本获得了预计将逐渐递增的正报酬率；第三种是最普遍的情形，即预计公司经营性利润会因时而变，有时会由负转正。

稳定的资本报酬率情形

如果公司具有稳定的资本报酬率，其经营性收入的期望增长率就是再投资率（即，税后经营性收入被用作净资本性支出、非现金流动资本的百分比）与这些再投资质量的乘积，其质量则以投入资本的报酬率为尺度。

$$\text{期望增长率}_{\text{EBIT}} = \text{再投资率} \times \text{资本报酬率}$$

其中，再投资率＝(资本性支出－折旧＋非现金流动资本变化量)/[EBIT$(1-t)$]

资本报酬率＝EBIT$(1-t)$/(股权账面价值＋债务账面价值－现金和有价证券)

再投资率和资本报酬率这两种尺度都应该是前瞻性的。资本报酬率应该代表未来投入资本的期望报酬率。在本小节稍后处，我们考虑如何最恰当地估算再投资率和资本报酬率。

再投资率 再投资率衡量的是，公司为了未来的增长而将多少利润再度进行投资。在这方面，人们通常使用公司最近的财务报表。虽然这是一个不错的起始点，但未必能够最准确地估算未来的再投资率。公司的再投资率同样会时涨时落，尤其当公司投资于相对较少的高额项目或者收购之时。此外，随着公司的增长和成熟，它们的再投资资金（及其比率）也会降低。就那些在过去数年间扩充较快的公司来说，历史性再投资率可能高于预期的未来再投资率。针对这些公司，相比使用过去的数据，业内平均再投资率能够更好地说明未来。最后，重要的是，我们需要一如既往地对待研发支出和经营租赁支出。尤其重要的是，服务于衡量再投资的目的，应该把研发支出归入资本性支出。

资本报酬率 资本报酬率通常是针对公司现有的投入资本，假设用资本的账面价值衡量后者。事实上，我们假设了当期资本的会计报酬率能够很好地衡量现有投资的真实报酬率，而这种报酬率又能很好地预示未来投资的报酬率。出于下列原因，这种假设无疑存在着一些问题。

- 资本的账面价值可能难以准确衡量现有投入资本，因为它体现的是这些资产的历史成本和关于折旧的会计决策。如果账面价值低估了投入资本，资本报酬率就会被高估；如果账面价值高估了投入资本，资本报酬率又会被低估。如果资本的账面价值未能作出调整而体现研发性资产或经营性租赁，这一问题会愈加严重。

- 经营性收入，如同资本的账面价值，是衡量公司在某个时期盈利的会计尺度。第9

章所论述的由于使用未经调整的盈利而造成的所有问题,在此同样也会出现。
- 即使对于经营性收入和资本账面价值的衡量无误,现有投入资本的报酬率也有可能并不等于公司期望在新投资上得到的边际报酬率,尤其是在考察比较遥远的未来时期时。

基于以上叙述,我们不仅应该考虑公司当期的资本报酬率,还需考虑它的各种趋势以及行业平均资本报酬率。如果公司当期资本报酬率大大高出行业均值,对于预期资本报酬率的设定就应低于当期报酬率,以便体现竞争性反应对于报酬率的可能侵蚀。

最后,只要资本的报酬率超过资本成本,公司就能赢得超额报酬。超额报酬产生于公司所具备的竞争优势或者行业进入壁垒。能够在很长时期内锁定的高超额报酬意味着公司具备某种永久性的竞争优势。

案例 11.9 衡量再投资率、资本报酬率和期望增长率:2010 年的塔塔汽车(Tata Motors)公司

2010 年 5 月,我们考察了印度的一家汽车制造商塔塔公司。过去数十年间,它一直积极地通过内部投资和对外收购求得增长。根据它在 2009 年的财务报表,我们估算出 116.83% 的再投资率以及 11.81% 的资本报酬率。

$$再投资率_{塔塔} = (净资本性支出 + 非现金流动资本变化量)/EBIT(1-t)$$

$$= \frac{(Rs40\ 291 - Rs25\ 072) + Rs957}{Rs17\ 527(1-0.21)} = 116.3\%$$

$$资本报酬率 = \frac{2009\ 年的\ EBIT(1-t)}{(股权账面价值 + 债务账面价值 - 现金)_{2008年末}}$$

$$= \frac{Rs17\ 527(1-0.21)}{Rs78.935 + Rs62\ 805 - Rs23\ 973} = 11.81\%$$

请注意,为得出再投资率和资本报酬率,我们使用了有效税率计算税后经营性收入。投入资本是通过加总 2008 年财务年末(2009 年财务年初)的股权和债务的账面价值得出,从中扣除了当时的现金和有价证券。

如果塔塔公司能够继续保持这种资本报酬率和再投资率,它的期望增长率就等于

$$期望增长率 = 再投资率 \times 资本报酬率 = 116.83 \times 11.81\% = 13.80\%$$

正如在下一案例将看到的,继续维持这种再投资率绝非易事。

案例 11.10 当期的和历史的均值:塔塔汽车公司的再投资率和资本报酬率

塔塔汽车公司的再投资率和资本报酬率一直波动很剧烈。前一案例虽然计算出了它在 2009 年的相关数字,但它们在过去五年间一直变化不断。下面概述 2005 到 2009 年的数据(以百万美元计),最后一列是各相关总额。

	2005	2006	2007	2008	2009	总额
EBIT(1−t)	12 197	12 322	25 303	15 160	13 846	78 278
资本性支出	8 175	11 235	24 612	44 113	40 291	120 251

续表

	2005	2006	2007	2008	2009	总额
折旧	5 377	6 274	6 850	7 826	25 072	46 022
流动资本变化	4 410	2 191	4 520	−37 137	957	−8 469
再投资	7 208	28 152	22 282	−850	16 176	65 760
再投资率	59.10%	228.466%	88.41%	−5.61%	116.83%	83.53%

这一时期,再投资率在 −5.61% 和 228.46% 之间波动,但期内总的再投资率为 83.35%。

还可对 2005—2009 年间的资本报酬率作类似的计算。

	2005	2006	2007	2008	2009	总额
EBIT(1−t)	12 197	12 322	25 303	15 160	13 846	78 278
债务面值(最初)	33 621	11 235	24 612	44 113	40 291	120 251
股权面值(最初)	37 019	44 622	63 054	79 717	78 395	302 787
现金持有	5 546	20 209	4 838	6 998	23 973	61 664
投入资本	65 094	51 535	121 509	170 198	117 227	525 563
ROIC	18.74%	23.91%	20.74%	8.91%	11.81%	14.98%

2005—2009 年间的平均资本报酬率为 14.98%。

运用再投资率和资本报酬率的均值可以得到 12.51% 的增长率。

期望增长率 = 再投资率 × 资本报酬率 = 83.53% × 14.98% = 12.51%

它确实表现出是在未来可以持续的数字。

🌐 fundgrEB.xls:该网上的数据集概述了美国以行业划分的各公司在最近季度的再投资率和资本报酬率。

负的再投资率:原因和后果

如果它的折旧额超过了资本性支出,或者流动资本在年内大大减少,公司的再投资率可能为负。对于大多数公司,这种负的再投资率只是暂时现象,体现了资本性支出或者流动资本的波动。对于这些公司,现行年份(为负的)再投资率可用过去年份的平均再投资率,或行业平均再投资率取而代之。对于其他公司,负的再投资率可能意味着,我们未能把收购结合到资本性支出中(如果公司是通过收购获得增长的话),或者没有对研发支出(或类似支出)实施资本化。然而,就某些公司而言,负的再投资率可能是有意为之,而如何处理这一问题取决于公司作出这种选择的原因。

- 如果以往在资本性设备或流动资本上投资过度,公司就能凭借过去的投资生存多年,无需再作投资而能在期内产生较大的现金流。果真如此,就应在进行预测时使用负的再投资率,根据资本报酬率的增量估算增长率。然而,一旦公司实现了对于资源的充分利用,就应更改再投资率以便体现期望增长率。
- 更加极端的情况是,公司决定淡出一项业务,不再替换陈旧资产,而且逐步减少流动资本。此时,就应使用负的再投资率估算期望增长率。因为这种情况下该项业务的增长率会变为负数且盈利日益下降。

为正而多变的资本报酬率情形

前一部分内容的假设前提是,资本报酬率一直保持稳定。如果它因时而变,公司的期望增长率将会包含第二个因素,而它会与资本报酬率共同消长。

$$期望增长率 = ROC_t \times 再投资率 + (ROC_t - ROC_{t-1})/ROC_t$$

例如,如果公司的资本报酬率从10%提高到了11%,而再投资率仍是40%,它的期望增长率就是

$$期望增长率 = 0.11 \times 0.40 + (0.11 - 0.10)/0.10 = 14.4\%$$

其结果是,资本报酬率的提高增加了现有资产的盈利,这意味着公司的增长率提高了10%。

边际和平均资本报酬率 目前为止,我们已将资本报酬率作为衡量报酬率的尺度进行了分析。但是,在现实中,还有两种尺度可以衡量报酬率。一种是公司在所有投资项目上获得的总体报酬率,我们把它定义为"平均资本报酬率"。另一个是公司仅在年内新项目上获得的报酬率,即"边际资本报酬率"。

边际资本报酬率的变化不会造成次级效应,而期望增长率是边际资本报酬率与再投资率的乘积。然而,平均资本报酬率对于前述增长率会造成更多的影响。

平均资本报酬率可能改变的公司 哪些类型的公司的资本报酬率会逐渐地改变呢?一组公司是,它们的资本报酬率虽然不高但却提高了经营效率和利润率,进而提高了资本报酬率。在这些公司中,期望增长率将远远超过再投资率与资本报酬率的乘积。事实上,由于它们的资本报酬率在转型之前通常比较低,资本报酬率的小幅变化就会使得增长率出现大幅变化。因此,现有资产的资本报酬率提高1%~2%就能使得盈利增加一倍(即,产生100%的增长率)。

另一组公司则是,它们目前的投资报酬率很高,但会随着竞争者的介入而逐渐下跌,对于现有投资和新的投资都是如此。

案例11.11 估算资本报酬率可变时的期望增长率:Titan Cemnet公司和摩托罗拉公司

在2000年,希腊的一家水泥公司Titan Cement报告,它的价值1353.76亿德拉科马①的投资额赢得了554.67亿德拉科马的经营性收入。使用24.5%的税率,可以得出该公司的资本报酬率为30.94%。

$$资本报酬率 = 554.67/(1 - 0.245)/1353.76 = 30.94\%$$

---

① 原文为"drachmas",系希腊的货币单位。——译者注

假设该公司现有资产和新投资的资本报酬率都将下跌到35%。下一年度的期望增长率可估计为

期望增长率 = 0.29 × 0.35 + (0.29 − 0.309 4)/0.309 4 = 3.88%

相形之下,再考虑一下摩托罗拉公司在2000年上半年的情况。它在1999年的再投资率为52.99%,资本报酬率为12.18%。假设,随着摩托罗拉公司撤出了时运不济的"铱星项目"(Iridium)投资而回归其基本业务,资本报酬率将朝着22.27%的业内均值上升。尤其是,假设该公司的资本报酬率在未来五年内将从12.18%增加到17.22%。① 出于简便,再假设这种变化在未来五年内均匀地发生。那么,在这五年内,经营性收入在每年的期望增长率可估算如下。②

期望增长率 = $ROC_{边际}$ × 再投资率$_{目前}$ + {[1 + ($ROC_{五年内}$ − $ROC_{目前}$)/$ROC_{目前}$]$^{1/5}$ − 1}

= 0.172 2 × 0.529 9 + {[1 + (0.172 2 − 0.121 8)/0.121 8]$^{1/5}$ − 1}

= 0.163 0 或 16.30%

在未来五年内,资本报酬率的提高将提升摩托罗拉公司在同期内经营性收入的增长率。请注意,上述计算假设下一年度的新投入资本报酬率将是17.22%。

> chgrowth.xls. 该电子表格使我们能够估算公司经营性收入的期望增长率,而它的资本报酬率预计会随着时间推移而变化。

资本报酬率为负的情形

就估算增长率而言,最后一种也是最为棘手的情形是,公司处在亏损当中,而资本报酬率为负数。鉴于公司正在赔钱,再投资率有可能为负。为了估算这些公司的增长率,必须考察收入报表,首先预测销售额的增长;接着,再使用公司在未来年间的期望经营利润率,估算经营性收入。如果未来年份的期望利润率为正,期望经营性收入也将转而为正。这就使得我们能够运用常规的估价方法评估这些公司。通过把销售额与公司的投入资本相联系,我们还需要估算,为了提高销售额的增长率,公司必须作出多少再投资。

销售额的增长 许多高科技公司虽然报告经营性亏损,但却时常展现出销售额的大幅增加。预测现金流的第一步是预测未来年份的销售额,大多通过预测每一时期的销售额增长率进行。在进行这些估算时,需要记取下列五点。

1. 销售额的增长率将会随着公司销售额的增加而下降。因此,对于销售额为200万美元的公司来说,销售额完全可以增长十倍;但对销售额为20亿美元的公司来说则是无法企及的目标。

2. 销售额的复合增长率或许看似不高,但表象通常是靠不住的。在十年间,每年为

---

① 注意,17.22%处在现行资本报酬率和行业均值(22.27%)的中间。

② 我们考虑到了在时间上的复合增长率。因此,如果预期盈利在未来三年内增长25%,那么,每年期望增长率 = $(1.25)^{1/3} − 1$。

20%的复合年度销售额增长率可将销售额增加到将近6倍,而40%的年增长率可以使得销售额在十年间几乎增长30倍。

3. 虽然可将销售额增长率作为预测未来销售额的手段,给定公司经营所在总体市场的规模,还必须关注销售额绝对数值的变化,确保它们具备合理性。如果预测的公司销售额在10年后将使它在某个竞争性市场上拥有90%或者100%(甚至更大)的份额,我们无疑就应重新估算销售额的增长率。

4. 关于销售额增长率和经营利润率的假设必须保持一致。凭借着进攻性的定价策略,公司能够获得销售额的高增长率,但是利润率却可能较低。

5. 为了估算销售额增长率,我们还需要作出一些主观判断,包括竞争性质、公司产能和营销实力。

案例 11.12　估算特斯拉汽车公司和 Linkedin 公司的销售额

本案例考虑两家年轻的高增长公司,电动汽车制造商特斯拉和社交媒介公司 Linkedin。

	特斯拉		Linkedin	
	增长率	销售额/百万美元	增长率	销售额/百万美元
现年		117		243
1	150.00%	292	80.00%	437
2	100.00%	584	70.00%	744
3	80.00%	1 051	60.00%	1 190
4	60.00%	1 681	50.00%	1 785
5	40.00%	2 354	40.00%	2 498
6	30.00%	3 060	32.00%	3 298
7	20.00%	3 672	24.00%	4 089
8	15.00%	4 222	16.00%	4 744
9	10.00%	4 645	8.00%	5 123
10	5.00%	4 877	4.00%	5 328
末年	3.50%	5 047	3.50%	5 515

估算公司在最初年份的增长率根据的是前一年的销售额增长率,但是那些增长率随着销售额的倍增而开始下降,在临近第10年时接近于经济增长率。

为了进行检验,对照业内一些更成熟的公司,我们还考察了这两家公司在10年后所能实现的销售额。

• 将10年后的特斯拉公司与更加成熟的公司进行对比,诸如福特、沃尔沃、丰田和菲亚特。即使具备50多亿的销售额,特斯拉公司在大的市场中所占份额依然很小。

• 我们难以找到可与 Linkedin 进行直接比较的公司,但雅虎(Yahoo!)公司在2000年的销售额约为60亿美元。我们认为,Linkedin 在10年后的销售额或将接近那个数字(约55亿美元)。

经营利润率预测 考虑估算经营利润率的方法前,我们首先考虑这样一种情形:存在着许多高科技公司,且在评估时都处于生命周期的早期阶段;其销售额大多较低且利润率为负。假如销售额增长率能使销售额由低转高,但是经营利润率依然为负,这些公司就仍然没有价值并难以为继。公司若要具备价值,销售额的增长最终必须营造出为正的盈利。根据估价模型,这将转变成为正的未来经营利润率。评估高增长公司的关键数据是,预计它在趋于成熟时所具有的经营利润率。

估算这种利润率时,首先需要考察公司的业务属性。虽然许多新公司声称自己是业内先行者,某些公司甚而认为自己没有竞争对手。但是,更加可能的情形是,它们其实只不过是最先找到了交付产品或服务的某种新途径,而这种交付原先是通过其他途径进行的。因此,亚马逊(Amazon.Com)公司或为最早的网上零售商之一,但零售业却是已然存在数百年的成熟行业。实际上,我们可以将网上零售商视为诸如 L. L. Bean 和 Lillian Vernon 等目录邮购零售商(catalog retailer)的自然延伸者。类似地,雅虎原本可成为最早的互联网门户公司之一,但它却采用了办报模式,通过所载内容和其他特点吸引读者,再通过读者群招徕广告。使用业内竞争者的平均经营利润率或许会让某些人觉得过于保守。他们认为,毕竟,亚马逊公司可以减少存货,无须承担店铺零售商那样的经营性(用于店铺的)租赁支出负担,从而能够更有效地形成销售额。这一点也许成立,但是,网上零售商的经营利润率不可能持续地高出店铺竞争者。果真如此,就可预计,常规零售商们都将会转向网上零售业务,进而加剧网上零售业的价格和产品竞争而驱使利润率下降。

虽然利润率为公司业务提供了某种目标值,但还存在着两个必须正视的问题。如果经营利润率在生命周期早期阶段为负,首先必须考虑利润率如何能够从当期水平提高到目标值。通常,利润率的提高在较早的年份幅度最大(至少就百分比而论),因公司趋于成熟而逐渐放缓。第二个问题则事关销售额的增长率。公司可以在利润率较低的同时取得销售额的高度增长,但却必须把握个中取舍。公司大多都希望同时实现销售额的高增长和高利润率,有关两者的假设条件却必须保持一致。

案例 11.13 估算经营利润率

为了估算特斯拉公司的经营利润率,首先估算汽车制造业内成熟公司的经营利润率。在 2010 年间,该行业的平均税后经营利润率为 10%。针对 Linkedin 公司,则将使用诸如雅虎、谷歌和百度等公司的平均税后经营利润率,它等于 25%。

假设特斯拉和 Linkedin 最终都会接近各自的目标利润率,提升幅度在较早的年份可达最大,[①]而在较晚年份则会降低。下表概述了两家公司在不同时间的期望经营利润率。

---

① Linkedin 公司的每年利润率计算如下:(本年度利润率+目标利润率)/2。对于特斯拉公司,每年的利润率则是,(本年度利润率-目标利润率)/3。

	特斯拉	Linkedin		特斯拉	Linkedin
现年	−69.87%	8.23%	6	2.99%	14.89%
1	−43.25%	11.62%	7	5.33%	14.95%
2	−25.50%	13.31%	8	6.88%	14.97%
3	−13.67%	14.15%	9	7.92%	14.99%
4	−5.78%	14.58%	10	8.61%	14.99%
5	−0.52%	14.79%	末年	10.00%	15.00%

请注意,虽然它们的利润率都有提高,我们仍然假设Linkedin的速度更快,虽然它的经营面临更大的挑战,但是利润率却已经高出特斯拉公司。鉴于前一小节已经估算了销售额增长率,而本小节则估算了利润率,故可对两家公司在未来十年的税前经营性收入作以下估算(以百万美元计):

	特斯拉			Linkedin		
	销售额	经营利润率	EBIT	销售额	经营利润率	EBIT
现年	117	−69.87%	−82	243	8.23%	20
1	292	−43.25%	−126	437	11.62%	51
2	584	−25.50%	−149	744	13.31%	99
3	1 051	−13.67%	−144	1 190	14.15%	168
4	1 681	−5.78%	−97	1 785	14.58%	260
5	2 534	−0.52%	−12	2 498	14.79%	369
6	3 060	2.99%	91	3 298	14.89%	491
7	3 672	5.33%	196	4 089	14.95%	611
8	4 222	6.88%	291	4 744	14.97%	710
9	4 645	7.02%	368	5 123	14.99%	768
10	4 877	8.61%	420	5 328	14.99%	799
末年	5 047	10.00%	505	5 515	15.00%	827

随着利润率朝着目标水平变化以及销售额的增长,两家公司的经营性收入都有所增加。

市场规模、市场份额和销售额增长

估算新兴行业中年轻公司的销售额增长率,此举或许看似枉然。虽然不易,但却存在着一些可使这一问题变得能够处理的途径。

一条途径是进行逆向操作。首先考虑预计公司在成熟时将能获得的总体市场份额,然后确定实现这一市场份额所需具备的增长率。不妨假设存在一家目前具有1亿美元销售额的网上玩具零售商。在去年,整个玩具市场的销售额为700亿美元,它在未来十年间的年增长率为3%;我们所分析的公司在未来十年市场份额增长到5%,预计它在同期所能达到的期望销售额为47.03亿美元,而复合增长率为46.98%。

> 10年内的期望销售额 $= 700 \times 1.03^{10} \times 0.05 = 47.03$ 亿美元
>
> 10年内期望复合增长率 $= (47.03/10)^{1/10} - 1 = 0.4698$ 或 46.98%
>
> 　　另一种方法是,根据以往增长率预测未来3~5年的期望销售额增长率。估算出了这一数字后,就可根据那些销售额相近公司的现行增长率预测该公司的增长率。不妨假设该网上玩具零售商在去年的销售额增长率为200%(销售额从3 300万美元增加到了1亿美元)。我们可以逐次考虑未来五年内等于120%、100%、80%以及60%的年增长率,使得销售额在4年后达到12.67亿美元。然后,估算销售额在10亿~15亿美元的各零售商在去年的平均销售额增长率,用它作为我们所分析的公司从第5年开始的增长率。

销售额/资本比率　　销售额的高增长是一个值得追求的目标,如果未来年份的经营利润率为正就更是如此。但是,为了实现销售额在未来的增长以及为正的经营利润率,公司必须作出投资。这种投资可以采取传统的形式(工厂和设备),但也应该包括收购其他公司、合伙制、对分销和营销能力的投资,以及研究与开发。

　　为了把销售额增长与所需再投资相联系,我们考察由所投入的每一美元产生的销售额。这一比率称为销售额/资本比率。它使我们能够估算,公司为了形成所规划的销售额增长率而必须增加的投资量。这种投资可以针对内部项目、收购或者流动资本。然后,为了估算任何一年的再投资资金,我们用所规划的销售额增长额(以货币数字表示)除以销售额/资本比率。由此,如果预期销售额增加10亿美元且使用2.5的销售额/资本比率,就可估得该公司的再投资资金为4亿美元(10亿美元/2.5)。较低的销售额/资本比率将会增加所需再投资(并且减少现金流),而较高的销售额/资本比率则会减少所需再投资(并且增加现金流)。

　　估算销售额/资本比率时,还应考察公司的历史以及所经营的业务。为了衡量公司的这一比率,我们用每年的销售额变化额除以同期的再投资额。此外,还应该考察公司所属行业的平均销售额/投入资本比率。

　　欲将经营利润率与所需再投资相互联系则更为不易,因为公司生成经营性收入和维持高报酬率的能力出自它获得的竞争优势,部分凭借内部投资而部分则通过收购。采用双重投资策略的公司,即一种策略致力于提高销售额,另一种则旨在营造竞争力,相比那些只注重销售额增长的公司,应该得到更高的经营利润率。

资本的推算报酬率　　使用销售额/投入资本比率估算所需再投资的危险之一是,可能会出现低估或高估的结果。在整个分析过程中,通过同时估算公司在每一年间的税后资本报酬率,我们就能充分了解那种情形是否出现,并适时予以纠正。为了估算未来某一年的资本报酬率,我们用该年的税后资本报酬率除以公司在同期投入的资本总额。前一个数字出自销售额增长率和经营利润率的估算值,后者则可通过加总公司在那一未来年份内各类再投资予以估算。不妨假设某公司在今年具有5亿美元的投入资本,明年的再投资为 3 亿美元,后年为 4 亿美元,在后年年末的投入资本就是 12 亿美元。

对于目前亏损的公司来说,资本报酬率在开始估算时将为负数,但利润率的提高可以改善其经营。如果再投资过低,未来年份的资本报酬率就会过高;如果再投资不足,报酬率就会过低。也许有人会问,这种过高或过低的相对标准是什么呢?在此,可以作为比较对象的有两个。第一个是业内成熟公司的平均资本报酬率,在特斯拉公司的案例中,它们是那些成熟的汽车制造商。第二个是公司自身的资本成本。对于规划的资本报酬率为 40% 的公司来说,假设业内资本成本为 10%,公司的资本报酬率如果接近 15%,那就表明,相对于所规划的销售额增长率而言,它的投资过低。此时,审慎的做法是,逐步降低销售额/资本比率,直到它等于 15% 为止。

案例 11.14　估算销售额/资本比率和隐含的资本报酬率

为了估算特斯拉和 Linkedin 两家公司为取得销售额的期望增长率所需投入的资本,我们估算它们各自当期的销售额/资本比率、去年的边际销售额/资本比率以及业内平均销售额/资本比率。

	特斯拉	Linkedin
公司销售额/资本比率	0.26	1.93
边际销售额/资本比率:去年	0.31	2.15
业内平均销售额/资本比率	1.69	2.20
用于估价的销售额/资本比率	2.00	2.20

我们针对 Linkedin 使用 2.20 的业内平均销售额/资本比率,略高于它在目前的销售额/资本比率,但是接近于去年的边际销售额/资本比率;对于特斯拉则使用 2.00,略高于业内均值 1.69,并且假设各个当期数字体现了它的基本投资、初始状态和技术根底。

根据每一公司的销售额/资本比率估算值,我们就能估算它们各自在未来十年间每一年必须完成的再投资和相应的资本报酬率。

	特斯拉		Linkedin	
	销售额增量	再投资	销售额增量	再投资
1	175	88	194	88
2	292	146	306	139
3	467	233	446	203
4	630	315	595	270
5	672	336	714	324
6	706	353	799	363
7	612	306	792	360
8	551	275	654	297
9	422	211	379	172
10	232	116	205	93

年份	特斯拉			Linkedin		
	年初投入资本	EBIT(1−t)	资本报酬率	年初投入资本	EBIT(1−t)	资本报酬率
1	311	−126	−40.64%	126	50	40.07%
2	398	−149	−37.08%	214	59	27.70%
3	544	−144	−26.39%	354	101	28.58%
4	778	−97	−12.49%	556	156	28.06%
5	1 093	−12	−1.12%	827	222	26.82%
6	1 429	91	6.40%	1 151	295	25.60%
7	1 782	196	10.97%	1 515	367	24.21%
8	2 088	291	13.92%	1 874	426	22.74%
9	2 363	257	10.89%	2 172	461	21.21%
10	2 574	252.08	9.79%	2 344	479	20.45%

到终端年份,两家公司的资本报酬率都收敛于可持续的水平,至少相对于行业均值而言是这样。这就表明我们对于销售额/资本比率的估算值是合理的。

◎ *margins.xls*:该网上的数据集概述了美国以行业划分的经营性利润率和净利润率。

11.5 增长的质量问题

强调各种量化因素的做法,诸如针对那些盈利公司的资本报酬率和再投资率,以及针对未能盈利公司的销售增长率和销售额/资本比率,或许会令某些人感觉有失偏颇。毕竟,增长还取决于一些主观因素,包括管理质量、公司营销能力、与其他公司合伙的能力以及管理者的战略眼光在内。我们或许会考虑,这些因素在本章所提出的各种增长方程式中是否占有一席之地?

答案就是,各种质量因素的确都很重要,但是它们最终都会体现在一个或者更多的决定增长率的量化数据之中。不妨考虑下列几点。

- 在假设公司能在新投资上获得的资本报酬率并且能够延续的时间长度方面,管理质量具有重大影响。因此,具有一支声誉良好的管理团队或许是我们假设公司的资本报酬率大大超出资本成本的一条理由。
- 公司的市场实力和营销战略选择都已体现在我们假设的经营利润率和周转率之中。因此,由于相信可口可乐公司具备有效地销售其产品的实力,我们认为它具有很高的周转率和目标利润率。实际上,还可以设想以较低的利润率换取较高周转率的各种营销策略,考虑它们对于公司价值的意义。公司的产品品牌和分销系统的实力也会影响这些估算值。
- 宽泛地定义再投资,包括收购、研发以及对营销和分销的投资。这使我们能够考虑公司增长的不同路径。对于某些公司来说,再投资和增长源于收购,而其他公司则可能采取厂房设备投资的常规形式。这些再投资策略的功效已经体现在我们所假设的未来资本报酬率之中,效果更好的公司具有更高的资本报酬率。

- 公司所面临的竞争程度属于经营背景范畴,但它确实会决定超额报酬(资本报酬率减去资本成本)的水平及其逐渐消失的速度。

因此,各种质量因素都获得了量化,而且它们对于增长率的意义均得到了考虑。如果无法做到这一点,那就应该考虑这些因素究竟是否确实会影响价值。

为何要对增长率估算值施以量化结构呢?评估高科技公司时的最大危险之一就在于,由情景描述所论证的增长率既不合理又难以持续。因此,我们可能获悉,特斯拉的年增长率将是100%,因为"环境保护"运动非常强势;或者,可口可乐将增长20%,因为它的卓越品牌。虽然这些说法具有一定的合理性,但是将这些定性观点诠释成为有关增长的各种量化因素,却是确保估价具备一致性的关键步骤。

不同的投资者是否在考虑的量化因素方面相同,但却得出有关资本报酬率、利润率、再投资率,进而增长率的不同结论呢?情况的确会是这样。实际上,完全可以预料得到的是,人们对于未来的见解不一,而价值估算也未必相同。比其他投资者更加了解公司及其所属行业的报偿是,我们的增长和价值估算将会更加准确。不尽如人意的是,这一点并不能够确保我们的投资报酬一定更高。

11.6　总结

增长率是所有估价的一个关键数据,其来源有三个。一个是历史,对于大多数盈利波动剧烈且有时为负的公司来说,估算和使用历史数据却甚为不易。第二个出处是分析者的增长率估计值。虽然分析者们可能独具市场上其他人无法获得的信息,但这种信息无法产生胜过历史性增长率估算值的结果。进一步地,分析者注重每股盈利的增长率,这一点会给经营性收入预测带来问题。估算增长率的第三条也是最安全的途径是,把公司的各种基本因素作为立足点。

增长率与基本因素之间的关系取决于所要估算的增长率内容。为了估算每股盈利的增长率,我们考察股权报酬率和盈利留存率;为了估算净收入的增长率,我们用股权再投资率取代盈利留存率;为了估算经营性收入的增长率,我们使用资本报酬率和再投资率。虽然个中细节因估算方法而异,这些方法却包含了一些共同的基本原理。第一条是把增长率与再投资率相联系,对两者的估算必须并驾齐驱。若想获得长期的高增长率,公司就必须作出再投资。第二条原理是,增长的质量在各公司之间差别极大,而衡量增长率的最优尺度就在于投资的报酬率。若能获得更高的股权和资本报酬率,公司不仅能够增长得更快,而且这种增长能够为公司创造更大的价值。

11.7 问题和简答题

在下列问题中,若无特别说明,假设股权风险溢价为5.5%。

1. Walgreen公司报告了它在1989—1994年间的每股盈利。

年份	EPS/美元	年份	EPS/美元	年份	EPS/美元
1989	1.28	1991	1.58	1993	1.98
1990	1.42	1992	1.78	1994	2.30

a. 估算1989—1994年间每股盈利的算术和几何平均增长率。两者为何不同?哪一个更可靠?

b. 运用线性模型估算增长率。

c. 运用对数线性模型估算增长率。

2. BIC公司在去年报告了20%的股权报酬率,并已将37%的盈利作为股息支付。

a. 假设这些基本因素没有变化,估算每股盈利的期望增长率。

b. 现在假设,预计新投资和现有投资的股权报酬率在明年都会增加到25%。估算每股盈利的期望增长率。

3. 我们有意估算制造商Metallica Corporation的净收入增长率。根据报告,在刚刚过去的财务年度,它的净收入为1.5亿美元;在去年初的股权账面价值为10亿美元;在去年,公司的资本性支出为1.6亿美元,折旧额为1亿美元,流动资本增量为4 000万美元,未偿债务增加了4 000万美元。估算股权再投资率和净收入的期望增长率。

4. 我们有意估算录音机制造商和分销商HipHop Incd.的增长率。该公司在去年的税后经营性收入为1亿美元,投资额为2 500万美元。此外,该公司报告了2 500万美元的资本净支出以及1 500万美元的非现金流动资本。

a. 假设公司的资本报酬率和再投资率保持不变,估算其经营性收入在明年的期望增长率。

b. 如果获悉公司在明年的资本报酬率将提高2.5%,关于a问题的答案是什么?(明年的资本报酬率=今年的资本报酬率+2.5%。)

5. InVideo Inc.是一家录影带和DVD碟片的网上零售商。针对最近的财务年度,它报告了1亿美元的销售额,亏损额为1 000万美元。我们预计它在明年的销售额增长率为100%,第2年为75%,第3年为50%,第4和第5年均为30%。我们还预计,到第5年初的税后经营性收入将提高到销售额的8%。估算在未来五年间每一年的期望销售额和期望经营性收入(或亏损)。

6. SoftTech Inc.是一家小型娱乐软件制造商。针对最近的财务年度,它报告了2 500万美元的销售额。我们预计,公司会逐渐获得巨大增长,在10年后能够获取整个娱乐软件市场的8%。若在最近财务年间的娱乐软件销售总额为20亿美元,并且预计这些总销售额在未来十年间的年增长率为6%,估算SoftTech Inc.销售额在未来十年内的复合年增长率。

CHAPTER
第12章
估价的截止：估算终值

在前一章，我们考察了决定增长率的各种因素。如果公司把很大部分的盈利进行再投资并获得高报酬率，它就能够以更高的比率增长。但是，这种增长能够持续多久？往后的情形又将如何？本章考察把截止问题代入估价过程的两种方式。一种是"持续经营法"（going concern approach），假设公司仍将一直产生现金流；另一种是"清算法"（liquidation approach），假设公司将在某未来一时刻停业并且变卖资产。

首先考虑"持续经营法"。随着公司的扩充，它将愈加难以维持高速的增长，且增长率终将等于甚至低于其经营活动所在经济体的增长率。这种增长率，称作"稳定的增长率"，可以永久地延续下去。它使我们能够估算超过持续经营实体的终值那一点之后的所有现金流价值。我们必须面对的一个关键问题是，估算所评估的公司何时以及如何过渡到稳定的增长。增长率是在某一时刻骤然降低到稳定增长率，还是会逐渐地趋近于它呢？为了解答这些问题，我们将考察公司的规模（相对于它所服务的市场而言）、它的现行增长率以及竞争优势。

本章还将考虑另外一条路径：公司将在未来的某一时刻获得清算。我们将考察如何最为恰当地估算账面残值，以及在何时更加应该使用这种方法而不是持续经营法。

12.1 估算的截止

由于无法估算永久性的现金流，我们通常对贴现现金流估价法施加某个截止期，用以将现金流估算中止在未来某个时刻，然后计算体现公司在那一时刻之价值的终值。

$$\text{公司价值} = \sum_{t=1}^{t=n} \frac{\text{CF}_t}{(1+k_c)^t} + \frac{\text{终值}_n}{(1+k_c)^t}$$

可以通过三种方式确定终值。一种是假设公司资产在终端年间被清算，估算他人对公司在那时的累积资产所支付的价格。其他两种方法则将公司作为在进行终值估算时的持续经营实体进行估价；其中，一种方法是运用相对盈利、销售额或账面价值的某个乘数，估算它在终端年间的价值；另一种方法则假设，公司的现金流将以固定不变的比率（稳定的增长率）永久地增长。因而可以采用永久性增长模型估算终值。

12.1.1 清算价值

在某些估价中，我们不妨假设公司将在未来某个时刻停止经营，而把所有累积资产拍卖给出价最高的投标者。估算清算价值的方式有二。一种是根据资产的账面价值，并且针对同期通货膨胀率作出调整。因此，从现在开始的10年间，若资产账面价值为20亿美元，资产到那时的平均寿命为5年，预期通胀率为3%，期望清算价值可估算为

预期清算价值 = 资产账面价值$_{终端年}$(1 + 通胀率)^{资产平均寿命} = $20(1.03)^5$ = 23.19 亿美元

这种方法的局限是，由于以会计账面价值为依据，它未能体现出资产的盈利能力。

另一种方法是，根据资产盈利能力估算价值。为此，首先需要估算这些资产的期望现金流，然后使用合适的贴现率把它们逆向贴现到今天。沿袭前例，若设相关资产可在(终端年份之后)15年内产生4亿美元的税后现金流，资本成本为10%，预期清算价值就可估算为

预期清算价值 = 4(根据年金的现值，为期15年，贴现率为10%) = 30.42 亿美元

评估股权时，还需采取更多一个步骤：我们必须从清算价值中减去终端年份的未偿债务估算值，以便获得属于公司股东的清算成果。

12.1.2 乘数方法

根据这种方法，为了估算公司在未来某一年的价值，可将某个乘数运用于公司在那时的盈利或销售额。例如，若使用等于2的价值/销售额乘数，那么一家期望销售额为60亿美元的公司，从现在起的第10年后，其终值将是120亿美元。如果评估股权，则可使用市盈率之类的股权乘数得出终值。

虽然这种方法简单易行，确定最终价值的那个乘数及其来源所在却至关重要。正如通常所见，如果乘数是通过考察市场在目前如何对业内可比公司进行定价而估算得出，这种方法就属于相对估价法而不是贴现现金流估价法。如果乘数是使用基本因素估算得出，它就会趋近下一小节描述的稳定增长模型。

总之，使用乘数估算终值，如果这些乘数是通过可比公司估算得出，将会导致相对估价法和贴现现金流估价法的某种危险混合。相对估价法虽然具有某些优势，我们会在后面的一章中予以考虑，贴现现金流估价法却能够为我们提供针对内在价值而不是相对价值的估算值。因此，根据贴现现金流模型估算终值，具备一致性的唯一途径就是使用清算价值抑或稳定增长模型。

12.1.3 稳定增长模型

根据清算价值方法，我们其实假设公司只具备有限的寿命，并将在终结之际被清算。然而，许多公司会把部分现金流再度投资于新的资产以便延长寿命。如果假设现金流在终端年份过后将会根据某种固定的比率永久地增长，就可对终值作如下估算：

$$终值 = 现金流_{n+1}/(r - 稳定增长率)$$

其中所用现金流和贴现率取决于我们所评估的是公司还是股权。若是评估股权,终值可表示为

$$股权的终值 = 股权现金流_{n+1}/(股权成本_{n+1} - g_n)$$

可将股权现金流严格地定义为股息(根据股息贴现模型)或股权自由现金流。若是评估公司,终值可表示为

$$终值_n = 公司自由现金流_{n+1}/(资本成本_{n+1} - g_n)$$

其中,资本成本和增长率都将永久持续下去。

在本小节,我们首先考虑稳定增长率所能达到的水平,如何最恰当地估算公司在何时步入稳定增长,以及随着公司趋于稳定增长而需要调整哪些数据。

制约稳定增长的因素

在贴现现金流模型的所有输入数据中,没有哪一个会像估算稳定的增长率那样令人沮丧。部分原因在于,稳定增长率的细微变化就会极大地改变终值,而且这种影响将随着增长率接近于估算所使用的贴现率愈发加剧。

然而,"稳定增长率将一直保持不变"这一事实限制了增长率的水平。鉴于没有哪家公司的增长率能够永远超出所在经济体的增长率,固定增长率不能超过经济体的总体增长率。在确定稳定增长率的极限时,必须考虑下列三个问题。

1. 公司是否仅限于本国经营,抑或能够跨国经营(或者具有这种能力)？如果公司纯属国内公司,出于内部制约(诸如,由管理阶层所施加的)或者外部限制(诸如,由政府所施加的),本国经济的增长率就构成了限制条件。若公司具备跨国性质或者具有如此作为的雄心,全球经济的增长率(或者,至少是公司经营活动所在的那一部分)才是它的增长极限。

2. 估价是根据名义还是真实条件进行？若估价采用名义条件,稳定增长率就应是名义增长率(即,包括了预期通胀率成分在内);若估价采用真实条件,稳定增长率就会受到限制而降低。以2011年间的某一美国公司为例,若是估价根据名义美元进行,稳定增长率可高达2%,若估价是以真实条件进行,那就只有1%。

3. 使用何种货币标示估价过程使用的现金流和贴现率？稳定增长率上限的变化将取决于估价过程所用币种。若以高通胀率的货币估算现金流和贴现率,稳定增长率将高出许多,因为需将预期通胀率添加到真实增长率上。若使用低通胀货币估算现金流,稳定增长率就会低出许多。例如,如果估价是根据墨西哥比索而不是美元进行,用于评估墨西哥水泥公司 Cemex 的稳定增长率就会高得多。

虽然稳定增长率不能高于公司所在经济体的增长率,但却可以低于它。应该可以假设成熟的公司在经济体中的比重会逐渐降低;而且这可能是一种更合理的假设。请注意,经济体的增长率体现了年轻而快速增长公司与成熟而稳定公司各自的贡献。若前者的增长率大大高于经济增长率,后者的增长率就必须降低。

把稳定增长率设为低于或等于经济增长率,这样做不仅具备一致性,且能确保增长率将低于贴现率。这是因为在贴现率所包含的无风险利率与经济增长率之间存在着某种关联。请注意,可将无风险利率表示为

$$名义无风险利率 = 真实无风险利率 + 预期通胀率$$

从长期考察,真实无风险利率将收敛于经济体的真实增长率,而名义无风险利率将接近于经济体的名义增长率。实际上,有关稳定增长率的一个简单法则就在于,它通常不能超过估价所使用的无风险利率。

稳定增长率能否为负?

前一小节指出,稳定增长率必须等于或低于经济增长率。但它能否为负数呢?这一点并非不可能,但仍可估算终值。例如,若某公司的1亿美元税后现金流以每年 -5% 的比率而永久增长,资本成本为 10%,其价值就是

$$公司价值 = 1(1-0.05)/[0.10-(-0.05)] = 6.33 亿美元$$

负增长率的通俗含义为何?它基本上使得公司能在每年部分实施自行清算,直到公司正好消失为止。因此,它属于完全清算和持续经营(持续变大)的居间选项。

如果评估处在逐渐被淘汰的行业中的公司,这或许是一种正确的选择,原因包括技术进步(诸如,移动电话出现后的有线电话制造商)或者外部关键性客户削减长期采购量(诸如"冷战"结束后的国防产品合同商)。

关于稳定增长的关键性假设

在所有的贴现现金流估价过程中,针对稳定增长率都需要作出三个关键性假设。第一个假设事关所估价公司何时成为稳定增长者,若它尚未如此。第二个事关稳定增长公司所具有的特征,根据投资报酬率、股权和资本成本进行考量。最后一个假设则事关被评估公司如何从高增长阶段转入稳定增长阶段。

高增长期的长度　在估价中,公司可将高增长维持多久或为最难回答的问题之一,但是在此需要指出两点。第一点是,问题不在于公司是否而在于何时将会触及稳定增长之极限。就最好的情形而言,所有的公司终将成为稳定增长者,因为高增长使公司得以扩充,而公司规模最终会构成进一步高增长的壁垒。就最糟的情形而论,公司难以为继而将被清算。第二点是,估价对象的高增长,至少是创造价值的高增长,①源于公司在边际投资上获得的超额报酬。换句话说,价值增量归因于公司的资本报酬率大于资本成本(或,股权报酬率大于股权成本)。因此,假设公司在未来五年或10年将经历高增长时期,我们也就隐含地假设了它在同期将获得超额报酬(或者超过必要报酬率)。在竞争性市场上,这些超额报酬最终会吸引新的竞争者进入,而超额报酬则会消失。

---

① 没有超额报酬的高增长能够扩大公司规模,但不会增添价值。

针对公司能把高增长维持多久的问题,应该考虑三个因素。

1. 公司的规模。与其他方面都相似的较大公司相比,较小的公司更有可能获得和维持超额报酬,因为它们具有更大的增长空间和潜在市场。大市场中的小公司应该具有长期的高增长潜力(至少就销售额而言)。考察公司规模时,不仅要关注其现有市场份额,还应重视其产品或服务的总体市场的增长潜力。有些公司在目前或许已经拥有可观的市场份额,但是它的进一步增长则取决于整个市场的快速增长。

2. 现行增长率和超额报酬。在预测增长时,它的动势作用很大。那些报告销售额增长迅速的公司更有可能,至少在近期内,继续取得销售额的快速增长。那些在现行时期资本或股权报酬率较高的公司也有可能在未来数年内维持这些超额报酬。

3. 竞争性优势的大小和可持续性。这一点或为决定高增长时期长度的最关键因素。如果存在着很高的行业进入壁垒和可持续的竞争优势,公司就可将高增长时期加以延长。另一方面,如果很少或者没有进入壁垒,或者公司的竞争优势正在消退,我们在考虑长期增长方面就应该更加审慎。目前的管理质量同样会影响增长。某些顶层管理者具有制定战略性抉择的能力,可以增进现有竞争优势和营造新的优势。①

竞争优势时期(CAP)

作为公司价值的源泉,高增长和超额报酬的交汇铸就了"竞争优势时期"(competitive advantage period,CAP)这一术语,旨在把握这种综合效应。这一术语因瑞士信贷第一波士顿(Credit Suisse First Boston)银行的 Michael Mauboussin 得以推广,衡量的是预计公司能够赢得超额报酬的时期。然后,可将此类公司的价值表示成目前投入资本与在其寿命内获得的超额报酬现值之和。鉴于在竞争优势时期过后不再有超额报酬,故而也不再会增添更多的价值。

根据一种颇具匠心的变形,分析者们有时试图估算为了维持特定市场价值所需要的竞争优势时期长度,而假设当期资本报酬率和资本成本均保持不变。由此可对业内各公司的市场隐含竞争优势时期(Market Implied CAP)进行比较,或者实施定性分析。

案例 12.1　高增长期的长度

为了说明如何估算高增长期的长度,在此考察一些公司,针对它们各自所能维持高增长的时间长短进行主观判断。

爱迪生联合电气公司

背景:该公司在纽约市周边地区拥有生产、销售电力方面近乎垄断者的地位。然而,这种垄断权的代价是,公司在投资和定价政策方面都受到了限制。政府监管委员会规定

---

① 通用电气公司的 Jack Welch 和可口可乐公司的 Robert Goisueta 属于首席执行官(CEO)营造不俗业绩的传统范例,而苹果公司的 SteveJobs 则为那些刻意求新的 CEO 们建立了新的标准。

了爱迪生公司可以提价的幅度,取决于爱迪生的投资报酬。如果公司获得了高额投资报酬,那就难以获准提价。最后,纽约市对电力的需求量随着人口数量的大致持平而趋于稳定。

含义:该公司已经属于稳定增长公司,没有多少高增长或超额报酬潜力。

宝洁

背景:宝洁公司具备几个明显的强项。其极具价值的品牌使之能够获得很高的超额报酬(在2010年,其高额股权报酬率提升到了20.09%),并在过去数十年间得以维持盈利的高增长。但是,公司目前面临着两种挑战。一种是,它在美国这一成熟市场上虽已持有巨大份额,其品牌在海外的认知度却相对较低,故而难以获得溢价。另一种挑战是,许多普通制造商对其品牌的攻击日益加剧。

含义:短期内,品牌能够维持超额报酬和高于稳定水平的增长率,我们假设期限为五年。在此之后,公司将步入稳定增长阶段,虽然还有一些超额报酬。如果该公司能够将其品牌推广到海外,它就仍然具有可观的高增长潜力。

安进(Amgen)

背景:安进公司现在拥有一些稳定的药物产品,它们受到专利保护并可产生现金流,以及几种处在研发阶段的药物。虽然它是全球最大的独立的生物技术公司,生物技术产品的市场正在并将继续急剧扩大。最后,安进公司一直保持着生成稳定盈利的记录。

含义:安进公司所持各项专利将使它免遭竞争,药物获批的冗长前期过程使得新的产品需要花费一段时间方能上市。我们假设该公司具有10年的增长和超额报酬期。

毫无疑问,在判断高增长的持续时间方面带有强烈的主观色彩。在第11章末尾有关定性因素和增长率相互关系的论述中,许多都与此处的讨论有关。

稳定增长公司的特征 随着公司由高增长进入稳定增长,就需考虑它们具有的稳定增长公司特征。稳定增长公司在几个维度上都与它在高增长时期有所不同。通常可以预计,稳定公司具有平均的风险程度,举债更多,具有较低(或者没有)超额报酬,而再投资则低于高增长公司。在这部分内容中,我们考察如何最为恰当地调整其中每一个变量。

股权风险 考察股权成本时,高增长公司通常比稳定公司更多地暴露于市场风险(具有较高的β值)。部分原因是,它们大多属于针对特定市场的供应商,其产品的消费具有随意性;部分原因则是,其经营性杠杆系数很高。因此,年轻的高科技公司或大众传媒公司的β值通常都比较高。可以预计,随着这些公司逐渐成熟,其市场风险暴露程度将会下降,β值则趋于1,即市场平均水平。一种选择是,将所有稳定公司的β值都设为1,因为它们都具有平均风险;另一种选择是,即便在稳定增长阶段,同样接纳公司之间存在的较小风险差异,业务波动更大者的β值要高于那些业务稳定公司。需要指出的是,作为一条经验法则,稳定时期的β值不超过1.2。①

---

① 美国大约2/3公司的β值处在0.8和1.2之间。这一点构成了β系数在稳定期的值域。

然而,如果公司的 β 值大大低于 1,诸如普通制造业公司之类,又该如何处理呢？如果认为这些公司将继续从事现有业务,不妨假设 β 值依然不变。但是,如果有关永久性增长的估算值要求它们兼营其他业务,就应该把 β 值向着 1 进行上调。在此,还可介绍另一条经验法则,稳定期的 β 值不应低于 0.8。①②

- 🌐 betas.xls：该网上的数据集概述了美国以行业划分的各公司杠杆性和非杠杆性 β 值。

项目报酬 高增长公司通常具有较高的资本（以及股权）报酬率,并能获得超额报酬。在稳定增长时期,超额报酬将愈加难以维持。有人认为,符合稳定增长的唯一前提条件就是假设不存在超额报酬,故而设定资本报酬率大于资本成本。在原则上,永久性的超额报酬假设或许看来并不合理,但在现实中,同样难以想象公司会在某一时刻（例如,5 年或 10 年）突然丧失赢取超额报酬的能力。考虑一下关于宝洁公司的简单例子。案例 12.1 已估算得出它将拥有 5 年的高增长期。尽管宝洁公司在第 5 年年末可能会下跌到稳定水平,它的强势品牌和其他优势的延续期却有可能长得多（例如,30 年或 40 年）。无意估算它在今后 30 或 40 年的现金流,我们把这种估算截止在第 5 年,但依然假设公司的盈利将永久超出其资本成本。鉴于整个行业通常能够获得长期超额报酬,如果假设公司的股权和资本报酬率将趋于业内均值,无疑可以得出更加合理的价值估计数。

- 🌐 eva.xls：该网上的数据集概述了美国以行业划分的各公司资本（股权）报酬率、资本（股权）成本和超额报酬。

债务率和债务成本 高增长公司使用的债务额通常低于稳定增长公司。随着公司趋于成熟,其举债能力也会提高。若评估公司,这一点将会改变用于计算资本成本的债务率;若评估股权,债务率的变化则会改变股权成本和期望现金流。若不考察现有经理们的债务观和股东们在公司的发言权,那就难以回答债务率是否会趋向稳定期的更加可持续水平这一问题。如果经理们愿意改变融资策略,股东们具备一定的权力,就可合理地假设债务率将会朝着稳定增长期的更高水平而变化;否则,保持债务率水平不变的做法就更加妥当。

随着盈利和现金流的增加,市场对公司违约风险的看法也会改变。目前销售额为 1 亿美元而亏损 1 000 万美元的公司或被评为 B 级,但若预计销售额将达到 100 亿美元并可赢利 10 亿美元,公司等级就可大大提高。因此,如果针对公司销售额和经营性收入的估算值发生变化,内在一致性就会要求我们重新评估公司的等级和债务成本。作为一条普遍法则,稳定增长的公司至少应该获得"投资"级别（Baa 或者更高）。

针对在稳定增长模型中应该采用何种债务率和债务成本这一实际问题,我们应该考

---

① 如果评估一家普通制造业公司,而它的增长率大于通胀率,我们就需假设公司将会兼营其他业务,故而必须相应地调整 β 值。

② 此处原文为"8",当为"0.8"之误。——译者注

察行业中更大、更成熟公司的财务杠杆系数。一种解决方案是,把行业平均债务率和债务成本用作稳定增长期的公司债务率和债务成本。

🌐 *wacc.xls*：该网上的数据集概述了美国以行业划分的各公司债务率和债务成本。

再投资率和盈利留存率 稳定增长公司的再投资通常低于高增长公司。对我们来说,关键在于把握较低增长率对于再投资的影响,确保公司的再投资足以维持它在终端时期的稳定增长。实际投资额的变化取决于究竟是对股息、股权现金流还是公司自由现金流进行贴现。

我们注意到,根据股息贴现模型,可将每股盈利的期望增长率表示为盈利留存率和股权报酬率的函数:

$$期望增长率 = 盈利留存率 \times 股权报酬率$$

运用代数运算可将盈利留存率表示成期望报酬率和股权报酬率的函数:

$$盈利留存率 = 期望报酬率 / 股权报酬率$$

例如,若设宝洁(P&G)公司的稳定增长率为3%(根据经济体的增长率),股权报酬率为12%(根据行业均值),应可计算稳定增长期内公司的盈利留存率如下:

$$盈利留存率 = 3\%/12\% = 25\%$$

宝洁公司必须保留25%的盈利方能产生3%的期望增长率；剩余的75%则可用于股息支付。

根据自由现金流贴现模型,我们专注于净收入的增长,它的期望增长率是股权再投资率和股权报酬率的函数:

$$期望增长率 = 股权再投资率 \times 股权报酬率$$

因此,股权再投资率可计算如下:

$$股权再投资率 = 期望增长率 / 股权报酬率$$

例如,若设可口可乐公司将有3%的稳定增长率,且在稳定期内具有15%的股权报酬率,则可估算得出它的股权再投资率为20%；剩余的80%可作为现金支付给股东。

$$股权再投资率 = 3\%/15\% = 20\%$$

最后,为了考察公司的自由现金流,将经营性收入的期望增长率作为稳定期的资本报酬率(ROC)和再投资率的函数进行计算:

$$期望增长率 = 股权再投资率 \times 资本报酬率$$

同样,代数运算可以产生下列关于稳定增长期的再投资率尺度:

$$稳定期的再投资率 = 稳定增长率 / ROC_n$$

其中,ROC_n是公司可在稳定期内维持的资本报酬率。然后,可用这一再投资率得出稳定增长期的第一年间的公司自由现金流。

通过把再投资率、盈利留存率与稳定增长率相联系,还可实施对于有关稳定增长率的假设不太敏感的估价。其他保持不变,提高稳定增长率能够大大增加价值。随着增长率的变化,改变再投资率则会产生抵消效应。由于再投资率的提高,由增长率提高所带来的收益将部分或者完全为现金流损失所抵消。如果稳定增长率提高,价值是增还是减完全取决于我们所作出的有关超额报酬的假设。若是稳定期的资本报酬率高出资本成本,提高稳定增长率就能够增加价值。如果资本报酬率等于稳定增长率,稳定增长率的提高将不会影响价值。不难证明此点:

$$终值 = \frac{\text{EBIT}_n(1-t)(1-再投资率)}{资本成本_n - 稳定增长率}$$

根据前面的方程,把稳定增长率作为再投资率的函数代入上式,则可得到

$$终值 = \frac{\text{EBIT}_{n+1}(1-t)(1-再投资率)}{资本成本_n - (再投资率 \times 资本报酬率)}$$

再设资本报酬率等于资本成本,则可得到

$$终值 = \frac{\text{EBIT}_{n+1}(1-t)(1-再投资率)}{资本成本_n - (再投资率 \times 资本成本)}$$

简化上式,终值可表述为

$$终值_{\text{ROC=WACC}} = \frac{\text{EBIT}_{n+1}(1-t)}{资本成本_n}$$

简单地说,如果不存在超额报酬,有关期望增长率的假设不会影响到终值。针对股权收入和现金流也可提出同样的命题;并且能够证明,在稳定期内,等于股权成本的股权报酬率将会完全消除增长的正面影响。

○ $divfund.xls$:该网上的数据集概述了美国以行业划分的各公司盈利留存率。

○ $capex.xls$:该网上的数据集概述了美国以行业划分的各公司的再投资率。

案例 12.2 稳定增长率和超额报酬

根据纺织品制造商 Alloy Mills 的近期报告,其税后经营性收入为 1 亿美元。时下,该公司的资本报酬率为 20%,并将盈利的 50% 作了再投资,所以它在未来五年的期望增长率为 10%:

$$期望增长率 = 20\% \times 50\% = 10\%$$

预计增长率在 5 年后将跌至 5%,资本报酬率仍保持在 20%,故可对终值作如下估算:

第 6 年间的期望经营性收入 $= 1(1.10)^5(1.05) = 1.691\ 0$ 亿美元

第 5 年间的期望再投资率 $= g/\text{ROC} = 5\%/20\% = 25\%$

第 5 年末的终值 $= 1.691\ 0(1-0.25)(0.10-0.05) = 25.37$ 亿美元

因此,公司在今天的价值为

$$\begin{aligned}公司在今天的价值 &= 0.55/1.10 + 0.605\ 0/1.10^2 + 0.665\ 5/1.10^3 \\ &\quad + 0.732\ 1/1.10^4 + 0.805\ 3/1.10^5 + 25.37/1.10^5 \\ &= 20.75\ 亿美元\end{aligned}$$

若将稳定期内的资本报酬率变作 10%,而把增长率保持在 5%,就会对价值产生很大的影响。

$$\text{第6年间的期望经营性收入} = 1(1.10)^5(1.05) = 1.6910 \text{亿美元}$$

$$\text{第5年间的期望再投资率} = g/ROC = 5\%/10\% = 50\%$$

$$\text{第5年末的终值} = 1.6910(1-0.5)(0.10-0.05) = 16.91 \text{亿美元}$$

$$\text{公司在今天的价值} = 0.55/1.10 + 0.6050/1.10^2 + 0.6655/1.10^3$$
$$+ 0.7321/1.10^4 + 0.8053/1.10^5 + 16.91/1.10^5$$
$$= 13.00 \text{亿美元}$$

现在,考虑把增长率降低到4%而资本回报率保持在稳定的10%的情形,

$$\text{第6年间的期望经营性收入} = 1(1.10)^5(1.04) = 1.6749 \text{亿美元}$$

$$\text{第5年间的期望再投资率} = g/ROC = 4\%/10\% = 40\%$$

$$\text{第5年末的终值} = 1.6749(1-0.4)(0.10-0.04) = 16.75 \text{亿美元}$$

$$\text{公司在今天的价值} = 0.55/1.10 + 0.6050/1.10^2 + 0.6655/1.10^3$$
$$+ 0.7321/1.10^4 + 0.9663/1.10^5 + 16.75/1.10^5$$
$$= 13.00 \text{亿美元}$$

请注意,终值减少了1 600万美元,但第5年末的现金流也增加了1 600万美元,因为第5年末的再投资率下降到40%。公司的价值仍然是13亿美元。实际上,即便稳定增长率变为0%,这对公司价值也没有影响。

$$\text{第6年间的期望经营性收入} = 1(1.10)^5 = 1.6105 \text{亿美元}$$

$$\text{第5年间的期望再投资率} = g/ROC = 0\%/10\% = 0\%$$

$$\text{第5年末的终值} = 1.6105(1-0.0)(0.10-0.0) = 16.105 \text{亿美元}$$

$$\text{公司在今天的价值} = 0.55/1.10 + 0.6050/1.10^2 + 0.6655/1.10^3$$
$$+ 0.7321/1.10^4 + 16.105/1.10^5 + 16.105/1.10^5$$
$$= 13.00 \text{亿美元}$$

案例12.3 稳定增长率的数据

为了说明估价所用数据,在从高增长期步入稳定增长期的过程中,将如何变化,我们考虑三家公司:宝洁公司用股息贴现模型,可口可乐公司用股权自由现金流模型,安进公司用公司自由现金流模型。

首先,在股息贴现模型框架内考虑宝洁公司。我们将在下一章考察这种估价法;但需注意,股息贴现模型需要三种关键性数据,即,股息支付率(payout ratio,它决定股息额)、期望股权报酬率(它决定期望增长率)和β值(它决定股权成本)。在案例12.1中,我们指出,宝洁公司具有5年高增长期。下表概括了使用股息贴现模型评估该公司时所用数据。

	高增长	稳定增长		高增长	稳定增长
股息支付率	50.00%	75.00%	期望增长率	10.00%	3.00%
股权报酬率	20.00%	12.00%	β值	0.90	1.00

请注意,高增长期的股息支付率、股权报酬率和β值均根据公司当期价值计算得出。未来五年间每年10%的期望增长率则是股权报酬率和盈利留存率的乘积。在稳定期,我们把β值调整到1;这种调整不会影响价值,因为β值已接近于1。假设稳定增长率为3%,略低于全球经济的名义增长率(以及,是时为3.5%的无风险利率)。另再假设,股权报酬率将下跌到12%;它体现了我们的想法:随着普通竞争者对于利润的蚕食,整个行业的股权报酬率将会下降;而随着增长率和股权报酬率的同时下跌,盈利留存率也下降到25%。

为了运用股权自由现金流模型分析可口可乐公司,下表概括了针对高增长期和稳定增长期所输入的数据:

	高增长	稳定增长		高增长	稳定增长
股权报酬率	30.00%	15.00%	期望增长率	7.50%	3.00%
股权再投资率	25.00%	20.00%	β值	0.90	0.80

在高增长期,股权的高报酬率使得该公司能在每年取得7.50%的期望增长率。对于稳定增长期,我们把可口可乐的股权报酬率减少到软性饮料业公司的行业均值,并且根据3%的稳定增长率估算期望股权再投资率。公司的β值依然保持现有水平,因为可口可乐管理层在关注核心业务方面相当练达。

最后,我们考虑安进公司的估价问题。下表报告了,从2010年上半年起,它在高增长期和稳定增长期的资本报酬率、再投资率和债务率。

	高增长	稳定增长		高增长	稳定增长
资本报酬率	17.41%	10.00%	期望增长率	5.78%	3.00%
再投资率	33.23%	30.00%	β值	1.65	1.00

请注意,公司的再投资率和资本报酬率体现了我们将R&D支出和经营性租赁支出实施资本化的抉择。将经营性收入针对R&D支出进行调整,即在股权账面价值上增添R&D支出的资本化价值(参见第9章)。公司目前具有很高的资本报酬率;而且假设,这一报酬率将随着公司的扩大和专利的到期而下降到10%。鉴于稳定增长率下降到3%,安进的再投资率也会相应地降至30%。我们还可假设安进的β值将趋向于市场均值。

值得指出,就所有的公司而言,如果假设资本报酬率高于资本成本,它们的超额报酬将一直延续下去。如此处理虽有可能引起麻烦,但是我们认为,这些公司在高增长期内已经和将要建立的竞争性优势不会骤然消失。鉴于超额报酬将随着时间而逐渐消退,把它们朝着稳定增长期的资本成本实施调整看来是一种合理的折中方法。

向稳定增长的过渡

一旦确定了公司将在未来某个时刻进入稳定增长期,我们就必须考虑公司在趋近稳定增长时的变化状况,在这方面有三种迥然不同的情形。在第一种情形中,公司将在一段时期内维持高增长,然后骤然间变为稳定增长公司;此为两阶段模型。在第二种情形中,公司将在一段时期内维持高增长,然后出现一个过渡期,它的各种特征逐渐地转变到稳定增长水平;此为三阶段模型。在第三种情形中,公司的各种特征从初始期开始每年都朝着稳定增长期变化;可将它视为 n 阶段模型。

选择哪个模型需视评估对象而定。根据两阶段模型,公司会在一年内由高增长期转入稳定增长期,这种模型更加适用于那些增长适度的公司,因为其变化幅度不会太大;在过渡期内,经营性收入增长率很高的公司能够对增长率以及风险特征、资本报酬率和再投资率朝着稳定增长水平作出调整。对于那些非常年轻的或经营利润为负的公司,比较审慎的思路则是(根据 n 阶段模型)它们将逐年而变化。

案例 12.4 增长形态的选择

现在考虑案例 12.3 所分析的三家公司。假设宝洁公司具有 10% 的增长率和 5 年高增长期;可口可乐公司具有 7.5% 的增长率和 10 年高增长期;而安进公司具有 5.78% 的增长率和 10 年高增长期。对于宝洁公司,我们使用两阶段模型,前 5 年的增长率为 10%,随后则是 3%。对于可口可乐公司和安进公司,我们在第 6~10 年间引入一个转变期;其中,数据将从高增长水平逐渐变到稳定增长水平。图 12.1 描述了可口可乐公司的股权再投资率和期望增长率在第 6~10 年间如何变化,以及安进公司的期望增长率和再投资率

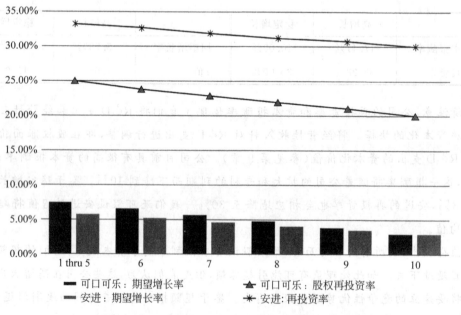

图 12.1 过渡期估算:可口可乐公司和安进公司

在同期的变化情形。

> **没有高增长率或负增长率的超常增长期**
>
> 公司的预期增长率是否会等于或低于经济体的增长率呢?答案是肯定的。因为稳定增长所要求的不仅是增长率低于经济体的增长率,而且要求输入到估价中的其他数据能够适合稳定增长的公司。例如,考虑一家经营性收入的年增长率为2%的公司,但是它的当期资本报酬率为20%而β值为1.5。我们仍然需要一个过渡期。其间,资本报酬率将下降到更加可以持续的水平(例如,12%)而β值则朝着1而变化。
>
> 基于同理,我们同样会具有一个超常增长期。其间,增长率先是低于稳定增长率,然后上升到稳定增长率。例如,我们或许会遇到这样一家公司,在未来五年内,它的期望盈利每年会下降5%(这就形成了超常增长期),随后则是每年增长2%。

12.2 公司的生存问题

在运用贴现现金流模型而使用终值时,我们隐含地假设,公司的价值出自于它是一个具备永久寿命的持续经营实体这一点。就许多风险性公司而言,由于盈利的波动和技术的变迁,它们的生存期完全可能不过5年或10年。估价是否应该体现这种破产的可能性,如果肯定的话,如何把公司破产的几率结合到估价当中呢?

12.2.1 生命周期和公司的生存

公司所处生命周期的阶段与它的生存之间存在着某种关联。盈利和现金流为负的年轻公司可能会遭遇严重的现金流问题,最终被拥有更多资源的公司以很低的基价所收购。年轻公司为何会面临这种问题呢?为负的经营性现金流,如果再加上极大的再投资,将使得现金储备迅速耗竭。若能进入金融市场,可以如愿地发行股票(或债券),公司就能顺利筹得更多资金以满足这些需要。然而,如果它们的股价下跌而难以进入金融市场,这些公司就会遇到麻烦。

针对盈利为负的公司产生现金流问题的可能性,一种使用甚广的尺度是"现金消耗率"(cash burn ratio)。它是通过将公司现金余额除以利息、税款、折旧和摊销之前的盈利(EBITDA)估算得出。

$$现金消耗率 = 现金余额 / EBITDA$$

其中,EBITDA为负数;我们用它的绝对值估算这一比率。因此,如果现金余额为10亿美元而EBITDA为-15亿美元,公司就会在8个月内耗尽其现金流余额。

12.2.2 破产概率和估价

关于公司生存问题的一种看法是,估价所使用的期望现金流体现了从优到劣各种情景中的现金流情形,以及它们的发生概率。因此,公司的期望价值已经考虑到了破产的几率。一种看法是,与公司生存或破产相关的任何市场风险都已经结合到了资本成本中。因此破产概率很高的公司将具有较高的贴现率和较低的期望现金流。

关于公司生存的另一种看法是,贴现现金流估价法通常具有过于乐观的偏向,公司破产的几率并未在价值中获得恰当的体现。根据这种看法,出自前一小节分析的贴现现金流价值将会高估经营性资产,故而必须加以调整,从而体现出公司无力实现其终值乃至所预测的未来现金流的可能性。

12.2.3 是否应该对破产公司的价值进行贴现?

对于那些目前持有巨额资产而破产概率相对较小的公司,上述第一种看法比较切实。若对不会破产的公司施加更高的贴现率会对风险作重复计算。

对于那些年轻和较小公司来说,这是一个比较棘手的问题,取决于期望现金流是否已经结合了这些公司难以挺得过最初几年的概率。如果已予结合,估价就已经体现了公司在最初几年内就会破产的概率;否则,我们必须针对公司很快就会消亡的概率对价值进行贴现。估算这种贴现率的一种方式是估算破产概率,并且依此调整经营性资产:

经过调整的公司价值 = 贴现现金流价值(1 - 破产概率) + 清算价值(破产概率)

如果某公司的资产可产生10亿美元的贴现现金流,清算价值为5亿美元,破产概率为20%,经过调整的公司价值就等于9亿美元:

经过调整的公司价值 = 10.00(0.8) + 5.00(0.2) = 9亿美元

在此,需要指出两点。导致价值损失的原因并非破产事件本身,而是清算价值是根据公允价值进行贴现这一事实。第二点在于,这种方法需要估算破产概率。这一步不易进行,因为它取决于公司(相对于现金需要量的)现金储备以及市场状况。在波动剧烈的股票市场上,甚至是那些很少或全无现金的公司也有可能生存,因为它们能够在市场上筹资。处在不利的市场条件下,即便是具有巨额现金的公司也有可能面临破产的危险。

破产概率的估算

估算公司破产概率有两种方法。一种方法是回顾历史:考察那些已经破产的公司,把它们与尚未破产者相比较,确定使得两者相区别的各种变量。例如,具有很高债务率和为负的经营性现金流的公司要比没有这些特征的公司更有可能破产。我们其实可以使用概率单位(probits)模型之类统计技术估算公司破产概率。为了进行这类运算,首先需要确认,例如,在1991—1999年间破产的公司名单,再把破产概率作为在1990年所观察到的各种变量的函数。类似于回归过程的结果,其结果使我们能够估算任何一家公司在目前的破产概率。

> 估算破产概率的另一种方法是,如果可行,使用公司的债券等级。不妨假设特斯拉公司的债券等级为B。有关B级债券在过去十年间的实情调查表明,这种等级的违约概率是36.80%。[①] 这种方法虽然比较简便,它却只适用于那些获得了评级的公司,而且需要假设评级机构所用标准不会出现很大的变化。

12.3 关于终值的总结性思考

终值在贴现现金流模型中的作用一直是贴现现金流方法遭致诟病的缘由。批评者们认为,终值在贴现现金流价值中所占的比重过大,很容易造成人为操纵终值的行为,以便杜撰所想要的任何数字。但是,这种看法在两个方面有误。

无疑,任何公司的股票或股权价值的很大部分都出自于终值,若非如此反倒会令我们感到诧异。购买某种股票或投资于某项业务时,我们考虑的是如何获得报酬。假设投资报酬很好,其中的很大部分不会出现在我们持有这些股票之时(股息或其他现金流),而是出现在我们卖出它们之际(溢价)。终值的目的就在于把握后者。因此,某种业务的增长潜力越大,终值在公司价值中的比重也就越高。

终值是否容易受到操纵呢?我们注意到,终值确实时常并且容易受到操纵。但是,这是因为分析者们使用了各种乘数以得出这些价值,或者因为他们违背了稳定增长模型中的一个或两个基本命题。一个命题是,公司的增长率不能超过经济体的增长率。另一个命题则是,为了形成稳定增长率,公司在稳定增长期内必须进行充足的再投资。实际上,正如本章前文所述,最终由稳定增长率所产生的价值不会大于超额报酬所产生的价值。如果超额报酬为零,稳定增长率的变化对于公司价值不会产生影响。

12.4 总结

公司的价值等于它在整个存在期间的期望现金流现值。鉴于公司具有无限长的寿命,我们需对估价施加某种截止,即估算某一时期内的现金流,然后估算公司在那个时期末的价值,即终值。许多分析者使用最终估算年份的盈利或销售额乘数估算终值。如果公司具有无限寿命,与贴现现金流估价更相吻合的一种方法是,假设公司现金流在某一时刻后将永远以某种固定比率增长。我们所评估的公司在何时接近这种增长率,即所谓稳定增长率,是任何一种贴现现金流估价方式的关键所在。那些增长迅速且具有很大竞争优势的小公司,相对于缺乏这种优势的较大和较成熟公司而言,可以根据更高的比率增长更长的时期。如果我们无意假设公司具备无限寿命,根据其他人对于公司在高增长期的

[①] 纽约大学斯特恩商学院的Altman教授估算了这些概率,作为他不断更新的年度数据序列的一部分。最新的版本可在斯特恩商学院工作报告系列中寻及。

累积资产所支付的价格,就可估得清算价值。

12.5 问题和简答题

下列问题中,若无特别说明,假设股权风险溢价为 5.5%。

1. Ulysses Inc. 是一家货运公司,拥有 1 亿美元扣除利息和税款之前的盈利,而盈利在未来五年间的期望年增长率为 10%。针对第 5 年年末,我们使用等于 8 的经营性收入乘数(行业均值)估算终值。

   a. 估算公司的终值。

   b. 如果 Ulysses 的资本成本为 10%,税率为 40%,预计稳定增长率为 5%,如果使用等于 8 的经营性收入乘数,我们其实假设了永久性资本报酬率是多少?

2. Genoa Pasta 是一家印度食品生产商,目前的息税前盈利为 8 亿美元。预计它的盈利在未来 6 年间具备 20% 的年增长率,随后则是 5%。它现在的税后资本报酬率是 28%,但预计在 6 年后会减少一半。如果预计其永久性资本成本为 10%,估算终值(该公司的税率为 40%)。

3. Lamps Galore 是一家台灯制造商,目前投入资本(1 亿美元)的税后资本报酬率为 15%。我们预计,在四年内,该公司将把 80% 的税后经营性收入再度投入业务,随后则是 30%(稳定增长时期)。该公司的资本成本为 9%。

   a. 估算公司的终值(在第四年末)。

   b. 若预计税后资本报酬率在第四年后下跌到 9%,终值是多少?

4. Bevan Real Estate Inc. 是一家持有四项财产的房地产持有公司。我们估计,这些财产目前的税后收入为 5 000 万美元,未来十年内每年增长 8%,随后则是 3%。这些财产目前的市值为 5 亿美元,预计这一价值在未来十年内每年的溢价为 3%。

   a. 估算这些财产的终值,根据它们目前的市值及其期望溢价率。

   b. 假设我们对于税后收入增长率的预测无误,第 10 年后,终值是税后经营性收入的多少倍?

   c. 假设在第 10 年后无需进行再投资,估算我们针对估算的终值所假设的资本成本。

5. Latin Beats Corporation 是一家专事西班牙音乐和影视产品制作的公司。在现行年间,公司报告了 2 000 万美元的税后经营性收入、1 500 万美元的资本性支出和 500 万美元的折旧。预计该公司的这三项在未来五年内的年增长率均为 10%。在第五年之后,预计公司将进入稳定增长期而以每年 4% 的比率永久地增长。假设盈利、资本性支出和折旧将以每年 4% 的比率永久增长,资本成本为 12%(忽略流动成本不计)。

   a. 估算该公司的终值。

   b. 我们隐含假设的再投资率和资本报酬率是多少?

   c. 若假设,在稳定增长期内,资本性支出抵消了折旧,终值应为多少?

d. 若设资本性支出等于折旧，我们隐含假设的永久性资本报酬率是多少？

6. Crabbe Steel 在美国宾夕法尼亚州拥有一些钢铁厂。据它报告，在最近年间，其 4 亿美元的投入资本产生了 4 000 万美元的税后经营性收入。公司预期经营性收入在未来三年内每年增长 7%，随后则为 3%。

a. 如果公司资本成本为 10%，预计其当期资本报酬率将永久地延续下去，估算在第三年末的公司价值。

b. 如果预期经营性收入在第 3 年后保持不变（即，在第 3 年的盈利额在随后各年间均可实现），估算终值。

c. 若预计经营性收入在第 3 年后的永久性年增长率为 5%，估算终值。

7. 假如我们得悉公司的资本成本变为 8%，如何解答前一问题？

CHAPTER
第13章

股息贴现模型

从最严格的意义上说,只有从所购上市公司股票上获得的现金流才是股息。评估股权的最简单模型是股息贴现模型(DDM),即股票的价值等于它的期望股息现值。尽管许多分析者舍弃了他们认为已经过时的股息贴现模型,推动贴现现金流估价法发展的许多直觉却是出自于股息贴现模型。事实上,对于某些公司的估价,股息贴现模型仍不失为一种有用的工具。

本章探讨这种模型的一般形式,以及关于未来增长的各种假设所特设的不同形式。它还将考察使用股息贴现模型的各种问题,以及考察其功效的各项研究成果。

13.1 一般模型

投资者购入股票时,他或她通常期待可以获得两类现金流——股票持有期内的股息和持有期末的期望价格。由于这种期望价格本身取决于未来的股息,股票的价值就等于无限时期的所有股息的现值:

$$\text{每只股票的价值} = \sum_{t=1}^{t=\infty} \frac{E(\text{DPS}_t)}{(1+k_e)^t}$$

其中,DPS_t = 每股期望股息,k_e = 股权成本。

这一模型的原理就是"现值法则",即,任何资产的价值等于它的期望现金流经过相应于这些现金流风险程度的比率贴现的现值。

这种模型有两种基本数据:股权的期望股息和成本。为得到期望股息,我们对盈利的期望未来增长率和股息支付率需作出某些假设。必要的股票报酬率取决于其风险程度,不同的模型衡量它的方式有所不同,即资本资产定价模型(CAPM)中的市场β系数,以及套利定价模型和多重因素模型中的因素β系数。股息贴现模型相当灵活,可以接受因时而变的贴现率,而这种变化源于预期利率或者风险随着时间推移所发生的变化。

13.2 模型的各种形式

因为无法针对无限的未来预测股息数额,根据关于未来增长的不同假设,股息贴现模型具有几种形式。我们从最简单的旨在评估稳定公司的模型入手,这类公司将支付所能承担的全部股息;然后,考察如何调整模型以便评估那些处在高增长期的公司,它们所支付的股息极少甚至为零。

13.2.1 戈登(Gordon)增长模型

戈登模型可用于评估处在"稳定状态"的公司,其股息根据某种可以永久持续的比率而增长。

模型

戈登增长模型把股票的价值与它在下一时期的期望股息、股权成本和期望增长率联系在一起,即

股票价值 = 下期期望股息/(股权成本 − 永久性的期望增长率)

何为稳定增长率?

戈登增长模型虽然提供了评估股权的一种简便方式,它的用途却仅限于那些处在稳定增长期的公司。估算稳定增长率时,我们需要记取两点。第一,鉴于预计公司股息的稳定增长率将永久不变,也可预计衡量公司经营的其他尺度(包括盈利)将以相同的比率增长。为说明缘由,不妨考虑一下公司盈利永久地每年增长2%的结果,并假设股息每年增长3%。随着时间的推移,股息将超过盈利。从长期而论,若公司盈利增长率快于股息,股息支付率将逐渐接近于零,而这一点无法构成稳定状态。因此,虽然模型所要求的是股息期望增长率,如果公司确实处在稳定状态,分析者可用盈利的期望增长率作为替代,得出的结果完全相同。

第二个问题事关究竟哪种增长率才能被合理地视为稳定增长率。正如第12章所指出的,这种增长率必须等于或小于公司经营所在经济体的增长率。没有哪家公司,无论其经营得多好,可以根据据信超过经济增长率(或者其代理变量,无风险利率)的比率而永久地增长。此外,第12章作出的有关稳定增长的附加说明也依然适用。

- 假设永久性股权报酬率(ROE)所体现的并非公司在最后一年的情形,也非它在随后一年的情形,而应该是长期估算值。ROE估算值十分重要,因为稳定增长期内的股息支付率必须同它保持一致,

股息支付率 = g/ROE

- 股权成本必须与作为成熟者的公司保持一致;如果使用 β 值,那么 β 值应该接近于 1。

模型的局限性

大多数分析者很快就会发现,只要其他数据(股息支付率、股权成本)保持不变,戈登

增长模型对于有关增长率的假设极为敏感。考虑一只下期的期望每股盈利为2.50美元的股票,股权成本为15%,永久性期望增长率为5%。这只股票的价值就等于

$$价值 = 2.50/(0.15 - 0.05) = 25 美元$$

但请注意,图13.1描述了这一价值针对增长率的敏感性。随着增长率接近于股权成本,每股价值将趋于无穷大。若增长率超过股权成本,每股价值就为负数。

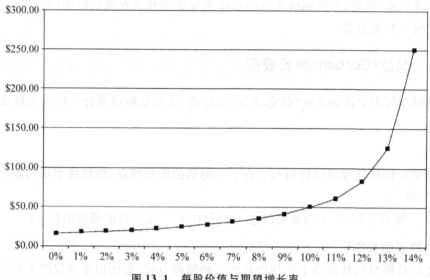

图13.1 每股价值与期望增长率

稳定增长率是否必须一直不变?

有关"股息增长率必须一直保持不变"的假设或许看似属于一项难以满足的要求,尤其在盈利波动剧烈之际。但是,如果公司的平均增长率接近于稳定增长率,使用这种模型不会对价值产生实质性影响。因此,对于周期性公司,它在各年间的期望增长率来回波动但平均增长率为2%,我们就可使用戈登增长模型而不会丧失一般性。这一结论根据有二。第一,由于股息即便在盈利剧烈波动时也比较平稳,它们不太容易受各年间盈利增长率变化的影响。第二,使用年份特定的增长率而非固定增长率对于现值数字的影响并不太大。

当然,两条常识有助于纠正这一问题。第一,为了满足约束条件,稳定增长率不能超过无风险利率;在前例中,这会将增长率限制在远低于15%的某个数字上。第二,需要明确的是,增长并非没有代价;如果增长率上升,股息支付率就必须降低。这就营造出了针对增长的取舍问题,包括由增长率提高所造成的为正、中性以及为负的净效应。

最适用的公司类型

总之,戈登增长模型最适合的公司类型是,以等于或低于名义经济增长率的比率而增长,而股息支付政策具备合理性而且可持续。公司的股息支付和股权成本必须与稳定性

假设保持一致,因为稳定的公司通常支付高额股息,而且 β 值接近于 1。[①] 尤其需要注意的是,如果公司所付股息一直低于所能承担的金额,同时却在聚集现金,这种模型就会低估公司股票的价值。

案例 13.1　评估受监管的垄断厂商:2011 年 5 月的爱迪生联合电气公司

爱迪生联合电气(Con Ed)是一家为纽约市居民和公司提供电力的公用事业公司。它具有准垄断性质,故其价格和利润都受到纽约州政府的监管。

我们拟使用稳定增长的股息贴现模型对它进行估价,因为它符合这种模型的标准:

- 在公司所经营的地区,人口和用电量在过去数十年间已经稳定。
- 监管当局将把提价幅度限制在大致等于通胀率的水平。
- 公司在过去数十年间已经形成了稳定的债务/股权融资结构。
- 爱迪生公司拥有偏好股息的投资者客户,试图尽力支付更多的股息。在 2006—2010 年间,该公司将大约 95% 的自由现金流作为股息发还股东。

为使用稳定增长的股息贴现模型评估该公司,首先注意到,据公司所报,2010 年的每股盈利为 3.47 美元,而它在同年支付了每股 2.22 美元的股息。运用电力行业等于 0.80 的平均 β 值,以及等于 5% 的成熟市场的股权风险溢价,就可得到等于 7.5% 的股权成本(无风险利率为 3.5%),

$$股权成本 = 3.5\% + 0.8(5\%) = 7.5\%$$

把等于 3.5% 的无风险利率设为增长率的上限,就可得出每股价值是 57.46 美元:

$$每股价值 = \frac{下一年度的期望每股股息}{股权成本 - 期望增长率} = \frac{2.22(1.035)}{(0.075 - 0.035)} = 57.46 \text{ 美元}$$

再考察一下期望增长率是否符合爱迪生公司的各个基本因素:

$$盈利留存率 = 1 - (2.22/3.47) = 36\%$$
$$股权报酬率 = 9.79\%$$
$$期望增长率 = 0.36 \times 0.0979 = 0.0352$$

基本的增长率非常接近于所估算的 3.5% 的增长率。

在 2011 年 5 月,股票的交易价为每股 53.47 美元,这表明市场对它的估价略微偏低。

隐含的增长率

在爱迪生公司的价值与市场价格之间存在着差异,这大概属于几乎所有的公司都会遇到的情形。对于这种偏差有三种解释。一种解释是,我们是对的而市场是错的。这可以算作一种解释,但是我们需要确定其他两种解释都不成立,即,市场是对的,而我们错了;或者,这种差异太小,故而无法说明任何问题。

[①] 在美国,经营稳定的各大公司的平均股息支付率约为 60%。

为了考察市场价格与我们的估算值之间差额有多大,我们在估价时假设其他变量不变而只是改变增长率,直到价值收敛于价格。图 13.2 把价值作为期望增长率的函数予以估算(假设 β 值为 0.80,当期每股股息为 2.22 美元)。求解给出价格的期望增长率,可以得出

$$53.47 = 2.22(1+g)$$

为了论证股价确实等于 53.47 美元,盈利和股息的年度增长率都必须等于 3.21%。这种增长率被称为"隐含增长率"。因为我们是根据各种基本因素估算增长率,故而能够估算出下列隐含的股权报酬率:

隐含股权报酬率 = 隐含增长率 / 盈利留存率 = 0.032 1/0.36 = 8.93%

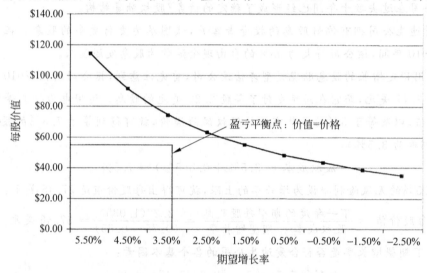

图 13.2 爱迪生公司:价值与增长率

案例 13.2 使用稳定的 DDM 评估成熟制造业公司:Total SA 公司

Total SA 是一家以法国为基地的成熟的综合性跨国石油公司。受制于油价波动,公司的收入起伏很大,因而它似乎不太符合稳定公司模式。然而,考察石油产品价格以往的波动状况,它确属成熟公司,因为较高的股息支付率可以验证公司经营的稳定性。

为评估该公司,首先计算 2007—2010 年间的平均净收入和平均股息(以百万欧元计)。

年份	2007	2008	2009	2010	均值
净收入	13 181	10 590	8 447	10 571	10 697
股息	4 959	5 408	5 354	5 357	5 270

运用上述 4 年净收入和股息的均值,可估算得出股息支付率等于 49.28%,略低于稳定增长公司的标准,但我们仍将用它进行估价。

运用等于0.90的β值(它体现了综合性石油公司的平均β值)、等于3.25%的欧元无风险利率以及等于5.5%的股权风险溢价,我们就能够估算股权成本;再者,在等于5%的成熟市场溢价上再添加0.50%,以便把握Total SA公司在诸多风险性市场上获得石油的风险:

$$股权成本 = 3.25\% + 0.9(5.5\%) = 8.20\%$$

最后,假设稳定增长率为2%(即正好等于通胀率),则可对股权作以下估价:

$$股权价值 = \frac{5\,270(1.02)}{(0.802)} = 86\,692(百万欧元)$$

进行估价时,Total SA公司的市值为972.86亿欧元。根据2%的增长率,Total SA应该能够支付更多的股息,而它在这四年间的股权自由现金流要高于它所支付股息。

🖱 *DDMst.xls.* 该电子表格使我们能够评估稳定型公司,它具有稳定公司的各种特征(β值和股权报酬率)和大致等于现金流的股息。

13.2.2 两阶段股息贴现模型

两阶段股息贴现模型能够考虑到两个阶段的增长,即,增长率不稳定的初始阶段,以及增长率稳定且预计将长期不变的后续阶段。在多数情形中,虽然初始阶段的增长率要高于稳定增长率,我们却能够调整模型以便评估这样一些公司:它们在一些年间表现出很低甚至为负的增长率,然后又折回到稳定增长状态。

模型

这种模型以两阶段的增长为基础,即,持续 n 年的超常增长阶段,以及永久持续下去的稳定增长阶段。

| 超常增长率:在n年内为g% | 稳定增长率:一直是g_n% |

$$股票价值 = 异常阶段的股息现值 + 终端价格的现值$$

$$其中,P_0 = \sum_{t=1}^{t=n} \frac{\text{DPS}_t}{(1+k_{e,hg})^t} + \frac{P_n}{(1+k_{e,hg})^n}$$

其中,DPS_t = 在第 t 年的期望股息,

k_e = 股权成本(hg:高增长期;st:稳定增长期),

P_n = 第 n 年末的价格

g = 最初 n 年的超常增长率,

g_n = 第 n 年之后的永久性增长率

如果超常增长率(g)和股息支付率在最初 n 年间保持不变,就可将上式作出以下简化:

$$P_0 = \frac{\text{DPS}_0 \times (1+g) \times \left[1 - \frac{(1+g)^n}{(1+k_{e,hg})^n}\right]}{k_{e,hg} - g} + \frac{\text{DPS}_{n+1}}{(k_{e,st} - g_n)(1+k_{e,hg})^n}$$

其中,各输入项的定义同前。

计算终端价格

对于戈登增长模型增长率的限制条件（即，公司增长率需与经济增长率具备可比性）同样适用于这一模型的最终增长率（g_n）。

此外，股息支付率必须与所估算的增长率保持一致。如果预计增长率在初始阶段过后将大幅下跌，稳定阶段的股息支付率就应高于增长阶段。与增长型公司相比，稳定型公司可以把更多的盈利作为股息支付。估算这种新支付率的一种方法是，使用第 12 章所述基本性增长模型，即

$$\text{期望增长率} = \text{盈利留存率} \times \text{股权报酬率} = (1 - \text{股息支付率}) \times \text{股权报酬率}$$

通过代数操作可得到下列稳定期的股息支付率：

$$\text{稳定的股息支付率} = 1 - \text{稳定增长率} / \text{稳定期的股权报酬率}$$

因此，如果公司的稳定增长率为 5% 而股权报酬率为 15%，它在稳定期内的股息支付率就等于 66.67%。

处在稳定期，公司的特征都应同稳定性假设保持一致。例如，我们可以合理地假设高增长公司具有等于 2.0 的 β 值，但却不可假设这一 β 值在公司趋于稳定时依然如故。实际上，在此需要再次提及我们在前一章所建立的经验法则，即，稳定期 β 系数的取值应该处在 0.8 和 1.2 之间。类似地，股权报酬率，在初始增长阶段比较高，在稳定增长期则应逐渐下降到与稳定型公司相称的水平。何为稳定期的合理股权报酬率呢？行业平均股权报酬率和公司自身在稳定期的股权成本可以为我们作出这方面的判断提供有用的信息。

模型的局限性

两阶段股息贴现模型存在着三个问题，前两个问题为任何两阶段模型所共有，第三个问题则为股息贴现模型所独具。

1. 第一个现实问题是，如何确定超常增长期的长度。因为预计在它之后的增长率会下降到稳定水平，投资项目的价值会随着这一时期的延长而递增。我们虽已在第 12 章确立了作出这种判断的标准，但在操作时却难以把这些定性考虑转化成为某个特定的时期。

2. 这种模型的第二个问题在于它的假设前提，即，增长率在初始阶段很高，然后在期末骤然转变为较低的稳定增长率。虽然增长率的这种突然转变确实可能出现，但是更为切实的做法是，假设从高增长到稳定增长的转变是随着时间而逐渐完成的。

3. 模型所关注的只是股息。这会使得我们低估那些未能尽力支付股息的公司。尤其重要的是，我们会低估那些积累了大量现金却很少支付股息的公司。

最适用的公司类型

鉴于两阶段股息贴现模型是以两个获得清晰描述的阶段为基础，高增长阶段和稳定增长阶段，它最为适用的公司类型是，目前正处在高增长阶段，并有望在某个特定时期内继续保持这种增长率，然后是高增长的动因消失。例如，该模型或许适用的一种情形是，公司在未来若干年间持有某种盈利丰厚的产品专利，预计可在期内获得超常的增长，且在

专利期满之后将一直处在稳定增长阶段。使得这种增长假设具备合理性的另一种情形则是，某一行业的公司得以高速增长的原因是，存在着很高的进入壁垒（由法律规定或基本建设要求所造成），预计它可以将新的进入者拒之门外若干年。

有关增长率从初始阶段水平骤然下跌的假设还意味着，这一模型更加适用于那些在初始阶段增长适度的公司。例如，相比在高增长期以40%比率增长的公司而言，我们可以更加合理地假设在高增长期以7%增长的公司将在后来降低到2%。

最后，这种模型最为适用于奉行把剩余现金流（即，满足偿债和再投资的现金流余额）作为股息支付的公司。

案例13.3 使用两阶段股息贴现模型进行公司估价：2011年5月的宝洁公司

宝洁（P&G）公司是一家在全球占有主导地位的消费品公司，拥有世界上某些最有价值的品牌产品，包括吉列剃须刀、帮宝适婴儿尿布、汰渍洗衣粉、佳洁士牙膏以及Vicks咳嗽药品在内。长期以来，宝洁公司一直支付股息，故可当作运用股息贴现模型的合格对象。另一方面，作为一家大公司，各种品牌产品和全球性经营范围为它在未来至少5年内维持高增长提供了平台。因此，我们采用两阶段股息贴现模型对该公司进行估价。

作为前提条件，据宝洁公司报告，它在2010年盈利为127.36亿美元，并将其中49.74%作为股息支付；从平均每股看，在2010年，盈利为3.82美元，股息为1.92美元。为了评估股权成本，我们使用等于0.90的β值，它体现了各家大型消费品公司的β值在2010年的情形，等于3.50%的无风险利率，以及等于5%的成熟市场股权风险溢价，

$$股权成本 = 3.50\% + 0.90(5\%) = 8.00\%$$

为了估算期望增长率，我们从该公司当期股权报酬率（20.09%）和股息支付率（49.74%）着手，假设未来五年的数字与它们都很接近，

$$未来五年的期望 ROE = 20\%$$

$$未来五年的期望盈利留存率 = 50\%$$

$$未来五年的期望增长率 = 20\% \times 50\% = 10\%$$

把这一增长率运用于未来五年的盈利和股息，并根据股权成本对这些股息进行贴现，就可得出高增长期内的每股价值，即10.09美元。

美元

	1	2	3	4	5	总额
每股盈利	4.20	4.62	5.08	5.59	6.15	
盈利留存率	50.00%	50.00%	50.00%	50.00%	50.00%	
每股股息	2.10	2.31	2.54	2.80	3.08	
股资成本	8.00%	8.00%	8.00%	8.00%	8.00%	
现值	1.95	1.98	2.02	2.06	2.09	10.09

5年之后，假设宝洁公司进入稳定增长期，年增长率为3%（假设它略低于无风险利率）。再假设，它的股权报酬率将永久性地下降到更加可以持续的12%，所估算的永久性

的股息支付率相应地等于75%。

$$稳定增长期的期望股息支付率 = 1 - g/ROE = 1 - 3\%/12\% = 75\%$$

假设β值在稳定增长期内上升到1(使得股权成本等于8.5%),可以估算第5年末的每股价值如下:

$$第5年末的每股价值 = \frac{EPS_5(1+增长率_{稳定})(股息支付率_{稳定})}{(股权成本_{稳定} - 增长率_{稳定})}$$

$$= \frac{6.15(1.03)(0.75)}{0.085 - 0.03} = 86.41 \text{ 美元}$$

根据8%(高增长期的股权成本)对这一价格进行贴现,再加上高增长期内的期望股息现值,就可得出等于79.00美元的每股价值。

$$每股价值 = 高增长期的股息现值 + 高增长期末的价值现值$$

$$= 10.09 + \frac{86.41}{1.08^5} = 68.90 \text{ 美元}$$

在2011年5月,这只股票的交易价为68美元。无疑,市场对它的定价是公允的。

🖰 DDM2st.xls. 该电子表格使我们能够使用期望股息评估增长型公司,它具有高增长的初始期和后续稳定增长期。

问题处理指南:估价(两阶段模型)错在哪里?

问 题	可能的解决办法
• 由DDM得出的价值极低,原因可能在于	
稳定期的股息支付率过低(小于40%)。	若采用基本因素,则运用更高的ROE。若直接输入,则运用更高的股息支付率。
稳定期的β值对于稳定公司过高。	使用接近于1的β值。
在使用三阶段模型更合适时,使用了两阶段模型。	使用三阶段模型。
• 若得到的价值极高	
稳定增长期的增长率对于稳定公司过高。	使用低于无风险利率的增长率,确保对于股息留存率的估算符合一致性。

兼顾股票回购的模型调整

近年来,美国各公司更多地采用股票回购(buyback)的方式将现金归还股东。图13.3显示的是,在1988—2010年间,公司以股息和股票回购的形式所支付的累计金额。这种采用股票回购的趋势十分强烈,尤其在20世纪90年代期间。即便2008年的金融危机对于2009年回购的影响也是非常的短暂,后者在2010年又再度增强。

对于股息贴现模型来说,这些现象的含义何在呢?若将股息视为归还股东们的唯一

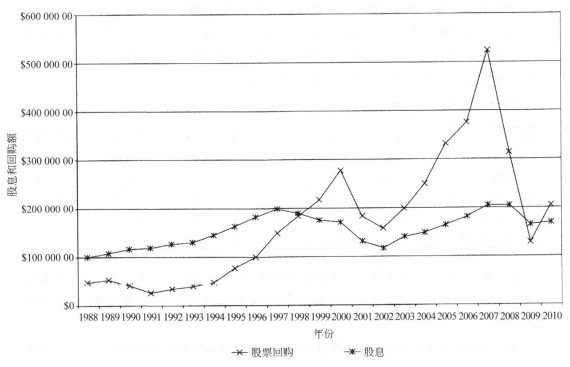

图 13.3　股票回购和股息：美国各公司总额，1989—2010 年

现金，这种做法的风险是，我们有可能忽视以股票回购为形式所作出的巨额现金归还。为了把股票回购结合到股息贴现模型中，最简单方法就是把它们添加到股息上，计算经过这种增广的（augmented）股息支付率：

增广的股息支付率 =（股息 + 股票回购额）/ 净收入

这种调整虽然直截了当，但是由此得到的有关任何年份的支付率却可能存在偏差，因为股票回购，不同于股息，并不是均匀发生的。换句话说，公司在某一年或许会回购 30 亿美元的股票，但在随后三年间却不作回购。因此，为了获得这种经过调整的支付率的更准确估算值，需要考察 4～5 年期间的平均支付率。此外，各公司有时会把股票回购作为提升财务杠杆系数的手段。从上面的估算值中扣除新发行的债务，就可调整这一点：

增广的股息支付率 =（股息 + 股票回购额 - 长期债务发行额）/ 净收入

对于所估算的增长率和终值，这种兼顾股票回购的股息支付率调整将会造成连带效应。尤需指出的是，经过调整的每股盈利增长率现在可以表示成

增广的增长率 =（1 - 增广的股息支付率）× 股权报酬率

股权报酬率甚至都会受到股票回购的影响。鉴于股权的账面价值将会减少回购股票市值这一部分，回购股票的公司会大大减少账面的股票数目（而股权报酬率则会增加）。若以这种股权报酬率作为（针对新的投资项目）股权边际报酬率，就会高估公司的价值。因此，把近年来的股票回购额回加到账面股权上，然后重估股权报酬率，这种做法有望对股权报酬率作出更合理的估算。

案例 13.4　增广的和常规的股息支付率：可口可乐公司

为了对照说明使用增广股息和实际股息的效应，现在考察一下可口可乐公司，它在 2006—2010 年间实施了股票回购。在下表中，我们估算了在 2006—2010 年间归还股东的现金总额（以百万美元计），并对增广支付率与常规支付率作了比较。

	2006	2007	2008	2009	2010	总额
净收入	5 080	5 981	5 807	6 824	11 809	35 501
股息	2 911	3 149	3 521	3 800	4 068	17 449
股票回购	2 268	219	493	856	1 295	5 131
股息＋回购	5 179	3 368	4 014	4 656	5 363	22 580
股息支付率	57.30%	52.65%	60.63%	55.69%	34.45%	49.15%
增广股息支付率	101.95%	56.31%	69.12%	68.23%	45.41%	63.60%

每一年的增广股息支付率都高于股息支付率，股票回购额则起伏很大。这正是我们需要考察整个时期内增广股息支付率的原因；它等于 63.60%，超过了等于 49.15% 的常规支付率。

这一点对于评估可口可乐公司有何意义呢？使用更高的增广支付率将在高增长期使得更多的现金流归还股东，进而增加公司的价值。但是，这种效应将部分或者全部被降低了的基本增长率所抵消。在可口可乐的情形中，假设股权报酬率为 25%，使用较高增广支付率的期望增长率可计算如下：

$$\text{期望增长率} = \text{ROE} \times (1 - \text{增广支付率}) = 25\%(1 - 0.636) = 9.1\%$$

与此相对照，使用常规的支付率将产生高于 12.5% 的期望增长率。

使用股息贴现模型评估整个市场

目前为止，有关股息贴现模型的例子涉及的都是单独一家公司，但是我们也可将这种模型运用于某个行业乃至整个市场。为此，股票的市场价格将由行业或市场上所有股票的市值总额所取代。期望股息是所有这些股票的股息总额，并可获得拓展以包括所有公司的股票回购。期望增长率是股票指数的盈利总额增长率。我们无需（各种）β 系数，因为现在考察的是整个市场（其 β 值应该等于 1），故可将（各种）风险溢价添加到无风险利率上而估算股权成本。我们可以使用两阶段模型，其中的增长率大于经济增长率；但需注意的是，不要把增长率定得过高或把增长期定得过长，因为经济体中所有公司的盈利总额增长率无法长久地高出经济增长率。

考虑一个简例。假设某种股指正以 700 点的价位获得交易，股指所含股票的平均股息报酬率为 5%。预计盈利和股息将以每年 4% 的比率而永久性增长，无风险利率为 5.4%。如果使用等于 4% 的市场风险溢价，就可对股指的价值作如下估算：

$$\text{股权成本} = \text{无风险利率} + \text{风险溢价} = 5.4\% + 4\% = 9.4\%$$

明年的期望股息 =（股息报酬率 × 股指价值）(1 + 期望增长率)
$$= (0.05 \times 700)(1.04) = 36.4$$

股指的价值 = 明年的期望股息 /（股权成本 - 期望增长率）
$$= 36.4/(0.094 - 0.04) = 674$$

就它的当期水平 700 点而言,市场对它的估价略微偏高。

案例 13.5　使用股息和增广股息评估 S&P 500 股指

在 2011 年 1 月 1 日,S&P 500 的交易价位是 1 257.64 点,该股指的股息在上一年累积达 23.12 点。同日,分析者们估算股指在未来五年的盈利增长率为 6.95%。假设股息增长率与盈利相同,可得下列数据[①]:

年份	2011	2012	2013	2014	2015
期望股息	24.73	26.44	28.28	30.25	32.35

为估算股权成本,假设该股指的 β 值等于 1,使用在 2011 年 1 月 1 日等于 3.29% 的无风险利率,以及 5% 的股权风险溢价:
$$\text{股权成本} = 3.5\% + 5\% = 8.5\%$$

第 5 年之后,盈利和股息的期望名义增长率均为 3.29%,与经济增长率相同(假设它是无风险利率)。可以得出股指价值如下:

$$股指价值 = \frac{24.73}{1.085} + \frac{26.44}{1.085^2} + \frac{28.28}{1.085^3} + \frac{30.25}{1.085^4} + \frac{32.35}{1.085^5}$$
$$+ \frac{32.35(1.0329)}{(0.085 - 0.0329)1.085^5}$$
$$= 560.15 \text{ 点}$$

这表明,这一股指在 2011 年 1 月 1 日被极大地高估了。

鉴于股指中的许多公司都选择以股票回购而非股息为形式进行现金归还,更加切实的价值估算应该结合这些期望回购。为此,我们把 2010 年间的回购加到股息上而得到股指的增广股息值,即 53.96。运用针对常规股息的相同参数(未来五年内增长率为 6.95%,五年之后则为 3.29%),可估算该股指的新价值:

$$股指价值 = \frac{57.72}{1.085} + \frac{61.73}{1.085^2} + \frac{66.02}{1.085^3} + \frac{70.60}{1.085^4} + \frac{75.51}{1.085^5}$$
$$+ \frac{75.51(1.0329)}{(0.085 - 0.0329)1.085^5}$$
$$= 1 307.48 \text{ 点}$$

若结合回购,股指似乎被略微低估了(大约 4%)。

---

① 原文中这一行各数字前面均有"$"符号。——译者注

13.2.3 增长率的价值

购买具有高增长潜力的公司股票时,投资者们支付了某种溢价。溢价的形式包括较高的"市盈率"或"市账率"。虽然我们都接受"增长是有价值的"这一种见解,但却可能会对这种增长率支付过多。其实,实证研究表明,相对于"市盈率"较高的股票而言,"市盈率"较低的股票在长期可以获得盈利溢价。这一点印证了投资者相对于增长率支付过多的看法。本小节使用两阶段股息贴现模型考察增长率的价值,它为针对增长所支付的实际价格提供了进行比较的标准。

估算增长率的价值

任何一家公司股权的价值都可表示成下列三个因素:

$$P_0 = \underbrace{\left\{ \frac{DPS_0 \times (1+g) \times \left[1 - \frac{(1+g)^n}{(1+r)^n}\right]}{k_{e,hg} - g} + \frac{DPS_{n+1}}{(k_{e,st} - g_n)(1+k_{e,hg})^n} - \frac{DPS_1}{k_{e,st} - g_n} \right\}}_{\text{超常增长}}$$

$$+ \underbrace{\left(\frac{DPS_1}{k_{e,st} - g_n} - \frac{DPS_0}{k_{e,st}}\right)}_{\text{稳定增长}} + \underbrace{\frac{DPS_0}{k_{e,st}}}_{\text{现有资产}}$$

其中,DPS_t = 第 t 年的每股期望股息

k_e = 股权成本

g_n = 第 n 年后的永久性增长率

超常增长率的价值 = 呈超常增长的公司在 n 年内的价值

—— 公司处在稳定增长状态时的价值①

稳定增长率的价值 = 公司处在稳定增长状态时的价值

—— 公司在没有增长时的价值

现有资产价值 = 无增长公司的价值

然而,实施上述估算时,必须注意保持一致性。例如,为了评估现有资产,必须假设所有的盈利都可作为股息支付,而用于评估稳定增长的支付率则应该是稳定期的支付率。

案例 13.6　增长率的价值:2011 年 5 月的宝洁公司

在案例 13.3 中,使用两阶段股息贴现模型,估算得出宝洁公司股票价值为 68.90 美元。我们首先评估了现有资产,运用当期盈利(3.82 美元),并且假设所有的盈利均作为股息付出,且以股权成本作为贴现率。

---

① 为了计算处在稳定增长状态时的公司价值,所用股息支付率可以是现行支付率,如果它合理的话,或是根据基本性增长公式计算得出的新支付率。

现有资产价值 = 当期 EPS/r = 3.82/0.085 = 44.94 美元

为了估算稳定增长率的价值,假设期望增长率为 3%,稳定期的股息支付率为 75%,则有

稳定增长率的价值 = 当期 EPS × 稳定的支付率 × $(1+g_n)/(r-g_n)$
— 现有资产价值
= 3.82 × 0.75 × 1.03/(0.085 − 0.03) − 44.94
= 8.71 美元

超常增长率的价值 = 68.90 − 44.94 − 8.71 = 15.25 美元

请注意,68.90 美元是我们在案例 13.3 中估算出的每股价值。

决定增长率价值的因素

- 异常期内的增长率。异常期的增长率越高,增长率的估算价值也越高。相反,因为公司令人沮丧的信息披露或者因为外部事件,如果期望增长率降低,高增长公司的价值将会急剧下跌。
- 超常增长时期的长度。超常增长时期越长,增长率的估算值也越高。不难说明此点。根据高增长将继续维持 5 年的假设,我们预测宝洁公司的超常增长价值为 15.25 美元。若改为 10 年,超常增长价值就会增加。
- 盈利能力。项目的盈利决定了期望增长率的价值。在极限情形中,如果公司的股权报酬率等于股权成本,增长率就没有价值。

13.2.4 估算增长率的 H 模型

H 模型属于两阶段增长模型,但与典型的两阶段模型不同,其初始增长阶段中的增长率并非一个常数,而是逐渐趋于稳定状态中的稳定增长率。这一模型由 Fuller and Hsia (1984) 所提出。

模型

该模型的基本假设是,盈利增长率在初始阶段很高(g_a),在超常增长期(假设长度为 2H 时期)则线性地下降到稳定增长率(g_n)。它还假设,股息支付率和股权成本都是常数,不会受到增长率变化的影响。图 13.4 描绘了根据 H 模型的期望增长率变化情形。

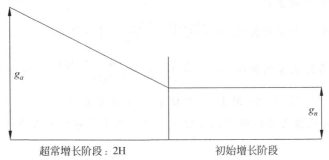

图 13.4　H 模型所描绘的期望增长率

根据 H 模型,可对期望股息的价值作下列表述:

$$P_0 = \frac{DPS_0 \times (1+g_n)}{k_e - g_n} - \frac{DPS_0 \times H \times (g_a - g_n)}{k_e - g_n}$$

       稳定增长期   超常增长期

其中,P_0 = 公司在目前的每股价值

  DPS_t = 在第 t 年的 DPS

  k_e = 股权成本

  g_a = 最初的增长率

  g_n = 在第 2H 年末的增长率,在此之后永远适用

局限性

  这一模型消除了与增长率从先前高水平骤然下跌到稳定增长阶段相关的问题,但此举需付出代价。首先,模型刻画的是,增长率的下降遵循某种严格的形态,根据初始增长率、稳定增长率和超常增长期限而呈线性下降。对于这种假设略有偏差对价值的影响不大,但偏差过大则会引起问题。其次,关于支付率在两个阶段都不变的假设使得模型缺乏一致性。因为,随着增长率的降低,支付率通常会增加。

最适用的公司类型

  由于考虑到增长率随着时间推移而逐渐降低,该模型适用的公司类型是,它们在目前增长迅速,但是预计增长率将随着规模的扩大和竞争优势的消失而降低。然而,由于假设股息支付率保持不变,这就使它难以运用于那些目前所付股息很低甚至等于零的公司。因此,由于要求较高的增长率再加较高的支付率,这种模型的用途相当有限。①

案例 13.7 运用 H 模型进行估价:沃达丰(Vodafone)公司

  沃达丰是一家以英国为基地的电信公司。2010 年,根据每股 16.1 便士的盈利,它支付了每股 9.8 便士股息。过去五年间,公司每股盈利的年增长率为 6%,但是预计在未来五年间将线性下跌到 3%,而股息支付率保持不变。股票的 β 值等于 1,英镑的无风险利率为 4%,市场风险溢价为 5%。

$$股权成本 = 4.00\% + 1.0(5.00\%) = 9.00\%$$

可用 H 模型评估这只股票:

$$稳定增长率的价值 = \frac{(9.8)(1.03)}{(0.09 - 0.03)} = 168 便士$$

$$超常增长率的价值 = \frac{(9.8)(5/2)(0.06 - 0.03)}{(0.09 - 0.03)} = 12 便士$$

$$股票价值 = 168 便士 + 12 便士 = 180 便士$$

在 2011 年 5 月,该股票交易价为 173.3 便士。这表明市场对它的估价略微偏低。

---

  ① 这种模型的推崇者认为,针对所付股息甚少或者为零的公司,使用稳定状态的股息支付率所造成的估价错误并不会太大。

📀 *DDMHst.xls.* 该电子表格使我们能够使用期望股息评估某家公司,它最初呈现高增长,然后下降到稳定增长期。

13.2.5 三阶段股息贴现模型

三阶段股息贴现模型结合了两阶段模型和 H 模型的特征。它包含了高增长的初始期、增长率下降的过渡期以及最终的稳定增长期。因为对于股息支付率没有施加任何限制条件,它属于最具普遍性的模型。

模型

这种模型假设存在着三个时期,即初始稳定的高增长期、增长率下降时期以及永久持续的稳定低增长期。图 13.5 描绘了在这三个时期的期望增长率。

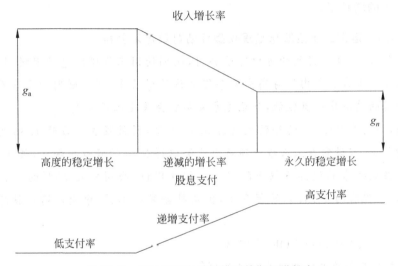

图 13.5 三阶段股息贴现模型的期望增长率

股票的价值是高增长期、过渡期的预期股息现值,加上最后稳定增长期初的终端价格现值。

$$P_0 = \sum_{t=1}^{t=n1} \frac{\text{EPS}_0 \times (1+g_n) \times \Pi_a}{(1+k_{e,hg})} + \sum_{t=n+1}^{t=n2} \frac{\text{DPS}_t}{(1+k_{e,t})} + \frac{\text{EPS}_{n2} \times (1+g_n) \times \Pi_n}{(k_{e,st} - g_n)(1+r)^n}$$

高增长阶段　　　　　　　转换阶段　　　　　稳定增长阶段

其中,EPS_t＝第 t 年的每股盈利

DPS_t＝第 t 年的每股股息

g_a＝高增长阶段(持续 $n1$ 个时期)的增长率

g_n＝稳定增长阶段的增长率

Π_a＝高增长阶段的股息支付率

Π_n＝稳定增长阶段的股息支付率

k_e＝高增长阶段(hg)、转换阶段(t)和稳定增长阶段(st)的股权成本

假设条件

这一模型撤除了由其他形式的股息贴现模型所施加的限制条件。然而,作为条件,它需要更多种类的数据,包括特定年份的股息支付率、增长率和 β 值。对于那些在估价过程中含有极大噪声的公司来说,这些数据所含错误可以抵消掉这种模型带来的灵活性效益。

最适用的公司类型

这种模型的灵活性使其能够运用于任何公司,不仅增长率可因时而变,其他方面也可以变化,尤其是股息支付政策和风险。不过,它最为适宜的公司类型则是,目前正以异常的比率增长,并有望在未来一定阶段内保持这一比率;然后,随着公司各种竞争优势的逐渐消失,增长率降低到稳定增长水平。结合现实情形考察,如果公司目前正以很高的比率增长,①且预计会在初始阶段继续如此,但是随着公司规模增大和丧失竞争优势,它将逐渐下降到稳定的增长率。

案例 13.8 运用三阶段股息贴现模型评估可口可乐公司

为了评估 2011 年 5 月间的可口可乐公司,我们使用三阶段股息贴现模型,部分是因为该公司有望在未来数年内保持高出整个经济体的增长率,部分则因为它素有支付股息的传统。公司的债务率一直较低,且无迹象表明它会改变融资方式。

据报告,公司在 2010 年的每股盈利为 3.56 美元,所付股息是每股 1.88 美元。为了估算期望增长率,假设它在未来投资项目上能够取得 25% 的股权报酬率,低于当期水平,但却接近它在近年来的边际股权报酬率。我们还假设,公司将把 36% 的盈利进行再投资,这虽然低于现有的 47.19% 的留存率,但是符合案例 13.4 中使用增广股息所估算的留存率。

  未来五年的期望 ROE = 25%

  未来五年的期望留存率 = 36.4%

  EPS 和 DPS 在未来五年的期望增长率 = 25% × 36.4% = 9.10%

在这一高增长阶段,假设可口可乐的股权成本为 8.45%,根据 β 值(0.9)、2011 年的美国长期国债券利率(3.5%)和股权风险溢价(5.5%)估算得出(溢价得到了增广,以便体现可口可乐公司在新兴市场上的风险暴露)。

  股权成本 = 3.5% + 0.9(5.5%) = 8.45%

下表显示了未来五年内的期望股息,以及运用股权成本计算的现值。

	1	2	3	4	5
期望增长率	9.10%	9.10%	9.10%	9.10%	9.10%
每股盈利/美元	3.88	4.24	4.62	5.04	5.50

---

① "很高"增长率的定义基本上带有主观性。作为一条经验法则,若稳定增长率为 6%~8%,增长率在 25% 以上就可视为很高水平。

续表

	1	2	3	4	5
股息支付率	63.60%	63.60%	63.60%	63.60%	63.60%
每股股息/美元	2.47	2.69	2.94	3.21	3.50
股权成本	8.45%	8.45%	8.45%	8.45%	8.45%
现值/美元	2.28	2.29	2.31	2.32	2.33

第5年后,考虑一个为期5年的过渡期,过渡到第10年之后的稳定增长期。在稳定增长阶段,假设将会出现下列变化:

- 永久性的期望增长率为3%,对它的设定略低于无风险利率。
- 股权成本为15%;它虽低于当期的ROE,但对成熟公司而言应该属于出色的报酬率,并且体现了我们相信可口可乐的品牌具有持久性。
- 股息支付率为80%,根据股权报酬率和期望增长率计算得出

$$股息支付率 = 1 - \frac{g}{ROE} = 1 - \frac{3\%}{15\%} = 80\%$$

- 股权成本为9.00%,根据β值在稳定增长期将增加到1的假设。

在转换时期(第6~10年),可将每种数据以线性增量方式从高增长水平转换为稳定增长水平,包括股息支付率、股权成本和增长率。由此形成的股息和现值如下表所列:

	6	7	8	9	10
期望增长率	7.88%	6.66%	5.44%	4.22%	3.00%
每股盈利/美元	5.94	6.33	6.68	6.96	7.17
股息支付率	66.88%	70.16%	73.44%	76.72%	80.00%
每股股息/美元	3.97	4.44	4.90	5.34	5.73
股权成本	8.56%	8.67%	8.78%	8.89%	9.00%
累计股权成本	1.628 6	1.769 8	1.925 2	2.096 4	2.285 0
现值/美元	2.44	2.51	2.55	2.55	2.51

请注意,变化了的股权成本要求我们估算累计的股权成本。因此,第7年的累计股权成本为

$$第7年的累计股权成本 = (1.084\ 5)^5 (1.085\ 6)(1.086\ 7) = 1.769\ 8$$

现在,可以得到第10年末的每股价值如下:

$$第10年末的每股价值 = \frac{第11年的期望DPS}{稳定的股权成本 - 稳定增长率}$$

$$= \frac{7.17(1.03)(0.80)}{(0.09 - 0.03)}$$

$$= 98.42 \text{ 美元}$$

根据第10年的累计股权成本对终值进行贴现,加上股息的现值,便可得到每股价值为

67.15 美元。

每股价值 = 股息现值 + 终端价格现值 = 20.89 + 98.42/2.285 0 = 67.15 美元
2011 年 5 月,可口可乐股票交易价为 68.22 美元。这表明,市场对它的估价相当公允。

⌸ DDMH3st.xls。该电子表格使我们能够使用期望股息评估某家公司,它最初呈现高增长,然后是由增长率下降到稳定增长率的过渡期。

问题处理指南: 模型(三阶段模型)错在哪里?

问题	可能的解决办法
• 由该模型得出的价值极低:	
稳定期的股息支付率对于稳定公司而言过低(小于 40%)。	若使用基本因素,采用更高的 ROE。若直接输入,则采用更高的股息支付率。
稳定期的 β 值对于稳定公司过高。	使用接近于 1 的 β 值。
• 若得到的价值极高:	
稳定增长期的增长率对于稳定公司过高。	使用低于无风险利率的增长率。
增长期(高增长 + 转换)过长。	使用更短的高增长和过渡期。

13.3 使用股息贴现模型时的问题

股息贴现模型最具魅力之处在于它的简洁性以及符合直觉的推理过程。然而,出于所察觉的局限性,许多分析者对它心存疑虑。他们认为,除了针对少数经营稳定而所付股息很高的股票外,这种模型对于估价其实用处不大。本节考察股息贴现模型被认为将会力所不逮的一些情形。

13.3.1 评估无股息或低股息的股票

人们素来认为,对于那些所付股息很低甚而为零的股票,股息贴现模型缺乏评估之功效。然而,此说并不正确。若能随着期望增长率的变化调整股息支付率,我们依然能够估算这些公司的价值。根据预计它们在增长率下降期内所将支付的股息,仍可评估那些目前暂时不付股息的高增长公司。但是,若不调整支付率以体现增长率的变化,股息贴现模型将会低估无股息或低股息支付的股票。

13.3.2 模型在估价时过于保守?

对于股息贴现模型的一种常见批评是,它所估算的价值过于保守。提出这种意见的根据是,决定价值的因素不仅只有期望股息的现值。例如,据认为,股息贴现模型没有体现出"闲置资产"(unutilized assets)的价值。然而，完全可对这些闲置资产进行单独估价，然后将结果添加到根据股息贴现模型得出的价值上。某些据信被股息贴现模型所忽略的资产，诸如品牌的价值，同样能够便利地在该模型框架内予以处理。

针对这一模型，一种更加强调股东权益的批评意见是，它未能结合将现金归还给股东们的其他渠道（诸如股票回购）。然而，只要我们采用股息贴现模型的增广形式，就可反驳这种观点。

13.3.4 模型的逆向性质

许多人还认为，股息贴现模型属于某种逆向模型；随着股市的上涨，使用股息贴现模型所能发现的被低估股票将会减少。但是，这一点未必成立。如果股市上扬是因为基本经济因素的改观，诸如更高的期望经济增长率以及更低的利率，那就不存在先验的理由认为由股息贴现模型得出的价值不会等额增加。若股市上涨并非出自基本因素，股息贴现模型就不会跟进。这一点应该视为该模型的强项而非弱点。模型将会表明，相对于股息和现金流而言，市场被过高估价了，审慎的投资者将会注意到这一点。

13.4 对于股息贴现模型的检验

对于模型的最终检验是，它能否很好地确定那些被市场低估以及高估的股票。股息贴现模型已经得到了检验。结果表明，从长期而论，它确实能够提供超额报酬。然而，不甚清晰的是，这是因为模型擅长于发现那些被低估的股票，还是因为它体现了实际报酬存在的，与市盈率和股息报酬率相关的，公认的异常性。

13.4.1 对于股息贴现模型的简单检验

Sorensen and Williamson 对股息贴现模型进行了一项简单的研究；运用股息贴现模型，他们评估了 1980 年 12 月出自 S&P 400 股指的 150 种股票。运用当时的市场价格与模型价值之间的差额，根据过低或过高估价的程度，他们建立了五个组合。在使用股息贴现模型时，所用假设条件相当的宽泛，即：

- 将 1976—1980 年间的每股盈利均值作为当期每股盈利。
- 根据 CAPM 估算得到股权成本。
- 假设所有股票的超常增长期均为 5 年，使用关于盈利增长率的"I/B/E/S 共识性预测值"作为这一时期的增长率。
- 在超常增长期之后，假设所有股票的稳定增长率均为 8%。
- 假设所有股票的股息支付率均为 45%。

针对后续两年（1981 年 1 月到 1983 年 1 月），他们估算了五个组合的报酬率；使用根据前一阶段数据和 CAPM 模型所得到的 β 值，他们还估算了相对于 S&P 500 股指的超额报酬。图 13.6 说明了,相对于市场和被高估的组合,根据股息贴现模型所得出的被低估组合的超额报酬。

在 1981—1983 年间,被低估组合具有 16% 的正向年度超额报酬,而被高估组合在同期则具有 15% 的负向年度超额报酬。其他针对股息贴现模型的研究工作也得出了类似的结论。从较长时期而论,经过风险因素的调整,根据股息贴现模型所得到的被低估和被高估的股票分别优于和劣于市场股指。

13.4.2 有关股息贴现模型运用的说明

针对较长的时期,股息贴现模型提供了出色的结论。但是,在推广这些研究结果时,需要注意三个问题。

股息贴现模型无法在每一年都胜于市场

在 5 年期内,股息贴现模型胜于市场;但就单独年份而言,它却远远不如市场。根据 Haugen 的报告,一家基金采用股息贴现模型对 250 家高额市值公司进行了分析。从 1979 年第一季度至 1991 年第四季度期间,把它们各自列入五个分位组(quintiles)。各组的 β 值大致相当。估价由六位分析者进行;他们估算了每家公司在初始高增长阶段的超常增长率、高增长阶段的时间长度以及转换阶段。

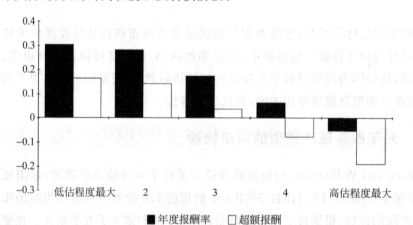

图 13.6 股息贴现模型的实施状况:1981—1982 年

表 13.1 列出了,在 1979—1991 年间,五个组合的报酬率,以及所有 250 只股票和 S&P 500 股指报酬率。在整个 1979—1991 年期间,被低估组合获得的报酬率大大高出被高估组合和 S&P 500 股指;但是,在这 13 年间,它有 6 年的运作不如市场,有 4 年的运作不如被高估组合。

模型能否代表低市盈率和股息报酬率?

根据股息贴现模型,较近时期的期望盈利和股息的权重要大于较远时期的盈利和股息。模型还偏向于找出市盈率较低、股息报酬率较高而被低估的股票,以及市盈率较高、股息报酬率较低甚至为零而被高估的股票。正如第 6 章所述，有关市场有效性的各项研究表明，在较长的时期内，市盈率较低的股票（根据超额报酬）胜过市盈率较高者。相对于低股息报酬率的股票，针对高股息报酬率的股票而言，也可得出类似的结论。因此，根据这种模型得到的估价结论与在现实市场上观察到的各种异态相吻合。

然而，难以断言，这种模型可为那些凭借市盈率、股息报酬率甄别股票的投资策略增添多少价值。Jacobs and Levy(1988b)指出，这种边际收益相对较小。

属 性	季度平均超额报酬：1982—1987	属 性	季度平均超额报酬：1982—1987
股息贴现模型	每季度 0.06%	现金流/价格	每季度 0.18%
低度市盈率	每季度 0.92%	销售额/价格	每季度 0.96%
市账率	每季度 0.01%	股息报酬率	每季度 −0.51%

表 13.1 各个五分位组的报酬率：股息贴现模型

年 份	五 分 位					250 只股票	S&P 500
	低估	2	3	4	高估		
1979	35.07%	25.92%	18.49%	17.55%	20.06%	23.21%	18.57%
1980	41.21%	29.19%	27.41%	38.43%	26.44%	31.86%	32.55%
1981	12.12%	10.89%	1.25%	−5.59%	−8.51%	28.41%	24.55%
1982	19.12%	12.81%	26.72%	28.41%	35.54%	24.53%	21.61%
1983	34.18%	21.27%	25.00%	24.55%	14.35%	24.10%	22.54%
1984	15.26%	5.50%	6.03%	−4.20%	−7.84%	3.24%	6.12%
1985	38.91%	32.22%	35.83%	29.29%	23.43%	33.80%	31.59%
1986	14.33%	11.87%	19.49%	12.00%	20.82%	15.78%	18.47%
1987	0.42%	4.34%	8.15%	4.64%	−2.41%	2.71%	5.23%
1988	39.61%	31.31%	17.78%	8.18%	6.76%	20.62%	16.48%
1989	26.36%	23.54%	30.76%	32.60%	35.07%	29.33%	31.49%
1990	−17.32%	−8.12%	−5.81%	2.09%	−2.65%	−6.18%	−3.17%
1991	47.68%	26.34%	33.38%	34.91%	31.64%	34.34%	30.57%
1979—1991	1 253%	657%	772%	605%	434%	722%	654%

这表明，运用低报酬率挑选股票可使季度性报酬率增加 0.92%，而使用股息贴现模型只能使季度性报酬率增加 0.06%。实际上，如果使用股息贴现模型的收益如此之低，根据可见变量（诸如市盈率或各种现金尺度）甄别股票就可提供高出许多的超额报酬收益。

高股息股票的税负问题

根据股息贴现模型所构建的组合通常以高股息报酬率为特征。这会造成公司在纳税方面的劣势：股息税率高于资本所得税率，或者累积起与股息相关的巨额计时性税款负债。[①] 由于早期研究所发现的投资者超额报酬均未顾及税收因素，引入个人所得税可能会大大减少甚至消除这些超额报酬。

总之，就那些考察以往数据的研究而言，对于它们所展示的有关股息贴现模型的不俗成果，我们必须慎重看待。针对那些可以免税的长期投资项目，股息贴现模型属于一种很好的（虽然可能并非唯一的）选择股票的工具。对于需要纳税的投资者，其效益则比较模糊，因为需要兼顾投资策略的税负效应。对于较短期的投资者而言，股息贴现模型或许难以提供所允诺的超额报酬，因为它的业绩表现在各年间都会出现波动。

13.5 总结

如果购买上市公司的股票，从这项投资中可直接得到的现金流只有期望股息。股息贴现模型正是以这一简单命题作为基础；它认为，股票的价值必须等于它的期望股息的现值。股息贴现模型涵盖的种类很广，从诸如戈登增长模型之类简单的永久性增长模型，其中股票的价值是它在来年的期望股息、股权成本和稳定增长率的函数，到比较复杂的三阶段模型，其中股息支付率和增长率会随时间而变化。虽然时常遭遇到功效有限之类的诟病，这种模型却出乎意料地显示出能够切合与运用于种类甚广的环境。它或许属于一种比较保守的模型，因为随着市场价格相对于基本因素（盈利、股息等）的上涨，它所能确定的被低估股票数目也会减少。但是，这同样也可视为一个优点。对于该模型的各种检验似乎也验证了它在把握价值方面的用处，虽然其很大部分功效可能在于它能够找到那些市盈率较低而股息报酬率较高的被低估股票。

13.6 问题和简答题

在下列问题中，若无特别说明，假设股权风险溢价为 5.5%。
1. 判断下列有关股息贴现模型各种说法的对错。
   a. 股息贴现模型无法用于评估那些不支付股息的高增长公司。
      对____ 错____
   b. 股息贴现模型将会低估股票，因为它过于保守。
      对____ 错____
   c. 市场萎靡不振时，股息贴现模型能够发现更多被低估的股票。
      对____ 错____
   d. 使用股息贴现模型所低估的股票，在长期（五年或更长时期），通常具有很大的正

[①] 投资者无法选择收到股息的时间，但却可以选择实现资本所得的时间。

向超额报酬。

对____ 错____

e. 使用股息贴现模型，支付高股息而具有低市盈率的股票更有可能被过低估价。

对____ 错____

2. Ameritech Corporation 公司在 1992 年所付股息为每股 3.56 美元，预计股息的永久性年增长率为 5.5%。股票的 β 值为 0.90，长期国债利率为 6.25%（风险溢价为 5.5%。）

a. 使用戈登模型进行估算的每股价值是多少？

b. 股票当时的交易价为每股 80 美元。为了印证这一价格，股息增长率需是多少？

3. Church & Dwight 是一家生产小苏打的大公司。它在 1993 年报告，盈利为每股 1.50 美元，并且支付了每股 0.42 美元的股息。在 1993 年，公司又报告了下列数据：

净收入 = 3 000 万美元

利息支出 = 80 万美元

债务账面价值 = 760 万美元

股权账面价值 = 1.6 亿美元

该公司面临的公司税率为 38.5%。（根据市值计算的债务/股权比率为 5%。长期国债利率为 7%。）

预计公司可在 1994—1998 年间保持上述基本财务因素不变；此后，预计它将成为稳定公司，盈利增长率为 6%。预计公司的各种财务特征在 1998 年后接近行业均值。行业的各个均值如下所列：

资本报酬率 = 12.5%

债务/股资权比率 = 25%

债务利率 = 7%

Church & Dwight 在 1993 年的 β 值为 0.85，预计这种非杠杆性 β 值不会发生变化。

a. 根据各种基本因素计算，盈利在高增长率期（1994—1998 年间）的期望增长率是多少？

b. 在 1998 年后的期望股息支付率是多少？

c. 在 1998 年后的期望 β 值是多少？

d. 它在 1998 年末的期望价格是多少？

e. 使用两阶段股息贴现模型，股票的价值是多少？

f. 这一价值有多少可归因于超常增长率？又有多少可归因于稳定增长率？

4. Oneida Inc. 是全球最大的不锈钢和镀银餐具制造商。它在 1993 年所报盈利为每股 0.80 美元，同年支付了每股 0.48 美元的股息。预计公司在 1994 年所报告的盈利增长率为 25%，在随后的六年内将线性下降到 1999 年的 7%。预计股票的 β 值为 0.85（长期国债利率为 6.25%，风险溢价为 5.5%。）

a. 使用 H 模型估算稳定增长率的价值。

b. 使用 H 模型估算超常增长率的价值。

c. 根据 H 模型,有关股息支付率的假设是什么?

5. Medtronic Inc. 是全球最大的可移植生物医疗材料制造商。它在 1993 年报告了每股 3.95 美元的盈利,并支付了每股 0.68 美元的股息。预计其盈利在 1994—1998 年间的年增长率为 16%,但随后的增长率将逐年下降到 2003 年等于 6% 的稳定增长率。预计股息支付率在 1994—1998 年间保持不变,然后则将逐年递增到 60% 的稳定水平。预计股票的 β 值在 1994—1998 年间为 1.25,然后逐年下降,到公司步入稳定状态时等于 1.00。(长期国债利率为 6.25%,风险溢价为 5.5%。)

a. 假设增长率在 1999—2003 年间呈线性下降(股息支付率则呈线性上升),估算这一期间内历年的每股盈利。

b. 估算 2003 年末的期望价格。

c. 运用三阶段股息贴现模型估算每股价值。

6. Yuletide Inc. 是一家圣诞节装饰品制造商。它在去年的盈利为 1 亿美元,支付了其中的 20% 作为股息。公司还在过去四年间回购了 1.8 亿美元的股票,各年年数额相异。公司目前处在稳定增长期,预计将永久性地每年增长 5%,而股权成本为 12%。

a. 假设股息支付率不会发生变化,估算股权的价值。

b. 如果调整股息支付率以包括股票回购,答案将会如何变化?

第14章
股权自由现金流贴现模型

股息贴现模型的一个基本前提是,股息是股东们所能获得的唯一现金流。即便使用模型的调整形式把股票回购作为股息处理,我们仍有可能难以正确评估那些未能把可支付金额悉数归还股东的公司。

本章使用"股权现金流"这一更为宽泛的定义,即履行了包括债务偿付在内所有财务承约以及满足了资本性支出和流动资本需要后的剩余现金流。本章将论述股息和股权自由现金流(FCFE)之间的差别,说明用于估价的股权贴现自由现金流模型。

14.1 衡量公司能够支付给股东的金额

给定公司以股息或股票回购的形式归还股东的金额,如何确定它们归还得太多抑或太少呢?在此,我们提出一个简单的尺度,衡量在满足再投资需要后可用于支付给股东的现金,并将这一金额与实际归还股东的金额进行比较。

14.1.1 股权自由现金流

为了估算公司能够归还股东的现金量,我们首先考察净收入,它是衡量同期股东盈利的会计尺度;从中减去公司的再投资就可得到现金流。首先,从净收入中扣除所有资本性支出;后者的宽泛定义包括收购在内,因为它们意味着现金流出。另一方面,回加折旧和摊销,因为它们属于会计意义上的支出而不是现金支出。资本性支出与折旧额之间的差额(净资本性支出)通常是公司增长特征的函数。相对于盈利,高增长公司通常具有较高的净资本性支出,低增长公司则可能具有较低的甚而为负的净资本性支出。

其次,流动资本的增加会耗费公司的现金流,而流动资本的减少则可增加股东可以得到的现金流。处在流动资本需要量很大的行业(诸如零售业)且增长迅速的公司通常需要巨额流动资本。鉴于我们对现金流效应感兴趣,这里的分析只考虑非现金流动资本的变化。

最后,股东还需要考虑债务水平变化对于现金流的影响。偿付现有债务本金意味着现金流出,而债务偿付可以部分或者全部通过发行新债予以融资。再一次地,我们需从新发债务中减去所偿旧债,从而得到衡量债务变化的现金流效应的尺度。

兼顾净资本性支出的现金流效应、流动资本的变化以及股东的净债务变化,可将这些变化发生后的现金流定义为股权自由现金流(FCFE):

股权自由现金流 = 净收入 −(资本性支出 − 折旧)−(非现金流动资本变化量)
        +(新发债务 − 债务偿付)

这就是可用于支付股息的现金流。分解上式,可将股东对于公司的再投资表示为

股权再投资 = 资本性支出 − 折旧 + 非现金流动资本变化量 − 新发债务 + 债务偿付

如果净资本性支出和流动资本均由债务和股权的某种固定组合融资,[①]就可简化上式。若以 δ 表示由债务所筹集的净资本性支出和流动资本变化量的比例,可将这些条目对于股权自由现金流的影响表示为

与满足资本性支出需要相关的股权现金流 = −(资本性支出 − 折旧)(1 − δ)

与满足流动资本需要相关的股权现金流 = −(流动资本变化量)(1 − δ)

相应地,在满足资本性支出和流动资本需要后,股东可得到的现金流是

股权自由现金流 = 净收入 −(资本性支出 − 折旧)(1 − δ)
       −(流动资本变化量)(1 − δ)

请注意,净债务偿付项已被消除,因为债务偿付是通过可以使得债务率保持不变的新发债务所筹集。如果使用公司目标或最优债务率预测未来时期的股权自由现金流,就可合理地假设,净资本性支出和流动资本需要的某一特定比例必须通过举债得到融资。另一方面,通过考察以往时期,可用公司在本期的平均债务率大致估算出股权自由现金流。

优先股息的含义是什么?

在本节所述有关股权自由现金流的详细和简化的两个公式中,均假设没有优先股支付,因为所评估的股权只是普通股。若存在优先股及其股息,就需对这些公式略加调整。具体而言,可以减去优先股息而得到股权自由现金流:

股权自由现金流 = 净收入 −(资本性支出 − 折旧)−(流动资本变化量)
       −(优先股息 + 优先股发行净额)+(新发债务 − 债务偿付)

而简化形式则是

股权自由现金流 = 净收入 − 优先股息 −(资本性支出 − 折旧)(1 − δ)
       −(流动资本变化量)(1 − δ)

随后的债务率(δ)同样也需要包括预计将要增发的优先股。

案例 14.1 股权自由现金流的估算:迪士尼公司

在本案例中,使用前述整个计算过程,我们计算美国娱乐公司迪士尼在 2001—2010

[①] 这种组合必须在账面价值上保持不变,但会与市场价值一起发生变化。

年间产生的股权自由现金流(以百万美元计)。

年份	净收入	折旧	资本支出	非现金WC变化	发行债务	偿付债务	FCFE
2001	158	1 754	2 015	224	2 884	2 807	−586
2002	1 236	1 042	2 015	−59	4 005	2 113	1 053
2003	1 267	1 077	2 755	−47	899	2 059	−1 524
2004	2 345	1 210	1 484	51	276	2 479	−183
2005	2 533	1 339	1 691	270	422	1 775	558
2006	3 374	1 437	1 300	−136	2 891	1 950	4 588
2007	4 687	1 491	597	45	4 990	2 294	8 232
2008	4 427	1 582	2 162	485	1 006	477	3 891
2009	3 307	1 631	1 940	−109	1 750	1 617	3 240
2010	3 963	1 713	4 693	308	1 190	1 371	494
总额	26 981	14 276	21 813	1 052	20 313	18 942	19 763

为了使用简化形式,首先估算在整个期内所用债务总额占再投资的比重(净资本性支出和流动资本变化量):

$$债务率 = \frac{发行债务 - 偿付债务}{资本支出 - 折旧 + 流动资本量}$$

$$= \frac{20\ 313 - 18\ 942}{21\ 813 - 14\ 276 + 1\ 052}$$

$$= 15.96\%$$

把这一净债务率运用于再投资,可得出FCFE的简化形式。

年份	净收入	净资本(1−折旧)	WC变化量(1−折旧)	FCFE
2001	−158	219	205	−582
2002	1 236	1 793	−50	−508
2003	1 267	1 410	−39	−104
2004	2 345	230	43	2 072
2005	2 533	296	227	2 010
2006	3 374	−115	−114	3 603
2007	4 687	−751	38	5 400
2008	4 427	487	408	3 532
2009	3 307	260	−92	3 139
2010	3 963	2 504	259	1 200
总额	26 981	6 334	884	19 763

在期内,虽然FCFE总额保持不变,但根据简化形式所得到的FCFE却更加均匀。

14.1.2 股息与股权自由现金流的比较

作为衡量股息政策的常规尺度,股息支付率给出了股息在盈利中的比重。经过调整的方法所衡量的则是,归还给股东们的现金总额占股权自由现金流的比重:

股息支付率 ＝ 股息／盈利

给予股东的现金／FCFE ＝（股息＋股票回购）／FCFE

给予股东的现金与FCFE之间的比率说明的是,在所能支付给股东的现金中,有多少确实通过股息和股票回购的途径归还给了他们。随着时间,如果该比率趋于或等于1,则表明公司已将所能支付的金额悉数作了支付。若它远低于1,公司所付低于所能,说明它在利用这一差额增加现金余额或投资于有价证券;若它远高于1,公司所付超出了所能,表明它在消耗现有的现金余额或者发行新的证券(股票或债券)。

如果观察一下归还股东的现金所占股权自由现金流的比重,可以看出,各公司存在着所付金额低于股权自由现金的倾向。在2010年,全球股息占FCFE比重的中位值约为60％,大多数公司所付股息低于可得FCFE。图14.1对全球的股息所占FCFE的比重作了比较。虽有不少公司所付股息超过了FCFE,但大多数的情形却是相反。

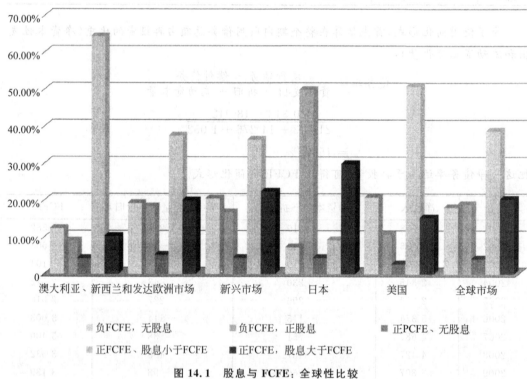

图 14.1 股息与 FCFE：全球性比较

若公司所付股息低于可得FCFE,那就意味着它在积聚剩余现金。对于这些公司而言,这种剩余现金表现为现金余额;而所付股息超过FCFE的公司则需通过所持有的现金余额或发行新股来支付股息。

这些对于估价的含义并不复杂。在公司所付不及所能时,如果使用股息贴现模型而忽视其现金积聚,我们就会低估公司的股权价值。如果使用这一模型评估所付超过所能的公司,则会高估它们。本章后续内容就在于纠正这种不足之处。

- *dividends.xls*. 该电子表格使我们能够估算长达 10 年期的股权自由现金流和归还给股东的现金。
- *divfcfe.xls*：该网上的数据集概述了美国以行业划分的股息、归还股东的现金和股权自由现金流。

14.1.3 股息与股权自由现金流的比较

以股息和股票回购为形式，许多公司对于股东们的支付不及它们的股权自由现金流。个中缘由因公司而异。

稳定性的需要

公司大多不愿意改变股息支付，股息的可变性大大低于盈利或现金流，故而被视为带有"粘性"(sticky)。在不得不削减股息时，公司的这种意向表现得尤其强烈。在大多数时期，增加股息的次数是削减股息次数的 5 倍。正是因为不想削减股息，公司通常也不会提高股息，即便盈利和 FCFE 有所增加，因为它们难以确定自身维持更高股息的能力。这就使得盈利的增加与股息的增加之间形成了某种差异。与此类似，公司在盈利和 FCFE 下降时依然保持股息不变。图 14.2 报告了，在 1988—2008 年间，股息变化(增加、减少或者不变)的次数。

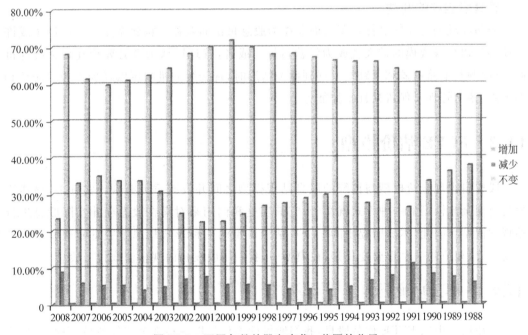

图 14.2　不同年份的股息变化：美国的公司

从公司数目观察，增加股息者是减少股息者的 7 倍。然而，未改变股息的公司数目却是改变股息者的 4 倍。股息的可变性不及 FCFE 或者盈利，而这种相对的稳定性是因为股息一直被控制在大大低于 FCFE 的水平。

未来的投资需要

如果预计未来会有资本性支出的剧增，公司可能就会保留所有的 FCFE 而不付股息。由于发行股票的代价不菲（上市成本和发行费用），它会选择持有超额现金以满足未来的需要。因此，仅就无法确定未来的融资需要这一点而言，公司也会保留一些现金，以便承担计划外的投资或者应对不时之需。

税收考虑

如果针对股息的税率高于资本利得税率，公司就会选择保留部分现金而所付股息也将低于所能支付的金额。如果公司股东已经处在较高的纳税等级，这种可能性就会进一步加大，正如许多家族公司所为。但是，如果公司的投资者偏好股息或者税则对于股息有利，公司就可能支付超出 FCFE 的股息，通过借款或发行新股完成。

显示优势

公司有时把股息作为显示其未来前景的信号，因为股息的增加被视为积极的信号，而减少则是负面的。实际证据与这种发送信号的说法相吻合，因为股价通常会随着股息的增加而上涨，随着股息的减少而下跌。因此，把股息作为信号使用也有可能造成股息和 FCFE 之间的差异。

管理者自身的利益

公司经理们可能凭借保留现金而非作为股息付出而获益。构建企业王国的欲望或许会使得公司自身规模的扩大就成为经营目标。或者，管理层认为有必要构建现金缓冲机制，以便顺利地渡过盈利下跌期。遇到此类情形时，现金缓冲机制可以减少或者阻滞盈利的下跌，使得管理者保留某种掌控能力。

14.2 FCFE 估价模型

股权自由现金流模型与传统的股息贴现模型之间并没有重大差别。实际上，描述股权自由现金流模型的一种方式就在于，它其实是我们用来对潜在股息而非实际股息进行贴现的模型。因此，本节所提出的 FCFE 估价模型的三种形式均属于股息贴现模型的简单变形，而相应的一个重要变化是，在模型中，我们用股权自由现金流取代了股息。

14.2.1 基本原则

若在估价中以 FCFE 代替股息，我们所做的不仅是以一种现金流代替另一种，而且隐含地假设 FCFE 将被支付给股东。这一点会造成两种后果。

1. 公司未来将不再持有现金积聚，因为假设在各期偿债和满足再投资需要之后的现金流将全部支付给股东。

2. FCFE 的期望增长率将包括源于经营性资产的收入增长,而不是源于有价证券增加的收入增长。这一后果直接来自于前一个后果。

对照前述增广型股息贴现现金流模型,它把股票回购额回加到股息并进行贴现,股权自由现金流模型的功效如何呢？由于没有将 FCFE 作为股息支付,我们可将股票回购看作是公司归还它所累积的现金。因此,FCFE 是以更加均匀的方式衡量公司以股息和股票回购形式归还股东的金额。

14.2.2 估算 FCFE 的增长

如同股息,股权自由现金流是属于股东的现金流,我们可以采用与估算每股股息相同的基本增长率方式：

$$期望增长率 = 盈利留存率 \times 股权报酬率$$

在上式中使用留存率的含义是,所有未被作为股息支付的金额都被再度投入到公司中。对此,一种激烈的批评意见是,这种做法不符合支撑 FCFE 模型有关将股权自由现金流支付给股东的假设。因此,更加恰当的做法是,用股权再投资率取代盈利留存率,而前者衡量的是被投回到公司的净收入比重。

$$股权再投资率 = \frac{(资本支出 - 折旧 + 非现金流动资本变化量 - 净债务发行额)}{净收入}$$

对 FCFE 进行贴现的最稳妥方法是,把公司所持现金余额与经营性资产相区别,单独估算经营性资产的价值,再将它加到所持现金余额上。为此,我们需要调整股权报酬率,因为常规报酬率的分子部分涵盖了来自现金和有价证券的利息收入,而股权账面价值也包括了现金和有价证券的价值。根据 FCFE 模型,公司没有超额现金,股权报酬率应该衡量的是非现金的投资报酬率。为此,可以构建下列经过调整的股权报酬率：

$$非现金\ ROE = \frac{净收入 - 出自现金和有价证券的税后收入}{股权账面价值 - 现金和有价证券}$$

股权再投资率与经过调整的 ROE 的乘积将给出 FCFE 的期望增长率：

$$FCFE\ 的期望增长率 = 股权再投资率 \times 非现金的\ ROE$$

14.2.3 固定增长的 FCFE 模型

FCFE 的固定增长模型旨在评估以稳定比率增长以及处在稳定状态的公司。

模型

根据固定增长模型,股权的价值是下一时期的期望 FCFE、稳定增长率与必要报酬率的函数：

$$价值 = \frac{FCFE_1}{k_e - g_n}$$

其中,价值=股票在目前的价值

$FCFE_1$ = 下一年度的期望 FCFE

k_e = 公司股权成本

g_n = 公司 FCFE 的永久性增长率

说明

该模型与戈登增长模型在基本假设方面非常相似，而约束条件也相同。相对于公司经营所在经济体的名义增长率而言，用于模型中的增长率必须具备合理性。作为一条普遍法则，稳定增长率不可超过公司经营所在经济体的增长率。

有关公司处在稳定状态的假设还意味着它具有稳定公司的其他特征。例如，它要求资本性支出相对于折旧不可过大，而公司具有平均风险。（如果使用资本资产定价模型，股权的 β 值应该接近于 1。）为了估算稳定增长公司的再投资率，可以使用下列两种方法之一：

（a）可以使用公司所属行业各公司的平均再投资率。一种简便的操作方式是，使用业内平均"资本性支出/折旧"率（更加理想地，只考虑业内稳定公司）以估算公司的名义资本性支出。如此行事的危险在于，行业本身可能并不稳定，导致均值带有偏差（过高或过低）。

（b）另一方面，可以利用增长率与各种基本因素之间的关系，估算再投资率。为此，可将净收入的期望增长率表示为

净收入的期望增长率 ＝ 股权再投资率 × 股权报酬率

这使得我们可以估算股权再投资率如下：

股权再投资率 ＝ 净收入的期望增长率 / 股权报酬率

不妨假设某一公司，如果它具有 4% 的稳定增长率和 12% 的股权报酬率，就需将大约 1/3 的净收入回投到净资本性支出和流动资本需要中。换句话说，它的股权自由现金流应该是净收入的 2/3。

最适用的公司类型

与股息贴现模型一样，这一模型最适合那些以可比或低于名义经济增长率的比率而增长的公司。然而，对于那些无法持续支付高额股息（因为它们大大超出了 FCFE）或所付股息大大低于 FCFE 的公司来说，其功效要胜过股息贴现模型。但是，需要注意的是，如果公司是稳定的，而且将 FCFE 悉数作为股息支付，根据这一模型得出的价值将与戈登模型一样。

案例 14.2　稳定增长的 FCFE 模型：大众（Volkswagen）公司

大众是德国一家成熟的汽车制造商。除了构成生意特征的净收入周期性变动之外，假设该公司处于稳定增长期，下列数据可用于评估它在 2011 年 5 月的情形。

1. 公司在 2010 年的净收入是 52.79 亿欧元，不包括现金的利息收入。我们用它作为基期年份的收入。（我们检查了这一数据是否在正负两方面属于极端值。果真如此，那就使用名义价值。）

2. 假设净收入的期望长期增长率为3%,大众的非现金股权报酬率预计将等于3%。因此,关于稳定增长模型的股权再投资率为30%。

$$稳定的股权再投资率 = g/ROE = 3\%/10\% = 30\%$$

据公司报告,在2010年,它的资本性支出为114.62亿欧元,折旧额为100.89亿欧元,而非现金流动资本增量则是4.23亿欧元。根据这些数据得出的再投资率是20.41%,即

$$2010年的再投资率 = (114.62 - 100.89 + 4.23)/52.79$$
$$= 20.41\%$$

我们在估价中使用了这一再投资率,但是运用了等于2.04%的永久性期望增长率。

$$根据当期再投资率的稳定增长率 = 20.41\% \times 10\% = 2.04\%$$

3. 为了估算大众的股权成本,我们使用等于1.20的β值,以便体现欧洲各汽车制造商的平均β值,欧元的无风险利率为3.2%,股权风险溢价为5%。

$$股权成本 = 3.2\% + 1.2(5\%) = 9.2\%$$

运用这些数据,可估算股权的总体价值如下:

$$股权价值 = \frac{下一年度的期望净收入(1 - 股权再投资率)}{股权成本 - 期望增长率}$$
$$= \frac{52.79(1.03)(1 - 0.30)}{0.092 - 0.03}$$
$$= 613.92 亿欧元$$

请注意,它是处于非现金经营性资产中的股权价值,因为我们在基础年间的FCFE中减去了出自现金的收入。然后,回加186.70亿欧元的现金余额,就可得到800.62亿欧元的股权价值,大大高出它在2011年5月等于535.60亿欧元的市值。

📎 *FCFEst.xls.* 该电子表格使我们能够运用稳定增长公司的数据,估算公司处于稳定增长期的股权价值。

杠杆系数、FCFE和股权价值

计算FCFE的过程看似意味着,我们烹制了一道免费午餐。提高债务率可增加股权自由现金流,因为公司所需再投资资金将更多地来自借款,而来自股东的部分则会减少。由此释放出来的现金则可用于增加股息支付或者回购股票。

如果股权自由现金流随着杠杆系数一道增加,是否可以认为,股权价值也会如此呢?并不一定。因为我们使用的贴现率是股权成本,它是根据(各个)β值估算得出。随着杠杆系数的加大,β值也会增加,从而抬高了股权成本。实际上,根据第8章介绍的杠杆性β系数方程式,它等于

$$杠杆性β值 = 非杠杆性β值 + [1 - 税率](债务/股权)$$

它对股权价值将产生负向影响,现金流的增加和β值的增加对价值造成的净效应则取决于哪一种效应更大。

问题处理指南：（根据固定增长的 FCFE 模型）估价错在哪里？	
问　　题	可能的解决办法
• 由该模型得出的价值极低：	
资本性支出相对于折旧额而言过高。	降低资本性支出额，或使用两阶段模型。
流动资本占销售额的比重过大。	使用历史平均数使它标准化。
β 值对于稳定公司过高。	使用接近于 1 的 β 值。
• 若得到的价值极高：	
资本性支出低于折旧额。	估算恰当的再投资率 = g/ROE。
流动资本占销售额的比重为负数。	设它等于 0。
期望增长率对于稳定公司而言过高。	使用小于或等于 GNP 增长率（无风险利率）的增长率。

14.2.4　两阶段的 FCFE 模型

两阶段的 FCFE 模型旨在评估的公司类型是，在初始时期的增长快于稳定公司，然后则以稳定比率增长。

模型

任何股票的价值都等于它在超常增长期的 FCFE 现值，加上期末的终端价格现值。

$$\text{价值} = \text{FCFE 的 PV} + \text{终端价值的 PV} = \sum_{t=1}^{t=n} \frac{\text{FCFE}_t}{(1+k_{e,hg})^t} + \frac{P_n}{(1+k_{e,hg})^n}$$

其中，FCFE_t = 在第 t 年的股权自由现金流

P_n = 超常增长期末的价格

k_e = 高增长期（hg）和稳定增长期（st）的股权成本

通常使用无限增长率模型，可以算得下列终端价格：

$$P_n = \text{FCFE}_{n+1}/(k_{e,st} - g_n)$$

其中，g_n = 终端年份之后的永久性增长率。

计算终端价格

上述说明同样适用于前一小节所述在稳定增长模型中使用的增长率。此外，推导终端年份之后股权自由现金流的假设条件必须符合这种稳定性假设。例如，虽然资本性支出在初始高增长阶段可能大大超过折旧，这种差额应该随着公司步入稳定增长阶段而缩小。为了进行这种估算，可以使用描述稳定增长模型的两种方法：业内平均资产支出需要量或者基本性增长方程（股权再投资率 = g/ROE）。

针对稳定增长期，同样需要调整 β 值和债务率，以便体现这样一个事实，即，稳定增长

公司通常具有平均风险(β值接近于1),而所用债务额大于高增长公司。

案例 14.3　资本性支出、折旧和增长率

现在假设,预计某公司在未来五年内的盈利增长率为20%,随后则为5%。当期每股盈利为2.50美元,资本性支出为2.00美元,当期折旧额为1.00美元。如果假设资本性支出和折旧的增长率与盈利相同,没有流动资本需要或者债务。

第5年的盈利 = $2.50 \times (1.20)^5$　　　　6.22美元

第5年的资本性支出 = $2.00 \times (1.20)^5$　　4.98美元

第5年的折旧额 = $1.00 \times (1.20)^5$　　　　2.49美元

第5年的自由现金流 = 6.22 + 2.49 - 4.98　　3.73美元

如果使用永久性增长模型,但是没有对资本性支出和折旧之间的差额进行调整,终端年度的股权自由现金流将是

第6年末的股权自由现金流 = $3.73 \times 1.05 = 3.92$美元

然后,可用这一股权自由现金流计算第5年末的每股价值,但是它会低估真实价值。纠正此点有两种方法。

1. 调整第6年的支出以便体现行业平均资本性支出。不妨假设公司所属行业的资本性支出是折旧额的150%。可以计算第6年的资本性支出如下(第6年的EPS=$6.21 \times 1.05 = 6.53$美元):

第6年的折旧 = $2.49(1.05) = 2.61$美元

第6年的资本性支出 = 第6年的折旧 $\times$ 资本性支出占折旧额的行业均值

　　　　　　　　　 = $2.61(1.05) = 3.92$美元

第6年的FCFE = $6.53 + 2.61 - 3.92 = 5.23$美元

2. 根据期望增长率和公司的股权报酬率,估算第6年的股权再投资率。不妨假设该公司在稳定增长期的股权报酬率为15%,股权再投资率必须为

股权再投资率 = g/ROE = 5%/15% = 33.33%

第6年的股权再投资率 = 股权再投资率 $\times$ 每股盈利 = $0.3333 \times 2.18 = 4.35$美元

最适用的公司类型

该模型关于增长所作假设与两阶段股息贴现模型一样(即,增长率在初始期内较高,然后突然下跌到稳定增长率)。不同之处在于,它所强调的是FCFE而非股息。因此,公司如果无法维持股息支付(因为它们高于FCFE),或者所付股息额低于所能支付额(即,股息低于FCFE)。它所提供的估算值要优于股息贴现模型。

案例 14.4　两阶段的 FCFE 模型:2001 年的雀巢公司

雀巢公司的经营活动遍及全球,其97%的销售额来自总部所在地瑞士以外的各个市场。如同许多欧洲大公司那样,该公司具有松散型治理体系,而股东们对于管理层的影响力甚微。

使用这种模型的理由

- 为何使用两阶段？雀巢具有悠久而出色的经营历史。虽然我们认为其增长率最终将是适度的，但仍然假设它还能够将高增长率再保持10年。
- 为何使用FCFE？出于其松散的治理结构以及积聚现金的历史，雀巢支付的股息与它所能支付的金额相去甚远。

背景信息

当期净收入＝Sfr 57.63亿　　　　　　每股盈利＝Sfr 148.33
当期资本性支出＝Sfr 50.58亿　　　　每股资本性支出＝Sfr 130.18
当期折旧＝Sfr 33.30亿　　　　　　　每股折旧＝Sfr 85.71
当期销售额＝Sfr 814.22亿　　　　　每股销售额＝Sfr 2 095.64
非现金流动资本＝Sfr 58.18亿　　　　每股流动资本＝Sfr 149.74
流动资本变化量＝Sfr 3.68亿　　　　每股流动资本变化量＝Sfr 9.47

估算值

我们首先根据瑞士法郎估算雀巢在高增长时期的股权成本，用等于4%的瑞士政府的10年期瑞士法郎长期债券利率作为无风险利率。为估算风险溢价，使用根据区域划分的雀巢公司销售额。

区　域	销售额（以10亿瑞士法郎计）	权　重	风险溢价
北美洲	20.21	24.82%	4.00%
南美洲	4.97	6.10%	12.00%
瑞士	1.27	1.56%	4.00%
德、法、美三国	21.25	26.10%	4.00%
意大利、西班牙	7.39	9.08%	5.50%
亚洲	6.70	8.23%	9.00%
西欧其他国家	15.01	18.44%	4.00%
东欧	4.62	5.67%	8.00%
总计	81.42	100.00%	5.26%

每一区域的风险溢价都是区域内各国的风险溢价均值。使用雀巢公司等于0.85的业务性β值，可估算股权成本如下：

$$股权成本 = 4\% + 0.85(5.26\%) = 8.47\%$$

我们假设这一股权成本将一直保持不变。为估算股权自由现金流的期望增长率，首先计算现行年度的股权自由现金流：

FCFE＝净收入－（资本性支出－折旧）－流动资本变化量＋净债务发行额
　　　＝57.63－（50.58－33.30）－3.68＋2.72＝39.39亿瑞士法郎

根据这一价值，可估算下列股权再投资率：

$$股权再投资率 = 1 - FCFE/净收入 = 1 - 39.39/57.63 = 31.65\%$$

运用2000年的净收入和前一年底的股权账面价值，估算2000年的股权报酬率如下：

股权报酬率 = 57.63/250.78 = 22.98%

FCFE的期望增长率就等于股权再投资率与股权报酬率的乘积：

$$\text{FCFE的期望增长率} = \text{股权再投资率} \times \text{股权报酬率}$$
$$= 0.3165 \times 0.2298$$
$$= 7.27\%$$

我们假设净资本性支出和流动资本的增长率等于盈利在高增长期的增长率，通过举债，公司把所筹再投资资金(以当期账面价值计算的债务/股权比率)提高了33.92%。

在稳定增长期，假设增长率为4%，股权成本保持不变，但股权报酬率下跌到15%。由此，可估算稳定增长期的股权再投资率如下：

$$\text{稳定增长期的股权再投资率} = g/\text{ROE} = 4\%/15\% = 26.67\%$$

估价

价值的第一个因素是在高增长期间的期望FCFE的现值(参见下表)，假设盈利、净资本性支出和流动资本的增长率均为7.27%，通过举债筹集的再投资资金为33.92%。

年份	每股盈利	净资本性支出	每股流动资本变化量	每股再投资	每股股权再投资	每股FCFE	现值
1	159.12	47.71	10.89	58.60	38.72	120.39	110.99
2	170.69	51.18	11.68	62.86	41.54	129.15	109.76
3	183.10	54.90	12.53	67.44	44.56	138.54	108.55
4	196.42	58.90	13.44	72.34	47.80	148.62	107.35
5	210.71	63.18	14.42	77.60	51.28	159.43	106.17
6	226.03	67.77	15.47	83.25	55.01	171.02	105.00
7	242.47	72.70	16.60	89.30	59.01	183.46	103.84
8	260.11	77.99	17.80	95.80	63.30	196.81	102.69
9	279.03	83.67	19.10	102.76	67.91	211.12	101.56
10	299.32	89.75	20.49	110.24	72.85	226.48	100.44
FCFE现值总和							1 056.34

请注意，各年的流动资本变化量是根据等于149.74瑞士法郎的当期每股流动资本额计算得出，而现值则是使用等于8.47%的股权成本计算得出。

为估算终端价值，首先估算在第11年的股权自由现金流：

第11年的期望每股盈利 = $\text{EPS}_{11}(1+g) = 299.32(1.04) = 311.30$

第11年的股权再投资率 = $\text{EPS}_{11} \times$ 稳定股权再投资率 $= 311.30 \times 0.2667 = 83.82$

第11年的期望FCFE = $\text{EPS}_{11} -$ 股权再投资率 $= 311.30 - 83.02 = 228.28$

每股的终端价值 = $\text{FCFE}_{11}/(\text{股权成本}_{11} - g)$
$$= 228.28/(0.0847 - 0.04) = 5105.88$$

每股价值可估算为高增长期间FCFE的现值与股权终端价值的现值之和：

每股价值 = 高增长阶段的股息PV + 终端价格$(1+k_e)^n$
$$= 1056.34 + 5105.88/1.0847^{10} = 3320.65 \text{瑞士法郎}$$

在我们于 2001 年 5 月进行估价时,这只股票的交易价为每股 3 390 瑞士法郎。这表明市场对它的估价略微偏低。

⊙ *FCFE2st.xls*. 该电子表格使我们能够评估具有短暂高增长期和稳定增长期的公司。

■ 再投资假设、终端价值和股权价值

我们已经多次强调了把增长率假设与有关的再投资假设联系在一起的重要性,尤其是针对稳定增长期而言。贴现现金流估价模型的一个普遍假设是,资本性支出在稳定增长期内抵消了折旧。如果同"流动资本没有变化"假设相结合,这就意味着再投资等于零。这种假设对于一两年的时间或许是合理的,但却与"经营性收入将永久地增长"假设不符。假设条件究竟能造成多大差别呢?为了评估雀巢公司,假设没有再投资,我们重新估算每股的终端价值如下:

估算的每股终端价值 = 311.30/(0.084 7 − 0.04) = 6 962.57 美元

保持其他假设不变,这将给出等于 4 144 瑞士法郎的每股价值,即价值增加大约 22%。

14.2.5 E 模型——三阶段的 FCFE 模型

E 模型旨在评估那些预计会经历三个增长阶段的公司,即增长率很高的初始期、增长率下降的过渡期以及增长率稳定的稳定状态期。

模型

E 模型计算了所有三个增长阶段的股权自由现金流的现值:

$$P_0 = \sum_{t=1}^{t=n1} \frac{FCFE_t}{(1+k_e)^t} + \sum_{t=n1+1}^{t=n2} \frac{FCFE_t}{(1+k_e)^t} + \frac{P_{n2}}{(1+k_e)^{n2}}$$

其中,P_0 = 股票在今天的价值

$FCFE_t$ = 在第 t 年的 FCFE

k_e = 股权成本

P_{n2} = 过渡期末的终端价格 = $FCFE_{n2+1}/(k_e - g_n)$

$n1$ = 初始高增长期期末

$n2$ = 过渡期期末

使用模型的说明

鉴于该模型假设增长率会经历三个截然不同的阶段,即高增长、过渡性增长和稳定增长,重要的在于确保有关其他变量的假设与关于增长率的这些假设之间的一致性。

资本性支出与折旧 可以合理地假设,随着公司从高增长走向稳定增长,资本性支出与折旧之间的关系也将变化。在高增长阶段,资本性支出可能会大大超过折旧。在转换阶段,这种差额有可能缩小;在稳定增长阶段,资本性支出与折旧的差额会进一步降低,体现出较低的期望增长率(参见图 14.3)。

问题处理指南：(根据两阶段的 FCFE 模型)估价错在哪里？

问题	可能的解决办法
• 通过两阶段 FCFE 模型得到的价值极低，可能原因是	
盈利因某些原因(经济情势等)被压低。	使用标准化的盈利。
资本性支出在稳定增长阶段远远超出折旧。	减少稳定增长期的这一差额。(计算恰当的再投资率；或需要更高的 ROE。)
稳定期的 β 值对于公司来说过高。	使用接近 1 的 β 值。
流动资本占销售额比重过高而无法维系。	使用接近行业水平的流动资本率。
在三阶段模型更合适时使用了两阶段模型	使用三阶段模型。
• 若得到的价值极高:	
盈利被夸大而超出了正常水平。	使用标准化的盈利。
高增长期的资本性支出额不及折旧。	计算恰当的再投资率(g/ROE)。
稳定增长期的增长率对于公司过高。	使用接近 GNP 增长率(无风险利率)的增长率。

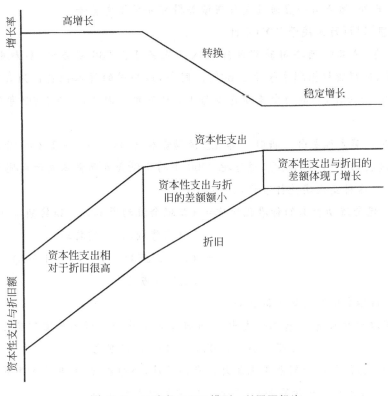

图 14.3 三阶段 FCFE 模型：所需再投资

风险 如果公司增长特征发生变化,其风险特征也会如此。在 CAPM 的框架内,可以预计,随着增长率的下降,公司的 β 值也会改变。有关较高 β 值公司组合的实际观察已经证实,β 值具有在较长的时期内收敛于 1 的倾向。随着时间的推移,这些公司规模将会扩大而经营更加多样化,这些组合的 β 均值也趋于 1。

最适用的公司类型

该模型考虑了三个增长阶段以及由高增长到稳定增长的逐渐下降,故而适合于评估那些目前增长率很高的公司。它有关增长率的假设与三阶段股息贴现模型相似,但是关注点在于 FCFE 而不是股息,这使它更加适合评估那些所付股息大大高于或低于 FCFE 的公司。

案例 14.5 三阶段的 FCFE 模型:2001 年的青岛啤酒公司(中国)

青岛啤酒公司(Tsingtao Breweries)在中国生产和分销啤酒和其他酒类,并在全球市场以"Tsingtao"作为品牌。它在上海和香港股票交易所挂牌的股票有 65.315 亿份。

使用三阶段模型的根据

- 为何是三阶段?青岛啤酒公司是一家小公司,服务于巨大而不断增长的中国市场甚至亚洲的其他市场。该公司目前的股权报酬率很低,我们预计它在未来五年内将有所改观。随着规模的加大,盈利增长率也会上升。
- 为何是 FCFE?在中国,公司治理机制大多并不健全,股息难以说明股权自由现金流。此外,该公司一直通过发行新债筹措部分再投资资金。

背景信息[以百万人民币(CY)元计]

在 2000 年,青岛啤酒公司获得的净收入为人民币 7 236 百万元,股权账面价值为 2 588 百万元,使得股权报酬率等于 2.80%。同年,该公司的资本性支出为 3 35 百万元,折旧额为 2 04 百万元,而非现金流动资本为 1 200 万元。因此,它在 2000 年的再投资总额为

$$\text{再投资总额} = \text{资本性支出} - \text{折旧} - \text{非现金流动资本} = 335 - 204 - 1.2 = 129.8 \text{百万元}$$

流动资本在过去四年间变化剧烈,通过把 2000 年的非现金流动资本表示成同期销售额的百分比,我们对这种变化实施标准化:

$$\text{非现金流动资本的标准化变化} = (\text{非现金流动资本}_{2000} / \text{销售额}_{2000})$$
$$\times (\text{销售额}_{2000} - \text{销售额}_{1999})$$
$$= (180/2\ 253) \times (2\ 253 - 1\ 598)$$
$$= 52.3 \text{百万元}$$

对于 2000 年的标准化再投资可估算如下:

$$\text{标准化再投资} = \text{资本性支出} - \text{折旧} + \text{非现金流动资本标准化变化}$$
$$= 335 - 204 + 52.3 = 183.3 \text{百万元}$$

如同流动资本,其债务发行额也变化甚大。我们估计,公司在 2000 年末的账面债务/股权比率为 40.94%,并且用它估算 2000 年的标准化股权再投资如下:

2000年的股权再投资 = 再投资(1 − 债务率) = 183.3(1 − 0.409 4) = 108.27 百万元
所占净收入的比重则是

$$2000 年的股权比率 = 108.27/72.36 = 149.97\%$$

估算

为了估算高增长期的股权自由现金流,我们假设,股权报酬率目前为2.80%,将在第5年初下降到12%。另行假设,从现在起作出的新投资将获得12%的股权报酬率。最后假设,在未来五年内的每一年,股权再投资率将维持在现行水平(149.97%)。因此,可对未来五年的期望增长率作如下估算:

$$\begin{aligned}期望增长率(未来五年) &= 股权再投资率 \times ROE_{新} + \\ &\quad [(ROE_{新} - ROE_{目前})/ROE_{目前}]^{1/5} - 1 \\ &= 1.499\ 7 \times 0.12\{[(0.12 - 0.028)]^{1/5} - 1\} \\ &= 44.91\%\end{aligned}$$

在第5年后,假设期望增长率,从第6年到第10年,线性地下降到第10年的10%的稳定增长率。(请注意,这种增长率属于名义人民币增长率;较高的稳定增长率体现了这种货币较高的预期通胀率)。随着增长率的下降,股权再投资率也会下降到等于50%的稳定水平,运用10%的稳定增长率并且假设稳定增长期的股权报酬率为20%。

$$稳定时期的股权再投资率 = g/ROE = 10\%/20\% = 50\%$$

为估算股权成本,我们使用10%的无风险利率(针对名义人民币CY)、6.28%的风险溢价(4%为成熟市场风险,2.28%为中国的国家风险),以及0.75的β值(体现青岛公司的业务性β系数)。

$$股权成本 = 10\% + 0.75(6.28\%) = 14.71\%$$

在稳定增长阶段,假设β值将上升到0.8,国家风险溢价下跌到4.95%,

$$股权成本 = 10\% + 0.80(4.95\%) = 13.96\%$$

股权成本将由第5年后的14.71%线性调整到第10年后的13.96%。

估价

为评估青岛公司,我们首先预测它在高增长和转换时期的股权自由现金流。针对前面5年,使用44.91%的期望净收入增长率和149.97%的股权再投资率。后续5年是过渡期,增长率由44.91%线性地下跌到10%,股权再投资率从149.97%下跌到50%。下表显示了所形成的股权自由现金流:

金额单位:百万元人民币

年份	期望增长率	净收入	股权再投资率	FCFE	股权成本	现值
1	44.91%	72.36	149.97%	−52.40	14.71%	−45.68
2	44.91%	104.85	149.97%	−75.92	14.71%	−57.70
3	44.91%	220.16	149.97%	−110.02	14.71%	−72.89
4	44.91%	319.03	149.97%	−159.43	14.71%	−92.08

续表

年份	期望增长率	净收入	股权再投资率	FCFE	股权成本	现 值
5	44.91%	462.29	149.97%	−231.02	14.71%	−116.32
6	37.93%	637.61	129.98%	−191.14	14.56%	−84.01
7	30.94%	834.92	109.98%	−83.35	14.41%	−32.02
8	23.96%	1 034.98	89.99%	−103.61	14.26%	34.83
9	16.98%	1 210.74	69.99%	363.29	14.11%	107.04
10	10.00%	1 331.81	50.00%	665.91	13.96%	172.16
高增长期间 FCFE 现值总和						−186.65

为估算股权的终端价值，使用第 11 年的净收入，从中减去同年的股权再投资金额，再假设一个永久性增长率，从而得出公司价值。

预期稳定增长率 = 10%

稳定期内的股权再投资率 = 50%

稳定期内的股权成本 = 13.96%

第 11 年的预期 FCFE = 净收入$_{11}$ × (1 − 稳定期的股权再投资率)

$= 1\ 331(1.10)(1 − 0.5)$

$= 732.50$ 百万元人民币

青岛公司终端股权价值 = $FCFE_{11}$/(稳定期的股权成本) − 稳定增长率

$= 732.50/(0.139\ 6 − 0.10)$

$= 18\ 497$ 百万元人民币

为估算目前的股权价值，我们加总 FCFE 在高增长期的 FCFE 现值，再加上股权终端价值的现值：

股权价值 = 高增长期 FCFE 的现值 + 终端价值现值

$= −186.5 + 18\ 497/(1.147\ 1^5 × 1.145\ 6 × 1.144\ 1$
$× 1.142\ 6 × 1.141\ 1 × 1.139\ 6)$

$= 4\ 596$ 百万元人民币

每股价值 = 股权价值 / 股权数目 = 4 596/653.15 = 7.04 元人民币

该股票在当时的交易价为 10.10 元。根据我们的估价结果，市场对它估价过高。

为负的 FCFE、股权稀释和每股价值

不同于股息，股权自由现金流可为负数。其原因或是净收入为负，或是公司的再投资很大。这正是案例 14.5 所述青岛公司的情形。由此导致的净资本性支出和流动资本需要远远高于净收入。事实上，高增长公司时常会出现这种情形。

FCFE 模型具有处理这一问题的灵活性。随着公司极大的再投资导致高增长，股权自由现金流也将变为负数。随着增长的减速，再投资需要也会减弱，股权自由现金流就会转而为正。

然而,再直观地考虑一下股权自由现金流为负的含义所在。它表明公司近期经营产生的股权自由现金流无法满足再投资需要。因为股权自由现金流属于扣除净债务之后的,如果年内现金流为负,公司就必须发行新股。这种预期未来的稀释额将会减少股权在今天的估算值。因此,股票现值已经体现了稀释效应,故而无须再考虑未来的新股及其对目前每股价值造成的影响。

问题处理指南:(根据三阶段的 FCFE 模型)估价错在哪里?

问　　题	可能的解决办法
• 通过三阶段 FCFE 模型得到的价值极低,可能原因是:	
资本性支出在稳定增长阶段远远超出折旧。	减少稳定增长期的净资本性支出。过渡期的净资本性支出增长慢于折旧。
稳定期的 β 值对于公司来说过高。	使用接近 1 的 β 值。
流动资本占销售额比重过高而无法维系。	使用接近行业水平的流动资本率。
• 若得到的价值极高:	
高增长期的资本性支出额抵消折旧。	加大资本性支出额。
资本性支出额低于折旧。	计算再投资率 = g/ROC
增长期(高增长和转换)过长。	使用较短的增长期。
稳定增长期的增长率对于稳定公司而言过高。	使用低于或等于 GNP 增长率(无风险利率)的增长率。

FCFE3st.xls. 该电子表格使我们能够评估具有短暂高增长期、过渡期和稳定增长期的公司。

14.3　FCFE 估价与贴现现金流模型估价的对照

我们可以将使用 FCFE 的贴现现金流模型视为是股息贴现模型的另一种替代方法。因为这两种方法有时会产生不同的价值估算结果,故而有必要考察一下它们何时会给出相似的结果,何时又会给出不同的结果,以及这种差额能够说明公司存在着哪些问题。

14.3.1　它们何时相似

在两种情况下,在贴现现金流估价中使用 FCFE 与使用股息贴现模型所得到的价值相同。第一种情形比较明显,即股息等于 FCFE。第二种情况则比较微妙,即 FCFE 大于股息,但超额现金(FCFE 减去股息之后)被投入到净现值为零的项目中。(例如,如果投入定价公允的金融资产中,所得到的现值就等于零。)

14.3.2 它们何时相异

在几种情况下,两种模型将给出不同的价值估算数。第一,FCFE 大于股息,超额现金的报酬率低于市场利率,或者被投入到净现值为负的项目中,根据 FCFE 模型得到的价值将大于根据股息贴现模型得到的价值。有理由认为,这种情况看起来并不少见。众多案例研究表明,一些公司虽累积了大量现金,所付股息相对于 FCFE 而言却很低,而且使用这些现金进行一些无谓的收购(即,所支付的价格超出了收购所能带来的价值)。第二,低于公司能力的股息支付可能会导致较低的债务率和较高的资本成本,从而造成价值损失。

如果股息大于 FCFE,为了支付这些股息,公司就必须发行新股或者举债,这会造成对于价值的三重负面影响。一个是这些新发证券的发行成本。它对于股票来说非常大,这就造成了有损于价值的不必要支出。第二,如果公司借钱支付股息,公司的杠杆系数就有可能过高(相对于最优水平而言),加大身陷困境或者违约的风险,导致价值受损。最后,股息支付过多可能会造成资本配给限制,使得好的项目被放弃,同样导致价值受损。还有第三种可能,它体现了两个模型关于再投资率和增长的不同假设。若在股息贴现模型和 FCFE 模型中使用相同的增长率,在 FCFE 大于股息时,FCFE 模型将给出高于股息贴现模型的价值;当股息大于 FCFE 时,前一模型给出的价值则会较低。在实际情形中,FCFE 的增长率应与股息的增长率有所不同,因为我们假设股权自由现金流将被支付给股东。此外,用于 FCFE 模型的股权报酬率应该体现非现金投资项目的股权报酬率,而用于股息贴现模型的股权报酬率所体现的则应是股权的总体报酬率。表 14.1 概述了两个模型的不同假设条件。

表 14.1 DDM 模型和 FCFE 模型的差异

	股息贴现模型	FCFE 模型
隐含假设	只支付股息。剩余盈利均投回到公司,某些投入经营性资产,某些投入现金和有价证券。	FCFE 均投回到公司。剩余盈利只投入经营性资产。
期望增长率	衡量经营性资产和现金资产的收入增长。根据基本因素,它是留存率与股权报酬率的乘积。	只衡量经营性资产的收入。根据基本因素,它是股权再投资率与股权非现金报酬率的乘积。
处理现金和有价证券	把出自现金和有价证券的收入列入盈利,最终列入股息。因此,无需再添加现金和有价证券。	存在两种选择: 1. 把出自现金和有价证券的收入列入收入预测值,并且估算股权价值。 2. 忽略出自现金和有价证券的收入,把它们的价值加到模型得出的股权价值上。

一般而言,如果公司所付股息低于可以得到的 FCFE,根据股息贴现模型得出的期望

增长率和终端价值将会比较高,但由 FCFE 模型得出的各年间现金流则会较大。对于公司价值的净效应则因公司而异。

14.3.3 两者差异的含义

根据增长率不变的假设,如果使用 FCFE 得出的价值有别于使用股息贴现模型的结果,我们就需要回答两个问题:两个模型之间的差异说明了什么?在评估公司的市场价值时,采用哪个模型更加适宜?

不太多见的情形是,股息贴现模型给出了高于 FCFE 模型的价值,主要因为股息超过了 FCFE。此时,最好是继续使用 FCFE 模型,因为股息属于不可维系者。更常见的是,FCFE 模型给出的价值大于股息贴现模型的结果。对于出自两个模型的价值之间的差异,可将其看作公司控制权价值的一部分。它衡量了控制股息政策的价值。在敌意收购时,出价者试图控制公司,改变其股息政策(以便体现 FCFE),进而攫取更高的 FCFE 价值。

有关在评估公司市值时使用哪个价值更合适的问题,答案取决于市场对于公司控制权的开放程度。如果公司很有可能被并购或者管理层被变更,市场价格就会体现出这种可能性,而恰当的参照对象就是利用 FCFE 模型得出的价值。随着公司的控制权的变更变得越发困难,由于规模增长或针对并购的法律或市场限制,股息贴现模型估算的价值就能为进行比较提供更恰当的参照对象。

案例 14.6 运用三阶段 FCFE 模型评估可口可乐公司

在第 13 章,我们根据三阶段股息贴现模型对可口可乐公司作了估价:其每股价值为 67.15 美元,略低于市值 68.22 美元。我们曾经隐含地假设,可口可乐公司的管理层全力支付了股息,公司没有积聚现金。为检验此命题,现在使用三阶段 FCFE 模型评估可口可乐公司。

首先,将公司 105.32 百万美元的税后利息收入与 11 809 百万美元的净收入相区别,以便计算非现金净收入,

$$出自非现金资产的净收入 = 11\,809 - 105 = 11\,704 \text{ 百万美元}$$

为了计算股权的非现金报酬率,对股权报酬率计算方法加以调整,从股权账面价值(25 346 百万美元)中减去现金(7.021 百万美元),从而得到

$$2010 \text{ 年的非现金 ROE} = \frac{(11\,809 - 105)}{25\,346 - 7\,021} = 63.87\%$$

鉴于使用的是三阶段股息贴现模型,我们假设,往后延续的股权非现金报酬率将是低出许多的 30%(但高于在股息贴现模型中所设的 25%,因为排除了现金)。因为不是使用留存率估算再投资率,我们需要计算股权再投资率(ERR),根据可口可乐在 2010 年间作出的净资本性支出和流动资本投资,

$$ERR = \frac{资本性支出 - 折旧 + 流动资本变化 - 净债务发行}{非现金净收入}$$

$$= \frac{2\,215 - 1\,443 + 335 - 150}{11\,809 - 105}$$

$$= 8.19\%$$

由于可口可乐公司一直在实施收购,其股权再投资率起伏不定,过去五年间的平均再投资率约为 25%。

假设,它在未来五年间的非现金 ROE 为 30%,股权再投资率为 25%,则可得到非现金净收入的期望增长率等于 7.5%:

$$\text{期望增长率} = \text{ROE} \times \text{股权再投资率} = 30\% \times 25\% = 7.5\%$$

针对这一高增长期,假设可口可乐的 β 值为 0.90(与前面股息贴现模型所用相同)。根据 3.5% 的无风险利率和 5.5% 的股权风险溢价,可得出与股息贴现模型所用相同的等于 8.45% 的股权成本:

$$\text{股权成本} = 3.5\% = 0.90(5.5\%) = 8.45\%$$

把上述增长率运用于净收入并减去股权再投资率,运用股权成本现值,可得到未来五年的股权自由现金流。

金额单位:百万美元

	1	2	3	4	5
期望增长率	7.50%	7.50%	7.50%	7.50%	7.50%
净收入	12 581.46	13 525.07	14 539.45	15 629.91	16 802.15
股权再投资率	25.00%	25.00%	25.00%	25.00%	25.00%
FCFE	9 436.10	10 143.80	10 904.59	11 722.43	12 601.62
股权成本	8.45%	8.45%	8.45%	8.45%	8.45%
现值	8 700.87	8 624.65	8 549.10	8 474.22	8 399.98

鉴于使用股息贴现模型,假设公司从第 10 年后永久地稳定增长,相关假设如下:

- 第 10 年后的永久性增长率为 3%,预计非现金 ROE 为 15%。可以得到稳定增长期的股权再投资率如下:

$$\text{股权再投资率} = g/\text{ROE} = 3\%/15\% = 20\%$$

- 公司的 β 值将上升到 1,使得股权成本增加到 9%。

再次将第 6~10 年间设为过渡期,把增长率、股权再投资率和股权成本由高增长水平调整到稳定增长水平。下表列出了由此而产生的 FCFE,以及运用累积的股权成本计算的现值(因为各期的股权成本有所不同)。

金额单位:百万美元

	6	7	8	9	10
期望增长率	6.60%	5.70%	4.80%	3.90%	3.00%
净收入	17 911.10	18 932.03	19 840.77	20 614.56	21 323.33
股权再投资率	24.00%	23.00%	22.00%	21.00%	20.00%
FCFE	13 612.43	14 577.66	15 475.80	16 285.50	16 986.39

续表

	6	7	8	9	10
股权成本	8.56%	8.45%	8.45%	8.45%	8.45%
累计股权成本	1.628 6	1.769 8	1.925 2	2.096 4	2.285 0
现值	8 358.30	8 236.84	8 038.53	7 768.49	7 433.79

在第 10 年末，运用稳定增长率数据，可计算股权的终端价值如下：

$$\text{第 10 年末的股权价值} = \frac{\text{第 11 年的 FCFE 期望值}}{\text{稳定期的股权成本} - \text{稳定增长率}}$$

$$= \frac{21\,233(1.03)(0.80)}{0.09 - 0.03}$$

$$= 291\,600(\text{百万美元})$$

将终端价值根据第 10 年的累计股权成本进行贴现，把得到的结果加到未来十年的 FCFE 现值上，就可得到出自经营性资产的股权总值。然而，需要注意，在这一模型中，现金先前被扣除，在这一阶段则需予以回加而得到可口可乐公司的股权价值：

$$\text{目前的股权价值} = \text{FCFE 的现值} + \text{终端价值现值} + \text{现金}$$

$$= 82\,285 + 291\,600/2/2\,850 + 8\,517$$

$$= 218\,715(\text{百万美元})$$

将它除以目前的发行股数目（2 289.254 百万股），就可得到每股价值为 95.54 美元。

$$\text{每股价值} = 218\,715/2\,289.254 = 95.54(\text{美元})$$

FCFE 模型表明，对于可口可乐公司，每股 68.22 美元的市场估价严重偏低。

那么，它们之间为何会出现差异呢？FCFE 模型确实使用了低于股息贴现模型的增长率，但它允许将更多的现金归还股东。实质上，我们所考虑的是，可口可乐公司并未将全部的 FCFE 作为股息支付。由此造成的净效应，至少就目前情形而言，就是每股价值的增加。对于那些所付股息超过 FCFE 金额的公司，根据 FCFE 模型计算得出的每股价值可能就会较低。我们认为，在任何一种情形中，相对于采用股息贴现模型所估算的每股价值而言，根据 FCFE 模型所估算的每股价值数要更加切合实际情形。

14.4 总结

前面章节所述股息贴现模型与本章所述 FCFE 模型的主要区别是，有关现金流的定义不同。股息贴现模型使用的是股权现金流的严格定义（即，股票的期望股息），而 FCFE 模型使用的是有关股权现金流的宽泛定义，即在满足所有财务责任和投资需要之后的剩余现金流。如果股息与 FCFE 不同，两个模型的估价结果也就相异。在评估拟并购的公司时，或者评估治理结构很有可能发生变化的公司时，利用 FCFE 模型可以作出更好的估算。

14.5 问题和简答题

在下列问题中,若无特别说明,假设股权风险溢价为 5.5%。

1. 判断下列有关股权自由现金流模型各种说法的对错。

   a. 股权自由现金流的波动性通常超过股息。

   　对____ 错____

   b. 股权自由现金流总是高于股息。

   　对____ 错____

   c. 股权自由现金流总是高于净收入。

   　对____ 错____

   d. 股权自由现金流不可能为负数。

   　对____ 错____

2. 金佰利公司(Kimberly-Clark)是一个家用产品制造商。据它报告,1993 年的每股盈利为 3.20 美元,所付股息为每股 1.70 美元。同年,该公司报告,折旧为 3.15 亿美元,资本性支出为 4.75 亿美元(它在当时的发行股数目为 1.60 亿,交易价为每股 51 美元)。预计这种"资本性支出/折旧"比率将保持不变,故可忽略流动资本。金佰利公司的未偿债务为 160 亿美元,并且有意运用其现有的(债务和股权)融资组合来为未来的投资需要融资。该公司处在稳定状态中,预计盈利的年增长率为 7%,股票的 β 值是 1.05。(长期国债利率为 6.25%,风险溢价是 5.5%。)

   a. 运用股息贴现模型估算其每股价值。

   b. 运用 FCFE 模型估算其每股价值。

   c. 如何解释两种模型之间的差异,应该采用哪个模型作为与市场进行比较的参照物?

3. Ecob Inc. 专门出售用于清理、净化和保养的化工产品和设备。据它报告,1993 年的每股盈利为 2.35 美元,1994—1998 年间的期望盈利增长率为每年 15.5%,随后则是每年 4%。它在 1993 年的每股资本性支出为 2.25 美元,每股折旧为 1.125 美元;预计两者在 1994—1998 年间将以与盈利相同的比率增长。预计流动资本保持在销售额的 5%;而销售额在 1993 年则是 10 亿美元,预计它在 1994—1998 年间的年增长率为 6%,随后则是 4%。公司的债务率 $[D/(D+E)]$ 为 5%,但是计划使用 20% 的债务率为未来的投资需要(包括流动资本投资在内)融资。在分析期内,其股票的 β 值等于 1,而长期国债利率为 6.50%。(公司发行股数目为 6 300 万,市场风险溢价为 5.5%。)

   a. 假设在 1998 年之后每一年的资本性支出和折旧相互抵消,估算每股价值。这一数值是否切合实际?

   b. 假设在 1998 年之后的资本性支出一直是折旧额的 200%,估算每股价值。

c. 如果公司一直沿用其原有的融资结构(5%)来为其新的投资项目融资,每股价值应是多少?对这一分析使用相同的 β 值是否恰当?

4. Dionex 公司是一家在开发和制造等离子染色系统(用于确定电子设备中存在的问题)方面处于领先地位的企业。据它报告,在 1993 年的每股盈利为 2.02 美元但未支付股息。预计这些盈利在未来(1994 到 1998)5 年间每年增长 14%,随后则是 7%。公司报告,1993 年的折旧为 1.06 亿美元,预计在 1994—1998 年间每年增长 6%,然后则是 4%。预计公司将用债务来为其 10% 的资本性支出和流动资本需要融资。Dionex 公司在 1993 年的 β 值为 1.20,预计这一 β 值在 1998 年之后将下跌到 1.10。(长期国债利率为 7%,市场风险溢价则是 5.5%。)

a. 估算 1994—1998 年间的期望股权自由现金流,假设资本性支出和折旧的增长率与盈利相同。

b. 估算(1998 年末的)终端每股价格。业内的稳定公司资本性支出为销售额的 150%,流动资本一直是销售额的 25%。

c. 根据 FCFE 模型估算目前的每股价值。

5. Biomet Inc. 公司从事于整容外科设备的设计、制造和销售业务。据它报告,1993 年的每股盈利为 0.56 美元而未支付股息(它在 1993 年的每股销售额为 2.91 美元)。同年间,其资本性支出为每股 0.13 美元;流动资本为销售额的 60%,这一水平预计在 1994—1998 年间保持不变,而盈利和销售额预计每年增长 17%。预计盈利增长率在未来五年间将呈线性地下跌,到 2003 年只有 5%。在高增长期和过渡期内,预计资本性支出和折旧的增长率与盈利增长率相同,但资本性支出在公司进入稳定阶段后是折旧额的 120%。预计流动资本将占销售额的比重从 1994—1998 年间的 60% 下跌到 2003 年之后的 30%。公司目前没有债务,但是打算通过举债筹集其净资本投资和流动资本需要的 10% 资金。

预计公司股票的 β 值在(1994—1998 年间)高增长期等于 1.45,然后下跌到公司进入稳定状态(2003 年)前夕的 1.10。长期国债利率为 7%,市场风险溢价为 5.5%。

a. 使用 FCFE 模型估算每股价值。

b. 估算每股价值,假设流动资本一直等于销售额的 60%。

c. 估算每股价值,假设 β 值一直保持在 1.45。

6. 下列各公司是否可能从股息贴现模型中得出更高价值,从 FCFE 模型中得出更高价值,或者从两个模型得到的价值相等?

a. 公司所付股息低于 FCFE,把余额投入了国债。

b. 公司所付股息高于 FCFE,然后发行新股以弥补其中的差额。

c. 公司所付股息在总体上等于 FCFE。

d. 公司所付股息低于 FCFE,但定期使用现金收购其他公司以获得经营的多元化。

e. 公司所付股息高于 FCFE,但是借款以弥补其中的差额。(公司由此属于过度

7. 我们需要评估中型钢铁公司 Oneida Steel。针对刚刚过去的财务年度，该公司报告，净收入为 8 000 万美元，资本性支出为 5 000 万美元，折旧为 2 000 万美元。公司还报告，其非现金流动资本在那一年间增加了 2 000 万美元，未偿债务总额增加了 1 000 万美元。Oneida Steel 在上一财务年初的股权账面价值为 4 亿美元，股权成本为 10%。

    a. 估算 Oneida Steel 的股权再投资率、股权报酬率和期望增长率。（不妨假设，为了满足其再投资率要求，公司将继续延用去年的债务率。）

    b. 假设上述增长率将保持五年，然后下跌到等于 4% 的稳定增长率，第 5 年后的期望股权报酬率为 12%。使用预测的股权自由现金流估算目前的股权价值。

8. Luminos Corporation 是一家灯泡制造商，现处在稳定增长阶段。据它报告，其净收入为 1 亿美元，股权账面价值为 10 亿美元。然而，公司在去年还持有 2 亿美元的现金余额，税后利息收入为 1 000 万美元。（这笔利息收入被列入净收入，现金也是股权账面价值的一部分。）公司的股权成本为 9%。

    a. 估算 Luminos Corporation 股权的非现金报酬率。

    b. 如果预计出自 Luminos Corporation 经营性资产的现金流将一直以每年 3% 的比率增长，估算它的股权价值。

CHAPTER 第15章

公司估价：资本成本和调整型现值方法

前面两章考察了评估公司股权的两种方法：股息贴现模型和股权自由现金流（FCFE）估价模型。本章考察评估整个公司的估价方法，即，根据加权平均资本成本对公司所有索取权持有者的累积现金流进行贴现（资本成本法），或者再加上债务对非杠杆性公司价值的边际影响（调整型现值法，APV）。

15.1 公司的自由现金流

公司的自由现金流（FCFF）是公司所有索取权持有者的现金流之和，包括普通股东、债券持有者和优先股东在内。衡量公司自由现金流的方法有两种。

一种方法是加总索取权持有者的现金流，包括股权现金流（可以定义为股权自由现金流或股息）、放贷者现金流（包括本金偿付、利息支出和新债发行）以及优先股东现金流（通常为优先股息）：

$$FCFF = 股权自由现金流 + 利息支出(1 - 税率)$$
$$+ 本金偿付 - 新债发行 + 优先股息$$

但是，请注意，我们在此逆转了前面用于估算股权自由现金流的过程；当时，为了估算留给股东的现金流，我们减去了对于放贷者和优先股东的支付额。估算公司自由现金流的一种简单方法是，估算在对所有这些索取权进行支付之前的盈利。因此，我们可从息税前盈利入手，减去税收和再投资，从而得到公司自由现金流：

$$FCFF = EBIT(1 - 税率) + 折旧 - 资本性支出 - 流动资本变化量$$

鉴于这一现金流处在扣除债务支付之前，它通常被称作"非杠杆性现金流"。请注意，这种公司自由现金流没有包括出自利息支付的税款优惠额。这一点是有意为之，因为在资本成本中使用税后债务成本已经考虑到了这种效益，若将它包括在目前的现金流中就会造成重复计算。

15.1.1 FCFF 和其他现金流尺度

FCFF 和 FCFE 之间的差异主要出自与债务相关的现金流（即，利息支付、本金偿付和新债发行),以及其他非股权索取权(诸如优先股息)。对于具有合意债务率的公司来说,它们将用这种"债务/股权"组合为其资本性支出和流动资本需要筹资,而通过新债发行为其债务本金偿付筹资,故而公司的自由现金流将会超过股权自由现金流。

在估价中被广泛使用的一个尺度是"扣除利息、税款、折旧和摊销之前的盈利"(EBITDA),它可以大致衡量由经营活动所产生的现金流。公司自由现金流是一个与其相关的概念,但是更加完备,因为它考虑到了源于盈利、资本性支出和流动资本需要的潜在缴税负债。

根据对于"经营性收入"的不同定义,某些分析者还使用税后经营性收入代替公司自由现金流。首先,息税前盈利(EBIT)或经营性收入直接出自于公司的收入报表。对EBIT进行调整则可产生税后的经营性净利润或净亏损(NOPLAT)或者经营性净收入(NOI)。"经营性净收入"的定义是,扣除税款和非经营性支出之前的经营性收入。

这些尺度中的每一种都被用于估价模型,而且可以与公司自由现金流相联系。但是,它们都对折旧和资本性支出之间的关系作出了某些假设,正如表15.1所阐明的那样。

15.1.2 FCFE 增长率与 FCFF 增长率的比较

股权现金流与公司现金流能否以相同的比率增长呢?不妨考虑一下这两种现金流的起始点。股权现金流的基础是净收入或每股盈利,后者衡量了股权收入。公司现金流则以经营性收入为基础(即,偿债之前的收入)。作为一般法则,可以预计,经营性收入的增长率要低于净收入的增长率,因为财务杠杆会加大后者。为说明个中缘由,再回顾一下第11章列出的基本性增长率:

$$净收入的期望增长率 = 股权再投资率 \times 股权报酬率$$

$$经营性收入的期望增长率 = 再投资率 \times 资本报酬率$$

表 15.1 公司自由现金流:与其他尺度的比较

所用现金流	定　　义	在估价中的使用法
FCFF	公司自由现金流	使用资本成本对公司自由现金流进行贴现,得到公司经营性资产价值,然后加上非经营性资产价值而得到公司的价值。
FCFE	FCFF－利息(1－t)－本金＋新债务发行－优先股息	使用股权成本对自由现金流进行贴现,得到公司的股权价值
EBITDA	FCFF＋EBIT(t)＋资本性支出＋流动资本变化量	若以资本成本对EBITDA进行贴现以评估某项资产,我们等于假设没有税收,而公司将逐渐主动撤资。若假设该公司可以增长或具有无限寿命,则将导致矛盾。
EBIT(1－t)(NOPLAT 属于这一估算值的微调形式,它去除了可能影响所报 EBIT 的所有非经营性条目。)	FCFF＋资本性支出－折旧＋流动资本变化量	若用资本成本对税后经营性收入进行贴现以评估公司,我们等于假设没有再投资,且将折旧重新投入公司以维持现有资产。不妨假设公司具有无限寿命但没有增长。

还可根据资本报酬率定义股权报酬率：

$$股权报酬率 = 资本报酬率 + \frac{债务}{股权} \times (资本报酬率 - 税后债务成本)$$

如果公司借款投资于盈利超过税后债务成本的项目，股权报酬率就会高于资本报酬率，至少在短期内如此，从而形成更高的股权增长率。

然而，在稳定增长期，股权收入增长率和经营性收入增长率必须趋于一致。为说明缘由，假设公司的销售额和经营性收入一直以5%的年增长率增长。如果它的净收入一直以6%的年增长率而增长，净收入就会在未来某个时刻赶上经营性收入，并在稍晚的某一时刻超过销售额。因此，在稳定增长期，即使股权报酬率超过了资本报酬率，以所有收入尺度衡量的期望增长率都会相同。[①]

15.2 公司估价：资本成本法

使用加权平均资本成本对公司自由现金流进行贴现，可得出公司的价值。这一价值包含了债务的税款优惠额（因为在资本成本中使用税后债务成本）以及与债务相关的预计追加风险（其形式是，更高的股权成本、债务成本和债务率）。正如对待股息贴现模型和FCFE模型那样，运用这一模型的具体形式取决于有关未来增长的假设。

15.2.1 稳定增长的公司

如同对待股息贴现模型和FCFE模型那样，公司若能以某一可永久维持的比率——稳定增长率增长，就可使用稳定增长模型予以估价。

模型

若公司自由现金流可根据某种比率而永久地增长，可用下列方程对公司进行估价，

$$公司价值 = \frac{FCFF_1}{(WACC - g_n)}$$

其中，$FCFF_1$＝下一年度的期望FCFF

WACC＝加权平均资本成本

g_n＝FCFF的永久性增长率

一些说明

使用此模型需满足两个条件。第一，用于模型的增长率必须等于或低于经济增长率，即，如果资本成本以名义项表示，则应使用名义经济增长率；若资本成本以真实项表示，则需使用真实增长率。第二，公司的各种特征必须符合有关稳定增长的假设。尤其是，用于

---

① 为确保此点成立，需要调整股权再投资率和公司再投资率。对于处在稳定增长期的杠杆性公司来说，股权再投资率将低于公司再投资率。

估算公司自由现金流的再投资率应该符合稳定增长率。取得这种一致性的最佳途径是根据稳定增长率得出再投资率：

$$稳定的再投资率 = \frac{增长率}{资本报酬率}$$

如果再投资是根据净资本性支出和流动资本变化量估算得出，净资本性支出就应接近业内其他公司（或可通过设"资本性支出/折旧"率等于业内平均水平），而流动资本变化量通常为负数。为负的流动资本变化量会造成现金流入。事实上，这一点在短期内对公司或许有利，但若假设它会一直延续下去则不甚稳妥。① 即便使用业内均值计算再投资，比较审慎的做法通常是估算那项再投资的资本报酬率（用永久性增长率除以再投资率而得出）。资本成本也应该体现出稳定增长情形。尤其重要的是，β 值应该接近于 1；而前面章节给出的经验法则依然成立，即 β 值应该处在 0.8 和 1.2 之间。稳定增长公司通常使用更多的债务，但这并不是该模型的前提条件，因为债务政策需服从于管理层的决断。

局限性

如同所有的稳定增长模型那样，该模型对于有关期望增长率的假设也很敏感。这一点还会因为把 WACC 用作进行估价的贴现率而加剧，因为大多数公司的 WACC 都大大低于股权成本。因此，在运用股权估价模型时，如果说把增长率保持在低于无风险利率的水平是一种稳妥的做法，对于公司估价而言就更是如此。再者，该模型对于有关相对于折旧的资本性支出假设也很敏感。如同在第 12 章所提及的，如果估算再投资的数据并不取决于期望增长率，减少（增加）相对于折旧的资本性支出，就会夸大（或贬低）公司的自由现金流。

案例 15.1 运用稳定增长的 FCFF 模型：评估（巴西）Telesp 公司

Telesp 公司为巴西的圣保罗州提供电信服务。在 2010 年，该公司的经营性收入（EBIT）为 3 544 百万巴西里亚尔（BR），有效税率为 30%。同年内，据公司报告，资本性支出为 1 659 百万 BR，折旧额为 1 914 百万 BR，而流动资本增加了 1 119 百万 BR。因此，它在 2010 年的再投资率可计算如下：

$$再投资率 = \frac{资本支出 - 折旧 + 流动资本变化量}{EBIT(1-t)}$$

$$= \frac{1\,659 - 1\,914 + 1\,119}{3\,544(1 - 0.30)}$$

$$= 34.82\%$$

使用当年的经营性收入和上一年（2009 年）的投入资本账面价值，可算得公司在 2010 年间产生的资本报酬率如下：

---

① 把这一逻辑推到极致，它将使得流动资本成为巨大（乃至无限大的）负值。

$$\text{资本报酬率} = \frac{\text{EBIT}_{2010}(1-t)}{\text{股权净值}_{2009} + \text{债务面值}_{2009} - \text{现金}_{2009}}$$

$$= \frac{3\,544(1-0.30)}{10\,057 + 8\,042 - 12\,277}$$

$$= 15.68\%$$

根据这些数据得到的期望增长率是

$$\text{期望增长率} = 34.82\% \times 15.68\% = 5.46\%$$

上述结果对于 BR 的较低预期通胀率而言属于过高的稳定增长率，BR 在 2011 年的无风险利率为 7%，巴西的股权风险溢价为 8%（由 5% 的成熟市场溢价和附加的等于 3% 的巴西国家风险溢价所构成），这将给出 13.40% 的股权成本。结合 9.50% 的税前债务成本和 20% 的债务率（根据股权和债务的当期市值），则可得到 Telesp 公司等于 12.05% 的资本成本：

$$\text{债务 / 资本比率} = \frac{\text{债务}}{\text{债务} + \text{股权市值}} = \frac{5\,519}{5\,519 + 21\,982} = 20.07\%$$

$$\text{资本成本} = 13.40\%(7\,993) + 9.05\%(1-0.30)(2\,007) = 12.05\%$$

现可估算经营性资产值如下：

$$2010 \text{ 年的 FCFF} = \text{EBIT}(1-t) + \text{折旧} - \text{资本性支出} - \text{非现金流动资本变化量}$$

$$= 3\,544(1-0.30) + 1\,914 - 1\,659 - 1\,119$$

$$= 1\,617 \text{ 百万 BR}$$

$$\text{经营性资产价值} = \frac{\text{下一年的期望 FCFF}}{\text{资本成本} - \text{期望增长率}} = \frac{1\,617(1.054\,6)}{0.120\,5 - 0.054\,6}$$

$$= 25\,901 \text{ 百万 BR}$$

加上在 2010 年末的现金和有价证券（1 557 百万 BR）而减去债务（5 519 百万 BR），则可得到股权价值：

$$\text{股权价值} = \text{经营性资产值} + \text{现金} - \text{债务} = 25\,901 + 1\,557 - 5\,519$$

$$= 21\,939 \text{ 百万 BR}$$

该公司的市值在 2011 年 5 月为 21 982 百万 BR。这表明，市场对该公司的定价是公允的。

15.2.2 FCFF 模型的一般形式

不是像前一章那样把自由现金流模型区分为两阶段或三阶段模型，并且重复有关风险的内容，本节将要说明 FCFF 模型的一般形式。我们首先跟踪一些公司，即传统的制造业公司（Gerdau Steel）、具有经营性租赁的公司（Target）以及具有巨额研发性投资的公司（Amgen），意在说明这种方法与 FCFE 方法之间的异同之处。

模型

公司的价值，就其最一般形式而言，可表示成公司期望现金流的现值：

$$\text{公司价值} = \sum_{t=1}^{t=\infty} \frac{\text{FCFF}_t}{(1+\text{WACC})^t}$$

其中，$FCFF_t$＝公司在第 t 年的自由现金流

　　　　$WACC$＝加权资本平均成本

市场价值权重、资本成本和循环推理

　　为了评估公司，我们需要估算资本成本。所有教科书都断言，资本成本计算过程所用的权重是市场价值权重。然而，问题在于，这种用于估算新的债务和股权价值的资本成本或许与最初计算所用资本成本并不匹配。关于这种不一致性，一种观点是，如若买下上市公司的所有债务和股权，所需支付的将是当期市值而非估算值，而我们的资本成本正是体现了这一点。

　　对于那些受到这种不一致性困扰的人来说，存在着一条出路。以债务和股权的市值作为权重，可以先进行常规的估价，再用所得到的债务和股权价值重新估算资本成本。这样做无疑会再次改变债务和股权价值，我们可将新的价值重新用于估算资本成本。每一次的这种操作，用作权重的价值与估算得到的价值将更加接近，因而它们很快将会收敛在一起。

　　最终的价值将包含多大差异呢？市值与估算值之间的差异越大，这种递归过程造成的差异也越大。在评估 Telesp 公司时，我们从 21 982 百万 BR 的市值着手而得出了等于 21 939 百万 BR 的估算值。若将这一估算值再度代入而实施递归式求解，我们最终就可得到 21 947 百万 BR 的估算值。①

　　如果公司在 n 年之后达到稳定状态，然后开始以某种稳定比率 g_n 增长，公司的价值就可表示为

$$公司价值 = \sum_{t=1}^{t=n} \frac{FCFF_t}{(1+WACC_{hg})^t} + \frac{[FCFF_{n+1}/(WACC_{st}-g_n)]}{(1+WACC_{hg})^n}$$

其中，$WACC$＝资本成本（hg：高增长；st：稳定增长）。

最适用的公司类型

　　FCFF 方法最为适用于评估那些杠杆系数很高或很低的公司，以及杠杆系数正在改变的公司。在这些情形中，计算 FCFE 要更为困难，因为债务偿付（或新债发行）所引起的波动，以及股权价值，它在杠杆系数很高的公司总价值中只占一小部分，对于有关增长率和风险的假设更加敏感。然而，值得指出的是，在理论上，这两种方法应该给出相同的股权价值。在实际操作中，要使得它们相同则是完全不同的一种挑战，本章稍后将回到这一议题。

相关的问题

　　对于公司自由现金流模型，我们发现了三个问题。第一个问题是，股权自由现金流尺

---

① 运用 Microsoft Excel 软件，很容易实施这一过程。我们首先采用"计算"选项，在"递归"方框上作出标记。然后把资本成本设定为所估算的债务和股权价值的函数。

度的直观性大大超过了公司现金流。在需要估算现金流时,我们大多会考察偿债之后的现金流(股权自由现金流),因为通常会像企业的老板那样,把利息支付和债务偿付看作现金流出。再者,股权自由现金流属于可在公司内部予以跟踪和分析的真实现金流。公司自由现金流则在于回答一个假设性问题:如果公司没有债务(及其相关支付),公司的现金流是多少?

第二个问题是,它对债前现金流的关注有时会使我们无法看清与公司生存相关的各种实际问题。不妨假设某一公司拥有1亿美元的公司自由现金流,但巨额债务负担造成其股权自由现金流等于−5 000万美元。因此,这家公司必须筹措5 000万美元的新股才可维系;如若不然,超过这一点的所有现金流都不牢靠。使用股权自由现金流可以提醒我们注意这一问题,但公司自由现金流却无法体现这一点。

最后一个问题是,为了结合杠杆效应而在资本成本中使用债务率,这需要我们作出某些难以成立或者不尽合理的假设。不妨假设根据市值计算的债务率为30%,为了实现这一点,增长型公司需要在未来一些年间发行巨额债务。在此期间,"账面价值/债务"率可能会飙升到难以企及的程度,导致违约诉讼或其他不良后果。事实上,我们在目前的股权价值中已经隐含计算了出自未来债务的税款优惠额。

案例15.2 评估塔吉特(Target)公司:处理经营性租赁问题

在2010年,塔吉特公司报告了5 252百万美元的税前经营性收入,销售额则是67 390百万美元。虽然已经过了高增长时期,它却仍具增长潜力。在此,使用两阶段FCFF模型对它进行估价。

首先注意到,由于没有将租约作为债务处理,塔吉特公司财务报表数据蕴含着偏差。使用2000年度报告,得到未来五年及其随后的租约,根据塔吉特的4.5%的税前债务成本进行贴现(根据它的S&A评级A)而把租约转换成债务。

金额单位:百万美元

年 份	承约	根据4.5%所得现值	年 份	承约	根据4.5%所得现值
1	190.00	181.82	5	141.00	113.15
2	189.00	173.07	6~23	172.22	1 680.51
3	187.00	163.87	租赁的债务价值		2 435.68
4	147.00	123.27			

请注意,塔吉特公司在第5年后一次性付出3 100百万美元,我们将其转换为18年的租约,每年为172.22百万美元(根据第1~5年的年均租约而判断)。我们调整所报债务和经营性收入,从而体现把租约作为债务处理的决策。

经过调整的经营性收入 = 所报经营性收入 + 现年的租赁支出 − 租赁资产折旧
= 5 252 + 200 − (2 454/23) = 5 346 百万美元

经过调整的债务 = 所报债务 + 租约的债务价值
= 15 726 + 2 436 = 18 162 百万美元

为了估算期望增长率,现估算塔吉特公司在 2010 年的资本报酬率和再投资率,再度沿用对租约实施资本化的做法:

$$资本报酬率 = \frac{经过调整的 \text{EBIT}_{2010}(1-t)}{(债务面值_{2009} + 租赁支出现值_{2009} + 股权面值_{2009} - 现金_{2009})}$$

$$= \frac{5\,364(1-0.35)}{(16\,814 + 2\,353 + 15\,347 - 2\,200)}$$

$$= 10.75\%$$

$$再投资率 = \frac{资本支出 - 折旧 + 租赁费用现值变化量 + 流动资本变化量}{经过调整的 \text{EBIT}(1-t)}$$

$$= \frac{2\,129 - 2\,084 + (2\,436 - 2\,353) + 332}{5\,346(1-0.35)}$$

$$= 5.58\%$$

请注意,通过回顾 2009 年的财务报告所得有关各项租约的数字,可计算得到租赁支出在 2009 年末的现值,以及那一时期的期望增长率为 4.30%。

$$期望增长率 = 资本报酬率 \times 再投资率 = 10.75\% \times 40\% = 4.30\%$$

为了计算该时期的资本成本,估算得出塔吉特公司的 β 值为 1.05(根据一般零售商的平均 β 值),使用 5% 的股权风险溢价(无风险利率为 3.5%):

$$股权成本 = 3.5\% + 1.05(5\%) = 8.75\%$$

$$债务成本 = 4.5\%(1 - 0.35) = 2.93\%$$

$$债务/资本比率 = 18\,162/(18\,162 + 34\,346) = 34.59\%$$

$$资本成本 = 8.75\%(1 - 0.345\,9) + 2.95\%(0.345\,9) = 6.74\%$$

在此,通过把经营性租赁支出作为债务的一部分处理,以及塔吉特公司 34 346 百万美元的市值,我们再度计算了债务/资本比率。下表列出了随后五年间的公司自由现金流,使用资本成本计算现值:

金额单位:百万美元

	1	2	3	4	5
期望增长率	4.30%	4.30%	4.30%	4.30%	4.30%
累积增长率	104.30%	108.79%	113.47%	118.35%	123.44%
再投资率	40.00%	40.00%	40.00%	40.00%	40.00%
EBIT(1-t)	3 624	3 780	3 943	4 113	4 289
一再投资	1 449	1 512	1 577	1 645	1 715
公司自由现金流	2 175	2 268	2 366	2 468	2 574
资本成本	6.74%	6.74%	6.74%	6.74%	6.74%
现值	2 037	1 991	1 946	1 901	1 858

假设塔吉特公司在第 5 年末进入成熟阶段,其永久性增长率为 3%,而资本报酬率等于资本成本。可以估得其再投资率和终端价值如下:

$$稳定增长期的资本报酬率 = 稳定增长期的资本成本 = 6.74\%$$

稳定增长期的再投资率 = 稳定增长率 / 稳定增长期的资本报酬率
$$= 3\% / 6.74\%$$
$$= 44.54\%$$

$$终端价值 = \frac{\text{EBIT}(1-t)_6(1-\text{再投资率})}{\text{资本成本} - \text{稳定增长率}} = \frac{4\,289(1.03)(1-0.445\,4)}{0.067\,4 - 0.03}$$
$$= 65\,597(百万美元)$$

把这一终端价值现值加到未来五年的公司自由现金流上，便可得到经营性资产的价值：

$$经营性资产价值 = \text{FCFF}现值 + 终端价值现值$$
$$= 9\,733 + 65\,597/1.067\,4^5$$
$$= 57\,086(百万美元)$$

另再加上现金余额(1 712 百万美元)而减去包括经营性租赁支出在内的债务(18 162 百万美元)，可得股权价值为 40 636 百万美元。除以股票数目(689.13 百万)就可得到每股价值为 58.97 美元，比 2011 年 5 月等于 49 美元的市场交易价高出大约 20%。

作为分析的最后一部分，现在考察把租赁作为债务处理对估价所产生的影响。正如下表所示，坚持把经营性租赁作为经营性支出处理的现行会计方法将会导致较高的资本报酬率、较高的资本成本以及略高的每股价值。

	经营性支出	财务支出		经营性支出	财务支出
经营性收入/百万美元	5 252.00	5 346.00	债务/资本比率	31.41%	34.59%
债务	16 814.00	19 250.00	资本成本	6.92%	6.74%
ROIC	11.39%	10.75%	公司价值/百万美元	56 731.00	58 795.00
再投资率	40%	40%	股权价值/百万美元	41 005.00	40 633.00
期望增长率	4.56%	4.30%	每股价值/美元	59.50	58.97

在塔吉特公司的情形中，这种做法对每股价值影响不大，但对那些具有(相对常规债务而言的)巨额租赁支出的公司则会很大。需要把握的一个关键数字是公司的超额报酬(资本报酬－资本成本)。对塔吉特来说，把租赁转换成债务将把超额报酬从 4.47%(11.39%－6.92%)略微减少到 4.01%(10.75%－6.74%)，它还会减少每股价值。由租赁调整带来的超额报酬越大，将租赁转换为债务对每股价值造成的影响也越大。

案例 15.3 评估 2009 年的安进公司：R&D 支出资本化的影响

在案例 9.2 中，我们使用了安进公司说明将 R&D 支出实施资本化的各种影响，运用 R&D 支出的 10 年摊销期。根据 2008 年的数据，我们估算得出投资于 R&D 的资本及其摊销额如下：

金额单位：百万美元

年　份	R&D 支出	未摊销部分		年度摊销
当年	3 030.00	100.00%	3 030.00	0.00
－1	3 266.00	90.00%	2 939.40	326.60

续表

年 份	R&D 支出	未摊销部分		年度摊销
−2	3 366.00	80.00%	2 692.80	336.60
−3	2 314.00	70.00%	1 619.80	231.40
−4	2 028.00	60.00%	1 216.80	202.80
−5	1 655.00	50.00%	827.50	165.50
−6	1 117.00	40.00%	446.80	111.70
−7	864.00	30.00%	259.20	86.40
−8	845.00	20.00%	169.00	84.50
−9	823.00	10.00%	82.30	82.30
−10	663.00	0.00%	0.00	66.30
研发性资产的价值			13 283.60	
研发性资产当年摊销				1 694.10

运用安进公司在 2008 年的财务报表和等于 20% 的有效税率,可计算经过调整的经营性收入和资本报酬率如下:

$$\text{经过调整的经营性收入} = \text{经营性收入}_{2008} + \text{R\&D 支出}_{2008} - \text{R\&D 资产折旧}_{2008}$$
$$= 5\,594 + 3\,030 - 1\,694 = 6\,930 \text{(百万美元)}$$

$$\text{经过调整的税后经营性收入} = \text{经营性收入}_{2008}(1-t) + \text{R\&D 支出}_{2008}$$
$$- \text{R\&D 资产折旧}_{2008}$$
$$= 5\,594(1-0.20) + 3\,030 - 1\,694$$
$$= 5\,811 \text{(百万美元)}$$

$$\text{经过调整的 ROIC} = \frac{\text{经过调整的经营性收入}_{2008}}{\text{债务面值}_{2007} + \text{股权面值}_{2007} + \text{资本化的 R\&D}_{2007} - \text{现金}_{2007}}$$
$$= \frac{6\,930}{11\,177 - 17\,869 + 11\,948 - 7\,151}$$
$$= 20.48\%$$

$$\text{经过调整的税后 ROIC} = \frac{\text{经过调整的税后经营性收入}_{2008}}{\text{债务面值}_{2007} + \text{股权面值}_{2007} + \text{资本化的 R\&D}_{2007} - \text{现金}_{2007}}$$
$$= \frac{5\,811}{11\,177 - 17\,869 + 11\,948 - 7\,151}$$
$$= 17.17\%$$

请注意,计算资本报酬率时,所用资本化 R&D 支出根据的是 2007 年间的 R&D 支出,而经过调整的税后盈利则体现了 R&D 支出的税款优惠额。

我们使用各个经过重新表述的数字估算公司价值和每股价值。假设存在 10 年的高增长期,图 15.1 概述了估价过程。

如同前面一章所述,由于存在着转换期,我们首先需要把高增长率数据调整到稳定增长水平。例如,资本成本在未来五年是 11.23%,将线性地下跌到等于 8.23% 的稳定增长期的资本成本;因此,我们使用复合资本成本对那些年间的现金流进行贴现。有关每股价

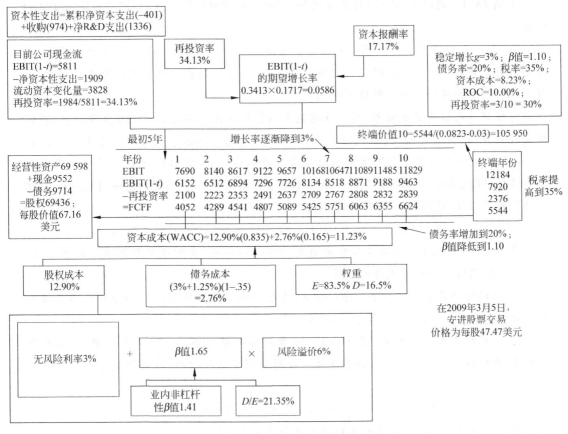

图 15.1 评估安进公司: 2009 年 3 月

值的估算数是 67.16 美元,大大高于在 2009 年 3 月的股票价格 47.47 美元。

一个略显微妙的问题是,R&D 支出的资本化将如何影响价值。为探究这一点,在下表中,我们对用于评估安进公司的各种基本因素进行比较,即,把常规会计方法与将 R&D 支出作为资本处理的方法相对照:

估价的基本因素——具有和不具有 R&D 支出的资本化

	常规	R&D 支出的资本化		常规	R&D 支出的资本化
税后资本报酬率	20.44%	17.17%	增长率	2.96%	5.86%
再投资率	14.47%	34.13%	每股价值/美元	48.24	67.17

然后,运用这两组基本因素,我们重新评估公司。正如上表所示,如果使用常规会计数字,每股价值将是 48.24 美元。显然,资本化确实具有作用,其程度因公司而异。一般而言,对于那些在 R&D 方面投资巨大的公司,这种影响将为负,而且(或者,尚且)没有体现在后续各期的盈利和现金流中。对于那些在 R&D 上进行大量再投资而后续各期所报盈利大幅增加的公司,这种影响将为正。在安进公司的情形中,出于它在 R&D 方面的成功记录,R&D 支出的资本化将对每股盈利产生正向影响。

案例 15.4 面临发达市场的新兴市场公司估价：2003 年 3 月的（巴西）Gerdau Steel 公司

Gerdau Steel 是巴西的一家钢铁公司。它在 2008 年间的销售额有 51% 出自巴西，其余则出自北美国家。我们拟根据美元评估该公司，部分原因在于根据巴西里亚尔（BR）估算无风险利率和风险溢价时所遇到的困难。

为根据美元估算资本成本，首先注意到美国长期国债利率为 3%。2009 年 3 月，我们所用成熟市场（诸如美国）股权风险溢价为 6%，巴西的附加国家风险溢价为 4.75%。针对 Gerdau，根据钢铁属于在国际市场上买卖的产品这一点，我们使用等于 1.01 的全球上市钢铁公司的非杠杆性 β 均值。鉴于 Gerdau 具有很高的市值债务/股权比率（138.89%），相应的杠杆性 β 值（根据 34% 的巴西边际税率）等于 1.94：

$$\text{杠杆性}\ \beta\ \text{值}_{Gerdau} = 1.01[1+(1-0.34)(1.3889)] = 1.94$$

为了体现 Gerdau 几乎一半的销售额出自新兴市场这一点，我们使用两种方法估算 λ 值，以便衡量它面临巴西国家风险的程度：

1. 以销售额为基础的方法：将 Gerdau 在巴西的销售额比例（51%）除以巴西各公司的平均比例（72%），可以得到等于 0.79 的 λ 值。

2. 以价格为基础的方法：将 Gerdau 股票的每周报酬率，从 2007 年 1 月到 2009 年 1 月，针对巴西政府以美元标示的长期债券每周报酬率进行回归，可以得到等于 0.625 的 λ 值：

$$\text{报酬率}_{Gerdau} = 0.045\% + 0.625\%\ \text{报酬率}_{\text{巴西政府美元债券}}$$

使用后者估算得到，Gerdau 以美元标示的股权成本为 17.61%：

$$\text{Gerdau 股权成本} = 3.00\% + 1.94(6\%) + 0.625(4.75\%)$$
$$= 17.61\%$$

为估算 Gerdau 的债务成本，首先根据公司有关 2008 年的收入报表计算利息覆盖率：

$$\text{利息覆盖率} = \frac{\text{经营性收入}}{\text{利息支出}} = \frac{8\ 005}{1\ 620} = 4.94$$

这一比率，结合（第 8 章的）表 8.1，可以给出"A"的评级以及（根据 2009 年 3 月的息差）等于 3% 的违约息差；再加上巴西在当时的违约息差（3%），可得到 Gerdau 的税前债务成本为 9%：

$$\text{税前债务成本} = \text{无风险利率} + \text{违约息差}_{\text{国家}} + \text{违约息差}_{\text{公司}}$$
$$= 3\% + 3\% + 3\% = 9\%$$

最后，结合 Gerdau 目前等于 58.45% 的市值债务/资本比率，可估算得到以美元标示的资本成本为 10.79%：

$$\text{资本成本} = 17.61\%(0.415\ 5) + 9\%(1-0.34)(0.584\ 5)$$
$$= 10.79\%$$

我们使用 2008 年财务报表以及在它作出报告时的汇率，估算 BR 标示的现金流，然后将其转换为美元数字。

基础年份数字。 在2008财务年间，据Gerdau报告，扣除折旧额1 896百万BR之后，其经营性收入为8 005百万BR。在此年间，收购和内部投资共造成6 818百万BR的资本性支出，非现金流动资本增加了1 083百万BR。Gerdau的税后资本报酬率为18.68%，根据34%的(巴西)边际税率、17 449百万BR的年初账面股权价值、15 979百万BR的账面债务价值以及5 139百万BR的现金余额：

$$资本报酬率 = \frac{8\,005(1-0.34)}{17\,449+15\,979-5\,139} = 0.186\,8$$

$$再投资率 = \frac{6\,818-1\,896+1\,083}{8\,005(1-0.34)} = 113.66\%$$

增长率和现金流预测值。 我们并不认为上述资本报酬率或再投资率能够长期延续下去。因此，使用60%的再投资率和16%的资本报酬率，我们算得未来五年内以BR标示的期望增长率为9.60%：

$$\begin{aligned}期望增长率 &= 再投资率 \times 资本报酬率 \\ &= 0.60 \times 0.16 \\ &= 0.096 \\ &= 9.6\%\end{aligned}$$

下表使用这一期望增长率估算了以BR计价的未来五年期望现金流：

以BR标示的期望自由现金流：Gerdaun Steel　　　　　　　　百万BR

年份	1	2	3	4	5
EBIT(1−t)	5 790	6 346	6 956	7 623	8 355
−再投资	3 474	3 830	4 173	4 574	5 013
FCFF	2 316	2 539	2 782	3 049	3 342

同样，每年的再投资是净资本性支出、收购以及流动资本投资之和，所占每年税后经营性收入的比重为60%。

转换为美元。 为了把BR转换为美元，我们从(2009年3月)2.252BR/美元的汇率入手，根据美元的2%通胀率和巴西里亚尔的5%通胀率，再预测未来年份的汇率。下表报告了期望汇率和以美元标示的现金流。

以美元标示的期望自由现金流：Gerdaun Steel

年份	1	2	3	4	5
FCFF(根据BR)/百万	2 316	2 539	2 782	3 049	3 342
期望汇率	2.32	2.39	2.46	2.53	2.63
FCFF(根据美元)/百万	999	1 064	1 133	1 206	1 284

两种货币在期望通胀率上的差异，在未来五年内，将导致里亚尔相对于美元贬值。

稳定增长率。 在稳定增长期，假设Gerdau以美元标示的年增长率为3%，资本报酬率在稳定阶段将收敛于(同样以美元标示的)资本成本。为了估算稳定增长期的美元资本成本，假设股票的 β 值为 1.20，国家风险溢价下降到 3%。运用 50% 的债务率和 8% 的债务成本，可得到资本成本为 8.68%。① 为了估算终端价值，首先计算以美元标示的第 5 年的税后经营性收入：

$$\text{以美元计价的 EBIT}(1-t) = \frac{\text{以 BR 计价的 EBIT}(1-t)}{\text{BR}/\$_{\text{第5年}}}$$

$$= \frac{8\,355}{2.60} = 3\,213(\text{百万美元})$$

然后计算再投资率和终端价值：

$$\text{再投资率} = \frac{\text{稳定增长率}}{\text{稳定的资本报酬率}} = \frac{3\%}{8.68\%} = 34.57\%$$

$$\text{终端价值} = \frac{\text{税后经营性收入}_5(1+g_{\text{稳定}})(1-\text{再投资率})}{\text{资本成本}_{\text{稳定}} - g_{\text{稳定}}}$$

$$= \frac{3\,213(1.03)(1-0.345\,7)}{0.086\,8 - 0.03}$$

$$= 38\,096(\text{百万美元})$$

公司和股权估价。为完成分析，首先根据等于 10.79% 的资本成本对以美元标示的期望现金流进行贴现：

期望自由现金流和现值 百万

年份	1	2	3	4	5
FCFF（根据美元）	BR 999	BR1 604	BR1 133	BR1 206	BR1 284
终端价值					38 095
根据 10.79% 贴现的现值	$ 902	$ 867	$ 883	$ 800	$ 23 595
经营性资产价值	$ 26 996				

为得到公司价值，再加上公司所持现金流的美元价值（2 404 百万美元），减去债务的美元价值（9.788 百万美元），并根据目前汇率进行转换。鉴于 Gerdau 公司持有经过整合的股份，我们在这些持有中减去所估算的少数股权持有的市值 2 599 百万美元，然后除以公司的发行股数目（1681.12 百万），从而得到等于 10.12 美元的每股美元价值②：

$$\text{每股价值} = \frac{26\,996 + 2\,403 - 9.788 - 2\,599}{449.82}$$

$$= \text{每股 } 10.12 \text{ 美元}$$

根据 2.252BR/美元的汇率进行换算，得到每股价值为 22.79BR。这表明，相对于 2009 年 3 月间的每股 9.32BR 交易价，市场严重低估了该公司。

---

① 稳定增长期的股权成本 = 3% + 1.20(6%) + 0.625(3%) = 12.08%。
　稳定增长期的债务成本 = 8%(1−0.34) = 5.28%。
　稳定增长期的资本成本 = 12.08%(0.50) + 5.28%(0.50) = 8.68%。

② 最理想的是，我们可以评估出整合性持有的价值，估算少数股权持有的价值。由于缺乏做到这一步的许多信息，我们针对少数股权持有的账面价值运用等于 1.20 的"市账率"（根据事关相互股份持有的行业的"市账率"）。

针对前面两种估价法,值得探究一下选择以美元评估 Gerdau 所造成的影响。我们也可以根据 BR 评估该公司,通过针对不同的通胀率调整以美元标示的资本成本,

$$以\ BR\ 标示的资本成本 = (1+资本成本_{美元})\frac{(1+期望通胀率_{BR})}{(1+期望通胀率_{美元})} - 1$$

$$= 1.1079\left(\frac{1.05}{1.02}\right)$$

$$= 14.05\%$$

针对稳定期的资本成本作出类似调整,可以得到以 BR 标示的资本成本为 11.89%。最后,调整稳定增长率以体现 BR 较高的通胀率:

$$稳定增长率 = (1+稳定增长率_{美元})\frac{(1+期望通胀率_{BR})}{(1+期望通胀率_{美元})} - 1$$

$$= 1.03\left(\frac{1.05}{1.02}\right) = 6.03\%$$

以 BR 标示的终端价值可估算为

$$终端价值 = \frac{税后经营性收入_5(1+g_{稳定})(1-再投资率)}{(资本成本_{稳定} - g_{稳定})}$$

$$= \frac{BR\ 8\ 355(1.0603)(1-0.3457)}{(0.1189-0.0603)}$$

$$= 96\ 230\ 百万里亚尔$$

接着,根据等于 14.05% 的高增长期 BR 资本成本对 BR 现金流进行贴现,可以算出 Gerdau 根据 BR 标示的经营性资产值:

期望自由现金流和现值 百万里亚尔

年 份	1	2	3	4	5
FCFF(根据 BR)	2 316	2 539	2 782	3 049	3 342
终端价值					96 230
现值	2 031	1 952	1 875	1 802	51 601
经营性资产值	59 261				

将上述价值根据等于 2.252 的当期汇率转换为美元,可以得到经营性资产价值等于 26 315 百万美元。它接近于根据美元估算的 26 996 百万美元的价值。

fcffginzu.xls. 该电子表格使我们能用 FCFF 方法估算公司的价值。

净债务与总债务的比较

本章在评估公司时,使用了未偿还的总债务(简称"总债务")而非净债务,后者从债务中减去了现金。两种方法有何区别,根据它们所作的估价是否会一致呢?

将总债务和净债务作一比较,可以看出在获得事关估价的关键数据的方法上有所不同,概述如下。

	总债务	净债务
杠杆性β系数	将非杠杆性β系数杠杆化，运用总债务/股权市值比率。	将非杠杆性β系数杠杆化，运用净债务/股权市值比率。
资本成本	所用债务/资本比率以总债务为基础。	所用债务/资本比率以净债务为基础。
处理现金和债务	把现金加到经营性资产价值上，减去总债务得到股权价值。	不将现金加到经营性资产上，减去净债务而得到股权价值。

在估价中处理净债务虽然并不困难，更有意义的问题却是，由此产生的价值是否与根据总债务所估算的价值相同。一般而论，答案是否定的，其理由通常在于根据净债务进行估价时所用的债务成本。通俗地说，运用净债务时所做的事情是，把公司分解成两个部分：现金业务，它完全以无风险债务融资，以及经营性业务，部分由风险性债务融资。根据这一逻辑所得到的结论就是，经营性业务的债务成本将大大高于公司现行的债务成本。这是因为，在设定债务成本时，公司目前的放贷者会考虑到公司的现金因素。

不妨假设我们的公司具有10亿美元的总值（2亿美元为现金，8亿美元为经营性资产），包括4亿美元的债务和6亿美元的股权。公司的债务成本为7%，即相对于5%的无风险利率而言的违约息差为2%。注意，这一债务成本的根据是公司巨额现金持有量。若用债务减去现金，公司就有2亿美元的净债务和6亿美元的股权。现在如果仍然以7%的债务成本评估公司，就会高估其价值。取而代之地，估价所用的债务成本应该是9%，即

$$\text{净债务的债务成本} = \frac{\text{税前债务成本}_{\text{总债务}} \times \text{总债务} - \text{无风险利率} \times \text{现金}}{\text{总债务} - \text{现金}}$$
$$= (0.07 \times 400 - 0.05 \times 200)/(400 - 200)$$
$$= 0.09$$

一般而言，出于两个原因，我们建议使用总债务而不是净债务。第一，如果现金超过总债务，净债务可能为负数。果真如此，就应设净债务等于零，而且把超额现金视为在总债务估价中所提取的现金。第二，对于增长型公司来说，保持稳定的净债务率将要求现金余额与公司的价值一道增长。

15.2.3 公司估价和股权估价中的股权价值是否相同？

与股息贴现模型或者FCFE模型不同，这种模型评估的是公司而非股权。然而，通过减去流通债务的市值，我们就可从公司价值中得到股权价值。因为也可将这种模型视为评估股权的另一种方式，故而需要回答两个问题。为何评估公司而不是股权的价值？由公司估价法所得出的股权价值与前一章所述股权估价法的结果是否一致呢？

第15章 公司估价：资本成本和调整型现值方法

使用公司估价法的优点是，无须明确考虑与债务相关的现金流，因为FCFF属于债前现金流，但在估算FCFE时则必须予以考虑。如果预计杠杆程度会随着时间而变化，它可以节省大量的计算时间。因为，如果杠杆程度发生变化，随着时间变得愈发长远，有关新债务发行和债务偿付的估算问题将会愈发复杂化。然而，公司估价法却需要有关债务率和利率的信息，以便估算资本的加权平均成本。

如果我们针对财务杠杆作出的假设条件保持一致，则通过公司估价法和股权估价法得到的股权价值将会相等。然而，在实际操作中，要使得它们一致却更为困难。我们首先从最简单的情形入手，即一家没有增长的永久性公司。假设它的息税前盈利为166.67百万美元，税率为40%；公司的股权市值为600百万美元，股权成本为13.87%，债务为400百万美元，税前债务成本为7%。可估算公司的资本成本如下：

资本成本 = $13.87\%(600/1\,000) + 7\%(1-0.4)(400/1\,000) = 10\%$

公司价值 = 息税前盈利$(1-t)$ / 资本成本 = $166.67(1-0.4)/0.1$
= $1\,000$(百万美元)

请注意，公司既无再投资也无增长。减去债务价值，就可评估公司的股权：

股权价值 = 公司价值 − 债务价值 = $1\,000 - 400 = 600$(百万美元)

现在，我们就可通过估算净收入而直接评估股权：

净收入 = (EBIT − 税前债务成本 × 债务)$(1-t)$
= $(166.67 - 0.07 \times 400)(1-0.4) = 83.202$(百万美元)

使用股权成本对这一净收入进行贴现，就可得到股权价值：

股权价值 = 净收入 / 股权成本 = $83.202/0.138\,7 = 600$(百万美元)

即便是如此简单的例子也同样成立，因为我们在估价时或明或暗地作出了下列三个假设：

1. 用于计算资本成本的债务价值和股权价值等于估价所产生的价值。虽然此处存在着循环推理，即为了估算价值，我们又首先需要资本成本数据，但是可以表明，以市值权重为基础的资本成本不会与股权估价模型的资本成本相同，如果公司最初未获公允定价的话。

2. 不存在不影响净收入但会影响经营性收入的异常项目或非经营性项目。因此，为了从经营性收入得到净收入，我们所需做的事情就是减去利息支出和税款。

3. 利息支出等于税前债务成本乘以债务市值。如果公司账面上还留存着旧债，而它的利息支出与这种价值不同，两种方法就会出现偏差。

如果还存在着期望增长率项，这种不一致性就会加重。我们必须能够借得充足的钞票为新的投资项目融资，从而确保债务率水平与计算资本成本时所假设的水平保持一致。

☞ *fcffvsfcfe.xls*. 该电子表格使我们能比较根据FCFF和FCFE模型得到的股权价值。

15.3 公司估价:调整型现值法

调整型现值(APV)方法从没有债务时的公司价值入手。随着债务被添加到公司上,通过分析借款的成本和效益,可以分析债务对公司价值造成的净效应。为此,假设借款的首要效益是税款优惠额,借款的最大成本则是增加了公司破产的风险。

15.3.1 APV估价方法的原理

我们分三步估算公司的价值:
1. 估算没有举债时的公司价值。
2. 考虑借入特定款项所产生的利息税收优惠额的现值。
3. 评估这种借款额对公司破产概率和期望破产成本造成的影响。

非杠杆性公司的价值

该方法的第一步是估算非杠杆性公司的价值。为此,可将公司作为没有债务者进行估价(即,根据非杠杆性股权成本对公司期望自由现金流进行贴现)。在现金流以持续不变比率增长的特殊情形中,

$$\text{非杠杆性公司的价值} = E(\text{FCFF}_1)/(\rho_u - g)$$

其中,FCFF_1 是公司期望税后经营性现金流,ρ_u 是非杠杆性股权成本,而 g 则是期望增长率。在更常见的情形中,可以使用一组我们认为合理的增长假设对公司进行估价。

这种估价法所需要的数据是期望现金流、增长率和非杠杆性股权成本。为了估算非杠杆性股权成本,可以援引前面的分析内容,首先计算公司的非杠杆性 β 值:

$$\beta_{\text{非杠杆}} = \beta_{\text{当期}}/[1+(1-t)D/E]$$

其中,$\beta_{\text{非杠杆}}$ = 公司的非杠杆 β 值

$\beta_{\text{当期}}$ = 公司当期的股权 β 值

t = 公司的税率

D/E = 当期债务/股权比率

然后,可用这种非杠杆性 β 值得到非杠杆性股权成本。

借款的预期税款优惠额

这种方法的第二步是,计算出自某种特定水平债务的期望税款优惠额。它取决于公司的税率和利息支付,并且需要根据体现出这种现金流风险程度的债务成本进行贴现。若将税款优惠额视为永久性的,

$$\text{税款优惠额的价值} = (\text{税率} \times \text{债务成本} \times \text{债务})/\text{债务成本}$$
$$= \text{税率} \times \text{债务} = t_c D$$

此处所用税率是公司的边际税率,并且假设它一直不变。若预计它在未来将有所变化,我们仍然能够计算未来税款优惠额的现值,但却不能使用前面提及的永久性增长方程。此

外,如果当期利息支出未能反映当期债务成本,我们还需要调整这个方程。

估算破产成本和净效应

第三步是,评估既定债务水平对公司违约风险和期望破产成本造成的影响。在理论上,这就要求我们至少需要估算与追加债务相关的违约概率,以及各种直接和间接的破产成本。若设 π_a 为追加债务之后的违约概率,BC 为破产成本现值,期望破产成本的现值(PV)就可表述成

$$期望破产成本现值 = 破产概率破产 \times 破产成本现值 = \pi_a BC$$

调整型现值方法的这一步骤带来了最重要的估算问题,因为破产概率和破产成本均无法直接估算得出。

我们可用两种方法间接地估算破产概率。一种是估算债券等级,使用该等级的违约概率。例如,摘自 Altman 使用 1999—2008 期间债券评级的研究成果,表 15.2 概述了在这 10 年间的违约概率。[①]

表 15.2 评级和违约概率

评 级	违约概率	评 级	违约概率	评 级	违约概率
AAA	0.07%	BBB	7.54%	B—	45.00%
AA	0.51%	BB+	10.00%	CCC	59.01%
A+	0.60%	BB	16.63%	CC	70.00%
A	0.66%	B+	25.00%	C	85.00%
A—	2.50%	B	36.80%	D	100.00%

来源:Altman(2009).

另一种方法是,根据公司在每种债务水平上所显现的不同特征,使用"概率单位"模型之类的统计工具估算违约概率。

借助那些考察实际破产成本的研究工作,我们也能够估算破产成本,虽然不甚准确。研究工作表明,直接破产成本相对于公司价值而言并不太大;[②]而间接破产成本则会很大,但却依公司而异。根据 Shapiro(1989)和 Titman(1984)的推测,间接成本可以高达公司价值的 25%~30%,但他们没有提供关于这些成本的直接证据。

案例 15.5 运用 APV 评估公司:对 J. Crew 公司的杠杆式收购

J. Crew 是一家借助于自营品牌、零售店和互联网出售衣物的零售商。2010 年,该公司被其首席执行官 Mickey Drexler 和两家私营股份公司(TPG 公司和 Leonard Green 公司)通过杠杆式交易以 27 亿美元的价格所收购;其中约有 18.5 亿美元出自举债(等级为 BB,税前债务成本为 7%)。

为了运用 APV 法评估这桩交易,首先将 J. Crew 公司作为全额股权融资(非杠杆式)

[①] 这项研究只估算了某些评级在这 10 年间的违约比率。我们拓展了其他的评级。
[②] 根据 Warner 在 1977 年所作有关各铁路公司破产的研究,直接破产成本似为 5%。

公司进行估价。为了估算这一价值,首先,运用针对专项零售商的等于 1.00 非杠杆性 β 值和等于 5% 的成熟市场风险溢价,计算股权成本:

$$非杠杆性股权成本 = 3.5\% + 1.00(5\%) = 8.5\%$$

在 2010 年,J.Crew 公司的经营性收入为 230 百万美元,销售额为 1722 百万美元。假设税率为 35%,永久性增长率为 3.5%。资本报酬率为 14%,则可得到下列结果:

$$稳定增长期的再投资率 = g/ROC = 3.5\%/14 = 25\%$$

$$\begin{aligned}最近年份的 FCFF &= EBIT(1-t)(1-再投资率)\\&= 230(1-0.35)(1-0.25)\\&= 112.125 \text{ 百万美元}\end{aligned}$$

$$\begin{aligned}非杠杆性公司价值 &= \frac{下一年度的期望 FCFF}{非杠杆性股权成本 - 稳定增长率} - 1\\&= \frac{112.125(1.035)}{0.085 - 0.035} = 2\,321 \text{ 百万美元}\end{aligned}$$

为估算债务的税款优惠额,假设美元债务偿还计划以每年等额的增量方式进行偿付,直到第 10 年及其随后的 5 亿美元。使用 35% 的税率和税前债务成本,我们计算每一年的利息支出和税收效益,将税前债务成本作为贴现率,对税前债务成本逆向贴现到今天:

百万美元

年份	年初债务	利息支出	缴税效益	以债务成本贴现的 PV
1	1 850.00	129.50	45.33	42.36
2	1 700.00	119.00	41.65	36.38
3	1 550.00	108.50	37.98	31.00
4	1 400.00	98.00	34.30	26.17
5	1 250.00	87.50	30.63	21.84
6	1 100.00	77.00	26.95	17.96
7	950.00	66.50	23.28	14.49
8	800.00	56.00	19.60	11.41
9	650.00	45.50	15.93	8.66
10	500.00	35.00	12.25	6.23
永久性	500.00	35.00	12.25	88.96
总额				305.45

请注意,可分两步计算永久性税款优惠额。首先,计算永久性税款优惠额 12.25 百万美元的现值(12.25/0.07 = 175 百万美元);然后,将这一价值根据税前债务成本逆向贴现到今天($175/1.07^{10}$ = 88.96 百万美元)。

作为分析的最后部分,假设破产成本(BC),包括直接的和间接的,将占公司价值的 30%。而收购交易中高额举债则将破产概率(π_{BC})提高到 20%。因此,期望破产成本是

$$\begin{aligned}期望破产成本 &= (非杠杆性公司价值 + 税款优惠额的现值) \times BC \times \pi_{BC}\\&= (2\,321 + 305) \times 0.30 \times 0.20 = 158(百万美元)\end{aligned}$$

运用所有三个数字,现可计算 J. Crew 的价值:

J. Crew 的价值 = 非杠杆性公司价值 + 债务税款优惠额现值 − 期望破产成本
$= 2\,321 + 305 − 158 = 2\,469$(百万美元)
$= 24.69$(亿美元)

就 27 亿美元而言,私营股东们对该公司所付过高,除非能够极大地提高公司的经营性收入。

15.3.2 资本成本估价法与 APV 估价法的比较

根据 APV 估价法,把债务的净效应添加到非杠杆性公司价值上,就可得到杠杆性公司的价值。

$$\text{杠杆性公司价值} = \text{FCFF}_0(1+g)/(\rho_u − g) + t_c D − \pi_a BC$$

根据资本成本估价法,杠杆的影响体现在资本成本中;其中,税款优惠额为税后债务成本所含,而破产成本则为杠杆性 β 值和税后债务成本所含。这两种方法能否给出相同的价值呢?未必尽然!两者间存在差异的第一个缘由是,它们考虑破产成本的方式大为不同,APV 方法能使我们更加灵活地处理间接破产成本。就这些成本未能体现或者未能恰当体现在税前债务成本当中而言,APV 方法可以给出更加保守的估算值。第二个理由是,APV 方法考虑了出自债务绝对金额的税款优惠额,通常以当期债务为根据。债务成本法则根据债务率估算税款优惠额,而这种债务率或许会使得公司在今后增加借款额。例如,针对某家增长型公司,假设以市值计算的债务/资本比率一直是 30%,这就会要求公司在未来加大借款,而源于预期未来借款的税款优惠额目前就已经被结合到了价值之中。大致而论,如果所评估的公司不会出现财务杠杆方面的重大变化,资本成本法属于更为合适的选项,处理债务率毕竟要比处理债务的绝对金额更加方便。APV 方法则更加适用于那些以极高比例的债务融资的交易,以及那些债务偿还计划已经谈妥或者明确的交易。这正是它在杠杆性买断范围内得到运用的原因之所在。最后,在将债务的税款优惠额结合到价值中的具体操作方面,两种估价法也有一些微妙的差异。常规的 APV 法使用税前债务成本作为贴现率以估算债务的税款优惠额。这种方法还有一些变形,根据资本成本或者非杠杆性股权成本对税款优惠额进行贴现,由此产生的价值接近于根据资本成本法所得到的价值。

未考虑破产成本的 APV 方法

许多人认为,相对于常规的贴现现金流模型而言,调整型现值是一种更加灵活的方法。这种见解通常无误,但是 APV 估价法在实际运用时却存在很大的缺陷。第一个以及最重要的是,使用它的大多数操作者忽略了期望破产成本。把税款优惠额添加到非杠杆性公司价值上而得到杠杆性公司的价值,这种做法造成债务显得纯粹属于好事。由此,将会过高估计公司的价值,尤其是那些具有很高债务率者,因为它们的破产成本显然不等于零。

15.4 杠杆水平对公司价值的影响

资本成本法和APV法都把公司价值设定为其杠杆水平的函数。因此,可以认为,存在着某种能够使得公司价值达到最大的债务/股权组合。本章接下来考察如何最恰当地确立这种关系。

15.4.1 资本成本和最优杠杆水平

为了理解资本成本与最优资本结构的关系,我们求助于公司价值和资本成本之间的关系。前面一节已经指出,整个公司的价值可通过以它的资本成本对期望现金流进行贴现而估算得出。

因此,公司的价值可表述为

$$公司的价值 = \sum_{t=1}^{t=n} \frac{公司现金流_t}{(1+\text{WACC})^t}$$

因而它取决于公司现金流和资本成本。如果假设公司现金流不受融资组合选择的影响,资本成本可以通过改变融资组合而得到削减,公司价值就能够提高。如果选择公司融资组合的目的是使得公司价值达到最大,在目前情形中,可以通过使得成本最小而实现这一点。然而,在公司现金流取决于债务/股权组合的更常见情形中,最优融资组合就是可使公司价值达到最大化者。[1]

案例15.6 WACC、公司价值和杠杆水平

假设我们得到了关于Strunks Inc.公司的股权和债务成本数据,它是一家巧克力和各种糖果的主要生产商,其现金流目前为200百万美元。由于Strunks所处市场比较稳定,预计这些现金流将一直以6%的比率增长且不受公司债务率的影响。下表列出了资本成本表,另附有处在每一债务水平上的公司价值。

金额单位:百万美元

D/(D+E)	股权成本	债务成本	WACC	公司价值
0%	10.50%	4.80%	10.50%	4 711
10%	11.00%	5.10%	10.41%	4 807
20%	11.60%	5.40%	10.36%	4 862
30%	12.30%	5.52%	10.27%	4 970
40%	13.10%	5.70%	10.14%	5 121
50%	14.00%	6.30%	10.15%	5 108
60%	15.00%	7.20%	10.32%	4 907
70%	16.10%	8.10%	10.50%	4 711

---

[1] 换句话说,公司的价值在资本成本最小化时可能并未达到最大,如果现金流远远低于那种水平的话。

续表

$D/(D+E)$	股权成本	债务成本	WACC	公司价值
80%	17.20%	9.00%	10.64%	4 569
90%	18.40%	10.20%	11.02%	4 223
100%	19.70%	11.40%	11.40%	3 926

请注意,

$$公司价值 = 公司现金流 \times (1+g)/(资本成本 - g)$$
$$= 200 \times 1.06/(资本成本 - 0.6)$$

该公司的价值将随着资本成本的降低而增加,随着资本成本的增加而降低。图 15.2 说明了此点。此图虽然使得最优融资组合的选择看似很容易,但在实际运用时却会遇到一些问题。首先,在进行分析前,我们通常并不具有了解整个融资成本表格之便利。在大多数情形中,根据有关债务和股权融资成本的信息,我们所能了解的债务水平仅限于当期的水平。其次,这种分析隐含地假设,公司经营性收入水平不会受其融资组合的影响,也就是不会受公司违约风险(或债券评级)的影响。这一点对于某些情形是合理的,但未必适用于其他情形。那些借款过多的公司或许会认识到,确实存在着影响其销售额和经营性收入的各种间接破产成本。

资本成本法的使用步骤

为计算资本成本,我们需要三种基本的数据投入:股权成本、税后债务成本,以及债务与股权各自的权重。由于股权和债务成本会随着债务率一道变化,这种方法的主要难点是如何估算这些数据。

首先考虑股权成本。我们认为,股权的 β 值会与债务率一道变化,所以将杠杆性 β 值作为公司以市值计算的债务/股权比率、非杠杆性 β 值以及公司的边际税率的函数进行估算,

$$\beta_{杠杆} = \beta_{非杠杆}/[1+(1-t)D/E]$$

因此,若能得到公司的非杠杆性 β 值,就可用它估算公司在每一债务水平上的杠杆性 β 值。然后,可用这种杠杆性 β 值计算针对每一债务率的股权成本。

$$股权成本 = 无风险利率 + \beta_{杠杆}(风险溢价)$$

公司的债务成本取决于它的违约风险。随着借款的增加,公司的违约风险和债务成本也会加大。若用债券评级作为违约风险尺度,则可分三步估算债务成本。第一,估算公司在每一债务率上的债务额和利息额;随着公司债务率的提高,债务额和利息额都会增加。第二,针对每一债务水平,计算衡量违约风险的(各种)财务比率以估算公司的等级;随着公司借款的增加,这种等级将会下降。第三,把根据所估算的等级而得出的违约息差加到无风险利率上,得出税前债务成本。针对这种税前成本运用边际税率,就可得出税后债务成本。

估得每一债务水平上的股权成本和债务成本之后,再根据股权和债务的使用比例对

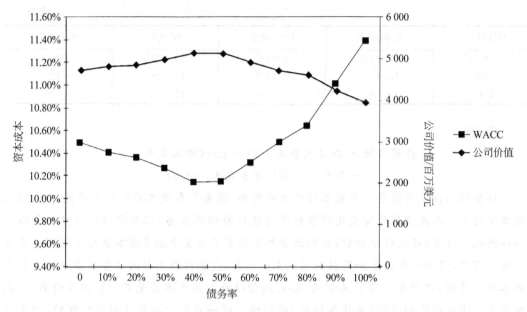

图 15.2 资本成本和公司价值

来源：Applied Corporate Finance, Third Edition, by Aswath Damodaran, Copyright © 2010 by John Wiley & Sons, Inc. 经 John Wiley & Sons, Inc. 公司授权而使用

它们进行加权,进而估算出资本成本。在此过程中,虽未明确考虑到优先股因素,但却可将它看作资本的一部分。当然,在更改债务和股权的权重时,必须注意保持优先股的比例不变。至此,使得资本成本最小化的债务率就是最优债务率。

根据这种方法,通过保持经营性收入不变而只是改变资本成本,可以分离出资本结构变化对于公司价值的影响。就实际操作而言,这就要求我们设立两个假设条件。第一,债务率会因为发行新股和偿还债务而降低;相反,债务率会因为借款和股票回购而增加。这一过程被称作"资本结构调整"(recapitalization)。第二,假设税前经营性收入不会受公司融资组合的影响,进一步地,不会受其债券评级的影响。如果经营性收入由于公司违约风险而变化,基本的分析内容不会有变,但是使得资本成本最小化的举措就未必是最优的,因为公司的价值现在将取决于现金流和资本成本。因此,我们就需要针对每种债务水平计算公司价值,而最优债务率则是使得公司价值最大化者。

案例 15.7　分析迪士尼公司的资本结构：2009 年 5 月

我们可用资本成本法确定公司的最优资本结构,正如针对 2009 年 5 月的迪士尼公司所为。它的账面付息债务为 14 962 百万美元,在此之上添加现值为 1 720 百万美元的经营性租赁支出现值,就可得到债务市值总额为 16 682 百万美元。同时,股权市值为 45 193 百万美元;股价为 24.34 美元,发行股数目是 1 856.752 百万。就比例而言,财务融资总额的 26.96% 为债务,剩下的 73.06% 为股权。

将迪士尼公司分解为各个业务部分,并对它们的非杠杆性 β 值赋予权重,可得到迪士尼股票在2009年5月的非杠杆性β值为0.7333。

业务	2008年销售额/百万美元	EV/销售额	估算值/百万美元	占公司价值比例	非杠杆性β值
传媒网络	16 116	2.13	34 328	58.92%	0.7056
公园和度假点	11 504	1.51	17 408	29.88%	0.5849
娱乐演播	7 348	0.78	5 755	9.88%	1.3027
消费品	2 875	0.27	768	1.32%	1.0690
所有业务	37 843	0.27	58 259	100.00%	0.7333

当时的长期国债利率是3.5%。使用等于6%的股权风险溢价估算值,可以得到迪士尼公司的股权成本为8.91%:

$$杠杆性\beta值 = 0.7333[1+(1-0.38)(16\ 682/45\ 193)] = 0.9011$$

$$股权成本 = 无风险利率 + \beta值 \times 市场溢价 = 3.5\% + 0.9011(6\%) = 8.91\%$$

迪士尼公司的债券在2009年5月的评级为A,故可算得其税前债务成本等于6%。使用38%的边际税率,可估算出它的税后债务成本为3.72%:

$$税后债务成本 = 税前债务成本(1-税率) = 6.00\%(1-0.38) = 3.72\%$$

运用这些成本和市值权重,可计算资本成本如下:

$$资本成本 = 股权成本 \frac{股权}{债务+股权} + 债务成本(1-t)\frac{股权}{债务+股权}$$

$$= 8.91\% \left(\frac{45.193}{16\ 682+45\ 193}\right) + 3.72\% \left(\frac{16\ 682}{16\ 682+45\ 193}\right)$$

$$= 7.51\%$$

迪士尼公司的股权成本和杠杆

运用公司的非杠杆性β值和处在每一债务水平上的债务/股权比率,可以估算迪士尼公司处在不同债务率上的股权成本。我们使用所得到的杠杆性β值估算股权成本。该过程的第一步是,使用迪士尼公司的非杠杆性β值和38%的边际税率,计算处在每一债务率上的杠杆性β值:

$$杠杆性\beta值 = 0.73333[1+(1-0.38)(债务/股权)]$$

使用3.5%的长期国库利率和6%的市场溢价,再计算每一债务水平上的股权成本。如果保持38%的税率不变,便可得到下表中的迪士尼公司杠杆性值β。

杠杆性β值和股权成本:迪士尼

债务/资本比率	D/E率	杠杆性β值	股权成本
0%	0.00%	0.7333	7.90%
10%	11.11%	0.7838	8.20%
20%	25.00%	0.8470	8.58%
30%	42.86%	0.9281	9.07%
40%	66.67%	1.0364	9.72%
50%	100.00%	1.1879	10.63%

续表

债务/资本比率	D/E 率	杠杆性 β 值	股权成本
60%	150.00%	1.415 3	11.99%
70%	233.33%	1.794 1	14.26%
80%	400.00%	2.551 9	18.81%
90%	900.00%	4.825 1	32.45%

在上表计算 β 值时，我们假设股东承担了所有的市场风险（这一点未必切合实际），尤其是处在较高债务水平上时；而公司在很高的债务率上能够获得利息支出的所有税款优惠额。我们还需考虑把部分市场风险摊派给债务的杠杆性 β 值：

$$\beta_{杠杆} = \beta_u [1+(1-t)D/E] - \beta_{债务}(1-t)D/E$$

有关债务的 β 值估算问题，可以债券评级为依据，将各等级债券在过去的报酬率针对某种市场股指报酬率进行回归，或者从违约息差中倒推得出。使用这种方法估算的杠杆性 β 值通常低于根据常规模型所估算者。[①] 我们还将探讨利息支出的所有效益是否会出现在较高的债务率水平上。

迪士尼公司的债务成本和杠杆

与债务评级相关的有几个财务比率，在这方面有两种选择。一种选择是，构建一个包括这些财务比率在内的模型，以估算针对每一债务率的模拟评级。除了需要更多的操作和大量数据，这种方法会造成评级过程含糊不清而难作诠释。另一种选择是，沿用第 8 章所阐述的简化方法，把评级与利息覆盖率相互联系，后者的定义是

$$利息覆盖率 = \frac{息税前盈利}{利息支出}$$

出于三个缘由，我们采纳这种比较简单的方法。第一，我们并不刻意追求精确的债务成本，而只是其近似值。鉴于其他更加复杂的方法也只能给出近似值，故而我们更加看重含义的清晰。第二，利息覆盖率不仅与债券评级之间存在着极大的相关性，与分析中的其他比率之间也是如此，诸如债务覆盖率和资金流动率。换句话说，在融资组合中再添加与利息覆盖率相关的其他比率于事无补，诸如 EBITDA/固定支出。第三，因为我们要求债务成本随着债务率的变化而变化，一个关键的条件是，利息覆盖率能够随着公司融资组合的变化而变化，随着债务率的提高而降低。

为了估算模拟性评级，使用第 8 章所介绍的针对大市值公司的检索表（因为迪士尼的市值大于 50 亿美元），以及 2009 年上半年的违约息差，以估算税前债务成本。下表重新列出了这些数字。

[①] 不妨假设债务率为 40%。处在这一水平上，公司债务将具有股权的某些特征。假设处在 40% 债务率上的债务 β 值为 0.10，此时的股权 β 值可计算如下，

$$杠杆性 \beta 值 = 0.733\ 3[1+(1-0.38)(40/60)] - 0.10(1-0.373)(40/40) = 0.99$$

根据未作调整的方法，杠杆性 β 值则等于 1.036 4。

利息覆盖率、评级和违约息差：2009年上半年

利息覆盖率	等级	通常违约息差	利息覆盖率	等级	通常违约息差
大于8.5	AAA	1.25%	1.75到2.0	B+	6.00%
6.5到8.5	AA	1.75%	1.5到1.75	B	7.25%
5.5到6.5	A+	2.25%	1.25到1.5	B−	8.50%
4.25到5.5	A	2.50%	0.8到1.25	CCC	10.00%
3到4.25	A−	3.00%	0.65到0.8	CC	12.00%
2.5到3	BBB	3.50%	0.2到0.65	C	15.00%
2.25到2.5	BB+	4.25%	小于0.2	D	20.00%
2.0到2.25	BB	5.00%			

原始数据来源：Capital IQ, BondsOnline.com.

以上表为指南，利息覆盖率为2.75的公司等级是BBB，超过无风险利率的违约息差为3.50%。

因为迪士尼的借款能力取决于盈利能力，首先考察一下出自公司最近财务年度（2007年7月到2008年6月）收入报表的一些关键数据。

迪士尼公司经营的关键数据

	上一财务年度	滚动12个月
销售额	37 845	36 990
EBITDA	8 986	8 319
折旧和摊销	1 582	1 593
EBIT	7 404	6 726
利息支出	712	728
EBITDA（针对租赁调整）	9 989	8 422
EBIT（针对租赁调整）	7 708	6 829
利息支出（针对租赁调整）	815	831

请注意，将租赁支出转换为债务将会影响经营性收入和利息支出，因为需要将出自租赁性债务的利息加到经营性收入和利息支出数字上。① 鉴于滚动12个月的数据提供了更新近的信息，我们将使用这些数据评估迪士尼公司的最优债务率。根据6 829百万美元（针对租赁调整的）EBIT和831百万美元的利息支出，迪士尼公司的利息覆盖率为8.22而应列为AA级，高出前述实际级别A两个等级。

为了计算迪士尼公司在不同债务水平上的等级，首先评估它为了达到特定债务率所需发行的债务额，而将公司当期市值乘以合意的债务/资本比率就可得到这一数字。例如，若是债务率为10%，迪士尼公司债务额将等于6 188百万美元，故而可以计算得到

---

① 将经营性租赁支出现值（17.2亿美元）乘以6%的税前债务成本，可得到1.03亿美元的利息支出，再把它加到经营性收入和利息支出上。将税前债务成本乘以经营性租赁支出现值只能得到近似值。若要进行充分的调整，我们需要加上所有的租赁性支出，再减去租赁资产的折旧额。

迪士尼公司的价值 = 当期股权市值 + 当期债务市值 = 45 193 + 16 682
= 61 875 百万美元

债务/资本比率为 10% 时的债务额 = 61 875 百万美元的 10%
= 6 188 百万美元

估价过程的第二步是，计算迪士尼公司在这一债务水平上的利息支出，通过将债务额乘以这一债务率上的税前借款成本而得出。然后，再用利息支出计算利息覆盖率，进而计算模拟性评级。相应评级的违约息差可从第 8 章的表 8.2 得出，而将这种违约息差加到无风险利率上，就可得到税前借款成本。针对 0% 和 10% 的债务率，下表估算了迪士尼公司处在当期经营性收入水平上的利息支出、利息覆盖率和债券评级。

提高债务率的影响：迪士尼公司

D/(D+E)	0.00%	10.00%	EBIT/百万美元	6 829	6 829
D/E	0.00%	11.11%	利息/百万美元	0	294
债务额/百万美元	0	6 188	税前覆盖率	∞	23.44
EBITDA/百万美元	8 422	8 422	可能的评级	AAA	AAA
折旧/百万美元	1 593	1 593	税前债务成本	4.75%	4.75%

请注意，EBITDA 和 EBIT 在债务率变化时保持不变。利用债务回购股票，我们能够确保这一点成立，从而不改变经营性资产，并且分离出债务率变化的效应。

在估算利息支出时，存在着循环推理。我们需要利率计算利息覆盖率，而计算利率又需要覆盖率。为了绕开这一问题，首先假设迪士尼公司可根据等于 4.75% 的 AAA 级利率借款 6 188 百万美元；①然后再用这一利率计算利息支出和利息覆盖率。根据 10% 的债务率，这一问题可以简化，因为评级保持在 AAA 不变。为了说明更加困难的债务递增问题，不妨考虑从 20% 到 30% 的债务率。

金额单位：百万美元

		递归 1 （根据 AAA 利率计算的债务）	递归 2 （根据 AA 级利率计算的债务）
D/(D+E)	20.00%	30.00%	30.00%
D/E	25.00%	42.86%	42.86%
债务额	12 375	18 563	18 563
EBITDA	8 422	8 422	8 422
折旧	1 593	1 593	1 593
EBIT	6 829	6 829	6 829
利息	588	18 563×0.047 5=811	18 563×0.052 5=974
税前覆盖率	11.62	7.74	7.01
可能的评级	AAA	AA	AA
税前债务成本	4.75%	5.25%	5.25%

---

① 此处原文为"6,188 billion"。——译者注

根据30%的债务率所估算的利息支出固然体现了AAA级和4.75%的利率,由此产生的利息覆盖率7.74却把等级降到了AA级,而把利率提高到了5.25%。因此,我们需要根据更高的利率再度计算利息支出(第二次递归)以达到稳定状态,即所使用的利率与所估算的利率相互一致。① 针对10%到90%的每一债务水平,我们重复了这一过程,下表列出了针对每一债务水平所得到的递归性税后债务成本。

迪士尼公司:债务成本和债务率

债务率	债务额/百万美元	利息支出/百万美元	利息覆盖率	债券评级	债务利率	税率	税后债务成本
0%	0	0	∞	AAA	4.75%	38.00%	2.95%
10%	6 188	294	23.24	AAA	4.75%	38.00%	2.95%
20%	12 375	588	11.62	AAA	4.75%	38.00%	2.95%
30%	18 563	975	7.01	AA	5.25%	38.00%	3.26%
40%	24 750	1 485	4.60	A	6.00%	38.00%	3.72%
50%	30 938	2 011	3.40	A−	6.50%	38.00%	4.03%
60%	37 125	2 599	2.63	BBB	7.00%	38.00%	4.34%
70%	43 313	5 198	1.31	B−	12.00%	38.00%	7.44%
80%	49 500	6 683	1.02	CCC	13.50%	38.00%	8.37%
90%	55 688	7 518	0.91	CCC	13.50%	34.52%	8.84%

请注意,利息支出随着债务增加而成比例地增加,因为债务成本会与债务率一道增加。关于这方面的计算,需要指出三点。

1. 把债务率乘以公司当期市值(61 875百万美元),便可针对每一债务率计算债务额。在现实中,公司价值将随着资本成本的变化而变化,实现特定债务率所要求的债务额将会有别于我们所估算的金额。我们没有考虑结合这种效应的原因是,它会造成计算过程再出现一种循环,因为每一债务率上的公司价值取决于那种债务率上的利息优惠额,而后者反过来又取决于公司价值。

2. 我们假设,在每种债务水平上,在资本结构发生变化后,所有当期债务都可根据相应的新利率获得再融资。例如,假设迪士尼等级为A的当期债务,在债务率变为50%时,可根据相应于A−等级的利率获得再融资。如此行事的理由有两个。第一个是,债券持有者可在合同中添加某些保护性条款,以便重新商定债务利率。② 第二个理由是,再融资可以消除"财富侵占"(wealth expropriation)效应,即股东在增加债务时可以攫取债券持有者的财富,以及当债务减少时所出现的相反情形。如果公司能以较低的利率持具原有债务,同时借款更多而导致风险加大,旧债的放贷者就会蒙受价值损失。此时,如果继续把当期利率运用于现有债券而重新计算最优债务率,那就意味着接受这种财富转移。③

---

① 因为利息支出额增加,评级可能会再度降低。因此,有时或许需进行第三次递归计算。
② 如果没有保护性条款,最为符合股东利益之举是,如果债务率提高就不再进行融资。
③ 如果债务增加,这会起到减少利息成本进而降低利息覆盖率的作用。这样也会使得评级提高,至少在短期内,以及更高的最优债务率。

3. 常规的做法是在债务率提高时保持边际税率不变,然而,我们却要对税率进行调整,以便体现,如果利息支出超出EBIT,债务税款优惠额在更高债务率上的潜在损失。为说明这一点,注意到迪士尼的EBIT为6 829百万美元。只要利息支出低于这一数字,利息支出就可完全免税且赢得38%的税款优惠额。例如,即使处在80%的债务率上,利息支出为6 683百万美元,税款优惠额就是该数字的38%。然而,处在90%的债务率上,利息支出将会急剧膨胀到7 518百万美元,超过等于6 829百万美元的EBIT。现在考虑利息支出达到这一数字的税款优惠额:

最大的税款优惠额 = EBIT × 边际税率 = 6 829 × 0.38 = 2 595 百万美元

根据所占利息支出总额的比例,税款优惠额现在只有34.52%:

经过调整的边际税率 = 最大税款优惠额 / 利息支出 = 2 595/7 518 = 34.52%

这又会提高税后债务成本。我们现在所用的这种方法偏于保守,因为可将损失额作前向结转。鉴于上述杠杆变化具有永久性,采取保守估计确实比较合理。使用这种税率重新计算处在90%债务率上的杠杆性β值,就可体现出税款优惠潜机已得到了充分利用。

杠杆和资本成本

现在,我们已针对每一债务水平估算出了股权成本和债务成本,接着就可计算迪士尼的资本成本。下表完成了这一步。资本成本,公司没有举债时等于7.90%,最初将随着公司提高债务而降低,直到在40%的债务率上达到最低点7.32%,然后再度上升。(参见下表有关这些数字的细节。)

股权、债务和资本的成本:迪士尼

债务率	β值	股权成本	债务成本(税后)	资本成本
0%	0.73	7.90%	2.95%	7.90%
10%	0.78	8.20%	2.95%	7.68%
20%	0.85	8.58%	2.95%	7.45%
30%	0.93	9.07%	3.26%	7.32%
40%	1.04	9.72%	3.72%	7.32%
50%	1.19	10.63%	4.03%	7.33%
60%	1.42	11.99%	4.34%	7.40%
70%	1.79	14.26%	7.44%	9.49%
80%	2.55	18.81%	8.37%	10.46%
90%	5.05	33.73%	8.84%	11.34%

请注意,我们以10%为增量进行逐次估算,资本成本在30%和50%之间变化幅度不大。通过考察资本成本在30%和50%之间变化幅度较小的情形,我们能够更准确地确定最优水平。如果运用1%的增量,则可计算得出迪士尼的最优债务率为43%,资本成本为7.28%。在本案例后续内容中,我们将沿用等于40%的最优债务率近似值。

相对于可以选择的杠杆性β值这一尺度,为了说明这一解答的稳定性(robustness),

我们假设债务带有某种市场风险,重新估算债务、股权和资本的成本。其结果如下表所述:

债务有市场风险情形下的股权、债务和资本成本:迪士尼公司

债务率	股权β值	债务β值	股权成本	债务成本(税后)	资本成本
0%	0.73	0.05	7.90%	2.95%	7.90%
10%	0.78	0.05	8.18%	2.95%	7.66%
20%	0.84	0.05	8.53%	2.95%	7.42%
30%	0.91	0.07	8.95%	3.26%	7.24%
40%	0.99	0.10	9.46%	3.72%	7.16%
50%	1.11	0.13	10.16%	4.03%	7.10%
60%	1.28	0.00	11.18%	4.34%	7.08%
70%	1.28	0.35	11.19%	7.44%	8.57%
80%	1.52	0.42	12.61%	8.37%	9.22%
90%	2.60	0.42	19.10%	8.84%	9.87%

若债券持有者面临一定的市场风险,在较高债务水平上的股权成本就会较低,而迪士尼的最优债务率将增加到60%,高于使用常规β值尺度所计算的等于40%的最优债务率。[①]

公司价值和资本成本

使得资本成本最小化的原因是它能够使得公司价值达到最大。为了说明移动到最优债务率对于迪士尼公司价值的影响,首先采用一个简单的估价模型,以便评估处在稳定增长期的公司。

$$公司价值 = 期望增长率 = \frac{期望公司现金流_{下一年度}}{(资本成本-g)}$$

其中的 g 表示公司现金流的(永久性)增长率。我们先计算迪士尼目前的自由现金流,运用等于6 829百万美元的息税前盈利、38%的税率以及在2008年对于长期资产的再投资(忽略流动资本,假设对于流动资本没有再投资),

EBIT(1 - 税率) = 6 829(1 - 0.38) = 4 234
+折旧和摊销   1 593
-资本性支出   1 628
-非现金流动资本变化量   0
公司自由现金流   4 199

对于进行分析时的公司市值,可通过加总债和股权的估算市值而得出:

---

① 为了估算债务的β值,我们使用每一债务水平上的违约息差,并且假设这种风险的25%为市场风险。因此,如果级别为A,违约息差就是3%。根据我们在其他地方所用6%的市场风险溢价,可以估算处在A级的β值为

由此而生的 C 级债务 β值 = (3%/6%) × 0.25 = 0.125

假设25%的违约风险属于市场风险的目的是,确保在D等级上,债务β值(0.83)接近于迪士尼的非杠杆性β值(1.09)。

股权市值 45 193
＋债务市值 16 682
＝公司价值 61 875

假设市场对公司的定价无误,则可倒推出隐含的增长率:

$$公司价值 = 61\,875 = \frac{FCFF_0(1+g)}{资本成本 - g} = \frac{4199(1+g)}{0.0751 - g}$$

增长率 ＝（公司价值×资本成本公司现金流）/（公司价值＋公司现金流）
　　　＝（61 875×0.075 1－4 199）/（61 875＋4 199）
　　　＝ 0.006 8 或 0.68%

现在假设,迪士尼移动到40%的债务率和7.32%的资本成本,可以下列参数评估公司:

公司现金流 ＝ 4 199 百万美元

WACC ＝ 7.32%

公司现金流增长率 ＝ 0.68%

$$公司价值 = \frac{FCFF_0(1+g)}{资本成本 - g} = \frac{4\,199(1.006\,8)}{0.075\,1 - 0.006\,8}$$
$$= 63\,665 \text{ 百万美元}$$

公司的价值将从 61 875 百万美元增加到 63 665 百万美元,如果公司移动到最优债务率:

公司价值 ＝ 63 665－61 875 ＝ 1 790 百万美元

这种方法的局限性在于,对于最近年份现金流的估算以及公司处在稳定增长期的假设均严重依赖于增长率。[①] 然而,我们还可采用另一种方法估算公司价值的变化量。首先考虑资本成本由7.51%变为7.32%,跌幅为0.19%。资本成本的这一变化应该会导致公司年度融资成本下降:

迪士尼在现有债务率上的融资成本 ＝ 61 875×0.075 1 ＝ 4 646.82 百万美元

迪士尼在最优债务率上的融资成本 ＝ 61 875×0.073 2 ＝ 4 529.68 百万美元

年度融资成本节减额 ＝ 4 646.82－4 529.68 ＝ 117.14 百万美元

请注意,节减额中的大部分是隐性的,代表的是下一年度的节减额。[②] 运用等于7.32%的新的资本成本和0.68%的增长率上限(根据隐含的增长率),可以估算这些将逐渐形成的节减额现值:

$$节减额现值 = \frac{下一年度节减额}{(资本成本 - g)} = \frac{117.14}{(0.073\,2 - 0.006\,8)}$$
$$= 1\,763 \text{ 百万美元}$$

---

① 就长期而论,没有哪家公司能够根据高于经济名义增长率的比率而增长。无风险利率能够恰当地代表长期的经济名义增长率,因为它由两个因素所构成:期望通胀率和期望真实报酬率。后者必须等于长期的真实增长率。

② 股权成本属于隐性成本,不会体现在公司的收入报表上。因此,资本成本节减额不可能高于盈利总额。实际上,随着公司债务率的提高,盈利将会减少但每股盈利却会增加。

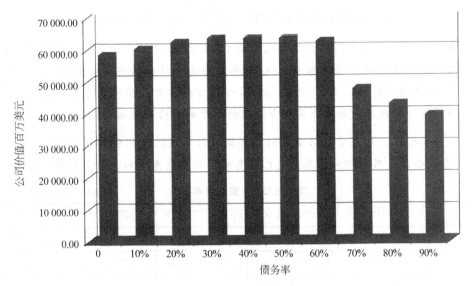

图 15.3 公司价值和债务率

$$\text{资产重组后的公司价值} = \text{当期公司价值} + \text{节减额现值}$$
$$= 61\,875 + 1\,763$$
$$= 63\,638\text{ 百万美元}$$

使用这种方法,图 15.3 针对不同的债务率描述了所估算的公司价值。

从公司价值得出每股价值,存在着两条途径。因为价值增量完全属于股东们,通过除以发行股数目,就可估算出每股价值的增量:

$$\text{每股价值增量} = 1\,763/1\,856.732 = 0.95(\text{美元})$$
$$\text{新股价格} = 24.34 + 0.95 = 25.29(\text{美元})$$

鉴于资本成本的变化是通过借款 8 068 百万美元(即,符合最优债务率的 24 750 百万美元减去当期借款 16 682 百万美元而得到的差额)和回购股票而实现。或许看似奇怪的是,我们使用了回购之前的发行股数目。蕴含于这一计算过程的假设是,公司价值增量将均匀地分摊在已将股票卖给公司或未卖给公司的股东之间,这是我们称其为"理性解答"的缘由,因为它使得投资者在出售和持有公司股票之间没有差异。确定每股价值的另一种方法是,计算回购后的发行股数目:

$$\text{回购后发行股数目} = \text{回购前发行股数目} - \frac{\text{债务增量}}{\text{每股价格}}$$
$$= 1\,856.732 - \frac{\text{债务增量}}{\text{每股价格}}$$
$$= 1\,537.713\text{ 百万股}$$

$$\text{资产重组后的公司价值} = 63\,638\text{ 百万美元}$$
$$\text{资产处置后的未偿债务} = 24\,750\text{ 百万美元}$$
$$\text{资产重组后的股权价值} = 38\,888\text{ 百万美元}$$

$$\text{资产重组后的每股价值} = \frac{38\ 888}{1\ 537.713} = 25.29 \text{ 美元}$$

如果可以根据当期价格 24.34 美元或低于 25.29 美元的其他价格回购股票，剩余的股东就可获得更大部分的价值增量。例如，如果迪士尼可根据当期价格 24.34 美元回购股票，每股价值增量将是 1.16 美元。① 但是，如果实施回购的价格高于 25.29 美元，把股票卖给公司的那些股东就会以公司剩余股东的利益为代价而获益。

🖱 *captstr.xls.* 该电子表格使我们能计算任何公司的最优债务率，通过使用针对迪士尼公司所用的相同信息。它已对其中的利息覆盖率和违约息差作了更新。

迪士尼公司：资本成本表格 金额单元：百万美元

D/(D+E)	0.00%	10.000%	20.00%	30.00%	40.00%	50.00%	60.00%	70.00%	80.00%	90.00%
D/E	0.00%	11.11%	25.00%	42.86%	66.67%	100.00%	150.00%	233.33%	400.00%	900.00%
债务额	0	6 188	12 375	18 563	24 750	30 933	37 125	43 313	49 500	55 688
β值	0.73	0.78	0.85	0.93	1.04	1.19	1.42	1.79	2.55	5.05
股权成本	7.90%	8.20%	8.58%	9.07%	9.72%	10.63%	11.99%	14.26%	18.81%	33.83%
EBITDA	8 422	8 422	8 422	8 422	8 422	8 422	8 422	8 422	8 422	8 422
折旧	1 593	1 593	1 593	1 593	1 593	1 593	1 593	1 593	1 593	1 593
EBIT	6 829	6 829	6 829	6 829	6 829	6 829	6 829	6 829	6 829	6 829
利息	0	294	588	975	1 485	2 011	2 599	5 198	6 683	7 518
利息覆盖率	∞	23.24	11.62	7.01	4.60	3.40	2.63	1.31	1.02	0.91
可能的评级	AAA	AAA	AAA	AA	A−	A−	BBB	B−	CCC	CCC
税前债务成本	4.75%	4.75%	4.75%	5.25%	6.00%	6.50%	7.00%	12.00%	13.50%	13.50%
有效税率	38.00%	38.00%	38.00%	38.00%	38.00%	38.00%	38.00%	38.00%	38.00%	34.52%

资本成本的计算

D/(D+E)	0.00%	10.000%	20.00%	30.00%	40.00%	50.00%	60.00%	70.00%	80.00%	90.00%
D/E	0.00%	11.11%	25.00%	42.86%	66.67%	100.00%	150.00%	233.33%	400.00%	900.00%
债务额	0	6 188	12 375	18 563	24 750	30 933	37 125	43 313	49 500	55 688
股权成本	7.90%	8.20%	8.58%	9.07%	9.72%	10.63%	11.99%	14.26%	18.81%	33.83%
债务成本	2.95%	2.95%	2.95%	3.26%	3.72%	4.03%	4.34%	7.44%	8.37%	8.84%
资本成本	7.90%	7.68%	7.45%	7.32%	7.32%	7.33%	7.40%	9.49%	10.46%	11.34%

---

① 为了计算每股价值的这种变化量，首先计算根据所采用的追加债务 8 068 百万美元（处在 40% 最优债务率上的 24 750 百万美元－现行债务 16 682 百万美元）和 24.34 美元的股价所回购的股票数目。然后，用公司价值增量 1 763 百万美元除以剩余的发行股数目，

$$\text{股价变化量} = 1\ 763 \text{ 百万美元}/[-(8\ 068/24.34)] = 1.16 \text{ 美元/股}$$

> **违约风险、经营性收入和最优杠杆水平**
>
> 刚刚完成的有关迪士尼公司的分析假设，如果债务率发生变化，经营性收入仍将保持不变。这种假设虽可极大地简化分析，但却与现实不符。对于许多公司来说，经营性收入会随着违约风险的加大而降低。事实上，这就是我们称之为"间接破产成本"的成本。如果违约风险突破某种可以接受的水平，收入的下降会更加明显。例如，如果公司债券评级低于"投资"级别，就有可能导致销售额的重大损失和支出的剧增。
>
> 有关最优资本结构的一般模型会考虑到经营性收入、资本成本因债务率的变化而变化的情形。我们已经论述了如何针对不同的债务率估算资本成本，但还需要针对经营性收入实施这项工作。例如，通过考察评级下调对其他零售商的经营性收入造成的影响，可以估算迪士尼的经营性收入在债务率和违约风险发生变化时将如何变动。
>
> 如果经营性收入和资本成本两者都有所变化，最优债务率可能就不再是可使资本成本达到最小的比率。取而代之地，需要把最优债务率定义为"使得公司价值达到最大的债务率"。

15.5 调整型现值和财务杠杆

根据调整型现值（APV）方法，我们从没有债务的公司价值入手。在把债务添加到公司价值上之后，通过考察借款的效益和成本，我们分析借款对于公司价值的净影响。然后，可以估算处在不同债务水平上的杠杆性公司价值，而能够使得公司价值达到最大的债务水平就是最优债务率。

15.5.1 实施调整型现值方法的步骤

非杠杆性公司的价值并不取决于期望杠杆水平，而是可以根据前面一节所述方法进行估算，即根据非杠杆性股权成本对自由现金流进行贴现。事实上，如果我们并不打算估算这一价值而乐于假设公司的当期市值正确无误，通过减去税款优惠额以及加上源于当期债务的期望破产成本，我们也能够倒推得出非杠杆性公司价值。

当期公司价值 = 非杠杆性公司价值 + 税款优惠额 − 期望破产成本

非杠杆性公司价值 = 当期公司价值 − 税款优惠额现值 + 期望破产成本

如果公司改变杠杆水平，将会发生变化的因素只有期望税款优惠额和期望破产成本。为了获得这些与杠杆水平一道变化的价值，需要实施下列五个步骤。

1. 估算处在每一债务率上的未偿债务额。这一过程对应着我们根据资本成本方法所做的工作，即，保持公司价值不变，分别考虑公司在债务率等于20%、30%等等时所欠的债务额。

2. 将债务额乘以税率，估算税款优惠额。这一点其实假设债务具备永久性，而税款优惠额将一直延续下去。

3. 估算针对每一债务率的评级、利率和利息支出。这一过程再度重复了根据资本成本法所做的工作。

4. 运用评级估算违约概率。请注意,表15.2提供了有关每一评级的违约概率。

5. 估算期望破产成本,通过将破产概率乘以破产成本而得出,并且把破产成本表示成非杠杆性公司价值的某一百分比。

我们需要针对各种不同的债务水平计算出杠杆性公司的价值,而能够使得杠杆性公司价值达到最大的债务水平也就是最优债务率。

案例 15.8　关于最优资本结构的 APV 方法：2009 年 5 月的迪士尼公司

APV 方法可用于估算迪士尼公司的最优资本结构。第一步是估算非杠杆性公司的价值。为此,我们从迪士尼在 2009 年的市值入手,把握源于现有债务的缴税优惠额和破产成本的影响:

迪士尼的当期市值 = 股权价值 + 债务价值 = 45 193 + 16 682 = 61 875 百万美元

接着计算源于现有债务的税款优惠额,假设债务利息支付将一直延续,使用针对迪士尼的 38% 的边际税率。

当期债务的税款优惠额现值 = 当期债务 × 税率 = 16 682 × 0.38 = 6 339 百万美元

根据迪士尼目前的 A 等级,从表 15.2 可知其破产概率为 0.66%。假设破产成本等于扣除税款优惠额之前公司价值的 25%。分别考虑 10% 到 40% 的破产成本,我们已经假设迪士尼面临处在这一值域中间位置的期望破产成本。迪士尼的某些业务可能会受到公众负面情绪的影响,诸如主题公园(theme parks),但其电影和广播业务却不大会受到影响,因为这些项目大多具有短期性且规模不大。

期望破产成本 = 违约概率 × 破产成本 = 0.66 × (0.25 × 61 875) = 102 百万美元

然后再计算迪士尼作为非杠杆性公司的价值,

迪士尼作为非杠杆性公司的价值 = 当期市值 − 税款优惠额现值 + 期望破产成本
= 61 875 − 6 339 + 102 = 55 638 百万美元

分析过程的下一步是,针对不同的债务水平,估算税款优惠额,如下表所列。虽然我们使用了假设现值具备永久性的标准计算方法,若是利息支出超过了 EBIT,则可降低计算中所使用的税率。前面已经描述了根据资本成本法如何调整税率。

源于债务的税款优惠额(tcD):迪士尼公司

债务率	债务额/百万美元	税　率	税款优惠额/百万美元
0%	0	38.00%	0
10%	6 188	38.00%	2 351
20%	12 375	38.00%	4 706
30%	18 563	38.00%	7 054
40%	24 750	38.00%	9 405

续表

债务率	债务额/百万美元	税率	税款优惠额/百万美元
50%	30 938	38.00%	11 756
60%	37 125	38.00%	14 108
70%	43 313	38.00%	16 459
80%	49 500	38.00%	18 810
90%	55 688	34.52%	19 223

整个过程的最后一步是,估算期望破产成本,根据债券评级、违约概率以及破产成本是公司价值的25%的假设条件。根据杠杆性公司价值,下表概述了期望破产成本。

期望破产成本:迪士尼公司

债务率	债券评级	违约概率	期望破产成本/百万美元
0%	AAA	0.07%	10
10%	AAA	0.07%	10
20%	AAA	0.07%	11
30%	A+	0.60%	94
40%	A	0.66%	107
50%	A−	2.50%	421
60%	B	36.80%	6 417
70%	CCC	59.01%	10 636
80%	CCC	59.01%	10 983
90%	CCC	59.01%	11 044

因此,针对40%的债务率,可对期望破产成本估算如下:

期望破产成本=(非杠杆性公司价值+税款优惠额)(0.25)(0.006 6)
$$= (55\,638 + 9\,405)(0.25)(0.006\,6) = 107 \text{ 百万美元}$$

通过加总税款优惠额和期望破产成本,下表估算了杠杆性公司的价值。

使用杠杆的迪士尼公司价值　　　　金额单位:百万美元

债务率	债务额	税率	非杠杆性公司价值	税款优惠额	期望破产成本	杠杆性公司价值
0%	0	38.00%	55 638	0	10	55 629
10%	6 188	38.00%	55 638	2 351	10	57 979
20%	12 375	38.00%	55 638	4 703	11	60 330
30%	18 563	38.00%	55 638	7 054	94	62 598
40%	24 750	38.00%	55 638	9 405	107	64 936
50%	30 938	38.00%	55 638	11 756	421	66 973
60%	37 125	38.00%	55 638	14 108	6 417	63 329
70%	43 313	38.00%	55 638	16 459	10 638	61 461
80%	49 500	38.00%	55 638	18 810	10 983	63 466
90%	55 688	34.52%	55 638	19 223	11 044	63 817

公司价值在大约 50% 的债务水平上达到最大，略高于使用资本成本法所估算的最优值。然而，这些结果对于破产成本估算值占公司价值的比重以及违约概率都十分敏感。

⊙ *apv.xls*。该电子表格使我们能够计算带有某种杠杆水平的公司价值，使用调整型现值方法。

评估部分而非总体

调整型现值模型分别估算债务和经营性收入，而公司价值则是这两个因素之和。其实，贴现现金流估价法的最大好处之一就在于，把现金流分解为各单个因素，分别对它们进行估价，但却不会改变价值。因此，我们可以分别评估通用电气（GE）公司的各个部门，再把它们加总；或者评估可口可乐公司在各个国家的业务，然后予以加总。

分块估价的好处是，可以分别估算每一部分的现金流和贴现率，从而得到更准确的价值估计数。例如，在评估 GE 的家用产品和飞机引擎这两个业务部门时，我们可就经营利润率、再投资需要以及资本成本采用相当不同的假设。类似地，针对可口可乐在每个国家的经营业务，也可运用不同的国家风险溢价。既然如此，有人或许会问，为何不对所有的公司均如此处理呢？问题在于信息的可得性。许多公司没有对其盈利和现金流进行足够详细的划分，故而难以对它们实施分块估价。即便它们如此行事，诸如 GE 公司，通常也只是将巨额的集中性支出任意分摊在各个部门之间。

随着公司经营变得越发多样化，把公司分解成块的效益无疑也会越大。但是，我们必须把这些效益针对成本加以比较，后者事关信息的不准确和一些更加严重的估算问题。

15.5.2 调整型现值方法的效益和局限

APV 方法的优点是，它把债务的影响分解成不同的因素，使得分析者能够针对其中每一因素使用不同的贴现率。此外，我们并不认为债务率会一成不变，这是资本成本法所采用的一个隐含假设条件。相反，我们具有一定的灵活性，保持债务金额不变，同时计算固定债务额的效益和成本。

必须将这些好处与估算有关违约和破产成本方面的困难进行权衡比较。实际上，许多使用调整型现值法的分析者都忽视了期望破产成本；这就使得他们得出了公司的价值会随着借款额的加大而增加的结论。毋庸惊讶的是，这一点会导致这样一种结论：公司的最优债务率就是 100% 的举债。

一般而言，根据相同的假设条件，APV 法和资本成本法的结论相当接近。然而，

APV 法在评估债务额方面更加实用,而资本成本法对于分析公司的债务比率则更加便利①。

15.6 问题和简答题

在下列问题中,若无特别说明,假设股权风险溢价为 5.5%。

1. 判断下列有关公司自由现金流模型各种说法的对错。

   a. 公司自由现金流总是大于股权自由现金流。

   对____ 错____

   b. 公司自由现金流是公司所有投资者的累计现金流,虽然他们的索取权形式不同。

   对____ 错____

   c. 公司自由现金流是偿债和纳税之前的现金流。

   对____ 错____

   d. 公司自由现金流属于偿债和纳税之后的现金流。

   对____ 错____

   e. 若不了解公司的利息和本金偿付情况,我们就无法估算负有债务的公司自由现金流。

   对____ 错____

2. Union Pacific Railroad 公司在 1993 年报告了 7.7 亿美元的净收入,而利息支出为 3.2 亿美元。(公司税率为 36%。)据它报告,那一年的折旧为 9.6 亿美元,资本性支出为 12 亿美元。公司在账面上还持有 40 亿美元的未偿债务,评级为 AA(到期收益率为 8%),并且根据面值进行交易(在 1992 年年末为 388 亿美元)。其股票的 β 值为 1.05,发行股数目为 2 亿(交易价为每股 60 美元),账面价值为 50 亿美元。Union Pacific 公司的流动资本需要可忽略不计。(长期国债利率为 7%,风险溢价为 5.5%。)

   a. 估算它在 1993 年的公司自由现金流。

   b. 估算公司在 1993 年末的价值。

   c. 使用 FCFF 方法,估算 1993 年末的股权价值和每股价值。

3. 洛克希德公司(Lockheed Corporation)是美国的一家大型国防产品合同商。据报,1993 年,在扣除 2.15 亿美元的利息支出和 4 亿美元的折旧费用之前,它的 EBITDA 为 12.90 亿美元。1993 年的资本性支出额达到了 4.5 亿美元,流动资本是销售额(135 亿美元)的 7%。公司(账面的)未偿债务为 30.68 亿美元,根据市值 32 亿美元进行交易,产生了 8% 的税前报酬率。发行股数目为 0.62 亿,交易价为每股 64 美元,近期的 β 值为 1.10。公司的税率为 40%。(长期国债利率为 7%,风险溢价为 5.5%。)

---

① 参见 Insebag and Kaufold(1997)。

从 1994 到 1998 年间,公司期望销售额、盈利、资本性支出和折旧均以每年 9.5% 的比率增长;随后的期望增长率下降到 4%。(在稳定期内,公司资本性支出是折旧的 120%。) 公司还打算在稳定期把债务/股权比率降低到 50%(这将使得税前利率下降到 7.5%)。

 a. 估算公司的价值。

 b. 估算公司的股权价值和每股价值。

 4. 面对令人沮丧的盈利结局和愈来愈独断的机构性股东,伊士曼·柯达(Eastman Kodak)公司在 1993 年考虑实施一项重大的资产重组。作为重组的一部分,它考虑出售其医保产品部门。后者在 1993 年的息税前盈利为 5.6 亿美元,销售额为 52.85 亿美元。在 1994—1998 年间,盈利的期望增长率为 6%,随后则是 4%。医保产品部门在 1993 年的资本性支出为 4.2 亿美元,折旧为 3.5 亿美元。预计两者在长期的年增长率均为 4%。其流动资本要求可忽略不计。

 与柯达相互竞争的其他公司平均 β 值为 1.15。虽然柯达具有 50% 的债务率 $[D/(D+E)]$,其医保产品部门却只能维持 20% 的债务率 $[D/(D+E)]$,接近于医保产品行业各竞争性公司的均值。处在这一债务水平上,医保产品部门预计可对债务在税前付息 7.5%。(税率为 40%,长期国库券利率为 7%,风险溢价为 5.5%。)

 a. 估算该部门的资本成本。

 b. 估算该部门的价值。

 c. 收购者为何会更加关注关于这一部门的估算价值?

 5. 我们打算分析某位著名分析者对于一家稳定型公司所作的估价。根据公司在下一年度 3 000 万美元的期望自由现金流以及 5% 的期望增长率,这位分析者估算公司价值为 7.5 亿美元。然而,他在使用以账面价值计算债务/股权比率时出了差错。我们并不了解他使用的账面价值权重,但知道公司的股权成本为 12%,税前债务成本为 6%。我们还知道,股权的市值是其账面价值的三倍,而债务的市值等于其账面价值。估算正确的公司价值。

 6. Santa Fe Pacific 是一家从事多种业务的重要铁路经营商。它在 1993 年扣除利息、税款和折旧之前的盈利为 6.37 亿美元,其中折旧为 2.35 亿美元(由等额的资本性支出所抵消)。该公司处在稳定状态,预计永久性年增长率为 6%。Santa Fe Pacific 在 1993 年的 β 值为 1.25,未偿债务为 13.4 亿美元。它在 1993 年末的股价为 18.25 美元,发行股数目是 1.831 亿。下表列出了 Santa Fe Pacific 处在不同债务水平上的债务成本。

$D/(D+E)$	评级	债务成本(税前)	$D/(D+E)$	评级	债务成本(税前)
0%	AAA	6.23%	50%	B+	8.93%
10%	AAA	6.23%	60%	B−	10.93%
20%	A+	6.93%	70%	CCC	11.93%
30%	A−	7.43%	80%	CCC	11.93%
40%	BB	8.43%	90%	CC	13.43%

预计息税前盈利的永久性年增长率为 3%，资本性支出由折旧所抵消。（税率为 40%，长期国库券利率为 7%，市场风险溢价为 5.5%。）

a. 针对当期债务率，估算资本成本。

b. 针对 0% 到 90% 的债务率，估算资本成本。

c. 针对 0% 到 90% 的债务率，估算公司价值。

7. 我们需要估算汽车旅馆连锁经营商 Cavanaugh Motels 的价值。在最近财务年间，该公司报告了 2 亿美元的息税前盈利，并将其应税收入的 40% 作为税款缴纳。公司的账面资本价值为 12 亿美元，预计公司的永久性年增长率为 4%。公司的 β 值为 1.2，税前债务成本为 6%，股权市值为 10 亿美元，债务市值为 5 亿美元。（无风险利率为 5%，市场风险溢价为 5.5%。）

a. 运用资本成本法估算公司价值。

b. 如果获悉该公司在目前债务水平上的违约概率为 10%，破产成本是非杠杆性公司价值的 25%，运用调整型现值方法估算公司价值。

c. 我们如何协调两种价值估算数？

8. Bethehm Steel 是美国历史最为悠久和最大的钢铁公司之一。它正考虑自己是否负债过多的问题。该公司的未偿债务市值为 5.27 亿美元，股权市值为 17.6 亿美元。公司的息税前盈利为 1.31 亿美元，面临的公司税率为 36%。公司债券的评级是 BBB，债务成本为 8%。根据这种评级，公司的违约概率为 2.3%，破产成本预计等于公司价值的 30%。

a. 根据公司目前的市值估算公司的非杠杆性价值。

b. 假设债务率为 50%，运用调整型现值法估算公司的杠杆性价值。根据这一债务率，公司债券评级是 CCC，破产成本[①]将增加到非杠杆性公司价值的 46.61%。

---

① 此处原文为"the probability of default"。——译者注

CHAPTER
第 16 章

估算每股的价值

第15章考察了如何最为恰当地估算公司经营性资产的价值。若要由它得到公司价值，我们还需考虑公司所持现金、有价证券和其他非经营性资产的价值。尤其重要的是，必须评估公司在其他公司中持有的股份，解决用于记录此类持有的诸多会计技术问题。为了从公司价值获得股权价值，我们还需确定公司中那些必须提取出来的各种非股权索取权的价值。

一旦对公司股权作出了估价，估算每股价值的工作可能就会相对容易了，所需做的似乎就是将股权价值除以发行股数目。但是，对某些公司来说，即便是如此简单的工作也会因为管理层和员工期权的存在而变得复杂化。本章讨论这种期权的数量给估价造成的负担，然后考虑把这种影响结合到每股价值中的各种途径。

16.1 非经营性资产的价值

在账面上，各公司持有可归类为非经营性资产的一些资产。首当其冲者是现金和准现金投资，即，具有大量现金余额的公司所作出的无风险或风险很低的投资。第二类是投资于其他公司的股权和债券，有时出于投资目的，有时出于战略考虑。第三类是在其他公司持有的股份，私营企业或上市公司，它们被会计师们以各种方式进行分类。最后，公司还拥有一些无法生成现金流但却可能具有价值的资产，诸如在纽约或东京的未开发土地。

16.1.1 现金和准现金投资

对于短期政府证券或商业票据的投资，由于它们可迅速转换为现金且成本很低，被视为准现金投资。本节考虑如何在估价中最恰当地处理这些投资。

经营性现金需要

如果公司经营需要现金，即经营性现金余额，而这种现金无法赢得公允的市场报酬率，我们就应把它看作所需流动资本的一部分，而不是公司价值的另外一个组成部分。超过经营性现金需要的现金和准现金投资则可视为非经营性资产，而且可以添加到经营性资产价值上。公司需要多少经营性现金呢？答案取决于公司及其经营活动所在的经济体。

新兴市场上的小型零售商,其现金交易要比信用卡交易更加盛行,或许需要巨额经营性现金。与此相反,发达市场上的制造商或许根本就不需要现金。如果公司所持现金是付息的,现金所赢得的利息就体现了公允报酬率,① 故而不可将其视为流动资本。相反,我们把它看作非经营性资产,而在评估经营性资产时不予考虑。

处理非经营性现金持有

在估价中,处理现金和有价证券的方式有两种。一是把它们完全列入经营性资产,把公司(或股权)作为一个整体进行估价。另一个是分别评估经营性资产、现金和有价证券。

整合估价

是否能将现金视为公司总资产的一部分,在整合的基础上予以估价呢? 答案是肯定的。在某种意义上,这也正是我们在预测公司净收入总额以及估算出自这些预测值的股息、股权自由现金流时所为。因此,净收入将包括出自政府证券投资、公司债券和股份投资的收入。这种方法简便易行,可运用于金融投资只占总资产很小部分的情形。但是,如果金融投资所占总资产的比重很大,它就难以运用。理由有二。

第一,用于现金流贴现的股权或资本成本必须在持续经营的基础上针对现金进行调整。用专业术语来说,我们必须使用某种非杠杆性 β 系数,它体现了公司各种经营性资产非杠杆性 β 值与现金、有价证券的非杠杆性 β 值的加权均值。例如,如果某家钢铁公司价值的 10% 为现金,它的非杠杆性 β 值就是各钢铁公司非杠杆性 β 值和现金 β 值(通常等于零)的加权均值。如果这 10% 现金被投入到风险较高的证券中,那就需要相应地调整 β 值。在操作过程中,我们将使用业务性 β 值,因为使用回归方式求取 β 值的难度要大得多。②

第二,随着公司的增长,出自经营性资产的收入比例也有可能发生变化。如果是这样,为了保持一致性,我们必须调整估价模型所使用的数据,包括现金流、增长率和贴现率。

如果不作调整,结果将如何呢? 我们很可能会错误地评估金额资产。为说明此点,假设打算评估前面所述的钢铁公司,其价值的 10% 出自现金。这笔现金被投入到政府证券且能赢得恰当的报酬率,譬如 3%。若将这笔收入加到公司其他收入上,并根据适用于钢铁公司的股权成本进行贴现,譬如 11%,现金的价值也会被贴现。因此,由于所用贴现率的不当,10 亿美元的现金将被估价为 8 亿美元。

分别估价

比较稳妥的做法是,把现金和有价证券与经营性资产相互分离,分别对它们进行估价。在使用前面一章所述公司估价法时,我们大多如此处理。这是因为我们根据经营性

---

① 请注意,如果现金被投入到无风险资产,诸如国库券,无风险利率就是公允的报酬率。
② 可从回归性 β 值中倒推出反映回归期内平均现金余额(作为公司价值的某一比例)的非杠杆性 β 值。因此,如果公司保持这一比率不变,我们就有可能得到正确的非杠杆性 β 值。

收入估算公司自由现金流,而前者通常并不包括出自金融资产的收入。若非如此,一些投资收入经由某种途径掺和到经营性收入中,就需在实施估价前将它们提取出来。完成了对于经营性资产的估价,加上现金和有价证券的价值,我们就可得出公司价值。

采用第14章中的FCFE模型,我们还要延续这种做法。虽然净收入包括了出自金融资产的收入,如果必要,仍可将现金和有价证券与经营性资产相分离。为此,首先在净收入中提取出自金融投资的收入(债券的利息、股票的股息),再用这种经过调整的净收入估算股权自由现金流;然后,使用股权成本对这些股权自由现金流进行贴现,而前者可借助仅仅反映经营性资产的β值估算得出。完成了对经营性资产中的股权估价,就可加上现金和有价证券价值而估算股权的总价值。

案例16.1　整合估价与分别估价的比较

为了分析现金余额对公司价值的影响,不妨考虑一家非现金资产投资额为12亿美元且持有2亿美元现金的公司。出于简便,兹假设,

- 非现金资产的β值为1,预计可永久性地每年盈利1.2亿美元,没有再投资需要。
- 公司将现金根据4.5%的无风险利率作出投资。
- 市场风险溢价为5.5%。

根据这些条件,可以使用整合与分离的方法评估股权。

首先考虑整合方法。在此,通过计算非现金和现金资产的加权平均β值,我们将针对所有的资产(包括现金在内)估算股权成本。

$$公司的\beta值 = \beta_{非现金资产} \times 权重_{非现金资产} + \beta_{现金资产} \times 权重_{现金资产}$$
$$= 1.00 \times (1\,200/1\,400) + 0 \times (200/1\,400)$$
$$= 0.857\,1$$

$$公司的股权价值 = 4.5\% + 0.857\,1(5.5\%) = 9.21\%$$

$$公司期望盈利 = 经营性资产净收入 + 现金利息收入$$
$$= (120 + 0.45 \times 200)$$
$$= 1.29亿美元$$

(因为没有再投资需要,它也就是FCFE)

$$股权价值 = FCFE/股权成本 = 129/0.0921 = 14亿美元$$

因此,股权价值为14亿美元。

现在,我们尝试分别对它们进行估价,从非现金投资开始,

$$非现金投资的股权成本 = 无风险利率 + \beta值 \times 风险溢价$$
$$= 4.5\% + 1.00 \times 5.5\% = 10\%$$

$$经营性资产的期望盈利 = 1.2亿美元(它也是这些资产的FCFE)$$

$$非现金资产价值 = 期望盈利/非现金资产的股权价值$$
$$= 120/0.10 = 12亿美元$$

针对上述结果,再加上2亿美元的现金价值,就可得到股权价值为14亿美元。

为了把握整合性方法的潜在问题,请注意,若用 10% 的股权成本(它只是体现在经营性资产上)对总额为 1.29 亿美元的 FCFE 进行贴现,公司的价值就只有 12.9 亿美元。1.1 亿美元的损失可归咎于对现金处理不当,

$$\text{现金的利息收入} = 4.5\% \times 2 = 0.9 \text{亿美元} = 900 \text{万美元}$$

若以 10% 对现金进行贴现,则对现金的估价结果为 900 万美元而非 2 亿美元的正确价值,故而造成了 1.1 亿美元的损失。

是否应该对现金贴现?

在案例 16.1 中,现金因为错误的原因而被减少了,即,对无风险的现金用体现风险性投资的贴现率进行贴现。然而,在两种情况下,我们可以合理地对现金余额进行贴现:

1. 给定投资项目的风险程度,公司所持现金的投资报酬率低于市场水平。
2. 出于以往的投资记录,管理者对于持有巨额现金心存疑虑。

低于市场水平的现金投资 当许多或者全部的现金余额无法赢得市场利率时,就会出现这种首当其冲的情形。如果情况如此,持有过多的现金无疑将减少公司价值。今天,美国的大多数公司虽可便利地投资于国库券和国债,许多新兴市场上的公司却没有多少选择。如果是这样,所得报酬率低于公允水平的大量现金余额将逐渐地蒙受价值损失。

案例 16.2 低于市场利率的现金投资

案例 16.1 假设公司将现金根据无风险利率作出投资。现假设,公司在现金余额上只能盈利 3%,而无风险利率为 4.5%。公司所持现金估算值就是

$$\text{根据 3% 而投资的现金估算价值} = (0.03 \times 200)/0.045 = 133.33 \text{百万美元}$$

如此一来,公司的价值将只有 13.33 亿美元而非 14 亿美元,而归还给股东们的现金原本是 2 亿美元。若将现金归还股东,可以给他们带去 6 667 万美元的剩余价值。其实,只要公司能够从资产清算中获得全部投资额,清算那些报酬率低于必要水平的任何资产都会给出类似的结果。[①]

管理者的疑虑 对低风险或无风险的有价证券进行巨额投资,就其自身而论,属于价值中性行为,但急剧膨胀的现金可能会使得公司管理层实施巨额投资或者收购,即便这些投资的报酬率未能达标。管理者有时会采取这些举措,为的是避免公司成为并购目标。[②] 如果股东们预计公司会进行这种未能达标的投资,公司的当期市值就会对其现金打折。如果公司的投资机会很少且管理不善,这种折扣额可能极大;如果公司具有大量投资机会且管理良好,那就不会存在折扣。

[①] 这一观点直接针对的是现金,对于各种实物资产却未必尽然,即便清算价值体现了资产盈利能力的不足。因此,我们也许不会那么容易确定清算过程的潜在剩余。

[②] 持有巨额现金的公司容易成为收购目标,因为现金余额可以降低收购成本。

案例16.3 针对未来不良投资的折扣

现在再回到案例16.1；其中，公司根据4.5%的无风险利率将现金作出投资。在正常情况下，预计该公司的总市值为14亿美元。但是，假设其管理层具有不良收购的记录，大量现金余额的存在会使他们试图收购另一家公司的概率由0%提高到30%。进一步地，假设市场预计他们在这一收购中会多支付5 000万美元。因此，对现金的估值就是1.85亿美元，其中的折扣额估算如下：

$$\text{估算的现金折扣额} = \text{概率变化量}_{\text{收购}} \times \text{预期过度支付额}_{\text{收购}}$$
$$= 0.30 \times 5\,000 = 1\,500(\text{万美元})$$
$$\text{现金价值} = \text{现金余额} - \text{估计折扣额} = 2\text{亿美元} - 0.15\text{亿美元}$$
$$= 1.85\text{亿美元}$$

因此，公司的估计值将等于13.85亿美元而非14.00亿美元。决定这种折扣额的两个因素，不良投资可能性的增加和预期投资净现值，都有可能以投资者对于管理质量的评估为根据。

在海外市场持有的现金

随着美国各公司的全球化，它们还在海外市场形成了很大部分的收入，其中许多国家的税率要低出许多。这种收入通常不会被征税，除非被汇回美国；此时，它们必须根据（在美国公司税率与外国公司税率之间的）级差税率（differertial tax rate）缴税。毋庸惊讶，许多公司都选择让现金留存海外或者附属机构，旨在推迟或者回避税收的影响。这种现金被称为"受困现金"（trapped cash）。在2011年，它在思科之类公司中的金额高达200亿美元。评估这种受困现金的一种保守方法是，假设公司必须针对汇回盈利支付级差税率，计算扣除这种税款后的价值。因此，假设公司持有200亿美元的受困现金，预计盈利汇回则需缴纳20%的级差税款，现金的价值就只有160亿美元。

进行这种调整时，需注意两个问题。第一个问题是，各公司在财务报表上并不会明确显示它与海外附属机构或者市场相关的现金余额。第二个问题是汇回这种现金的税收影响在短期内可能很清晰，但就长期而论却并非如此。因为(1)美国的税率可能会随着时间而变化，以及(2)美国国会可能会批准某个免税期（tax holiday），公司由此可获得一次性暂缓期限而把现金带回国内，而且无需缴税或者所缴税率低出许多。

16.1.2 风险性证券投资

至此，本章考察的是如何评估现金和准现金投资。有时候，公司投资于风险性证券，从投资级别的债券到高收益债券，再到其他公司的上市股票。本节探讨此类投资的动因、后果和记账方法。

持有风险性证券的缘由

公司为何要投资于其他公司发行的风险性证券呢？某些公司是为了可在股票和公司

债券投资上获得相对国库券和商业票据而言更高的报酬。近年来,一些公司(尤其是高科技公司)还形成了在其他公司获取股票头寸的趋势,旨在增进其战略利益。另外一些公司则在其他公司中获取据信估价过低的股票头寸。最后,就银行、保险公司和其他金融服务公司而言,投资于风险性证券原本就属于其业务的一部分。

为了获得更高的报酬 准现金投资,诸如国库券和商业票据,具备流动性但风险很低甚至为零,所能得到的报酬率也很低。如果公司在有价证券方面投资巨大,它们可以预期通过投资于风险更高的证券而获取高得多的报酬。例如,投资于公司债券将产生超过国债的利率,而利率会随着风险程度一道增加。投资于股票则可提供高出公司债券的期望报酬,虽然未必是更高的实际报酬。针对1990—1999年以及2000—2009年两个十年,图16.1概述了风险性投资的报酬率,并将它们与准现金的报酬率进行了比较。在第一个十年间,股票收益大大地超出了公司债券和政府证券,但在第二个十年期间,其收益大不如前。

然而,虽然投资于风险较高的项目可为公司赢得较高的报酬,但却不会增进公司的价值。实际上,运用我们在分析准现金投资时的推理过程,可以认为,投资于风险更高的项目和赢得公允的市场报酬(作为对风险的回报)均属于价值中性行为。

投资于被低估的证券 一项好的投资在于能够赢得超出必要水平的报酬率。这一原则,建立于项目和资产投资的框架内,同样适用于金融投资。投资于被低估股票之举意味着,公司接受了净现值为正的投资,因为这些股票投资所提供的报酬将超过其股权成本。类似地,通过投资于定价过低的其他公司债券,公司也将赢得超额报酬和为正的净现值。

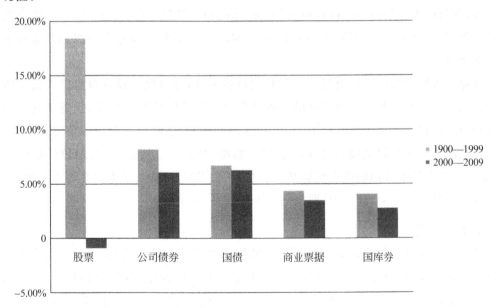

图16.1 各种级别投资的报酬:1990—1999年间与2000—2009年间的比较

公司能否找到可以投资的被低估股票和债券？这一点取决于市场的有效性以及公司管理者是否擅长找到被低估的证券。在许多个案中，与它们参与竞争的产品市场相比，公司可能更善于在金融市场上发现好的投资机会。不妨考虑一下伯克希尔·哈撒韦(Berkshire Hathaway)公司的情形。作为沃伦·巴菲特 Warren Buffett 先生在过去数十年间作出精明投资的公司平台，它的投资包括了可口可乐公司、美国运通公司(American Express)和华盛顿邮报等业务在内。虽然伯克希尔·哈撒韦公司还拥有其实体公司股份，包括一家著名的保险公司(GEICO)的所有权，但该公司投资者的很大部分价值却是出自公司所作出的被动型股份投资。

除了伯克希尔·哈撒韦公司取得的成功之外，大多数美国公司都避免在金融投资方面寻找盈利机会。部分原因是，它们知道，在金融市场上不易找到被低估的证券。各公司无意对其他公司进行股份投资，部分原因还在于，它们认为，就宝洁和可口可乐之类公司的投资者而言，他们进行投资是出于这些公司在产品市场上的竞争优势（品牌、营销技能等），而不是因为他们具有何种明确的选股技能。

战略性投资

在上世纪 90 年代，微软(Microsoft)公司积累了超过 400 亿美元的巨额现金，并且使用这些现金对软件、娱乐以及与互联网相关的诸多公司进行了股份投资。它如此行事的原因有三。第一，投资于这些公司可以使得微软在这些公司的产品和服务开发方面上拥有发言权，防止它们结成竞争性的伙伴关系。第二，使得微软能够与这些公司合作开发产品。因此，仅在 1998 年间，微软公司就宣布了针对 14 家公司的投资，包括 ShareWave、General Magic、RoadRunner 和 Qwest Communication 等公司在内。在 1995 年作出的一项早期投资中，微软公司投资于 NBC 以构建 MSNBC 网络，这使它在电视和娱乐业中获得了立足点。

战略性投资能够增进价值吗？正如其他投资一样，这取决于投资金额以及公司所能获得的回报。如果这些投资所宣称的各种连带效应和协同性确实存在，投资于其他公司的股权就可赢得大大高于基本比率(hurdle rate)的报酬，进而增加公司的价值。无疑，这是一种比收购整个公司要便宜许多的选项。然而，值得注意的是，就追加价值这一点来说，微软公司在其他公司的投资所获甚微。在 2011 年间，微软公司更加专注于这种战略，据它宣布，将以 85 亿美元购买互联网电话服务公司 Skype。

业务性投资

某些公司持有有价证券不是作为随意的投资，而是业务性质使然。例如，保险公司和银行在经营过程中经常投资于有价证券，前者是为了弥补预期的保险索赔负债，后者则是从事交易活动。虽然这些金融服务公司在资产负债表上持有巨额金融资产，但它们与本书至此所讨论的公司没有可比性。事实上，它们更加类似于制造业公司的原材料而非随意的金融投资。

有价证券的估价

有价证券包括那些蕴含违约风险的公司债券,以及蕴含更大风险的上市股票。随着公司所持证券的风险加大,处理它们的方法选择也会更复杂。关于它们,存在三种记账方法。

1. 最为直截了当的方法是,估算这些证券的当期市值,把它添加到经营性资产价值上。对于那些以持续经营为前提而得到估价的公司来说,如果评估它们所持有的大量有价证券,这种方法或许是唯一选择。

2. 第二种方法是,估算这些证券的当期市值,然后扣除可能出现的资本利得税效应,如果眼下出售这些证券的话。资本利得税的这种影响取决于购买这些资产时所付出的价格和当期价值。如果根据清算条件评估公司,或者公司明确表示打算出售其持有的证券,这种方法是最好的估价方式。

3. 把有价证券价值结合到公司中的第三种和最为困难的方式是,评估发行这些证券的公司的价值(使用贴现现金流方法),然后再估算这些证券的价值。这种方法通常最为适用的公司类型是,在其他上市公司中所持证券种类较少但金额却很大。

案例 16.4 微软公司的现金和有价证券:2001 年

在上世纪 90 年代,微软公司积累了巨额现金,主要因为它留存了原本可支付给股东们的股权自由现金流。例如,在 1999 年和 2000 年,该公司报告了下列准现金投资持有状况(以百万美元计)。

	1999	2000		1999	2000
现金和等价物			短期投资		
现金	635	849	商业票据	1 026	612
商业票据	3 850	1 986	美国政府和所属机构债券	3 592	7 104
存款凭证	522	1 017	公司中长期债券	6 996	9 473
美国政府和所属机构债券	0	729	市政证券	247	1 113
公司中长期债券	0	265	存款凭证	400	650
货币市场优先股	13	0	短期投资总额	12 216	18 952
现金和等价物总额	4 975	4 846	现金和短期投资	17 236	23 798

评估 2000 年的微软公司时,应该明确地将其 237.98 亿美元的投资视为公司价值的一部分。一个有意义的问题是,是否应该采取某种折扣以反映其未来的不良投资。在 2000 年,微软并未因为持有现金而受损,主要在于其保持利润持续增长方面无可挑剔的记录,其股票同时提供了高报酬。虽然公司在 1999 年和 2000 年的情形不太理想,但投资者或许相信该公司在近期不会出现偏差。因此,我们可以把现金的面值添加到微软的经营性资产值上。

更有意义的部分是,微软在 2000 年把 117 亿美元表示成对于风险性证券的投资。它报告了有关这些投资的下列信息(以百万美元计)。

	成本基数	未实现效益	未实现亏损	记账基数
以市值计的债务证券：				
1年内	498	27	0	525
2～10年内	388	11	−3	396
10～15年内	774	14	−93	695
15年以上	4 745	11	−933	3 812
以市值计的债务证券总额	6 406	52	−1 029	5 429
股权：				
股票和购股权证	5 815	5 655	−1 697	9 773
优先股	2 319			2 319
其他投资	205	205		
股权和其他投资总额	14 745	5 707	−2 726	17 726

根据147.45亿美元的初始成本,微软产生了将近30亿美元的账面利润,据报,这些投资的当期价值为177.26亿美元。它们中的大部分都在市场上交易,根据市值获得确认。处理这些投资的最简单方式是,把这些市值添加到微软的经营性资产上而得到公司价值。波动最大的条目是对于其他公司的普通股投资。这种持有量几乎增加了一倍,显示为97.73亿美元的记账基数。在评估微软时,是否应该根据市值体现这一点呢?答案通常是肯定的。但是,若对这些投资估价过高,就存在把这种结果代入公司估价的风险。另一种方法是,分别评估公司做出的每一项股票投资,但是这一工作会因其股票持有种类的增加而变得相当繁杂。

总之,我们把237.98亿美元的准现金、177.26亿美元的股份投资都添加到微软公司在2000年间的经营性资产值上。

在十年过后的2011年,微软仍然持有大量现金,而且被投入到准现金和有价证券组合中。然而,微软的股价和经营业务在2000—2010年间却落后于市场和行业。因此,在评估2011年的微软时,或许需对其现金持有给予某种折扣。

赋予有价证券溢价还是折扣?

作为一般规则,不应对有价证券赋予溢价或者折扣,除非打算评估相关公司的内在价值。然而,存在着一种例外情形,它与那些以买卖金融资产为业务的公司相关,它们是封闭式共同基金(有数百家此类公司在美国股票交易所挂牌),以及投资公司(诸如 Fidelity 和 T. Rowe Price 公司等)。封闭式基金向投资者出售股份,而将所得资金投资于各种金融资产。它的股票数目保持不变,但股价却会变动。鉴于封闭式基金的投资对象均属上市交易证券,有时会出现这样一种现象:封闭式基金的股价高于或低于基金所持证券的市场价格。针对这些公司,或许应该对这些有价证券赋予某种折扣或者溢价,以便体现出它们在这些投资上赢取超额报酬的能力。

封闭式基金,若能持续地找到被低估的资产而产生大大超过预期的报酬(针对既定的风险),我们就应该对它所持有的有价证券赋予溢价,额度取决于超额报酬水平以及预计公司能够获得超额报酬的时间长度。相反,对于获得的报酬率远低于预期水平的封闭式基金,就应对它所持有价证券价值给予某种折扣。如果清算这类基金,其股东的处境反会得到改善。不过,这样一种方案未必可行。

案例 16.5　对封闭式基金的估价

Rising Asia 基金是一家投资于亚洲上市股票的封闭式基金,目前的市值为 40 亿美元。该基金在过去十年间的报酬率为 13%,但是根据其投资风险程度以及亚洲市场在同期的运作,它的报酬率应该是 15%。展望未来,预计亚洲股市的报酬率为 12%,但是 Rising Asia 基金的业绩仍然会比市场低出 2%。

为估算针对该基金的折扣额,我们需要了解这家基金。首先假设其盈利一直会比市场股指报酬率低 2%。折扣额将是

$$
\begin{aligned}
\text{估算的折扣额} &= \text{超额报酬} \times \text{基金价值} / \text{市场期望报酬率} \\
&= (0.10 - 0.12)(40) / 0.12 \\
&= 6.67 \text{ 亿美元}
\end{aligned}
$$

从百分比角度考察,折扣额占投资市值的 16.67%。

如果假设该基金或者被清算,或者在未来某个时刻能够转而赢得期望报酬率,譬如在 10 年之后,则可降低上述期望折扣额。

16.1.3　在其他公司中持有的股份

在这一类型中,我们考察某种更加宽泛的非经营性资产,即,在其他公司中持有的股份,包括上市公司和私营企业在内。首先分析针对不同持有的会计处理方法有何差别,以及这种处理将如何影响财务报表报告它们的方式。

会计处理方法

评估这些资产的方法取决于投资分类和投资动因。一般而言,对于另一家公司的证券投资可划分为少数被动型投资、少数主动型投资或者多数主动型投资,而会计规则将根据这种分类而变化。

少数被动型投资　若在另一家公司中持有的证券或资产低于其总体所有权的 20%,就把投资作为少数被动型处理。这些投资具有收购价值,代表投资方公司最初对这些证券所支付的金额,通常为市值。会计规则要求将这些资产再分作三组:持有至到期的投资、可出售的投资以及交易性投资。针对每一组的估价原则各有不同。

- 对于那些将一直持有至到期的投资对象,估价将采用历史成本或账面价值,此类投资的利息或股息将体现在收入报表中。
- 对于可出售的投资对象,估价依据的是市值,而未实现收益或亏损将作为股权的一部分体现在资产负债表而不是收入报表上。因此,未实现的亏损会减少公司股权的账面价值,而未实现的收益则会增加之。

- 对于交易性投资对象，估价根据的是市值，未实现收益或亏损均体现在收入报表中。

在投资分组方面，公司具有某种决断权，并可通过它选择评估这些资产的方式。这种分组确保了像投资银行之类公司可以根据市值披露各个时期的大量资产，而这些资产主要是出于交易目的而持有的有价证券。这就是所谓的"逐日盯市"（marking to market）方法，属于市场价值在会计报表中能够胜过账面价值的少数例子之一。

少数主动型投资　若在另一家公司持有的证券或资产占其总体所有权的20%～50%，投资被作为少数主动型投资处理。虽然这些投资最初具有收购价值，但是需要针对投资对象的净收入或亏损（根据所有权比例）调整收购成本。再者，出自投资的股息将减少收购成本。这种评估投资的方法称为"股权法"（equity approach）。

直到清算这些投资之际，我们才会考虑这些投资的市值，与经过调整的收购成本相关的收益或损失将体现在投资方公司当期的盈利中。

多数主动型投资　若在另一家公司中拥有的有价证券或资产占其总体所有权的50%以上，我们把投资作为多数主动型投资对待。[①] 此时，投资不再体现在财务报表中，而是构成了投资方公司的资产和负债。这种方法会导致两家公司资产负债表的整合；两家公司的资产和负债被合并体现在同一份资产负债表上。由其他所有者持有的公司股份则体现为新的资产负债表负债方的少数权益。公司其他财务报表也会发生类似的整合，现金流报表将体现合并后公司的现金流入和流出。这一点与运用于少数主动型投资的股权法不同，后者只是在现金流报表中体现为现金流入。

同样，我们只有到清算公司资产时才会考虑其所作投资的市值。届时，在原先那家公司中所持股权净值与股价之间的差额被作为当期盈利或亏损处理。

评估各公司相互持有的股份

既然在其他公司持有的股份可根据三种不同的方法得到确认，在估价时如何处理它们呢？对待这三种方法的最佳途径完全一样。我们需要分别评估所持有的每一种股权，估算根据比例而持有的价值。然后，把它加到母公司的股权价值上。因此，为了评估在其他三家公司持有少数股份的公司，我们将估算在每一家公司股权及其目前所占比重，再把它们加到母公司的股权价值上。

如果对收入报表进行合并，出于前述原因，首先需要从母公司的财务报表中提取出子公司的收入、资产和负债；否则，就会重复计算子公司的价值。

或许有人会问，为何不直接对合并后的公司进行估价呢？有时确实可以如此行事，或许再加上缺乏信息，我们也只有如此处理。但是，我们建议进行分别估价的一条理由是，母公司和子公司可能具有完全不同的特征，包括资本成本、增长率和再投资率在内。此时，直接评估合并后的公司就会得出误导性结论。另外一条理由是，完成了对于整合公司

[①] 通过将在其他公司中的股份持有维持在其所有权的50%以下，各公司可以避免整合财务报表的要求。

的估价之后，我们必须在子公司中扣除不属于母公司的那部分股权。若对子公司不作单独估价，那就无法解决这个问题。请注意，扣除少数型权益的常规做法无法实现这一步，因为少数型权益体现的是账面价值而非市场价值。

随着公司所持证券种类的增多，估算所持资产价值的工作也会更加繁重。如果持有的是有价证券，以它们的市值取代估算值是值得一试的方法。虽然面临着评估过程可能掺杂市场估价错误的风险，这种方法却更加快捷。

估算在私营企业所持股份的价值

如果上市公司和私营企业相互持有股份，通常不易获得有关私营者的信息和对其作出估价。因此，我们或许需要凭借可得的有限信息对此类持有尽力作出恰当的估价。一种方式是估算相同行业（私营企业所属行业）各公司进行交易时的典型账面乘数，再把这种乘数运用于在私营企业中的股份持有。不妨假设我们打算估算某家医药公司在五家私营生物技术公司中的股份，这些公司的账面价值总额为5 000万美元。如果生物技术公司通常根据10倍于账面价值的价格参与股票交易，这些股权的估算市值就是5亿美元。

事实上，如果缺乏信息而难以估算每一种持有，或者此类持有种类过多，则可将此方法加以推广进而估算更加复杂的股份持有。例如，我们能够评估某家日本公司的数十种相互持有，通过把某种账面乘数运用于它们的累计账面价值，进而估算相互持有的价值。

案例16.6　评估在其他公司中的股份

Segovia Enterainment公司从事多种娱乐业务的经营。在最近一年，它报告了3亿美元的经营性收入（EBIT），投入资本为1.5亿美元，未偿债务为5亿美元。其中部分经营性收入（1亿美元）、投入资本（4亿美元）和未偿债务（1.5亿美元）代表了Segovia公司在Seville Televison公司的股份持有，后者是一家电视台的业主。Segovia只拥有Seville股份的51%，而Seville的融资却完全借助于同Segovia公司的合并。① 再者，Segovia还在LatinWorks公司持有15%的股份，后者是一家唱片和光碟制作公司。这些股份持有被作为少数被动型投资处理，出自这些投资的股息则被看作Segovia公司的净收入而非经营性收入。据Latin-Works公司报告，它在最近财务年度的经营性收入为8 000万美元，投入资本为2.5亿美元，而未偿债务为1亿美元。另行假设，

- 忽略它在Seville或LatinWorks的股份不计，Segovia Entertainment公司的资本成本为10%。该公司处在稳定增长期，经营性收入（同样忽略它在其他公司的股份）的永久性年增长率为5%。

---

① 在美国，公司整合需要全面考虑子公司的100%部分，即便所持股份较少一些。在某些国家，整合只需要考虑所持有的公司部分。

- Seville Television 公司的资本成本为 9%，也处在稳定增长期内，其永久性年增长率为 5%。
- LatinWorks 公司的资本成本为 12%，同样处在稳定增长期，其永久性年增长率为 4.5%。
- 这些公司都持有大量的现金和有价证券。
- 所有公司的税率都是 40%。

现在，我们可分三个步骤对 Segovia 公司进行估价。

步骤 1．评估 Segovia 的经营性资产，暂不考虑它的任何股份持有。为此，首先必须理清整合后的经营性收入。

Segovia 经营性资产的经营性收入 = 整合后的收入 − 出自 Seville 的收入
= 3 − 1 = 2 亿美元

投入 Segovia 经营性资产的资本 = 整合后的资本 − 出自 Seville 的资本
= 15 − 4 = 11 亿美元

Segovia 经营性资产所含债务 = 整合后的债务 − 出自 Seville 的债务
= 5 − 1.5 = 3.5 亿美元

Segovia 经营性资产的资本报酬率 = 2(1 − 0.4)/11 = 10.91%

再投资率 = g/ROC = 5%/10.91% = 45.83%

Segovia 经营性资产价值 = EBIT(1 − t)(1 − 再投资率)(1 + g)/(资本成本 − g)
= 2(1 − 0.4)(1 − 0.4583)(1.05)/(0.10 − 0.05)
= 13.65 亿美元

Segovia 经营性资产所含股权价值 = 经营性资产价值 − Segovia 的债务价值
= 13.65 − 3.5 = 10.15 亿美元

步骤 2：评估在 Seville Enterprises 公司所持 51% 的股份。

出自 Seville 经营性资产的收入 = 1 亿美元

对于 Seville 经营性资产的投资 = 4 亿美元

投资于 Seville 的债务 = 1.5 亿美元

投入 Seville 经营性资产的资本报酬率 = 1(1 − 0.4)/4 = 15%

再投资率 = g/ROC = 5%/15% = 33.33%

Seville 经营性资产的价值 = EBIT(1 − t)(1 − 再投资率)(1 + g)/(资本成本 − g)
= 1(1 − 0.4)(1 − 0.3333)(1.05)/(0.09 − 0.05)
= 10.5 亿美元

Seville 股权价值 = 经营性资产价值 − 债务 = 10.5 − 1.5 = 9 亿美元

Segovia 公司在 Seville 持有的股权价值 = 0.51(9) = 4.59 亿美元

步骤 3：评估在 LatinWorks 公司所持 15% 的股份。

出自 LatinWorks 经营性资产的收入 = 0.75 亿美元

对于 LatinWorks 公司经营性资产的投资 = 2.5 亿美元

投入 Seville 经营性资产的资本报酬率 = 0.75(1 − 0.4)/2.5 = 18%

再投资率 = g/ROC = 4.5%/18% = 25%

Seville 经营性资产的价值 = EBIT(1 − t)(1 − 再投资率)(1 + g)/(资本成本 − g)

$\qquad$ = 0.75(1 − 0.4)(1 − 0.25)(1.045)/(0.12 − 0.045)

$\qquad$ = 4.702 5 亿美元

Seville 股权价值 = 经营性资产价值 − 债务 = 4.702 5 − 1 = 3.702 5 亿美元

Segovia 公司在 Seville 持有的股权价值 = 0.15(3.702 5) = 0.55 亿美元

现在,可以计算 Segovia 作为一家公司的价值(假设它没有现金余额)。

Segovia 股权价值 = 在 Segovia 的股权价值 + 51% 的 Seville 股权价值

$\qquad$ + 15% 的 LatinWorks 股权价值

$\qquad$ = 10.15 + 4.59 + 0.55 = 15.29 亿美元

作为对照,考虑一下,若在估价中使用整合的收入报表和 Segovia 的资本成本,我们将会得到什么结果。为此,可对 Segovia 和 Seville 一道作如下估价:

出自 Segovia 整合性经营性资产的收入 = 3 亿美元

对于 Segovia 整合性资产的投资 = 15 亿美元

整合的债务 = 5 亿美元

投入 Segovia 经营性资产的资本报酬率 = 3(1 − 0.4)/1.5 = 12%

再投资率 = g/ROC = 5%/12% = 41.67%

Segovia 经营性资产价值 = EBIT(1 − t)(1 − 再投资率)(1 + g)/(资本成本 − g)

$\qquad$ = 3(1 − 0.4)(1 − 0.416 7)(1.05)/(0.10 − 0.05)

$\qquad$ = 22.05 亿美元

Segovia 股权价值 = 经营性资产价值 − 整合的债务 − 在 Seville 的少数权益

$\qquad$ − 在 LatinWorks 的少数权益

$\qquad$ = 22.05 − 5 − 1.225 + 0.225

$\qquad$ = 16.05 亿美元

请注意,在 Seville 的少数权益是根据其股权账面价值的 49% 计算得出。

Seville 的股权账面价值 = 投入到 Seville 的资本 − Seville 的债务

$\qquad$ = 4 − 1.5 = 2.5 亿美元

少数权益 = (1 − 母公司持有量)股权账面价值 = (1 − 0.51)2.5

$\qquad$ = 1.225 亿美元

在 LatinWorks 的少数权益则是根据期股权账面价值的 15% 计算得出,等于 2.5 亿美元(投入资本减去未偿债务)。它将属于 Segovia 的净变化量,如果这一价值等于股权真实价值,其最初估算等于 15.29 亿美元。

从上述讨论中可见,正确地评估股份持有需要大量的信息。如果属于在私营企业中持有,这种信息或许难以获得。

案例 16.7 评估各公司的相互股份持有

在案例 16.6 中,我们可以分别评估公司的相互持有量,因为能够得到关于每家子公司的信息,但此点在现实中时常难以遂愿。为说明起见,现在使用两家公司的例子:韩国船舶制造商现代重工(Hyundai Heavy)和印度汽车制造商塔塔汽车公司在 2010 年 5 月的情形。

隶属于韩国现代集团的现代重工(Hyundai Heavy)公司在集团内其他七家公司中均持有股份;其中四家是上市公司,另外三家是私人持有公司。根据现代重工在 2007 年的财务报表报告,它在这些子公司所持股份的账面价值如下:

相互持股公司	账面价值 (以十亿韩元计)	相互持股公司	账面价值 (以十亿韩元计)
Hyundai Merchant Marine	380.00	Hyundai Oil Bank	329.80
Hyundai Mortors	355.00	Hyundai Samho	1 068.50
Hyundai Elevator	9.20	Hyundai Finance	88.20
Hyundai Corp	2.00	相互持有价值	2 232.79

为了估算持有的这些股份的市值,我们采用两种方法。针对四家上市公司,使用它们在 2008 年的市值估算现代重工所持有的价值。对于三家私营企业,使用韩国业内上市公司进行交易时的账面比率估算它们的市值。

相互持股公司	持有比例	总市值	持有价值
Hyundai Merchant Marine	17.60%	4 806.00	845.86
Hyundai Mortors	3.46%	17 540.00	606.88
Hyundai Elevator	2.16%	688.00	14.86
Hyundai Corp	0.36%	602.00	2.17
	账面价值	部门账面现值	
Hyundai Oil Bank	329.80	1.10	362.78
Hyundai Samho	1068.50	1.80	1 923.80
Hyundai Finance	88.20	1.10	97.02
相互持有价值			3 852.87

因此,添加到经营性资产贴现现金流上的相互持有价值是 38 530 亿韩元,而非 22 330 亿韩元。

就塔塔汽车公司而言,其相互持有程度愈加分散(共有二十多家公司)而且更不透明。其中两项持有属于上市公司,我们对它们使用市值,即,在塔塔钢铁公司中的 135.77 亿卢比,以及在塔塔化工公司中的 0.243 亿卢比;并且以持有的这些股份的市值 135.96 亿卢比代替账面价值 27.01 亿卢比。此外,虽然塔塔汽车报告了在其他公司中所持有的 1 378.75 亿卢比账面价值,我们却难以估算它们的市值。因此,可以估算的相互持有累积价值为 1 514.71 亿卢比,

塔塔汽车相互持有价值 = 135.96 + 1 378.75 = 1 514.71 亿卢比

虽然我们对这一结果并不满意，但是因为受到有关相互持有信息的限制而别无选择。更令我们不安的是，这些相互持股几乎占塔塔汽车整个公司估算值的42%；我们估算其经营性资产价值为2 108.32亿卢比。实质上，购买塔塔汽车的股票意味着，同时对该公司(58%)和塔塔集团(42%)进行投资。

16.1.4 其他非经营性资产

公司还可以持有各种非经营性资产，但其重要性或许不如前面一节所列举的。尤其是，公司会拥有一些不产生现金流的闲置资产，其账面价值与市场价值相去甚远。例如，持有的一些重要的房地产，自公司收购以来升值很大，但却未能产生多少现金流。一个悬而未决的问题同样也存在于融资过度的养老金计划。这些超额的基金是否属于股东呢？如果肯定的话，我们如何把这种效应结合到价值中呢？

透明度的价值

确定和评估在其他公司的股份持有时，我们时常遇到的困难突显了相互持股结构复杂的各公司所面临的成本，以及它们很少努力去解释所欠投资者们的金额。事实上，许多公司似乎都采用了某种策略，使得其股东难以明白自己所拥有的股份，以免遭到有关这种抉择是否明智的质疑。毋庸惊讶，这些公司的市值通常会低估这些股份持有的价值。

作为遁词，其他国家许多公司提出的理由是，有关公开公司内情的法规在那里并不像在美国那样严格，公开法规针对必须对市场所披露的信息只是规定了最低而非最高的要求。然而，印度的软件公司InfoSys属于全球各地公司在财务报告方面最为透明者之一。事实上，该公司因为公开性而获得了巨大的财务回报，因为投资者们能够更好地了解公司的经营状况，并且大多极为乐意倾听公司管理层的意见。

因此，具备相互持股而被低估的公司怎样才能提高其价值呢？首先，它们或许需要改变那些不易被理解和估价的复杂持有结构。其次，它们可以采用向投资者尽量公开其持有状况的策略，无论是私营企业还是上市公司都是如此。再者，在需要报告坏消息时，它们仍然需要坚持这种策略。那些乐于报告好消息而回避报告坏消息的公司很快就会丧失其作为信息来源的信誉。最后，假如这些均不奏效，它们还可以考虑撤出资本或者逐渐减少相互股份持有量。

闲置资产

贴现现金流模型的力度就在于根据所能产生的期望现金流估算资产的价值。但是，这种做法会造成在最终估价时错失一些价值极大的资产。不妨假设公司拥有一片尚未开发的土地，其账面价值体现的是最初收购价格。这片土地无疑具有极大的市场价值，但尚未为公司产生现金流。若在估价时未能仔细地考虑它在开发后所产生的期望现金流,公司的最终估算值就会遗漏这片土地的价值。

如何在公司价值中体现这类资产的价值呢?首先是对所有此类资产进行盘点(或者,至少是最有价值者),然后估算每种资产的市值。这些估算值可以借助考察它们在目前市场上的售价,或者预测它在获得开发后能够产生的现金流,经过恰当贴现率进行贴现之后而得出。

为了把闲置资产结合到公司价值之中,一个相关的问题在于信息。公司不会在财务报表上披露其闲置资产。投资者和分析者有时虽然能够发现此类资产,但更可能的是,只有获得关于公司所拥有的资产和用途的信息时,它们才会被发现。

养老金资产

有时候,那些具有固定养老金负债的公司积累的养老金资产会超过这些负债。虽然这些超额部分确实属于股东们,但若他们予以索取则会面临缴税负债。在分析超额融资的养老金计划时,一条保守的规则是,假设撤出超额基金的社会成本和缴税成本很大,故而没有公司会试图如此行事。一种更加切实的方法是,把超额基金的税后部分带入估价。

作为说明,不妨考虑一家所报告的养老金资产超过其负债达10亿美元的公司。(在美国)鉴于撤出养老金超额资产的公司需缴纳等于这笔金额50%的税款,我们只是把5亿美元加到公司经营性资产估算值上,表示公司在税后只留有这笔超额资产的50%。

🌐 *cash.xls*:这一网上数据集概述了美国各行业组在最近一季度的现金、有价证券价值。

16.2 公司价值和股权价值

一旦估算出了经营性资产、现金、有价证券和其他非经营性资产的价值,就可估算作为这些因素之和的公司价值。为了从公司价值中得到股权价值,我们减去关于公司的非股权索取权,包括债务和优先股在内,而后者在财务报表中通常被作为股权对待。

16.2.1 为何应该减去非股权索取权?

应该运用的一般规则是,从公司价值中减去的债务至少应该等于我们用于计算资本成本的债务。因此,如果决定把经营性租赁作为债务加以资本化,为了计算资本成本,就应从经营性资产值中减去经营性租赁的债务值,以便估算股权价值。如果所评估的公司具有优先股,我们使用它的市值(如果上市的话),或者估算其市值(若未上市的话),[1]再

---

[1] 估算优先股的市值相对比较简单。它们通常具备永久性,对其市值可作如下估算:
优先股价值=优先股息/优先股成本
优先股成本应该高于税前债务成本,因为债务属于针对公司现金流和资产的优先索取权。

从公司价值中予以扣除而得到普通股的价值。

可能还有一些索取权没有体现在债务中,我们也应从公司价值中予以扣除,诸如,

- **法庭诉讼案的期望负债** 我们所分析的公司或许在某件诉讼案中属于被告方,故而有可能必须承担上千万美元的赔偿金。我们应该估算发生这种事情的概率,进而用以估算期望负债。因此,若有10%的可能性输掉官司,期望赔偿金为10亿美元,那就应将公司价值减去1亿美元(即,概率×期望赔偿金)。如果预计数年之后才会有这种期望负债,则需计算这笔支付的现值。

- **融资不足的医保计划** 如果公司养老金计划和医保计划的基金严重不足,就需在未来年间拨出现金以履行这种承约。虽然它从计算资本成本角度而言不属于债务,但是为了获得股权价值,同样也需从公司价值中予以扣除。

- **递延所得税负债。** 许多公司财务报表中显示了递延税收负债。它表明公司时常运用结转性缴税策略,减少目前的税款而增加未来年份的税款。在此处提及的三个条目中,这一项的定义最为模糊,因为不甚清晰它何时乃至是否会到期。但是,完全忽略它却属于鲁莽之举,因为公司在未来总要缴纳这些税款。处理这一项的最合理方法是,把它视为某种承约,但却只会在公司增长率放缓时才会到期。因此,如果预计公司在10年后步入稳定增长期,可对递延所得税负债作为期10年的逆向贴现,并从公司价值中予以扣除而得出股权价值。

16.2.2 如何处理未来的索取权?

预测公司盈利增长率时,通常还假设公司的债务额将随着公司的增长而加大。由此产生的一个问题是,在评估目前的股权时,是否应该减去这些未来债务发行额。答案是否定的,因为股权价值属于当期价值,而未来的索取权现在尚不存在。为说明起见,假设某家公司在目前没有债务,但在进入稳定增长期后将具有30%的债务率。进一步假设,我们估计该公司在5年后的终端价值为100亿美元。这就等于隐含地假设,该公司在第5年后将借款30亿美元而把债务率提高到30%。这一较高的债务率或许会影响公司在今天的价值,但是今天的股权价值却应该等于公司价值减去目前的债务(它等于零)。

16.3 管理者和员工期权

各公司使用期权作为对于管理者和员工的报偿。这种期权对于每股价值具有两种影响。一种是由已经馈赠的期权所造成。这些期权,其中一些的实施价格低于股价,减少了每股的价值,因为公司必须拨出一部分现有的股票满足这些最终将要实施的期权。另一种是公司将以连续方式使用期权报偿或者补偿员工的可能性。这些所预期的期权馈赠将会减少属于现行股东的未来期望现金流部分。

16.3.1 期权积压的负担

在给予管理者的补偿方案中采用期权,对于各公司来说并非新鲜事物。在上世纪 70 和 80 年代,许多公司就已经启用了以期权为基础的补偿方案,旨在引导顶层管理者们从股东角度去考虑决策问题。然而,在大多数情形中,这些期权所造成的价值提取额却很小,没有对每股价值产生重大影响,故而可以忽略不计。但是,到了 90 年代,由于高科技公司数目和价值的急剧增长,在估价中处理好这些期权的重要性得以彰显。

高科技公司又有什么不同呢?一个差别是,它们与管理者之间的合约要比其他公司更为倚重于期权。第二个差别是,这些公司大多现金不足,这就使得期权不仅被赠予顶层管理者,而且还被赠予公司各个层级的员工,导致了期权馈赠总量的大大增加。第三个差别是,某些较小的公司还使用期权应对经营性支出,或者支付给供应商。

期权馈赠的特征

使用员工期权的公司通常会限制实施这些期权的时间和可行性。例如,一种标准做法是,赠予员工的期权直到获得授权时才可得到实施。为此,员工通常需在公司留任由合同所规定的一定时期。公司此举意在降低人员流动率,但对这些期权的价值也不无寓意。期权在发行年间通常对公司的税款没有影响。但是,如果期权获得实施,公司可将股价与实施价格之间的差额作为员工支出处理,进而要求税款豁免。

16.3.2 现实中的各种期权

鉴于许多公司都具有大量的流通期权,我们的首要任务是考虑如何把它们的影响结合到每股价值中。本小节首先提出为何这些流通期权对于计算每股价值很重要,然后考虑将它们结合到公司价值中的四种方法。

期权为何会影响每股价值

现存的期权为何会影响每股价值呢?请注意,并非所有的期权都是如此。事实上,由期权交易所发行和挂牌的期权不会影响作为发行标的物的公司股票价值。公司自己发行的期权则会对每股价值产生影响,因为它们早晚会获得实施。鉴于这些期权赋予个人以固定价格购买股票的权利,它们仅当股价上涨得超过实施价格时才会得到实施。一旦期权获得实施,公司具有两种选择且对现行股东都有负面影响。它可以增发股票以满足期权的实施。但是此举会增加发行股数目,降低现行股东所持每股的价值。① 另一方面,公司可以使用经营活动所产生的现金在公开市场上回购股票,再用这些股票满足期权实施。

---

① 采用真实意义上的词语,这一点应该称作"稀释",而不是其他用于描述发行股数目增加的词语。存在稀释的理由是,追加发行的股票只是面向期权持有者,且价格低于现行股价。与此相反,在发行购股权证时,每位股东都可获得以较低价格购买增发股票的权利,故而这种稀释对价值没有影响。此后,股票将根据较低的价格获得交易,但是所有人都可得到更多的发行股。

这又会减少现行股东在未来时期可以获得的现金流,使得他们所持股票的价值下降。

把现有期权结合到价值中的方法

我们有四种方法可将已经流通期权的影响结合到每股价值中。然而,前三种方法会产生误导性的价值估算。

使用充分稀释的股票数目估算每股价值 为了结合流通期权对于每股价值的影响,最简单方法是,用股权价值除以若在今天实施所有期权而将流通的股票数目,即充分稀释的股票数目。此方法虽然简便易行,出于两个原因,却会给出过低的每股价值估计数。

1. 它事关所有的流通期权,而不只是具有实值(in-the-money)和获准实施(vested)的期权。公平地说,这种方法还有一些变形,可以调整发行股而只体现实值和获准实施的期权。
2. 它没有结合出自于期权实施的期望成果,而它们对于公司来说属于现金流入。
3. 该方法未能把期权的时间溢价结合到估价中。

估算预期未来实施的期权和结合期望稀释 根据这种方法,假设公司将回购股票以满足期权实施,我们需要预测实施的时间,结合相关的期望现金流出量。这种方法最大的局限是,它要求估算未来的股价以及相关期权的实施时间。如果我们的目标在于考察今天的股价是否正确,这种为了估算每股价值而预测未来股价的做法看似属于循环推理。一般而言,这种方法在估算价值方面不易操作,且用处也不是很大。

使用库藏股票方法 这种方法属于完全稀释法的一种变形。在此,我们需要调整股票数目以便体现出流通的期权,再将期权实施的预期成果(实施价格乘以期权数目)添加到股权价值上。该方法的局限性在于,正如完全稀释方法,未能考虑到期权的时间溢价,无法有效地处理实施权问题。这种方法通常会低估馈赠的期权价值,进而高估股票的价值。

案例 16.8 期权在思科公司的盛行:充分稀释股票与库藏股票的比较

自公司创办以来,思科系统公司一直随意使用管理者期权,以补充其补偿方案。历经收购失利和股价徘徊的十年困难期之后,该公司股票在2011年5月的交易价是16.26美元。是时,公司发行股数目为55.28亿,但它还报告,流通期权数目为7.32亿,具体的实施价格和期限如下所列:

实施价格/美元	数目(以百万计)	加权平均期限	加权平均实施价格/美元
0.01—15.00	71	2.50	10.62
15.01—18.00	137	3.18	17.38
18.01—20.00	177	2.90	19.29
20.01—25.00	188	4.26	22.48
25.01—35.00	158	6.02	30.63
>35	1	0.61	54.22
总额	732	3.94	21.39

为了评估思科公司,首先使用贴现现金流模型对它进行估价,估算得出股权总值为

1 133.31亿美元。请注意,必须将这一价值分摊到两种索取权上,即普通股股东和期权持有者。

运用充分稀释法估算价值,将股权总值除以经过充分稀释的股票数目:

$$股权价值 = \frac{股权价值}{原初股份数目 + 期权数目} = \frac{113\,331}{(5\,528 + 732)} = 18.10\ 美元/股$$

请注意,这是一个极度保守的估算值,不仅因为我们忽略了实施期权的成果,而且因为这些期权中的很多目前都处在虚值状态(out-of-the-money)。

运用库藏股票法,我们不是添加实施所有流通期权得到的成果,而只是结合2.08亿美元具有实值的期权,加上实施它们所能得到的31.35亿美元(平均实施价格为15.07美元)。

$$股权价值 = \frac{股权价值 + 实施成果}{原初股份数目 + 实值期权数目} = \frac{113\,331 + 3\,135}{(5\,528 + 208)} = 20.30\ 美元/股$$

请注意,库藏股票法忽略了实值期权的时间溢价。因此,我们可能会高估每股价值。(事实上,把虚值期权结合到库藏股票法中将会抬高每股价值。)

这种方法最大的优点是,它不要求每股价值(或股价)以便将期权价值结合在其中。如同接下来讨论的最后一种(也是我们所推荐的)方法时所见,在估算每股价值时,若以股价作为所用数据,将会造成循环推理。

使用期权定价模型评估期权　处理期权的正确方法是,给定目前的每股价值和期权的时间溢价,估算期权在目前的价值。一旦估得这一价值,就可在股权价值中予以扣除,然后再除以发行股数目而得出每股价值。

$$每股价值 = (股权价值 - 流通期权价值)/初始发行股数目$$

然而,评估这些期权时,我们终将面临四个与衡量尺度有关的问题。第一个事关这样一个事实,并非所有的期权都被授予了实施的权利,其中一些期权或许永远不会获得实施权。第二个与用于评估这些期权的股价有关。正如上段文字所述,每股价值既是计算过程中所使用的数据,又是计算过程的结果。第三个问题是税收。因为公司能够扣除与期权实施相关的部分支出,实施期权有可能带来税款节减。最后一个问题则与私营企业或行将上市的公司有关。我们无法从这些公司处获得期权定价模型所需要的关键数据,包括股价和方差在内,但是却必须对期权进行估价。

处理实施权授予问题

正如本章前面所述,那些馈赠期权给员工的公司通常要求,收到期权的员工必须在公司工作一定的时期之后,才能被授予实施权利。因此,如果考察公司流通的期权,我们其实是在考察获权实施和未获权实施这样两类期权的混合。未获权实施期权的价值应低于获权实施者,但是获权实施的概率将取决于有多少期权处在实值中,以及员工为获得这种权利还需在职的时间之长短。已经有人尝试建立某种期权定价模型,以便考虑到员工在获权之前辞职和他的期权价值被没收的可能性。① 在管理者持有大量期权时,出现此类

---

① Cuny and Jorion (1995)探讨了存在没收可能性时的期权估价问题。

情形的可能性应该甚微。Carpenter(1998)对标准期权定价模型作了简单的推广,可以考虑到期权的提前实施和没收,并且用它对公司执行官员所持期权作了估价。

采用哪种股价?

有关这一问题的回答看似显而易见。鉴于股票正在市场上获得交易,我们可以得到股价,故而似乎应该根据当期股价评估期权。但是,如果通过评估这些期权而得到每股价值,我们就需要将它与市场价格进行比较,以确定股票是被低估还是高估。因此,使用当期股价求解期权价值,再用这种期权价值估算某种完全不同的每股价值,这种做法显得缺乏逻辑的一致性。

一种解决方法是,使用估算得到的每股价值评估期权。然而,这同样会在估价过程中造成循环推理。换句话说,我们需要期权价值估算每股价值,又需要每股价值估算期权价值。因此,我们的建议是,首先使用库藏股票法估算每股价值,再借助递归方法拟合正确的每股价值。①

此外还有一个相关问题。期权若获得实施,则会增加发行股数目,进而对股价产生影响。根据常规的期权定价模型,期权的实施不会影响股价。因此,我们必须调整这些模型以便考虑到期权实施的稀释效应。实现这一点并不复杂,只需针对期望稀释效应调整当期股价即可(正如我们在第5章中针对购股权证所为)。

税收

期权若获得实施,出于缴税目的,公司可将当期股价与实施价格之间的差额作为员工支出予以扣除。这种潜在的缴税优惠可以减少公司因具有流通期权而造成的价值流失。估算缴税优惠额的一种方法是,用当期股价与实施价格之间的差额乘以税率。显然,这种做法只有在期权处在实值时才有意义。虽然这种做法没有考虑到预期的期权溢价,它却具有简单易行的优点。估算缴税优惠额的另一种方法是,计算期权的税后价值:

$$税后期权价值 = 根据期权定价模型所得价值(1 - 税率)$$

这种方法同样也是直截了当,使我们在估价时能够考虑到期权实施带来的缴税优惠。这种方法的优点之一是,可将它用于考虑潜在的缴税优惠,即使期权处在虚值状态。

如何处理其他期权?

本节特地考虑了管理者期权所具有的各种影响。这里有关管理层和员工期权所述内容同样适用于公司所发行的针对股票的其他期权;尤其是用于筹措股权的购股权证以及针对各类常规证券(债券和优先股)的可转换期权,它们同样也会稀释公司普通股的价值。因此,我们同样需要在股权价值中减去这些期权的价值。然而,一般而言,购股权证和转换型期权通常要比管理层期权更容易估价,因为它们上市交易。购股权证和转换型期权的市场价值可用于衡量它们的估算价值。

---

① 把根据库藏股票法得到的每股价值用作期权定价模型中的股价。使用这一股价得到的期权价值计算新的每股价值,再将后者输回到期权定价模型中,反复进行多次。

未上市公司

如果公司没有上市，我们就无法得到期权定价模型所需要的关键数据，即每股现价和股价方差。此时，存在着两种选择。一种是求助于库藏股票法估算流通期权的价值，而放弃期权定价模型。另一种是沿用期权定价模型，并且根据贴现现金流模型估算每股价值。在此，可以借用相似的上市公司的股价方差估算期权的价值。

案例 16.9 把管理层期权作为期权进行估价：思科系统公司

在案例 16.8 中，通过使用充分稀释法和库藏股票法，我们估算了思科系统公司的每股价值。我们认为，前一种方法将产生过低的每股价值，而后一种方法则会得出过高的每股价值。为了得到正确的价值，我们把 7.32 亿美元的流通期权作为期权进行估价，使用实际股价（16.26 美元）、21.39 美元的平均实施价格、3.94 年的加权平均期限和 40% 的股价标准差估算值。根据这些数据和 Black-Scholes 模型，针对稀释作出调整，我们得到每项期权等于 2.96 美元的估计值，而 7.32 亿项期权的总值为 21.65 亿美元。（思科公司具有 1.48% 的股息报酬率，已结合到估价模型中；详情可参见第 5 章）。

运用所得到的 1 133.31 亿美元股权价值和贴现现金流，可计算每股价值：

股权价值	1 133.31 亿美元
期权价值	21.65 亿美元
普通股价值	1 111.66 亿美元
/初始股票数目	55.28 亿
每股价值	20.10 美元

因此，结合期权价值之后，得到的每股价值要高于根据充分稀释法的估算值，但是低于库藏股票法的估算值。这一价值（20.10 美元）仍然远远高于在 2011 年 5 月的股票交易价（16.26 美元）。

评估思科公司的期权时，我们使用了当期股价而非所估算的每股价值。如果使用后者，它会造成某种递归过程，即，期权的价值影响每股价值，而每股价值又会影响期权的价值。使用这种递归过程，我们可将税后期权价值增加到 26.37 亿美元，而把每股价值减少到 20.00 美元。

16.3.3 未来的期权馈赠

虽然结合已经流通的期权的操作相当直截了当，结合未来的期权馈赠的问题却更为复杂。在本小节，我们讨论为何这些期权会影响价值，以及如何把这些效应结合到公司价值中。

未来发行的期权为何会影响价值

正如目前流通的期权代表着针对现有股东的潜在稀释或现金流出，由于增加了未来各期的发行股数目，预期未来的期权馈赠同样会影响公司的价值。考虑这种预期稀释的最简单方法是,根据贴现现金流模型对终端价值进行分析。正如在前一章中所构建的那样,把终端价值逆向贴现到现在,再除以目前的发行股数目,我们就可得到每股价值。然而,期望的未来期权发行会增加终端年间的股票数目,从而减少属于现有股东的终端价值部分。

把影响结合到每股价值的方法

相对于考虑现有期权而言,把预计的期权发行之影响结合到价值之中要困难许多。这是因为我们所需预测的不仅是公司在未来时期将发行多少期权,还需预测这些期权的条件将会如何。对于具有内部信息的一些时期而言(公司告诉我们计划发行量和发行条件),这一点也许是可行的;否则,问题就会比较棘手。

为了把未来期权馈赠结合到价值之中,一种更加切实的方法是,估算未来将要馈赠的期权价值所占销售额或经营性收入的比重。如此处理,既可以避免估算未来期权发行的数目和条件,且估算也会变得相对容易,因为我们可以借鉴公司的历史(通过考察前些年间期权馈赠价值占公司价值的比重)和业内更成熟公司的经验。一般而论,随着公司的增长,所馈赠的期权价值占销售额的比重应该逐渐降低。

2007 年以来,美国和国际会计标准在有关期权馈赠的确认问题上已趋于一致。两者都要求期权在馈赠时而非实施时(2007 年之前的做法)作为支出确认。因此,公司当期的经营性支出包括了在当年馈赠的期权价值。如果保持当期的经营性利润不变,那就隐含地假设了公司将继续以相同的节奏(即所占销售额的比重)馈赠期权。在思科公司的估价中,我们曾经假设当期利润在未来将保持不变,从而把未来期权馈赠所占销售额的比重锁定在目前的水平上。

16.4 表决权变动时的每股价值

将股权价值除以发行股数目,我们其实假设所有股票都具有相同的表决权。如果不同级别的股票具有不同的表决权,它们的价值就必须体现出这些差异,具有更多表决权的股票具有更大的价值。但是,需要注意的是,股权的总价值仍未改变。不妨假设公司的股权价值为 5 亿美元,发行股数目为 5 000 万;其中的 2 500 万股具有表决权,另外 2 500 万股没有表决权;进一步假设,表决股价值将比非表决股高出 10%。由此可以估算出每股的价值:

每份非表决股价值 $= 5/(0.25 \times 1.10 + 0.25) = 5/0.525 = 9.52$ 美元

每份表决股价值 $= 9.25(1.10) = 10.48$ 美元

因此,在进行估价时,我们所面临的关键问题是,获得运用于非表决股的折扣,或者说,表决股的溢价。

16.4.1 表决股与非表决股的比较

应该为表决股设定多大的溢价呢?我们有两种选择。一种选择是,考察有关表决权溢价程度的各种实证研究,把这种溢价指派给所有的表决股。Lease,McConnell,and Mikkelson(1983)考察了 26 个具有两个等级普通股的公司。他们的结论是,表决股的交易包含了相对于非表决股的溢价。[①] 平均而言,这种溢价为 5.44%;相应于可得数据,在 88% 的月份中,表决股的售价更高。但是,其中有四家公司还发行了附带表决权的优先股,而它们带有表决权的普通股则以相对于非表决股的 1.17% 折扣获得交易。

作为另外一种期权,表决权更具歧视性,并且会随着所估价公司的不同而改变溢价。表决权具有价值,因为它们赋予股东在公司管理方面的发言权。就表决股能够营造差异这一点而言,通过撤换现有的管理者,迫使管理层改变政策,或者在并购时出售给敌意收购者,它们的价格将会体现出公司经营方式变化的可能性。[②] 非表决股则无法参与这项决策。

> warrants.xls:这一网上数据集使得我们可以评估公司中的流通期权,并且考虑到稀释效应。

为了估算表决股和非表决股的价值,我们逐一实施下列四步骤操作过程。

1. 评估公司在现有管理下的价值(既定价值);这将锁定当期投资、融资和股息政策,即便它们并非最优政策。

2. 用既定价值除以股票数目(表决股和非表决股),从而得到每份非表决股的价值。

$$每份非表决股的价值 = \frac{既定价值}{表决股数目 + 非表决股数目}$$

3. 评估公司处在新的、假设更好的管理之下的价值(最优价值);这就需要重新评估公司投资额和投资质量、资本结构中的债务额以及能够归还给股东的现金额。

4. 估算公司管理层出现变更的概率($\pi_{变动}$),并将管理层变更造成的期望价值除以表决股数目:

$$每份表决股的控制权溢价 = \frac{\pi_{变动}(最优价值 - 既定价值)}{表决股数目}$$

每份表决股的价值等于非表决股的价值与控制权溢价之和。因此,每份表决股的价值取决于公司管理的糟糕程度(公司经营越是不善,溢价就越大)以及管理层变动的可能性(可能性越大,溢价也越大)。

案例 16.10 估算表决股和非表决股的价值

Adris Grupa 是一家以克罗地亚为基地的烟草公司,并在其他公司中持有股份。在 2010 年 6 月,我们估算了该公司的既定价值和最优价值。

- 股权的既定价值为 5484 百万克罗地亚库纳(HRK)。推算这一价值时,我们假设该公司仍将以股权融资(它在 2010 年的债务率为 2.6%,资本成本为 10.55%),

---

[①] 两种普通股获得的股息相同。
[②] 在某些情形中,通过迫使收购方同时买下非表决股,非表决股东的权利可在特定的并购情形中受到保护。

并将继续实施积极主动的投资战略(它的资本报酬率为9.69%,而在2008年的再投资率为经营性收入的70.83%,由此形成了6.86%的增长率)。
- 股权的最优价值为5276百万HRK。为得到这一价值,我们假设了较高的债务率(10%),得出了略低的资本成本(10.45%)。我们还假设,公司将再投资率保持在70.83%的水平,而资本报酬等于其资本成本(10.45%)。

公司具有9.616百万的表决股和6.748百万的非表决股。非表决股的价值计算可通过将既定价值除以股份总数而完成:

$$每份非表决股的价值 = 5484/(9.616+6.748) = 335.13 \text{ HRK}/股$$

为了估算每份表决股的价值,首先估算溢价,根据30%的管理层变动概率(我们认为管理层变动的可能性较低,因为该公司为家族所控制):

$$每份表决股溢价 = (5726-5484) \times 0.30/9.616 = 7.55 \text{ HRK}/股$$
$$每份表决股价值 = 335.13 + 7.55 = 342.68 \text{ HRK}/股$$

16.5 总结

将各种非经营性资产结合到公司价值中,这种工作在现金和准现金之类的情形中相当的简单,而在针对其他公司中所持股份的情形则很复杂。但是,基本原则应该是一样的。我们希望估算这些非经营性资产的公允价值,且把它们代入公司价值中。正如所述,通常比较恰当的方法是分别评估非经营性资产和经营性资产,但是信息的缺乏或许会对这种做法构成障碍。

期权的存在以及未来期权馈赠的可能性,使得根据股权价值评估每股价值的工作变得复杂化。为了处理在估价时所流通的期权,有四种可选方法。最简单者是通过把股权价值除以完全稀释的发行股数目而估算每股价值。这种方法忽略了实施期权的期望成果和期权的时间价值。第二种方法是预测预期未来的期权实施,估算它们对于每股价值的影响。它不仅繁杂而且难以实施。根据第三种方法,即库藏股票法,我们把期权实施产生的期望成果加到股权价值上,然后再除以充分稀释的发行股数目。这种方法虽然考虑到了期权实施的期望成果,但是依然未能顾及到期权的时间溢价。

根据最后一种同时也是合意的方法,我们使用期权定价模型对期权进行估价,然后在股权价值中予以扣除。把由此得到的股权估算值除以最初的发行股数目,就可得到每股的价值。虽然期权定价模型通常使用的是当期股价,我们可以代入根据贴现现金流模型估算得出的每股价值,从而得到更具一致性的估算值。

为了处理预期的未来期权馈赠,必须把期权作为支出项进行估算,并将它表示成销售额的百分比。如果预计公司在未来会馈赠更多的期权,它的盈利、现金流以及价值也会下降。

一旦估算出了每股价值,就需要针对表决权方面的差异对它们进行调整。具有极大表决权的股票可以高出表决权极小或者为零者的溢价售出。这种差额对于管理越是糟糕的公司将会越大,而对于管理良好的公司则比较小。

16.6 问题和简答题

在下列问题中,若无特别说明,假设股权风险溢价为 5.5%。

1. ABV 公司的息税前盈利为 2.5 亿美元,预计将以 5% 的年增长率永久地增长;税率为 40%。它的资本成本为 10%,再投资率为 33.33%,发行股数目为 2 亿。如果公司拥有 5 亿美元的现金和有价证券、7.5 亿美元的未偿债务,估算每股的价值。

2. 如果获悉 ABV 还具有 5 000 万项流通期权,每项期权的价值为 5 美元,有关前一问题的解答会出现什么变化?

3. 如果得知前一问题中的 5 000 项期权的平均实施价格为 6 美元,运用库藏股票法估算 ABV 公司的每股价值。

4. LSI Logic 公司具有 10 亿份发行股,交易价为每股 25 美元。该公司还持有 50 亿美元的未偿债务。股权成本为 12.5%,税后债务成本为 5%。如果该公司持有 30 亿美元的现金并且获得公允估价,估算公司在现行年间的经营性收入(资本报酬率为 15%,税率为 30%,盈利以每年 6% 永久性增长)。

5. Lava Lamps Inc. 在去年的息税前盈利为 8 亿美元。它刚刚收购了 General Lamps Inc. 公司 50% 的股份,后者在去年的息税前盈利为 4 亿美元。因为 Lava Lamps 是主要的主动型利益相关者,它需要把两家公司在去年的收入报表进行整合。

a. 我们在经过整合后的报表将看到怎样的息税前盈利?

b. 如果两家公司都具有 5% 的增长率、10% 的资本成本、40% 的税率和 11% 的资本报酬率,估算 Lava Lamps 的股权价值。

c. 如果得知 General Lamps 的资本成本为 9%,资本报酬率为 15%,上一题答案将会发生什么变化?

6. Genome Sciences 是一家生物技术公司,去年的税后经营性收入为 3 亿美元;预计这些盈利将以 6% 的年增长率永久性增长,再投资率为 40%,资本成本为 12%。Genome 还拥有另一家上市公司 Gene Therapies Inc. 10% 的股份。Gene Therapies 具有 1 亿发行股,交易价为每股 50 美元。如果 Genome 具有 8 亿美元的未偿债务,估算 Genome Sciences 的每股价值。(它的发行股数目为 5 000 万。)

7. Fedders Asia Closed Fund 是一家封闭式股权基金,持有市值为 10 亿美元的亚洲证券。在过去十年间,该基金每年的报酬率为 9%,比投资于亚洲的其他股指基金的报酬率低出 3%。我们预计未来的年度报酬与过去相似,对于我们的基金和股指基金大致都是如此。

a. 假设基金和永久性投资均无增长,估算基金进行交易时的预计折扣额。

b. 如果预期基金在 10 年后将被清算,我们的回答将有何变化?

8. 我们需要考核另一位分析者对一家高科技公司 System Logic Inc. 作出的估价。那位分析者估算每股价值为 11 美元,而股票正以每股 12.50 美元进行交易。然而,在进行这种估算时,分析者用股权价值除以充分稀释的发行股数目。通过审核这一数字,我们发现,该公司只有 100 万份发行股,剩余的 40 万股属于期权,平均期限为 3 年,平均实施价格为 5 美元。

a. 估算正确的每股价值,运用库藏股票法。

b. 如果股价的标准差为 80%,使用期权定价模型(和当期股价)估算期权价值,以及正确的每股价值。

c. 如果运用上面估出的每股价值重新估算期权价值,每股价值是会增加还是减少?

CHAPTER
第17章
相对估价法的基本原则

采用贴现现金流估价法,我们的目标在于确定资产的价值,给定它们的现金流、增长率和风险特征。采用相对估价法,目标则是根据相似资产的现行市场定价对资产进行估价。各种乘数使用方便且通俗易懂,但是也容易遭到误用。因此,本章建立了一系列检验方法,可用于检查乘数是否使用得当。

相对估价法有两个组成部分。第一个部分是在相对的基础上评估资产,价格必须获得标准化,常常通过把价格转换成盈利、账面价值和销售额的各种乘数。第二个部分是找到相似的公司。做到这一点并不容易,因为没有两家公司是完全相同的,即便是从事同一种业务,公司在风险、增长潜力和现金流等方面仍会相异。因此,在比较几家公司的定价时,关键在于如何把握住这些差异。

17.1 相对估价法的运用

相对估价法的运用甚为广泛。大多数股票研究报告和许多收购评估报告都是立足于某家公司与可比公司的相互对照,将市盈率(PE)之类的乘数作为基础。事实上,与所评估公司处在同一行业的各公司都被称作"可比公司"。正如在本章稍后所见,这一点并不总能成立。在本节,我们首先考虑相对估价法得以盛行的理由,然后探讨一些可能出现的问题。

17.1.1 盛行的缘由

相对估价法得以盛行的原因有几个。第一,以某个乘数或可比公司为基础,估价可以无需过多的假设条件而完成,远远快过贴现现金流估价法。第二,对照贴现现金流估价法,相对估价法更易于理解,更容易向客户和顾客作出解释。换句话说,相对于贴现现金流估价法,使用乘数更容易将某种资产刻画为便宜的抑或昂贵的。最后,相对估价法更容易体现市场目前的倾向,因为它试图衡量的是相对的而非内在的价值。因此,在社会媒体都看好某些股票时,相对估价法可为这些股票营造出高于采用贴现现金流估价法所得到的价值。事实上,对于所有公司来说,相对估价法通常都能够产生更切合市场价格的价值。

对于那些其职业本身就是根据相对价值作出判断者,以及其自身也是在相对基础上获得评判者,这一点尤其重要。不妨以增长型共同基金经理们为例。这些经理将根据他们的基金相对于其他增长型基金的运作而得到评判。因此,如果他们挑选的增长型股票相对于其他股票被低估了,即使所有的增长型股票都被估价过高,他们也能获得报偿。

潜在的问题

相对估价法的长处也就是它的不足。首先,借助把某个乘数和一组可比公司拉到一起,人们很容易拼凑出相对估价方式。但是,由于忽视了诸如风险、增长率和潜在现金流等关键变量,这种做法将会产生自相矛盾的价值估算。其次,乘数体现了市场倾向这一点还意味着,使用相对估价法估算资产价值将会导致过高的价值,如果市场对可比公司估价过高,或者导致过低的价值,如果这些公司被过低估价。最后,虽然任何估价法都存在一定的偏差,由于缺乏透明度,相对估价法的基本假设条件使得它们尤其易于受到操控。如果让带有偏见的分析者自行选择作为估价依据的乘数和可比公司,那就可以断定,几乎所有的价值都能得到证明。

17.2 标准化的价值和乘数

股票价格取决于公司的股权价值和发行股数目。因此,使得股票数目翻倍的 1 比 2 式拆股也会使得股价下降近一半。因为股价取决于公司的股票数目,我们无法比较不同公司的股价。为了比较市场上相似公司的价值,需要根据某种方式对这些价值实施标准化。相对于所产生的盈利、账面价值、所用资产的重置价值和销售额,或者公司和行业某种特定尺度,我们可以对各公司的价值实施标准化。

盈利乘数

关于资产的价值,更加直观的思路之一是,将它视为资产盈利的某个乘数。购买股票时,通常是把所付价格视为公司每股盈利的某个乘数。每股盈利本身也可在扣除异常项目之前或者之后得到估算,从而体现公司在先前各个时期或者未来时期的盈利能力。

在收购一家公司时,相对于只是购买公司股票而言,通常的做法是分析公司经营性资产的价值(又称"企业价值")作为经营性收入的乘数,或者扣除利息、税款、折旧和摊销之前盈利(EBITDA)的乘数。对于股票或者经营性资产的买方而言,虽然较低的乘数胜过较高的乘数,这些乘数却会受到发行股票公司的增长潜力和风险的影响。

账面价值乘数或重置价值乘数

虽然市场对公司价值作出了估计,会计师们却时常会对同一家公司作出截然不同的估算。这种账面价值的会计估算值取决于会计规则,深受资产最初的收购价格以及随后所作会计方法调整的影响(诸如折旧)。投资者们通常观察所付股价与股权账面价值(或净财富)之间的关系,据以判断股票被高估还是被低估。由此产生的市账率(PBV)因行业的不同而变化很大,取决于各自的增长潜力和投资质量。评估公司时,我们使用相对于所有投入资本(而不仅是股权)账面价值的企业价值估算这一比率。对于那些认为账面价值难以衡量资产真实价值的人来说,可以选用资产的重置成本,即,在第 19 章被称作"托宾 Q 系数"的公司价值与重置成本的比率。

销售额乘数

盈利和账面价值都是会计尺度,因此受制于会计规则和原则。一种受会计抉择影响较小的尺度是销售额;我们可以将股权或企业价值与它进行对照比较。对股东而言,它就是市销率(PS),将股权市值除以销售额而得出。就企业价值来说,这一比率可调整为"价值-销售额"比率(VS),其中的分子改作公司的企业价值。这一比率同样会因行业不同而变化极大,主要取决于各自的利润。相对于采用盈利或账面价值乘数作为比较标准而言,使用销售额乘数的好处是,它更便于在各公司之间实施比较,即便它们处在不同的市场而所用会计体系不同。它同样适用于那些由年轻公司所构成的行业,而它们大多处在亏损状态。

行业特定的乘数

盈利、账面价值和销售额等方面的乘数均可针对任何行业的公司和整个市场估算得出。然而,还有一些乘数属于行业特定的。例如,当互联网公司在 20 世纪 90 年代后期问世之际,它们都具有负盈利、不足挂齿的销售额和账面价值。为了使用乘数对其进行估价,分析者们把它们的市值除以公司网址的点击次数。因此,如果公司网址点击率的平均市值较低,则被视为被低估。近年来,诸如 Linkedin 和 Facebook 之类大众传媒公司也是根据每位成员的平均市值获得评判。

在某些情况下,可以证明行业特定乘数的合理性,第 21 章会讨论其中的一些,但是它们却包含着风险。首先,由于无法针对其他行业或整个市场进行估算,行业特定乘数有可能导致行业相对于整个市场而被持续高估或者低估。因此,从未想到过所付股价超过公司销售额达 80 倍的投资者,在每次点击(网址上的)页面就需要支付 2 000 美元时,未必还能保持这种平和的心态;主要是因为,他们并不了解根据这种尺度所付出的价格究竟是高、是低还是一般。其次,更加困难的是把行业特定的乘数与各种基本因素相联系,后者同样也是运用乘数方法的关键。例如,公司网址的访问者是否会带来更高的销售额和利润?大众传媒网站每增加一位成员能够营造出多少价值?答案不仅因公司而异,而且难以预测。

17.3 使用乘数的四个基本步骤

乘数很容易被使用和误用。关于明智地使用乘数以及发现他人对它们的误用,我们有四个基本步骤。第一步是,确保乘数的定义具备一致性,并对所比较的各公司进行统一的衡量。第二步是,了解乘数在不同行业的分布状况,不仅针对所分析行业内的各公司,而且包括整个市场。第三步是,分析乘数,不仅需要了解决定乘数的各种基本因素,而且还要把握这些因素的变化如何转变为乘数的变化。最后一步是，找到可以进行比较的恰当公司，调整在这些公司之间可能持续存在的差异。

17.3.1 关于定义的检验

即便是针对最简单的乘数，不同的分析者也会作出不同的定义。我们可以市盈率（PE）为例。大多数分析者把它定义为市场价格除以每股盈利，但是他们的共识也就仅限于此。PE率具有多种形式。虽然当期价格通常被用作它的分子，一些分析者却会使用先前六个月到一年的平均价格。分母中的每股盈利可以采取最近财务年度的每股盈利（产生当期的PE率）、过去四个季度的盈利（产生滚动的PE率），或者预期未来财务年度的每股盈利（产生前瞻的PE率）。此外，每股盈利可以根据最初发行股或者充分稀释股进行计算，还可包括或者排除各种异常项目。图17.1描述了苹果（Apple）公司在2011年5月的各种PE率，它们分别使用了不同的尺度。

盈利的这些变化不仅造成了各种"市盈率"价值相去甚远，而且造成分析者采用的这一比率的形式完全取决于个人偏见。例如，在盈利上升时期，前瞻的PE率会持续地低于滚动的PE率，而后者又会低于当期的PE率。乐观的分析者通常倾向于使用前瞻比率，以确保股票根据较低的盈利乘数获得交易；悲观的分析者则会专注于当期比率而造成乘数过高。在根据某种乘数讨论估价问题时，首先需要注意的就是，确保参与讨论的每一位分析者所用乘数的定义一致。

一致性

每种乘数都具有分子和分母。分子可以是股权价值（诸如市场价格或者股权价值）或公司价值（诸如企业价值，它等于债务和股权两者的价值总和，扣除现金）。分母也可是股权尺度（诸如每股盈利、净收入和股权账面价值）或者公司尺度（诸如经营性收入、EBITDA和资本账面价值）。

针对乘数进行的关键性检验之一是，考察分子和分母的定义是否具备一致性。若乘数的分子是股权价值，分母也应该是股权价值。若分子是公司价值，分母同样应该是公司价值。例如，"市盈率"就属于其定义具备一致性的乘数，因为其分子是每股价格（即股权价值）而分母是每股盈利（也是股权价值）。"企业价值-EBITDA"乘数也是如此，因为其分子和分母所衡量的都是公司价值。

在实际运用中，是否存在某种定义不一致的乘数呢？考虑一下"价格-EBITDA"比率，它是一个在过去数年间获得了一些追随者的乘数。该乘数的分子是股权价值，而分母衡量的则是公司盈利。使用这一乘数的分析者或许会认为，这种一致性无伤大雅，因为该乘数是针对所有可比公司以相同方式计算得出。然而，这种看法是错误的。如果名册上的某些公司没有债务，而另一些公司持有巨额债务，后者根据"价格-EBITDA"比率考察就会显得相对便宜，而其实对于它们的定价可能是正确的或者过高。

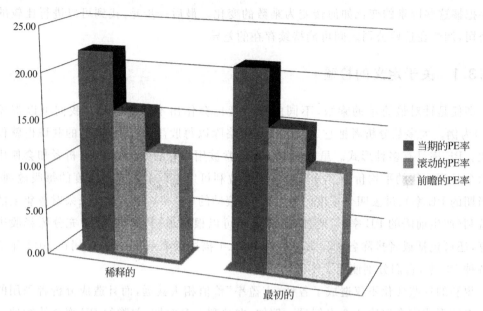

图 17.1　各种 PE 率：2011 年 5 月的苹果公司

统一性

采用相对估价法，需要针对某一样本组内所有的公司计算乘数，然后对各公司加以比较，进而判断哪些公司定价过高或者过低。要使这种比较能够提供某种效益，我们必须对样本组内所有公司采用统一的定义。因此，如果针对一家公司使用滚动 PE 率，那就需对所有其他公司同样行事。事实上，使用当期 PE 率比较样本组内各公司的问题之一是，公司的财务年末各不相同。这会造成一些公司的股价除以从 7 月到 6 月的盈利，而其他公司的股价则是除以从 1 月到 12 月的盈利。这种差异在成熟行业中或许并不太大，因为盈利不会在短短六个月之内发生大的变动，但在高增长行业中却不可小觑。

关于盈利和账面价值尺度，还需要考虑另一个因素，即，用于估算盈利和账面价值的会计标准。针对相似的公司，会计标准之间的差别将会造成迥异的盈利和账面价值。这就使得我们难以比较会计标准相异的不同市场上各公司的乘数。即使采用相同的会计标准，一些公司出于财务报告目的（针对折旧和摊销）和缴税目的而使用不同的会计规则这一点，加上其他因素，也会使得我们无法进行盈利乘数的比较。①

17.3.2　描述性检验

在使用某种乘数时，我们总有必要知道它在市场上的高水平、低水平或者一般水平。换句话说，了解乘数的分布特征是使用该乘数确定被低估或者被高估公司的关键

---

① 如果针对财务报告和缴税采用不同规则，公司向股东所报盈利通常高于向税收当局所报盈利。若用市盈率与那些并不持有财务和缴税两套账本的公司进行比较，它们会显得比较便宜（因为 PE 率较低）。

所在。此外,我们需要理解各种极端值对于均值的影响,控制估算乘数过程所掺杂的任何偏差。

分布特征

使用乘数的分析者很多都专注于某一行业,知道如何根据特定的乘数给行业内各公司进行排序。但是,他们通常不了解该乘数在整个市场上的分布状况。有人或许会问,一位软件行业分析者为何需要去为公用事业股票的市盈率操心呢?因为,软件和公用事业的股票都在追逐着相同的投资资金,在某种程度上,它们必须遵循相同的规则。进一步地,了解各种乘数在各行业间如何变化极其有助于我们发现自己所分析的行业究竟是定价过高还是过低。

究竟有哪些分布特征值得注意呢?标准统计指标,均值和标准差,是我们起步之处,但它们仅仅还只是探索过程的开始。市盈率不会小于零而且取值没有上限,这些情形会造成该乘数的分布偏向于正值。因此,这些乘数的均值应该高于中位值,①而后者更加能够体现出样本组内典型公司的情形。虽然最大值和最小值的用途有限,百分位数值(第 10%、第 25%、第 75% 和第 90% 等等)同样有助于判断样本组内乘数值的高低。

极端值和均值

正如前述,乘数的取值没有上限,各公司可以具备 500、2 000 乃至 10 000 的市盈率。出现这种情形的原因不仅在于股价很高,而且因为公司的盈利有时甚至会下跌到只有几厘钱。这些极端值使得均值无法说明样本。在大多数情形中,计算和报告这些乘数均值的金融咨询服务公司要么在计算时舍弃这些极端值,要么把乘数限制在一定的数值上。例如,市盈率超过 500 的公司只能获得 500 的市盈率。

使用从金融咨询服务公司得到的均值时,重要的是了解它们在计算时如何处理极端值。实际上,由于所估算的均值对于极端值的敏感性,我们具备了求取乘数中位值的另一条理由。

估算乘数时的偏差

虽然存在着各种乘数,有些公司却无法计算特定乘数。再以市盈率为例。当每股价值为负时,公司的市盈率没有意义,通常也不会获得报告。如果考察一组公司的平均市盈率,盈利为负的公司将从样本中剔出,因为我们无法计算它的市盈率。在样本很大时,这一点为何依然重要?事实根据是,被剔除出样本的公司属于亏损公司,它们会造成选择过程的偏见和统计指标的偏差。

关于这一问题有三种解决方式。第一种是,把握住偏差且在分析时予以考虑。用实际操作话语来说,其含义是,调整平均 PE 率,从而体现出消除那些亏损公司所具有的效果。第二种是加总样本组内所有公司的股权价值和净收入(或亏损),包括亏损公司在内,

---

① 相对于中位值,样本组内所有公司应有半数低于它,半数则高于它。

运用总值计算市盈率。图 17.2 概述了三个行业的盈利总额：软件、化工和保险公司。各软件公司之间的数值虽然差别很大，它们在总体上却相当接近于其他两个行业，主要因为软件行业中存在着更多亏损和市盈率极高的公司。请注意，PE 中位值在所有三个行业中都低于 PE 平均数。第三种方式是，包括那些亏损公司在内，使用组内所有公司都可以计算的某种乘数，而市盈率的倒数，所谓"盈利报酬率"，就是如此。

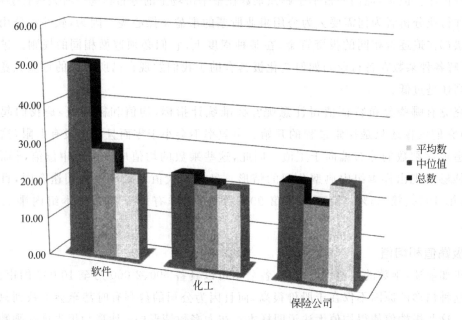

图 17.2 2010 年的 PE 率：平均数、中位值和总数

17.3.3 分析性检验

在讨论分析者们为何如此热衷于使用乘数时，一种观点认为，因为相对估价法所要求的假设条件少于贴现现金流估价法。这一点在技术上虽然成立，但只是表象而已。实际上，我们在进行相对估价时作出的假设不下于贴现现金流估价法。个中差别在于，相对估价法的假设条件是隐性的而未能阐明，贴现现金流估价法的假设条件则是显性的。在使用乘数时，需要回答的两个问题是：哪些基本因素决定了公司股票应该据此进行交易的乘数？基本因素的变化如何影响这种乘数？

决定因素

在关于贴现现金流估价的章节中，我们注意到，公司价值取决于三个变量：它产生现金流的能力、这些现金流的期望增长率以及与这些现金流相关的不确定性。每一种乘数，无论它是关于盈利、销售额抑或账面价值，都取决于相同的三个变量：风险、增长率和产生现金流的潜力。因此，通俗而论，相对于增长率较低、风险较高而现金流潜力较小的公司而言，增长率较高、风险较低而现金流生成潜力更大的公司应该根据更高的乘数获得交易。

我们所采用的增长率、风险和现金流生成潜力的特定尺度将随着乘数的不同而变化。为了把握股权和公司价值乘数的实质内容,我们回到针对股权和企业价值(EV)的相当简单的贴现现金流模型,利用它们推导出各种乘数。

根据针对股权的最简单贴现现金流模型,即处在稳定增长期的股息贴现模型,股权价值等于

$$股权价值 = P_0 = \frac{DPS_1}{k_e - g_n}$$

其中,DPS_1 是下一年度的期望股息,k_e 是股权成本,g_n 则是预期稳定增长率。将上式两边同除以盈利,就可得到贴现现金流方程,它表明了稳定增长型公司的 PE 率:

$$\frac{P_0}{EPS_0} = PE = \frac{股息支付率 \times (1 + g_n)}{k_e - g_n}$$

若将股权价值方程两边同除以股权账面价值,则可以估算稳定增长型公司的市账率:

$$\frac{P_0}{BV_0} = PBV = \frac{ROE \times 股息支付率 \times (1 + g_n)}{k_e - g_n}$$

其中,ROE 是股权报酬率。

若将上述股权价值方程两边同除以销售额,则可将稳定增长型公司的市销率作为公司利润率(profit margin)、股息支付率和期望增长率的函数进行估算:[①]

$$\frac{P_0}{S_0} = PS = \frac{利润率 \times 股息支付率 \times (1 + g_n)}{k_e - g_n}$$

还可进行类似的分析以推导出公司价值乘数。处在稳定增长期,公司经营性资产的价值可以表述为

$$经营性资产价值 = EV_0 = \frac{FCFF_1}{k_e - g_n}$$

将其两边同除以公司自由现金流,就可得出稳定增长型公司的"企业价值-FCFE"乘数:

$$\frac{EV_0}{FCFF_1} = \frac{1}{k_e - g_n}$$

鉴于公司自由现金流等于税后经营性收入减去净资本性支出和流动资本需要额,有关 EBIT、税后 EBIT 以及 EBITDA 的各个乘数也可通过类似方法估算得出。

此处分析的要点不在于建议大家折回到贴现现金流估价法,而是要理解可能导致同一行业内各公司乘数发生变化的各个变量。如果忽略这些变量,或许就会认为 PE 率等于 8 的股票要比等于 12 的股票便宜,而真正的原因或许是后者具有较高的期望增长率;另一方面,我们或许会觉得,PBV 率等于 0.7 的股票要比等于 1.5 的股票便宜,而真正的原因或许是后者具备高出许多的股权报酬率。

关系

了解决定乘数的各种基本因素只是一个有用的开端,而理解乘数如何随着基本因素

---

① 原书这一小段文字和后一公式均有误。对照原书的第二版,我们作了相应的修正。——译者注

的变化而变化才是运用乘数之关键。例如,知道高增长公司也具有高 PE 率还不够。因为,如果所分析公司的增长率是行业平均增长率的两倍,其 PE 率可以是行业均值的 1.5 倍、1.8 倍甚至 12 倍。为了作出这种判断,我们还需了解 PE 率如何随着增长率的变化而变化。

令人吃惊的是,很多分析都是建立在有关乘数和基本因素之间存在着某种线性关系的假设基础上。例如,"价格-盈利-增长"比率(PEG),它是 PE 与公司期望增长率的比率,普遍被用于分析高增长公司,就隐含地假设 PE 率与期望增长率具有线性相关性。

根据贴现现金流模型推导乘数的优点之一,正如前面所为,是通过保持其他因素不变而只是改变某一变量的数值,我们能够分析每一基本变量与乘数的关系。

伴侣变量

从贴现现金流模型中可以得到决定乘数的变量,通过保持其他不变而解答"如果-那么"(what-if)之类的问题,则能够确定每一变量与该乘数之间的关系。此时,若每次都有一个变量具备主导性,它就是所谓的"伴侣变量"(companion variable)。通过考察乘数如何随着同业公司的不同而变化以及在整个市场内的变化状况,通常就能够确定这个变量。在后续三章中,我们将确定从市盈率到市销率这些运用最广的伴随变量,并将它们用于分析过程。

17.3.4 应用性检验

使用乘数时,通常结合可比公司以确定公司或者其股权的价值。但是,何为可比公司呢? 常规的做法是,将处在相同行业或从事相同业务的公司作为可比公司。但是这种做法在确定可比公司时并不总是正确的,也未必最佳。此外,无论我们如何仔细挑选可比公司,在它们与所分析公司之间总是会存在差异。确定能够调整这些差异的方法属于相对估价法的重要内容。

何为可比公司?

"可比公司"指的是在现金流、增长潜力和风险方面都与所估价公司相似的公司。最为理想的莫过于考察一家完全相同的公司,从风险、增长和现金流角度出发如何获得定价。这一定义并未考虑到相关公司所属的行业或者业务因素。因此,电信公司可以同软件公司进行比较,如果两者在现金流、增长率和风险方面相同的话。然而,在大多数分析中,分析者们把可比公司限定在公司所从事的业务或者所属行业中。行业内若存在足够多的公司可使我们如此行事,使用其他标准则可进一步简化可比公司名单。例如,我们只是考虑那些规模相当的公司。在此作出的隐含假设是,属于相同行业的公司具有相同的风险、增长和现金流特征,故可更为合理地予以比较。

因此,我们所面临的问题就从如何获得可比公司名单转变为如何狭义地定义可比公司。若将它定义为与所分析公司在每一维度都相同的公司(风险、增长和现金流),那就只能找到几家公司。若是稍微拓宽定义,我们就可以接受在某一方面或者所有方面的差异,可比公司的名单就会拉长。若能找到某种途径控制公司之间的差异（下一节将列出一些选择），我们就能使用可比性略低但更大的样本，而不是可比性较大但很小的样本，从而得到更加可靠的相对价值。

随着经济的全球化，我们面临着挑战，不同市场上属于相同行业的公司相互结合和交易。因此，在汽车制造行业，我们会看到美国、欧洲和亚洲公司都在全球范围内竞争市场份额。能否对在不同市场上挂牌的公司进行比较呢？当然可以，只要我们明白这些公司将会具有不同的风险、增长和现金流特征。因此，亚洲汽车制造公司可能要比欧洲公司具有更高的增长潜力和风险暴露程度。此外，会计标准和货币的差别会造成两类市场和会计数据的偏差，故而必须加以调整。[①]

调整公司之间的差异

无论在构建可比公司名单时如何细致，我们最终得到的公司与所要评估的公司总是有所不同。这种差异在某些变量上可能比较小，而在其他变量上则很大，我们在进行相对估价时必须予以控制。控制这些差异有三种方法：主观调整、乘数调整，以及行业或市场回归法。

主观调整　相对估价法始于两种选择：分析中所用乘数和构成可比公司的样本组。我们针对每一家可比公司计算乘数，然后计算它们的均值。为了评估单个公司，我们把它在交易时的乘数与均值进行比较；如果差别很大，就需对公司的某个特征（增长、风险或现金流）能否予以解释作出主观判断。因此，一家 PE 率为 22 的公司可能处在 PE 率均值只有 15 的行业，然而，我们可以调整这种差额，因为该公司比业内一般公司具有更高的增长潜力。通过判断，如果乘数的差异无法由基本因素予以解释，就可认为对于公司的估价过高（如果它的乘数高于均值），或者估价过低（如果它的乘数低于均值）。

乘数调整　根据这种方法，我们对乘数进行调整以便考虑到最为重要的决定因素——伴侣变量。为此，将公司的 PE 率除以它的期望 EPS 增长率，从而确定经过增长率调整的 PE 率或 PEG 比率。再根据这一经过调整的比率对行业内各公司进行比较。此处的隐含假设是，这些公司根据所有价值尺度都具有可比性，除了被控制的那个变量之外。此外，我们假设乘数和基本因素之间的关系呈线性。

案例 17.1　比较公司间的 PE 率和增长率

针对被归类为软性饮料业的各公司，根据分析者们的共识性估算值，下表概述了 2001 年的 PE 率以及随后五年（2002—2006 年）EPS 期望增长率。

[①] 由于原书的改版，下面两个注解在这一版正文的这段文字中消除了对应处。为求完整，仍然予以译出。——译者注

[3] 股权报酬率为 40% 可作为现金流潜力的代理变量。具有 20% 的增长率和 40% 的股权报酬率，这家公司能够以股息或股票回购的形式将一半的盈利归还股东们。

[4] 如果选择范围包含了 10 000 种股票，通过手工寻找这些公司的工作量将会很大。我们可以运用统计技术，诸如集群分析法（cluster analysis）找到相似的公司。

公司	滚动 PE	期望增长率	标准差	PEG
Coca-Cola Bottling	29.18	9.50%	20.58%	3.07
Molson Inc. Ltd. "A"	43.65	15.50%	21.88%	2.82
Anheuser-Busch	24.31	11.00%	22.92%	2.21
Corby Distilleries Ltd.	16.24	7.50%	23.66%	2.16
Chalone Wine Group Ltd.	21.76	14.00%	24.08%	1.55
Andres Wines Ltd. "A"	8.96	3.50%	24.70%	2.56
Todhunter Int'l.	8.94	3.00%	25.74%	2.98
Brown-Forman "B"	10.07	11.50%	29.43%	0.88
Coors (Adolph) "B"	23.02	10.00%	29.52%	2.30
PepsiCo, Inc.	33.00	10.50%	31.35%	3.14
Coca-Cola	44.33	19.00%	35.51%	2.33
Boston Beer "A"	10.59	17.13%	39.58%	0.62
Whitman Corp.	25.19	11.50%	44.26%	2.19
Mondavi (Robert) "A"	16.47	14.00%	45.84%	1.18
Coca-Cola Enterprises	37.14	27.00%	51.34%	1.38
Hansen Natural Corp.	9.70	17.00%	62.45%	0.57
Average	22.66	12.60%	33.30%	2.00

来源：Value Line Database

相对而言，Andres Wines 公司被低估了吗？简单地观察一下乘数就可看出，这是因为它的等于 8.96 的 PE 率大大低于行业均值。

进行这种比较时，我们其实假设 Andres Wines 具有与业内均值相似的增长和风险特征。对增长率进行比较的一种方式是，计算 PEG 比率，它显示在最后一列。根据等于 2.00 的平均 PEG 率以及 Andres Wines 的增长率估计值，可得到该公司的 PE 率如下：

$$PE 率 = 2.00 \times 3.50\% = 7.00$$

根据这一经过调整的 PE 率，Andres Wines 似乎被高估了，虽然它的 PE 率很低。消除公司之间差异的调整问题看似不难，但只有当各公司的风险相同时才是如此。隐含地，这种方法还假设在增长率和 PE 率之间存在着线性关系。

行业回归法 如果各公司在多于一个的变量方面存在着差异，那就难以调整乘数以便兼顾这些差异。然而，我们可将乘数针对这些变量实施回归，再使用回归式找出各家公司的预测值。在可比公司数目很大而乘数和变量之间的关系比较稳定时，这种方法的功效甚佳。如果无法满足这些条件，一些极端值就会导致系数发生很大的变化，大大降低预测值的可靠性。

案例 17.2 再谈 2001 年的饮料行业：行业回归法

市盈率取决于期望增长率、风险和股息支付率。股息支付率在各饮料公司之间的变化虽然不大，它们在风险和增长方面却相去甚远。下表概述了名单上各公司的市盈率、股价标准差和期望增长率。

公　司	滚动 PE	期望增长率	标准差
Coca-Cola Bottling	29.18	9.50%	20.58%
Molson Inc. Ltd. "A"	43.65	15.50%	21.88%
Anheuser-Busch	24.31	11.00%	22.92%
Corby Distilleries Ltd.	16.24	7.50%	23.66%
Chalone Wine Group Ltd.	21.76	14.00%	24.08%
Andres Wines Ltd. "A"	8.96	3.50%	24.70%
Todhunter Int'l.	8.94	3.00%	25.74%
Brown-Forman "B"	10.07	11.50%	29.43%
Coors (Adolph) "B"	23.02	10.00%	29.52%
PepsiCo, Inc.	33.00	10.50%	31.35%
Coca-Cola	44.33	19.00%	35.51%
Boston Beer "A"	10.59	17.13%	39.58%
Whitman Corp.	25.19	11.50%	44.26%
Mondavi (Robert) "A"	16.47	14.00%	45.84%
Coca-Cola Enterprises	37.14	27.00%	51.34%
Hansen Natural Corp.	9.70	17.00%	62.45%

来源：Value Line Database

鉴于这些公司在风险和期望增长率方面均差异较大，PE 率针对这两个变量的回归方程式是

$$PE = 20.87 - 63.98\ \text{标准差} + 183.24\ \text{期望增长率} \quad R^2 = 51\%$$
$$[3.01] \quad [2.63] \quad\quad\quad [3.66]$$

方括弧中的数字为 t-统计值，说明 PE 率与回归式中两个变量之间的关系都具有统计意义。R^2 系数表明，在 PE 率差额中可由两个自变量所解释的比重。最后，回归式本身也可用于预测名单上各公司的 PE 率。① 因此，根据其 35.51% 的标准差和 19% 的期望增长率，我们预测可口可乐公司的 PE 率如下：

$$\text{预测的 PE}_{可口可乐} = 20.87 - 63.98(0.355\ 1) + 183.24(0.19) = 32.97$$

鉴于可口可乐公司的实际 PE 率是 44.33%，这表明它的股票被过高估价，给定行业内其他公司股票的定价。

如果无意假设 PE 率和增长率之间具有线性关系，这是我们在前面的回归过程中所为，我们还能够实施非线性回归，或者调整回归式中的变量而使它更接近线性。例如，使用 ln(增长率) 代替回归式中的增长率。就能得到分布状态好得多的残值。

市场回归法　前述在公司所属行业内搜寻可比公司的做法会受到很大的限制，尤其是在同业公司为数很少，或者公司的经营范围超出一个行业之时。然而，可比公司的定义并非仅限于处在同一行业内的公司，它指的是在增长、风险和现金流特征方面与所分析公

---

① 所述两种方法均假设乘数和主导价值的各变量之间的关系呈线性。鉴于这一点并非总能成立，我们可能需要针对它们实施非线性回归。

司相同的公司。因此,我们无需将可比公司的选项局限在相同行业的公司。前一小节所介绍的回归方法有助于控制那些我们认为导致乘数在各公司间发生变化的变量差异。使用样本中各个行业的公司,确定每一乘数的各个决定变量,我们就可将任何一种乘数(PE、EV/EBITDA 和 PBV)针对这些变量实施回归。然后,可以通过市场回归法得到关于各个公司的预测值。公司股票交易时的 PE 率若是低于(高于)市场回归法所预测的 PE 率,那就表明公司相对于市场被低估(高估)。

相对于对同一行业内各公司进行主观比较的方法而言,首先,这种方法的突出优点是它进行了量化分析,根据现实市场的数据,以及较高增长率或风险应该影响乘数的尺度。同样值得注意的是,这种方法的估算值也会包含错误,而这种错误体现了许多分析者在作出主观判断时所回避的现实情形。其次,通过考察市场上所有的公司,这种方法使我们可对那些同业公司相对较少的公司进行比较。再者,通过考察它们相对于市场上其他公司的价值,它使我们分析某一行业内的所有公司是否被高估或者低估。

17.4 相对估价法与贴现现金流估价法的协调

针对同样一家公司,贴现现金流估价法和相对估价法通常会给出不同的估算值。进一步地,即使采用相对估价法,我们也会得到不同的价值估算,取决于所用乘数和据此实施相对估价法的公司。

贴现现金流估价法和相对估价法之间的价值差异出自对于市场有效性的看法不同,或者更准确地说,关于市场无效性的看法。采用贴现现金流估价法,我们假设市场上存在着很多错误,假设它们会随着时间纠正这些错误,假设这些错误通常会发生在整个行业甚至整个市场等等。采用相对估价法,我们则假设,虽然市场在各只股票上会出错,但平均而言是正确的。换句话说,如果相对于其他软件公司评估 Adobe Systems 公司,我们需要假设市场对于这些公司的定价在平均意义上是正确的,虽然对于单个公司的定价或许有误。因此,一只股票从贴现现金流角度考察或许属于被高估者,但从相对估价角度看则是被低估者,如果相对估价法所使用的公司全部都被市场定价过高的话。相反的情形也一样成立,如果整个行业或者市场被定价过低的话。

17.5 总结

采用相对估价法,我们通过考察相似资产的定价法来估算某项资产的价值。为了进行这种比较,首先把价格转换成各种乘数,即使得价格标准化,然后在所定义的可比公司之间,对这些乘数进行比较。价格的标准化可以根据盈利、账面价值或行业特定变量而进行。

虽然各种乘数具有简洁而易行的魅力,但为了稳妥地使用它们,需要采取四个步骤。

第一,在乘数的定义方面必须保持一致性,并且针对所比较的各公司对乘数进行统一的衡量。第二,必须把握乘数在市场上各公司之间的变化状况。换句话说,必须了解相关乘数的高水平、低水平和一般水平各是多少。第三,必须确定决定乘数的各个基本因素,以及这些因素的变化将如何影响乘数的数值。第四,必须找到真正具备可比性的公司,调整各公司在基本特征方面的差异。

17.6 问题和简答题

在下列问题中,若无特别说明,假设股权风险溢价为5.5%。

1. 运用当期盈利、滚动盈利和前瞻盈利,我们都可以计算PE率。

a. 这些比率之间有何差异?

b. 哪一个更有可能产生最高的价值率?为何?

2. 某位分析者计算了公司价值(其定义是,股权市值加上长期债务,再减去现金)与扣除所有利息和税款后的盈利之间的比率。

a. 解释这一比率为何无法获得具备一致性的估算。

b. 解释在运用这一比率比较各公司时为何会出现问题。

3. 本章指出了各乘数的分布是有偏的。

a. 有偏分布的含义是什么?

b. 乘数的分布为何通常会是有偏的?

c. 这一点对于那些使用行业均值比较各公司的分析者意味着什么?

4. 一般而论,对于盈利为负数的公司,我们无法计算其PE率。这一点对于诸如行业平均PE率之类统计指标意味着什么?

参考文献(第1~17章)

第1章 估价导论

Buffett, W. E., and L. A. Cunningham. 2001. *The essays of Warren Buffett: Lessons of corporate America.* Minneapolis, MN: Cunningham Group.
Cottle, S., R. Murray, and F. Bloch. 1988. *Security analysis.* New York: McGraw-Hill.
Graham, B., D. L. Dodd, and S. Cottle. 1962. *Security analysis*, 4th ed. New York: McGraw-Hill.

第2章 各种估价方法

Black, F., and M. Scholes. 1972. The valuation of option contracts and a test of market efficiency. *Journal of Finance* 27:399–417.
Damodaran, A. 1994. *Damodaran on valuation.* New York: John Wiley & Sons.
Hooke, J. C. 2001. *Security analysis on Wall Street.* New York: John Wiley & Sons.

第3章 理解财务报表

Choi, F. D. S., and R. M. Levich. 1990. *The capital market effects of international accounting diversity.* New York: Dow Jones–Irwin.
Stickney, C. P. 1993. *Financial statement analysis.* Fort Worth, TX: Dryden Press.
White, G. I., A. Sondhi, and D. Fried. 1997. *The analysis and use of financial statements.* New York: John Wiley & Sons.
Williams, J. R. 1998. *GAAP guide.* New York: Harcourt Brace.

第4章 风险的基本问题

Ball, C. A., and W. N. Torous. 1983. A simplified jump process for common stock returns. *Journal of Financial and Quantitative Analysis* 18:53–65.
Beckers, S. 1981. A note on estimating the parameters of the diffusion–jump process model of stock returns. *Journal of Financial and Quantitative Analysis* 16:127–140.
Bernstein, P. 1992. *Capital ideas.* New York: Free Press.
Bernstein, P. 1996. *Against the gods.* New York: John Wiley & Sons.
Chen, N., R. Roll, and S. A. Ross. 1986. Economic forces and the stock market. *Journal of Business* 59:383–404.
Elton, E. J., and M. J. Gruber. 1995. *Modern portfolio theory and investment management.* New York: John Wiley & Sons.
Fama, E. F., 1965. The behavior of stock market prices. *Journal of Business* 38:34–105.
Fama, E. F., and K. R. French. 1992. The cross-section of expected returns. *Journal of Finance* 47:427–466.

Fang, H., and T.-Y. Lai. 1997. Co-kurtosis and capital asset pricing. *Financial Review* 32:293–307.

Gabaix, X., P. Gopikrishnan, V. Plerou, and H. E. Stanley. 2003. A theory of power law distributions in financial market fluctuations. *Nature* 423:267–270.

Jarrow, R. A., and E. R. Rosenfeld. 1984. Jump risks and the intertemporal capital asset pricing model. *Journal of Business* 57:337–351.

Jensen, M. C. 1969. Risk, the pricing of capital assets, and the evaluation of investment portfolios. *Journal of Business* 42:167–247.

Kraus, A., and R. H. Litzenberger. 1976. Skewness preference and the valuation of risk assets. *Journal of Finance* 31:1085–1100.

Lintner, J. 1965. The valuation of risk assets and the selection of risky investments in stock portfolios and capital budgets. *Review of Economics and Statistics* 47:13–37.

Mandelbrot, B. 1961. The variation of certain speculative prices. *Journal of Business* 34:394–419.

Mandelbrot, B., and R. L. Hudson. 2004. *The (mis)behavior of markets: A fractal view of risk, ruin and reward.* New York: Basic Books.

Markowitz, H. M. 1991. Foundations of portfolio theory. *Journal of Finance* 46(2):469–478.

Ross, S. A. 1976. The arbitrage theory of capital asset pricing. *Journal of Economic Theory* 13(3):341–360.

Seyhun, H. N. 1986. Insiders' profits, costs of trading and market efficiency. *Journal of Financial Economics* 16:189–212.

Sharpe, W. F. 1964. Capital asset prices: A theory of market equilibrium under conditions of risk. *Journal of Finance* 19:425–442.

第5章 期权定价理论和模型

Black, F., and M. Scholes. 1972. The valuation of option contracts and a test of market efficiency. *Journal of Finance* 27:399–417.

Cox, J. C., and M. Rubinstein. 1985. *Options markets.* Upper Saddle River, NJ: Prentice Hall.

Cox, J. C., and S. A. Ross. 1976. The valuation of options for alternative stochastic processes. *Journal of Financial Economics* 3:145–166.

Cox, J. C., S. A. Ross, and M. Rubinstein. 1979. Option pricing: A simplified approach. *Journal of Financial Economics* 7:229–264.

Geske, R. 1979. The valuation of compound options. *Journal of Finance* 7:63–82.

Hull, J. C. 1999. *Options, futures and other derivatives.* Upper Saddle River, NJ: Prentice Hall.

Hull, J. C. 1995. *Introduction to futures and options markets.* Upper Saddle River, NJ: Prentice Hall.

Merton, R. C. 1973. The theory of rational option pricing. *Bell Journal of Economics* 4(1):141–183.

Merton, R. C. Option pricing when the underlying stock returns are discontinuous. *Journal of Financial Economics* 3:125–144.

第6章 市场有效性：定义、检验和证据

Alexander, S. S. 1964. Price movements in speculative markets: Trends or random walks? In *The random character of stock market prices.* Cambridge, MA: MIT Press.

Arbel, A., and P. J. Strebel. 1983. Pay attention to neglected stocks. *Journal of Porfolio Management* 9:37–42.

Banz, R. 1981. The relationship between return and market value of common stocks. *Journal of Financial Economics* 9:3–18.

Basu, S. 1977. The investment performance of common stocks in relation to their price-earnings: A test of the efficient market hypothesis. *Journal of Finance* 32:663–682.

Basu, S. 1983. The relationship between earnings yield, market value and return for NYSE common stocks: Further evidence. *Journal of Financial Economics* 12:129–156.

Bernstein, R. 1995. *Style investing*. New York: John Wiley & Sons.

Capaul, C., I. Rowley, and W. F. Sharpe. 1993. International value and growth stock returns. *Financial Analysts Journal* 49:27–36.

Carhart, M. M. 1997. On the persistence of mutual fund performance. *Journal of Finance* 52:57–82.

Chambers, A. E., and S. H. Penman. 1984. Timeliness of reporting and the stock price reaction to earnings announcements. *Journal of Accounting Research* 22:21–47.

Chan, L. K., Y. Hamao, and J. Lakonishok. 1991. Fundamentals and stock returns in Japan. *Journal of Finance* 46:1739–1789.

Chan, S. H., J. Martin, and J. Kensinger. 1990. Corporate research and development expenditures and share value. *Journal of Financial Economics* 26:255–276.

Conrad, J. 1989. The price effect of option introduction. *Journal of Finance* 44:487–498.

Cootner, P. H. 1961. Common elements in futures markets for commodities and bonds. *American Economic Review* 51(2):173–183.

Cootner, P. H. 1962. Stock prices: Random versus systematic changes. *Industrial Management Review* 3:24–45.

Damodaran, A. 1989. The weekend effect in information releases: A study of earnings and dividend announcements. *Review of Financial Studies* 2:607–623.

DeBondt, W. F. M., and R. Thaler. 1985. Does the stock market overreact? *Journal of Finance* 40:793–805.

DeBondt, W. F. M., and R. Thaler. 1987. Further evidence on investor overreaction and stock market seasonality. *Journal of Finance* 42:557–581.

Dimson, E., and P. R. Marsh. 1984. An analysis of brokers' and analysts' unpublished forecasts of UK stock returns. *Journal of Finance* 39:1257–1292.

Dimson, E., and P. R. Marsh. 1986. Event studies and the size effect: The case of UK press recommendations. *Journal of Financial Economics* 17:113–142.

Dimson, E., and P. R. Marsh. 2001. Murphy's law and market anomalies. *Journal of Portfolio Management* 25:53–69.

Fama, E. F. 1965. The behavior of stock market prices. *Journal of Business* 38:34–105.

Fama, E. F. 1970. Efficient capital markets: A review of theory and empirical work. *Journal of Finance* 25:383–417.

Fama, E. F., and M. Blume. 1966. Filter rules and stock market trading profits. *Journal of Business* 39:226–241.

Fama, E. F., and K. R. French. 1988. Permanent and temporary components of stock prices. *Journal of Political Economy* 96:246–273.

Fama, E. F., and K. R. French. 1992. The cross-section of expected returns. *Journal of Finance* 47:427–466.

Fama, E. F., and K. R. French. 2010.

Gibbons, M. R., and P. Hess. 1981. Day of the week effects and asset returns. *Journal of Business* 54:579–596.

Gultekin, M. N., and B. N. Gultekin. 1983. Stock market seasonality: International evidence. *Journal of Financial Economics* 12:469–481.

Haugen, R. A. 1990. *Modern investment theory*. Englewood Cliffs, NJ: Prentice Hall.

Haugen, R. A., and J. Lakonishok. 1988. *The incredible January effect*. Homewood, IL: Dow Jones–Irwin.

Jaffe, J. 1974. Special information and insider trading. *Journal of Business* 47:410–428.

Jegadeesh, N., and S. Titman. 1993. Returns to buying winners and selling losers: Implications for stock market efficiency. *Journal of Finance* 48(1):65–91.

Jegadeesh, N., and S. Titman. 2001. Profitability of momentum strategies: An evaluation of alternative explanations. *Journal of Finance* 56(2):699–720.

Jennergren, L. P. 1975. Filter tests of Swedish share prices. In *International capital markets*, 55–67. New York: North-Holland.

Jennergren, L. P., and P. E. Korsvold. 1974. Price formation in the Norwegian and Swedish stock markets—Some random walk tests. *Swedish Journal of Economics* 76:171–185.

Jensen, M. 1968. The performance of mutual funds in the period 1945–64. *Journal of Finance* 2:389–416.

Jensen, M., and G. A. Bennington. 1970. Random walks and technical theories, some additional evidence. *Journal of Finance* 25:469–482.

Kaplan, R. S., and R. Roll. 1972. Investor evaluation of accounting information: Some empirical evidence. *Journal of Business* 45:225–257.

Keim, D. 1983. Size related anomalies and stock return seasonality: Further empirical evidence. *Journal of Financial Economics* 12.

McConnell, J. J., and C. J. Muscarella. 1985. Corporate capital expenditure decisions and the market value of the firm. *Journal of Financial Economics* 14:399–422.

Michaely, R., and K. L. Womack. 1999. Conflict of interest and the credibility of underwriter analyst recommendations. *Review of Financial Studies* 12:653–686.

Niederhoffer, V., and M. F. M. Osborne. 1966. Market making and reversal on the stock exchange. *Journal of the American Statistical Association* 61:891–916.

Peters, E. E. 1991. *Chaos and order in the capital markets*. New York: John Wiley & Sons.

Pradhuman, S. 2000. *Small cap dynamics*. Princeton, NJ: Bloomberg Press.

Praetz, P. D. 1972. The distribution of share price changes. *Journal of Business* 45(1):49–55.

Reinganum, M. R. 1983. The anomalous stock market behavior of small firms in January: Empirical tests for tax-loss effects. *Journal of Financial Economics* 12.

Rendleman, R. J., C. P. Jones, and H. A. Latané. 1982. Empirical anomalies based on unexpected earnings and the importance of risk adjustments. *Journal of Financial Economics* 10:269–287.

Richards, R. M., and J. D. Martin. 1979. Revisions in earnings forecasts: How much response? *Journal of Portfolio Management* 5:47–52.

Ritter, J., and N. Chopra. 1989. Portfolio rebalancing and the turn of the year effect. *Journal of Finance* 44:149–166.

Roll, R. 1983. Vas ist das? *Journal of Portfolio Management* 9:18–28.

Roll, R. 1984. A simple implicit measure of the bid-ask spread in an efficient market. *Journal of Finance* 39:1127–1139.

Rosenberg, B., K. Reid, and R. Lanstein. 1985. Persuasive evidence of market inefficiency. *Journal of Portfolio Management* 11:9–17.

Seyhun, H. N. 1998. *Investment intelligence from insider trading.* Cambridge, MA: MIT Press.

Shiller, R. 1999. *Irrational exuberance.* Princeton, NJ: Princeton University Press.

Sunder, S. 1973. Relationship between accounting changes and stock prices: Problems of measurement and some empirical evidence. In *Empirical research in accounting: Selected studies* 1–45. Toronto: Lexington.

Sunder, S. 1975. Stock price and risk related accounting changes in inventory valuation. *Accounting Review* 305–315.

Womack, K. 1996. Do brokerage analysts' recommendations have investment value? *Journal of Finance* 51:137–167.

Woodruff, C. S., and A. J. Senchack Jr. 1988. Intradaily price-volume adjustments of NYSE stocks to unexpected earnings. *Journal of Finance* 43(2):467–491.

第7章 无风险利率和风险溢价

Altman, E. I. 1968. Financial ratios, discriminant analysis and the prediction of corporate bankruptcy. *Journal of Finance* 23:589–609.

Altman, E. I., and V. Kishore. 2000. The default experience of U.S. bonds. Working paper. Salomon Center, New York University.

Booth, L. 1999. Estimating the equity risk premium and equity costs: New way of looking at old data. *Journal of Applied Corporate Finance* 12(1):100–112.

Bruner, R. F., K. M. Eades, R. S. Harris, and R.C. Higgins. 1998. Best practices in estimating the cost of capital: Survey and synthesis. *Financial Practice and Education* 14–28.

Chan, K. C., G. A. Karolyi, and R. M. Stulz. 1992. Global financial markets and the risk premium on U.S. equity. *Journal of Financial Economics* 32:132–167.

Damodaran, A. 1999. *Estimating the equity risk premium.* Working paper. www.stern.nyu.edu/~adamodar/New_Home_Page/papers.html.

Dimson, Marsh, and Staunton 2010

Elton, E., M. J. Gruber, and J. Mei. 1994. Cost of capital using arbitrage pricing theory: A case study of nine New York utilities. *Financial Markets, Institutions and Instruments* 3:46–73.

Fama, E. F., and K. R. French. 1988. Permanent and temporary components of stock prices. *Journal of Political Economy* 96:246–273.

Godfrey, S., and R. Espinosa. 1996. A practical approach to calculating the cost of equity for investments in emerging markets. *Journal of Applied Corporate Finance* 9(3):80–81.

Ibbotson, R. G., and G. P. Brinson. 1993. *Global investing.* New York: McGraw-Hill.

Indro, D. C., and W. Y. Lee. 1997. Biases in arithmetic and geometric averages as estimates of long-run expected returns and risk premium. *Financial Management* 26:81–90.

Pettit, J. 1999. Corporate capital costs: A practitioner's guide. *Journal of Applied Corporate Finance* 12(1):113–120.

Rosenberg, B., and V. Marathe. 1979. Tests of capital asset pricing hypotheses. *Research in Finance* 1:115–124.

Siegel, J. *Stocks for the Very Long Run: The Definitive Guide to Investment Strategies* (New York, McGraw-Hill, 2007).

Stocks, bonds, bills and inflation. 1999. Chicago: Ibbotson Associates.

Stulz, R. M. 1999. Globalization, corporate finance, and the cost of capital. *Journal of Applied Corporate Finance* 12(1).

第8章 风险参数和融资成本的估算

Blume, M. 1979. Betas and their regression tendencies: Some further evidence. *Journal of Finance* 34(1):265–267.

Brown, S. J., and J. B. Warner. 1980. Measuring security price performance. *Journal of Financial Economics* 8(3):205–258.

Brown, S. J., and J. B. Warner. 1985. Using daily stock returns: The case of event studies. *Journal of Financial Economics* 14(1):3–31.

Bruner, R. F., K. M. Eades, R. S. Harris, and R. C. Higgins. 1998. Best practices in estimating the cost of capital: Survey and synthesis. *Financial Practice and Education* 14–28.

Dimson, E. 1979. Risk measurement when shares are subject to infrequent trading. *Journal of Financial Economics* 7(2):197–226.

Hamada, R. S. 1972. The effect of the firm's capital structure on the systematic risk of common stocks. *Journal of Finance* 27:435–452.

Scholes, M., and J. T. Williams. 1977. Estimating betas from nonsynchronous data. *Journal of Financial Economics* 5(3):309–327.

第9章 盈利的衡量

Aboody, D., and B. Lev. 1998. The value relevance of intangibles: The case of software capitalization. *Journal of Accounting Research* 36(0):161–191.

Bernstein, L. A., and J. G. Siegel. 1979. The concept of earnings quality. *Financial Analysts Journal* 35:72–75.

Damodaran, A. 1999. *The treatment of operating leases.* Working paper. www.stern.nyu.edu/~adamodar/New_Home_Page/papers.html.

Damodaran, A. 1999. *The treatment of R&D.* Working paper. www.stern.nyu.edu/~adamodar/New_Home_Page/papers.html.

Deng, Z., and B. Lev. 1998. The valuation of acquired R&D. Working paper. New York University.

第10章 从盈利到现金流

Brennan, M. J. 1970. Taxes, market valuation and corporation financial policy. *National Tax Journal* 417–427.

Graham, J. R. 2000. How big are the tax benefits of debt? *Journal of Finance* 55(5):1901–1941.

Graham, J. R. Proxies for the corporate marginal tax rate. *Journal of Financial Economics* 42(2):187–221.

第11章 增长的估算

Arnott, R. D. 1985. The use and misuse of consensus earnings. *Journal of Portfolio Management* 11:18–27.

Bathke, A. W., Jr., and K. S. Lorek. 1984. The relationship between time-series models and the security market's expectation of quarterly earnings. *Accounting Review* 163–176.

Box, G., and G. Jenkins. 1976. *Time series analysis: Forecasting and control*. Oakland, CA: Holden-Day.

Brown, L. D., and M. S. Rozeff. 1979. Univariate time series models of quarterly accounting earnings per share: A proposed model. *Journal of Accounting Research* 178–189.

Brown, L. D., and M. S. Rozeff. 1980. Analysts can forecast accurately! *Journal of Portfolio Management* 6:31–34.

Collins, W., and W. Hopwood. 1980. A multivariate analysis of annual earnings forecasts generated from quarterly forecasts of financial analysts and univariate time series models. *Journal of Accounting Research* 20:390–406.

Cragg, J. G., and B. G. Malkiel. 1968. The consensus and accuracy of predictions of the growth of corporate earnings. *Journal of Finance* 23:67–84.

Crichfield, T., T. Dyckman, and J. Lakonishok. 1978. An evaluation of security analysts forecasts. *Accounting Review* 53:651–668.

Foster, G. 1977. Quarterly accounting data: Time series properties and predictive ability results. *Accounting Review* 52:1–31.

Fried, D., and D. Givoly. 1982. Financial analysts forecasts of earnings: A better surrogate for earnings expectations. *Journal of Accounting and Economics* 4:85–107.

Fuller, R. J., L. C. Huberts, and M. Levinson. 1992. It's not higgledy-piggledy growth! *Journal of Portfolio Management* 18:38–46.

Givoly, D., and J. Lakonishok. 1984. The quality of analysts' forecasts of earnings. *Financial Analysts Journal* 40:40–47.

Griffin, P. A., "The time series Behavior of quarterly earnings." *Journal of Accounting Research* 15 (Spring 1977): 71–83.

Hawkins, E. H., S. C. Chamberlin, and W. E. Daniel. 1984. Earnings expectations and security prices. *Financial Analysts Journal* 40:24–27, 30–38, 74.

Little, I. M. D. 1960. *Higgledy piggledy growth*. Oxford: Institute of Statistics.

O'Brien, P. 1988. Analysts' forecasts as earnings expectations. *Journal of Accounting and Economics* 10:53–83.

Vander Weide, J. H., and W. T. Carleton. 1988. Investor growth expectations: Analysts vs. history. *Journal of Portfolio Management* 14:78–83.

Watts, R. 1975. *The time series behavior of quarterly earnings*. Working paper. University of Newcastle.

第12章 估价的截止：估算终值

Altman, E. I. 1968. Financial ratios, discriminant analysis and the prediction of corporate bankruptcy. *Journal of Finance* 23:589–609.

Grant, R. M., 1998. *Contemporary strategy analysis*. Malden, MA: Blackwell.

Mauboussin, M., and P. Johnson. 1997. Competitive advantage period: The neglected value driver. *Financial Management* 26(2):67–74.

Porter, M. E. 1980. *Competitive strategy: Techniques for analyzing industries and competitors*. New York: Free Press.

第13章 股息贴现模型

Bethke, W. M., and S. E. Boyd. 1983. Should dividend discount models be yield-tilted? *Journal of Portfolio Management* 9:23–27.

Estep, T. 1985. A new method for valuing common stocks. *Financial Analysts Journal* 41:26, 27, 30–33.

Estep, T. 1987. Security analysis and stock selection: Turning financial information into return forecasts. *Financial Analysts Journal* 43:34–43.

Fuller, R. J., and C. Hsia. 1984. A simplified common stock valuation model. *Financial Analysts Journal* 40:49–56.

Gordon, M. 1962. *The investment, financing and valuation of the corporation.* Homewood, IL: Irwin.

Haugen, R. 1997. *Modern investment theory.* Upper Saddle River, NJ: Prentice Hall.

Jacobs, B. I., and K. N. Levy. 1988a. Disentangling equity return irregularities: New insights and investment opportunities. *Financial Analysts Journal* 44:18–44.

Jacobs, B. I., and K. N. Levy. 1988b. On the value of "value." *Financial Analysts Journal* 44:47–62.

Litzenberger, R. H., and K. Ramaswamy. 1979. The effect of personal taxes and dividends on capital asset prices: Theory and empirical evidence. *Journal of Financial Economics* 7:163–196.

Sorensen, E. H., and D. A. Williamson. 1985. Some evidence on the value of the dividend discount model. *Financial Analysts Journal* 41:60–69.

第14章 股权自由现金流贴现模型

Damodaran, A. 2001. *Corporate finance: Theory and practice,* 2d ed. New York: John Wiley & Sons.

第15章 公司估价：资本成本和调整型现值方法

Altman, E. I. (2009).

Altman, E. I., and V. Kishore. 2000. *The default experience of U.S. bonds.* Working paper, Salomon Center, New York University.

Barclay, M. J., C. W. Smith, and R. L. Watts. 1995. The determinants of corporate leverage and dividend policies. *Journal of Applied Corporate Finance* 7(4):4–19.

Bhide, A. 1993. Reversing corporate diversification. In *The new corporate finance—Where theory meets practice,* ed. D. H. Chew Jr. New York: McGraw-Hill.

Damodaran, A. 2001. *Corporate finance: Theory and practice,* 2d ed. New York: John Wiley & Sons.

Davis, D., and K. Lee. 1997. A practical approach to capital structure for banks. *Journal of Applied Corporate Finance* 10(1):33–43.

Denis, D. J., and D. K. Denis. 1993. Leveraged recaps in the curbing of corporate overinvestment. *Journal of Applied Corporate Finance* 6(1):60–71.

Graham, J. 1996. Debt and the marginal tax rate. *Journal of Financial Economics* 41:41–73.

Inselbag, I., and H. Kaufold. 1997. Two DCF approaches and valuing companies under alternative financing strategies. *Journal of Applied Corporate Finance* 10(1):115–122.

Jensen, M. C. 1986. Agency costs of free cash flow, corporate finance, and takeovers. *American Economic Review* 76:323–329.

Kaplan, S. N. 1989. Campeau's acquisition of Federated: Value destroyed or value added? *Journal of Financial Economics* 25:191–212.

Mackie-Mason, J. 1990. Do taxes affect corporate financing decisions? *Journal of Finance* 45:1471–1494.

Miller, M. 1977. Debt and taxes. *Journal of Finance* 32:261–275.

Modigliani, F., and M. Miller. 1958. The cost of capital, corporation finance and the theory of investment. *American Economic Review* 48:261–297.

Myers, S. C. 1976. Determinants of corporate borrowing. *Journal of Financial Economics* 5:147–175.

Myers, S. C., and N. S. Majluf. 1984. Corporate financing and investment decisions when firms have information that investors do not have. *Journal of Financial Economics* 13:187–221.

Opler, T., M. Saron, and S. Titman. 1997. Designing capital structure to create stockholder value. *Journal of Applied Corporate Finance* 10:21–32.

Palepu, K. G. 1986. Predicting takeover targets: A methodological and empirical analysis. *Journal of Accounting and Economics* 8(1):3–35.

Palepu, K. G. 1990. Consequences of leveraged buyouts. *Journal of Financial Economics* 26:247–262.

Pinegar, J. M., and L. Wilbricht. 1989. What managers think of capital structure theory: A survey. *Financial Management* 18(4):82–91.

Shapiro, A. 1989. *Modern corporate finance*. New York: Macmillan.

Smith, A. J. 1990. Corporate ownership structure and performance: The case of management buyouts. *Journal of Financial Economics* 27:143–164.

Smith, C. W. 1986. Investment banking and the capital acquisition process. *Journal of Financial Economics* 15:3–29.

Titman, S. 1984. The effect of capital structure on a firm's liquidation decision. *Journal of Financial Economics* 13:137–151.

Warner, J. N. 1977. Bankruptcy costs: Some evidence. *Journal of Finance* 32:337–347.

第16章 估算每股的价值

Carpenter, J. 1998. The exercise and valuation of executive stock options. *Journal of Financial Economics* 48:127–158.

Cuny, C. C., and P. Jorion. 1995. Valuing executive stock options with endogenous departure. *Journal of Accounting and Economics* 20:193–205.

Damodaran, A. 1999. *Dealing with cash, marketable securities and cross holdings*. Working paper. www.stern.nyu.edu/~adamodar/New_Home_Page/papers.html.

Lease, R. C., J. J. McConnell, and W. H. Mikkelson. 1983. The market value of control in publicly-traded corporations. *Journal of Financial Economics* 11:439–471.

第17章 相对估价法的基本原则

Damodaran, A. 2001. *It's all relative: First principles of relative valuation*. Working paper. www.stern.nyu.edu/~adamodar/New_Home_Page/papers.html.